Guttentag'sche Sammlung
Nr. 18. Preußischer Gesetze. Nr. 18.
Textausgaben mit Anmerkungen.

Preußisches

Stempelsteuergesetz.

Vom 31. Juli 1895.

Mit den gesamten Ausführungsbestimmungen.

Unter besonderer Berücksichtigung
der Entscheidungen der Verwaltungsbehörden und der Gerichte

herausgegeben von

Regierungsrat **P. Loeck,**
Justitiar an der Provinzial-Steuer-Direktion in Berlin.

Sechste Auflage.

Berlin 1907.
J. Guttentag, Verlagsbuchhandlung,
G m b H

Vorbemerkung zur fünften Auflage.

Die vorliegende Arbeit bezweckt an erster Stelle, die praktische Anwendung des Gesetzes und Tarifes auf den gerade vorliegenden Fall zu erleichtern und die Steuerpflichtigen erkennen zu lassen, welche Auslegung Gesetz und Tarif bisher seitens der Verwaltungsbehörden und Gerichte erfahren haben. Die von den genannten Behörden ausgegangenen Erlasse und Entscheidungen, deren große Zahl auch einen Rückschluß auf die Schwierigkeit der Materie zuläßt, sind deshalb unter Weglassung jeden überflüssigen Beiwerks verarbeitet und in knappem aber doch zum vollen Verständnis hinreichenden Auszuge überall da wiedergegeben, wo ihre Anwendung nach Maßgabe der gesetzlichen Vorschriften nur in Frage kommen kann. Da es bei dem dem Buche zu gebenden Umfange nicht angezeigt, auch unpraktisch erschien, die umfangreichen Ausführungsbestimmungen denjenigen Gesetzesvorschriften unmittelbar im Wortlaut anzuhängen, zu denen sie gerade erlassen sind, ist auf sie im Text des Gesetzes und Tarifes stets verwiesen, während sie im vollständigen Wortlaut hinter dem Tarif als besonderer Abschnitt unter Beifügung der auch in Bezug auf sie ergangenen Erlasse und Entscheidungen abgedruckt sind.

Ist auch das bürgerliche Recht, soweit es die Anwendung der stempelrechtlichen Vorschriften beeinflußt, nicht zum Gegenstand besonderer eingehender Bearbeitung gemacht, so ist doch, dem Zweck des Werkes folgend, an allen Stellen des Gesetzes und Tarifes, bei deren Anwendung die Kenntnis des bürgerlichen Rechts wesentlich ist, auf die bezüglichen Bestimmungen des Bürgerlichen Gesetzbuches, seiner Nebengesetze und der preußischen Ausführungsgesetze verwiesen, auch ist, soweit unmittelbare Abänderungen, insbesondere durch das jüngste Reichsstempelgesetz und das Preußische Verwaltungsstrafgesetz eingetreten sind, dies berücksichtigt.

Diejenigen, die zu einem tieferen Eindringen genötigt sind, vorzüglich also in zweifelhaften Fragen die mit der Verwaltung des Gesetzes betrauten Behörden und die zur Entscheidung angerufenen Gerichte, mögen auf die auf breiter wissenschaftlicher Grundlage angelegten Kommentare von Hummel und Specht und von Heinitz hingewiesen sein; der Allgemeinheit aber, insbesondere den mit Einziehung der Gerichtskostenstempel betrauten Gerichten und sonstigen Behörden, den Notaren, Rechtsanwälten und kaufmännischen Instituten wird die vorliegende Bearbeitung in allen im bürgerlichen Leben vorkommenden Stempelfragen ein zuverlässiger Ratgeber sein; für mit dem Gesetz nicht genügend Vertraute erleichtert ein ausführliches Sachregister den Gebrauch des Buches.

Berlin im März 1901.

Vorbemerkung zur sechsten Auflage.

Dem guten Absatz der fünften Auflage verdankt die vorliegende sechste ihre Entstehung, bei deren Bearbeitung auf die Darstellung der Rechtsprechung der letzten sechs Jahre und der während dieser Zeit ergangenen Erlasse der Verwaltungsbehörden Wert gelegt ist, natürlich unter Weglassung des Veralteten. Aus der Menge des gebrachten neuen Materials ist erkennbar, in welchem großen Maße Gericht und Verwaltung seit dem Inkrafttreten des Bürgerlichen Gesetzbuchs und seiner Nebengesetze sich mit Auslegung der schwierigen Materie des Stempelrechts inzwischen zu befassen Gelegenheit nehmen mußten. Immerhin ist aber trotz eingehender Bearbeitung des Neuen der Umfang des Buches nicht derart gewachsen, daß dessen beliebte bequeme Handhabung im Gebrauch und die leichte Auffindbarkeit der betreffenden Ausführungen auf den gerade vorliegenden praktischen Fall irgendwie erschwert wäre. Den mit den Bestimmungen des Gesetzes und Tarifs weniger Vertrauten unterstützt auch hier wieder ein die gesetzlichen Bestimmungen wie die Anmerkungen in ihrem ganzen Umfange gleichmäßig berücksichtigendes und eingehend bearbeitetes Sachregister.

Berlin im April 1907.

Inhaltsübersicht.

Seite

Stempelsteuergesetz.

Ausführungsbestimmungen zum Stempelsteuergesetz.

Abkürzungen.

A. = Anmerkung.
Abs. = Absatz.
AG. = Ausführungsgesetz.
AH. = Verhandlungen des Hauses der Abgeordneten. 18. Legisl. II. Session 1895.
ALR. = Allgemeines Landrecht.
Arch. = Goltdammer, Archiv für Preuß. Strafrecht.
Art. = Artikel.
Allg.V. = Allgemeine Verfügung des Finanzministers und Justizministers vom 29. Februar 1896. JMBl. S. 63 ff.
Bd. = Band.
Bek. = Bekanntmachung, betreffend die Ausführung des Stempelsteuergesetzes, vom 13. Februar 1896, Zentralblatt S 53 ff.
BergGes. = Allgemeines Berggesetz für die preußischen Staaten.
Beschl. = Beschluß.
BGB. = Bürgerliches Gesetzbuch.
DGKG = Deutsches Gerichtskostengesetz.
DGVG. = Deutsches Gerichtsverfassungsgesetz.
DJZ. = Deutsche Juristen-Zeitung.
DV. = Dienstvorschriften, betreffend die Ausführung des Stempelsteuergesetzes, vom 14. Februar 1896. Zentralblatt S. 93 ff.
EG. = Einführungsgesetz.
Entsch. = Entscheidungen.
EStG. = Preuß. Erbschaftssteuergesetz vom 30. Mai 1873.
Erl. = Erlaß
FG. = Reichsgesetz über die Angelegenheiten der freiwilligen Gerichtsbarkeit.
FM. = Finanzministerialerlaß.
G. (Ges.) = Gesetz.
GewO. = Gewerbeordnung.

GewStG. = Gewerbesteuergesetz.
GKG. = Gerichtskostengesetz.
Goltd. = Goltdammer, Archiv für preußisches Strafrecht.
Gruch. = Gruchot, Beiträge zur Erläuterung des deutschen Rechts.
GS. = Preußische Gesetz-Sammlung.
HGB. = Handelsgesetzbuch.
HH. = Stenographische Berichte über die Verhandlungen des Herrenhauses 1895.
Holdh. = Holdheims Monatsschrift.
HSp. = Hummel-Specht, Das Stempelsteuergesetz vom 31. Juli 1895.
Hz. = Heinitz, Kommentar zum Preußischen Stempelsteuergesetz vom 31. Juli 1895.
JMBl. = Justizministerialblatt.
JM. = Justizministerialerlaß.
Joh. = Jahrbuch der Entscheidungen des Kammergerichts, herausgegeben von Johow.
JohNF. = dasselbe, Neue Folge.
JW. = Juristische Wochenschrift.
KO. = Konkursordnung.
KS. = Protokolle über die einzelnen Komissionssitzungen.
KabO. = Kabinettsordre.
KaisV. = Kaiserliche Verordnung.
KG. = Kammergerichtsentscheidung.
KB. = Bericht der IX. Kommission über den Entwurf eines Stempelsteuergesetzes. — Nr. 35, A zu Nr 35 und B. zu Nr. 35 der Drucksachen.
KS = Kommissionssitzung.
LG. = Landgericht.
LR. = Allgemeines Landrecht.
LStG. = Landesstempelgesetz: Stempelsteuergesetz vom 31. Juli 1895.
m. b. H. = mit beschränkter Haftung.
Min. d. J. = Minister des Innern.
Min. f. H. u. G. = Minister für Handel und Gewerbe.
MBl. d. i. V. = Preuß. Ministerialblatt für die gesamte innere Verwaltung
Mot. = Begründung zum Entwurf eines Stempelsteuergesetzes. B. zu Nr. 35 der Drucksachen 18. Legisl. II Session 1895
PFG. = Preußisches Gesetz über die freiwillige Gerichtsbarkeit
PrGKG. = Preußisches Gerichtskostengesetz.
ReichsMilGes. = Reichsmilitärgesetz.
RESt G. = Reichserbschaftssteuergesetz.
RG. = Entscheidungen des Reichsgerichts in Zivilsachen.

RG. = Entscheidungen des Reichsgerichts in Strafsachen.
RGBl. = Reichs-Gesetzblatt.
RGBO. = Reichsgrundbuchordnung.
RGO. = Reichsgewerbeordnung.
RStG. = Reichsstempelgesetz.
RStGB. = Reichsstrafgesetzbuch.
RStrPO. = Reichsstrafprozeßordnung.
S. = Seite.
St. = Stempel.
V. = Verordnung.
Vgl. = Vergleiche.
vorl. = vorletzter.
VStrG. = Gesetz, betreffend das Verwaltungsstrafverfahren.
v. T. = vom Tausend.
WStG. = Wechselstempelsteuergesetz.
z. B. = zum Beispiel.
ZBl. = Zentralblatt der Preußischen Abgaben- rc. Verwaltung.
ZPO. = Zivilprozeßordnung.
ZVG. = Gesetz über die Zwangsversteigerung und die Zwangsverwaltung.

(№ 9776.)

Stempelsteuergesetz.

Vom 31. Juli 1895.

(Gesetz-Sammlung von 1895, Nr 33 S. 413—474. Ausgegeben zu Berlin, den 24. August 1895.)

Wir Wilhelm, von Gottes Gnaden König von Preußen rc. verordnen, unter Zustimmung beider Häuser des Landtages, für den Umfang der Monarchie mit Ausschluß der Hohenzollernschen Lande und der Insel Helgoland, was folgt:

I. Abschnitt.

Von der Pflicht zur Entrichtung der Stempelsteuer.

§ 1.

Gegenstand der Stempelsteuer.

[1] Die in dem anliegenden Tarif aufgeführten Urkunden unter- 1
liegen den darin bezeichneten Stempelabgaben.

Stempelpflichtig sind Urkunden,[2] welche mit dem Namen[3] oder 2
der Firma[3] des Ausstellers unterzeichnet sind, insoweit nicht dieses Gesetz oder der Tarif entgegenstehende Bestimmungen[4] enthält. Den unterschriftlich vollzogenen Urkunden stehen diejenigen gleich, unter welchen der Name oder die Firma des Ausstellers in seinem Auftrage[5] unterschrieben oder mit seinem Wissen oder Willen durch Stempelaufdruck, Lithographie oder in irgend einer anderen Art mechanisch hergestellt ist.

3 [6]Ergiebt sich die Einigung[8] über ein Geschäft aus einem Briefwechsel oder einem Austausch sonstiger schriftlicher Mittheilungen,[7] so wird in der Regel ein Stempel hierfür nicht erhoben. In einem solchen Falle tritt aber die Verpflichtung zur Entrichtung des betreffenden Stempels dann ein, wenn nach der Verkehrssitte[9] über das Geschäft ein förmlicher schriftlicher Vertrag[10] errichtet zu werden pflegt, diese Errichtung indessen nicht stattgefunden hat und von den[11] Betheiligten beabsichtigt ist, durch den Briefwechsel oder den Austausch der sonstigen schriftlichen Mittheilungen die Aufnahme eines solchen Vertrages zu ersetzen.

1. Es ist nicht anzunehmen, daß das Stempelsteuergesetz schon auf die Rechtssprache des BGB. hat Rücksicht nehmen wollen — JW. 1902 S. 264 —, weshalb bei Auslegung dieses Gesetzes der bei Erlaß des LStG. herrschende Sprachgebrauch zu Grunde gelegt werden muß. FM. 25. 7. 02 III 9479.

2. Die Stempelpflichtigkeit hängt in materieller Hinsicht vom Vorhandensein eines im Stempeltarif bezeichneten Gegenstandes und formell von einer vom Aussteller mit seinem Namen oder seiner Firma unterzeichneten Urkunde ab. Mot. S. 9.

3. a) Eine gültige Namensunterschrift i. S. des § 126 Abs. 1 BGB. liegt auch dann vor, wenn der Aussteller der Urkunde, der die Willenserklärung in Vertretung eines andern abgibt, mit dem Namen allein des Vertretenen unterzeichnet. RG. 7. 12. 01, JW. S. 123. Die Namensunterschrift wird nicht ersetzt durch einen Vermerk, wie z. B. „ein Tierfreund". FM. 21. 10. 04 III 13633.

b) Der Unterschrift des Ausstellers steht die Unterzeichnung mittels gerichtlich oder notariell beglaubigter Handzeichen gleich (§ 381 ZPO.), Mot. S. 10. Ueber Handzeichen und deren Beglaubigung s. § 126 BGB., §§ 177, 183 FG.

Die Unterschrift deckt begrifflich nur das darüber Stehende, nicht sonst noch beurkundete, aber nicht unterschriebene Erklärungen. FM. 29. 4. 97 III 1942.

3. Ueber Name der rechtsfähigen Vereine und Firma der Kaufleute und Handelsgesellschaften s. §§ 64, 65 BGB., §§ 17, 19, 20 HGB. sowie die Ges. v. 1. 5. 89 und 20. 4. 92 in der Fassung vom 20. 5. 98.

Wenn der Prokurist einer Firma diese zeichnet, so ist es für die Entstehung der Stempelpflicht unerheblich, ob der Prokurist der Firma seinen Namen beifügt — § 51 HGB. — oder nicht; bei der Zeichnung jedoch für Aktiengesellschaften, Gesellschaften m. b. H., Genossenschaften müssen die Namen der Vorstandsmitglieder oder Geschäftsführer in der Zeichnung vorkommen — §§ 231, 233 HGB., § 35 Ges. betr. die Gesellschaften m. b. H., § 24 Ges. betr. die Erwerbs- und Wirtschaftsgenossenschaften —, wenn auch diese Vorschriften als bloße Ordnungsvorschriften anzusehen sind (Joh. Bd. 11 S. 37; Bd. 13 S. 170;

Entsch. des RG. Bd. 30 S. 405), wobei selbstverständlich dem Abs. 2 Satz 2 Raum gegeben ist.

4. Die Unterschrift ist nicht erforderlich in den Fällen der Tarifstellen 48 Abs. 8, 53, 55 und 70.

5. Ein formell gültiger Vertrag liegt auch dann vor, wenn auch nur ein mündlicher, genereller oder spezieller Auftrag zum Abschluß gegeben ist. FM. 10. 8. 03 III 10026, HSp. S. 22 A. 11.

6. Der Abs. 3 hat Verträge im Auge, die durch Briefwechsel zu stande gekommen sind, für deren urkundliche Feststellung daher der Inhalt der beiderseitigen Schreiben maßgebend ist und bei denen Rechte und Pflichten des einen und andern Teiles demgemäß auch nur auf Grund und nach Maßgabe der beiderseitigen schriftlichen Erklärungen geltend gemacht werden können. Schuldverschreibungen und kaufmännische Verpflichtungsscheine sind dagegen einseitige selbständige Verpflichtungserklärungen, welche, auch soweit ihnen vertragliche Verhältnisse zu Grunde liegen, hiervon in dem Sinne losgelöst sind, daß die Verpflichtung des Ausstellers urkundlich allein und selbständig durch seine einseitige Erklärung begründet wird. RG. 16. 9. 02 u. 7. 4. 05, ZBl. S. 736, auch 9. 6. 99 Entsch. Bd. 44 S. 234. — Vgl. A. 2 zu Tarif 58.

Der erste Satz umfaßt sowohl den Fall, in dem durch den Briefwechsel das Geschäft zu stande kommt, als auch denjenigen, wo ein mündlich oder telegraphisch abgeschlossenes Geschäft brieflich bestätigt wird. FM. 25. 6. 00 III 6232. — Verhandl. des AH. Bd. 5 S. 2707.

7. Korrespondenzverträge d. h. durch Briefwechsel oder Austausch sonstiger schriftlicher Mitteilungen zu stande gekommenen Verträge sind jetzt, abgesehen von dem im Abs. 3 Satz 2 des § 1 LStG. vorgesehenen Fall, auch dann nicht stempelpflichtig, wenn die Schriftform nicht als bloßes Verständigungsmittel gedient hat, sondern von den Vertragschließenden nebenbei oder ausschließlich in der Absicht gewählt ist, durch schriftliche Festlegung des Vertragsinhalts eine beweiskräftige Beurkundung herzustellen. Die Korrespondenz soll nur in solchen Fällen stempelpflichtig sein, in denen die Verkehrssitte einen förmlichen Vertrag verlangt.

Jedoch hat die Freiheit nicht auf schriftliche Mitteilungen erstreckt werden sollen, die sich als eine förmliche Vertragsurkunde darstellen.

Es ist nicht erforderlich, daß beide Vertragsteile ein und dasselbe Vertragsexemplar unterzeichnen, es können auch zwei Exemplare wechselseitig unterzeichnet und ausgehändigt werden.

Der entscheidende Unterschied zwischen einem Korrespondenzvertrage i. S. des Abs. 3 und einem förmlichen schriftlichen Vertrage, wird darin gefunden, daß in jenem Falle es sich um gegenseitige als Erkenntnisquelle des Willens des Erklärenden dienende Mitteilungen handelt, die sich gegenseitig ergänzend erst in ihrem Zusammenhange die Einigung der beiden Vertragsteile über das zu stande gekommene Geschäft dartun, während im Falle eines förmlichen schriftlichen Vertrages jeder Vertragsteil in Erfüllung ausdrücklicher oder stillschweigender Vereinbarung den beiderseitigen, gegenseitig bereits erklärten Vertragswillen in bestimmter Fassung dem andern schriftlich erklärt. RG. 11. 7. 98 ZBl. S. 393, Entsch. Bd. 42 S. 184 und 17. 4. 00, Gruch. Jahrg. 45 S. 619. Wenn daher, wie vorliegend, die Vertragschließenden in Briefform abgefaßte Schriftstücke austauschen, in denen die Vertragsbedingungen angegeben sind, und die bis auf die Adresse, die Unterschrift und die der Vertragsrolle entsprechende Bezeichnung als kaufender oder verkaufender Teil übereinstimmen, so liegen förmliche Vertragsurkunden vor, und hängt die Stempelpflicht nicht von einer noch festzustellenden Verkehrssitte ab. — Vgl. unten A. 10.

8. Wenn die Annahmeerklärung von der Offerte auch nur unerheblich abweicht, ist keine Einigung zu stande gekommen. Die spätere, nicht urkundliche Zustimmung bedingt keine Stempelpflicht. RG. 11. 7. 99, JW. S. 586 — s. auch § 154 BGB. — Vgl. A. 4 zu Tarif 32.

9. a) Der Ausdruck der Verkehrssitte ist zwar ein noch schwankender, aber doch in den meisten Fällen ein durch Anhörung von Sachverständigen mit genügender Deutlichkeit festzustellender. KB. S. 94.

Selbstverständlich kann nur diejenige Verkehrssitte gemeint sein, welche die jeweilig herrschende ist. KB. S. 94 — vgl. Tarif 2 Abs. 3 und 73 Abs. 5.

b) Die „Verkehrssitte" stellt keine Rechtsnorm dar, sie ist vielmehr die den Verkehr beherrschende tatsächliche Uebung. Ob diese Uebung eine genügende rechtliche Grundlage hat und geeignet ist, denjenigen, der ihr im Rechtsleben folgt, vor Schaden zu bewahren, ist ohne Bedeutung. RG. 16. 10. 03, Entsch. Bd. 55 S. 375.

c) Auch für den Abschluß mit Staatsbehörden ist die Frage nach dem Vorhandensein einer Verkehrssitte, förmliche Verträge zu errichten, nicht ohne weiteres zu bejahen. FM. 25. 2. 04 III 2615.

d) Nach der Verkehrssitte pflegen förmliche schriftliche Urkunden errichtet zu werden

bei Pfandbestellungen — FM. 25. 10. 97 III 12905,

über Versicherungsgeschäfte — RG. 23. 1. 99, Entsch. Bd. 43 S. 251,

dagegen nicht

über Verkäufe alter Lokomotiven usw. seitens des Fiskus — FM. 5. 5. 98 III 5486,

bei Anstellung von Agenten für Versicherungsgesellschaften — FM. 27. 6. 00 III 7284,

bei Vergebung von Neubauten oder bei Vergebung einzelner Arbeiten einschließlich der Lieferung von Materialien. Gutachten der Handelskammer zu Berlin vom 23. 11. 06.

10. Von einem förmlichen schriftlichen Vertrage kann nur dann die Rede sein, wenn die mündliche Einigung vorauf gegangen ist und jeder Vertragsteil in dem dem andern übergebenen Schriftstück den gemeinsamen, beiderseits bereits erklärten Vertragswillen zum Ausdrucke bringt. RG. 17. 4. 00, Gruch. Jahrg. 45 S. 616. Vgl. oben A. 7.

11. Es ist also nicht genügend, daß nur einer der Beteiligten die Absicht hat, den förmlichen Vertrag im Wege der Korrespondenz zu ersetzen. AH. S. 2370.

§ 2.

Verhältniß des Auslandes zum Inlande.

[1]Der Stempelsteuer unterliegen auch die von Inländern oder 1
von Ausländern im Auslande errichteten Urkunden über Geschäfte,[2] welche im Inlande befindliche Gegenstände[3] betreffen oder welche im Inlande zu erfüllen sind.[4–9]

Inland im Sinne dieses Gesetzes und des Tarifs ist der 2
Geltungsbereich dieses Gesetzes.

1. Ueber den Erfüllungsort der Leistung des Schuldners s. §§ 241 ff., 269, 270, 697, 700, 811 BGB.

2. Die Urkunden müssen über Geschäfte, d. h. rechtsgeschäftliche Willenserklärungen ausgestellt sein, sie müssen eine Privatwillenserklärung enthalten.

Im Ausland ausgestellte Lebensbescheinigungen und Beglaubigungen von Unterschriften unter Quittungen, von deren Beibringung die Auszahlung von Versicherungssummen abhängig gemacht war, hat das Reichsgericht für nicht stempelpflichtig erklärt, obwohl die Zahlung policenmäßig im Inland zu erfolgen hatte.

Die Urkunden sind, wie das Reichsgericht ausführt, nicht über Geschäfte, d. h. rechtsgeschäftliche Willenserklärungen ausgestellt; diese Voraussetzung für die Stempelpflicht werde dadurch, daß die Versicherungsverträge zu der Ausstellung der Atteste Veranlassung gegeben haben, nicht erfüllt; es komme lediglich auf den Inhalt der Urkunden an, der nicht rechtsgeschäftlicher Art sei. RG. 7. 5. 01, ZBl. S. 176 Entsch. Bd. 49 S. 226.

3. a) In Bayern ist der Gesellschaftsvertrag betreffend die G. m. b. H. N. & M. zu Ludwigshafen in Bayern getätigt. Von den Vertragsschließenden sind körperliche Vermögensstücke, die sich zur Zeit der Errichtung in Preußen befanden, in die G. m. b. H. eingebracht.

Auf das Einbringen kommt die Bestimmung der Tarifstelle 25 litt. c LStG. zur Anwendung, soweit es sich um bewegliche Gegenstände handelt. Barbestände und Forderungsrechte bleiben außer Betracht, weil sie, da sie kein räumliches, körperliches Dasein haben, zu den „Gegenständen" i. S. des § 2 Abs. 1 LStG. nicht gehören. Der Stempel ist fällig geworden, nachdem von der Urkunde in Preußen dadurch Gebrauch gemacht worden ist, daß das Bayrische Amtsgericht die Eintragung der Zweigniederlassungen in Preußen durch Uebersendung beglaubigter Abschriften bei preußischen Amtsgerichten — § 12 Abs. 1 Ges. v. 20. 4 92 — beantragt hatte. (§ 16 f. d. G.) Zur Zahlung der Steuer ist die Gesellschaft als Inhaberin und Vorzeigerin der Urkunde neben den Ausstellern verhaftet. (§ 13d und § 16 Abs. 2 d. G.) FM. 12. 9. 02 III 11168. — Vgl. A. 16b bei Tarif 25.

b) Der zwischen einer inländischen und einer ausländischen Gesellschaft im Ausland abgeschlossene Vertrag unterliegt der preußischen Stempelsteuer, soweit die veräußerten Immobilien und

Mobilien sich im Inland befinden, wobei die mit den Gebäuden des Acetylenwerks verbundene Rohrleitung Immobiliareigenschaft — vgl. RG. 21. 10. 96, JW. S. 159 de 97 — hat. Soweit aber die Veräußerung von Patenten und die Abtretung von Forderungen in Frage kommt, ist der preußische Stempel nicht fällig, weil Patente und Forderungen kein örtliches und räumliches Dasein haben, deshalb nicht als im Inland befindliche Gegenstände angesehen werden können, auch der Vertrag bezüglich ihrer im Ausland zu erfüllen ist. FM. 25. 9. 01 III 9394. — Vgl. A. 30a und 19d zu Tarif 32.

c) Im Auslande errichtete Feuerversicherungspolicen, bei denen die Versicherungssumme im Auslande zu zahlen ist, unterliegen der Steuer selbst dann nicht, wenn das Versicherungsgeschäft in Preußen befindliche Gegenstände betrifft. Gegenstand der Versicherung ist ein etwaiger Vermögensnachteil, also ein bedingtes Forderungsrecht, das im Inlande kein örtliches und räumliches Dasein hat. FM. 3. 8. 04 III 9374. — Vgl. A. 7b zu Tarif 70 und unten A. 4b.

4. a) Zweiseitige Verträge, die teils im Inland, teils im Ausland zu erfüllen sind, sind als im Inland zu erfüllende dann anzusehen, wenn den im Inlande zu bewirkenden Leistungen höhere Bedeutung beizumessen ist, als den im Ausland zu bewirkenden. RG. 15. 3. 04, JW. S. 244. Ein im Ausland errichteter Schiffbauvertrag, nach welchem das Schiff im Ausland zu erbauen ist, ein Ort im Ausland Erfüllungsort sein soll, die Ablieferung des Schiffes aber nach vorgenommener Probefahrt im Inland zu geschehen hat, ist nicht stempelpflichtig, weil die Erfüllung zum wesentlichen Teil im Ausland erfolgt. Holdh. S. 271.

b) Ist bei einer im Ausland errichteten Versicherungsurkunde die Leistung des Versicherers, also die Zahlung der Versicherungssumme, die weitaus größere Bedeutung gegenüber der Zahlung der Prämie beansprucht, im Inlande zu leisten, so ist der inländische Stempel fällig. RG. 31. 5. 04, JW. S. 396. — Vgl. oben A. 3d.

5. Im Inland ausgefertigte aber für das deutsche Ausland bestimmte Versicherungsurkunden sind stempelpflichtig, auch wenn im außerpreußischen Staat noch eine besondere Steuer erhoben wird. FM. 28. 7. 96 III 10208, 30. 8. 96 III 12013. — Vgl. A. 7a bei Tarif 70.

6. Ueber im Ausland vollzogene Policen bei Stellung des Versicherungsantrages im Inland s. RG. 10. 5. 01 bei Tarif 70 A. 3c.

7. Die in Oesterreich von Oesterreichischen Staatsangehörigen beurkundeten Abtretungen im Gewerkenbuch eingetragener Kuxe von in Preußen belegenen Bergwerken sind nicht stempelpflichtig. — Vgl. jetzt RStG. Tarif 4a Ziffer 2 und § 4. Desgleichen nicht im Ausland ausgestellte hypothekarische Schuldverschreibungen.

Dagegen unterliegt eine von einem Ausländer im Auslande ausgestellte Vollmacht der preußischen Stempelsteuer, wenn das Geschäft, zu welchem der Bevollmächtigte durch die Vollmacht ermächtigt wird, von ihm im Inlande ausgeführt und dabei von der Vollmacht Gebrauch gemacht wird. Vgl. RG. 15. 11. 98, JMBl. S. 119 von 99. Die Vollmacht ist als eine Urkunde über ein im Inlande zu erfüllendes Geschäft zu betrachten, wenn dasjenige Geschäft im

Inlande vorgenommen wird, zu welchem der Vollmachtgeber durch die Vollmacht ermächtigt, und wenn somit die Vollmacht im Inlande zur rechtlichen Wirksamkeit gelangt und das der Vollmacht zu Grunde liegende Auftragsverhältnis im Inlande zur Erfüllung kommt. FM. 12. 10. 03 III 14014.

Die Firma A. in Hamburg hat zu ihrer Vertretung in der Generalversammlung der Gesellschaft B. einen in Berlin wohnhaften Bevollmächtigten bestellt. Von der Vollmacht ist in Berlin Gebrauch gemacht: die Vollmacht ist stempelpflichtig. Die Ausübung einer durch Rechtsgeschäft erteilten Vertretungsmacht ist als „Erfüllung eines Geschäfts" i. S. dieser Vorschrift aufzufassen. Erfüllung liegt auch vor, wenn der Erfüllende zur Vornahme nicht verpflichtet, sondern nur berechtigt ist. RG. 23. 10. 06, JMBl. S. 62 von 1907.

Wegen der im Auslande von Ausländern ausgestellten Prozeßvollmacht vgl. A. 30 bei Tarif 73.

8. Ueber im Ausland ausgestellte Anträge auf Umschreibung vor dem 1. 10. 1881 ausgestellter Namenaktien — s. A. 14b bei Tarif 2.

9. Die von dem im Ausland wohnenden Schuldner etwa übernommene Verpflichtung, dem im Inland wohnhaften Verkäufer die Preise für die verkaufte Ware in das Inland zu senden, entspricht der im § 270 BGB. für Geldschulden getroffenen Vorschrift, die indessen nach Abs. 4 a. a. O. auf den Leistungsort keinen Einfluß haben soll.

§ 3.

Allgemeine Grundsätze über die Stempelpflichtigkeit.

1 Die Stempelpflichtigkeit einer Urkunde richtet sich nach ihrem Inhalt.[1–3]

2 Für die Stempelpflichtigkeit ist die Hinzufügung von Bedingungen,[4] die Wiederaufhebung und die unterbliebene Ausführung des Geschäfts[5] — vorbehaltlich entgegenstehender Bestimmungen des Gesetzes oder des Tarifs — sowie die Vernichtung der Urkunde ohne Bedeutung.

Bek. 15. A. II 1. — Anh. § 23.

3 Urkunden, in denen ein Geschäft nur in der Form der Verdeutlichung oder Begründung einer anderen Erklärung erwähnt wird,[6] sind in Ansehung jenes Geschäfts stempelpflichtig, wenn die Absicht auf die Beurkundung desselben gerichtet gewesen ist.

1. Zum Zweck der Uebung oder zum Scherz entworfene Urkunden sind nicht stempelpflichtig. RG. 13. 7. 97, JW. S. 493.

2. a) Da sich die Stempelpflichtigkeit einer Urkunde nach ihrem Inhalt richtet, muß zur Anwendung der Befreiungsvorschriften aus dem Urkundeninhalt das Erforderliche hervorgehen. — Vgl. hierüber § 4 A. 4 u. 8, § 5 A. 31, Tarif 1 A. 5, Tarif 18 A. 3c, Tarif 32 A. 66, 71 u. 81, Tarif 58 A. 10, 17a, 20, 26 u. 30c, Tarif 77 A. 6z.

b) Neben dem urkundlich festgestellten Vertragsinhalt kommen mündliche Nebenabreden für die Frage nach der Stempelpflicht nicht in Betracht. RG. 29. 5. 99, Entsch. Bd. 32 S. 192.

c) Für die Frage der Stempelpflichtigkeit sollen außerhalb der Urkunde liegende Tatsachen in der Regel nicht verwertet werden dürfen; keineswegs ist aber damit ausgesprochen, daß Willenserklärungen, die nach ihrer Wortdeutung nur einen klaren und bestimmten Sinn ergeben, nicht dennoch auf Grund ihres Zusammenhanges mit dem übrigen Inhalt der Urkunde und ihres daraus ersichtlichen Zweckes in einem von dem Wortlaut abweichenden Sinne verstanden werden können und müssen. RG. 10. 1. 05, JW. S. 191.

d) Der § 3 schließt nicht aus, Momente, die nicht in der Urkunde fixiert sind, heranzuziehen, insofern als es darauf ankommt, die Absicht zu erforschen, welche den Kontrahenten beigewohnt hat. RG. 17. 4. 00. — Vgl. auch A. 66 bei Tarif 32.

e) Aus der Urkunde geht hervor, daß die Kontrahenten gleiche Geschlechtsnamen haben und Miteigentümer eines Grundstücks zu ideellen Teilen sind. Dieser Umstand war genügend, zur näheren Erläuterung des Wortlautes der Urkunde und zur sichern Feststellung ihres Sinnes auf äußere Umstände — ob das Grundstück zum Nachlaß des Vaters und Erblassers der Kontrahenten gehört habe — zurückzugehen. RG. 2. 1. 00, JW. S. 170. — Vgl. A. 66 zu Tarif 32.

f) Der Umstand, daß ein Kontrahent minderjährig gewesen, steht der Stempelpflichtigkeit nicht entgegen, wenn dies aus der Urkunde nicht hervorgeht. RG. 5. 5. 98, JW. S. 405. — Der Minderjährige ist ebenfalls für den Stempel verhaftet; seine Klage auf Rückzahlung ist abgewiesen.

g) Der Vertrag ist von N. N. geschlossen, ohne daß auf sein Vollmachtsverhältnis zur Kirche Bezug genommen ist. Es ist deshalb der volle Stempel fällig. FM. 5. 10. 98 III 13705, HSr. S. 78.

h) Ergibt der Vertrag nicht, unter welchem ehelichen Güterrecht eine als Frau N. N. bezeichnete Verkäuferin, die allein den Vertrag abgeschlossen hat, lebt, so ist nicht erkennbar, ob die Einwilligung des Ehemannes erforderlich ist oder nicht; eine Ungültigkeit läßt also die Urkunde nicht erkennen. FM. 30. 10. 00 III 12955.

3. a) Ist ein Vertrag irrtümlicherweise in einem seiner Bestandteile entgegen dem tatsächlich erklärten Willen der Kontrahenten unrichtig beurkundet, so ist der Stempelberechnung nicht das im Vertrage irrig als gewollt Bezeichnete, sondern das in Wahrheit als gewollt Erklärte zu grunde zu legen. FM. 11. 5. 97 III 5817.

b) Erhält eine Erklärung durch Mißverständnis des Notars eine der Absicht der Beteiligten widersprechende Fassung und erfolgt demnächst Berichtigung, so ist der Stempel nur für das zu erheben, was von vornherein hat festgestellt werden sollen. FM. 22. 5. 97 III 6032.

c) Es war das Grundstück A verkauft, während in Wirklichkeit Verkäufer eine dem Grundstück A zugeschriebene Wiese vom Verkauf ausgeschlossen wissen wollte. Erst nach der Auflassung wurde der Irrtum entdeckt. Später wurde ein Rückkauf zu demselben Preise vereinbart, wobei deklarierend vermerkt wurde, daß die Kontrahenten im Kaufgegenstande geirrt hätten, da Verkäufer nur ohne die Wiese veräußern und Käufer nur mit der Wiese erwerben wollte: Wegen Nichtigkeit des Geschäfts war weder zum ersten Kauf noch zum Rückkauf der Kaufwertstempel fällig. FM. 6. 5. 03 III 6114.

d) Es hat dieselbe Person an demselben Tage vor demselben Notar zwei Schuldverschreibungen über verschiedene Beträge ausgestellt. Der Notar hat die Versteuerung beider verwechselt und die geringere mit dem höheren Stempelbetrag, die höhere mit dem geringeren Stempelbetrag versehen. Da die Stempel nur an unrichtiger Stelle entwertet waren, ist von der Nachforderung der zu wenig versteuerten Urkunde abgesehen, der Sachverhalt aber auf den zurückbehaltenen Urschriften und beglaubigten Abschriften vermerkt. FM. 11. 9. 01 III 11364.

4. Ueber Bedingungen s. §§ 158 ff. BGB.

Es sollen Resolutiv- wie Suspensiv-Bedingungen, überhaupt Bedingungen jeder Art getroffen werden. KB. S. 97—98. — AH. S. 2372.

Es handelt sich bei dieser Vorschrift um einen einheitlichen Begriff der „Bedingung“, so daß sich dieser Begriff nicht nach den verschiedenen Rechtsgebieten, für welche das Gesetz erlassen, verschieden bestimmt.

Das Gesetz begreift auch uneigentliche Bedingungen, d. h. solche, bei denen die Wirkung des Rechtsgeschäfts nicht von einem zukünftigen ungewissen Ereignis abhängig gemacht ist, sondern von einem in die Gegenwart fallenden, wegen dessen die Beteiligten in Unkenntnis sich befinden. RG. 3. 5. 01, Entsch. Bd. 49 S. 223. — Vgl. A. 10g bei Tarif 32.

5. Falls der Notar in der Erwartung, daß wegen Nichtausführung des Geschäfts, oder weil das beurkundete Geschäft von Bedingungen abhängig gemacht ist, doch erstattet werde, eine Urkunde nicht versteuert, soll er nach § 13a d. G. ohne weiteres in Anspruch genommen, auch unter Umständen Strafantrag gegen ihn gestellt werden. FM. 13. 1. 00 JMBl. S. 20/21, ZBl. S. 96 und FM. 4. 5. 05, JMBl. S. 142, ZBl. S. 216. — Vgl. A. 59 zu Tarif 32.

6. a) Wenn die Urkunde, um deren Stempelpflichtigkeit es sich handelt, mit einer andern Urkunde durch Bezugnahme dergestalt in Verbindung gesetzt ist, daß diese als ein Teil der zuerst gedachten anzusehen ist, so muß auf den Inhalt der in Bezug genommenen Rücksicht genommen werden. RG. 9. 5. 92, JW. S. 344. — FM. 29. 5. 97 III 6397.

b) Wenn mehrere Urkunden inhaltlich mit einander in untrennbarem Zusammenhange stehen, sind sie bezüglich der Stempelpflichtigkeit als eine einheitliche Urkunde zu betrachten. RG. 21. 6. 97.

§ 4.

Sachliche Stempelsteuerbefreiungen.

Von der Stempelsteuer sind befreit: 1

a) Urkunden über Gegenstände, deren Werth nach Geld geschätzt[1] werden kann, wenn dieser Werth 150 Mark nicht übersteigt,[2] insoweit nicht der Tarif entgegenstehende Bestimmungen enthält;[3]

b) [4] Urkunden, welche wegen Bestimmung des Betrages öffentlicher Abgaben und Einziehung derselben und überhaupt wegen Leistungen an den Fiskus des Deutschen Reiches oder des Preußischen Staates in Folge allgemeiner Vorschriften aufgenommen oder beigebracht werden müssen, sofern sie allein zu diesem Zwecke dienen;[5, 6]

c) die auf die Heeresergänzung und die Befreiung von dem Heeresdienste sowie von den Reserve- und Landwehrübungen bezüglichen amtlichen Urkunden;[7]

d) [8] die von der Auseinandersetzungsbehörde und deren Abgeordneten oder im Auftrage und auf Ersuchen derselben von anderen Behörden, wie auch in den vorgesetzten Instanzen gepflogenen Verhandlungen und zwar sowohl über den Hauptgegenstand der Auseinandersetzung, als auch über die damit verbundenen Nebenpunkte, einschließlich aller hierzu gehöriger Urkunden, desgleichen Urkunden, die von anderen Behörden auf Antrag der Parteien ausgestellt werden, sofern sich letztere über die ihnen von der Auseinandersetzungsbehörde oder einem Abgeordneten derselben gemachte Auflage zur Beibringung solcher Urkunden ausweisen;

e) [9] Urkunden wegen Besitzveränderungen, denen sich die Betheiligten aus Gründen des öffentlichen Wohls zu unterwerfen gesetzlich verpflichtet sind (Enteignungen), ohne Unterschied, ob die Besitzveränderung selbst durch Enteignungsbeschluß oder durch freiwillige Veräußerungsgeschäfte[10] bewirkt wird;[11–13]

f) Abschriften, Auszüge und Bescheinigungen jeder Art aus den bei der Katasterverwaltung geführten beziehungsweise aufbewahrten Karten und sonstigen Schriftstücken;[14]

g) Verfügungen und Verhandlungen der Schiedsmänner, soweit die Stempelpflichtigkeit derselben in der Tarifstelle „Vergleiche“ nicht ausdrücklich angeordnet ist (vergleiche auch §. 13 Buchstaben a und §. 15);

h) alle Urkunden über Gegenstände, denen durch frühere Gesetze oder landesherrliche Privilegien Stempelfreiheit bewilligt worden ist.

[15]Die Befreiung zu a findet auch auf diejenigen Vollmachten 2
Anwendung, aus deren Inhalt der Werth des Gegenstandes nicht ersichtlich ist, sofern nachgewiesen wird, daß der Werth den Betrag von 150 Mark nicht übersteigt.

Allg. V. § 5. — D.V. 7. Abs. 3 letzter Satz.

1. Die Schätzbarkeit im stempelrechtlichen Sinne setzt voraus, daß die Wertermittelung nach § 6 d. G. möglich ist und zwar wird eine sichere Abschätzung nach Geld verlangt, so daß diejenigen vermögensrechtlichen Gegenstände, die eine solche nicht gestatten, als unschätzbar anzusehen sind. Eine dem § 3 ZPO. entsprechende Vorschrift für die Festsetzung des Wertes des Gegenstandes enthält das LStG. nicht. RG. 11. 7. 98, Entsch. Bd. 42 S. 180. — FM. 11. 5. 04 III 4875. — Vgl. A. 1 zu § 6.

2. Der § 4a greift nicht schon Platz, wenn der Wert des Gegenstandes tatsächlich 150 M. oder weniger beträgt, sondern nur dann, wenn der maßgebende Urkundeninhalt ersehen läßt, daß dieser Wert 150 M. nicht übersteigt. KG. 11. 11. 01, Joh. Bd. 24 S. 23. FM. 14. 6. 05 III 7372.

3. Entgegenstehende Bestimmungen s. bei Tarif 48, 62, 56, 70, 71 Befr. b.

4. Die Voraussetzungen der Steuerbefreiung aus Ziff. b brauchen aus dem Urkundeninhalt selbst nicht ersichtlich zu sein. — Vgl. HSp. S. 60 A. 5 Abs. 2 u. A. 6. FM. 15. 8. 05 III 10639.

5. Vollmachten zur Stellung eines Antrages auf Erstattung von Stempeln aus Billigkeitsgründen sind stempelpflichtig; ebenso Vollmachten zur Abgabe von Vermögensanzeigen, sowie zur Einlegung von Rechtsmitteln gegen die Veranlagung zur Staatseinkommensteuer und Ergänzungssteuer; Objekt ist der sich nach der Deklaration ergebende Steuersatz bezw. bei Vollmachten zur Einlegung von Rechtsmitteln der streitige Steuerunterschied; stempelfrei aber sind die Vollmachten zur Abgabe von Steuererklärungen, wenn der Pflichtige abwesend oder sonst verhindert ist. FM. 15. 3. 00 III 1671, ZBl. S. 212.

6. Die bei der Gewährung von Steuer- und Zollkrediten von den Wechsel- und sonstigen Bürgen auszustellenden Reverse sind stempelfrei. FM. 25. 11. 99 III 11734 u. 12. 4. 93, ZBl. S. 152 u. von 1894 S. 10. — Vgl. A. 9cα bei Tarif 59.

7. Die Vorschrift bezieht sich auch auf die von Polizeibehörden, Landratsämtern, Gemeindevorstehern rc. erteilten Beglaubigungen der Unterschriften von Zeugnissen sowie der Nachweisungen über die Familien- und Erwerbsverhältnisse, die den Gesuchen von Personen des Beurlaubtenstandes um Befreiung von den militärischen Kontrollversammlungen beizufügen sind. FM. 13. 12. 96 III 1460, ZBl. 1897 S. 10.

8. Aus den Verhandlungen muß sich jedoch ergeben, daß sie auf Ersuchen der Auseinandersetzungsbehörde ausgestellt sind. HSp. S. 63.

9. a) Die Befreiung unter e ist davon abhängig, daß das Enteignungsrecht entweder gesetzlich ein für allemal gewährt oder im einzelnen Falle tatsächlich bereits verliehen ist. Mot. S. 12, KB. S. 100. Insbesondere kann eine behördliche Bescheinigung über das Vorliegen der die Verleihung des Enteignungsrechts rechtfertigenden Umstände für die Gewährung der Kostenfreiheit der Verleihung des Enteignungsrechts nicht gleich geachtet werden. $\frac{\text{JM. 14. 2. 06.}}{\text{FM. 27. 4. 06 III 6368.}}$ Die Befreiungsvorschrift greift nur Platz, wenn die Beteiligten aus Gründen des öffentlichen Wohles sich der Besitzveränderung zu unterwerfen gesetzlich verpflichtet waren. FM. 21. 7. 97 III 8883.

b) Die einzelnen Grundstücke, welche zur Ausführung der Herstellung einer Bahnanlage erforderlich sind, werden in der Konzessionsurkunde noch nicht ersichtlich gemacht. Das geschieht erst durch die zuständige Verwaltungsbehörde im Wege der vorläufigen Planfeststellung (§ 15 des Enteignungsges. v. 11. 6. 74), an deren Stelle bei Eisenbahnunternehmungen gemäß § 4 Ges. v. 3. 11. 38 in Verbindung mit Art. II Ges. v. 13. 3. 79 die Prüfung und Entscheidung des Ministers für öffentliche Arbeiten tritt. Diese landespolizeiliche Vorprüfung (vorläufige Planfeststellung) bildet dann nach allen Richtungen hin die maßgebende Grundlage der Ausführung und sie ist es daher auch, die bei freiwilligen Veräußerungsgeschäften über Grundeigentum den allein maßgebenden Anhalt für die Frage bietet, ob die Beteiligten den dadurch herbeigeführten Besitzveränderungen aus Gründen des öffentlichen Wohles sich zu unterwerfen gesetzlich verpflichtet gewesen wären. Vgl. auch § 43 Abs. 4 des Enteignungsges. RG. 28. 1. 02, JW. S. 179.

10. a) Die freiwillige Veräußerung ist nur dann stempelfrei, wenn das aufgelassene Grundstück in den nach § 15 des Ges. v. 11. 6. 74 aufzustellenden vorläufigen Plan aufgenommen ist; eine außerhalb dieses Planes liegende Veräußerung ist als auf gesetzlicher Verpflichtung ruhend nicht anzusehen, selbst wenn auf Grund der Königlichen Verordnung die Inanspruchnahme des Grundstücks für das Unternehmen durch Aufnahme in den Plan erfolgen könnte. RG. 13. 11. 99, Hz. S. 289.

b) Die Besitzveränderung kann auch durch ein freiwilliges Veräußerungsgeschäft bewirkt werden, das sich als eine Schenkung darstellt. RG. 6. 7 03, Joh. Bd. 27 S. B. 26. Im vorliegenden Fall „hatte Frau M. der Stadtgemeinde A. von dem ihr gehörigen Grundstücke die zur Freilegung der im Bebauungsplane vorgesehenen Straße erforderliche Fläche unentgeltlich übereignet".

c) Die Stempelfreiheit erstreckt sich auch auf die Eintragung einer Vormerkung zur Sicherung des Anspruches aus einem freiwilligen Veräußerungsgeschäft auf Uebertragung des Eigentums sowie auf die Bewilligung dieser Eintragung. Sie ist davon nicht abhängig, daß gerade der Unternehmer und keine andere Person zahlungspflichtig wäre. RG. 2. 5. 04, Joh. Bd. 28 S. B. 49.

11. a) Die Befreiungsvorschriften des Enteignungsgesetzes sind nur dann anwendbar, wenn der Grundstückserwerb unmittelbar durch den mit dem Enteignungsrecht ausgestatteten Unternehmer erfolgt, dagegen nicht, wenn der Grundstückserwerb durch eine zur Beschaffung des Grund und Bodens für die Zwecke des Unternehmens verpflichtete Person erfolgt, weil diese nicht zu den „Beteiligten“ i. S. des § 16 Enteignungsges. gehört und ihr gegenüber eine Verpflichtung zur Abtretung des Grundeigentums nicht besteht. KG. 30. 11. 05.

JM. 17. 4. 06 / FM. 20. 4. 06 III 6029: der Eigentümer verkauft an den Kreis A., dieser tritt seinen Auflassungsanspruch an die Kleinbahngesellschaft B. ab, an welche letztere die Auflassung unmittelbar von dem Eigentümer erfolgt. Stempelfreiheit besteht nicht. Dagegen hätte solche bestanden, wenn der Kaufvertrag zwischen dem Eigentümer und der Kleinbahn unmittelbar geschlossen wäre und der Kreis sich nur zur Zahlung des Kaufpreises verpflichtet hätte.

b) Auf die zwischen dem Kreisausschusse von B. und verschiedenen Grundbesitzern abgeschlossenen Kaufverträge über Grundstücke zum Bau einer Eisenbahnstrecke findet die Befreiungsvorschrift 4 e keine Anwendung. Wenn auch der Eisenbahnverwaltung das Enteignungsrecht verliehen ist und die Veräußerer zum Teil verpflichtet sind, die verkauften Parzellen unmittelbar dem Eisenbahnfiskus aufzulassen, so sind doch nach dem Inhalt der Verträge nicht die Eisenbahnverwaltungen, sondern der Kreis B. Käufer der Grundstücke. Dem Kreise stand ein Enteignungsrecht nicht zu, er kommt als „Beteiligter“ eines Enteignungsverfahrens nicht in Betracht. FM. 21. 1. 05 III 634.

12. Auf die bergrechtliche Grundbuchabtretung aus §§ 135 ff. des Allg. BergGes. finden die Gebühren und Stempelbefreiungsvorschriften für Enteignungen aus Gründen des öffentlichen Wohles keine Anwendung. Vgl. §§ 54 Abs. 2 und 43 Enteignungsges. v. 11. 6. 74. KG. 8. 2. 04, Joh. Bd. 27 S. B 51.

13. Prozeßvollmachten zu Rechtsstreitigkeiten wegen Enteignungsentschädigung gemäß § 30 Enteignungsges. v. 11. 7. 74 gehören nicht zu denjenigen „Verhandlungen vor Gerichten“, hinsichtlich deren Abs. 4 im § 43 eod. Stempelfreiheit anordnet. RG. 2. 3. 00, JW. S. 328, Gruch. Jahrg. 44 S. 1001.

14. Die gemäß § 5 der Katasteranw. I v. 21. 2. 96 nach vorhandenem Muster ausgestellten Vollmachten, in denen Grundeigentümer einen vereideten Landmesser ermächtigen, die in ihrem Auftrage ausgeführte Fortschreibungsvermessung ihrer Grundstücke dem zuständigen Katasteramt einzureichen und den Antrag auf Uebernahme der Veränderung in das Kataster zu stellen, sind als auf die Fortschreibung bezügliche Verhandlungen nach § 38 Abs. 2 Ges. v. 8. 2. 67 stempelfrei. FM. 6. 6. 04 III 5538.

15. § 4 Abs. 2 ist auf andere Urkunden als Vollmachten nicht ausdehnbar. FM. 27. 6. 99 III 7049.

§ 5.

Persönliche Stempelsteuerbefreiungen.

1 Von der Entrichtung der Stempelsteuer sind befreit:[1]

a) der König, die Königin und die Königlichen Wittwen;[2, 3]

b) der Fiskus des Deutschen Reiches und des Preußischen Staates[4] und alle öffentlichen Anstalten und Kassen, welche für Rechnung des Reiches oder des Preußischen Staates verwaltet werden[5] oder diesen gleichgestellt sind;

c) deutsche Kirchen[6] und andere deutsche Religionsgesellschaften,[7, 8] denen die Rechte juristischer Personen zustehen;[9, 10]

d) öffentliche[11] Armen-, Kranken-, Arbeits- und Besserungsanstalten,[12] ferner öffentliche Waisenhäuser,[13, 14] vom Staate genehmigte Hospitäler und andere Versorgungsanstalten,[15] ferner vom Staate genehmigte Vereine[16] für die Kleinkinderbewahranstalten,[17] sowie Stiftungen,[18] welche als milde ausdrücklich anerkannt sind;[19–27]

D. V. 1. — Allg. V. § 5 Abs. 2.

e) öffentliche Schulen[28] und Universitäten;

f) Gemeinden (Gutsbezirke) und Verbände von solchen in Armen-,[29] Schul-[30] und Kirchenangelegenheiten;[31]

g) [31] Aktiengesellschaften, Genossenschaften und Gesellschaften mit beschränkter Haftung, deren durch Statut bestimmter Zweck ausschließlich[32] darauf gerichtet ist, unbemittelten Familien gesunde und zweckmäßig eingerichtete Wohnungen in eigens erbauten oder angekauften Häusern zu billigen Preisen zu verschaffen[33] und deren Statut die an die Gesellschafter zu vertheilende Dividende auf höchstens vier Prozent ihrer Antheile beschränkt, auch den Gesellschaftern für den Fall der Auflösung der Gesellschaft nicht mehr als den Nennwerth ihrer Antheile zusichert, den etwaigen Rest des Gesellschaftsvermögens aber für gemeinnützige Zwecke bestimmt.

2 Dem Staatsoberhaupte und dem Fiskus anderer Staaten als des Deutschen Reiches und des Preußischen Staates sowie den öffentlichen Anstalten und Kassen, die für Rechnung eines solchen anderen Staates verwaltet werden oder diesen gleichgestellt sind, und den Chefs der bei dem Deutschen Reiche oder bei Preußen beglaubigten Missionen kann die Stempelsteuerbefreiung

gewährt werden, wenn der betreffende Staat Preußen gegenüber die gleiche Rücksicht übt.[34]

In den Fällen zu d bis g erstreckt sich die Stempelsteuer- 3 befreiung nur auf inländische Anstalten, Stiftungen, Vereine u. s. w. Diese Befreiung kann jedoch auch ausländischen Anstalten, Stiftungen, Vereinen u. s. w. gewährt werden, wenn der auswärtige Staat Preußen gegenüber die gleiche Rücksicht übt.

Bek. 1. — Allg. V. § 5 Abs. 3.

Die außerdem gewissen Personen, Behörden, Gesellschaften, 4 Anstalten, Stiftungen, Vereinen u. s. w. durch frühere Gesetze oder landesherrliche Privilegien bewilligten Steuerbefreiungen bleiben auch fernerhin in Kraft.

Die nach den vorstehenden Bestimmungen von der Stempel- 5 steuer befreiten Personen, Behörden, Gesellschaften, Anstalten, Stiftungen, Vereine u. s. w. sind nicht befugt, diese Befreiung den Privatpersonen, mit welchen sie Verträge eingehen, einzuräumen, wenn diese Personen an sich nach gesetzlicher Vorschrift zur Entrichtung des Stempels verbunden sind.[35]

Bei allen zweiseitigen Verträgen mit solchen Personen muß 6 für den Vertrag die Hälfte des Stempels und für die Nebenausfertigungen außerdem der vorgeschriebene Stempel (§. 9) entrichtet werden.[36. 37]

D. V. 7. Abs. 3 letzter Satz.

Bei Verträgen über Lieferungen an den Fiskus des Deutschen 7 Reiches oder des Preußischen Staates und alle öffentlichen Anstalten und Kassen, welche für Rechnung des Reiches oder des Preußischen Staates verwaltet werden oder diesen gleichgestellt sind, hat der Lieferungsübernehmer den vollen Betrag des Stempels zu entrichten.

Allg. V. § 5.

1. Für die Frage, ob der an sich nach dem Inhalt der Urkunde erforderliche Stempel infolge der persönlichen Stempelfreiheit eines Beteiligten nicht zu erheben ist, sind nicht die Angaben in der Urkunde, sondern die tatsächlichen Verhältnisse maßgebend, sodaß die Unterlassung der Angabe der für die Stempelfreiheit erheblichen Umstände in der Urkunde der Anerkennung der Stempelfreiheit nicht entgegensteht. FM. 2 7. 03 III 8884. — Vgl. auch A. 14 bei Tarif 73.

Hierbei kommt es auf die Person desjenigen an, der die Urkunde ausstellt, so daß der Policenstempel zu verwenden ist, wenn auch dem Versicherten Stempelfreiheit zusteht. FM. 6. 5. 97 III 5596. — Vgl. A. 6 bei Tarif 70. Bei den durch einen Vertreter abgeschlossenen Geschäften kommt es auf die Person des Vertretenen, nicht auf die des Vertreters an. FM. 16. 6. 05 III 7681.

2. Für die Königlichen Prinzen und die Mitglieder des Königl. Hauses besteht beschränkte Stempelfreiheit gemäß besonderer KabO. 15 KS. S. 13. — Vgl. KabO. 7. 3. 45, auch RG. 1. 6. 96.

3. Rechtsakte, durch die das Königl. Hausfideikommiß erweitert wird und also allodiale Gegenstände in den Fideikommißverband aufgenommen werden, sind stempelfrei. KabO. 7. 3. 45. — KG. 30. 10. 99, Joh. Bd. 19 S. 170. Mit der Königl Hofverwaltung abgeschlossene Lieferungsverträge erfordern nur den halben Wertstempel. HSp. S. 79.

4. Durch die im § 10 Ges. v. 26. April 1896 der Ansiedelungskommission für Westpreußen und Posen gewährte besondere Gebühren- und Stempelfreiheit wird die ihr als einem Organe des Fiskus nach sonstigen Vorschriften zustehende allgemeine Kosten- und Stempelfreiheit nicht berührt. KG. 7. 6. 03, Joh. Bd. 26 S. B 3.

5. Die Charité in Berlin gehört zu denjenigen Anstalten, die für Rechnung des preußischen Staates verwaltet werden. FM. 18. 5. 06 III 7512. Ebenso die Elementarlehrer-Witwen- und Waisenkassen der einzelnen Regierungsbezirke — FM. 19. 11. 98 III 15408 — und die Pensionsanstalt des Königl. Theaters in Cassel, da sie Zuschüsse aus dem Kronfideikommißfonds erfordert. FM. 28. 11. 99 III 14727.

Dagegen ist die Preußische Zentral-Genossenschaftskasse weder von der preußischen Stempelsteuer, noch von den Gerichtskosten befreit. Gutachten des KG. I. ZS. v. 5. 10. 05 und FM. 22. 11. 05 III 14475.

6. a) Die Bedeutung des Wortes „Kirche" ist aus der Deklaration v. 25. 5. 1810, 27. 6. 1811 und der KabO. v. 16. 1. 1827 zu erläutern. Die Stempelfreiheit bezieht sich auf alle Organe und Einrichtungen, welche notwendige Bestandteile der Kirchen und zugleich selbständige Träger rein kirchlichen d. h. lediglich kirchlichen Zwecken gewidmeten Vermögens sind. Danach gebührt auch dem Erzbischöflichen Stuhle Stempelfreiheit. RG. 5. 1. 97, JW. S. 98. — FM. 22. 12. 97 III 16003, ZBl. 98 S. 59. — KG 4 7. 98, JMBl. S. 588 von 99.

b) Auf Grund der Rechtsausführungen in dem RG. v. 5. 1. 97 ist die Steuerfreiheit eines zur Vorbildung der Geistlichen dienenden Konvikts, das eine zwar selbständige, aber immerhin kirchliche Anstalt darstellt, anerkannt. FM. 3. 12. 98 III 16249. / 30. 7. 01 III 9453.

7. Ueber Religionsgesellschaften s. § 11 LR. II 11.

8. Der Bund der Baptistengemeinden in Deutschland genießt nicht Stempelfreiheit, da die Stempelfreiheit aus § 5 litt. c nur denjenigen Baptistengemeinden zusteht, welche nach dem Ges. v. 7. 7. 75 — GS. S. 374 — Korporationsrechte erlangt haben. FM. 25. 6. 05 III 9351.

9. Also auch die Synagogengemeinden. Mot. S. 12.

10. Den Kreissynodalverbänden gebührt Stempelfreiheit, insbesondere in Angelegenheiten der christlichen Liebestätigkeit. KG. 4. 7. 98, JMBl. S. 588 von 99.

11. Einer besonderen Anerkennung des öffentlichen Charakters bedarf es nicht, weil die unter der Verwaltung des Staates, der Provinzen, der Kreise, Gemeinden und dergleichen Korporationen stehenden Anstalten als öffentliche allgemein anerkannt sind. KB. S. 100.

12. Oeffentliche Anstalten zur unentgeltlichen Verpflegung i. S. § 50 T. II Tit. 19 ALR. sind nicht bloß Anstalten, die im Eigentum des Staates oder der Kommunalverbände stehen, sondern auch milde Stiftungen Privater, welche Rechtspersönlichkeit besitzen und auf unentgeltliche Verpflegung Unbemittelter gerichtet sind, sofern nur die Aufnahme nicht von der Zugehörigkeit zu bestimmten Familien abhängt, sondern, wenn auch unter gewissen Bedingungen, für unbestimmt welche Personen zulässig ist. KG. 11. 2. 01, Joh. Bd. 21 S. A 230.

Erziehungsanstalten für verwahrloste Kinder (Rettungsanstalten) sind als öffentliche Anstalten anzusehen. 15. KS. S. 13. Dagegen nicht die Lazarette der Knappschaftsvereine. KG. 4. 7. 04, Joh. Bd. 28 S. B 55.

13. Ueber den Begriff der Waisenhäuser s. §§ 32 ff. LR. II 19.

14. Von den Privatwaisenhäusern werden die meisten unter den Begriff der milden Stiftung fallen. AH. S. 2511—12.

Auch für ein erst in der Entwickelung begriffenes von einer Stadtgemeinde zu errichtendes Waisenhaus, das demnächst ein öffentliches werden soll, kann Gebühren- und Stempelfreiheit beansprucht werden. KG. 23. 12. 01, Joh. Bd. 23 S. B 33.

15. Waisenhäuser und Versorgungsanstalten gehören zu den Einrichtungen der Armenpflege. Hiernach ist der Begriff der Versorgungsanstalten auf das Gebiet der Armenpflege eingeschränkt; verfolgt eine Anstalt wohltätige und gemeinnützige Zwecke, so ist sie keine Versorgungsanstalt mehr.

16. Ueber Rechtsfähigkeit der Vereine s. §§ 21 ff. BGB.

17. Die Steuerbefreiung steht Kleinkinderbewahranstalten zu, ohne daß es auf die besondere Anerkennung dieser Vereine als mildtätiger ankommt. Die Voraussetzung der Steuerfreiheit ist allein die staatliche Genehmigung, die aber nach § 42 ALR. II 19 auch stillschweigend erteilt werden kann. Nachdem nunmehr die Vereine für Kleinkinderbewahranstalten die Rechtsfähigkeit gemäß § 22 BGB. durch die Eintragung in das Vereinsregister erlangen, ist für eine besondere staatliche Genehmigung kein Raum. Die Eintragung in das Vereinsregister ist aber als ein die staatliche Genehmigung in sich schließender Rechtsakt anzusehen. $\frac{\text{Min. d. J. 22. 2. 02 III 2499.}}{\text{FM. 27. 2. 02 IVc 442.}}$ Die Aufgaben der Kleinkinderbewahranstalten müssen sich auf nicht schulpflichtige Kinder erstrecken. FM. 5. 12. 05 III 15067.

18. Ueber Stiftungen s. §§ 81 ff. BGB.

19. Diejenigen Korporationen, welche die Benefizien als milde Stiftungen neu genießen wollen, müssen von dem Finanzminister

resp. von dem Staatsministerium als solche anerkannt werden; wo aber nach den betreffenden Landesgesetzen Korporationen oder Stiftungen als „milde" gelten, behält es für diese auch sein Bewenden. HH. S. 356. Auf Stiftungen, die das Vorrecht der Steuerfreiheit schon vor dem 1. April 1896 erworben hatten, bezieht sich das Wort „ausdrücklich" nicht. FM. 31. 10. 97 III 13457. Nur Stiftungen mit selbständiger Rechtspersönlichkeit können als milde anerkannt werden. FM. 14. 8. 03 III 11163.

Ein Unternehmen, das als Ganzes nicht milde Stiftung ist, z. B. weil die Voraussetzung dafür, die juristische Persönlichkeit, fehlt, kann hinsichtlich einzelner Geschäftszweige als milde Stiftung nicht behandelt werden, wenn auch in dem gerade in Frage kommenden Fall milde Zwecke verfolgt werden sollten. FM. 16. 10. 01 III 12998.

20. Eine Stiftung ist nur dann als milde zu betrachten, wenn ihr ausschließlicher oder Hauptzweck die Unterstützung hilfsbedürftiger in leiblicher Notlage befindlicher Personen durch unentgeltliche Zuwendungen ist. RG. 6. 10. 98, ZBl. S. 453, FMBl. S. 168 von 99, FM. 5. 12. 05 III 15067.

Der Annahme einer milden Stiftung steht nicht unbedingt entgegen, daß die zu Unterstützenden statutenmäßig Beiträge zahlen, doch müssen im allgemeinen die Beiträge im Verhältnis zu den Unterstützungen so geringfügig sein, daß die letzteren den Charakter der Unentgeltlichkeit haben; darauf, ob im einzelnen Falle die von einem Mitgliede entrichteten Beiträge im Verhältnis zu der dem Mitgliede gewährten Unterstützung geringfügig sind, kommt es überhaupt nicht an. RG. 21. 12. 00.

Der Begriff der milden Stiftung — Unterstützung hilfsbedürftiger Personen durch unentgeltliche Zuwendungen, ZBl. S. 455 von 98 — deckt sich nicht mit dem umfassenderen gemeinrechtlichen Begriff der pia causa oder des pium corpus, deren entscheidendes Merkmal der fromme Zweck ist. Unter „milde Stiftungen" fallen nicht solche Anstalten, die, wenn auch in hohem Grade gemeinnützig wirkend, sich nicht die Unterstützung hilfsbedürftiger Personen zur Aufgabe machen. RG. 5. 10. 00, JW. S. 769.

Vereine, die statutengemäß ihren Mitgliedern oder deren Hinterbliebenen ohne Rücksicht auf Hilfsbedürftigkeit gewisse Vorteile gewähren, sind keine milden Stiftungen. RG. 21. 2. 95, JW. S. 212. — FM. 14. 2. 00 III 1107. Auch ist religiös-patriotische Pflege hierfür nicht begründend. FM. 10. 1. 98 III 16375 u. 16. 10. 01 III 12998.

21. Stellt die Schenkungsurkunde die Entscheidung über die Frage der Hilfsbedürftigkeit lediglich in das freie Ermessen einer Privatperson, so besteht keine Gewähr dafür, daß die dabei angewandten Grundsätze sich innerhalb desjenigen Rahmens halten werden, in welchem Rechtsprechung und Verwaltungsübung eine Hilfsbedürftigkeit für vorliegend erachten. Die Eigenschaft der Zuwendung als einer milden, würde daher nicht in ausreichender Weise dargetan erscheinen. FM. 15. 9. 05 III 11478.

22. Als milde kann eine Stiftung anerkannt werden, wenn ihr überwiegender Zweck ein milder, also ein auf die leibliche Unterstützung Bedürftiger gerichteter ist, selbst wenn daneben die Stiftung noch weitere Zwecke verfolgt. Im Sinne der Steuergesetze ist die Stiftung aber als Familienstiftung zu behandeln, wenn sie zunächst und überwiegend die Unterstützung der Mitglieder bestimmter Familien bezweckt. — Vorliegend war in erster und zweiter Linie die Unterstützung der Abkömmlinge bestimmt bezeichneter Familien und erst in dritter Linie die Unterstützung bedürftiger israelitischer Bräute aus anderen Familien bezweckt. FM. 21. 11. 03 III 15164. Familienstiftungen können nicht als milde Stiftungen anerkannt werden. FM. 15. 3. 05 III 2124. Der Umstand, daß die Nutzungen, falls sich „in einem Jahre kein den statutarischen Bestimmungen entsprechender Bewerber" findet, dem Verein N. N. und der Stadtgemeinde zu wohltätigen Zwecken überwiesen werden sollen, kann der Stiftung ihre Natur als Familienstiftung nicht nehmen. FM. 30. 3. 06 III 4818. — Vgl. A. 2b zu Tarif 24.

23. Da die Erbschaftssteuerfreiheit auch solchen auf Personenvereinen begründeten Stiftungen zusteht, die zur Zeit des zu versteuernden Anfalls vom Staate noch nicht als milde Stiftungen anerkannt sind, die aber infolge des Anfalls sich um die staatliche Anerkennung bewerben und dieselbe erhalten — Mot. zu 2g der Befreiungsvorschr. des EStG. vom Jahre 1873, RG. 25. 4. 81, JMBl. S. 11 von 82 —, und die staatliche Anerkennung als milde Stiftung alsdann die Wirkung hat, daß nunmehr die erbschaftliche Zuwendung als eine von Anfang an steuerfreie zu behandeln ist, so sind dieselben Grundsätze auch bei der Urkundenbesteuerung zur Anwendung zu bringen, weil sich die Vorschriften über die persönlichen Stempelbefreiungen von b bis f den einschlägigen Bestimmungen über Befreiungen Buchstabe e bis i des Tarifs zum EStG. vom Jahre 1873 anschließen. FM. 28. 8. 03 III 12075.

24. a) Ein Verein ist als milde anerkannt, weil er neben der Unterhaltung einer Kinderbewahranstalt ausschließlich die Verpflegung von armen Kranken und die Unterstützung von Armen in der Gemeinde bezweckt. FM. 26. 8. 01 III 10786.

b) Als milde können auch anerkannt werden Stiftungen zu Gunsten verschämter Armer, die nicht zu den Hilfsbedürftigen im Sinne des Unterstützungswohnsitzgesetzes zählen, nicht dagegen Stipendienstiftungen. FM. 23. 11. 97 III 11522 und 4. 9. 99 III 11293.

c) Milde Stiftung ist auch angenommen, wenn die Nutzungen eines Vermögens dazu dienen sollen, Töchtern armer und hilfloser Familien, namentlich aus arbeitenden Klassen, Unterweisung in den notwendigsten häuslichen Arbeiten erteilen zu lassen. FM. 5. 6. 96 III 6418. Ebenso für einen Verein, der arme Mädchen unentgeltlich aufnimmt, um sie zu dienstlichen Stellungen zu erziehen. Anders wäre es, wenn der Verein die Absicht hätte, die Mädchen zu besseren Lebensstellungen auszubilden. FM. 2. 7. 01 III 7085. Weiter für einen Verein, der die Erziehung und Besserung sittlich verwahrloster Kinder bezweckt. Unterricht und Verpflegung werden in diesem Verein in der Regel unentgeltlich gewährt. Daß die Tätigkeit auf einen bestimmten Bezirk begrenzt ist und daß in Ausnahmefällen von vermögenden Eltern Beihilfen verlangt werden können, steht der Anerkennung als milde Stiftung nicht entgegen. FM. 26. 9. 01 III 12023. — Vgl. auch FM. 27. 7. 01 III 8605, in dem eine Stiftung als milde anerkannt ist, welche die Zweckbestimmung hatte, der heranwachsenden bedürftigen Jugend bis zur Schulentlassung durch Beaufsichtigung rc. Fürsorge zu erweisen, um sie vor Verwahrlosung zu schützen.

25. Die N. N. Stiftung, die weder die Unterstützung armer Personen in einer schon vorhandenen leiblichen Notlage, noch die Bewahrung armer Personen vor bevorstehendem wirtschaftlichen Verfall bezweckt, ist als milde nicht anerkannt. Es handelt sich aber um wohltätige Zwecke, weil stiftungsgemäß die Mittel gewährt werden durch Besuch einer Handels- oder Fachschule zum bessern Fortkommen im Handwerk oder technischen Beruf. FM. 23. 7. 01 III 9211.

26. In einem weiteren Fall schenkt Frau A. zur Errichtnng einer Anstalt für besonders abnorme Kinder 15 000 M., die der Verwaltung des Vorstandes des N. N. Hauses unterstellt werden und in das Eigentum dieses Hauses übergehen sollen, sobald es die nachzusuchenden Korporationsrechte erlangt haben werde; die Stiftung soll also keine selbständige juristische Persönlichkeit bilden, vielmehr handelt es sich um eine Zuwendung zu einem bestimmten Zwecke. Die Sache ist nach Tarifstelle 56 in Verbindung mit § 8 EStG. vom Jahre 1873 steuerlich ebenso zu behandeln, als ob eine Stiftung mit juristischer Persönlichkeit zu demselben Zweck angeordnet wäre. Es sind 8 % Stempel fällig, weil nicht feststeht, daß unter den in die Anstalt aufzunehmenden Kindern überwiegend solche zu verstehen sind, die ohne ausreichendes Vermögen sind und für die auch kein entsprechendes Kostgeld gezahlt werden kann und weil die Verwendung zu dem bestimmten Zweck nicht gesichert ist, da noch nicht feststeht, ob, wann und unter welchen Bedingungen das N. N. Haus Korporationsrechte erlangen wird. FM. 14. 10. 05 III 13342.

Eine Gewähr für die dauernde Verwendung des Vereinsvermögens zu den satzungsgemäßen Zwecken ist auch dann nicht gegeben, wenn bei Auflösung des Vereins die letzte Versammlung über die Verwendung des Vereinsvermögens entscheidet. FM. 5. 12. 05 III 15067.

27. Knappschaftsvereine als solche genießen Stempelfreiheit nicht. RG. 20. 3. 00, Joh. N. F. Bd. I S. B 17. — FM. 19. 5. 00 III 4695. Auch nicht Missionsgesellschaften, da sie in der Hauptsache religiöse und gemeinnützige Zwecke, aber nicht mildtätige, d. h. auf die leibliche Unterstützung Hilfsbedürftiger und die Beseitigung der Armut gerichtete, verfolgen. FM. 23. 9. 98 III 11404.

28. „Oeffentliche Schule“, d. h. unter der Verwaltung des Staates oder einer Gemeinde stehend, in der die Zulassung zum Unterricht von jedermann beansprucht werden kann. RG. 22. 11. 81, JW. 82 S. 315. — Vgl. §§ 1, 9 ALR. II 12.

Die der Landwirtschaftskammer für die Provinz Brandenburg unterstehende Ackerbauschule und landwirtschaftliche Winterschule zu Wittstock a./D. ist als öffentliche Schule zu betrachten. FM. 27. 11. 01 III 14732.

Desgleichen die Provinzial-Hebammen-Lehranstalten. FM. 2. 12. 02 III 14731.

29. Alle Angelegenheiten der Gemeinden genießen Stempelfreiheit, sofern sie nur Armensachen, d. h. die Unterstützung dauernd oder vorübergehend Hilfsbedürftiger, betreffen. KG. 17. 4. 99, Hz. S. 71.

30. Stempelfreiheit steht auch den Gemeinden zu, falls sie für Schulzwecke Grundstücke erwerben. JM. 10. 4. 97/FM. 21. 4. 97.

31. Die Anlegung eines Kommunalfriedhofes gehört zu den Kirchenangelegenheiten, für welche den Gemeinden Stempelfreiheit zusteht. KG. 27. 6. 04, Joh. Bd. 29 S. B 40.

Die Vorschrift in § 5 Abs. 1g ist eng auszulegen; das Statut muß ausdrücklich das Erforderliche ergeben. FM. 26. 5. 98 III 7246.

32. Genossenschaften und Gesellschaften mit beschränkter Haftung, die neben dem Hauptzweck, unbemittelten oder minderbemittelten Familien in gekauften oder eigens gebauten Häusern Wohnungen zu billigen Preisen zu verschaffen, zugleich Kreditgeschäfte betreiben, genießen Stempel- und Gerichtskostenfreiheit, solange der Kreditverkehr nur einen Nebenzweck bildet. FM. 19. 4. 00 III 4231, ZBl. S. 223, JMBl. S. 410.

33. Dem St. Joseph-Bauverein ist Stempelfreiheit zugebilligt. Daß der Verein seine Häuser an Unbemittelte nicht allein vermietet, sondern auch verkauft, steht der Anerkennung der Stempelfreiheit nicht entgegen, wenngleich auch nicht ausgeschlossen ist, daß später durch Vererbung oder Weiterverkauf die Häuser auch in den Besitz Bemittelter gelangen können. Ebensowenig steht der Anerkennung der Stempelfreiheit der Umstand entgegen, daß der Verein nur aus Katholiken besteht und demgemäß beim Verkauf oder Vermieten katholische Bewerber das Vorzugsrecht haben. FM. 3. 7. 99 III 8580.

34. Wie dies geschehen ist, z. B. hinsichtlich der Ottomanischen Regierung — FM. 15. 4. 98 III 5315;

des Badischen Fiskus, FM. 27. 6. 99 III 7892 und der Badischen Anstalten — FM. 30. 9. 02 III 12170, ZBl. S. 256, JMBl. S. 296;

des Großherzogs von Hessen und des Fiskus des Hessischen Staates, sowie der öffentlichen Anstalten und Kassen, die für Rechnung Hessens verwaltet werden oder diesen gleichgestellt sind — FM. 6. 6. 02 III 6961, ZBl. S. 118, JMBl. S. 294, 02 und S. 271, 03;

des Fiskus der Fürstentümer Waldeck und Pyrmont, sowie derjenigen Anstalten und Kassen, welche für dessen Rechnung verwaltet werden oder diesen gleichgestellt sind, d. h. Befreiung für die Eintragung auf Grund einer Auflassung und für die Eintragung einer Hypothek oder Grundschuld und ihrer Abtretung und Verpfändung. Diese Befreiung kommt auch dem unter der Verwaltung der Fürstlich Waldeckschen Domänenkammer zu

Arolsen stehenden Fürstlich Waldeckschen Domonialvermögen zu gute FM. 13. 10. 06 III 16602, ZBl S. 1457, JMBl. S. 483;

des chinesischen Reiches. FM. 5. 5 04 III 6006;

des außerordentlichen Gesandten und bevollmächtigten Ministers der Hansestädte Dr. K. FM. 26. 7. 06 III 9292;

aber nicht hinsichtlich des Königlich Sächsischen Fiskus. FM. 11. 5. 98 III 6636

35. Falls die Haftung des Fiskus für Kosten der freiwilligen Gerichtsbarkeit auf gesetzlicher Vorschrift beruht, ist von der Einziehung der Kosten auch von einer beteiligten Privatperson insoweit abzusehen, als der Fiskus kraft Gesetzes dieser gegenüber zur Tragung der Kosten verpflichtet ist. So z. B. bei der gerichtlichen Aufnahme eines Kaufvertrages nach § 449 BGB. In andern Fällen der gerichtlichen Aufnahme eines Vertrages bei Mitbeteiligung des Fiskus sind die Vertragskosten zur Hälfte außer Ansatz zu lassen (§§ 1, 2, 8 Abs. 5 PrGKG., § 426 BGB). Im gleichen Umfange sind auch die Auslagen außer Ansatz zu lassen.

Beruht die Haftung des Fiskus für die bezeichneten Kosten auf freiwilliger Uebernahme, so sind sie ungeachtet dieser Uebernahme von der beteiligten Privatperson insoweit einzuziehen, als diese nach dem Gesetz der Gerichtskasse gegenüber zur Zahlung der Kosten verpflichtet ist Der Grundsatz des § 5 Abs 5 LStG. ist also auch hinsichtlich der Gerichtskosten zur Anwendung zu bringen. FM 23. 9. 05, JM Ia 1592a. FM. 9. 10 05 III 13041.

36. Im Sinne dieses Absatzes sind Schenkungen selbst dann nicht als zweiseitige Verträge aufzufassen, wenn die Schenkung in derselben Urkunde angenommen wäre. FM. 15. 9. 05 III 11478. — Vgl. HSp. S. 94 A. 34 u. S. 178 A. 5.

37. Hat in Eisenbahn-Verstaatlichungsverträgen der Staat die Schulden der betreffenden Eisenbahngesellschaft übernommen, so ist von der Einziehung früher entstandener Stempelforderungen, zu deren Zahlung der Fiskus verpflichtet ist, ebenso abzusehen, wie von Stempelforderungen zu den Verstaatlichungsverträgen selbst; desgleichen ist ein Lieferungsstempel dann nicht nachzufordern, wenn der Lieferungsübernehmer wegen des Lieferungsstempels seinen Rückgriff gegen die beteiligte Staatsbehörde nehmen kann. FM. 17. 11. 03 III 14605

§ 6.

Werthermittelung.

1 [1]Die Ermittelung des Werthes[2] eines Gegenstandes zum Zwecke der Berechnung der Stempelsteuer ist auf den gemeinen Werth desselben zur Zeit der Beurkundung des Geschäfts zu richten.

2 Ist einem der Vertragschließenden ein Wahlrecht oder die Befugniß eingeräumt, innerhalb bestimmter Grenzen den Umfang

der Leistung zu bestimmen, so wird die Stempelsteuer nach dem höchstmöglichen[3] Werthe des Gegenstandes des Geschäfts berechnet. Ist die Leistung nicht bis zu den bestimmten Grenzen erfolgt, so wird nach Ausführung des Geschäfts die gezahlte Stempelsteuer bis auf den der wirklichen Leistung entsprechenden Betrag erstattet.

Bek. 2. 18 Abs. 1. — D.V. 2. — Allg. V. § 9 Abs. 1.

Bei Geldforderungen ist der aus der stempelpflichtigen Ur- 3
kunde ersichtliche Geldbetrag, bei Kurs habenden Werthpapieren der Tageskurs als Werth anzusehen.[3b]

Die Umrechnung der in anderer als Reichswährung ange- 4
gebenen Summen erfolgt nach den für die Erhebung des Wechselstempels vom Bundesrath festgesetzten Mittelwerthen und, insoweit solche nicht bestimmt worden sind, nach dem laufenden Kurse.

Bek. 3.

Der Werth des Besitzes einer Sache ist in der Regel dem 5
Werthe der Sache gleich zu achten.

Der Werth eines Pfandrechts[4] oder der Sicherstellung einer 6
Forderung richtet sich nach dem Betrage der Forderung; hat der Gegenstand des Pfandrechts einen geringeren Werth, so ist dieser maßgebend.

Der Werth einer Grunddienstbarkeit[4] wird durch den Werth, 7
welchen dieselbe für das herrschende Grundstück hat, und wenn der Betrag, um welchen sich der Werth des dienenden Grundstücks durch die Dienstbarkeit mindert, größer ist, durch diesen Betrag bestimmt.

Der einjährige Werth von Nutzungen[4] wird, wenn nicht aus 8
der Urkunde ein höherer oder niederer Prozentsatz hervorgeht oder sonst festgestellt werden kann, zu vier vom Hundert des Werthes des Gegenstandes, welcher die Nutzung gewährt, angenommen.

Bei immerwährenden[6] Nutzungen und Leistungen[4] ist das 9
Fünfundzwanzigfache ihres einjährigen Betrages, bei Nutzungen und Leistungen von unbestimmter Dauer,[7] sofern nicht die Vorschriften in den beiden nächstfolgenden Absätzen Anwendung finden oder anderweite die längste Dauer begrenzende Umstände in der Urkunde angegeben sind, das Zwölfeinhalbfache des einjährigen Betrages als Werth anzusehen.

Der Werth von Nutzungen oder Leistungen auf Lebenszeit 10
bestimmt sich nach dem zur Zeit ihres Anfanges erreichten Lebens-

alter der Person, bei deren Tode die Nutzung oder Leistung erlischt, und wird bei einem Lebensalter derselben

von	15	Jahren oder weniger		auf das	18	fache
über	15	Jahre bis zu	25	Jahren auf das	17	fache
=	25	= = =	35	= = =	16	=
=	35	= = =	45	= = =	14	=
=	45	= = =	55	= = =	12	=
=	55	= = =	65	= = =	8½	=
=	65	= = =	75	= = =	5	=
=	75	= = =	80	= = =	3	=
=	80	= auf das		. . . .	2	=

des Werthes der einjährigen Nutzung oder Leistung angenommen.

11 Ist die Dauer der Nutzungen oder Leistungen von der Lebenszeit mehrerer Personen[5, 7c] dergestalt abhängig, daß beim Tode der zuerst versterbenden die Nutzung oder Leistung erlischt, so ist für die nach den Bestimmungen im vorigen Absatz vorzunehmende Werthermittelung das Lebensalter der ältesten Person maßgebend. Wenn die Nutzung oder Leistung bis zum Tode der letztversterbenden Person fortdauert, erfolgt die Berechnung nach dem Lebensalter der jüngsten Person.

12 Der Gesammtwerth der auf bestimmte Zeit eingeschränkten Nutzungen oder Leistungen ist unter Zugrundelegung eines vierprozentigen Zinsfußes nach der beigefügten Hülfstabelle zu ermitteln. Ist jedoch die Dauer der Nutzung oder Leistung noch außerdem durch die Lebenszeit einer oder mehrerer Personen bedingt, so darf der nach den Bestimmungen der beiden vorhergehenden Absätze zu berechnende Werth nicht überschritten werden.

Allg. V. § 6, Abs. 1 u. 2.

1. Wenn die Vorschriften des § 6 nicht anwendbar sind, ist der Wert des Gegenstandes nicht schätzbar. RG. 12. 7. 97, Joh. Bd. 17 S. 136. — Vgl. A. 1 zu § 4

2. Ueber Wert s. §§ 112, 114, 115 LR. I 2.

Bei prozentualen oder abgestuften Stempeln braucht der Wert aus der Urkunde selbst nicht erkennbar zu sein, weil §§ 6 u. 7 d. G. anwendbar sind. Für Befreiung vom Fixstempel aber ist der Urkundeninhalt maßgebend. FM. 18. 4. 98 III 3529.

3. a) Die Gegenleistung des Patentkäufers besteht darin, daß Verkäuferin 100 000 M. und 25 Prozent Gewinnanteil erhalten, dem Käufer aber innerhalb dreier Jahre das Recht zustehen soll, diese Gewinnbeteiligung durch Zahlung von 200 000 M. abzulösen, ohne jedoch die bis dahin für die Verkäuferin bereits fällig gewordenen

Gewinnanteile zurückfordern oder einbehalten zu dürfen: Es ist sogleich $^1/_3$ Prozent Stempel von 300 000 M. fällig. RG. 20. 10. 03, ZBl. S. 19 von 04. — Vgl. A. 30 zu Tarif 32.

b) Zwischen bedingten und unbedingten Geldforderungen ist hier nicht unterschieden. FM. 28. 9. 06 III 15782.

4. Ueber Gegenstände des Pfandrechts s. §§ 1204 ff. und 1273 ff. BGB., über Grunddienstbarkeiten § 1018 eod., über Nutzungen § 100 eod., über Leistungen §§ 241 ff. eod.

5. Ist eine Nutzung mehreren Personen auf Lebenszeit nach einander zugedacht, so berechnet sich der Stempel zunächst nach dem Alter der zuerst in den Genuß der Nutzung tretenden Person, während die Versteuerung der weiteren Nutzungen auszusetzen ist. FM. 7. 9. 00 III 5055. — Vgl. unten A. 7c.

6. Der Umstand, daß eine an sich immerwährende Leistung ablösbar ist, macht dieselbe im stempelrechtlichen Sinne nicht zu einer Leistung von unbestimmter Dauer. RG. 20. 6. 04, Joh. Bd. 28 S. B 80.

7. a) Es war dem A. eine monatliche Rente von 15 Mark „bis zur Vollendung seines Studiums“ ausgesetzt: da eine Leistung von unbestimmter Dauer vorliegt, war nach § 15 EStG. das $12^1/_2$fache des einjährigen Betrages von 180 M. als Kapitalwert des Vermächtnisses anzunehmen. FM. 12. 8. 04 III 10595.

b) Wenn es sich um eine Nutzung von unbestimmter, jedoch durch die Lebenszeit eines Menschen begrenzter Dauer handelt, die aber jedenfals spätestens zu einem bestimmten Termin aufhören soll, ist eine doppelte Berechnung anzustellen: für die bestimmte Zeit nach Abs. 1 und für die unbestimmte (Lebenszeit) Zeit nach Abs. 10. Der geringere von beiden gefundenen Beträgen ist der Versteuerung zugrunde zu legen. HSp. S. 107.

c) Inhaltlich des Vertrages ist an den Verkäufer (68 Jahre alt) eine Rente von 1800 M. und nach dessen Tode an die Ehefrau (43 Jahre alt) eine Rente von 1000 M. zu entrichten; in Höhe von 800 M. erlischt also die Rente mit dem Tode des Ehemannes, und sie ist alsdann in Höhe von 1000 M. bis zum Tode der Ehefrau weiter zu gewähren. Der Kapitalbetrag berechnet sich auf 800 M. × 5 = 4000 M. und 1000 M. × 14 — 14 000 M., zusammen 18 000 M. FM. 22. 5. 97 III 6077. — Vgl. oben A. 5.

§ 7.

Verpflichtung der Privatpersonen, Behörden und Beamten zur Auskunfterteilung; amtliches Ermittelungsverfahren.

Die Steuerpflichtigen sind zur Ertheilung der von den Steuer- 1
behörden oder den zur Einziehung oder Verwendung des Stempels noch sonst verpflichteten Behörden oder Beamten erforderten Auskunft über den Werth des Gegenstandes, soweit dazu nicht die

Kenntnisse eines Sachverständigen oder besondere Ermittelungen erforderlich sind, verbunden.

Bek. 4.

2 Wird in den vorgedachten Fällen der Aufforderung der Behörden oder Beamten nicht genügt,[1] so kann die Steuerbehörde die Säumigen durch Festsetzung und Einziehung von Ordnungsstrafen[2] bis zu einem Gesammtbetrage von 60 Mark zur Befolgung der getroffenen Anordnungen anhalten, auch das zur Erledigung derselben Nöthige auf Kosten der Säumigen beschaffen. Der Festsetzung einer Ordnungsstrafe hat die Androhung derselben vorherzugehen.

Bek. 5. — Anh. § 24.

3 Tragen die Behörden oder Beamten Bedenken, die Angaben der Steuerpflichtigen als richtig anzunehmen, und findet eine Einigung mit den Letzteren nicht statt, so sind die Behörden oder Beamten befugt, unter Zuziehung Sachverständiger, bei deren Auswahl etwaige Vorschläge der Steuerpflichtigen mit zu berücksichtigen sind, die für die Berechnung der Steuer erforderlichen Grundlagen zu ermitteln und danach die Steuer zu erheben. Die Kosten der Ermittelung fallen dem Steuerpflichtigen zur Last, wenn der ermittelte Werth den von dem Steuerpflichtigen angegebenen Werth um 10 Prozent oder mehr übersteigt. Die gezahlten Kosten werden erstattet, wenn im Verwaltungswege oder im Rechtswege die Ermäßigung des Werthes auf einen nicht zum Kostenersatz verpflichtenden Betrag erfolgt.

Bek. 6, 30c letzter Abs., 35. — D. V. Anh. § 25. — D. V. 3. — Allg. V. § 16 vorl. Abs.

4 Wird von den Steuerpflichtigen gegen die Entscheidung der Steuerbehörde der Rechtsweg beschritten, so bleibt die Zahlung des streitig gebliebenen Stempels bis zur Rechtskraft des Urtheils ausgesetzt.

Bek. 7.

5 [3] Alle unmittelbaren und mittelbaren Behörden und Beamten sind verbunden, der Steuerbehörde oder den zur Einziehung oder Verwendung des Stempels noch sonst verpflichteten Behörden oder Beamten Auskunft über die für die Festsetzung der Stempelsteuer in Betracht kommenden thatsächlichen Verhältnisse zu ertheilen.

Allg. V. § 17, Abs. 2.

1. Die Vorlegung von Urkunden, insbesondere von solchen, die eine Verfehlung des Produzenten gegen ein Stempelgesetz eventuell dartun würden, darf er verweigern. AH. S. 2378.

2. **Ordnungsstrafen** können im Weigerungsfalle öfter erhoben werden. 20. KS. S. 14 — Vgl. A. 7 zu § 21 und A. 16 b zu Tarif 8.

3. a) Wenn auch Erteilung einer Auskunft aus dem Grundbuch oder den Grundakten in der Grundbuchordnung nicht verboten ist, so besteht doch auch keine gesetzliche Pflicht zur Auskunfterteilung seitens des Grundbuchrichters. Dagegen kann vom Standpunkt des in Preußen geltenden öffentlichen Rechts **die Verpflichtung des Grundbuchamts zur Auskunfterteilung an Behörden** auch hinsichtlich des Inhalts der Grundbücher und Grundakten grundsätzlich nicht verneint werden. Ob und inwieweit im öffentlichen Interesse diese Pflicht besteht, darüber entscheiden im Weigerungsfalle die Aufsichtsbehörden. KG. 13. 1 02, JMBl. S. 82, Joh. Bd. 23 S A 213.

b) Wird von einem zur Grundbucheinsicht Berechtigten, insbesondere von einer öffentlichen Behörde, die **Erteilung auszugsweiser Grundbuchblattsabschriften über bestimmt bezeichnete Eintragungen beantragt und das Nichtvorhandensein solcher Eintragungen festgestellt**, so hat der Grundbuchrichter dem Antragsteller hierüber Mitteilung zu machen. Um eine Auskunft über den positiven Inhalt des Grundbuchs i S des Beschlusses vom 13 Januar 1902 handelt es sich hierbei nicht. KG. 12. 2. 02, Joh. Bd. 23 S. A 217

§ 8.

Unbestimmtheit des Werthes des Gegenstandes.

Wenn bei einem Geschäft der Werth des Gegenstandes derstalt unbestimmt[1] ist, daß er von vornherein nicht festgestellt oder geschätzt werden kann, so hat der zur Entrichtung der Abgabe Verpflichtete die Urkunde innerhalb der in den §§. 15 und 16 angegebenen Fristen der Steuerbehorde vorzulegen, welche das Erforderliche wegen der Ueberwachung, Sicherstellung und nachträglichen Zahlung der Stempelsteuer anordnen wird. 1

Bek. 8 — D V. 9, 12 B. — Allg V. §§ 11. B, 12 Abs. 2 und letzter Abs.

Diese Bestimmung findet auch auf diejenigen Urkunden Anwendung, zu welchen Privatpersonen ohne amtliche Ueberwachung Stempelmarken verwenden dürfen. 2

1. Die Unbestimmtheit kommt z B. bei Lieferungsverträgen vor, wenn die Menge der abzuliefernden Gegenstände von dem nicht vorher bestimmten Bedarf abhängt oder wenn die Preise der Gegenstände von künftigen Ereignissen, wie künftigen Marktpreisen u. dergl., abhängig sein sollen. Mot. S. 14. — Vgl. A. 10 c bei Tarif 32.

§ 9.

Versteuerung mehrerer über denselben Gegenstand ausgestellter Urkunden.

1 Werden über denselben Gegenstand mehrere Urkunden gleichen Inhalts[1] ausgefertigt, so wird die auf dem Gegenstande ruhende Steuer nur zu einer derselben, und zwar in der Regel zu derjenigen Urkunde, welche als Hauptausfertigung bezeichnet ist, verwendet; die übrigen Ausfertigungen sind mit demjenigen Stempel zu versehen, welcher nach der Tarifstelle „Duplikate“ beizubringen ist.[2] Eine Ausfertigung einer Verhandlung darf nur dann als Nebenausfertigung versteuert werden, wenn das Vorhandensein einer als Hauptausfertigung versteuerten Urkunde nachgewiesen wird.

Bek. 15. A. II 1. — D.V. 4. — Allg.V. § 1a.

2 [3]Bei Notariatsverhandlungen ist der Stempel zu der Urschrift[4] zu verwenden. Die erste Ausfertigung ist stempelfrei, wenn die Ausfertigung als erste bezeichnet und auf derselben bescheinigt ist, welcher Stempel zu der Urschrift verwendet worden ist.

3 [5]Auf jeder zweiten und weiteren Ausfertigung oder amtlich beglaubigten Abschrift oder jedem amtlich beglaubigten Auszuge aus einer stempelpflichtigen Urkunde muß bescheinigt werden, welcher Stempel zu der Hauptausfertigung oder Urschrift verwendet worden ist. Alle unmittelbaren und mittelbaren Beamten sind verpflichtet, auch die von ihnen gefertigten einfachen Abschriften stempelpflichtiger Urkunden mit dieser Bescheinigung zu versehen.

D.V. 30. 32. — Allg.V. § 10. — Bek. 15. B. 5.

1. Ob die Haupt- und Nebenausfertigungen gleichzeitig oder zu verschiedenen Zeiten errichtet oder versteuert werden, ist gleichgültig. FM. 26. 5. 96 III 7487.

2. a) Da vom Gesetz eine Doppelbesteuerung desselben Rechtsgeschäfts nicht gewollt ist, ist genehmigt, daß zu einem notariellen Kaufvertrage der Stempel abzüglich des Duplikatstempels von 1 M. 50 Pf. erstattet wurde, weil bereits früher zwischen denselben Personen über den nämlichen Gegenstand unter im wesentlichen gleichen Bedingungen ein anderer notarieller Vertrag geschlossen und gehörig versteuert war. FM. 12. 12. 01 III 15422.

b) Bezieht sich bei Kaufgeschäften der erste Vertrag auf das ganze Grundstück, während in dem späteren Vertrage ein Teil vom Verkauf ausgeschlossen bleibt, oder die Preisabrede sich ändert, so erfolgt bei Erhöhung des Preises in dem späteren Vertrage nur eine Versteuerung des Mehr. Diese milde Praxis erstreckt sich aber nur auf die mit dem Wert des Gegenstandes prozentual steigenden Stempel, nicht auf die festen und abgestuften Stempel. FM. 20. 8. 96 III 8818 bei HSp. S. 7.

3. a) Die Vorschrift des § 9 Abs. 2 bezieht sich nur auf Notariatsverhandlungen und darf als Ausnahmevorschrift auf andere Fälle nicht ausgedehnt werden, sie findet daher keine Anwendung, wenn der Vertrag von einem nach Art. 12 §§ 2 u. 4 PrAG. z. BGB. dazu bestellten Beamten aufgenommen ist. FM. 6. 1. 05 III 104. Die Stempel zu derartigen Verhandlungen sind zu der die stempelpflichtige Urkunde darstellenden Urschrift der Verhandlung des Urkundsbeamten zu verwenden. Wird eine Urkunde der in Rede stehenden Art in mehreren gleichlautenden Exemplaren aufgenommen, so kommt für die Versteuerung die Bestimmung des § 9 Abs. 1 in Betracht. FM. 27. 11. 01 III 14845. — Vgl. A. 2g bei Tarif 10.

b) Der Ritterschafts-Syndikus hat den Stempel zur ersten Ausfertigung zu verwenden, es sei denn, daß deren Erteilung sich über 14 Tage verzögert. FM. 17. 2. 98 III 886.

4. Vgl. §§ 42, 44, 61, 62 PFG.

5. a) Die Verpflichtung zur Ausstellung der betreffenden Bescheinigungen liegt demjenigen Beamten ob, der den Ausfertigungs- oder Beglaubigungsvermerk unterschreibt oder im Fall der Erteilung einer einfachen Abschrift die Abschrift von der Kanzlei abnimmt. Schriftstücke, für welche ein Stempel zu den Gerichtskosten zu berechnen ist, dürfen zur Herstellung einer Ausfertigung oder Abschrift erst dann zur Kanzlei gegeben werden, wenn die Berechnung des Stempels erfolgt und der berechnete Betrag auf der Urschrift vermerkt ist. Ev. aber z. B. in besonders schleunigen Fällen ist auf die Urschrift vor der Abgabe an die Kanzlei ein in die Ausfertigung oder Abschrift nicht zu übernehmender Vermerk zu setzen, daß die Berechnung des Stempels vorbehalten sei. In diesem Falle darf die Aushändigung der Ausfertigung oder Abschrift erst erfolgen, nachdem die Stempelberechnung nachgeholt und die Ausfertigung oder Abschrift mit der vorgeschriebenen Bescheinigung versehen ist. JM. 15. 10. 01, JMBl. S. 251, ZBl. S. 262.

b) Abs. 3 ist bei gerichtlichen Urkunden dahin zu verstehen, daß nicht die Bezahlung, sondern die Berechnung des Stempels von den Gerichten zu bescheinigen ist. JM. 30. 9. 98. — FM. 14. 10. 98 III 13857.

6. Da Rechtsanwälte zu einer Bescheinigung über den verwendeten Stempel nicht verpflichtet sind, kann aus dem Fehlen dieser Bescheinigung auch nicht auf die Nichtverwendung des zur Urschrift erforderlichen Stempels geschlossen werden. Hiernach sind auch Gerichtsvollzieher zu einer Anzeige nicht verpflichtet, wenn die beglaubigte Abschrift die Verwendung des zur Urschrift erforderlichen Stempels nicht ergibt. FM. 18. 4. 05 III 5005.

§ 10.

Versteuerung mehrerer in derselben Urkunde enthaltener Gegenstände.

1 [1] Wenn bei Rechtsgeschäften über mehrere, verschiedenen Steuersätzen unterliegende Gegenstände das Entgelt ohne Angabe der Einzelwerthe [2, 4] ungetrennt in einer Summe oder Leistung verabredet ist, so kommt für die Berechnung des Stempels der höchste Steuersatz [3] zur Anwendung, sofern nicht von den Ausstellern [5] der Urkunde auf derselben die Werthe für die einzelnen Gegenstände innerhalb der im §. 16 angegebenen Fristen [6] noch nachträglich angegeben werden. Trägt die Steuerbehörde Bedenken, die ursprünglichen oder nachträglichen Angaben der Steuerpflichtigen über die Einzelwerthe als richtig anzunehmen, so kommen die Vorschriften des dritten Absatzes des §. 7 zur Anwendung. [7]

Bek. 9.

2 Enthält eine Urkunde verschiedene steuerpflichtige Geschäfte, so ist der Betrag des Stempels für jedes Geschäft besonders zu berechnen und die Urkunde mit der Summe dieser Stempelbeträge zu belegen. [9a, 9]

3 Sofern die einzelnen in einer Urkunde enthaltenen Geschäfte sich als Bestandtheile eines einheitlichen, nach dem Tarife steuerpflichtigen Rechtsgeschäftes darstellen, ist nur der für das letztere vorgesehene Stempelbetrag zu entrichten. [8, 9]

1. a) Abs 1 bezieht sich nicht bloß auf Grundstuckskäufe, sondern enthält eine ganz allgemeine Bestimmung. RG. 16. 3. 00.

b) Die Notare sind besonders auf das Erfordernis der Werttrennung bei Verträgen über die Veräußerung von ausländischen Grundstücken zusammen mit Inventar oder zusammen mit inländischen Liegenschaften hingewiesen, da ohne diese Trennung für Berechnung des Stempels der höchste Steuersatz, also der Wertstempel von $1/3$ % bezw. 1 % des ganzen Kaufpreises maßgebend sei. JM. 22. 9. 06, FM 25. 10. 06, JMBl. S. 291, ZBl. S. 1508. — Vgl A. 21 b bei Tarif 32.

2. a) Eine wenn auch durch mißverständliche Auffassung des Gesetzes veranlaßte unrichtige Wertangabe kann nicht zur Folge haben, daß nunmehr der Wertstempel von dem Gesamtpreise zu erheben ist, sondern berechtigt die Steuerbehörde gemäß § 10 Abs. 1, § 7 Abs. 3 StStG. nur, die wirklichen Werte zu ermitteln und danach den Stempel zu berechnen. — Vgl. RG. VII. 10 7 03.

b) Bei gerichtlichen Urkunden sind die Einzelwerte von den Interessenten zu den Gerichtsakten anzuzeigen, und muß der Richter die Angabe der Einzelwerte veranlassen. JM. 17. 10 98, ZBl. S. 415. Macht der Richter nicht darauf aufmerksam, daß bei Angabe von Einzelwerten ein billigerer Stempelansatz eintreten würde, so können gemäß

§ 7 Abs. 2 PrGKG. etwaige nachträgliche Wertangaben bei der Stempelberechnung berücksichtigt werden. JM. 2. 5. 03, FM. 8. 5. 03 III 6260. Diesen Erlassen hat sich das KG. im Beschluß v. 25. 5. 03, Joh. Bd. 26 S. B 21, auch für das Verfahren der Zwangsversteigerung angeschlossen. Es findet also der Abs. 1 auch auf Zuschlagsbescheide Anwendung, wenn Grundstücke mit beweglichem Beilaß versteigert werden. Die Anzeige hat vom Ersteher binnen 2 Wochen nach der Verkündung des Zuschlagsurteils zu den Gerichtsakten zu erfolgen. RG. 28. 6. 97, ZBl. 98 S. 414. — Vgl. A. 46c zu Tarif 32.

c) Abs. 1 ist auch anwendbar, wenn ein zwischen Teilnehmern an einer Erbschaft geschlossener Kaufvertrag teils Erbschaftssachen (Tarif 32, Erm. Ziffer 1), teils andere nicht zur Erbschaft gehörige Gegenstände betrifft. KG. 3. 7. 99, Hz. S. 101. — Vgl. A. 68c bei Tarif 32.

3. Bei einheitlicher Bestimmung des Entgelts darf der Stempel von dem höchsten Steuersatze auch dann berechnet werden, wenn sich unter den anzuschaffenden Gegenständen auch solche befinden, die an sich bei der Stempelberechnung außer Betracht zu lassen wären. RG. 9. 2. 99, Gruch. Jahrg. 43 S. 1065. — Vgl. A. 96 bei Tarif 32.

4. Die Angabe der Einzelwerte soll zu einer Erhöhung des Stempels nicht führen; es ist also bei Angabe der Einzelwerte höchstens der Stempel zu entrichten, der vom Gesamtwerte nach dem höchsten Steuersatz zu zahlen wäre. FM. 28. 7. 69 III 14841, HSp. S. 142.

5. Zur nachträglichen Repartition des Entgelts auf die verschiedenen Gegenstände bedarf es einer Erklärung auf der Urkunde dann nicht, wenn letztere innerhalb der hierbei in Frage kommenden Frist dem zugleich mit der Stempelberechnung befaßten Gericht unverstempelt eingereicht und so der Verfügung der Parteien entzogen ist. KG. 8. 5. 99, Joh. Bd. 19 S. 171.

6. a) Kann eine nach § 30 Abs. 2 d. G. etwa erbetene Auskunft von der Amtsstelle nicht innerhalb der Stempellösungsfrist erteilt werden und wird die Stempelverwendungsfrist entsprechend verlängert, so muß es als in der Absicht des Gesetzes liegend erachtet werden, daß die Werttrennung noch innerhalb der anderweit bestimmten Stempellösungsfrist vorgenommen werden kann. FM. 31. 1. 02 III 1037.

b) Ist der Wert des Gegenstandes zur Zeit des Vertragabschlusses dergestalt unbestimmt, daß der Stempel sich erst später berechnen läßt, so beginnt die Frist zur Preistrennung erst von dem Tage ab, an dem sich die Möglichkeit zur Berechnung des Stempels ergibt. FM. 16. 7. 04 III 9271.

c) Für die Erhebung des geringeren Stempels genügt es, wenn in einem innerhalb der vierzehntägigen Stempelverwendungsfrist von einem der Vertragschließenden zu den Akten des Notars die schriftliche Anzeige eingereicht wird, in der die Trennung der Preise vorgenommen wird. FM. 13. 5. 04 III 6328 u. 10. 1. 05 III 16580.

d) Nach Ablauf der Frist ist eine Trennung nicht mehr zuzulassen. FM. 26. 6. 99 III 8072.

7. Die in Abs. 1 Satz 2 vorgesehene Beanstandung der gemäß Satz 1 von den Steuerpflichtigen gemachten Angaben über die Einzelwerte untersteht dem § 27 Abs. 3 d. G., und zwar auch dann, wenn sich die Beanstandung auf die Behauptung gründet, daß aus Rechtsirrtum unbewegliche Sachen zu den beweglichen gerechnet seien. KG. 6. 4. 04, Joh. Bd. 28 S. B 23. — Vgl. A. 5b bei § 27.

Beispiele für Abs. 1 vgl. u. a. bei A. 14f Tarif 32 und A. 25 Tarif 73.

8. a) Die einzelnen rechtsgeschäftlichen Elemente einer einheitlich beurkundeten Vereinbarung sind nicht besonders zu versteuern, wenn und soweit sie sich nach zivilrechtlichen Begriffen nur als die Bestandteile eines einheitlichen Rechtsgeschäfts darstellen, und wenn das in solcher Weise aus mehreren Einzelbestimmungen zusammengesetzte Gesamtgeschäft als solches unter eine der im Tarif vorgesehenen Geschäftskategorien fällt. Der Begriff des im Tarif vorgesehenen Geschäfts bestimmt sich nach dem bürgerlichen Recht. RG. 2. 2. 99, JW. S. 199. — Auch Mot. S. 16 und 16 KS. S. 6.

b) Für die Anwendung des § 10 Abs. 3 ist entscheidend, daß die einzelnen Geschäfte zur näheren Bestimmung des Inhalts des seiner Natur nach unverändert bleibenden Hauptgeschäfts dienen. Nur Geschäfte solchen Inhalts lassen sich als Bestandteile des Hauptgeschäfts und somit als Bestandteile des einheitlichen Rechtsgeschäfts auffassen. RG. 27. 6./11. 7. 98, Entsch. Bd. 42 S. 184, ZBl. S. 393.

Im Sinne dieser Bestimmung können als Bestandteile des in der Urkunde erklärten Hauptgeschäfts nur solche rechtsgeschäftliche Erklärungen angesehen werden, welche dazu dienen, den Inhalt des Hauptgeschäfts näher zu bestimmen. Die Abhängigkeit einer rechtsgeschäftlichen Willenserklärung von einer andern macht für sich allein noch nicht die erstere zu einem Bestandteil der letzteren. Die durch wechselseitige Abhängigkeit und Bedingtheit begründete Einheitlichkeit vertraglicher in einer Urkunde niedergelegter Abmachungen zerfällt stempelrechtlich in diejenigen einzelnen Rechtsgeschäfte, die der Tarif als Einheit behandelt. RG. 30. 6. 03, JW. S. 349, JMBl. S. 276.

9. a) In dem entschiedenen Falle standen Kauf und Darlehn dergestalt mit einander in Verbindung und waren von einander abhängig, daß beide mit einander stehen und fallen mußten, keines der Geschäfte für sich allein für die Kontrahenten verbindlich sein würde. Allein das genügt nicht zur Anwendung des § 10 Abs. 3, wie das Reichsgericht im Urteil v. 24. 1. 02, JW. S. 195, ausführt; entscheidend ist vielmehr, ob verschiedene nach Rechtsbegriffen selbständige Geschäfte vorliegen, oder ob die mehreren Verhandlungen zusammen nur ein nach zivilrechtlichen Begriffen einheitliches Rechtsgeschäft darstellen. — Vgl. Entsch. Bd. 42 S. 180 ff. — Da Kauf und Darlehn unbestreitbar zwei verschiedene, nach zivilrechtlichen Begriffen selbständige in sich geschlossene Rechtsgeschäfte sind, so sind sie auch nach Abs. 2 als solche zu versteuern.

b) In einem von mehreren Erben als Verkäufern abgeschlossenen Kaufvertrage ist bestimmt, daß 3000 Mark an den einen Erben, der Rest des Kaufgeldes von 10000 Mark an den andern gezahlt werden sollen: diese die Art der Zahlung des Kaufpreises betreffende Abrede enthält lediglich eine Kaufbedingung, die durch den Kaufstempel mit gedeckt wird. FM. 17. 12. 01 III 15629.

c) Verpflichtet sich in einem Kaufvertrage der Käufer zur Entrichtung einer Kaution, zur ratenweisen Zahlung des Kaufpreises und zur Entschädigung für den Fall der Zurücknahme der verkauften Gegenstände, so ist mit Rücksicht auf § 10 Abs. 3 für die im Vertrage enthaltenen einzelnen Geschäfte ein besonderer Stempel nicht zu entrichten. KG. 6. 3. 99, Joh. Bd. 19 S. 259.

d) Ein preußischer Kreis hatte in einem mit dem Eisenbahnfiskus geschlossenen Vertrage sich verpflichtet, zum Bau einer Eisenbahn den erforderlichen Grund und Boden unentgeltlich zur Verfügung zu stellen und einen Zuschuß von 5000 M. zu den Baukosten zu leisten. Das Reichsgericht erkannte an, daß neben dem allg. Vertragsstempel auch noch der Schuldverschreibungsstempel fällig war. RG. 6. 5. 04, Entsch. Bd. 58 S. 125. — Vgl. A. 8g bei Tarif 58.

e) Der für sich unter eine Tarifstelle fallende Bestandteil eines einheitlichen Rechtsgeschäfts ist dann nicht stempelfrei, wenn hinsichtlich des letzteren eine stempelpflichtige Urkunde nicht vorliegt. RG. 31. 5. 04, Holdh. S. 272. In den gedruckten von den Kunden einseitig unterschriebenen Bedingungen einer Bank befindet sich die Bestimmung, daß die in den Besitz der Bank gelangenden Wertpapiere ꝛc. des Kunden als Pfandunterlage für Ansprüche der Bank dienen sollen. Der Sicherstellungsstempel mit 1½ Mark war mit Recht erfordert. Die Pfandbestellung sei nicht als Bestandteil des einheitlichen Kontokurrentverhältnisses anzusehen, weil hinsichtlich des letzteren keine beiderseitig vollzogene Urkunde vorliege. — Vgl. A 5a zu Tarif 59.

f) Ein Nachtrag zu einem von den Kontrahenten unterschriebenen Hauptvertrage ist nicht stempelpflichtig, wenn jener Nachtrag sich als ein Bestandteil des Hauptvertrages darstellt und mit dem Hauptvertrage ein zusammenhängendes Schriftstück bildet. KG. 10. 5. 00 JohNF. Bd. I S. C 73. Hauptvertrag und Nachtrag waren unter dem gleichen Datum und in derselben Urkunde aufgenommen.

g) Hingabe an Zahlungsstatt durch Abtretung einer Forderung zwecks Belegung des Kaufgeldes kann als Bestandteil des Kaufvertrages angesehen werden, von dem sie nicht gelöst werden kann, so daß die Abtretung nach § 10 Abs. 3 nicht besonders zu versteuern ist. RG. 20. 10. 98. — Vgl. A. 5 bei Tarif 2 und A. 50a bei Tarif 32.

h) Enthält ein Erbteilungsvertrag auch die Zuteilung von vor dem 1. 10. 81 ausgestellten Namensaktien an einzelne Miterben, so kann weder für die Zuteilung noch für die Umschreibung der Aktien im Aktienbuch ein besonderer Stempel verlangt werden. RG. 13. 1. 99, Entsch. Bd. 43 S. 241.

i) Zur Belegung des Kaufgeldes in Höhe von 28 000 Mark werden vom Käufer an den Verkäufer Rechte aus einem früher abgeschlossenen Kaufvertrage abgetreten. Letzterer hatte einen Gegenstand im Werte von 244 000 Mark zum Inhalt. Die eingetragenen Schulden von 216 000

Mark hatte der letzte Verkäufer übernommen: In Höhe von 28 000 Mark liegt ein einheitliches Rechtsgeschäft vor, in Höhe von 216 000 Mark ist aber nach Tarifstelle 32 Abs. 5 ein besonderer Stempel von 1 % fällig. RG. 20. 10. 98, Entsch. Bd. 42 S. 239

Beispiele zu Abs 3 vgl. u. a bei A. 5 Tarif 2, A. 2b Tarif 31, A. 3b Tarif 71, A 4 u 21 Tarif 73

§ 11.

Mindestbetrag der Stempelsteuer und Abstufungen derselben.

Die Stempelabgabe beträgt, insoweit der Tarif nicht abweichende Bestimmungen[1] enthält, mindestens 0,50 Mark und steigt in Abstufungen von je 0,50 Mark, wobei überschießende Stempelbeträge auf 0,50 Mark abgerundet werden.

D. V. 5.

1. Abweichende Bestimmungen s bei den Tarifstellen: 2, 20, 45, 53, 55, 57, 58, 70.

§ 12.

Verpflichtung zur Zahlung der Stempelsteuer.

1 Zur Zahlung der Stempelsteuer sind verpflichtet:

a) bei den von Behörden und Beamten, einschließlich der Notare, aufgenommenen Verhandlungen oder ertheilten Ausfertigungen, Abschriften, Bescheinigungen, Auszügen und Genehmigungen aller Art diejenigen, auf deren Veranlassung[1]) die Schriftstücke aufgenommen oder ertheilt sind;[2]

b) bei einseitigen Verpflichtungen und Erklärungen diejenigen, welche die Schriftstücke ausgestellt haben;[3]

c) bei Verträgen einschließlich Punktationen alle Theilnehmer,[4] insoweit der Tarif nicht abweichende Bestimmungen enthält.

2 Von mehreren zur Zahlung der Stempelsteuer verpflichteten Personen haftet jede einzelne als Gesammtschuldner.[5]

Allg. V. § 4.

1. Fehlt es an einer solchen Veranlassung und werden die amtlichen Schriftstücke ohne Wissen und Willen der Privatpersonen von Behörden und Beamten ausgefertigt, wie dies insbesondere nicht selten bei amtlichen Zeugnissen der Fall ist, so ist es nicht gerechtfertigt, die Privatpersonen für die Entrichtung von Stempelabgaben

zu den ohne ihr Zutun zu stande gekommenen Urkunden verantwortlich zu machen. Mot. S. 16.

„Veranlaßt" hat der auch ohne sein Zutun mit einem Titel (Sanitätsrat) Bedachte die Ausstellung des Patents, wenn er letzteres angenommen hat. RG. 10. 7. 00, JW. S. 680. — Vgl. A. 3 b bei Tarif 60.

2. Auflassungen fallen unter Buchst. a. AH. S. 2383.

3. Der Generalbevollmächtigte, auch wenn er die Urkunde mit seinem eigenen Namen und mit dem Zusatz „als Bevollmächtigter" vollzieht, hat für die richtige Stempelverwendung zu sorgen und ist bei Unterlassung strafrechtlich verantwortlich. KG. 18. 4. 98 und 9. 11. 03, Joh. Bd. 26 S. C 68.

Allgemein ist der Bevollmächtigte oder Vertreter, der die Urkunde mit seinem Namen unterschrieben hat, als Aussteller i. S. des § 12 b anzusehen. Hat der Vertreter den Namen des Vertretenen unterzeichnet, so wird der Vertretene, vorbehaltlich des Nachweises des Vollmachts- oder Vertretungsverhältnisses, als der Aussteller in Anspruch zu nehmen sein.

Auch der Vollmachtgeber haftet für Stempelabgaben, die sein Bevollmächtigter in dieser Eigenschaft durch den Abschluß von Rechtsgeschäften verursacht hat. FM. 30. 3. 01 III 4062.

4. a) Teilnehmer eines Vertrages ist derjenige, der an dessen Abschluß und an der Errichtung der ausgestellten Urkunde dergestalt teilnimmt, daß er, sei es für sich oder andere, durch den Vertrag Rechte erwirbt oder Verbindlichkeiten begründet. RG. 20. 3. 90, Opp. V S. 258 A. 20.

b) Der beurkundete Inhalt eines Vertrages allein ist dafür ausschlaggebend, ob jemand als Teilnehmer an dem Vertrage zu erachten ist und als solcher wegen nicht rechtzeitiger Versteuerung des Letzteren bestraft werden kann.

In dem vorliegenden Falle befand sich unter einem Grundstückstauschvertrage außer der Unterschrift der beiden Kontrahenten noch die der Ehefrau des einen.

Das Reichsgericht hat sich dahin ausgesprochen, daß die Ehefrau nicht als Teilnehmerin an dem Vertrage angesehen werden könne, da die Vertragsurkunde sie als Kontrahentin nicht erkenntlich mache, vielmehr nur ihren Ehemann und den zweiten Tauschinteressenten als Kontrahenten aufführe; die bloße Unterschrift der Ehefrau, die nach dem Vertragsinhalt in gar keinen rechtlichen Beziehungen zu den im Vertrage niedergelegten Vereinbarungen stehe, habe für die Stempelpflicht keinerlei Bedeutung. RG. I 19. 4. 94.

5. Ueber Gesamtschuldner s. §§ 421 ff. BGB.

§ 13.

Haftbarkeit für die Stempelsteuer.

[1] Für die Entrichtung der Stempelsteuer haften unter Vorbehalt des Rückgriffs gegen die eigentlich Verpflichteten:[2]

a) Beamte, einschließlich der Notare,[3] jedoch ausschließlich der Schiedsmänner, welche die von ihnen aufgenommenen Urkunden vor erfolgter oder nicht ausreichend erfolgter Stempelverwendung aushändigen oder Ausfertigungen oder Abschriften ertheilen oder wegen der Einziehung des Stempels die ihnen nach § 15 obliegenden Pflichten verabsäumen.

D. V. 10 Abs. 2.

Diese Bestimmung kommt auch dann zur Anwendung, wenn ein Notar den Entwurf einer Urkunde anfertigt und nach Vollziehung durch die Betheiligten die Unterschriften oder Handzeichen beglaubigt;[3, 4]

b) Aktiengesellschaften, Kommanditgesellschaften auf Aktien, eingetragene Genossenschaften, Gewerkschaften und Gesellschaften mit beschränkter Haftung für die Stempel, welchen die von ihren Vorständen oder Geschäftsführern in ihrem Auftrage oder Namen errichteten Verhandlungen unterliegen;

c) bei Auktionen diejenigen, für deren Rechnung oder auf deren Veranlassung die Versteigerung stattgefunden hat, und die von diesen Personen zur Abhaltung der Auktionen Beauftragten;

d) jeder Inhaber[5] oder Vorzeiger einer mit dem gesetzlichen Stempel nicht oder nicht ausreichend versehenen Urkunde, welcher ein rechtliches Interesse an dem Gegenstande derselben hat.[6]

Allg. V. § 4.

1. Auf die Richter findet dieser Paragraph keine Anwendung, dagegen auf die Gerichtssubalternbeamten. Mot. S. 17. — AH. S. 2384/85.

2. Wo der Rückgriff auf den eigentlichen Verpflichteten unzulässig, ist die Haftbarkeit des akzessorisch Verpflichteten ausgeschlossen. Der Rückgriff ist unzulässig, wenn die Schuld, für die ein anderer haftbar gemacht wird, garnicht besteht. RG. 29. 5. 00, Entsch. Bd. 26 S. 274 — s. A. 9a bei § 16 d. G.

3. Ueber die vom Notar bei den Akten zurückzubehaltenden beglaubigten Abschriften s. § 60 Abs. 2 PFG. und über den Zeugnisstempel A. 10f bei Tarif 77.

4. Haben die Notare den gesetzlichen Stempel nicht verwendet, weil sie ihn bei der Nichtausführung des Geschäfts nicht für nötig oder doch für erstattungsfähig hielten, so sollen sie ohne weiteres persönlich in Anspruch genommen werden. FM. 13. 1. 00, JMBl. S. 20. — Vgl. A. 5 zu § 3.

5. a) Inhaber ist derjenige, dessen Interesse Gegenstand der Urkunde ist. RG. 9. 2. 99, JW. S. 196.

b) Zu den Inhabern zählen auch die Prozeßbevollmächtigten hinsichtlich der Prozeßvollmacht, doch muß der Prozeßbevollmächtigte die Vollmacht im Inlande inne gehabt oder vorgezeigt haben. Es haften deshalb nicht ausländische Prozeßbevollmächtigte für die von ihnen im Auslande vorgelegten, im Inlande ausgestellten Prozeßvollmachten, wobei unerheblich ist, ob der im Ausland wohnhafte Prozeßbevollmächtigte die preußische Staatsangehörigkeit besitzt oder nicht. KG. 13. 3. 99, JW. S. 742 von 01, Joh. Bd. 19 S. 208.

c) Wie Rechtsanwälte haften auch Verteidiger für den Stempel zu der ihnen zu ihrem Ausweise im Prozeß erteilten Vollmacht; aber dann nicht, wenn sie als Armenanwalt die Vollmacht eingereicht haben und das Armenrecht nachträglich entzogen ist. KG. 25. 1. 97 und 26. 10. 96, Joh. Bd. 16 S. 262 u. 264. — Vgl. A. 22 b bei Tarif 73.

Das Armenrecht deckt nur die Prozeßvollmacht und auch nur insoweit ist der Anwalt für den Stempel nicht haftbar. RG. 14. 4. 03, Entsch. Bd. 54 S. 275. Geht die Vollmacht für den Armenanwalt über den Rahmen der Prozeßvollmacht hinaus, so ist die Einziehung des Vollmachtstempels von den Rechtsanwälten gerechtfertigt. FM. 15. 4. 04 III 5084. Vgl. JMBl. 1901 S. 47, 1902 S. 50, 1903 S. 230. — Vgl. A. 22 a bei Tarif 73.

Auch im Privatklageverfahren haftet der Armenanwalt für den Vollmachtstempel nicht weiter, als sein Auftraggeber, er ist also von der Haftung so lange befreit, als die Bewilligung des Armenrechts währt. §§ 419 Abs. 3 RStrPO., 115 Ziff. 1 ZPO. Nach Entziehung des Armenrechts haftet er, sofern er als Inhaber oder Vorzeiger im Inlande in Frage kommt (§ 16 Abs. 2 LStG.). Hat er aber die Vollmacht zur Zeit des Bestehens des Armenrechts eingereicht und wird das Armenrecht nachträglich entzogen, so entsteht damit für den Anwalt keine neue Haftpflicht. S. auch oben Joh. Bd. 16 S. 262, 264.

6. Es ist nicht zulässig, den Inhaber oder Vorzeiger der ersten Ausfertigung einer nicht mit dem gehörigen Stempel versehenen Notariatsurkunde auf Grund des § 13 d für den fehlenden Stempel in Anspruch zu nehmen. Sei den Bestimmungen des § 9 Abs. 2 d. G. genügt, so könne man von dem Inhaber oder Vorzeiger der ersten Ausfertigung nicht sagen, daß er Inhaber oder Vorzeiger einer mit dem gesetzlichen Stempel nicht oder nicht ausreichend versehenen Urkunde sei. RG. 5. 10. 06, ZBl. S. 9 von 1907, JW. S. 727 von 1906.

II. Abschnitt.

Von der Erfüllung der Stempelpflicht und den Folgen der Nichterfüllung.

§ 14.

Art der Erfüllung der Stempelpflicht.

1 Die Stempelpflicht wird erfüllt durch:

a) Niederschreiben der stempelpflichtigen Erklärung auf gestempeltes Papier;

Bek. 14. A, 15. A I.

b) Verwendung von Stempelmarken auf denjenigen Schriftstücken, zu welchen Stempelmarken ohne amtliche Ueberwachung verwendet werden dürfen;[1]

Bek. 10, 14. B, 15. B. No. 2.

c) Einreichung der stempelpflichtigen Urkunde oder, wenn diese nicht vorgelegt werden kann, einer den wesentlichen Inhalt der Urkunde enthaltenden Anzeige[2] und Einzahlung des erforderlichen Geldbetrages bei einer zur Entwerthung von Stempelzeichen befugten Amtsstelle;

Bek. 15. A. I. letzter Abs., 15. A. II. 1 Abs. 4. — D. V. Anh. § 23.

d) Verwendung von Stempelmarken durch zur Entwerthung derselben befugte Amtsstellen;[3]

Bek. 10 bis 12, 15. A. II 1.

e) Baarzahlung der Stempelabgabe in denjenigen Fällen, in welchen dieselbe nach den Bestimmungen des Preußischen Gerichtskostengesetzes vom 25. Juni 1895 (Gesetz-Samml. S. 203) bei den Gerichtskosten zu vereinnahmen ist.[4-6]

Allg. V. §§ 1, 2.

---

* Die betreffenden Bestimmungen des durch Art. 86 AG. BGB., Art. 44, 45, 46 AG. ZPO. und Art. 30 AG. RGBO. abgeänderten Preußischen Gerichtskostengesetzes in der Fassung der Bekanntmachung vom 6. 10. 99 lauten:

§ 29. Eine Erhebung von Stempeln neben den Gebühren findet nur in denjenigen Fällen statt, in welchen es in diesem Gesetze ausdrücklich angeordnet ist.

Der Finanzminister ist ermächtigt, für den Verkehr bestimmter 2
Personen statt der Erhebung des Stempels im Einzelnen die Zahlung einer jährlichen Abfindungssumme zu gestatten. Die in diesem Verkehr errichteten Urkunden sind mit einem Hinweise

---

Urkunden, welche in einem den Vorschriften dieses Gesetzes unterliegenden Verfahren errichtet werden, bleiben, soweit ihr Inhalt über den Gegenstand des Verfahrens hinausgeht, den allgemeinen Vorschriften über Erhebung von Stempeln unterworfen.

§ 30. Eine Verwendung von Stempelmaterial findet bei den Gerichten nicht statt. Wenn Stempelabgaben neben den Gebühren zu erheben sind, werden dieselben nach den für Gerichtsgebühren geltenden Vorschriften eingezogen und auch sonst als Gerichtsgebühren behandelt. Die Vorschriften der §§ 1, 2, 7 Abs. 1, 8, 12, 13, 16 Abs. 2, 19 bis 23 bleiben jedoch hinsichtlich der Stempelabgaben ausser Anwendung.

Gegen die Entscheidungen des Oberlandesgerichts über die Festsetzung des für eine Stempelberechnung massgebenden Werthes oder über Erinnerungen oder Beschwerden, betreffend den Ansatz von Stempelbeträgen, findet Beschwerde an den Justizminister statt. Der Justizminister kann den Ansatz dieser Beträge in allen Fällen von Amtswegen berichtigen. Die Vorschriften über die Zulässigkeit des Rechtswegs werden durch die vorstehenden Bestimmungen nicht berührt. Bezüglich des Verfahrens bei der Beanstandung der im Falle einer Auflassung gemachten Werthangabe behält es bei den stempelgesetzlichen Vorschriften sein Bewenden. Soweit der Finanzminister nach stempelgesetzlichen Vorschriften befugt ist, die Rückerstattung von Stempelabgaben oder die Abstandnahme von der Einziehung derselben anzuordnen, steht diese Befugniss hinsichtlich der als Gerichtskosten zu erhebenden Stempelbeträge dem Justizminister zu.

Auf die nach stempelgesetzlichen Vorschriften zu stundenden Stempelbeträge finden die Bestimmungen des ersten Absatzes keine Anwendung. Diese Beträge werden durch die Behörden der Verwaltung der indirekten Steuern eingezogen.

§ 31. Wenn zum Gebrauche bei Gericht bestimmte Vollmachten, Schätzungen und Vermögensverzeichnisse ohne den vorgeschriebenen Stempel eingereicht oder behufs Ausschliessung des Auflassungsstempels oder des für die Eintragung, Abtretung oder Verpfändung einer Hypothek oder Grundschuld zu entrichtenden Werthstempels die Urkunden über das der Auflassung oder Eintragung zu Grunde liegende Rechtsgeschäft ohne den vorgeschriebenen Stempel vorgelegt werden, so finden auf die Einziehung des Stempels die Vorschriften des § 30 entsprechende Anwendung. Dasselbe gilt, wenn Verfügungen von Todeswegen zur amtlichen Verwahrung überreicht oder durch Uebergabe einer Schrift errichtet werden, hinsichtlich des für Testamente und andere Verfügungen von Todeswegen vorgeschriebenen Stempels von 1 Mark 50 Pf., sowie wenn Urkunden zur gerichtlichen Vollziehung, Anerkennung des Inhalts, Sicher-

darüber zu versehen, daß die Stempelpflicht durch die Vereinbarung einer Abfindungssumme erfüllt ist.

Bek. 16. — Anh. § 12 II. Abs. 3, § 17 Abs. 2.

1. Die Selbstentwertungsbefugnis darf auch Personen erteilt werden, welche außerhalb des Stempelinlandes ihren ständigen Wohnsitz haben, also namentlich den im Auslande befindlichen Generaldirektionen von Versicherungsgesellschaften. FM. 1. 4. 96 III 4640, HSp. S. 217.

---

stellung der Zeit der Ausstellung, Genehmigung oder Bestätigung überreicht werden.

In denjenigen Fällen, in welchen bei nicht oder nicht ordnungsmässig erfolgter Verwendung des Stempels nach den stempelgesetzlichen Vorschriften Stempelstrafen eintreten würden, sind die Betheiligten von Stempelstrafe frei, wenn die Einreichung der Urkunde bei Gericht innerhalb der für die Verwendung des Urkundenstempels sonst vorgeschriebenen Frist erfolgt. Die Verpflichtung der Notare, für die Einziehung der Stempel zu sorgen, wird hierdurch nicht berührt.

§ 56. Die in diesem Abschnitte bestimmten Gebühren umfassen die gesammte Thätigkeit des Gerichts einschliesslich aller Nebengeschäfte. Neben den Gebühren werden die Beträge der nach den Vorschriften der Stempelgesetze zu entrichtenden Stempelabgaben erhoben. Der auf dem Geschäft ruhende Stempel wird für die Urschrift erhoben; die erste Ausfertigung ist stempelfrei, für weitere Ausfertigungen wird der Stempel nach der Tarifstelle „Duplikate" erhoben. Im Uebrigen finden auf die Besteuerung von Ausfertigungen und beglaubigten Abschriften die Vorschriften des § 114 Abs. 3 Anwendung.

§ 58 Ziffer 6. Die Entgegennahme der Auflassung und, wenn diese nicht vor dem Grundbuchrichter erfolgt, die Eintragung des neuen Eigenthümers im Grundbuche kann nach dem Ermessen des Gerichts von einer vorgängigen Sicherstellung der Staatskasse wegen der Kosten der Eintragung und des Stempels für die Auflassung oder das zu Grunde liegende Rechtsgeschäft abhängig gemacht werden. Ueber Erinnerungen gegen derartige Anordnungen wird im Aufsichtsweg entschieden.

§ 69. Neben den in diesem Abschnitte bestimmten Gebühren werden noch die für Auflassungen, Eintragungsanträge und Kuxscheine bestimmten Stempel erhoben.

§ 97. Neben den in § 96 bestimmten Gebühren werden für die Beurkundung einzelner Handlungen der freiwilligen Gerichtsbarkeit die dafür bestimmten Gebühren und Stempel besonders in Ansatz gebracht.

§ 114 Abs. 3. Neben den Schreibgebühren ist für Ausfertigungen oder beglaubigte Abschriften stempelpflichtiger Urkunden der tarifmässige Stempel zu erheben, falls die Ausfertigungen oder Abschriften

2. Hierdurch soll den häufigen Versuchen der Steuerpflichtigen, sich einer ihnen lästigen Versteuerung zu entziehen, vorgebeugt werden, wenn die Urkunde vernichtet oder abhanden gekommen ist, oder von einem andern zurückbehalten wird oder aus irgend einem sonstigen Grunde sich nicht im Besitz des Steuerpflichtigen befindet. Mot. S. 17, 18. — Vgl. A. 2 bei § 17 d. G.

3. Die Vorschrift unter d bezieht sich auf diejenigen Schriftstücke, welche durch amtliche Tätigkeit entstehen oder bei deren Zustandekommen eine amtliche Beteiligung stattfindet, z. B. amtliche Zeugnisse oder Verträge, welche zwischen Privatpersonen und Behörden abgeschlossen werden. Mot. S. 18.

---

nur in Folge eines auf die Ertheilung gerichteten Antrags ertheilt werden. Ist die Urkunde nach den Vorschriften der Stempelgesetze stempelpflichtig, so wird die Erhebung des Stempels für Ausfertigungen und beglaubigte Abschriften dadurch nicht ausgeschlossen, dass nach den Vorschriften dieses Gesetzes der Stempel ausser Ansatz geblieben ist.

§ 126. Für den Beschluss, durch welchen im Verfahren der Zwangsversteigerung der Zuschlag ertheilt worden ist, wird das Zweifache der im § 33 bestimmten Gebühr erhoben.

Daneben wird der Betrag des nach den Bestimmungen der Stempelgesetze zu berechnenden Werthstempels erhoben. In den Hohenzollernschen Landen wird bei der Eintragung des Erstehers als Eigenthümers von diesem die im Artikel 2 § 1 des Gesetzes vom 22. Juni 1875 (Gesetz-Samml. S. 235) bestimmte Abgabe erhoben.

Im Falle der Zwangsversteigerung zum Zwecke der Aufhebung einer Gemeinschaft findet bei der Berechnung der Gebühren, Stempel und Abgaben die Vorschrift im Abs. 3 der Tarifstelle 32 des Stempelsteuergesetzes vom 31. Juli 1895 (Gesetz-Samml. S. 413) Anwendung.

Wird der Beschluss aufgehoben, so werden die angesetzten Beträge nicht erhoben oder, wenn sie bezahlt sind, erstattet.

§ 128. Betrifft das Verfahren der Zwangsversteigerung mehrere Gegenstände, so werden die im § 125 bestimmten Gebühren nach der Summe der für die einzelnen Gegenstände massgebenden Beträge berechnet. Werden mehrere Gegenstände verschiedenen Personen zugeschlagen, so werden die im § 126 bestimmten Gebühren, Stempel und Abgaben nach den Personen der Ersteher gesondert berechnet.

§ 133. Zur Zahlung der im § 124 bestimmten Gebühren ist der Antragsteller, zur Zahlung der im § 126 bestimmten Gebühren, Stempel und Abgaben ist der Ersteher verpflichtet. Für die nach den §§ 125, 130 zu erhebenden Gebühren haftet der Antragsteller. sofern sie nicht aus einer baar vorhandenen Theilungsmasse entnommen werden können.

Für die von dem Antragsteller zu erhebenden Kosten und Kostenvorschüsse haftet von mehreren Antragstellern, sofern diese nicht Mitberechtigte sind, jeder ohne Rücksicht auf die Mitverhaftung Anderer.

4. a) Die Gerichtsbehörden sind auf Grund des § 14 Abs. 3 der Allg.B. in Verbindung mit § 31 PrGKG. zur nachträglichen Einziehung eines zu der Urschrift einer notariellen Urkunde zu wenig verwendeten Stempels zuständig, obgleich dem Gericht nur eine Ausfertigung oder beglaubigte Abschrift zu den bestimmten Grundbuchzwecken vorgelegt wird. Besondere Mitteilungen der Gerichtsbehörden hierüber an die Steuerbehörden sind nicht erforderlich. KG. 26. 3. 00, Joh. Bd. 22 S. B 15, FM. 23. 4. 01 III 4455, ZBl. S. 144, JMBl. S. 115. — Vgl. A. 35 zu § 5.

Die Zuständigkeit der Gerichte zur Nachforderung ist jedoch keine ausschließliche; es steht auch den das Fehlen der Stempel entdeckenden Steuerbehörden die Befugnis zu, Fehlstempel einzuziehen und in natura zu entwerten, selbst wenn feststeht, daß die Urkunden dem Gericht vorgelegt sind.

Ueber die Erstattung oder Ermäßigung von Stempeln aus Billigkeitsrücksichten in diesen Fällen oder über die Erledigung von Beschwerden über den Stempelansatz entscheidet der Justizminister bezw. der Finanzminister, je nachdem die Nachforderung von Stempeln zu den Gerichtskosten oder in natura erfolgt ist. FM. 17. 9. 04 III 11208, ZBl. S. 229, JMBl. S. 266. — Vgl. A. 13 bei § 25.

b) Wenn aus Anlaß des Ersuchens eines andern Gerichts Beurkundungen in Angelegenheiten der freiwilligen Gerichtsbarkeit oder in Grundbuchsachen erfolgen, wenn z. B. ein Vormundschaftsgericht ein anderes Gericht ersucht, den angeblichen Vater eines unehelichen Kindes zu vernehmen, so hat der Ansatz der Kosten und Stempel bei dem beurkundenden Gericht, nicht dem ersuchenden Gericht, zu erfolgen. Bedarf jedoch ein auf Veranlassung des Vormundschaftsgerichts beurkundeter Vertrag zu seiner Rechtswirksamkeit der Genehmigung des Vormundschaftsgerichts, so ist der Stempel nach erteilter Genehmigung gemäß § 31 GKG. von dem Vormundschaftsgericht einzuziehen. JM. 6. 1. 05, JMBl. S. 8. — Vgl. bei § 16 A. 10 u. 11.

5. Von den bei Gericht verhandelten Geschäften sind u. a. stempelfrei:

a) die Bescheinigung, die einem aus der Landeskirche Austretenden auf Antrag vom Gericht erteilt wird, KG. 20. 9. 97, Joh. Bd. 17 S. 303;

b) ein im Anschluß an die Auseinandersetzung zwischen dem wiederheiratenden Elternteil und den Kindern erster Ehe vom Vormundschaftsgericht zu erteilender Heiratskonsens — § 98 PrGKG. — KG. 22. 2. 97, Joh. Bd. 17 S. 191;

c) eine dem Grundstückseigentümer auf Antrag erteilte beglaubigte Abschrift des Grundbuchblatts. — Vgl. § 66 Nr. 2 PrGKG. v. 6. 10. 99;

d) ebenso ist neben der Gerichtsgebühr ein Stempel nicht zu erheben zu Erbrezessen, — § 86 PrGKG. — und zu Erbscheinen, — § 81 eod., während bei doppelter Ausfertigung des Erbscheins der Duplikatstempel fällig wird.

Zu notariellen Erbausweisungsverhandlungen und zu den zweiten und folgenden gerichtlichen Ausfertigungen von Erbscheinen ist für die Stempelberechnung nicht der Aktivnachlaß, sondern der Reinnachlaß zu Grunde zu legen. FM. 3. 6. 02 III 6977;

e) die auf Grund ALR. I 12 § 237 — vgl. jetzt § 2261 BGB. — vom Gericht zurückbehaltene beglaubigte Abschrift des publizierten Testaments nebst Publikationsprotokoll, weil nicht auf Antrag erteilt. KG. 21. 6. 97, Joh. Bd. 17 S. 255, JM. 12. 3. 00;

f) die erste Ausfertigung eines Testaments, wenn zur Urschrift des Testaments bereits ein Stempel entrichtet ist. KG. 25. 10. 97, Joh. Bd. 19 S. 184. — Jetzt AG. BGB. Art. 86 § 1 Ziffer XXI. — Im übrigen sind auf Antrag erteilte beglaubigte Abschriften stempelpflichtiger Urkunden, also auch von Testamenten, stempelpflichtig, falls für die Erteilung der Abschrift eine Gebühr nicht erhoben wird. § 114 Abs. 3 PrGKG. — §§ 44, 45 eod. — § 2264 BGB. — Vgl. A. 7 u. 8 bei Tarif 1.

Dagegen stempelpflichtig:

a) die im Erbbescheinigungsverfahren auf Antrag gerichtsseitig zu den Akten gefertigten beglaubigten Abschriften von solchen stempelpflichtigen Urkunden, deren Rückgabe beantragt wird. Joh. Bd. 14 S. 220;

b) ein im gerichtlichen Teilungsverfahren eingereichtes Privatinventar, auch im Fall der Beteiligung von Mündeln. — Für den mit einem Dritten zum Zweck der Erbauseinandersetzung abgeschlossenen Vertrag ist der Stempel im Fall des § 86 Abs. 2 PrGKG. voll zum Ansatz zu bringen. JM. 10. 7. 00 I 4094.

6. Der Zweighypothekenbrief muß gesondert die beglaubigte Abschrift des Briefes selbst und der Schuldurkunde enthalten, § 61 GBO., die Schuldurkunde ist also in gesonderter beglaubigter Abschrift mit dem Zweigbriefe zu vereinigen. Vgl. § 41 Allg.V. 20. 11. 99, JMBl. S. 349, KG. 13. 5. 01, JMBl. S. 146. — Vgl. A. 8 bei Tarif 1.

§ 15.

Zeit der Stempelverwendung bei den von Behörden und Beamten aufgenommenen Verhandlungen.

1 [1, 2] Behörden und Beamte, einschließlich der Notare, jedoch ausschließlich der Schiedsmänner, haben zu allen von ihnen aufgenommenen Verhandlungen oder ertheilten Ausfertigungen, Abschriften, Bescheinigungen, Auszügen und Genehmigungen aller Art den Stempel vor deren Aushändigung, spätestens aber binnen zwei Wochen nach dem Tage der Ausstellung der Urkunden zu verwenden.[3] Ist der Stempel innerhalb dieser Frist von den

Verpflichteten nicht beigebracht, so ist die zwangsweise Einziehung des Stempels binnen einer Woche bei der zuständigen Steuerstelle von den vorbezeichneten Behörden und Beamten zu beantragen oder, wenn sie selbst zur zwangsweisen Einziehung von Geldern befugt sind, die zwangsweise Einziehung innerhalb der gleichen Frist anzuordnen.[4] Dieser Bestimmung unterliegen auch diejenigen Urkunden, bei denen ein Notar den Entwurf anfertigt und nach Vollziehung durch die Betheiligten die Unterschriften oder Handzeichen beglaubigt.

Bek. 5, 15. A. II 2–4. — D. V. 7, 8, 9.

2 Insoweit die in der Tarifstelle „Erlaubnißertheilungen" unter c und m aufgeführten Urkunden einen den Betrag von 1 Mark 50 Pf., beziehungsweise 3 Mark übersteigenden Stempel erfordern, ist der Mehrbetrag von den Steuerpflichtigen erst binnen zwei Wochen nach dem Tage der Rechtskraft der Zuschrift über das Ergebniß der Veranlagung zur Gewerbesteuer oder der auf das eingelegte Rechtsmittel ergangenen Entscheidung beizubringen (§§ 32 und 35 ff. des Gewerbesteuergesetzes vom 24. Juni 1891 — Gesetz-Samml. S. 205 —).*

Bek. 36.

3 Für die Versteuerung der stempelpflichtigen Verhandlungen der Schiedsmänner haben die Parteien den Stempel binnen zwei Wochen nach dem Tage der Aufnahme zu der Urschrift der Verhandlung beizubringen und dem Schiedsmann zuzustellen. Die

*) Die betreffenden Bestimmungen des GewStG. lauten:

§ 32. Das Ergebniss der Veranlagung hat der Vorsitzende des Steuerausschusses jedem Steuerpflichtigen mittelst einer, zugleich eine Belehrung über die Rechtsmittel enthaltenden Zuschrift bekannt zu machen.

Auf die von dem Vorsitzenden des Steuerausschusses zu bewirkenden Zustellungen an Steuerpflichtige finden die Bestimmungen im § 53 des Einkommensteuergesetzes Anwendung.

§ 35. Gegen das Ergebniss der Veranlagung steht dem Steuerpflichtigen das Rechtsmittel des Einspruchs bei dem Steuerausschusse zu. Dasselbe ist bei dem Vorsitzenden des Ausschusses binnen einer Ausschlussfrist von 4 Wochen einzulegen, welche von dem auf die Zustellung der Steuerzuschrift (§§ 32 und 34) folgenden Tage ab läuft.

§ 36. Gegen die Entscheidung des Steuerausschusses über den Einspruch steht sowohl dem Vorsitzenden als dem Steuerpflichtigen binnen der im § 35 bestimmten Ausschlussfrist das Rechtsmittel der

Schiedsmänner haben auf jeder von ihnen ertheilten Vergleichsausfertigung zu vermerken, welcher Stempel zu der Urschrift verwendet oder daß ein solcher nicht beigebracht worden ist.

Bek. 15. A. I, 15. A. II. 4. — D. V. 10.

1. Einreichung der Urkunde bei Gericht zum Zwecke der Beglaubigung der Unterschrift befreit die Interessenten nicht von der Pflicht zur rechtzeitigen Versteuerung. HSp. S. 228.

2. Von der Einziehung dem Staate zustehender Einnahmen darf nur im einzelnen Falle und, abgesehen von der Unmöglichkeit der Einziehung, nur auf Grund einer durch gesetzliche oder durch königliche Bestimmung erteilten Ermächtigung abgesehen werden. Nur unter gleicher Voraussetzung dürfen auch zur Staatskasse vereinnahmte Beträge zurückerstattet werden (§ 18 des Staatshaushaltsges. v. 11. 5. 98).

Die Provinzial-Steuer-Direktoren sind ermächtigt, Restbeträge von Zöllen und indirekten Steuern, also auch von Stempelsteuern, als niedergeschlagen in Abgang stellen zu lassen, wenn deren Uneinziehbarkeit durch den Nachweis der fruchtlos ausgefallenen Zwangsvollstreckung dargetan, auch keinem Beamten ein Versehen bei der Beitreibung zur Last zu legen ist. FM. 14. 9. 91 III 12226.

Ueber die Niederschlagung der von andern als den Steuerbehörden zu verwendenden und einzuziehenden Stempel wegen Unbeitreiblichkeit haben die betreffenden Behörden, nachdem sämtliche Mittel zur Beitreibung der Stempel erschöpft sind, selbst zu befinden.

3. Zu den von dem Universitätsrichter aufgenommenen Verpflichtungsscheinen der Studierenden hat der Universitätsrichter, nicht der Quästor, den Stempel zu verwenden. FM. 11. 10. 96 III 14046.

Berufung an die Bezirksregierung (§§ 29 und 30) zu. Der Steuerpflichtige hat das Rechtsmittel beim Vorsitzenden des Steuerausschusses einzulegen.

Für den Vorsitzenden läuft diese Frist vom Tage der Entscheidung.

§ 37. Gegen die Entscheidung über die Berufung steht dem Steuerpflichtigen die Beschwerde an das Oberverwaltungsgericht zu, welche innerhalb der im § 35 bestimmten Ausschlussfrist bei der Bezirksregierung (§§ 29 und 30) einzulegen ist, und nur darauf gestützt werden kann:

1. dass die angefochtene Entscheidung auf der Nichtanwendung oder auf der unrichtigen Anwendung des bestehenden Rechts, insbesondere auch der von den Behörden innerhalb ihrer Zuständigkeit erlassenen Verordnungen beruhe;
2. dass das Verfahren an wesentlichen Mängeln leide.

In der Beschwerde ist anzugeben, worin die behauptete Nichtanwendung oder unrichtige Anwendung des bestehenden Rechts, oder worin die behaupteten Mängel des Verfahrens gefunden werden.

Die Bestimmungen in §§ 45 bis 49 des Einkommensteuergesetzes finden sinngemässe Anwendung.

Zu den Schiedssprüchen des Großen Schiedsgerichts in Rennsachen hat dieses als Behörde es zu tun; zu den Schiedssprüchen der Vereinsschiedsgerichte und der Technischen Kommission in Rennsachen haben es die unterschreibenden Richter zu bewirken. FM. 12. 4. 00 III 4402. — Vgl. A. 6 zu Tarif 57.

Zu Verträgen zwischen dem Reichs-Marineamt (oder einer dem Reichs-Marineamt unterstellten Behörde) und Privatpersonen soll den erforderlichen Stempel auf Verlangen der Behörde oder auf Antrag der Privatperson das Hauptsteueramt gegen Einzahlung des Betrages entwerten. FM. 9. 6. 03 III 7928.

4. Kläger hatte sich in einem Submissionsverfahren der Bestimmung unterworfen, daß der Fiskus den rückständigen Kaufpreis im Verwaltungszwangsverfahren einziehen könne. Seinem bei Gericht gestellten Verlangen auf Aufhebung der Pfändung konnte nicht Folge gegeben werden, weil damit die Herbeiführung eines unmittelbaren Eingreifens in amtliche Akte der Staatsverwaltung erstrebt werde, zu denen auch ein auf Grund der Verordnung v. 15. 11. 99 eingeleitetes Zwangsvollstreckungsverfahren gehört. Ein solches Eingreifen aber kann im ordentlichen Rechtswege, soweit es nicht durch Einzelvorschriften zugelassen ist, nicht geschehen. RG. 11. 11. 02, JW. S. 19 von 1903.

§ 16.

Zeit der Stempelverwendung bei Verhandlungen der Privatpersonen.

1 Bei den nicht auf Stempelpapier niedergeschriebenen Verhandlungen [1] der Privatpersonen muß [2] die Versteuerung bewirkt sein:

D. V. 11, 12.

a) bei Urkunden, zu welchen die Aussteller Stempelmarken ohne amtliche Ueberwachung verwenden dürfen, vor der Aushändigung, spätestens aber binnen zwei Wochen nach dem Tage der Ausstellung, vorbehaltlich der Bestimmung im § 14 Absatz 2;

b) bei Schriftstücken über die Uebertragung eines Kuxes (vergl. Tarifstelle „Kuxe") vom Aussteller vor der Umschreibung im Gewerkenbuche, spätestens aber binnen zwei Wochen nach dem Tage der Ausstellung; [3]

c) bei Pacht-, Mieth- und antichretischen Verträgen über unbewegliche Sachen innerhalb der in der Tarifstelle „Pachtverträge" angegebenen Frist;

d) bei Gesellschaftsverträgen, die der Eintragung in das Handels- oder Genossenschaftsregister bedürfen, [4] vor der Eintragung in die Register, spätestens aber binnen zwei Wochen nach dem Tage der Errichtung;

e) bei den von der Heeresverwaltung mit Privatpersonen abgeschlossenen Verträgen und Verhandlungen über Lieferungen, Werkverdingungen und sonstige Leistungen, die erst im Falle einer Mobilmachung zur Ausführung kommen sollen, binnen zwei Wochen nach Eintritt der Mobilmachung;[5]

f) [6] bei im Auslande errichteten Urkunden, bei denen Inländer betheiligt sind, binnen zwei Wochen nach dem Tage der Rückkehr der Inländer in das Inland, bei sonstigen im Auslande errichteten Urkunden, von denen im Inlande Gebrauch gemacht werden soll, vor dem Gebrauch;[7]

g) in allen übrigen Fällen vom Aussteller binnen zwei Wochen nach dem Tage der Ausstellung.[8]

Von jedem Inhaber oder Vorzeiger [9,10] einer stempelpflichtigen 2
Urkunde, welcher ein rechtliches Interesse an dem Gegenstande derselben hat, ist die Versteuerung der Urkunde binnen zwei Wochen nach dem Tage des Empfanges zu bewirken.

[10] Bei Urkunden über Rechtsgeschäfte, welche erst durch die Ge- 3
nehmigung [11] oder den Beitritt einer Behörde oder eines Dritten Rechtswirksamkeit erlangen,[12] beginnt den Ausstellern gegenüber die Frist [13] für die Verwendung des Stempels mit dem Ablaufe desjenigen Tages, an welchem sie von der Genehmigung oder dem Beitritt Kenntniß erhalten haben.

Allg. V. § 2e.

1. Das Wort „Verhandlungen" ist gleichbedeutend mit Urkunden über Rechtsgeschäfte. AH. S. 2387.

2. Faktische Unmöglichkeit rechtzeitiger Versteuerung befreit von der Strafe. HSp. S. 253.

3. Durch Tarif 4a Ziffer 2 und § 4 des RStG. v. 3. 6. 06 als aufgehoben zu betrachten.

4. Vgl. § 10 Ges. v. 1. 5. 89./20. 5. 98 betr. Errichtung einer eingetragenen Genossenschaft.

5. Diese Bestimmung findet auch Anwendung auf die vom Berliner Verein vom Roten Kreuz abgeschlossenen Verträge über Lieferungen, Werkverdingungen und sonstige Leistungen, die erst im Falle einer Mobilmachung zur Ausführung kommen sollen. Soll die Ausführung nur im Bedarfsfalle während eines Krieges erfolgen, so ist die Versteuerung erst bei Erteilung des Auftrages zur Ausführung erforderlich. FM. 5. 8. 03 III 11066.

6. Ob jemand Inländer oder Ausländer ist, richtet sich lediglich nach dem Wohnsitz, nicht nach der Staatsangehörigkeit. FM. 18. 12. 96 III 16944.

Vom Ausland in das Inland im Wege der Rechtshilfe gelangende Urkunden erfordern einen Stempel nicht. § 165 Abs. 4 GVG.

7. a) „Gebrauch" bedeutet jedes Verwenden der Urkunde zu dem bestimmten Zweck, z. B. Einreichung bei Gericht, und zwar ist der Moment des Eingangs bei Gericht entscheidend. RG. 3. 1. 98, Arch. Bd. 6 S. 454. — Vgl. A. 3a bei § 2.

b) Im Auslande sind von Ausländern Schuldscheine, Kautionsbestellungen, Bürgschaftserklärungen zu Gunsten der inländischen Versicherungsgesellschaft A ausgestellt und ihr ausgehändigt: die Stempelpflicht derartiger Urkunden ist durch den Gebrauch bedingt (Entsch. Bd. 46 S. 273). Gebrauch liegt, wie hier, vor, wenn der Gläubiger von der Urkunde, die in seinem Interesse errichtet ist und eine Forderung oder einen Anspruch auf Sicherung dieser Forderung dartun soll, Besitz ergreift und sie behält; es bedarf nicht einer Benutzung als Beweismittel nach außen. Anders verhält es sich bei Vollmachten oder ähnlichen Ausweisurkunden, bei denen nur ein Gebrauch Dritten gegenüber denkbar ist, so z. B., wenn die Vollmacht nur in den Akten des Anwalts verwahrt wird. RG. 29. 5. 00. Auch liegt ein Gebrauch dann nicht vor, wenn die Urkunde vom Ausländer in das Inland nur mitgebracht oder einem andern dort zur Aufbewahrung gegeben ist —, sofern der andere nicht der Gläubiger ist. RG. 4. 4. 05, ZBl. S. 643, Entsch. 60 342. — Vgl. A. 30d zu Tarif 73.

8. Im Falle der Nichtvorlegung eines privatschriftlichen Grundstückskaufvertrages bei der Auflassung läuft die Frist zur Versteuerung des privatschriftlichen Vertrages seit dem Tage der Kenntnis von der Eintragung bezw. — bei Verzicht auf die Benachrichtigung — seit dem Tage der Eintragung. FM. 12. 2. 00 III 1539, ZBl. S. 97, JMBl. S. 63. — Vgl. A. 12 zu Tarif 8 und A. 8a zu Tarif 32.

9. a) Die Verpflichtung des Inhabers dem Fiskus gegenüber ist insofern eine akzessorische, als sie von dem Bestehen der Stempelpflicht des „eigentlich Verpflichteten" abhängig ist, also nie früher bestehen kann als diese. RG. 29. 5. 00, JW. S. 607. RG. 25. 5. 00, Entsch. Bd. 46 S. 274. Eine an sich gegen den Aussteller nicht begründete Stempelpflicht kann gegen den Inhaber nicht dadurch zur Entstehung gelangen, daß die Urkunde in den Besitz eines Interessenten gerät. — Es stand die Stempelpflicht einer von einem Ausländer im Ausland ausgestellten Prozeßvollmacht in Frage, von der nicht Gebrauch gemacht war — s. A. 2 bei § 13 d. Ges.

b) Das Vergehen des Inhabers ist ein delictum sui generis und kann gleichzeitig neben dem Vergehen des Ausstellers gerügt werden. So ist der Rechtsanwalt als Inhaber oder Vorzeiger einer Vollmacht strafbar, wenn er nicht rechtzeitig für deren Versteuerung sorgt. RG. 26. 8. 97. Selbst bei verspäteter Einziehung des Vollmachtstempels ist er für den Fehlbetrag haftbar. JM. 27. 2. 99. FM. 5. 3. 99 III 2838. — Vgl. A. 5b zu § 13 und A. 22b bei Tarif 73.

c) Der Inhaber oder Vorzeiger einer außerhalb Preußens ausgestellten Vollmacht zur Prozeßführung (der Bevollmächtigte) ist straffrei, wenn er die Vollmacht binnen zwei Wochen nach dem Tage des Empfanges dem Gericht überreicht. Auch gegen die Aussteller solcher Vollmachten soll, insoweit nicht etwa vor dem Gebrauch der Vollmacht in das Inland zurückgekehrte Inländer in Frage kommen (§ 16 litt. f), strafrechtlich nicht vorgegangen werden, weil solche Vollmachtgeber nur ausnahmsweise die Versteuerung werden bewirken können. FM. 11. 2. 98 III 1225. — Vgl. A. 31 bei Tarif 73.

d) Ueber die Frage, ob der gemäß § 2259 BGB. ein privatschriftliches unversteuertes Testament Ueberreichende als Inhaber anzusehen, s. bei Tarif 66 A. 6.

10. Ueber Genehmigung eines Dritten s. §§ 182 ff., 1643, 1690, 1821, 1828 BGB.

11. a) Zu Urkunden, die zur vormundschaftgerichtlichen Genehmigung eingereicht sind, sind die Stempel als Gerichtskosten mit der Beendigung des Geschäfts, also alsbald nach Erteilung der Genehmigung, ohne Rücksicht auf die Mitteilung der Genehmigung an den andern Teil — § 1829 BGB. — einzuziehen. Falls das Rechtsgeschäft nicht zur Wirksamkeit gelangt, sei es durch Nichtmitteilung der Genehmigung an den andern Teil, sei es durch Zurücknahme der Genehmigung vor dieser Mitteilung, so ist der Stempel nach § 25 Abs. 1 litt. c LStG. niederzuschlagen oder zu erstatten. Nach § 9b Allg. Verf. entscheidet hierüber der Landgerichtspräsident. JM. 3. 10. 04, JMBl. S. 265.

Wenn ein Rechtsgeschäft von mehreren Vormundschaftsgerichten, insbesondere auch von außerpreußischen, zu genehmigen ist, so ist der Stempel bei demjenigen Gericht anzusetzen, welches zuletzt seine Genehmigung ausspricht. Wird die letzte Genehmigung von einem außerpreußischen Gericht erteilt, so muß die Vorschrift des § 31 PrGKG. außer Anwendung bleiben und es ist der Stempel in Natur zu verwenden; für den Beginn der Verwendungsfrist ist in diesen Fällen die Vorschrift des § 16 Abs. 3 LStG. maßgebend. JM. 21. 9. 06, JMBl. S. 291, ZBl. S. 1533. — Vgl. A. 4b bei § 14 d. G.

b) Bei notarieller Aufnahme eines die Genehmigung bedürfenden Akts haben die Notare zwar nicht den Geschäftsstempel, aber wohl den Notariatsurkundenstempel sofort zu verwenden — JM. 29. 12. 99, JMBl. 00 S. 3 —, der auf den später fällig werdenden Stempel anzurechnen ist.

Bei getrennter notarieller Beurkundung des Kaufangebots und der Annahme ist dagegen der zu dem Angebote verwendete Notariatsurkundenstempel auf den zu der Annahmeerklärung erforderlichen Stempel nicht anzurechnen. FM. 14. 11. 02 III 14323. — Vgl. A. 3 bei Tarif 45.

12. Die Steuerbehörden haben, soweit es sich nicht um gerichtliche Genehmigungen oder Bestätigungen handelt, den Eintritt der Genehmigung zu überwachen und die Urkunde event. mit einem Vermerk zu versehen. Wird die Genehmigung nach zu früh erfolgter Stempelverwendung versagt, so ist der Stempel zu erstatten. Ist Naturalstempel verwendet, wo Gerichtskostenstempel fällig war, und umgekehrt, so behält es dabei zwar sein Bewenden, doch ist auf das Vorschriftswidrige aufmerksam zu machen. FM. 15. 1. 00 III 203, ZBl. S. 14. — JM. 29. 12. 99, JMBl. S. 3 von 1900.

13. Verträge, die vom Geschäftsführer einer G. m. b. H. oder dessen Bevollmächtigten abgeschlossen werden, werden mit dem Zeitpunkt des Abschlusses rechtswirksam, weil nach § 37 Ges. über die Gesellschaften m. b. H. die Geschäftsführer zur Vertretung der Gesellschaft in der Art berechtigt sind, daß etwaige Beschränkungen ihrer Vertretungsbefugnis Dritten gegenüber keine rechtliche Wirkung haben. Voraussetzung ist hierbei natürlich, daß urkundlich nicht die Genehmigung der Gesellschaftsorgane vorbehalten ist.

Für die von dem Vorstande einer Aktiengesellschaft abgeschlossenen Verträge gilt derselbe Grundsatz. § 235 HGB. Es ist deshalb ein im Auslande durch den Bevollmächtigten einer inländischen Gesellschaft mit einem Ausländer abgeschlossener, die Veräußernng eines dieser Gesellschaft gehörigen ausländischen Patents betreffender Vertrag stempelfrei, obwohl satzungsmäßig und tatsächlich die Zustimmung des Aufsichtsrats erst nach dem Abschluß im Inlande erfolgt. FM. 23. 9. 04 III 12393. — Vgl. A. 30 zu Tarif 32.

§ 17.

Festsetzung von Geldstrafen gegen Privatpersonen.

1 [1]Wer den Vorschriften bezüglich der Verpflichtung zur Entrichtung der Stempelsteuer zuwiderhandelt,[2—4] hat eine Geldstrafe verwirkt, welche dem vierfachen Betrage des hinterzogenen Stempels gleichkommt, mindestens aber drei Mark beträgt.

Bek. 11, 24 Abs. 2, 27.

2 Betreffen die gedachten Zuwiderhandlungen die in der Tarifstelle „Pachtverträge" aufgeführten Verzeichnisse oder Urkunden, zu welchen Privatpersonen Stempelmarken ohne amtliche Ueberwachung verwenden dürfen, so ist eine Geldstrafe verwirkt, welche dem zehnfachen Betrage des hinterzogenen Stempels gleichkommt, mindestens aber dreißig Mark beträgt.

3 Die gleiche Geldstrafe tritt ein, wenn:

a) [5]bei Auflassungserklärungen[6] und Umschreibungsanträgen ein geringerer Werth angegeben wird, als der nach den Vorschriften der Tarifstelle „Kauf- und Tauschverträge" bei der Versteuerung der Kaufverträge berechnete Betrag der von dem Erwerber übernommenen Lasten und Leistungen, mit Einschluß des Preises und unter Zurechnung der vorbehaltenen Nutzungen;

Bek. 29 Abs. 2 u. 30c. Abs. 2.

b) bei Auflassungserklärungen und Umschreibungsanträgen eine Urkunde über das Rechtsgeschäft vorgelegt wird, welche dasselbe nicht so enthält, wie es unter den Betheiligten hinsichtlich des Werthes der Gegenleistung verabredet ist, und einem geringeren Stempel unterliegt, als die Beurkundung des wirklich verabredeten Rechtsgeschäfts erfordern würde.

Bek. 30a letzter Abs. — Allg. Verf. § 14 letzter Abs., § 16, Abs. 5.

Kann der Betrag des hinterzogenen[7] Stempels nicht festgestellt 4
werden, so tritt eine Geldstrafe bis zu dreitausend Mark ein.

Die verwirkten Geldstrafen treffen jeden Unterzeichner oder 5
Aussteller einer Urkunde besonders und in vollem Betrage.[8]

Bei Genossenschaften und Aktiengesellschaften sind die Geld- 6
strafen gegen die Vorstandsmitglieder, bei Kommanditgesellschaften gegen die persönlich haftenden Gesellschafter, bei offenen Handelsgesellschaften gegen die Gesellschafter, bei Gesellschaften mit beschränkter Haftung gegen die Geschäftsführer, bei Gewerkschaften gegen die Repräsentanten oder Grubenvorstände nur im einmaligen Betrage, jedoch unter Haftbarkeit jedes einzelnen als Gesammtschuldners festzusetzen. Ebenso ist zu verfahren, wenn mehrere Urkundenaussteller bei einem Geschäft als gemeinschaftliche Kontrahenten betheiligt sind.

Bei Zuwiderhandlungen gegen die Vorschriften bezüglich der 7
Verpflichtung zur Entrichtung der Stempelsteuer unter a der Tarifstelle, „Pachtverträge" trifft die Geldstrafe nur den Verpächter, Vermiether[9] oder Verpfänder.

1. Da nur physische Personen eine strafbare Handlung begehen können, ist eine Straffestsetzung z. B. gegen die Direktion einer Aktiengesellschaft unzulässig. FM. 11. 2. 98 III 1225. — Vgl. A. 4 zu § 21.

2. Der Tatbestand der strafbaren Steuerhinterziehung erfordert weder Vorsatz noch Fahrlässigkeit. Es genügt zur Anwendung des § 17 die tatsächliche Feststellung, daß den Vorschriften bezüglich der Verpflichtung zur Versteuerung zuwider gehandelt ist. Wenn sich indes aus den Umständen ergibt, daß eine Steuerhinterziehung nicht beabsichtigt war, so tritt nur Ordnungsstrafe ein. KG. 9. 11. 03, Joh. Bd. 26 S. C 69. — Vgl. A. 2 zu § 18 und A. 2 zu § 16.

Wird die stempelpflichtige Urkunde von dem Gegenkontrahenten zurückgehalten, so ist zur Vermeidung der Bestrafung die Stempelpflicht durch Einreichung einer den wesentlichen Inhalt der Urkunde enthaltenden Anzeige bei einer zur Entwertung von

Stempelzeichen befugten Amtsstelle zu erfüllen. RG. 14. 12. 99, Joh. Bd. 19 S. 258.

3. Bei den von mittelbaren oder unmittelbaren Staatsbeamten einschließlich der Notare aufgenommenen Verhandlungen sind die beteiligten Privatpersonen von Strafe frei, es sei denn, daß der § 16 Abs. 3 vorliegt. FM. 26. 3. 97 III 830.

4. Die Nichtversteuerung der mehreren Exemplare des nämlichen Vertrages wird als **eine** strafbare Handlung angesehen, wegen welcher gegen jeden der Teilnehmer eine Strafe in Höhe des Vierfachen des Gesamtbetrages der zu den verschiedenen Vertragsexemplaren erforderlichen Stempel festzusetzen ist. FM. 23. 4. 94 III 5135, HSp. S. 252.

5. litt. a hat nur die Angabe eines geringeren als des aus den stattgehabten Verabredungen, insbesondere den Preisvereinbarungen, sich ergebenden Wertes des aufzulassenden Grundstücks im Auge. Ist der Preis nicht verabredet, so greift § 6 Abs. 1 Platz. KG. 21. 2. 98, Arch. Jahrg. 46 S. 73. — Vgl. A. 16b bei Tarif 8.

6. Bei der Auflassung ist nach § 17 Abs. 3 LStG. der Erwerbspreis auch dann anzugeben, wenn eine Abtretung des Rechts auf Auflassung stattgefunden hat, unmittelbar obligatorische Beziehungen also zwischen dem Auflassungsgeber und dem Auflassungsnehmer nicht bestehen. Voraussetzung aber ist, daß der Gegenstand der Auflassung sich mit dem Gegenstand des letzten Erwerbsgeschäfts deckt. KG. 25. 11. 01, Joh. Bd. 23 S. C 32.

7. a) Als hinterzogen ist der volle Auflassungsstempel ohne Berücksichtigung des zu der Urkunde verwendeten Betrages anzusehen. (Tarif 8 Abs. 4.) — Vgl. A. 16b und 17c bei Tarif 8.

b) Der Kaufpreis war auf 2475 M. verabredet, aber zur Ersparung von Stempelkosten war im Vertrage ein Kaufpreis von 2400 M. angegeben. Gelegentlich der Auflassung wurde dieser Vertrag vorgelegt: Als hinterzogen gilt der volle Auflassungsstempel von 25 M, nicht nur 1 M. Die Geldstrafe beträgt also 250 M. KG. 18. 5. 03, DJZ. Nr. 15, Joh. Bd. 26 S C 17.

c) Beruht die Auflassung auf einem Kaufvertrage und ist der Kaufpreis höher als der gemeine Wert des aufgelassenen Grundstücks, so ist der Stempel und die Stempelstrafe von dem höheren Kaufpreise zu berechnen. KG. 4. 7. 04, Joh. Bd. 28 S. C 16.

8. Die Strafe soll auch denjenigen treffen, der die Urkunde produziert, ebenso den Inhaber derselben. AH. S. 2389. — Vgl. A. 9b bei § 16.

9. Den bevollmächtigten Verwalter trifft die Stempelstrafe nicht, sondern den Vermieter. FM 28. 10. 02 III 13476.

§ 18.

Festsetzung von Ordnungsstrafen gegen Privatpersonen.

1 Wenn in den Fällen des vorhergehenden Paragraphen aus den Umständen sich ergiebt, daß eine Steuerhinterziehung nicht

hat verübt werden können oder nicht beabsichtigt worden ist, so tritt statt der vorgedachten Geldstrafen eine Ordnungsstrafe bis zu dreihundert Mark ein. [1–3]

2 Diese Strafe haben auch Repräsentanten oder Grubenvorstände von Gewerkschaften verwirkt, wenn sie die Umschreibung von Kuxen im Gewerkenbuche vor erfolgter Versteuerung der Uebertragungsurkunden vornehmen.[4]

3 Dieselbe Strafe ziehen Zuwiderhandlungen gegen die Vorschriften dieses Gesetzes oder gegen die zu dessen Ausführung erlassenen Vorschriften, die im Gesetze mit keiner besonderen Strafe belegt sind, nach sich.

D. V. 15, 37, 50. — Allg. V. § 14.

1. Als Mindestbetrag der Strafe gilt stets 1 M. FM. 22. 7. 98 III 10221.

2. Liegt objektiv keine Stempelhinterziehung nach § 17 vor, so kann auch keine Ordnungsstrafe verhängt werden. KG. 21. 2. 98, Arch. Jahrg. 46 S. 73. — Vgl. A. 2 zu § 17.

Es bedarf im Urteil der Feststellung bestimmter Tatsachen, aus denen sich ergibt, daß eine Stempelhinterziehung nicht hat verübt werden können oder nicht beabsichtigt worden ist, wenn an Stelle der Strafe des § 17 die des § 18 treten soll. Die Anwendung des § 18 wird schon durch die Annahme, daß der Angeklagte möglicher Weise der Stempelpflichtigkeit der Urkunde sich bewußt gewesen ist, ausgeschlossen. Man soll sich über die gesetzlichen Bestimmungen unterrichten und kann sich dann, wenn man dies unterlassen, nicht auf seinen Irrtum berufen. KG. 29. 5. 99, Strafs. Bd. 32 S. 191, ZBl. S. 297. Etwaige Zweifel an der Absicht der Hinterziehung rechtfertigen die Anwendung des § 18 nicht. Die Verurteilung aus § 17 muß erfolgen, wenn die Negativfeststellung, daß sich aus den Umständen ergibt, daß der Angeklagte eine Stempelhinterziehung nicht beabsichtigt habe, nicht erfolgen kann. KG. 11. 5. 03, DJZ. S. 347 — ferner 9. 11. 03, Joh. Bd. 26 S. C 69.

3. Wenn eine Mehrzahl von Marken vorschriftswidrig entwertet ist, so liegt eine fortgesetzte strafbare Handlung vor. KG. 18. 4. 98, JMBl. S. 368.

4. Der Abs. 2 ist infolge Tarif 4a Ziff. 2 und § 4 RStG. 3. 6. 06 antiquiert.

§ 19.

Festsetzung von Ordnungsstrafen gegen Beamte und Notare.

1 Unmittelbare oder mittelbare Staatsbeamte, einschließlich der Notare, welche bei ihren amtlichen Verhandlungen oder bei den im Auftrage oder Namens einer unmittelbaren oder mittelbaren Staatsbehörde mit Privatpersonen abgeschlossenen Verträgen

die ihnen durch dieses Gesetz oder die zu dessen Ausführung erlassenen Vorschriften hinsichtlich der Versteuerung auferlegten Pflichten versäumen, sind, sofern nicht nach der Art des Vergehens wegen verletzter Amtspflicht eine höhere Strafe eintritt, mit einer Ordnungsstrafe bis zum Betrage des nicht verwendeten Stempels, jedoch nicht über einhundertfünfzig Mark zu belegen.[1]

Bek. 15. A. II. 2. — D. V. 13, 14. — Allg. V. § 22.

2 Die Privatpersonen, mit welchen die Verträge abgeschlossen sind, desgleichen die Inhaber oder Vorzeiger bleiben von Strafe frei.

3 Die Festsetzung der Strafen gegen Beamte und Notare erfolgt durch die ihnen vorgesetzte Aufsichtsbehörde;[2, 3] die Ermäßigung oder Niederschlagung der Strafe kann durch dasjenige Ministerium angeordnet werden, zu dessen Verwaltung der Beamte gehört.

D. V. Anh. § 28.

1. Die Vorstände der Stempelsteuerämter, denen die Strafanzeigen gegen Beamte und Notare von den Hauptämtern und Unterämtern zu übersenden sind, haben darüber zu befinden, — auch bei Verstößen der Notare — ob sie eine Ahndung herbeiführen wollen — § 11 der Anw. für die Geschäftsführung. — FM. 22. 10. 98 III 12355, ZBl. S. 416.

2. Ueber die Untersuchung und Festsetzung der Strafe gegen Gerichtsbeamte und Notare, sowie gegen sonstige unmittelbare und gegen mittelbare Staatsbeamte, ferner über die Zuständigkeit in der Beschwerdeinstanz entscheidet jetzt der § 60 des Verwaltungsstrafgesetzes v. 26. 7. 97.* — Vgl. auch Art. 91 und 104 bis 110 PFG. und §§ 3, 4 der V. 2. 8. 99, GS. S. 397.

3. a) Gegen Notare und Gerichtsvollzieher setzen wohl die Landgerichtspräsidenten die Ordnungsstrafe fest; wegen Nachbringung

---

* Dieser lautet:

Die auf die Festsetzung der Landesstempelstrafen gegen Beamte und Notare durch die ihnen vorgesetzte Aufsichtsbehörde bezüglichen Bestimmungen, insbesondere die Vorschriften des § 19 des Stempelsteuergesetzes vom 31. Juli 1895 (Gesetz-Samml. S 413), bleiben mit folgenden Maßgaben in Kraft:

a) Die Untersuchung und Festsetzung der Strafe erfolgt gegen Gerichtsbeamte und Notare durch den Präsidenten des Landgerichts, gegen sonstige unmittelbare Staatsbeamte durch den Vorsteher der für den Verwaltungszweig bestellten Provinzialbehörde und gegen mittelbare Staatsbeamte durch den Präsidenten der Regierung, in Berlin durch den Polizeipräsidenten,

der Stempelabgabe aber hat die Steuerbehörde, nachdem ihr der Landgerichtspräsident gemäß § 30 Abs. 3 d. G. Mitteilung gemacht hat, das Erforderliche zu veranlassen und den Landgerichtspräsidenten und den Notar davon zu benachrichtigen. FM. 5. 3. 97 III 2429, ZBl. S. 92.

b) Gegen Landräte setzt die Stempelstrafe nach § 60a VStrG. der Regierungspräsident fest. FM. 17. 2. 98 III 1906, ZBl. S. 114.

c) Gegen Reichsbeamte erfolgt die Straffestsetzung auf Grund der §§ 10, 72 ff. des Reichsbeamtenges. HSp. S. 266; gegen Offiziere durch deren vorgesetzte Dienstbehörde. FM. 24. 10. 98 III 13018.

§ 20.

Straffreiheit.

Wenn der Stempel entsprechend der Auskunft der zur Verwaltung des Stempelwesens bestellten Behörde verwendet worden ist, so treten die Strafen der §§. 17 bis 19 nicht ein.

§ 21.

Strafverfahren.

Bei Zuwiderhandlungen gegen dieses Gesetz kommen hinsichtlich des Verwaltungsstrafverfahrens und der Voraussetzungen für die Zulässigkeit des gerichtlichen Strafverfahrens dieselben Vorschriften zur Anwendung, nach welchen sich das Verfahren wegen Vergehen gegen die Zollgesetze bestimmt, jedoch mit der Maßgabe, daß die Strafbescheide, wenn durch dieselben Strafen bis zum Betrage von dreihundert Mark festgesetzt werden, von den Hauptsteuer- oder Hauptzollämtern, sonst aber von den Provinzialsteuerbehörden erlassen werden.[1—7]

Bek. 23, Abs. 2. — D. V. 13, 14. — Allg. V. § 22.

---

insoweit nicht eine den hiernach zur Entscheidung berufenen Beamten vorgesetzte Behörde nach diesen Bestimmungen zuständig ist.

b) Gegen unmittelbare Staatsbeamte eines Verwaltungszweiges, für welchen eine Provinzialbehörde nicht besteht, erfolgt die Untersuchung und Festsetzung durch den Vorsteher der zunächst vorgesetzten Dienstbehörde.

Ueber die Beschwerde entscheidet derjenige Minister, welcher der straffestsetzenden Behörde für den Verwaltungszweig, dem der Beamte angehört, vorgesetzt ist.

Im Uebrigen sind die Vorschriften dieses Gesetzes maßgebend.

1. a) An die Stelle der Schlußbestimmung des § 21 tritt jetzt § 5 des Verwaltungsstrafgesetzes vom 26. Juli 1897 (GS. S. 237), welcher lautet:

„Die Entscheidung erfolgt durch die Hauptzoll- oder Hauptsteuerämter

1) bei allen Zuwiderhandlungen, welche lediglich Ordnungsstrafen nach sich ziehen,
2) bei allen Zuwiderhandlungen, welche nur mit Geldstrafe von höchstens 300 Mark, allein oder in Verbindung mit Einziehung, bedroht sind,
3) bei Hinterziehungen, bei denen die Strafe zwischen einem bestimmten Mindest- und einem bestimmten Höchstbetrage bemessen werden muß, wenn nach den Umständen des Falles keine höhere als die eben bezeichnete Strafe festzusetzen ist,
4) wenn allein die Einziehung oder nur noch die Vertretungspflicht in Frage kommt.

In allen sonstigen Fällen entscheiden die Provinzialsteuerbehörden.

Ist eine Person mehrerer Zuwiderhandlungen beschuldigt, oder sind bei einer Zuwiderhandlung mehrere Personen beteiligt, so kann die Provinzialsteuerbehörde über alle Zuwiderhandlungen und gegen alle Beteiligten entscheiden, wenn sie für eine Zuwiderhandlung oder einen Beteiligten zuständig ist.

Die Zuständigkeit der Erbschaftssteuerämter bleibt unberührt.

Für die Hohenzollernschen Lande wird die sachliche Zuständigkeit durch den Finanzminister bestimmt."

b) Die ferneren hier hauptsächlich interessierenden Bestimmungen des VStrG. lauten im Auszuge:

§ 1. Bei Zuwiderhandlungen gegen die Vorschriften wegen Erhebung der indirekten Landesabgaben sind die Behörden und Beamten der Verwaltung der indirekten Steuern zur vorläufigen Feststellung des Sachverhalts im Verwaltungswege zuständig.

§ 2. Bei Zuwiderhandlungen der genannten Art steht den Behörden dieser Verwaltung auch die Entscheidung zu.

§ 3. Ist die Entscheidungsbefugniß der Verwaltungsbehörden begründet, so findet ein Einschreiten der Staatsanwaltschaften und der Gerichte vor Erlaß des Strafbescheides nicht statt, sofern nicht die zuständige Verwaltungsbehörde sich der Entscheidung enthalten und die Sache zum gerichtlichen Verfahren abgegeben hat.

§ 4. Die Untersuchung im Verwaltungswege wird von den Hauptzoll- und Hauptsteuerämtern geführt.

§ 5. S. oben.

§ 6. Die Entscheidung über die Beschwerde (§ 38 Abs. 1) steht der Provinzialsteuerbehörde zu. Ueber Beschwerden gegen Strafbescheide der Provinzialsteuerbehörden entscheidet der Finanzminister.

§ 18. Für Beschlagnahme und Durchsuchungen verbleibt es bei § 31 des Stempelsteuergesetzes.

§ 39. Die Beschwerde ist binnen einer Woche nach der Bekanntmachung des Strafbescheides anzubringen.

§ 43. Der Beschwerdebescheid kann den Strafbescheid aufrecht erhalten, aufheben oder zu Gunsten des Beschwerdeführers abändern.

c) Die weiter hier in Betracht kommenden Bestimmungen aus der Strafprozeßordnung lauten:

§ 459. Strafbescheide der Verwaltungsbehörden wegen Zuwiderhandlungen gegen die Vorschriften über die Erhebung öffentlicher Abgaben und Gefälle dürfen nur Geldstrafen sowie eine etwa verwirkte Einziehung festsetzen.

Der Strafbescheid muß außerdem die strafbare Handlung, das angewendete Strafgesetz und die Beweismittel bezeichnen, auch die Eröffnung enthalten, daß der Beschuldigte, sofern er nicht eine nach den Gesetzen zugelassene Beschwerde an die höhere Verwaltungsbehörde ergreife, gegen den Strafbescheid binnen einer Woche nach der Bekanntmachung bei der Verwaltungsbehörde, welche denselben erlassen, oder bei derjenigen, welche ihn bekannt gemacht hat, auf gerichtliche Entscheidung antragen könne.

Der Strafbescheid wirkt in Betreff der Unterbrechung der Verjährung wie eine richterliche Handlung.

§ 460. Wird auf gerichtliche Entscheidung angetragen, so übersendet die Verwaltungsbehörde, falls sie nicht den Strafbescheid zurücknimmt, die Akten an die zuständige Staatsanwaltschaft, welche sie dem Gericht vorlegt.

§ 461. In Betreff der Wiedereinsetzung in den vorigen Stand finden die Bestimmungen des § 455 entsprechende Anwendung.

§ 462. Ist der Antrag rechtzeitig angebracht, so wird zur Hauptverhandlung vor dem zuständigen Gerichte geschritten, ohne daß es der Einreichung einer Anklageschrift oder einer Entscheidung über die Eröffnung des Hauptverfahrens bedarf.

Bis zum Beginn der Hauptverhandlung kann der Antrag zurückgenommen werden.

2. a) Aus Anlaß des Inkrafttretens des VStrG. v. 26. 7. 97 ist in Betreff der Uebertragung von Strafniederschlagungs- und Strafmilderungsbefugnissen folgender Allerhöchster Erlaß v. 26. 9. 97 (GS. S. 402) ergangen:

1. Bei Zuwiderhandlungen gegen die Zollgesetze und die sonstigen Vorschriften über indirekte Reichs- und Landesabgaben ist der Finanzminister ermächtigt, innerhalb der verfassungsmäßigen Grenzen, die nach den zoll- und steuergesetzlichen Bestimmungen verwirkten Freiheits-, Geld- und sonstigen Strafen, einschließlich der Vertretungsverbindlichkeiten, Einziehungen und Werthersatzsummen, sowie die Kosten des Verfahrens niederzuschlagen, zu ermäßigen oder zu mildern, und zwar auch dann, wenn die Strafen und die Kosten durch gerichtliches rechtskräftiges Erkenntniß auferlegt sind.

Der Finanzminister ist berechtigt, die ihm danach zustehende Niederschlagungs- und Strafmilderungsbefugniß in den im Verwaltungswege zu erledigenden Strafsachen in bestimmt festzusetzenden Grenzen den ihm unterstellten Behörden und Beamten weiter zu übertragen.

2. Der Finanzminister und die Provinzialsteuerbehörden sind befugt, nach ihrem pflichtmäßigen Ermessen im Wege der Nachsicht die verwaltungsseitige und die gerichtliche Strafvollstreckung bei Zuwider-

handlungen der bezeichneten Art auszusetzen, sowie Strafunterbrechung und Straftheilung zu gestatten. Diese Befugniß erstreckt sich zugleich auf die Kosten des Verfahrens.

Die betheiligten Justizbehörden haben ihren desfallsigen Anträgen Folge zu leisten.

3. Die Ermächtigungen in den Nummern 1 und 2 finden auch bei Zuwiderhandlungen gegen die Vorschriften über die Schlacht- und die Wildpretsteuer in schlachtsteuerpflichtigen Städten Anwendung insoweit die Verwaltung dieser Steuern nicht von den Gemeinden selbst unternommen ist. Das Gleiche gilt in den Fällen der §§ 17 und 22 des Gesetzes zum Schutze der Waarenbezeichnungen vom 12. Mai 1894 (Reichs-Gesetzbl. S. 441).

Dagegen kommen die Ermächtigungen nicht zur Anwendung bei Zuwiderhandlungen gegen die Vorschriften über die Erhebung von Verkehrsabgaben und bei Ordnungsstrafen gegen Beamte und Notare, welche sich bei ihrer Dienstverwaltung einer Uebertretung der Stempelvorschriften schuldig gemacht haben. In den beiden letzteren Beziehungen verbleibt es vielmehr lediglich bei den bisherigen Bestimmungen.

b) Auf Grund der Nr. 1 Abs. 2 und der Nr. 3 Abs. 1 des Allerhöchsten Erlasses, betreffend die Uebertragung von Strafniederschlagungs- und Strafmilderungsbefugnissen in Zoll- und Steuersachen, vom 26. 9. 97 (GS. S. 402) ist folgender Finanzministerial-Erlaß v. 6. 10. 97 III 12757 — ZBl. S. 408, JMBl. S. 267 — ergangen:

1. Die Provinzialsteuerbehörden sind befugt, bei allen Zuwiderhandlungen gegen die Zollgesetze oder die Vorschriften über indirekte Reichs- oder Landesabgaben, bei denen die Entscheidung den Verwaltungsbehörden zusteht, im Wege der Nachsicht nach den Umständen des Falles die verwirkte Zoll- oder Steuerstrafe völlig niederzuschlagen, wenn ein Strafbescheid noch nicht bekannt gemacht oder gegen den Strafbescheid eines ihnen unterstellten Amtes form- und fristgerecht Beschwerde eingelegt worden ist.

2. Die Vorstände der Stempel- und Erbschaftssteuerämter oder deren Abtheilungen sind innerhalb ihres Geschäftsbereichs ermächtigt, Zuwiderhandlungen gegen die Stempelvorschriften, welche von ihnen bei Stempelprüfungen entdeckt werden oder sonst zu ihrer amtlichen Kenntniß gelangen, sowie Zuwiderhandlungen gegen die Erbschaftssteuervorschriften im Wege der Nachsicht auf sich beruhen zu lassen, so lange sie die Sachen noch nicht zur Verfolgung an das zuständige Hauptamt abgegeben haben oder dieses noch nicht die Untersuchung aus anderem Anlaß bereits eröffnet hat. Nach Abgabe der Sachen oder Eröffnung der hauptamtlichen Untersuchung darf die Abstandnahme von der Strafverfolgung nur im Einverständniß mit dem Hauptamtsleiter verfügt werden.

3. Die Hauptamtsleiter sind berechtigt, alle Zuwiderhandlungen der in Nr. 1 bezeichneten Art, welche lediglich Ordnungsstrafen nach sich ziehen, überhaupt und sonstige Zuwiderhandlungen dieser Art, wenn die in Frage kommenden Abgaben 3 Mark nicht übersteigen, im Wege der Nachsicht straffrei zu lassen, so lange der Strafbescheid noch nicht bekannt gemacht geworden ist.

In Stempel- und Erbschaftssteueruntersuchungen, welche auf Ersuchen der Stempel- und Erbschaftssteuerämter eingeleitet worden sind, darf diese Berechtigung nur im Einverständniß mit dem Vorstande des zuständigen Stempel- und Erbschaftssteuer-Amtes oder der zuständigen Abtheilung desselben ausgeübt werden.

4. Die den Vorstehern einzelner Abfertigungsstellen und einzelner Steuer- oder Nebenzollämter eingeräumten Befugnisse zur Strafabstandnahme werden in ihrem bisherigen Umfange hiermit aufrechterhalten bezw. erneuert

5. Die Provinzialsteuerbehörden und die Hauptämter sowie die Steuerämter zu Sigmaringen und Hechingen sind ermächtigt, in den ihrer Entscheidung unterliegenden Zoll- und Steuerstrafsachen bei Genehmigung der Unterwerfungsverhandlungen im Wege der Nachsicht geringere, als die gesetzlichen Strafen festzusetzen, insbesondere auch von Anordnung der an sich verwirkten Einziehung abzusehen. Das Gleiche gilt für die genannten Behörden bei Erlaß von Strafbescheiden, jedoch mit der Maßgabe, daß die Strafmilderung hinsichtlich des Antragstellers außer Kraft tritt, wenn form- und fristgerecht auf gerichtliche Entscheidung angetragen und der Antrag nicht bis zum Beginn der gerichtlichen Hauptverhandlung zurückgenommen wird. Diese Beschränkung der Strafmilderung braucht in den Strafbescheid nicht aufgenommen zu werden.

Die Hauptämter und die Steuerämter zu Sigmaringen und Hechingen treffen ihre Entscheidung nach Maßgabe der Nr. 3 der Ausführungsvorschriften zu dem Verwaltungsstrafgesetze vom 26. Juli 1897. Sie haben alle Straffälle, in denen sie diese Ermächtigung angewandt haben, zur Sicherung eines vorschriftlichen und gleichmäßigen Verfahrens unter einem besonderen Abschnitte in die nach Nr. 4 Abs. 2 der gedachten Ausführungsvorschriften zu führenden Nachweisungen einzutragen, welche alsdann, wie dort angeordnet, weiter zu behandeln sind.

6. Die Provinzialsteuerbehörden haben die in Nr. 5 erwähnte Strafmilderungsbefugniß auch bei Erlaß von Beschwerdebescheiden, wenn gegen den Strafbescheid eines ihnen unterstellten Amtes form- und fristgerecht Beschwerde ergriffen worden ist. Rechtskräftig festgesetzte Strafen zu mildern, sind sie nicht berechtigt.

7 Von den in den Nrn. 1—6 verliehenen oder erneuerten Befugnissen ist kein Gebrauch zu machen, wenn nach den Umständen des Falles nachgewiesen oder anzunehmen ist, daß absichtliche Steuerverkürzungen oder sonstige vorsätzliche Gesetzesübertretungen vorliegen In Wechselstempelsachen ist hinsichtlich der Niederschlagungsbefugniß der Hauptamtsleiter nach dem vorletzten Absatze des Bundesrathsbeschlusses vom 2. Juli 1873 — § 490 der Protokolle — zu verfahren. Auch sonst bleiben besondere Anordnungen von Bundesrathsbeschlüssen unberührt. Im übrigen werden aber dem pflichtmäßigen Ermessen der zuständigen Behörden und Beamten keine Schranken gezogen, und es können auch bloß persönliche Rücksichten, z. B. ungünstige Vermögenslage, Familienverhältnisse, Krankheiten usw. als ausreichende Rechtfertigung zur Niederschlagung oder Milderung der Strafe angesehen werden.

8. Die Vorschriften in den Nrn. 1 und 3 bis 7 finden bei Zuwiderhandlungen gegen die Vorschriften über die Schlacht- und über die Wildpretsteuer in schlachtsteuerpflichtigen Städten insoweit Anwendung, als die Strafsachen von der Verwaltung der indirekten Steuern zu erledigen sind.

Dagegen kommen sämmtliche Vorschriften nicht zur Anwendung bei Zuwiderhandlungen gegen die Vorschriften über die Erhebung von Verkehrsabgaben und bei Ordnungsstrafen gegen Beamte und Notare, welche sich bei ihrer Dienstverwaltung einer Uebertretung der Landesstempelvorschriften schuldig gemacht haben. In den beiden letzteren Beziehungen verbleibt es vielmehr lediglich bei den bisherigen Bestimmungen und Gebräuchen.

c) Allgemeine Verfügung betreffend die Bewilligung von Zahlungsausstand und Teilzahlungen in Zoll- und Steuerstrafsachen vom 28. 5. 03 III 7236, ZBl. S. 215:

Nach Nr. 2 des Allerhöchsten Erlasses, betreffend die Uebertragung von Strafniederschlagungs- und Strafmilderungsbefugnissen in Zoll- und Steuersachen, vom 26. September 1897 (GS. S. 402) sind die Provinzialsteuerbehörden befugt, bei Zuwiderhandlungen gegen die Zoll- und Steuervorschriften nach ihrem pflichtmäßigen Ermessen im Wege der Nachsicht die verwaltungsseitige wie die gerichtliche Strafvollstreckung auszusetzen, auch Strafunterbrechung und Strafteilung zu gestatten. Die Bewilligung einer dahingehenden Vergünstigung ist bei Geldstrafen nach den bestehenden Vorschriften (vergleiche Bonnenberg, das Strafverfahren in Zoll- und Steuersachen, 2. Aufl. S. 480 Anm. 1) stets an die Bedingung zu knüpfen, daß die eingehenden Beträge zunächst auf die etwa noch rückständigen Zölle oder Steuern, sodann auf die Untersuchungskosten und zuletzt auf die Geldstrafen und die an Stelle der Einziehung festgesetzten Beträge (und zwar auf diese noch vor jenen) verrechnet werden sollen. Diese Anordnung hebe ich auf.

Künftighin ist auch bei Bewilligung von Ausstand und Teilzahlungen für Zoll- oder Steuerstrafen und Kosten wegen der Verrechnung die gesetzlich vorgesehene Reihenfolge nicht zu ändern, wonach die eingehenden Beträge zunächst auf die Strafe, alsdann auf den Werterſatz und zuletzt auf die Kosten des Verfahrens anzurechnen sind. Es ist aber auch künftighin stets der Vorbehalt zu machen, daß beim Ausbleiben einer Teilzahlung die zwangsweise Beitreibung des ganzen Restes der Schuld ohne weiteres erfolgen könne. Haben trotz der Bestimmung in Ziffer 50 der Ausführungsvorschriften zum Verwaltungsstrafgesetz und § 10 der Anweisung zur Buchführung in Strafsachen für die Hauptzoll- und die Hauptsteuerämter die vorenthaltenen Zoll- und Reichssteuerbeträge nicht vorher eingezogen werden können, so ist mit Rücksicht auf das Verhältnis der Bundesstaaten zum Reich in Zoll- und Reichssteuersachen ferner stets die Bedingung zu stellen, daß vor dem Beginn der Zahlung auf die Geldstrafe, der nötigenfalls bei der Stundungsbewilligung entsprechend hinauszuschieben ist, die rückständigen Abgaben voll an die Steuerbehörde zu entrichten seien, und es ist auch für den Fall der Nichtinnehaltung dieser Bedingung die Zulässigkeit der zwangsweisen Einziehung des ganzen Restes der

Schuld ausdrücklich vorzubehalten. Für die rückständigen Abgaben kann dabei gleichzeitig wie für die Strafen und Kosten Abtragung in Teilzahlungen oder Ausstand bewilligt werden.

Ob im einzelnen Falle Sicherstellung der gestundeten Beträge an Abgaben, Strafen und Kosten zu verlangen ist, bleibt dem Ermessen der Provinzialsteuerbehörde überlassen.

Soweit es sich um gerichtlich verhängte Geldstrafen und gerichtliche Kosten handelt, haben die Zoll- und Steuerbehörden den Strafvollstreckungsbehörden nicht nur die Bewilligung von Zahlungsausstand und Teilzahlungen mit den gestellten Bedingungen unverzüglich mitzuteilen, sondern gegebenenfalls demnächst auch davon Nachricht zu geben, ob die rückständigen Gefälle innerhalb der gestellten Frist bezahlt worden sind oder nicht, da hiernach die Strafvollstreckungsbehörden darüber zu befinden haben, inwieweit der Strafvollstreckung Fortgang zu geben ist.

Die vorstehenden Bestimmungen finden in den in Nr. 3 des Allerhöchsten Erlasses bezeichneten Schlachtsteuersachen, und zwar wegen des Verhältnisses der Steuerverwaltung zu den beteiligten Stadtgemeinden auch hinsichtlich der hinterzogenen Schlachtsteuerbeträge, gleichmäßige Anwendung. Dagegen kann in Erbschaftssteuer- und Landesstempelsteuer-Strafsachen von der Bedingung der zunächstigen Verrechnung der eingehenden Beträge auf die Abgaben abgesehen werden.

Bei Zuwiderhandlungen gegen die österreichisch-ungarischen Zollgesetze sind wegen der Verrechnung die Vorschriften in § 21 des Zollkartells mit Oesterreich-Ungarn vom 6. Dezember 1891 (RGBl. 1892 S. 80) maßgebend.

3. Die Strafverfolgung gegen eine Firma ist unzulässig, weil nur eine bestimmte individuelle Person Subjekt einer strafbaren Handlung sein kann. RG. 21. 9. 06, ZBl. S. 1507. Bei Einstellung des Strafverfahrens gegen die Firma und nachträglicher Heranziehung des Firmeninhabers liegt eine Verletzung des Grundsatzes ne bis in idem nicht vor. RG. 17. 4. 96. — Vgl A. 1 zu § 17.

4. Die Erklärung der Verwaltungsbehörde, daß sie einer Strafverfolgung sich anschließe, muß dem Gericht eingereicht werden. Ein Schreiben an die Staatsanwaltschaft genügt nicht, auch wenn es mit den staatsanwaltlichen Akten demnächst an das Gericht gelangt. RG. 21. 6. 00, ZBl. S. 1 von 1901.

5. Die Befugnis der Stempelsteuerämter erstreckt sich nur auf die Festsetzung von Ordnungsstrafen gemäß § 7 Abs. 2 d. G., nicht auf die Festsetzung von Stempelstrafen aus §§ 17 u. 18 d. G. FM. 23. 12. 98 III 15027.

6. Die Schrift, durch welche die Revision begründet wird, muß aus sich selbst erkennen lassen, auf welche Gesetzesverletzung das Rechtsmittel gestützt wird, so daß eine Bezugnahme auf andere Schriftstücke nicht genügt. RG. 3. 7. 06 II. — Vgl. Entsch. in Str. Bd. 29 S. 411.

7. Die Strafverfolgungsbefugnis der Steuerbehörde bezieht sich nur auf das Steuervergehen, umfaßt also nicht die damit in Idealkonkurrenz begangene Verletzung des § 284 StrGB. RG. 23. 1. 03, JW. S. 220.

§ 22.

Strafvollstreckung.[1, 2]

Die Umwandlung einer Geldstrafe, zu deren Zahlung der Verpflichtete unvermögend ist, in eine Freiheitsstrafe findet nicht statt. Auch darf zur Beitreibung von Geldstrafen ohne Zustimmung des Verurtheilten, wenn dieser ein Preuße ist, kein Grundstück im Wege der Zwangsvollstreckung versteigert werden.

D. V. 15. — Allg. V. § 23.

1. Wegen Behandlung der Begnadigungsgesuche derjenigen Personen, die wegen Zuwiderhandlung gegen Finanzgesetze . . . durch bürgerliche Behörden verurteilt sind und eine an Stelle der Geldstrafe getretene Freiheitsstrafe in einer militärischen Strafanstalt verbüßen — § 2 MilStrafgerOrdn. — siehe ZBl. S. 560 von 1900

2. Die hier in Betracht kommenden Bestimmungen des VStrG lauten im Auszuge:

§ 52. Strafbescheide werden, wenn auf die Einlegung der zulässigen Rechtsmittel verzichtet oder die formgerechte Einlegung innerhalb der gesetzlichen Frist unterlassen oder das angebrachte Rechtsmittel zurückgenommen ist, vollstreckbar

Beschwerdebescheide sind ohne weiteres vollstreckbar

§ 54. Die Vollstreckung liegt den Hauptämtern ob.

Zur Beitreibung von Geldstrafen darf ohne Zustimmung des Bestraften, wenn dieser ein Deutscher ist, kein Grundstück versteigert werden.

§ 23.

Verjährung der Strafverfolgung und der Strafvollstreckung.

Die Strafverfolgung von Zuwiderhandlungen gegen die Vorschriften dieses Gesetzes und die zu dessen Ausführung erlassenen Bestimmungen sowie die Vollstreckung der dieserhalb rechtskräftig festgesetzten und rechtskräftig erkannten Strafen verjährt[1] in fünf Jahren.

1. Im Verwaltungsstrafverfahren unterbricht schon der Erlaß des Strafbescheides, nicht aber erst dessen Zustellung die Verjährung der Strafverfolgung; es ist also das Datum der zu den Akten gebrachten Niederschrift maßgebend. RG. 5 7. 02, ZBl. S. 254 und FM. 6. 11. 02 III 12760, ZBl. S. 293.

III. Abschnitt.

Besondere Bestimmungen.

§ 24.

Ersatz für die vor dem Verbrauch verdorbenen Stempelzeichen.

Für Stempelzeichen, welche vor dem Verbrauche durch Zufall oder Versehen verdorben worden sind, kann Ersatz beansprucht werden.[1, 2]

Bek. 17 — D. V. 16.

1. Für Erstattung unverdorbener Stempelmaterialien bedarf es der Ermächtigung des Ministers. FM. 22. 1. 00 III 698.

2. Für verlorene Stempelmaterialien kann Erstattung nur erfolgen, wenn die wirkliche Vernichtung nachgewiesen ist. FM. 17. 1 00 III 494.

§ 25.

Erstattung bereits verwendeter Stempel.

Die entrichtete Stempelsteuer wird erstattet:[1–6]

a) wenn ein gesetzlich nicht erforderlicher Stempel verwendet und der Erstattungsantrag[7] innerhalb zweier Jahre[7b, 8] nach der Entrichtung des Stempels angebracht worden ist; 1

Bek. 18. — D V. 17. — Allg. V § 9a.

b) [9] wenn der von Behörden oder Beamten, einschließlich der Notare, in der Erwartung der Zahlung verwendete Stempel von den zur Entrichtung desselben Verpflichteten nicht beigetrieben werden kann;

Bek. 18. — D. V. 6.

c) wenn ein beurkundetes Geschäft nichtig[10—12b, c.] ist oder durch rechtskräftiges gerichtliches Urtheil für ungültig[10] oder nichtig erklärt und die Erstattung innerhalb zweier Jahre nach der Beurkundung des nichtigen Geschäfts oder binnen Jahresfrist nach Eintritt der Rechtskraft des gerichtlichen Erkenntnisses nachgesucht wird.

Bek. 18. — D V. 17. — Allg. V. § 9b.

[13—15] Außerdem kann der Finanzminister die Erstattung bereits verwendeter Stempel aus Billigkeitsgründen[17] anordnen, wenn 2 die Ausführung[16] eines Geschäfts unterblieben und die Erstattung innerhalb zweier Jahre[18] nach der Beurkundung des Geschäfts beantragt worden ist.[19, 20]

Bek. 19 — Allg. V. § 9 Abs. 1 und 9c. — D. V. 18.

3 Der Steuerverwaltung bleibt jedoch im Falle zu c und im Falle des vorhergehenden Absatzes das Recht vorbehalten, den Stempel von demjenigen Vertragschließenden wieder einzuziehen, welcher bei der Beurkundung des Geschäfts von den die Nichtigkeit oder Ungültigkeit desselben bedingenden Umständen Kenntniß gehabt oder die unterbliebene Ausführung des Geschäfts verschuldet hat.[21]

1. Die den Stempelverteilern gezahlten Entschädigungen können von ihnen wieder eingezogen werden, wenn die Erstattung auf ihr Verschulden zurückzuführen ist, insbesondere also dann, wenn die von ihnen vorgenommene Verwendung des Stempels nicht den gesetzlichen Bestimmungen entspricht, oder wenn sie ihre Verkaufs- oder Entwertungsbefugnisse überschritten haben. FM. 11. 2. 97 III 17417, HSp. S. 330.

2. In Fällen, in denen infolge gerichtlicher Urteile die Verwaltung von ihrer früheren Praxis abgeht, wird für die schon vorher durch freiwillige Zahlung oder Ablauf der Klagefrist erledigten Stempelsteuersachen Erstattung nicht gewährt.

3. Ist zur Zeit der Stempelverwendung der Anspruch der Staatskasse auf den Stempel bereits verjährt und aus der voraussetzlich ohne Kenntnis der Verjährung geleisteten Zahlung nicht zu schließen, daß auf den Verjährungseinwand verzichtet werden sollte, so ist unter Umständen dennoch Erstattung zulässig. FM. 16. 9. 96 III 12543, HSp. S. 335.

4. Eine etwa schon irrtümlich erfolgte Erstattung des St. hindert dessen spätere Wiedereinziehung nicht. RG. 9. 1. 96, JW. S. 112.

5. Wenn in dem FME., auf Grund dessen eine Rückzahlung erfolgt, der Grund der Stempelerstattung nicht angegeben ist, so ist in der zu erteilenden Zahlungsanweisung ersichtlich zu machen, aus welchem Grunde die Erstattung beantragt ist. In den Fällen des § 25 Abs. 2 genügt die Bezugnahme auf diese Gesetzesstelle. Verf. der Ober-Rechnungskammer 19. 9. 04, S. J. 591.

6. Wegen der Erstattungsansprüche aus § 25 Abs. 1a, b u. c LStG. ist der Rechtsweg überhaupt nicht zulässig, auch nicht auf Grund des § 26 LStG. Letzterer Paragraph hat nur die Fälle im Auge, in denen es sich um die Frage handelt, ob nach den zur Zeit der Einforderung, Zahlung oder Beitreibung des Stempels vorhandenen Voraussetzungen eine Verpflichtung zu dessen Entrichtung bestand oder nicht; der § 25 enthält lediglich eine im Verwaltungswege zur Durchführung zu bringende gesetzliche Anweisung an die Stempelsteuerbehörde, entrichtete Stempelbeträge unter gewissen Voraussetzungen zu erstatten. RG. 4. 4. 05, JBl. S. 500, Entsch. Bd. 60 S. 349.

7. a) Eine Erstattung überhobener Stempel von Amtswegen soll überall nicht geschehen; wird in einzelnen Fällen eine Erstattung für billig gehalten, so sind allein die Beteiligten auf die Stempelüberhebung aufmerksam zu machen. Nach Ablauf der zweijährigen Frist kann eine Stempelerstattung nur ganz ausnahmsweise, und nur auf Grund Allerhöchster Genehmigung, also im Gnadenwege, geschehen FM. 28. 1. 01 III 965. — Vgl. A. 11a u. 12 bei § 16.

b) Stellt sich bei Prüfung eines Stempelerstattungsgesuches die Ueberhebung eines größeren als des in dem Erstattungsantrage angegebenen Abgabebetrages heraus, so ist nach den Grundsätzen des Erl. v 28. 1. 01 III 965 die Erstattung auf den Betrag, dessen Rückzahlung beantragt ist, zu beschränken. Dabei ist nicht ausgeschlossen, die Beteiligten in geeignet erscheinenden Fällen auf den Sachverhalt hinzuweisen: Hierauf etwa gestellte nachträgliche Erstattungsanträge müssen innerhalb der zweijährigen Frist liegen. FM. 16. 3. 01 III 1841.

Einer Erstattung aus § 25 Abs. 1 steht nicht der Umstand entgegen, daß der Antrag auf § 25 Abs. 2 gestützt wird. FM. 2. 3. 03 III 12861.

8. a) Die zweijährige Frist seit der Entrichtung des Stempels beginnt nur dann zu laufen, wenn schon zur Zeit der Stempelentrichtung der Stempel sich als gesetzlich nicht erforderlich erwies. FM. 11. 3. 05 III 2768.

Im vorliegenden Falle handelte es sich um die Erstattung eines am 15. 8. 01 zu einer Stiftungsurkunde verwendeten Stempels. Das Gesuch um Anerkennung der betr. Stiftung als milde, das nach vorstehendem Erlasse den Antrag auf Stempelerstattung in sich schließt, datierte vom 21. Juli 1902. Die Stiftung wurde im Juli 1904 als milde anerkannt und es ist auch erst von diesem Zeitpunkte ab die Befreiung der Urkunde vom Stempel eingetreten. — Vgl. A. 2a bei § 27.

b) Unterbrechung der zweijährigen Frist tritt nicht durch Klage des Käufers gegen den Verkäufer ein. FM. 12. 7. 99 III 8939.

c) Ein gesetzlich nicht erforderlicher, als Gerichtsgebühr erhobener Stempel kann nur binnen zwei Jahren nach seiner Bezahlung mittels Erinnerung zurückverlangt werden. KG. 21. 11. 04, Joh. Bd 29 S. B 88.

9. Der Erstattungsanspruch aus § 25 Abs. 1 litt. b ist einer Ausschlußfrist nicht unterworfen.

10. Ueber nichtige Geschäfte s. BGB. §§ 105, 116 bis 118, 125, 134, 138 und über anfechtbare ebenda §§ 119 bis 124, 142 bis 144

11. Wegen eines Mangels der verkauften Sache, den der Verkäufer nach §§ 459, 460 BGB zu vertreten hat, kann der Kaufvertrag nicht wegen Irrtums auf Grund § 119 BGB. angefochten werden; vielmehr ist der Käufer auf die in den §§ 462, 463 BGB. angegebenen Rechtsbehelfe (Wandlung, Minderung des Kaufpreises, Entschädigung) beschränkt. RG. 1. 7. 05, JW. S. 525. In solchen Fällen kann daher auch eine Erstattung des zu dem Kaufvertrage verwandten Stempels auf Grund § 25 Abs. 1 litt. c LStG. nicht stattfinden. FM 27. 9. 05 III 12599, ZBl. S. 742.

12. a) Neben der Wandlungsklage wegen Mängel ist also nicht auch eine Anfechtung wegen Irrtums über Eigenschaften der Kaufsache zulässig. Später als sechs Monate nach der Uebergabe haben Kläger Schwamm in dem erkauften Hause entdeckt. Trotz Verjährung der Wandlungsklage (§ 477 BGB.) verlangen sie, gestützt auf § 119 BGB., Aufhebung des Kaufgeschäfts. Das RG. wies die Klage ab und führte u. a. aus, daß, falls Käufer wegen später entdeckter Fehler sich sichern wolle, er sich im Vertrage eine Verlängerung der Verjährungsfrist ausbedingen müsse. RG. 1. 7. 05, s. o.

b) H. hat sein Grundstück M. dem G. zum Kauf angeboten; G. hat seine Rechte aus dem Angebot dem F. abgetreten, der die Abtretung und das Kaufangebot selbst annahm. H hat sodann an F. aufgelassen. F. hat den Kaufvertrag sodann dem G. und dem H. gegenüber durch eingeschriebenen Brief wegen Irrtums und Betruges angefochten. H. erkennt in einem mit F. abgeschlossenen Vergleich die Anfechtung als begründet an, desgleichen das Recht des F. auf Wandelung wegen Vorhandenseins von Schwamm. Das Grundstück wird sodann von F. an H. gemäß dem Vergleich zurückaufgelassen: der Antrag von F. auf Erstattung des Kaufstempels ist abgelehnt, weil § 25 LStG. Abs. 1c nicht zutrifft. Für die Berechtigung des Erstattungsantrages kann nur die Rechtslage in Betracht kommen, wie sie zur Zeit der Errichtung der Urkunde bestanden hat. Danach aber sind als nichtige Geschäfte i. S. des § 25 nur diejenigen anzusehen, die nach der Vorschrift des bürgerlichen Rechts bereits zur Zeit der Beurkundung nichtig waren, nicht aber diejenigen, welche erst später infolge Anfechtung den von Anfang an nichtigen gleichgeachtet werden; § 142 BGB. hat lediglich privatrechtliche Bedeutung und ist nicht anwendbar auf die dem Gebiet des öffentlichen Rechts angehörigen Ansprüche des Staates auf die Stempelsteuer. Im vorliegenden Falle steht nicht fest, daß der Kaufvertrag zwischen H. und F. wegen Betruges nachträglich nichtig geworden ist. Im Vergleich ist gesagt, daß F. den Vertrag mit H. wegen Irrtums und von G. verübten Betruges angefochten hätte; ein von G. verübter Betrug gab dem F. jedoch nur das Recht zur Anfechtung eines mit H. geschlossenen Vertrages dann, wenn dieser die Täuschung kannte oder kennen mußte (§ 123 BGB.). Darüber enthält der Vergleich aber nichts. Wegen Irrtums konnte der Vertrag überhaupt nicht als nichtig angefochten werden, da in dieser Beziehung F. beschränkt war auf Wandlung oder Preisminderung. § 462 BGB., Entsch. Bd. 61 S. 171. Das Stempelsteuergesetz enthält keine Vorschrift, wonach der Stempel zu einem von vorne herein gültigen und nur im Wege der Wandlung später wieder aufgehobenen Kaufvertrage erstattet werden könnte. FM. 17. 8. 06 III 13397. — Vgl. A. 17b bei Tarif 32.

c) Die Eheleute A. haben gemeinschaftlich von B. ein Grundstück gekauft. Der Ehemann war schon zur Zeit des Abschlusses des Vertrages geisteskrank; er ist später entmündigt. Die Klage der Ehefrau auf Feststellung der Nichtigkeit des Vertrages ist abgewiesen: Sei auch die Willenserklärung des Ehemannes nichtig gewesen, so würde das gesamte Geschäft nur dann nichtig sein, wenn anzunehmen wäre, daß es ohne den nichtigen Teil nicht vorgenommen sein würde. Das sei nach den getroffenen Feststellungen nicht der Fall. Der

Vertrag sei deshalb aufrecht zu erhalten. §§ 139, 421 ff. BGB. RG. 23. 11. 04, DJZ. Nr. 13, JW. S. 43 von 1905. — Vgl. auch A. 9 bei Tarif 32.

13. Wegen der Zuständigkeit zur Entscheidung über Anträge auf Erstattung aus Billigkeitsgründen im Fall der Nachforderung von Stempeln zu bei Gericht eingereichten Urkunden s. FM. 17. 9. 04 III 11208 bei § 14 A. 4a und ferner bei § 16 A. 11a.

14. Der Abs. 2 ermächtigt auch den Finanzminister, von der Beibringung eines nach gesetzlicher Vorschrift zu entrichtenden Stempels abzusehen; er findet keine Anwendung auf vor dem 1. April 1896 errichtete Urkunden, oder wenn die Ausführung des Geschäfts teilweise erfolgt, oder die einmalige Erfüllung später wieder rückgängig gemacht ist. FM. 28. 12. 96 III 17292, 9. 1. 97 III 639, 7. 3. 97 III 1341, 29. 10. 97 III 13736.

15. a) Die Provinzial-Steuer-Direktoren sind ermächtigt, die bei ihnen eingehenden Erstattungsanträge abzulehnen, wenn das Geschäft ausgeführt ist oder es sich um geringfügige Beträge handelt. FM. 26. 4. 98 III 457, ZBl. S. 238. — Vgl. auch DV. 18 letzter Abs. Diese Ermächtigung ist über die Fälle der DV. 18 Abs. 2 allgemein ausgedehnt auf die Fälle, in denen der gesetzlich erforderliche Stempel 3000 M. nicht übersteigt und Billigkeitsgründe nicht anzuerkennen sind. FM. 2. 3. 03 III 12861.

b) Wenn der Antrag des Kreditnehmers auf Gewährung eines Kredits in laufender Rechnung von der Darlehnskasse zurückgewiesen wird, so ist der zu den Bürgschaftserklärungen verwendete Sicherstellungsstempel auf Grund des § 25 Abs. 2 LStG. durch die Provinzial-Steuer-Direktoren zu erstatten. FM. 31. 5. 02 III 4966. — Vgl. A. 11 zu Tarif 59.

16. Unter „Ausführung eines Geschäfts" ist nicht nur solche unter denselben Vertragschließenden zu verstehen, vielmehr liegt Geschäftsausführung auch schon dann vor, wenn der Verpflichtete nicht unmittelbar an den Berechtigten selbst, sondern an einen Dritten geleistet hat, der an die Stelle des Berechtigten getreten ist, z. B. an einen Vorkaufsberechtigten — FM. 23. 11. 05 III 15028 — oder weil nicht an den Käufer aufgelassen ist, weil dieser seine Rechte an einen Dritten abgetreten hat. FM. 2. 3 03 III 12861.

Eine unterbliebene Geschäftsausführung kommt überhaupt nicht in Frage, wenn die Beurkundung und die Ausführung des Geschäfts zeitlich zusammentrifft, z. B. bei einer Beurkundung der Abtretung von Forderungen, oder wenn Urkunden nicht unmittelbar Rechtsgeschäfte zum Gegenstand haben, (z. B. Inventarien, Taxen usw.) oder wenn in öffentlichen Urkunden tatsächliche Vorgänge bescheinigt werden (hierher gehören Auszüge, Beglaubigungen von Abschriften und Unterschriften, ferner andere amtliche Zeugnisse aller Art, Wechselproteste und andere Proteste usw.) oder wenn die Erhebung des Stempels lediglich durch die Form der Beurkundung bedingt wird (z. B. Ausfertigungsstempel oder die festen Stempel von 1 M. 50 Pf. bei Notariatsurkunden und Protokollen). Bei Notariatsurkunden kann daher der Stempel zu den Urschriften nur bis auf den Betrag von 1 M. 50 Pf. und zu den Duplikaten überhaupt nicht erstattet werden. Dagegen ist bei privatschriftlichen Urkunden die Erstattung des Duplikatstempels zulässig; ferner können Stempel erstattet werden zu öffentlichen Urkunden dispositiver Natur, z. B. zu Naturalisationsurkunden oder zu Erlaubniserteilungen in gewerbepolizeilichen Angelegenheiten, wenn der Konzessionar den Betrieb des Gewerbes nicht angefangen, also von der Urkunde keinen Gebrauch gemacht hat. FM. 2. 3. 03 III 12861.

17. Abs. 2 ist nur anwendbar beim Vorliegen besonderer Billigkeitsgründe, — FM. 9. 12. 96 III 16629 u. 30. 8. 99 III 11151, — so daß die Erstattung zu versagen sein wird an den, der die unterbliebene Ausführung verschuldet hat, oder wenn der Rücktritt ohne äußere zwingende Veranlassung erfolgt, etwa geschäftlicher Vorteile wegen, oder wenn beim Vertragsschluß arglistig zu Werke gegangen ist, oder wenn in besonders guter Vermögenslage Befindliche die erforderliche Sorgfalt außer acht gelassen haben, oder der Verkäufer sich nicht oder in ganz ungenügender Weise um die Zahlungsfähigkeit des Käufers gekümmert hat, oder wenn der Antragsteller durch die Nichtausführung keinen vermögensrechtlichen Nachteil erlitten hat. Hierbei ist die Frage, ob eine Erstattung zu gewähren ist, nur nach den persönlichen Verhältnissen desjenigen zu beurteilen, der die Abgabe bezahlt hat. Ist letzterer etwa von dem Gegenkontrahenten für die Stempelzahlung oder sonst entschädigt und hat in die Auszahlung des Stempels an den Gegenkontrahenten gewilligt, so kann dieser Umstand nicht dazu führen, die persönlichen Verhältnisse des letzteren für die Gewährung von Billigkeitsrücksichten zu grunde zu legen. FM. 19. 12. 00 III 14941. — 2. 3. 06 III 12861.

18. Eine Erstattung aus § 25 Abs. 2 ist auch dann nicht zulässig, wenn die Stempelforderung gelegentlich einer Stempelrevision erst nach Ablauf der zweijährigen Frist nach Beurkundung des Geschäfts aufgestellt ist, der Antragsteller also garnicht in der Lage war, den Erstattungsantrag rechtzeitig zu stellen. FM. 7. 12. 01 III 15264.

19. Auf die Urkunde ist bei erfolgter Erstattung ein entsprechender auf die Anordnung der Erstattung aus § 25 Abs. 2 d. Ges. bezüglicher Vermerk zu setzen. FM. 2. 4. 97 III 3168.

20. a) A. beantragt die Erstattung an sich, da er den Stempel zu dem nicht zur Ausführung gekommenen Vertrage zwischen **B.** und C. dem letzteren zur Bezahlung vorgestreckt habe: der Antrag ist abgelehnt, weil eine Erstattung nur dann stattfinden könne, wenn in der Person desjenigen, der den Stempel bezahlt hat, Billigkeitsgründe vorhanden seien; das sei hier nicht der Fall, da C. leichtfertig ohne Mittel einen großen Besitz gekauft habe. Ueberdies könne eine Erstattung immer nur an den erfolgen, der den Stempel bezahlt habe oder an denjenigen, den dieser mit der Empfangnahme beauftrage; an den A. könne hiernach in keinem Falle die Steuerverwaltung eine Erstattung leisten. FM. 25. 3. 02 III 3835.

Bei Entscheidung der Frage, ob eine Erstattung aus § 25 Abs. 2 zu gewähren ist, können nur Billigkeitsgründe berücksichtigt werden, die dem gesetzlichen Stempelschuldner zur Seite stehen würden, wenn er seine Verpflichtung erfüllt hätte. (Ein Dritter hatte für den Schuldner bezahlt.)

FM. 30. 3. 06 III 4766. Ebenso FM. 15. 11. 06 III 18312, in dem noch gesagt ist, daß ebenso in Gnadensachen für die Erstattung lediglich die Verhältnisse des Steuerschuldners maßgebend sein können.

Steht dem die Erstattung Nachsuchenden gegen seinen Vertragsgenossen nach den Bestimmungen des Vertrages oder des bürgerlichen Rechts ein Rückgriffsrecht zu, so ist ihm zunächst zu überlassen, dieses Recht geltend zu machen und erst dann Erstattung zu gewähren, wenn er zu seiner Befriedigung nicht gelangen kann, z. B. weil der Verpflichtete kein Vermögen besitzt. FM. 2. 3. 03 III 12861.

b) Der Umstand, daß der Käufer dem Verkäufer als Entschädigung für die diesem entstandenen Nachteile die Hälfte des Stempels für den Fall der Rückzahlung zugesichert hat, ist nicht geeignet, die sonst zuzulassende Erstattung auszuschließen, da es Sache des Käufers ist, in welcher Weise er den erstatteten Stempel in seinem Interesse zu verwenden glaubt. FM. 17. 9. 01 III 11591.

c) In einem nicht zur Ausführung gekommenen Kaufvertrag über ein Grundstück nebst Inventar war auf das Inventar ein besonderer Preis gerechnet: erstattet wurde nur der Immobiliarkaufstempel, da der auf das Inventar entfallende Kaufstempel der Staatskasse verbleiben müsse, weil das Inventar dem Käufer bereits überliefert gewesen, der Vertrag mithin insoweit ausgeführt sei. FM. 12. 5. 02 III 6044.

Da jedoch die zur Uebertragung des Eigentums an beweglichen Sachen nach § 929 BGB. erforderliche Einigung unter einer Bedingung vorgenommen werden kann und die rechtlichen Wirkungen solcher bedingten Eigentumsübertragungen sich nach den §§ 158 ff. BGB. bestimmen, so bleibt der Veräußerer, wenn die Uebergabe unter einer aufschiebenden Bedingung erfolgt, gemäß § 158 Abs. 1 BGB. und § 161 a. a. O. bis zum Eintritt der Bedingung Eigentümer und erst mit diesem Zeitpunkt geht das Eigentum auf den Erwerber über, auch wenn er den Besitz schon vorher erlangt hat. Bei Verträgen über die Veräußerung von Schankgrundstücken ist daher die Erstattung des Beilaßstempels auf Grund des § 25 Abs. 2 LStG. trotz erfolgter Uebergabe des Beilasses zulässig, wenn die Gültigkeit des Vertrages von der üblichen Bedingung der Erteilung der Genehmigung zum Schankwirtschaftsbetriebe abhängig gemacht ist und die Bedingung infolge der Versagung der Genehmigung ausfällt. Liegt dagegen eine auflösend bedingte Eigentumsübertragung vor, wie es namentlich bei Nichtzahlung des bedungenen Kaufpreises der Fall ist, so wird der Erwerber bereits mit der Besitzübergabe nach § 158 Abs. 2 BGB. Eigentümer und das Eigentum fällt mit Eintritt der Bedingung an den Veräußerer zurück. In diesem Fall ist nach Uebergabe des beweglichen Beilasses eine Erstattung nicht mehr zulässig. — Nach den gleichen Gesichtspunkten regelt sich die Stempelpflicht bei Abtretungen von Forderungen. Es wird z. B. in dem vorerwähnten Falle auch der Stempel zu den seitens der Veräußerer beurkundeten Abtretungen des Kaufpreises zurückgewährt werden können, wenn infolge Versagung der Konzession das Hauptgeschäft hinfällig wird. FM. 19. 10. 05 III 10904.

d) Ist der Inhaber einer Konzession zum Betriebe einer Apotheke vor Eröffnung der Apotheke gestorben, so kann der zur Konzessionsurkunde verwendete Stempel erstattet werden. FM. 7. 6. 98 III 7989.

e) Bei ohne Antrag erteilten Genehmigungsurkunden zu Lustbarkeiten, die nicht genehmigungspflichtig waren, ist der Stempel zu erstatten. Ist die Genehmigung auf Antrag erteilt, so kann die Erstattung selbst dann nicht erfolgen, wenn die Genehmigung an sich nicht erforderlich war. FM. 22. 8. 99 III 10005. — RG. 3. 12 97, JW. S 94 von 1898. — Vgl. A 1 Ziff. VI zu Tarif 39.

f) Zu Standeserhöhungen ist die Erstattung dann versagt, wenn kurz nach Aushändigung des Patents der Inhaber gestorben war. FM. 6. 7. 98 III 9576, HSp. S. 340.

g) Werden Ursprungszeugnisse wegen Formmangels durch andere ersetzt oder als nicht erforderlich nicht benutzt, so ist eine Erstattung des verwendeten Stempels nicht zulässig, weil bei Zeugnissen von einem nicht ausgeführten Geschäft i S. des § 25 Abs. 2 d. G. nicht die Rede sein kann. — Vgl. A. 5dd und 6z bei Tarif 77.

h) Gelangt eine ausgestellte Postvollmacht nicht zur Verwendung, weil der Vollmachtauftrag nicht zur Ausführung kommt, so erfolgt die Herbeiführung der ev. Erstattung auf Grund § 25 Abs. 2 durch Mitaufnahme in das Verzeichnis. FM. 5. 12. 03 III 16207.

In Fällen, in denen sog. Postvollmachten von den Postbehörden zurückgewiesen werden, weil der zu der Vollmacht erforderliche Stempel von dem Polizeirevierbeamten oder Stadtbezirksvorsteher entwertet ist, der die Unterschrift unter der Vollmacht beglaubigt hat, hat nach Anfertigung einer neuen Vollmacht die Erstattung des zu der ersten Urkunde verwendeten und von einem unzuständigen Beamten entwerteten Stempels nach § 24 d. G. zu erfolgen, da in der Entwertung durch einen hierzu nicht berechtigten Beamten ein Verderben der Marken durch ein Versehen zu erblicken ist. FM. 29. 12. 05 III 16864. — Vgl. A. 16h zu Tarif 73 u A. 6x bei Tarif 77.

21. Dem nach § 25 Abs. 3 in Anspruch genommenen Kontrahenten steht der Rechtsweg offen. Das Gericht entscheidet materiell, ob die Voraussetzung für Abs 3 zutrifft KG. 16. 6. 99.

Vgl auch A. 4 bei § 13.

§ 26.

Rechtsweg.

[1]In Beziehung auf die Verpflichtung zur Entrichtung einer Stempelabgabe ist der Rechtsweg[2] zulässig. Die Klage[3–5] ist bei Verlust des Klagerechts binnen sechs Monaten[3–6] nach erfolgter Beitreibung oder geleisteter Zahlung[7] gegen diejenige Provinzialsteuerbehörde zu richten, in deren Verwaltungsbezirk die Steuer erfordert worden ist.[8, 9] Wenn es sich um Stempelbeträge handelt, welche nach den für Gerichtskosten geltenden Vorschriften einzuziehen

sind, ist die Klage gegen die zur Vertretung des Fiskus in Angelegenheiten der Justizverwaltung bestimmte Behörde zu richten.

Bek. 20. — D. V. 19. — Allg. V. § 7.

1. Ueber ungerechtfertigte Bereicherung s. §§ 812 ff. BGB.

2. a) Unter Rechtsweg ist der Gegensatz zu Verwaltungsweg zu verstehen. Der Mangel der Voraussetzungen des Rechtsweges führt zur Abweisung der Klage als unbegründet, aber nicht zur Abweisung wegen Unzulässigkeit des Rechtsweges. RG. 14. 12. 96, JW. 97 S. 69.

Der Rechtsweg ist nicht eröffnet für die Geltendmachung einer Forderung an den Fiskus auf Schadensersatz, die sich auf die Behauptung stützt, daß die Beschlagnahme und die Versteigerung einer Sache durch die Zollbehörde in einem mit Freisprechung erledigten Strafverfahren wegen Zollvergehens rechtswidrig gewesen sei.

Dagegen ist der Rechtsweg zulässig für den aus einer solchen Beschlagnahme sich ergebenden Anspruch wegen ungerechtfertigter Bereicherung. Gerichtsh. zur Entsch. der Kompetenzkonflikte v. 27. 10. 06, ZBl. S. 1514.

b) Der Rechtsweg ist für alle Arten von Stempeln zugelassen, auch ist die Zulässigkeit der Klage nicht von einer mit Vorbehalt geleisteten Zahlung abhängig. KB. S. 108. — 17 KS. S. 7. — Vgl. A. 6 bei § 25.

Selbst eine Aufforderung an die Verwaltungsbehörde zur Rückzahlung braucht der Klage nicht voranzugehen. KS. 17 S. 7 u. 8.

c) Der Rechtsweg findet in Form der Feststellungsklage, wie in Form der Leistungsklage statt. RG. 4. 4. 05, ZBl. S. 500. Uebergang von einer Leistungsklage zu einer Feststellungsklage ist zulässig; Klageänderung liegt darin nicht. RG. 11. 11. 02, JW. S. 19 von 1903.

d) Jemand, der im Prozeß nicht vertreten oder, was gleichsteht, nicht durch seinen gesetzlichen Vertreter vertreten ist, der sich daher garnicht in der Lage befindet, seine Rechte im Prozesse wahrzunehmen, ist an diesem Rechtsstreit sachlich überhaupt nicht beteiligt, und es kann daher über seine Rechte in diesem Prozeß sachlich nicht entschieden werden. Eine Verwaltungsbehörde kann die ihr zustehenden Befugnisse und Pflichten, insbesondere die Prozeßführung, nicht beliebig einer anderen Behörde übertragen RG. 25. 9. 06, JW. S. 690.

3. Zu den „Ansprüchen gegen den Landesfiskus in Betreff der Verpflichtung zur Entrichtung einer Stempelabgabe", für die nach § 39 Abs. 1 Z. 4 AG. zum GVG. die Landgerichte ausschließlich zuständig sind, gehören auch die Zinsen aus einer zurückgeforderten Stempelabgabe. Ist für die Rückforderung einer Abgabe der Rechtsweg ausgeschlossen, so gilt dies auch für etwaige Zinsen. Die Revision ist ev. auch ohne Rücksicht auf den Wert des Beschwerdegegenstandes zulässig, soweit nur Zinsen in Betracht kommen sollten. Die kurz bemessene Frist zur Erhebung der Klage gilt auch für den Anspruch auf Zinsen, falls diese allein geltend gemacht werden. RG. 13. 6. 02, JW. S. 450.

4. a) Bei Rückforderung von Stempeln können gegen den Fiskus nur 5 pCt. Verzugszinsen auch seitens der Kaufleute berechnet

werden. RG. 5. 1. 99, JW. S. 118. Für die Zeit seit dem 1. 1. 00 kommt § 352 HGB. in Betracht. Nach §§ 246, 288 BGB. sind die gesetzlichen Zinsen nur 4 pCt.

b) Verzugszinsen können nach §§ 818, 819, 291 BGB. nicht schon vom Tage der geleisteten Zahlung, sondern erst vom Tage der Klagezustellung verlangt werden, sofern nicht der beklagte Fiskus bei Empfang des Geldes den Mangel des rechtlichen Grundes gekannt oder ihn später erfahren hat. RG. 17. 2. 03, Entsch. Bd. 54 S. 25. — Vgl. auch unten A. 7 b.

5. a) Dem Klageanspruch auf Rückzahlung einer Erbschaftssteuer ist vom Fiskus eine nicht auf derselben tatsächlichen Unterlage ruhende Stempelforderung entgegengestellt. Die Zulässigkeit der Geltendmachung von Stempelforderungen im Rechtsstreit im Wege der Aufrechnung seitens des Fiskus ist anerkannt. RG. 6. 11. 00, JMBl S. 40 von 1902 u. RG. 18. 12. 00, ZBl. S. 78, JMBl. S. 127 von 1901, Entsch. Bd. 47 S. 330.

b) Der Stempelpflichtige dagegen kann gegen den Stempelanspruch des Stempelfiskus nicht aufrechnen mit einer ihm gegen eine andere Kasse des Staates, z. B. Eisenbahnfiskus, zustehenden Forderung, und zwar selbst nicht mit einer solchen, die auf vertragsmäßige anteilige Tragung des erforderten Stempels gerichtet ist (§ 395 BGB.). RG. 6. 5. 04, Holdh. S. 273.

6. a) Die Einrede wegen Ablaufs der Klagefrist ist als Einrede der Verjährung anzusehen. Deshalb ist die Frist keine Präklusivfrist und die Einrede ist nicht von Amts wegen zu berücksichtigen, sondern sie muß erhoben werden. RG. 10 5. 97, JW. S. 376.

Der Monat kommt als ein Zeitraum von 30 Tagen in Betracht. RG. 16. 5. 99, JW. S. 460.

Der Ablauf der Klagefrist wird durch die Gerichtsferien gehemmt. FM. 23. 5. 98 III 7264.

b) Kläger hat bei dem Zweifel des Stadtausschusses über die Höhe des zu verwendenden Konzessionsstempels auf Anlaß des Stadtausschusses bis zur Auskunft der Steuerbehörde zur einstweiligen Sicherstellung den Höchstbetrag hinterlegt. Nach Erteilung der Auskunft der Steuerbehörde ist der hinterlegte Betrag zu den von dem Kläger durch den Stadtausschuß wieder eingeforderten Urkunden in Stempelmaterialien verwendet: die Frist zur Anstellung der Klage auf Rückzahlung rechnet vom Tage der wirklichen Verwendung des hinterlegten Betrages, nicht vom Tage der Hinterlegung. RG. 29. 5. 00, Rassow u. Küntzel Jahrg. 44 S. 1015.

7. a) Eine „widerrechtliche Abnötigung" i. S. §§ 207, 208 LR. I. 16 liegt dann nicht vor, wenn zu einem von einem Notar entworfenen Vertrage ein Beamter des Steueramts den — tatsächlich wegen vorbehaltener vormundschaftsgerichtlicher Genehmigung noch nicht fälligen — Stempel auf Ansuchen eines Interessenten berechnet, der Betrag an den Notar gezahlt wird und dieser sodann den Stempelbogen kauft und entwertet. — Vgl. auch RG. 5. 1. 00, ZBl. S. 122. — Ein widerrechtliches Abnötigen würde erst in der zwangsweisen Einziehung auf Grund Nr. 8 der Dienstvorschriften liegen. RG. 7. 2. 01, JW. S. 177.

b) Das Stempelsteueramt hat auf Anfrage Auskunft erteilt, der entsprechend der Stempel verwendet und alsdann nebst Zinsen vom Tage der Verwendung klagend zurückverlangt ist: Das Reichsgericht hat Zinsen nur vom Tage der Klageerhebung zugesprochen, weil ein widerrechtliches Abnötigen in der auf Wunsch erfolgten Mitteilung der Steuerbehörde nicht liegt. RG. 5. 1. 00. — FM. 12. 3. 00 III 2152, ZBl. S. 122. — Vgl. übrigens oben A. 4b.

8. Der Steuerfiskus ist für ein einem Notar als seinem Hilfsorgan zur Last fallendes Versehen nicht verantwortlich und haftbar, weil dem Notar keine allgemeine Vertretungsbefugnis für den Steuerfiskus beigelegt ist; bei Erhebung der anläßlich seiner dienstlichen Tätigkeit zu erhebenden Stempel ist der Notar als Zahlungsnehmer für den Fiskus anzusehen, jedoch nicht als Vertreter des Fiskus, so daß etwaige Willensfehler des Notars dem Fiskus nicht schädlich sein können. RG. 7. 2. 01, JW. S. 177.

9. Der Fiskus hat die Beweislast auch bei Umständen außerhalb der Urkunde, aus denen die Schenkungsabsicht gefolgert wird; dies trifft auch dann zu, wenn er den Stempel bereits eingezogen hat und gegen ihn Klage erhoben werden muß. RG. 6. 10. 99, JW. S. 735.

§ 27.

Verjährung der Stempelsteuer.

[1]Die Stempelsteuer verjährt,[2] wenn sie auf einen Bruchtheil des Werthes des Gegenstandes zu bemessen ist, in zehn, sonst in fünf Jahren nach Ablauf des Kalenderjahres, in welchem die Zahlung der Abgabe hätte erfolgen müssen. 1

Die Verjährung wird unterbrochen[3] durch eine an den Zahlungspflichtigen erlassene Aufforderung zur Zahlung, durch Handlungen der Zwangsvollstreckung oder durch Bewilligung einer Stundung. Mit dem Ablauf desjenigen Kalenderjahres, in welchem die letzte Aufforderung zugestellt, die letzte Vollstreckungshandlung vorgenommen oder die bewilligte Frist abgelaufen ist, beginnt eine neue Verjährung. 2

[4]Die Beanstandung der Angaben der Steuerpflichtigen über den Werth des Gegenstandes eines Geschäfts ist binnen einer dreijährigen Frist nach der Beurkundung zulässig.[5] 3

Allg. V. § 6, Abs. 3 und § 17.

1. Ueber Verjährung vgl. BGB. §§ 194 ff., 201, 217.

2. a) Wenn auch im § 34 Abs. 2 bestimmt ist, daß auf diejenigen Urkunden, die vor dem 1. April 1896 Stempelpflichtigkeit erlangt haben,

die bisherigen gesetzlichen Vorschriften Anwendung finden, so ist doch im Anschluß an die Ausführungen in dem RG. v. 1. 7. 89, Entsch. Bd. 24 S. 266, das auf die Anwendbarkeit des § 47 EStG. auf frühere Fälle sich bezog, nachgelassen worden, daß die im § 27 LStG. vorgeschriebenen Verjährungsfristen auch auf Stempelsteuerfälle aus der Zeit vor dem 1. April 1896 mit der Maßgabe Anwendung finden, daß die kürzere Verjährungsfrist erst vom 1. April 1896, als dem Tage des Inkrafttretens des LStG. ab, läuft. Daraus folgt dann aber umgekehrt, daß auch die im § 25 Abs. 1 litt. a d. G. erwähnte zweijährige Frist, berechnet vom 1. April 1896 ab, auf diejenigen Stempelsteuerbeträge zur Anwendung kommen muß, die vor dem 1. April 1896 etwa zu Unrecht entrichtet sind. FM. 9. 11. 03 III 15221. — Vgl. A. 2 bei § 34.

b) Die mit den Gerichtskosten einzuziehenden Stempel verjähren seit dem 1. Oktober 1879 erst in 30 Jahren. Joh. Bd. 9 S. 153.

3. Eine Unterbrechung der Verjährung würde durch Nachforderung seitens der Stempelsteuerbehörde eintreten. FM. 23. 7. 97 III 9388.

4. Abs. 3 findet auf Stempel, die vor dem 1. April 1896 fällig geworden sind, in der Weise Anwendung, daß eine Beanstandung ausgeschlossen ist, wenn seit dem 1. April 1896 drei Jahre verflossen sind. FM. 18. 8. 00 III 9781.

5. a) Bei Prüfung eines vor dem 1. April 1896 errichteten Vertrages über Verkauf einer Apotheke war beanstandet, daß der Preis für beweglichen Beilaß und das Privilegium in einer ungetrennten Summe angegeben waren: diese Beanstandung war trotz Ablaufs der Frist des § 27 Abs. 3 zulässig, weil es sich nicht um Beanstandung der bloßen Werte handelt, sondern um Beanstandung der unrichtigen Charakterisierung der Rechtseigenschaft der Veräußerungsgegenstände. FM. 22. 2. 04 III 2356.

b) Sind in einem Kaufvertrage Einzelwerte für unbewegliche und für bewegliche Sachen angegeben, so kann diese Angabe nur binnen drei Jahren nach der Beurkundung als unrichtig beanstandet werden, und zwar auch dann, wenn sich die Beanstandung auf die Behauptung gründet, daß aus Rechtsirrtum unbewegliche Sachen zu den beweglichen gerechnet seien. KG. 6. 4. 04, Joh. Bd. 28 S. B. 23. Es waren von einer Gasaktiengesellschaft Gebäude nebst Gasrohrnetz rc. verkauft. Im Stempelinteresse waren die Kaufpreise auf unbewegliche Sachen, bewegliche Sachen und Rechte verteilt. Nach Ablauf von drei Jahren wurden die Wertangaben beanstandet, weil das Rohrnetz als bewegliche Sache behandelt war.

Ob die Sache anders zu beurteilen gewesen wäre, wenn in dem Vertrage für das Rohrnetz ein besonderer Wert ausgeworfen und nur streitig gewesen wäre, ob das Rohrnetz als beweglich oder unbeweglich anzusehen, ist unentschieden gelassen. — Vgl. A. 7 bei § 10.

§ 28.

Berechnung der Fristen.

Für die Berechnung der in diesem Gesetz und dem Tarif erwähnten Fristen sind die Bestimmungen der Deutschen Civilprozeßordnung* maßgebend.

§ 29.

Kosten.

Die Verhandlungen in Stempelsteuerangelegenheiten — mit 1
Ausnahme derjenigen im Strafverfahren, hinsichtlich deren die für das Zollstrafverfahren bestehenden Vorschriften zur Anwendung kommen — sind kostenfrei.[1]

---

* Zivilprozeßordnung vom 17 5. 98:

§. 222. Für die Berechnung der Fristen gelten die Vorschriften des Bürgerlichen Gesetzbuchs.**

Fällt das Ende einer Frist auf einen Sonntag oder allgemeinen Feiertag, so endigt die Frist mit Ablauf des nächstfolgenden Werktages.

Bei Berechnung einer Frist, welche nach Stunden bestimmt ist, werden Sonntage und allgemeine Feiertage nicht mitgerechnet.

** Bürgerliches Gesetzbuch:

§ 187. Ist fur den Anfang einer Frist ein Ereigniss oder ein in den Lauf eines Tages fallender Zeitpunkt massgebend, so wird bei der Berechnung der Frist der Tag nicht mitgerechnet, in welchen das Ereigniss oder der Zeitpunkt fällt.

Ist der Beginn eines Tages der fur den Anfang einer Frist massgebende Zeitpunkt, so wird dieser Tag bei der Berechnung der Frist mitgerechnet. Das Gleiche gilt von dem Tage der Geburt bei der Berechnung des Lebensalters.

§ 188. Eine nach Tagen bestimmte Frist endigt mit dem Ablaufe des letzten Tages der Frist.

Eine Frist, die nach Wochen, nach Monaten oder nach einem mehrere Monate umfassenden Zeitraume — Jahr, halbes Jahr, Vierteljahr — bestimmt ist, endigt im Falle des § 187 Abs. 1 mit dem Ablaufe desjenigen Tages der letzten Woche oder des letzten Monats, welcher durch seine Benennung oder seine Zahl dem Tage entspricht, in den das Ereigniss oder der Zeitpunkt fällt, im Falle des § 187 Abs 2 mit dem Ablaufe desjenigen Tages der letzten Woche oder des letzten Monats, welcher dem Tage vorhergeht, der durch seine Benennung oder seine Zahl dem Anfangstage der Frist entspricht.

Fehlt bei einer nach Monaten bestimmten Frist in dem letzten Monate der für ihren Ablauf massgebende Tag, so endigt die Frist mit dem Ablaufe des letzten Tages dieses Monats.

2 Die Steuerpflichtigen sind zur Tragung des durch die Verhandlungen mit ihnen erwachsenden Portos[2] verbunden.

Bek. 21.

1. Ein Grundbuchrichter hatte für eine auf Antrag erfolgte unberechtigte Eintragung auf Beschwerde des Berechtigten dem Fiskus die außergerichtlichen Kosten auferlegt: Dies war unzulässig. Nur im Prozeßwege kann über die Kostenpflicht entschieden werden. KG. 3. 10 98, I J 518. 98.

2. Von dem die portofreie Beförderung bedingenden Aversionierungsvermerk dürfen auch einzelne Beamte, die eine Staatsbehörde nicht vertreten, sowie die auf Dienstreisen oder auf Urlaub befindlichen Beamten Gebrauch machen. Auch die Portokosten für die Dienstsendungen der Stempelverteiler sind in das Aversionierungs-Abkommen einbezogen. FM. 13. 7. 95 III 10119 und 12. 7. 98 III 8341. HSp. S. 372.

Vgl. die Bestimmungen über die geschäftliche Behandlung der Postsendungen in Staatsdienstangelegenheiten vom 7. Febr. 1894, ZBl. S. 129.

§ 30.

Verwaltung der Stempelsteuer.

1 Die Verwaltung des gesammten Stempelwesens wird unter Leitung des Finanzministers von den Provinzialsteuerbehörden durch die Stempelsteuerämter, Zoll- und Steuerbehörden geführt.

Bek. 22, 23. — D. V. Beil. 1.

2 [1, 2] Die Hauptsteuer- und Hauptzollämter sowie Stempelsteuerämter sind verpflichtet, gegen Erstattung der ihnen an Schreibgebühren und Porto[3, 4] erwachsenden Kosten den zur Verwendung des Stempels verpflichteten Personen Auskunft[1] über die Höhe[2] des Stempels zu ertheilen.[5, 6]

Bek. 24 — D. V. Anh. § 30.

3 [7] Außer den Steuerbehörden haben alle diejenigen Staats- oder Kommunalbehörden und Beamten, welchen eine richterliche oder Polizeigewalt anvertraut ist, die besondere Verpflichtung, auf Befolgung der Stempelgesetze zu halten und alle bei ihrer Amtsverwaltung zu ihrer Kenntniß kommenden Zuwiderhandlungen gegen dieses Gesetz behufs Einleitung des Strafverfahrens von Amtswegen zur Anzeige zu bringen.[8]

D. V. 21, 22. — Allg. V. § 2 Abs. 3 u § 20.

1. Der § 30 Abs 2 StG setzt eine schon bestehende Verpflichtung zur Verwendung eines Stempels voraus, die erst mit der unterschriftlichen Vollziehung einer Urkunde entsteht. Es ist deshalb eine gesetzliche

Verpflichtung zur Auskunfterteilung bei Vorlegung von bloßen Entwürfen nicht vorhanden. FM. 16. 11. 01 III 13128.

2. Es ist auch darüber Auskunft zu erteilen, ob eine Urkunde überaupt stempelpflichtig ist oder nicht. AH. S. 2515—16.

3. Zur Erstattung von Kopialien und Porto sind auch mittelbare Behörden und Beamte, insbesondere nicht von Königlichen Behörden geführte Polizeiverwaltungen und Amtsvorsteher verpflichtet Befreiung genießen nur unmittelbare Staatsbehörden und Beamte. FM 29. 3. 97 III 3656, ZBl. S. 116.

Auch Notare haben Schreibgebühren zu zahlen, Kreisphysiker dagegen nicht.

4. Erstattungsgesuche, in denen gleichzeitig um Auskunft über die Stempelpflichtigkeit gebeten wird, sind schreibgebührenfrei zu erledigen. FM. 2. 2 98 III 1054.

5. Etwaige Verzögerungen in der Beantwortung rechtzeitig gestellter Anfragen können Bestrafungen wegen verspäteter Entrichtung der Stempel seitens der Pflichtigen nicht herbeiführen. HH. S. 356.

6. In die Fehlstempelnachweisung aufzunehmen sind nicht diejenigen Stempelbeträge, die infolge von bloßen Anfragen über die Stempelpflichtigkeit von Urkunden oder über die Art und Weise der Verwendung als erforderlich bezeichnet werden, sofern nicht etwa bei der Anfrage die zur Verwendung des Stempels vorgeschriebene Frist bereits abgelaufen ist und daher zur Defektierung des Stempels geschritten wird.

7 Der Abs 3 trifft auch auf die Verwaltungsgerichte zu. FM. 14. 7. 96 III 9438, ZBl. S. 535 — vgl. A. 29a bei Tarif 73 —, desgleichen auf die Magistrate — Erl. d. M d. J. 28. 1. 83, HSp. S. 385 — und auf die Regierungen. Jedoch kann, falls rechtzeitige Stempelverwendung noch möglich ist, Antragsteller auf den Mangel des Stempels aufmerksam gemacht werden; nach Ablauf der Stempellösungsfrist darf zur nachträglichen Beibringung nicht mehr aufgefordert und von dieser Beibringung die Erstattung der Anzeige abhängig gemacht werden. FM. 25 5. 98 III 7303 — 14. 10. 03 III 13591. — Vgl. A 29a bei Tarif 73

8 Die Anzeigen sind an die nach §§ 5 u 60 VStrG. zuständige Behörde zu richten

§ 31.

Aufsichtsführung.

Die nähere Aufsicht über die gehorige Beobachtung dieses 1
Gesetzes führen die Vorstände der Stempelsteuerämter, welche mit besonderer Anweisung vom Finanzminister versehen werden.

Bek. 25. — D. V. 23 u. Beil. 2.

Alle Behorden und Beamten,[1] einschließlich der Notare,[2a] ferner 2
Aktiengesellschaften, Kommanditgesellschaften auf Aktien, eingetragene Genossenschaften, Gewerkschaften, Gesellschaften mit beschränkter Haftung, Versicherungsgesellschaften auf Gegenseitigkeit und diejenigen

Personen, welche gewerbsmäßig Auktionen abhalten, sind verpflichtet, den vorbezeichneten Vorständen behufs Prüfung der gehörigen Abgabenentrichtung die Einsicht ihrer Akten, Bücher und Schriftstücke zu gestatten.[2]

Bek. 26, 15. B. 2, 16 Abs. 4. — D. V. 24–28. — Allg. V. § 21.

3 Ferner sind alle Verpächter, Vermiether und Verpfänder verbunden, die von ihnen zu führenden Verzeichnisse den Vorständen auf Verlangen einzureichen.

D. V. 50.

4 [3] Privatpersonen sind auf Erfordern der Vorstände der Stempelsteuerämter verpflichtet, sich über die gehörige Beobachtung der Stempelgesetze auszuweisen, wenn Thatsachen vorliegen, welche den dringenden Verdacht rechtfertigen, daß von ihnen ein Stempelgesetz verletzt ist. Bei dringendem Verdacht einer Stempelsteuerhinterziehung hat auf einen durch Angabe und Glaubhaftmachung der vorliegenden Thatsachen zu begründenden Antrag des Vorstandes des Stempelsteueramtes[4] das Amtsgericht, in dessen Bezirke die Privatperson ihren Wohnsitz oder in Ermangelung dessen ihren gewöhnlichen Aufenthaltsort hat, über die Anordnung einer Beschlagnahme oder Durchsuchung Entscheidung zu treffen. Der Ausführung der Beschlagnahme oder Durchsuchung hat eine Aufforderung zum Ausweis über die gehörige Beobachtung der Stempelsteuergesetze unmittelbar vorauszugehen. Auf das Verfahren finden im Uebrigen die Vorschriften der Strafprozeßordnung mit der Maßgabe entsprechende Anwendung, daß der Beschlagnahme oder Durchsuchung der Vorstand des Stempelsteueramtes beziehungsweise ein mit seiner Vertretung beauftragter Beamter beiwohnen kann.[5, 6]

D. V. 29.

1. Die Reichsbank und ihre Nebenstellen, die Zentralbehörden und das Heroldsamt und ebenso das Patentamt sollen einer Revision nicht unterworfen werden — FM. 25. 3. 96 III 4229, wohl aber die Verwaltungsgerichte. FM. 14. 7. 96 III 9488. — Es erscheint jedoch unbedenklich, daß von dem Patentamt in besonderen Fällen, soweit das Stempelsteuerinteresse in Frage steht, den Organen der Preußischen Stempelverwaltung die Akteneinsicht gestattet oder wenigstens entsprechende Auskunft erteilt wird. FM. 8. 8. 99 III 10241.

2. Sie sind berechtigt, von allen Akten usw. Einsicht zu nehmen und verpflichtet, auch vor dem 1. April 1896 begangene Verstöße gegen stempelrechtliche Vorschriften zu rügen. FM. 19. 11. 96 III 15780.

2. a) Am Anfang des Geschäftsjahres machen die Stempelsteuerämter den Landgerichtspräsidenten die Notare namhaft, deren Revision für das Geschäftsjahr in Aussicht genommen ist; die Landgerichtspräsidenten machen ihrerseits den Vorständen des Stempelsteueramts von der Bewilligung eines Urlaubs an die betreffenden Notare Mitteilung. FM. 12. 2. 97 III 1093/JM. 19. 1. 97 I 7005.

3. Vgl. § 18 VStrG., wonach es für Beschlagnahmen und Durchsuchungen bei § 31 LStG. sein Bewenden behalten soll.

4. Der Antrag der Steuerverwaltung über die Anordnung einer Beschlagnahme oder Durchsuchung unterliegt der freien Beweiswürdigung des Richters. KB. S. 112.*

---

* Die in Betracht kommenden Vorschriften der Strafprozeßordnung lauten:

§ 94. Gegenstände, welche als Beweismittel für die Untersuchung von Bedeutung sein können oder der Einziehung unterliegen, sind in Verwahrung zu nehmen oder in anderer Weise sicher zu stellen.

Befinden sich die Gegenstände in dem Gewahrsam einer Person und werden dieselben nicht freiwillig herausgegeben, so bedarf es der Beschlagnahme.

§ 99. Zulässig ist die Beschlagnahme der an den Beschuldigten gerichteten Briefe und Sendungen auf der Post sowie der an ihn gerichteten Telegramme auf den Telegraphenanstalten; desgleichen ist zulässig an den bezeichneten Orten die Beschlagnahme solcher Briefe, Sendungen und Telegramme, in Betreff derer Tatsachen vorliegen, aus welchen zu schliessen ist, dass sie von dem Beschuldigten herrühren oder für ihn bestimmt sind und dass ihr Inhalt für die Untersuchung Bedeutung habe.

§ 102. Bei demjenigen, welcher als Thäter oder Theilnehmer einer strafbaren Handlung oder als Begünstiger oder Hehler verdächtig ist, kann eine Durchsuchung der Wohnung und anderer Räume, sowie seiner Person und der ihm gehörigen Sachen, sowohl zum Zwecke seiner Ergreifung, als auch dann vorgenommen werden, wenn zu vermuthen ist, dass die Durchsuchung zur Auffindung von Beweismitteln führen werde.

§ 104. Zur Nachtzeit dürfen die Wohnung, die Geschäftsräume und das befriedete Besitzthum nur bei Verfolgung auf frischer That oder bei Gefahr im Verzug oder dann durchsucht werden, wenn es sich um die Wiederergreifung eines entwichenen Gefangenen handelt.

Diese Beschränkung findet keine Anwendung auf Wohnungen von Personen, welche unter Polizeiaufsicht stehen, sowie auf Räume, welche zur Nachtzeit jedermann zugänglich oder welche der Polizei als Herbergen oder Versammlungsorte bestrafter Personen, als Niederlagen von Sachen, welche mittelst strafbarer Handlungen erlangt sind, oder als Schlupfwinkel des Glückspiels oder gewerbsmässiger Unzucht bekannt sind.

5. Für das Beschwerdeverfahren entscheiden die §§ 338, 346, 348 bis 352 StrPO.

6. Die Durchsuchung beziehentlich Beschlagnahme nimmt das Gericht, nicht der Stempelfiskal vor. A.H. S. 2398.

Die Nachtzeit umfasst in dem Zeitraume vom ersten April bis dreissigsten September die Stunden von neun Uhr Abends bis vier Uhr Morgens und in dem Zeitraume vom ersten Oktober bis einunddreissigsten März die Stunden von neun Uhr Abends bis sechs Uhr Morgens.

§ 106. Der Inhaber der zu durchsuchenden Räume oder Gegenstände darf der Durchsuchung beiwohnen. Ist er abwesend, so ist, wenn dies möglich, sein Vertreter oder ein erwachsener Angehöriger, Hausgenosse oder Nachbar zuzuziehen.

Dem Inhaber oder der in dessen Abwesenheit zugezogenen Person ist in den Fällen des § 103 Abs. 1 der Zweck der Durchsuchung vor deren Beginn bekannt zu machen. Diese Vorschrift findet keine Anwendung auf die Inhaber der im § 104 Abs. 2 bezeichneten Räume.

§ 107. Dem von der Durchsuchung Betroffenen ist nach deren Beendigung auf Verlangen eine schriftliche Mittheilung zu machen, welche den Grund der Durchsuchung (§§ 102, 103) sowie im Falle des § 102 die strafbare Handlung bezeichnen muss. Auch ist demselben auf Verlangen ein Verzeichniss der in Verwahrung oder in Beschlag genommenen Gegenstände, falls aber nichts Verdächtiges gefunden wird, eine Bescheinigung hierüber zu geben.

§ 108. Werden bei Gelegenheit einer Durchsuchung Gegenstände gefunden, welche zwar in keiner Beziehung zu der Untersuchung stehen, aber auf die erfolgte Verübung einer anderen strafbaren Handlung hindeuten, so sind dieselben einstweilen in Beschlag zu nehmen. Der Staatsanwaltschaft ist hiervon Kenntniss zu geben.

§ 109. Die in Verwahrung oder in Beschlag genommenen Gegenstände sind genau zu verzeichnen und zur Verhütung von Verwechselungen durch amtliche Siegel oder in sonst geeigneter Weise kenntlich zu machen.

§ 110. Eine Durchsicht der Papiere des von der Durchsuchung Betroffenen steht nur dem Richter zu.

Andere Beamte sind zur Durchsicht der aufgefundenen Papiere nur dann befugt, wenn der Inhaber derselben die Durchsicht genehmigt. Anderenfalls haben sie die Papiere, deren Durchsicht sie für geboten erachten, in einem Umschlage, welcher in Gegenwart des Inhabers mit dem Amtssiegel zu verschliessen ist, an den Richter abzuliefern.

Dem Inhaber der Papiere oder dessen Vertreter ist die Beidrückung seines Siegels gestattet; auch ist er, falls demnächst die Entsiegelung und Durchsicht der Papiere angeordnet wird, wenn dies möglich, aufzufordern, derselben beizuwohnen.

Der Richter hat die zu einer strafbaren Handlung in Beziehung stehenden Papiere der Staatsanwaltschaft mitzutheilen.

§ 32.

Anfertigung, Verkauf und Verwendung von Stempelzeichen und Anlegung von Verzeichnissen.

Der Finanzminister erläßt die Anordnungen wegen der Anfertigung, des Verkaufs und der Verwendung des Stempelpapiers und der Stempelmarken, wegen der Zulässigkeit der Verwendung von Stempelmarken ohne amtliche Ueberwachung, wegen der in §. 14 bezeichneten Abfindungen und wegen Anlegung der in der Tarifstelle „Pachtverträge" vorgeschriebenen Verzeichnisse. 1

Stempelmarken, welche von Privatpersonen nicht in der vorgeschriebenen Weise verwendet worden sind, werden als nicht verwendet angesehen. 2

Bek. 27.

§ 33.

Unbefugter Handel mit Stempelzeichen.

Der unbefugte Handel mit Stempelzeichen wird unter Einziehung der Vorräthe mit einer Geldstrafe bis zu einhundertfünfzig Mark bestraft.

§ 34.

Uebergangsbestimmungen.

Dieses Gesetz tritt mit dem 1. April 1896 in Kraft. 1

Auf die vor diesem Tage abgegebenen Auflassungserklärungen und gestellten Anträge auf Eintragung einer Hypothek oder Grundschuld oder der Verpfändung einer Hypothek oder Grundschuld sowie auf diejenigen Urkunden, welche vor diesem Tage Stempelpflichtigkeit erlangt haben, finden die bisherigen gesetzlichen Vorschriften Anwendung.[1, 2] 2

Die Vorschriften unter a der Tarifstelle „Pachtverträge" kommen für denjenigen Zeitraum nicht zur Anwendung, hinsichtlich dessen eine Versteuerung der vor dem 1. April 1896 geschlossenen Pacht-, Mieth- und antichretischen Verträge bereits stattgefunden hat. 3

1. Die bisherigen Steuergesetze kommen auf bisher unversteuert gebliebene vor Geltung des Gesetzes vom 31. Juli 1895 abgeschlossene Verträge zur Anwendung. RG. 19. 5 03, Entsch Bd. 55 S. 297. Aus den Entscheidungsgründen: Die unversteuert gebliebene Urkunde vom Jahre 1892 unterliege den bisherigen Vorschriften;

eine Ausnahme von der Regel des zweiten Absatzes, wonach auf diejenigen Urkunden, welche vor dem 1. April 1896 Stempelpflichtigkeit erlangt haben, die bisherigen gesetzlichen Vorschriften Anwendung finden, sei in der Bestimmung des dritten Absatzes nicht aufgestellt. Es handelte sich darum, ob der unversteuert gebliebene Pachtvertrag, wie Kläger wünschte, nach Tarifstelle 48a zu versteuern war, in welchem Falle die nach dem früheren Gesetz zur Versteuerung gezogenen von Kläger übernommenen Kosten der Pflasterung und Reinigung des Bahnkörpers von dem Pachtstempel, weil nicht Teil des Pachtpreises, frei zu lassen gewesen wären. — Vgl. A 16b bei Tarif 48

2. Auf die Verjährung einer vor dem 1. April 1896 eingetretenen Stempelpflicht finden die Grundsätze des sonst geltenden allgemeinen Rechts Anwendung Diese gehen dahin, daß die kürzere Verjährung des neuen Rechts Anwendung findet, so zwar, daß ihr Lauf erst mit der Geltung des neuen Gesetzes beginnt, daß aber, wenn die ältere, längere, vor dem Gesetz bereits begonnene Verjährung eher ablaufen würde, dieses dem Verpflichteten günstigere Ergebnis, obwohl der teilweise Ablauf der Frist des älteren Rechts kein wohlerworbenes Recht, sondern nur eine rechtliche Aussicht begründete, ungeachtet des Eintritts des neuen Gesetzes dem Schuldner erhalten bleiben soll RG 25. 4. 02, Entsch. Bd. 51 S 226. — Vgl A. 2a bei § 27.

§ 35.

Aufrechterhaltung und Aufhebung älterer Bestimmungen.

1 Vom 1. April 1896 ab sind alle auf die Stempelsteuer bezüglichen Gesetzesvorschriften, soweit sie nicht in diesem Gesetz und dem anliegenden Tarif aufrechterhalten sind, aufgehoben.

2 Insbesondere treten außer Kraft:

die im Kreise Herzogthum Lauenburg geltende Hannoversche Verordnung vom 31. Dezember 1813, betreffend die Erhebung der Stempelabgaben, Lauenburgische Verordnungen, Sammlung für 1813 S. 41,

das Gesetz wegen der Stempelsteuer vom 7. März 1822, Gesetz-Samml. S. 57,

die Kabinetsorder vom 4. September 1823 wegen der Stempelpflichtigkeit der Dispositionsscheine der Banquiers und Kaufleute, Gesetz-Samml. S. 163,

die Kabinetsorder vom 13. November 1828 wegen des zu Verträgen über Angabe an Zahlungsstatt erforderlichen Kaufwerthstempels, Gesetz-Samml. 1829 S. 21,

die Kabinetsorder vom 14. April 1832 wegen Abänderung der Bestimmungen im §. 5 lit. a und b des Stempelgesetzes vom 7. März 1822, Gesetz-Samml. S. 137, die Kabinetsorder vom 13. April 1833, betreffend den Rekurs gegen Strafresolute in Stempelsachen, Gesetz-Samml. S. 33,

die Kabinetsorder vom 19. Juni 1834, betreffend die Erläuterung der Vorschriften des Tarifs zum Stempelgesetz vom 7. März 1822 wegen Stempelpflichtigkeit der Punktationen, Gesetz-Samml. S. 81,

die Ziffer 2 der Kabinetsorder vom 7. Februar 1835, in Betreff des Kleinhandels mit Getränken auf dem Lande und des Gast- und Schankwirthschaftsbetriebes überhaupt, für alle Theile der Monarchie, Gesetz-Samml. S. 18,

die Kabinetsorder vom 28. Oktober 1836, betreffend die Abänderung des §. 22 des Stempelgesetzes vom 7. März 1822, Gesetz-Samml. S. 308,

die Kabinetsorder vom 16. Januar 1840, die Ergänzung der Stempeltarifposition „Vergleiche" und die nähere Bestimmung der für die Vergleichsakte der Friedensrichter in der Rheinprovinz und für die Vergleichsverhandlungen der Schiedsmänner bewilligten Stempelfreiheit betreffend, Gesetz-Samml. S. 18,

die Kabinetsorder vom 23. Dezember 1842, die Ausdehnung der mildernden Bestimmungen der Order vom 28. Oktober 1836 zu dem §. 22 des Stempelgesetzes vom 7. März 1822 auf Verträge, welche zwischen einer unmittelbaren oder mittelbaren Staatsbehörde und einer Privatperson abgeschlossen sind, betreffend, Gesetz-Samml. für 1843 S. 21,

die Kabinetsorder vom 21. Juni 1844, betreffend die Aufhebung des Werthstempels für die Uebernahme von Nachlaßgegenständen bei Auseinandersetzungen zwischen mehreren Erben, Gesetz-Samml. S. 253,

die Kabinetsorder vom 18. Juli 1845, in Betreff der Stempelsteuer für die Errichtung von Fideikommiß- und Familienstiftungen, Gesetz-Samml. S. 506,

die Kabinetsorder vom 3. Oktober 1845, den zu Lehrkontrakten erforderlichen Stempel betreffend, Gesetz-Samml. S. 680,

der §. 10 des Gesetzes, betreffend einige Abänderungen der Hypothekenordnung vom 20. Dezember 1783, vom 24. Mai 1853, Gesetz-Samml. S. 521, das Gesetz vom 25. Mai 1857, betreffend die Revision der Aktiengesellschaften im Stempelinteresse, Gesetz-Samml. S. 517,

die §§. 11 und 12 des Gesetzes, betreffend die Erweiterung des Rechtsweges, vom 24. Mai 1861, Gesetz-Samml. S. 241,

das Gesetz vom 22. Juli 1861, betreffend die Entrichtung des Stempels von Uebertragsverträgen zwischen Ascendenten und Descedenten, Gesetz-Samml. S. 754,

das Gesetz vom 2. März 1867, betreffend die den gemeinnützigen Aktienbaugesellschaften bewilligte Sportel- und Stempelfreiheit, Gesetz-Samml. S. 385, insoweit es sich auf die Stempelsteuer bezieht,

die Verordnung vom 19. Juli 1867, betreffend die Verwaltung des Stempelwesens und die Erhebung des Urkundenstempels in dem vormaligen Königreich Hannover, dem vormaligen Kurfürstenthum Hessen und Herzogthum Nassau, sowie in den vormals Bayerischen Gebietstheilen, Gesetz-Samml. S. 1191,

die Verordnung vom 7. August 1867, betreffend die Erhebung der Stempelsteuer in den Herzogthümern Schleswig und Holstein, Gesetz-Samml. S. 1277,

die Verordnung vom 16. August 1867, betreffend die Verwaltung des Stempelwesens und den Urkundenstempel in der ehemals freien Stadt Frankfurt a. M., Gesetz-Samml. S. 1346,

das Gesetz vom 5. März 1868 wegen Aenderung der Stempelsteuer in den Regierungsbezirken Cassel und Wiesbaden mit Ausnahme der Stadt Frankfurt a. M., Gesetz-Samml. S. 185,

das Gesetz vom 24. Februar 1869 wegen Aenderung der Stempelsteuer in der Provinz Hannover, Gesetz-Samml. S. 366,

das Gesetz, betreffend die Stempelabgaben von gewissen, bei dem Grundbuchamte anzubringenden Anträgen, vom 5. Mai 1872, Gesetz-Samml. S. 509,

das Gesetz, betreffend die Aufhebung beziehungsweise Ermäßigung gewisser Stempelabgaben, vom 26. März 1873, Gesetz-Samml. S. 131, das Gesetz vom 27. Juni 1875, betreffend die Verwaltung des Stempelwesens in Frankfurt a. M., Gesetz-Samml. S. 407,

der §. 35 der Hinterlegungsordnung vom 14. März 1879, Gesetz-Samml. S. 249, insoweit er sich auf die Stempelsteuer bezieht,

die §§. 40 und 41 der Schiedsmannsordnung vom 29. März 1879, Gesetz-Samml. S. 321, insoweit sich dieselben auf die Stempelsteuer beziehen,

der §. 2 des Gesetzes, enthaltend Bestimmungen über Gerichtskosten und über Gebühren der Gerichtsvollzieher, vom 21. März 1882, Gesetz-Samml. S. 129,

der §. 3 des Gesetzes, betreffend die Gerichtskosten bei Zwangsversteigerungen und Zwangsverwaltungen von Gegenständen des unbeweglichen Vermögens, vom 18. Juli 1883, Gesetz-Samml. S. 189, insoweit sich derselbe auf die Stempelsteuer bezieht,

das Gesetz, betreffend die Stempelsteuer für Kauf- und Lieferungsverträge im kaufmännischen Verkehr und für Werkverdingungsverträge, vom 6. Juni 1884, Gesetz-Samml. S. 279,

der §. 41 des Gesetzes über das Grundbuchwesen und die Zwangsvollstreckung in das unbewegliche Vermögen im Geltungsbereich des Rheinischen Rechts vom 12. April 1888, Gesetz-Samml. S. 52,

das Gesetz, betr. Abänderung mehrerer Bestimmungen der Gesetzgebung über die Stempelsteuer, vom 19. Mai 1889, Gesetz-Samml. S. 115,

der erste Absatz des §. 9 des Gesetzes, enthaltend Bestimmungen über das Notariat und über die gerichtliche oder notarielle Beglaubigung von Unterschriften oder Handzeichen, vom 15. Juli 1890, Gesetz-Samml. S. 229,

die §§. 2 bis einschließlich 4 und 46, sowie die Anmerkung zu diesem Paragraphen des Gesetzes, betreffend die Erbschaftssteuer vom $\frac{\text{30. Mai 1873}}{\text{19. Mai 1891}}$, Gesetz-Samml. für 1891 S. 78, insoweit diese Vorschriften nicht für die Hohenzollernschen Lande Geltung haben,

der §. 5b des Artikel III des Gesetzes, betreffend die im Geltungsbereich des Rheinischen Rechts außerhalb des vormaligen Herzogthums Berg bestehenden Pfandschaften, sowie die Abänderung und Ergänzung des Gesetzes vom 12. April 1888 über das Grundbuchwesen und die Zwangsvollstreckung in das unbewegliche Vermögen im Geltungsbereich des Rheinischen Rechts, vom 14. Juli 1893, Gesetz-Samml. S. 185,

das Gesetz, betreffend die Gleichstellung der Notare mit den anderen Beamten bezüglich der Strafen bei Nichtverwendung der tarifmäßigen Stempel vom 28. Mai 1894, Gesetz-Samml. S. 105.

3 Die in dem Preußischen Gerichtskostengesetz vom 25. Juni 1895 über das Stempelwesen getroffenen Bestimmungen bleiben unberührt.

4 Soweit in anderen Gesetzen auf Bestimmungen der durch diesen Paragraphen aufgehobenen Gesetze verwiesen ist, treten die entsprechenden Vorschriften dieses Gesetzes an die Stelle.

§ 36.

Schlußbestimmung.

Der Finanzminister ist mit der Ausführung dieses Gesetzes beauftragt.

Urkundlich ꝛc.

Stempeltarif.

	Lfd. Nr.	Gegenstand der Besteuerung.	Steuersatz v. H.	M.	Pf.	Berechnung der Stempelabgabe.
1	1.	[1] **Abschriften,** beglaubigte,[2] unter denselben Voraussetzungen wie Zeugnisse,[3] amtliche in Privatsachen, s. diese.[4—9]				
2		**Befreit sind Beglaubigungen der Rechtsanwälte im Prozeßverfahren.** *D. V. 30. — Allg. V. § 1 c, d, § 10 letzter Abs., § 20 letzter Abs.*				

Zu Tarif-Nr. 1.

1. Vgl. PFG. Art. 29, 56, 57, 31, 35, 29 Abs. 3 und Art. 7 AG. z. RGO.; ferner Art. 60 Abs. 2 und 62 PFG.

2. Durch die Beglaubigung einer Abschrift wird die Uebereinstimmung ihres Inhalts mit dem des Originals amtlich bezeugt. Beglaubigungen sind daher amtliche Zeugnisse. Mot. S. 26.

3. Die in Tarifstelle 77 vorgesehenen Befreiungen kommen auch hier zur Anwendung. KB. S. 4.

4. Der Antrag, gesetzlich festzulegen, daß die Beglaubigung der Abschrift niemals einen höheren Stempel tragen dürfe als die Urkunde selber, wurde in der Kommission abgelehnt — KB. S. 5 —, weshalb beglaubigte Abschriften auch dann eines Stempels bedürfen, wenn die Hauptschrift stempelfrei ist oder einen geringeren Stempel erfordert als 1,50 M. FM. 6. 2. 97 III 275.

5. Wird ein Beglaubigungsvermerk hinter mehrere Abschriften gesetzt, so ist der Stempel nur einmal fällig. MBl. f. d. i. V. S. 201 von 1897, Erl. v. 31. 7. 97. — FM. 16. 8. 97 III 10250.

6. Eine vom Gemeindevorstand oder von einer Polizeibehörde abgegebene Bescheinigung der Uebereinstimmung der Urschrift mit der Abschrift ist wegen Unzuständigkeit des beurkundenden Beamten nicht stempelpflichtig. FM. 26. 3. 97 III 3411. — Vgl. sonst über Zuständigkeit A. 1 a und 10 c bei Tarif 77. Ebenso sind wegen Unzuständigkeit auch die von Schulanstalten erteilten beglaubigten Abschriften von Zeugnissen stempelfrei. FM. 3. 7. 98 III 8840, ZBl. S. 319. Dagegen ist eine von einem zuständigen Beamten gefertigte beglaubigte Abschrift, wenn auch zum Zweck einer Löschung, stempelpflichtig,

Noch: Zu Tarif-Nr. 1.
denn Tarifstelle 77 litt. e bezieht sich nur auf Unterschriftsbeglaubigungen. FM. 4. 5. 97 III 5431. — Vgl. A. 10b bei Tarif 77.

7. Vom Gericht erteilte beglaubigte Abschriften sind stempelfrei, wenn die Urkunde, von der die Abschrift entnommen ist, nicht stempelpflichtig ist, für die beglaubigte Abschrift eine Gebühr zu erheben ist, und die beglaubigte Abschrift ohne Antrag von Amts wegen gefertigt wird. Joh. Bd. 16 S. 266, Bd. 17 S. 256 — § 114 Abs. 3 GKG. — vgl. auch A. 5f zu § 14 d. G.

8. A. Stempelfrei sind u. a.:

a) vom Gericht erteilte Bescheinigungen aus dem Handelsregister sowie beglaubigte Abschriften oder Auszüge daraus — vgl. § 1 litt. c der Allg.V.,

b) beglaubigte Abschriften aus Grundakten zum Zweck der Aufklärung zu Aufgebotsakten — FM. 11. 2. 98 III 7324 — Joh. Bd. 16 S. 266,

c) die gemäß § 230 LR. I 12 erteilten beglaubigten Abschriften von Testamenten — vgl. A. 5 bei § 14,

d) die von den zur Begründung einer Eintragung in das Grundbuch, das Handels- oder das Güterrechtsregister eingereichten Urkunden wegen Zurückforderung derselben zurückbehaltenen beglaubigten Abschriften. RG. 4. 2. 01, Joh. Bd. 22 S. B 34,

e) die selbst von einer Behörde beglaubigten Abschriften derjenigen Vertragsurkunde, die in Urschrift der den Fiskus vertretenden Behörde bei Aufnahme einer Urkunde nach Art. 12 §§ 2 und 4 AG. BGB. regelmäßig auszuhändigen ist. — Vgl. A. 2g bei Tarif 10. — FM. 27. 9. 01 III 14845.

B. Dagegen sind stempelpflichtig u. a.:

a) bei der von Notaren bewirkten Anfertigung von Teilhypothekenbriefen — Verf. d. JustMin. v. 20. 11. 99, JMBl. S. 349, 372 —, wenn dabei eine beglaubigte Abschrift der Schuldurkunde dem Teilhypothekenbrief angehängt wird, sowohl die beglaubigte Abschrift des Hypothekenbriefes, als auch die der Schuldurkunde. FM. 5. 3 01 III 2613. — Vgl. KG. 13. 5. 01, JMBl. S. 146, wonach der Zweighypothekenbrief gesondert die beglaubigte Abschrift des Briefes selbst und der Schuldurkunde enthalten muß. — Vgl. A. 6 bei § 14 d. G.,

b) bei Rückforderung einer mit dem Antrage auf Erteilung eines Erbscheins eingereichten notariellen Urkunde die infolge dieser Rückforderung zu den Gerichtsakten gefertigte beglaubigte Abschrift. KG. 16. 3. 05, Joh. Bd. 29 S. B 85, JMBl. S. 343,

c) von Notaren gefertigte beglaubigte Abschriften von Bescheinigungen, welche das Gericht aus dem Handelsregister erteilt hat. JM. 3. 11. 97 I 5450, JMBl. S. 284 —, vgl. auch A. 4 bei Tarif 11 und Allg.V. § 1c,

d) die beglaubigte Abschrift einer Generalvollmacht selbst dann, wenn sie lediglich in einem Prozeß verwendet wird, dessen Gegenstand 150 M. nicht übersteigt. KG. 5. 12. 98, Hz. S. 243.

Lfd. Nr.	Gegenstand der Besteuerung.	Steuersatz v. H.	M.	Pf.	Berechnung der Stempelabgabe.
2.	**Abtretung von Rechten.** 1 [1]Beurkundungen über die Abtretung von Rechten [2—12] sowie Indossamente, [1, 3b] sofern nicht nach § 5 zweiter Absatz des Reichsstempelgesetzes vom 27. April 1894 (Reichs-Gesetzbl. S. 381)* Stempelfreiheit eintritt, oder die Bestimmungen der Tarifstelle „Kauf- und Tauschverträge" fünfter bis einschließlich zehnter Absatz zur Anwendung kommen .	1/50	—	—	des Werthes der Gegenleistung oder, wenn eine solche in der Urkunde nicht enthalten ist, des Geldbetrages oder des Werthes des abgetretenen Rechts;
	mindestens aber	—	1	—	
	ist der Werth des abgetretenen Rechtes nicht schätzbar	—	5	—	
	2 Befreit sind Beurkundungen der Uebertragungen der Konnossemente der Seeschiffer, Ladescheine [7b] der Frachtführer und Auslieferungsscheine (Lagerscheine, warrants) über Waaren oder andere bewegliche Sachen durch Indossament.				
	3 [1]Schriftliche Benachrichtigungen an den Verpflichteten über die erfolgte Abtretung eines Rechtes [13] sind, wenn nicht eine mit dem tarifmäßigen Stempel versehene Abtretungsurkunde vorliegt, wie Beurkundungen der Abtretung zu versteuern, sofern nach der Verkehrssitte über die Abtretung eine förmliche Urkunde errichtet zu werden pflegt und beabsichtigt ist, durch die schriftliche Benachrichtigung die Aufnahme einer solchen Urkunde zu ersetzen. Dem Stempel für Abtretungen unterliegen auch Anträge auf Umschreibung vor dem 1. Oktober 1881 ausgestellter Namenaktien im Aktienbuche, falls nicht eine mit dem				

* Jetzt § 4 d. RStG v. 3 6. 06, welcher lautet:

§ 4. Die der Reichsstempelsteuer unterworfenen Werthpapiere unterliegen in den einzelnen Bundesstaaten keiner weiteren Stempelabgabe (Taxe, Sportel usw.)

Auch ist von der Umschreibung solcher Werthpapiere in den Büchern und Registern der Gesellschaft usw. sowie von den auf die Werthpapiere selbst gesetzten Uebertragungsvermerken (Indossamenten, Cessionen usw.) eine Abgabe nicht zu entrichten

Im Uebrigen, insbesondere hinsichtlich der Urkunden über Eintragungen in dem Hypothekenbuche (Grundbuche), bleiben die landesgesetzlichen Vorschriften unberührt.

Lfd. Nr.	Gegenstand der Besteuerung.	Steuersatz v. H.	M.	Pf.	Berechnung der Stempelabgabe.
Noch 2.	tarifmäßigen Stempel versehene Abtretungsurkunde errichtet ist.[14]				
	4 Der Antrag auf Eintragung der Abtretung[1] einer Hypothek oder Grundschuld im Grundbuche oder in einem für solche Eintragungen bestimmten öffentlichen Buche[15]	$^1/_{50}$	—	—	des Betrages der Hypothek oder Grundschuld
	mindestens aber	—	1	—	
	Bek. 28.				
	5 Die Abgabe wird nur erhoben, falls die beantragte Eintragung in den Grund- oder öffentlichen Büchern vermerkt worden ist. *Allg. V. § 1b.*				
	6 Die Abgabe wird nicht erhoben, wenn bei der Anbringung des Antrages oder innerhalb einer mit dem Tage der Zustellung der Aufforderung zur Zahlung der Gerichtskosten beginnenden Frist von zwei Wochen die Urkunde über die dem Antrage zu Grunde liegende Abtretung in Urschrift, Ausfertigung oder beglaubigter Abschrift vorgelegt wird. Als eine solche Urkunde ist nur diejenige anzusehen, welche die Abtretung so enthält, wie sie unter den Betheiligten hinsichtlich des Werthes der Gegenleistung[15a] verabredet ist.				
	7 Betrifft der Antrag eine Hypothek oder Grundschuld, für welche mehrere Grundstücke haften, so wird die Abgabe nur einmal erhoben.				
	8 Wird nach Entrichtung der Abgabe die Urkunde über das der Eintragung zu Grunde liegende Geschäft errichtet, so ist auf den zu dieser Urkunde erforderlichen Stempel der für den Eintragungsantrag gezahlte Stempel anzurechnen.[16] Ausgeschlossen von der Anrechnung bleibt derjenige Stempelbetrag, welcher zu dem Eintragungsantrage erforderlich gewesen sein würde, wenn derselbe nicht dem Werthstempel unterlegen hätte. Die Anrechnung ist innerhalb der im §. 16 an-				

Lfd. Nr.	Gegenstand der Besteuerung.	Steuersatz v. H.	M.	Pf.	Berechnung der Stempelabgabe.
Noch 2.	gegebenen Fristen auf der Urkunde amtlich zu vermerken. *Bek. 28 Abs. 2, 32. — A V. § 10.* 9 Befreit sind: Urkunden, wodurch eine Forderung einem Kommunalverbande, einer Kommune oder einer Korporation ländlicher oder städtischer Grundbesitzer oder einer Grund-, Kredit- und Hypothekenbank abgetreten wird, falls auf Grund der Abtretung reichsstempelpflichtige Renten- oder Schuldverschreibungen demnächst ausgereicht werden.[11] *Bek. 28 Abs. 3.* *Allg. V. § 10 Abs. 4.*				

Zu Tarif-Nr. 2.

1. Vgl. über Uebertragung von Forderungen § 398 BGB., — über Anzeige des Gläubigers an den Schuldner von der Abtretung § 409 BGB., — über Indossamente Art. 10, 11 WO., § 25 WStG., § 363 HGB., — über Antrag auf Eintragung einer Abtretung BGB. §§ 1132, 1154, 1192 und RGBO. §§ 13, 19, 29. — Vgl. auch A. 16, A. 41f u. A. 69 bei Tarif 32, A. 12g bei Tarif 58, A. 5d u. 17a bei Tarif 59 und A. 8 bei Tarif 70.

2. Auch Rechte aus einem zukünftig erst abzuschließenden Vertrage können ebenso wie zukünftige und ungewisse Rechte Gegenstand einer Zession sein; RG. 26. 5. 98. — Joh. Bd. 14 S. 321 — selbst künftige Forderungen, zu denen noch nicht einmal der Grund vorhanden, deren Entstehung vielmehr nur als möglich vorausgesetzt wird. RG. 29. 9. 03, DJZ. Beil. Nr. 24 von 1903 und ferner Beil. 21 von 1905.

3. a) Indossamente auf Namensaktien, die vor dem 1. Oktober 1881 ausgegeben sind, unterliegen dem Landesstempel für Abtretungen. RG. 14. 10. 02, ZBl. S. 27 03, Entsch. Bd. 52 S. 318:

Die Kläger haben im April 1901 eine Anzahl ihnen gehöriger Namensaktien der Aktiengesellschaft N. an dritte weiter begeben und zu diesem Zweck mit ihrem Blankoindossament versehen. Die Aktien waren vor dem 1. Oktober 1881 ausgegeben. Auf Erfordern der Steuerverwaltung haben Kläger für jedes Indossament den landesgesetzlichen Zessionsstempel verwendet. Ihre auf §§ 4 und 21 des RStG. gestützte Rückforderungsklage ist für ungerechtfertigt erklärt.

Noch: Zu Tarif-Nr. 2.

b) Zur Landes-Stempelpflichtigkeit von Wertpapiere betreffenden **Zessionen- und Umschreibungsanträgen** wird bemerkt:

I. Wertpapiere, die mit dem Reichsstempel versehen sind:

A. Zessionen.

a) Zessionen, auf den Wertpapieren selbst, sind stempelfrei. § 4 Abs. 2 RStG.

b) Zessionen, die nebenher errichtet sind, sind stempelpflichtig, sofern es sich um Namenpapiere handelt; kommen Inhaberpapiere in Frage, so kann der Abtretungsstempel nicht gefordert werden.

Bis zum 31. März 1896 sind aber auch die Zessionen von Namenpapieren stempelfrei, während nach diesem Zeitpunkt die Befreiung der Zessionen öffentlicher Papiere fortgefallen ist.

B. Umschreibungsanträge.

a) Solche mit dem Reichsstempel versehenen Wertpapiere sind stempelfrei.

b) Solche, die nebenher errichtet sind, sind ebenfalls stempelfrei.

II. Wertpapiere, die nicht mit dem Reichsstempel versehen sind:

A. Zessionen.

a) Zessionen auf den Wertpapieren selbst sind stempelpflichtig, sofern es sich nicht um Inhaberpapiere oder bei Zessionen vor dem 1. April 1896 um öffentliche Papiere handelt.

Es stehen gleich die Indossamente auf indossablen Papieren; bei nicht indossablen Papieren wird das Indossament nur dann der vollständigen Abtretungsurkunde gleich behandelt werden können, wenn darin die Uebertragung genügend beurkundet ist.

b) Zessionen, die nebenher errichtet sind, sind stempelpflichtig. Vgl. hierzu oben bei I A. b.

B. Umschreibungsanträge.

Umschreibungsanträge, welche sich auf nicht mit dem Reichsstempel versehenen Namenaktien selbst befinden, sowie solche, die nebenher errichtet sind, sind stempelfrei, wenn sie vor dem 1. April 1896 datiert sind; sie sind stempelpflichtig, wenn sie nach dem 31. März 1896 datiert sind. (Vgl. Entsch. **52** 318, oben Nr. 83.)

Hierbei sind jedoch die aus Tarifstelle 2 Abs. 3 Satz 2 LStG. sich ergebenden Maßgaben zu berücksichtigen.

Auch die in blanco ausgestellten Anträge der erwähnten Art werden dem Stempel unterworfen werden können, während sonst — außer bei den gesetzlich zulässigen Blankoindossamenten — ein Blankoindossament nicht wirksam, also auch nicht stempelpflichtig ist.

Die auf die Namenaktien selbst gesetzten vor dem 1. April 1896 ausgestellten Umschreibungsanträge werden von der

Noch: Zu Tarif-Nr. 2.

Stempelfreiheit nicht umfaßt, da in solchen Umschreibungsanträgen zum mindesten Blankoindossamente zu erblicken sind, so daß die Verwendung des Zessionsstempels erforderlich ist.

III. Vom 1. April 1896 ab sind vor dem 1. Oktober 1881 ausgestellte Namenaktien mit ungestempelten Umschreibungsanträgen nur dann lieferbar, wenn die Anträge mit einem Datum vor dem 1. April 1896 versehen sind.

IV. Reichsbankanteilscheine zu 3000 Mark Nennwert (vor dem 1. Juli 1900 ausgegeben):

A. Zessionen.

a) Zessionen, die vor dem 1 April 1896 errichtet sind, gleichviel; ob auf den Reichsbankanteilscheinen selbst oder nebenher laufend, sind stempelfrei.

b) Zessionen, die nach dem 31. März 1896 errichtet sind, gleichviel, ob auf den Reichsbankanteilscheinen selbst oder nebenher laufend, sind stempelpflichtig.

B. Umschreibungsanträge.

Umschreibungsanträge, gleichviel, ob auf den Reichsbankanteilscheinen selbst oder nebenher laufend, sind stempelfrei, wenn sie vor dem 1. April 1896 datiert sind; sie sind stempelpflichtig, wenn sie nach dem 31. März 1896 datiert sind, sofern sie sich auf den Anteilscheinen selbst befinden.

V. Reichsbankanteilscheine zu 1000 M. Nennwert (nach dem 1. Juli 1900 ausgegeben):

A. Zessionen.

a) Zessionen auf den Reichsbankanteilscheinen selbst sind stempelfrei. § 4 Abs. 2 RStG. — vgl. FM. 15. 5. 02 III 5966.

b) Zessionen, die nebenher errichtet sind, sind stempelpflichtig. Vgl. denselben Erlaß.

B. Umschreibungsanträge

a) Solche auf den Reichsbankanteilscheinen selbst sind stempelfrei.

b) Solche, die nebenher errichtet sind, sind stempelfrei.

VI. Zessionen oder Umschreibungsanträge, die außerhalb Preußens ausgestellt sind, sind stempelfrei.

VII. Uebersteigt der Wert des Gegenstandes nicht 150 Mark, so ist sowohl die Zession als der Umschreibungsantrag stempelfrei. Natürlich muß der geringere Wert aus der Urkunde in Verbindung mit dem Wertpapier ersichtlich sein.

VIIa. Abtretung von beweglichen Kuxen des neueren Bergrechts:

A. Vor dem 1. April 1896 ausgestellte einseitige Abtretungsurkunden unterliegen dem Zessionsstempel von $1\frac{1}{2}$ Mk.

B. Nach dem 31. März 1896 aber vor dem 1. Juli 1900 ausgestellte Abtretungsurkunden unterliegen dem Stempel von $\frac{1}{10}$ %. Tarif 34 LStG.

C. Nach dem 30. Juni 1900 ausgestellte Abtretungsurkunden sind landesstempelfrei. Vgl. auch Korrespondenz der Aeltesten der Kaufmannschaft von Berlin. Jahrg. 1903 Nr. 1 S. 20.

Noch: Zu Tarif-Nr. 2.

c) Die nach dem vorgelegten Formular ausgestellten Urkunden, in welchen die Kautionssucher ihren Anspruch auf demnächstige Rückgabe einer mit Preußischen Staatspapieren bestellten Amtskaution an die Kautionsgesellschaft zum Eigentum abtreten, unterliegen dem in der Tarifstelle 2 des Pr. Stempelsteuergesetzes vorgeschriebenen Stempel für Abtretung von Rechten, da dieses Gesetz die frühere Vorschrift, nach welcher die Zessionen öffentlicher Papiere stempelfrei waren, nicht aufrecht erhalten hat. Ferner erfordert die amtliche Beglaubigung der Unterschrift nach der Tarifstelle 77 den Zeugnisstempel von 1,50 Mk, wenn die beglaubigende Behörde zur Unterschriftsbeglaubigung zuständig ist, die Beglaubigung also insbesondere von Gerichten oder Notaren erfolgt. FM. 20. 8. 96 III 11333.

4. Des mehrfachen Abtretungsstempels bedarf es:

a) wenn jemand eine Forderung an mehrere Personen zu bestimmten Anteilen abtritt, sofern nicht Rechtsgemeinschaft besteht. FM. 18. 4. 03 III 5287.

b) bei Abtretung verschiedener Posten seitens eines Zedenten an verschiedene Zessionare. FM. 7. 11. 96 III 14733.

c) wenn mehrere Gläubiger ihre Anteile an einer gemeinschaftlichen Forderung an einen Dritten abtreten.

Dagegen genügt der einmalige Abtretungsstempel:

a) bei Abtretung mehrerer demselben Zedenten zustehenden Forderungen an dieselbe Person HSp. S. 147.

b) wenn mehrere Gläubiger eine ihnen gemeinschaftlich zustehende Forderung an einen Dritten abtreten.

c) bei Abtretung seitens des Eigentümers eines Kapitals und des daran Zinsberechtigten. FM. 7. 4. 98 III 3531.

d) wenn mehrere Zedenten ihre verschiedenen gegen denselben Schuldner ihnen zustehenden Forderungen an einen Zessionar abtreten.

e) wenn jemand für sich eine ihm zustehende Post und gleichzeitig in Vollmacht seiner Ehefrau eine dieser zustehende Post abtritt. FM. 21. 10. 99 III 13257.

5. Abtretung zur Belegung des Kaufgeldes und Hingabe an Zahlungsstatt durch Abtretung von Forderungen erfordert nicht den besonderen Abtretungsstempel; weil sie Bestandteil des einheitlichen Kaufvertrages ist, trifft § 10 Abs. 3 d. G. auf sie zu. RG. IV 20. 10. 98. — Ebenso Abtretungen in einem Erbrezeß zwecks Ausführung der Teilung an einen Miterben zwecks Tilgung einer diesem gegen den Erblasser zustehenden Forderung. FM. 14. 3. 99 III 3116. — Vgl. A. 9g bei § 10, A. 4 bei Tarif 20 und A. 50a bei Tarif 32.

6. Schenkungsweise Abtretungen von Eltern an Abkömmlinge unterliegen nicht dem Zessionsstempel; sollte der Zedent in der Urkunde Bürgschaft übernehmen, so würde gemäß Abs. 2 der Tarifstelle 59 kein Sicherstellungsstempel fällig sein. FM. 11. 9. 01 III 11364.

7. a) Ob und zu welchem Betrage Frachtbriefzessionen der Besteuerung unterliegen, hängt von der urkundlichen Fassung der einzelnen Zessionen ab. Zessionen folgender Art:

Noch: Zu Tarif-Nr. 2.

α) Behufs Reklamation der zuviel erhobenen Fracht, übertrage ich hiermit alle aus diesem Frachtbrief herzuleitenden Pflichten und Rechte rc......

haben zum Gegenstand das Recht auf Erstattung der überhobenen Fracht; nicht die Gesamtfracht, vielmehr der tatsächlich erstattete Frachtbetrag ist als Objekt anzusehen. Bei Nichtangabe des zu erstattenden Betrages ist dies nachträglich festzustellen. Kann der zurück zu zahlende Betrag auch nicht annähernd festgestellt werden, so ist nach § 8 LStG. und DV. 12B zu verfahren.

β) Hierdurch zediere ich sämtliche Rechte aus beiliegendem Frachtbrief an ..., welche ich auch ermächtige, die zuviel erhobene Fracht für mich einzukassieren und zu quittieren

erfordern streng genommen den Zessions- und Vollmachtsstempel. Da aber angenommen werden kann, Zedent habe den Zessionar nur zum Erstattungsantrag ermächtigen wollen, bedürfen solche Urkunden bei einem zu erstattenden Betrage von 150 Mk. und weniger keines Stempels.

γ) Diesen Frachtbrief zediere ich mit allen Rechten und Forderungen an N. N.

haben den Wert des Frachtguts zum steuerpflichtigen Gegenstand. Der Umstand, daß die Anträge, denen die Zessionen beigefügt werden, sich nur auf die Rückerstattung eines Teiles der Fracht beziehen, hat für die Stempelfrage keine Bedeutung. FM. 3. 11. 03 III 14326.

b) Vermerke wie: „zediere an die Handlung N. N." auf Begleitscheinen I und Ladeverzeichnisauszügen sind stempelpflichtig. Objekt ist der Wert der Waren selbst. Diese Papiere gehören auch nicht zu den Orderpapieren des Abs. 2. Erhellt aber aus den Vermerken, daß die Aussteller nicht haben ein Recht übereignen wollen, wie bei Vermerken: „zur Auslieferung an N. N.", „zur zollamtlichen Abfertigung durch N. N.", „zur Verzollung für N N.", „auf Konto des N. N.", „extradiere an N. N." —, so sind sie stempelfrei, auch ist dann der Vollmachtstempel nicht fällig. FM. 6. 12 97 und 19. 5. 98 III 14791 und 5812, ZBl. S. 252. — Vgl. A. 33 u. 35f bei Tarif 73.

8. Wenn bei Befriedigung des Gläubigers durch den Schuldner und dadurch erfolgter Umwandlung der Hypothek in eine Grundschuld der Grundstückseigentümer unter dem Bekenntnis des Empfanges eines Darlehns die Grundschuld in eine Hypothek umwandelt und die Hypothek sodann dem Darlehnsgeber zediert, ist neben dem Schuldverschreibungsstempel auch der Zessionsstempel fällig, der auch durch § 10 Abs. 3 LStG. nicht ausgeschlossen wird. KG. 16. 6 05, Joh. Bd. 31 S. B 34. FM. 5. 12. 05 III 15566 — Vgl. A. 12f bei Tarif 58.

9. Blankoabtretung einer verbrieften Grundschuld ist ungültig und auch nachträgliche Ausfüllung derselben unzulässig (§§ 1154, 1192 BGB.). RG. 25. 4. 06, DJZ. Nr. 14 Spruchbeilage.

10. Abtretung der Rechte an dem Reserve- und Amortisationsfonds eines landschaftlichen Kreditverbandes bei Gelegenheit des Verkaufs des Gutes unterliegt dem Zessionsstempel. RG. Bd. 12 S. 264. Ebenso Abtretung der Anteilscheine einer landrechtlichen Ge-

Noch: Zu Tarif-Nr. 2.

sellschaft. FM. 5. 1. 97 III 17186. — Ueber Gesellschaftsvermögen nach BGB. siehe § 718 BGB.

11. Die Beurkundung einer Verkaufsofferte betreffs eines Grundstücks, mit deren Bedingungen der Oblat sich einverstanden erklärt, deren Annahme er sich aber für eine bestimmte Frist vorbehält, stellt sich dar als Beurkundung eines einseitig verpflichtenden Vertrages über einen vermögensrechtlichen Gegenstand i. S. der Tarifstelle 71 Ziffer 2, nicht als Beurkundung eines zweiseitigen Veräußerungsgeschäfts i. S. der Tarifstelle 32.

Die Beurkundung der Abtretung der Rechte des Oblaten aus einem solchen Offertvertrage unterliegt daher nicht dem 1%tigen Kaufstempel, sondern dem Zessionsstempel nach Tarif 2 Abs. 1. RG. 5. 4. 97, Joh. Bd. 17 S. 277. — Vgl. A. 10 zu Tarif 71 und A. 54c bei Tarif 32.

12. Stempelpflichtig ist ferner:

a) Abtretung der Rechte aus Pachtverträgen, die vor dem 1. 4. 96 errichtet sind. FM. 27. 10. 96 und 28. 3. 99 III 12828 und 17280. — Vgl. A. 16a bei Tarif 48.

b) Abtretung der Rechte und Pflichten aus einer Feuerversicherungspolize seitens des Versicherten. Als Objekt gilt die Versicherungssumme, da das Recht übertragbar ist, im Falle eines Unterganges der versicherten Gegenstände die Versicherungssumme zu erheben. FM. 10. 1. 01 III 205. — Vgl. A. 8 bei Tarif 70.

Bei Abtretung einer Lebensversicherungspolize (über 100 000 Mk.) und Nichtangabe des Wertes der Gegenleistung ist Objekt der „Geldbetrag oder Wert des abgetretenen Rechts". Dieser ist nach § 6 Abs. 3 des Ges. 100 000 Mk. Uebernimmt der Abtretende noch die Verpflichtung zur Zahlung der Prämien, so könnte, streng genommen, dieserhalb noch der Schuldverschreibungsstempel verlangt werden, da dem Zessionar ev. ein Klagerecht gegen den Zedenten dieserhalb zusteht. FM. 28. 9. 06 III 15782.

c) Wenn ein Testamentsvollstrecker in dieser seiner Eigenschaft, nicht namens der Erben, einen Kaufvertrag abschließt und demnächst den Erben den Kaufpreis überweist: Der auf jeden Erben entfallende Teil ist besonders zu versteuern. Die Auffassung, daß der Anspruch auf den Kaufpreis von vornherein den Erben persönlich in einem bestimmten Anteil zustände, ist nicht für zutreffend erachtet. RG. 13. 12. 04, Entsch. Bd. 59 S. 361. — Vgl. A. 69 bei Tarif 32 u. A. 7c bei Tarif 8.

13. Der an den Vertreter der eventuell verpflichteten Gesellschaft gerichtete Antrag auf Umschreibung eines Anteilscheines über die Beteiligung an der Gesellschaft auf den Namen einer dritten Person im Gewerkenbuch stellt sich als eine Benachrichtigung an den Verpflichteten i. S. dieser Vorschrift dar. FM. 14. 8. 96 III 10535, siehe auch FM. 5. 1. 97 III 17186.

14. a) Die Anträge auf Umschreibung von Namensaktien im Aktienbuch sind nicht schon als bloße Formalakte stempelpflichtig, sondern es muß außer den sonstigen Voraussetzungen auch die

	Tarif-Nr.	Gegenstand der Besteuerung.	Steuersatz v. H.	M	Pf.	Berechnung der Stempelabgabe.
	3.	**Aftermieth- oder Afterpachtverträge,** s. Pachtverträge.				
1	4.	[1]**Annahme an Kindesstatt,** Verträge darüber[2] *Allg. V. § 2e.*	—	50	—	
2		Bei nachgewiesener Bedürftigkeit[3] kann der Stempel auf 5 Mark ermäßigt werden[4]				

Noch: Zu Tarif-Nr. 2.

hinzukommen, daß dem Antrage eine Abtretung, die an sich steuerpflichtig sein würde, zu Grunde liegt. RG. Bd. 43 S. 240, HSp. S. 467.

b) Außerhalb Preußens ausgestellte Anträge auf Umschreibung vor dem 1. Oktober 1881 ausgestellter Namenaktien im Aktienbuch unterliegen einem Stempel selbst dann nicht, wenn sie Aktien einer in Preußen bestehenden Aktiengesellschaft betreffen. FM. 14. 3. 98 III 1806. — Vgl. auch A. 8 zu § 2.

15. Der Antrag auf Umschreibung ist dem Zessionsstempel unterworfen, weil nach § 53 des Eigentumserwerbsgesetzes die Umschreibung einer Hypothek oder Grundschuld auch ohne Vorlegung der Abtretungsurkunde erfolgen darf. Mot. S. 28. — Vgl. A. 1 oben.

15. a) Vgl. A. 34 bei Tarif 58.

16. Die Anrechnung hat auch ohne Antrag der Parteien zu erfolgen, wenn die gesetzlichen Voraussetzungen vorliegen. KB. S. 12.

17. Im Zeitpunkt der Ausstellung der Abtretungsurkunde muß feststehen, daß die abgetretene Forderung bestimmt ist, als Grundlage für die Ausreichung reichsstempelpflichtiger Wertpapiere zu dienen. FM. 14. 11. 96 III 15567. — Vgl. A. 26 u. 27 bei Tarif 58.

Zu Tarif-Nr. 4.

1. Vgl. §§ 1741 ff., 1754, 1768 BGB. und § 65 FG. — auch A. 1 bei Tarif 42.

2. Der von Eheleuten gemeinschaftlich geschlossene Adoptionsvertrag ist ein einheitliches Rechtsgeschäft und für denselben der Stempel nur einmal zu erheben. KG. 19. 6. 99, Joh. 19 S. 174.

Wenn dagegen in einem Vertrag zwei Personen an Kindesstatt angenommen werden, liegen zwei mit je 50 M. stempelpflichtige Annahmeverträge vor.

3. Wenn auch der Begriff „Bedürftigkeit" hier, wie in den Tarifstellen 42, 43 und 49 als Ausnahmevorschrift eng auszulegen sein mag, so wird er doch nicht bloß Anwendung finden auf Personen, die Armenunterstützung beziehen oder ein notdürftiges Einkommen haben, sondern auch dann, wenn die betreffende Person nur gerade so viel Einkommen besitzt, um bei zweckmäßiger, sparsamer Lebensführung den Betrag des Stempels nicht oder doch nur unter schweren Einschränkungen entbehren zu können.

	Lfd. Nr.	Gegenstand der Besteuerung.	Steuersatz v. H.	M.	Pf.	Berechnung der Stempelabgabe.
	5.	**Antichretische Verträge,** s. Pachtverträge.				
	6.	**Apotheken,** s. Erlaubnisertheilungen, Buchstaben a.				
	7.	**Approbationsscheine,** s. Erlaubnißertheilungen, Buchstaben b.				
1	8.	**Auflassungen** von inländischen Grundstücken,[1] Bergwerken,[2,5] unbeweglichen Bergwerksantheilen oder selbständigen Gerechtigkeiten[3] im Geltungsgebiet der Grundbuchordnung vom 5. Mai 1872[4] sowie Umschreibungen von inländischen Immobilien in öffentlichen Büchern (Transskriptions-, Stockbücher, Schuld- und Pfandprotokolle u.s.w.) auf den Namen eines neuen Eigenthümers in denjenigen Landestheilen, in welchen die Grundbuchordnung vom 5. Mai 1872[4] nicht eingeführt ist, in Fällen der freiwilligen[6–8] Veräußerung . . . . *Bek. 29. — D. V. 31. — Allg. V. §§ 1b, 2 letzter Abs.*	1	—	—	des Werthes des veräußerten Gegenstandes.[20]
2		Die Abgabe wird nur erhoben, falls der Eigenthumsübergang in den Grund- oder öffentlichen Büchern vermerkt worden ist. Einem anderen Stempel unterliegen die Auflassungserklärungen oder Umschreibungsanträge nicht.				
3		Die Auflassungserklärung und der Umschreibungsantrag sind dem Werthstempel nicht unterworfen, wenn mit der Verlautbarung oder mit der Einreichung derselben oder innerhalb einer mit dem Tage der Zustellung der Aufforderung zur Zahlung der Gerichtskosten beginnenden Frist von zwei Wochen die das Veräußerungsgeschäft[9–12] enthaltende, in an sich stempelpflichtiger Form[13] ausgestellte Urkunde in Urschrift, Ausfertigung oder beglaubigter				

Noch: Zu Tarif-Nr. 4.

4. Der zur Berechnung des Stempels berufene Gerichtsschreiber befindet nach Darlegung eines zu den Akten zu nehmenden Bedürftigkeitszeugnisses zunächst über die Ermäßigung, wobei die allgemeinen Bestimmungen über die Prüfung des Ansatzes Anwendung finden. FM. 17. 12. 97, JMBl. S. 306, ZBl. S. 100 von 1898.

Lfd. Nr.	Gegenstand der Besteuerung.	Steuersatz v. H.	M.	Pf.	Berechnung der Stempelabgabe.
Noch 8.	Abschrift[14] vorgelegt wird. Wenn jedoch diese Urkunde auf Grund des §. 18 des Reichsstempelgesetzes vom 27. April 1894 (Reichs-Gesetzbl. S. 381)* der in der Tarifstelle „Kauf- und Tauschverträge“[9e] verordneten Stempelabgabe nicht unterliegt,[15] so ist der Werthstempel für Auflassungen oder Umschreibungen zu entrichten, insoweit nicht die Voraussetzungen der Ziffer 1 und 2 der Ermäßigungen und Befreiungen der genannten Tarifstelle vorhanden sind. *Bek. 30. — Allg. V. §§ 2b, 13—16.* Als eine das Veräußerungsgeschäft enthaltende Urkunde ist nur eine solche anzusehen, welche das Rechtsgeschäft so enthält, wie es unter den Betheiligten hinsichtlich des Werthes der Gegenleistung verabredet ist.[16, 17] *Bek. 30a letzter Abs.* [18]Wird nach der Zahlung der für Auflassungen und Umschreibungen vorgeschriebenen Abgabe die Urkunde über das der Auflassung oder der Umschreibung zu Grunde liegende Veräußerungsgeschäft errichtet, so ist auf den zu dieser Urkunde erforderlichen Werthstempel der von der Auflassungserklärung oder dem Umschreibungsantrage gezahlte Stempelbetrag anzurechnen.[19] Die Anrechnung ist innerhalb der im §. 16 angegebenen Fristen auf der Urkunde amtlich zu vermerken.[25] *Bek. 32. — Allg. V. § 18.*				

* Der § 21 des jetzt geltenden Reichsstempelgesetzes vom 3. Juni 1906 lautet:

Geschäfte, welche nach Tarifnummer 4 abgabepflichtig sind, oder auf welche die Vorschrift unter „Befreiungen“ zu dieser Tarifnummer Anwendung findet, sowie Schriftstücke über solche Geschäfte sind in den einzelnen Bundesstaaten keinen Stempelabgaben (Taxen, Sporteln usw.) unterworfen. Werden diese Schriftstücke indessen gerichtlich oder notariell aufgenommen oder beglaubigt, so unterliegen sie, neben der in Tarifnummer 4 für das Geschäft vorgeschriebenen Abgabe, den in den Landesgesetzen für gerichtliche oder notarielle Aufnahmen und Beglaubigungen etwa vorgeschriebenen Stempeln (Taxen, Sporteln usw.).

Zu Tarif-Nr. 8.

1. Vgl. §§ 873, 925, 1017 BGB. — Art. 143 Abs. 1 EG. BGB. — Art. 26 AG. BGB. — § 894 ZPO. — § 7 RGBO. — Vgl. auch A 20 b bei Tarif 32.

2. Vgl. § 50 BergGes. in der Fassung des Art. 37 I AG. BGB.

3. Vgl. Art. 23 AG. RGBO. — Art. 40 AG. BGB. — Ges. 22. 2. 69 in der Fassung des Art. 38 AG. BGB. — Ges. 19. 8. 95. — Art. 112 EG. BGB.

4. Vgl. Art. 33 Ziff. 1 AG. RGBO. — § 82 RGBO.

5. Die Stempelpflichtigkeit der Auflassungen von Bergwerken ist nicht auf „verliehene" Bergwerke beschränkt. Mot. S. 29.

6. Eine freiwillige Veräußerung i. S. dieser Tarifstelle, — vgl. BGB. §§ 873—925, — liegt nur dann vor, wenn sie auf Grund einer durch Rechtsgeschäft begründeten Verpflichtung zur Eigentumsübertragung erfolgt. „Auflassungen in Fällen der freiwilligen Veräußerung" und „Auflassungen auf Grund eines Veräußerungsgeschäfts" sind gleichbedeutende Begriffe. Der Auflassungsstempel ist also z. B. nicht fällig bei rechtskräftiger Verurteilung zur Auflassung infolge Anfechtung durch den Konkursverwalter. FM. 17. 8. 97 III 10552 und 23. 6. 97 III 7681.

Es sind deshalb auch, wie das Kammergericht in dem an das Reichsgericht gelangten Urteil vom 26. 10. 00, JW. S. 814, JMBl. S. 40 von 1901 sich ausgesprochen hat, Rückauflassungen, die aus Anlaß eines Gewährsmangels nach rechtskräftiger Feststellung der Verpflichtung des Veräußerers zur Rücknahme des Grundstücks unter Vorlegung des Urteils stattfinden, ebenso vom Auflassungsstempel befreit — vgl. JM. 12. 6. 97 I 2870 —, wie Rückauflassungen, bei denen der Mangel zwar nicht rechtskräftig festgestellt ist, jedoch den Grund der Rückauflassung bildet. Ebenso RG. 28. 4. 05, JW. S 376. Auch wenn im Wege eines beurkundeten Vergleichs wegen eines vom Verkäufer zu vertretenden Mangels die Rückgängigmachung des Kaufes vereinbart ist, tritt Stempelfreiheit ein. JM. 25 6. 97 III 3265. Hz. S. 295 — S. unten A 9c, 9gß u. 14. — Vgl. A. 2e u. 17b bei Tarif 32 u. A. 4 bei Tarif 67.

Wenn jedoch die Vereinbarung nicht zur Ausführung eines bestehenden Anspruchs auf Rückgängigmachung dient, sondern diese Rückgängigmachung nur der wirtschaftliche Zweck eines von den Beteiligten vereinbarten Veräußerungsgeschäfts ist, liegt der Rückgabe des Grundstücks gegen Rückgabe des Kaufpreises ein Austausch gegenseitiger Leistungen zu grunde, der den Ansatz des Stempels der Tarifstelle 32 LStG. rechtfertigt. FM. 11. 3. 02 III 3096.

7. Eine freiwillige Veräußerung liegt u. a. nicht vor und ist die Auflassung stempelfrei:

a) Wenn nach dem Beschlusse des Bezirksausschusses die aus dem Landkreis ausscheidende Stadtgemeinde ein dem bisherigen Landkreise gehöriges Grundstück hat übernehmen müssen. Die Eigentumsumschreibung ist dagegen gebührenpflichtig. KG. 13. 9. 05, Joh Bd 30 S. B 40. Der Anspruch auf Uebereignung hat seine Grundlage in gesetzlichen Vorschriften.

Noch: Zu Tarif-Nr. 8.

b) Bei der bergrechtlichen Grundbuchabtretung aus § 135 ff. Allg. BergGes. KG. 8. 2. 04, Joh. Bd. 27 S. B 51.

c) Wenn Miterben einem Erben, dem der Erblasser letztwillig sein Grundstück vermacht hat, dieses nach Maßgabe des Testaments auflassen. Es liegt eine durch § 2174 BGB. gebotene Veräußerung vor. — Vgl. A. 12 c bei Tarif 2 und unten A 20 b.

d) Wenn im Falle des Verkaufs des Grundstücks infolge Ausübung des Vorkaufsrechts an den Vorkaufsberechtigten aufgelassen wird. JM. 2. 1. 00, Hz. S. 280. — Vgl. A. 2 f bei Tarif 32, A. 14 g bei Tarif 71.

e) Wenn kein Wechsel im Eigentum stattfindet, ist kein Auflassungsstempel fällig:

α) Wenn Eheleute in einem Protokoll beantragen, ein auf den Namen der Ehefrau eingetragenes Grundstück als Gesamtgut der Fahrnisgemeinschaft einzutragen. JM. 6. 2. 02, JMBl. S. 33.

β) A. und B. sind bei zwei offenen Handelsgesellschaften C. und D. die einzigen Sozien. Von der Gesellschaft C. wird die Umschreibung einer Parzelle auf die Gesellschaft D. bewilligt und von der Gesellschaft D. beantragt. Ein Auflassungsstempel ist nicht fällig, weil das Eigentum an der Parzelle nicht gewechselt hat, was Voraussetzung für die Forderung des Auflassungsstempels ist. Das Eigentum an den einzelnen Vermögensstücken der Gesellschaft steht nicht dieser als juristischer Person zu, sondern den einzelnen Sozien in ihrer Gesamtheit. Es hat sich hier also lediglich um eine andere wirtschaftliche Bestimmung des Grundstücks gehandelt. RG. 24. 3 99, JW. S. 320.

γ) Auch dann liegt kein Eigentumswechsel vor, wenn die sämtlichen Mitglieder einer offenen Handelsgesellschaft ein Grundstück, dessen Miteigentümer sie bis dahin gewesen sind, zu einem Bestandteil des Gesellschaftsvermögens machen.

δ) Ebenso dann nicht, wenn jemand sämtliche Geschäftsanteile einer Gesellschaft mit beschränkter Haftung erworben hat und bei Auflösung der Gesellschaft die Umschreibung eines zum Gesellschaftsvermögen gehörigen Grundstücks auf seinen Namen bewirkt wird. FM. 20. 8. 97 III 10771.

ε) Die Umwandlung einer offenen Handelsgesellschaft in eine Kommanditgesellschaft war früher und ist auch jetzt rechtlich zulässig. Trotz Veränderung der Gesellschaftsform besteht Personeneinheit. Hat eine in eine Kommanditgesellschaft umgewandelte offene Handelsgesellschaft ein für sie gebuchtes Grundstück an einen Dritten aufgelassen, so genügt die Vorlegung des zwischen der Kommanditgesellschaft und dem Dritten geschlossenen Veräußerungsvertrages zur Ausschließung des Auflassungsstempels. KG. 18. 5. 03, Joh. Bd. 27 S. B 36.

ζ) Im Falle der Umwandlung einer Gewerkschaft in eine Aktiengesellschaft bleibt das Rechtssubjekt dasselbe, ein Wechsel im Eigentum findet nicht statt und ebensowenig eine Veränderung in den rechtlichen Beziehungen zu dritten Personen. RG. 9. 7. 90, Entsch. Bd. 26 S. 334. — S. aber RG. 5. 2. 91, ZBl. S. 109.

Noch: Zu Tarif-Nr. 8.

8 Dagegen findet ein Wechsel im Eigentum statt und ist der Auflassungsstempel also fällig:

a) Wenn der Sozius einer offenen Handelsgesellschaft oder Kommanditgesellschaft das ihm gehörende Grundstück der Gesellschaft aufläßt, oder ein zum Gesellschaftsvermögen einer offenen Handelsgesellschaft oder Kommanditgesellschaft gehörendes Grundstück einem der Gesellschafter zum Alleineigentum aufgelassen wird, oder wenn eine offene Handelsgesellschaft, deren Gesellschafter A. und B. sind, das ihr gehörige Grundstück einer Kommanditgesellschaft aufläßt, deren persönlich haftender Gesellschafter A. ist, während als Kommanditisten außer B. noch mehrere andere Personen beteiligt sind. KG. 7. 2. 98, 16. 10. 99, 17. 4. 99, Hz. S. 278.

b) Die Generalversammlung der Lebensversicherungsgesellschaft auf Gegenseitigkeit A. hat einen Antrag auf „Umwandlung der Gesellschaft in eine Aktiengesellschaft" angenommen, der besagt: „zu diesem Behufe wird die Gesellschaft mit der Maßgabe aufgelöst, daß ihr gesamter Geschäftsbetrieb mit allen Aktiven und Passiven auf die zu diesem speziellen Zweck errichtete Lebensversicherungsaktiengesellschaft B. übergeht, daß die Rechte und Pflichten aus den Versicherungsverträgen sowie alle übrigen Rechte und Pflichten auf die neu gegründete Aktiengesellschaft übertragen werden". Darauf hat die Gesellschaft A. die Umschreibung ihres Grundstücks Z. auf die Gesellschaft B. beantragt. Dieser Antrag ist vom Kammergericht als Beschwerdeinstanz endgültig abgelehnt. Die beiden Gesellschaften seien zwar verschiedene Rechtssubjekte. Eine Umwandlung unter Wahrung der Individualität sei nur möglich, soweit sie vom Gesetz ausnahmsweise zugelassen wäre, z. B. §§ 332 u. 334 HGB. und §§ 143—145 betr. die Erwerbs- und Wirtschaftsgenossenschaften. Es handele sich deshalb in Ansehung des fraglichen Grundstücks um einen Eigentumswechsel. Ein solcher erfordere Auflassung und Eintragung, es sei denn, daß er sich auf Grund besonderer Vorschrift kraft Gesetzes vollziehe, wie nach den §§ 304 bis 306 HGB., 320 eod. und §§ 80, 81 d. Ges. betr. die Gesellschaften mit beschränkter Haftung (vgl. § 307 HGB.). Die beantragte Umschreibung könne also erst erfolgen, nachdem die Gegenseitigkeitsgesellschaft das Grundstück an die Aktiengesellschaft aufgelassen hat. Beschl. des KG. v. 22. 12. 02, 1. X. 1439 02.

9. a) Die das Veräußerungsgeschäft enthaltende Urkunde ist diejenige, die den Vertrag, durch den die Verpflichtung zur Uebertragung und zum Erwerb des Eigentums an dem Grundstück begründet ist, enthält und zu dessen Erfüllung die Auflassung vorgenommen wird. RG. Bd. 21 S. 20. — Vgl. A. 58b bei Tarif 32.

Es können auch zwei oder mehrere Urkunden vorgelegt werden, die derartig rechtlich zusammenhängen und sich ergänzen, daß ihr Gesamtinhalt die Verpflichtung des Auflassenden zur Uebertragung des Eigentums auf den neuen Erwerber begründet; der Erwerber muß die Auflassung von dem Auflassenden als ein ihm zustehendes Recht fordern können. RG. 30. 3. 00, Entsch. Bd. 46 S. 234.

Noch: Zu Tarif-Nr. 8.

Der Entscheidung lag folgender Tatbestand zu Grunde:

In der ersten Urkunde verpflichtet sich A. auf Verlangen des B. sein Grundstück N. an B. oder einen von diesem zu bezeichnenden Dritten für 10000 M. zu verkaufen. Eine geleistete Anzahlung von 1000 M. soll verfallen, wenn B. die Auflassung bis zu einem bestimmten Termin nicht entgegennimmt. B. hat diese letztere Vereinbarung bestätigt und die Anzahlung geleistet. In der zweiten Urkunde verkauft B. das bisher A.sche Grundstück N. für 15000 M. an D. Erstere Urkunde trägt nicht den Kaufstempel, jedoch die letztere. In der Auflassung von A. an D. ist der Auflassungsstempel nach dem Reichsgerichtsurteil mit Recht erhoben, weil für A. dem D. gegenüber nicht die Verpflichtung zur Auflassung begründet war und D. die Auflassung von A. als ein ihm gegen A. zustehendes Recht nicht fordern konnte. — Ebenso Joh. Bd. 18 S. 186, Beschl. v. 20. 6. 98.

b) Soll nach Inhalt des Kaufvertrages die Auflassung an den Käufer oder seine Ehefrau erfolgen, so muß bei Auflassung an die Ehefrau urkundlich die Ausübung des Wahlrechts seitens des Ehemannes dargetan werden. FM. 24. 9. 99 III 11836.

c) Auch ein zur Erledigung eines Rechtsstreites geschlossener Vergleich (§ 779 BGB.) kann als ein die Verpflichtung zur Uebertragung des Eigentums an einem Grundstück begründender Vertrag i. S. § 313 BGB. gelten; namentlich dann, wenn i. S. der Tarifst. 67 durch den Vergleich ein anderweites Rechtsgeschäft neu begründet ist, und der Gegenstand eines solchen Rechtsgeschäfts die Ueberlassung eines Grundstücks bildet, ist der Vergleich das der Auflassung dieses Grundstücks zu grunde liegende Veräußerungsgeschäft. Ein etwaiger Mangel der in § 313 BGB. vorgeschriebenen Form würde durch die Auflassung geheilt werden. Ueber eine etwaige ungenügende Beglaubigung der vorgelegten einfachen Abschrift des Vergleiches würde das Gericht mit den Beteiligten bei der Auflassung zu verhandeln haben. RG. 8. 6. 03, 1. F. 645 03. — Vgl. oben A. 6.

d) Unter Veräußerungsgeschäft sind hier auch Einbringungen von Gegenständen in Gesellschaftsverträgen gemeint — Ah. S 2266 —, sodaß, wenn bei der Auflassung ein Gesellschaftsvertrag vorgelegt wird, in dem die Einbringung eines Grundstücks oder die Ueberlassung an einen Sozius bei der Auseinandersetzung beurkundet ist, damit der Auflassungsstempel ausgeschlossen wird. Joh. Bd. 13 S. 226. — Vgl. A. 15 bei Tarif 25.

e) Die das Veräußerungsgeschäft enthaltende Urkunde kann auch ein Fusionsvertrag von zwei Aktiengesellschaften sein.

Die Ausnahmebestimmung im 2. Satz des Abs. 3, wonach unter Umständen auch bei Vorlegung eines Vertrages der Auflassungsstempel zu erheben ist, kann nicht angewendet werden, weil sie nur von „Kauf- und Tauschverträgen" der Tarifstelle 32 spricht, nicht aber von Gesellschaftsverträgen der Tarifstelle 25, unter welche ein Fusionsvertrag fällt; gedachte Ausnahmebestimmung über ihren Wortlaut hinaus auszudehnen, ist nicht statthaft. RG. 7. 12. 00, JW. S. 46 von 1901.

Noch: Zu Tarif-Nr. 8.

f) Auflassungen auf Grund einer Schenkung unterliegen dem Auflassungsstempel; dieser bleibt jedoch nach Abs. 3, 4 unerhoben, wenn in der vorgeschriebenen Frist eine in an sich stempelpflichtiger Form ausgestellte Urkunde über die Schenkung vorgelegt wird. Als eine an sich stempelpflichtige Form ist bei Urkunden über Schenkungen entsprechend der bisher in Tarifstelle 56 getroffenen Bestimmung auch eine die Erklärung des Schenkers enthaltende Privatschrift anzusehen.

Eine Anrechnung des Auflassungsstempels auf die Schenkungssteuer findet nicht statt, da eine der Tarifstelle 8 Abs. 5 entsprechende Bestimmung im Reichsgesetz über die Erbschaftssteuer nicht getroffen ist. Den Parteien ist daher in allen Fällen, in denen der Auflassung eine Schenkung zu grunde liegt, zu empfehlen, eine Urkunde über die Schenkung einzureichen, da die Schenkungssteuer, soweit sie zu erheben ist, auch dann fällig wird, wenn die Beurkundung unterbleibt und die Nichteinreichung einer Urkunde zur Folge hat, daß neben der Schenkungssteuer der Auflassungsstempel zu erheben ist. Die Beteiligten sind hierüber bei der Auflassung zu belehren.

Die behufs Ausschließung des Auflassungsstempels vorgelegte privatschriftliche Schenkungsurkunde hat das Grundbuchamt in beglaubigter Abschrift dem Erbschaftssteueramt zu übersenden.

Diese Vorschriften finden entsprechende Anwendung auf Anträge auf Eintragung einer Hypothek oder Grundschuld oder einer wiederkehrenden Geldleistung, sowie auf Eintragung der Verpfändung oder Abtretung einer Hypothek oder Grundschuld (Tarif 58 III und Tarif 2 Abs. 4—8 LStG.). Allg. Verf. v. 26. 6. 06, JMBl. S. 174.

g) Dagegen enthält die Urkunde nicht das der Auflassung zu grunde liegende Veräußerungsgeschäft:

α) Die Sozien einer offenen Handelsgesellschaft sind grundbuchlich eingetragen; an die Gesellschaft ist nicht aufgelassen. Nach dem Tode des einen Sozius übernimmt der andere in einem in an sich stempelpflichtiger Form abgeschlossenen Auseinandersetzungsvertrage das gesamte Sozietätsvermögen gegen Abfindung der Erben des anderen Sozius, darunter auch das Grundstück: Die Auflassung unterliegt dem Wertstempel, weil der Auseinandersetzungsvertrag nicht die das Veräußerungsgeschäft enthaltende Urkunde darstellt. KG. 12. 7. 97, Joh. Bd. 17 S. 260.

β) Beim Erwerb des gesamten Vermögens einer Aktiengesellschaft durch eine andere Aktiengesellschaft, welche die gesamten Aktien der ersteren Gesellschaft besitzt. Bei Berechnung des Auflassungsstempels ist die bei den Gesellschaftsverträgen zugelassene Ermäßigung oder Befreiung nicht zu berücksichtigen. RG. 17. 11. 05, Entsch. Bd. 62 S. 70. Der Generalversammlungsbeschluß der auflassenden Gesellschaft enthält nicht die Urkunde über das Veräußerungsgeschäft.

γ) Sind durch einen gehörig versteuerten Vertrag die sämtlichen Kuxe eines Bergwerks verkauft, so ist für die Auflassung des Bergwerks an den Erwerber der Kuxe gleichwohl der einprozentige Wertstempel zu entrichten. KG. 29. 5. 99, Joh. Bd. 19 S. 190.

Noch: Zu Tarif-Nr. 8.

9) **Wenn die zur Auflassung notwendige Erklärung durch ein rechtskräftiges Urteil ersetzt wird — § 894 ZPO. — so ist auch eine solche Auflassung stempelpflichtig, RG. 20. 11. 99, Hz. S. 275, ebenso dann, wenn der Auflassung ein Schiedsspruch zu grunde liegt, RG. 7. 2. 98, Hz. S. 294 —, weil diese Urkunden nicht die rechtsgeschäftlichen Vereinbarungen der bei der Auflassung beteiligten Personen enthalten. — Vgl. oben A. 6.**

10. Die in einem mit einem Minderjährigen abgeschlossenen Grundstückskaufvertrage enthaltene Abrede über die Eintragung des Kaufgeldes für den Verkäufer war vormundschaftgerichtlich nicht genehmigt, dennoch war die Auflassung an den Minderjährigen erfolgt, nachdem die Beteiligten erklärt hatten, von der gleichzeitigen Eintragung der Kaufgelder zunächst absehen zu wollen: Der Vertrag war rechtsungültig und demnach nicht stempelpflichtig, dagegen war die Auflassung stempelpflichtig. Der verwendete Naturalstempel ist auf den Auflassungsstempel verrechnet. FM. 11. 3. 02 III 2522.

11. Der Bauunternehmer A. hat mit B. einen Vertrag über Bebauung des Grundstücks X. für 64000 M. am 9. Oktober 1900 geschlossen. Am 10. Oktober 1900 verkauft A. das Grundstück X. an B. für 10000 M. Uebergabe und Auflassung waren für den 1. Juli 1901 vereinbart —, zu welchem Zeitpunkt vertragsmäßig auch der Bau fertig gestellt sein mußte. Am 12. Oktober 1901, nach Beendigung des Baues, ist das Grundstück unter Angabe eines Wertes von 10000 M. und Vorlegung des mit 100 M. versteuerten Kaufvertrages aufgelassen: Neben dem zum Kaufvertrage verwendeten Stempel von 100 M. und dem Bauvertragsstempel von 213 M. 50 Pf. war für die Auflassung nach Tarif 8 Abs. 3 der Auflassungsstempel von dem ermittelten gemeinen Wert des Grundstücks von 86000 M. mit 860 M. ohne Anrechnung des zum Kaufvertrage verwendeten Stempels fällig, weil Gegenstand der Auflassung das mit einem Gebäude versehene Grundstück war und eine den Rechtsgrund der Uebereignung des bebauten Grundstücks ergebende Urkunde nicht rechtzeitig vorgelegt ist. FM. 6. 1. 03 III 133. — Ebenso RG. 18. 1. 04, J. 1423. 03. — Vgl. A. 11 bei Tarif 32.

12. Für den Fall, daß bei der Auflassung ein nach dem 1. Januar 1900 aufgenommener privatschriftlicher Vertrag vorgelegt wird, s. FM. 12. 2. 00 III 1539, JMBl. S. 63. — Vgl. A. 8 zu § 16 und A. 8a zu Tarif 32.

13. In an sich stempelpflichtiger Form bedeutet in einer solchen Form, die eine Klage auf Erfüllung zuläßt.

14. Eine Beglaubigung der zur Ausschließung des Auflassungsstempels vorzulegenden beglaubigten Abschrift der Urkunde von seiten eines Rechtsanwalts, wie sie in § 170 ZPO. für bestimmte Zwecke vorgeschrieben ist, genügt nicht. Beschl. des RG. 22. 1. 04, JMBl. S. 218 von 1905, Entsch. Bd. 56 S. 274, ZBl. S. 675 von 1905. Der Richter hätte die Interessenten darauf hinweisen müssen, daß der vorgelegte Prozeßvergleich den Auflassunsstempel an sich ausschließen würde, wenn er in zulässiger Art beglaubigt wird. — Vgl. auch A. 6 u. 7 bei § 16 der Allg. Verf.

Noch: Zu Tarif-Nr. 8.

15. Nach dem § 21 des Reichsstempelgesetzes sind reichsstempelpflichtige Anschaffungsgeschäfte von jedem Landesstempel befreit, so daß die Veräußerung eines Gegenstandes, bei welcher die Gegenleistung durch Hingabe reichsstempelpflichtiger Wertpapiere ausbedungen ist, der Landesstempelabgabe entzogen bleibt. Diese Vorschrift kann also die Folge haben, daß bei Veräußerungsgeschäften von Immobilien, sofern der Preis durch Aktien oder sonstige reichsstempelpflichtige Wertpapiere bezahlt wird, der Stempelpflicht dadurch genügt wird, daß an Stelle des Landesstempels der Anschaffungsstempel tritt. Dieser in der Praxis schon hier und da bemerkbar gewordenen Umgehung des Landesstempels soll vorgebeugt werden. Für Kauf- und Tauschverträge zwischen Teilnehmern an einer Erbschaft, sowie für Veräußerungsverträge zwischen Aszendenten und Deszendenten wird eine Mehrbelastung nicht herbeigeführt, da auf die Ziffer 1 und 2 der Ermäßigungen und Befreiungen der Tarifstelle 32 ausdrücklich Bezug genommen wird. KB. S. 14.

16. a) Die Entscheidung, ob eine behufs Ausschließung des Auflassungsstempels vorgelegte Urkunde das Veräußerungsgeschäft so enthält, wie es unter den Beteiligten hinsichtlich des Wertes der Gegenleistung verabredet ist, liegt dem Gericht ob. Das Gericht hat auch in Fällen, in denen es eine von den Angaben der Steuerpflichtigen abweichende Auffassung von dem Werte des Gegenstandes hat, den der Berechnung des Auflassungsstempels zu grunde zu legenden Wert festzusetzen. Die Anfechtung dieser Festsetzungsverfügung kann nur nach Maßgabe der §§ 26, 27, 30 PrGKG. erfolgen. KG. 26. 9. 04, Joh. Bd. 29 S. B 43, JMBl. S. 223 von 1905. Der Provinzialsteuerdirektor ist nur befugt, die zu entrichtenden Stempelbeträge, wenn er die angegebenen Werte für zu niedrig erachtet, anderweit festzusetzen. Vgl. auch Allg. Verf. § 17 letzter Abs. in der Fassung der Verf. v. 3. 7. 05.

Wenn von den Beteiligten glaubhaft dargelegt wird, daß das Rechtsgeschäft so beurkundet ist, wie es hinsichtlich des Wertes der Gegenleistungen verabredet worden ist, hat selbstverständlich die vorgeschriebene Anwendung des Verfahrens gemäß Bek. litt. c zu unterbleiben. FM. 1. 12. 04 III 13885.

b) Die Bestimmungen der Tarifstelle 8 Abs. 4 und des § 17 Abs. 3 Ziff. b sind nur dann anwendbar, wenn in der Urkunde die vertragsmäßigen Abreden zum Nachteil des Fiskus unrichtig angegeben sind; als vertragsmäßige Abrede gilt bei einem Tauschvertrage nur die Feststellung über das Wertverhältnis beider Grundstücke zueinander, also die Angabe darüber, ob der Tausch ohne Zugabe erfolgt oder ob und welche Zugabe gewährt wird, jedoch mit der Maßgabe, daß als Wert jedes Grundstücks mindestens der Betrag der auf ihm ruhenden und von dem Erwerber übernommenen Schulden als vertragsmäßig beredet anzusehen ist. FM. 4. 4. 03 III 4466. Aber abgesehen von diesem Falle ist die Angabe über den Wert eine bloße Schätzung, die von der Steuerbehörde nach § 7 LStG. berichtigt werden kann. Eine unzutreffende Schätzung hat für die Beteiligten keine weiteren nachteiligen Folgen, als daß sie unter Umständen die Kosten der Wertermittelung tragen müssen.

Noch: Zu Tarif-Nr. 8.

c) **Werden zwei gegeneinander vertauschte Grundstücke ohne Vorlegung des Tauschvertrages aufgelassen, so ist für jede der beiden Auflassungen der Wertstempel zu erheben.** FM. 13. 4. 99 III 4789. — Vgl. A. 41 c bei Tarif 32.

17. a) In den zwischen Aszendenten und Deszendenten abgeschlossenen Ueberlassungsvertrag, der der Auflassung zu Grunde gelegt war, war nicht aufgenommen, daß die Aszendenten vor der Auflassung sich ein erhebliches Wohnungsrecht vorbehalten hatten: Es ist deshalb der volle Auflassungsstempel nachverlangt. KG. 26. 2. 00.

b) Ist in einem Kaufvertrage 90 000 M. als Preis angegeben und ist das Grundstück noch mit einer für den Erwerber eingetragenen Hypothek von 10 000 M. belastet, welche durch den Erwerb als getilgt gelten soll, so müssen die 10 000 M. dem Kaufpreise hinzugerechnet werden, auch wenn sie im Werte des Grundstücks nicht Deckung finden. Durch Vorlegung einer Urkunde, in der der Kaufpreis nur auf 90 000 M. angegeben ist, wird der Auflassungsstempel nicht ausgeschlossen. KG. 19. 12. 98 Hz. S. 299.

c) Wenn bei einer Auflassung ein über das Grundstück abgeschlossener Kaufvertrag vorgelegt wird, in dem der Kaufpreis niedriger angegeben ist, als er in Wirklichkeit verabredet war, so gilt als hinterzogen der volle Auflassungsstempel ohne Abzug des zu der Vertragsurkunde verwendeten Stempels. RG. 26. 5. 03, ZBl. S. 485, Joh. Bd. 26 S. C 17: Ein Grundstück war für 81 600 M. durch notariellen Vertrag verkauft, während in Wirklichkeit 100 000 M. vereinbart waren. Es war zu erheben der volle Auflassungsstempel von 1000 M. und als Strafe nach § 17 Abs. 3 b LStG. festzusetzen 10 000 M. — Vgl. A. 7 bei § 17.

18. Die nach der Auflassung errichtete Urkunde über das der Auflassung zu grunde liegende Geschäft ist nach ihrem Inhalt selbständig und unabhängig von dem Inhalt der Auflassungserklärung und den bei Gelegenheit derselben gemachten Angaben der Beteiligten strafrechtlich zu beurteilen. KG. 21. 4. 98, JW. S. 376.

19. Da für den nämlichen Eigentumsübergang der Wertstempel nur einmal zu erheben ist, wird der Auflassungsstempel auf den Wertstempel in Anrechnung gebracht. FM. 26. 6. 99 III 8072.

20. a) Für die Stempelberechnung ist der gemeine Wert des Gegenstandes zur Zeit der Entgegennahme und Beurkundung der Auflassungserklärung maßgebend. KG. 15. 1. 00. Der Wert des beweglichen Beilasses ist außer Betracht zu lassen. Joh. Bd. 17 S. 144.

b) Lassen Miterben an einen von ihnen ein zum Nachlasse gehöriges Grundstück auf, so ist nach ALR., wie nach BGB. der Wert des der Berechnung der Gerichtskosten und des Stempels zu grunde zu legenden Gegenstandes nach dem Wert des ganzen Grundstückes zu berechnen. KG. 25. 1. 04, Joh. Bd. 27 S. B 59. — Vgl. oben A. 7 c.

Lfd. Nr.	Gegenstand der Besteuerung.	Steuersatz v. H.	M.	Pf.	Berechnung der Stempelabgabe.
9.	[1]**Auktionen,** d. h. Beurkundungen von Versteigerungen nicht zu den unbeweglichen Sachen gehöriger Gegenstände[2—7, 9] durch öffentliche Beamte, sofern diese nicht als Vertreter der Korporation, in deren Dienst sie angestellt sind, handeln, oder durch gewerbsmäßige Auktionatoren (§. 36 der Gewerbeordnung für das Deutsche Reich v. 1. Juli 1883 — Reichs-Gesetzbl. S. 177)* *Bek. 15. B. b.*	1/3	—	—	des Gesammterlöses[8] nach Abzug der Kosten.

Zu Tarif-Nr. 9.

1. Vgl. BGB. §§ 156, 456 ff, 1239. — ZPO. § 817 — auch A. 25 bei Tarif 73 und A. 19 bei Bek. 15 B.

2. Der innere Grund des Auktionsstempels ist der, daß zwischen Käufer und Verkäufer eine Mittelsperson tritt, welche die Parteien zur Einigung über das Rechtsgeschäft veranlaßt, die erfolgte Einigung niederschreibt und durch seine Unterschrift gewissermaßen beglaubigt. KB. S. 17, AH. S. 2267.

3. Die Bestimmung der Tarifstelle 53 findet auf Auktionsprotokolle keine Anwendung, so daß, wenn der Reinerlös mehr als 150 M., jedoch nicht über 300 M. beträgt, ein Stempel von 1 M. selbst dann genügend ist, wenn die Beurkundung in Form eines Protokolls geschieht. FM. 3. 3. 97 III 2854.

4. Beurkundungen von Versteigerungen von „Mengen" (Tarifstelle 32 Befr. 3) fallen unter die Tarifstelle 9, sofern nicht § 21 und Tarif 4 b des Reichsstempelgesetzes entgegenstehen. FM. 20. 8. 96 III 10209. — Vgl. unten A. 9.

5. Der Stempel zu den Protokollen der Gerichtsvollzieher ist, wenn auch die Versteigerungsgebühren unter den Gerichtskosten vereinnahmt werden, in natura zu verwenden.

---

* Die betreffende Bestimmung der GewO. lautet:

§. 36. Das Gewerbe der . . . . . Auktionatoren . . . . darf zwar frei betrieben werden, es bleiben jedoch die verfassungsmässig dazu befugten Staats- oder Kommunalbehörden oder Korporationen auch ferner berechtigt, Personen, welche diese Gewerbe betreiben wollen, auf die Beobachtung der bestehenden Vorschriften zu beeidigen und öffentlich anzustellen.

Vom Minister des Innern sind am 10. Juli 1902 „Vorschriften über den Umfang der Befugnisse und Verpflichtungen sowie über den Geschäftsbetrieb der Versteigerer" auf Grund § 38 Abs. 1 GewO. erlassen. Beiblatt zu Nr. 15 des Ministerialblatts der Handels- und Gewerbe-Verwaltung.

Noch: Zu Tarif-Nr. 9.

7. Auktionen für den Fiskus sind stempelfrei. FM. 5. 3. 97 III 2159

8 a) Bleibt der Eigentümer bei der freiwilligen Versteigerung Meistbietender, so ist der Betrag seines Gebots von dem Gesamterlöse in Abzug zu bringen

b) Die Kosten für die Aufbewahrung an dem Ort der Versteigerung für die Zeit von der Abholung bis zu dem bei dieser Abholung bestimmend gewesenen Termin der Versteigerung — § 808 Abs. 2 ZPO. — dürfen bei der Berechnung des Stempels von dem Gesamterlöse abgezogen werden; wenn aber die beabsichtigte Versteigerung z. B. wegen Fristbewilligung, Intervention, Einstellungsbeschlusses usw. ausgesetzt wird, so sind die Kosten für die weitere Aufbewahrung am Versteigerungsort bis zur schließlichen Versteigerung nicht abzugsfähig.

Wenn die Pfandstücke nicht lediglich zum Zwecke der Versteigerung, sondern schon aus dem Gesichtspunkte einer Sicherung der Befriedigung des Gläubigers aus dem Gewahrsam des Schuldners entfernt werden, so sind die Kosten für die dann erforderliche Aufbewahrung unterschiedslos nicht abzugsfähig

Die Kosten des Transports zu dem Auktionslokal sind abzugsfähig.

c) Vgl. über Versteigerungsaufträge A. 25 bei Tarif 73.

9 Die Versteigerungsprotokolle der Gerichtsvollzieher über Wertpapiere unterliegen dem Reichsstempel, sowohl dann, wenn es sich um eine Zwangsversteigerung handelt, als auch dann, wenn die Versteigerung eine freiwillige ist. Daneben ist der Landesstempel dieser Tarifstelle nicht zu erheben.

Die Gerichtsvollzieher haben für die Beibringung des Stempels zu sorgen:

a) als Vermittler gemäß § 11 Ziff. 1 RStG, wenn bei einer freiwilligen Versteigerung der Auftraggeber sich den Zuschlag in der Art vorbehält, daß er nach außen hin als der den Zuschlag Erteilende erscheint, es sei denn, daß beide Kontrahenten zur Führung von Handelsbüchern nicht verpflichtet sind und eine beiderseits unterschriebene Vertragsurkunde errichtet ist (§ 18),

b) bei allen Zwangsversteigerungen und in denjenigen Fällen der freiwilligen Versteigerung, in welchen der Gerichtsvollzieher den Zuschlag erteilt, gemäß § 11 Nr. 5 und § 18 a. a. O., es sei denn, daß der Kläger zur Führung von Handelsbüchern verpflichtet ist.

Liegt in dem Falle zu a eine beiderseits unterschriebene Vertragsurkunde vor und ist keiner der Kontrahenten eine zur Führung von Handelsbüchern verpflichtete Person, so haben nicht die Gerichtsvollzieher, sondern die Kontrahenten die Steuer zu entrichten. Ebenso liegt in dem Falle zu b nicht dem Gerichtsvollzieher, sondern dem Käufer die Verpflichtung zur Entrichtung der Abgaben ob, wenn der Käufer eine zur Führung von Handelsbüchern verpflichtete Person ist.

Zum Zwecke der Versteuerung ist in den zu a bezeichneten Fällen gemäß § 12 a. a O. spätestens am dritten Tage nach dem Geschäftsschluß

Lfd. Nr.	Gegenstand der Besteuerung.	Steuersatz v. H.	M.	Pf.	Berechnung der Stempelabgabe.
1 10.	[1] **Ausfertigungen** [2–6] von Schriftstücken der Behörden und Beamten, einschließlich der Notare, jedoch mit Ausnahme der Ausfertigungen der Schiedsmänner,* sofern für die Schriftstücke nicht ein durch diesen Tarif bestimmter Stempel zu entrichten ist	—	1	50	
	Allg. V. § 1 d.				
2	Befreit sind Ausfertigungen: a) von Bescheiden auf Gesuche, Anfragen und Anträge in Privatangelegenheiten, sie mögen in Form eines Antwortschreibens, einer Verfügung, Verfügungsabschrift oder einer auf die zurückgehende Bittschrift selbst gesetzten Verfügung erlassen werden; b) von Genehmigungen der zuständigen Behörden in Bausachen. *Bek. 33.*				

Noch: Zu Tarif-Nr. 9.

auf einem vorher gestempelten oder mit den erforderlichen Stempelmarken zu versehenden Formular eine Schlußnote auszustellen. Das Gleiche gilt im Falle zu b, wenn keine beiderseits unterschriebene Vertragsurkunde errichtet ist; andernfalls ist gemäß § 18 a. a. O. die Vertragsurkunde binnen 14 Tagen nach dem Geschäftsabschlusse der Steuerbehörde vorzulegen. JM. 11. 10. 06, JMBl. S. 301, ZBl. S. 1520.

Zu Tarif-Nr. 10.

1. Vgl. FG. § 182. — PFG. §§ 43 ff. — auch A. 2 bei Tarif 26, A. 2 bei Tarif 33.

2. a) Unter Ausfertigungen werden im Gegensatz zu bloßen Bescheiden die in einer feierlichen Form und unter ordnungsmäßiger

* Die betreffende Bestimmung der, soweit sie sich auf die Stempelsteuer bezieht, jetzt aufgehobenen Schiedsm.-O. v. 29. 3. 79 lautet:

§ 40. Die Verfügungen, Verhandlungen und Ausfertigungen des Schiedsmanns sind kosten- und stempelfrei.

Die Stempelfreiheit der Verhandlungen erstreckt sich nicht:

1. auf Rechtsgeschäfte, welche an sich stempelpflichtig sind und als ein Bestandtheil des Vergleichs in den letzteren aufgenommen werden;
2. auf Vergleiche, durch welche ein unter den Parteien bisher nicht in stempelpflichtiger Form zu Stande gekommenes Rechtsgeschäft anerkannt oder im Wesentlichen aufrechterhalten wird.

Noch: Zu Tarif-Nr. 10.
Unterschrift von unmittelbaren und mittelbaren Staatsbehörden abgefaßten Erlasse, Entscheidungen und Urkunden angesehen. FM. 26. 12. 90 III 15391.

b) Die Tarifvorschrift bezieht sich nur auf die Ausfertigung nicht stempelpflichtiger Schriftstücke.

Der juristische Sprachgebrauch begreift unter dem Ausdruck „Ausfertigung" zweierlei Arten: Die eine Art umfaßt die Fälle, in denen das zu Grunde liegende Schriftstück, von dem die Ausfertigung entnommen ist, nach außen hin allein rechtliche Bedeutung hat, bei der es nur auf den Inhalt der Urschrift ankommt, während bei der zweiten Art die Willenserklärung nach außen hin erst in der Ausfertigung rechtlich hervortritt, wobei das zu Grunde liegende Schriftstück nach außen hin rechtlich bedeutungslos ist. Der Ausdruck „Schriftstück" ist ganz allgemeinen Inhalts.

In Angelegenheiten der ordentlichen Gerichte, wie der sonstigen Gerichte, kann die Tarifstelle ebensowenig in Anwendung kommen, wie in Notariatssachen; sie findet ihr Anwendungsgebiet vielmehr allein in Angelegenheiten der Verwaltung.

Die Ausfertigung muß eine wirkliche Wiederholung des ihr zu Grunde liegenden Schriftstückes bilden, dieses also schon das, was in der Ausfertigung enthalten ist, vollinhaltlich enthalten. Im Gegensatz hierzu stehen die Fälle, in denen die schriftliche Unterlage nur die kurze Anweisung enthält, eine Ausfertigung bestimmten Inhalts herzustellen.

Die Zeichnung der Urschrift bloß mit dem Anfangsbuchstaben des Namens des betreffenden Beamten genügt. RG. 30. 11. 00, ZBl. S. 85 von 1901, Entsch. Bd. 47 S. 343.

c) Tarifstelle 10 hat nur aushilfsweise Bedeutung; sie bleibt außer Anwendung, wenn nach einer andern Tarifstelle ein Stempel zu entrichten ist oder eine Befreiung besteht. FM. 17. 2. 98 III 886.

d) Die Stempelpflicht ist auf Ausfertigungen von bereits vorhandenen Schriftstücken eingeschränkt, Steuerfreiheit mithin in allen denjenigen Fällen gewährt, in denen es an einer Urkunde fehlt, von welcher die amtliche Ausfertigung entnommen ist. Mot. S. 31, AH. S. 2269.

e) Die Bestimmung, daß alle Urkunden bis zum Werte von 150 M. frei sind, bezieht sich auch auf Ausfertigungen. AH. S. 2269.

f) Ueber den vom Gericht zu erhebenden Ausfertigungsstempel s. A. 7 zu Tarif 1.

g) Eine Ausfertigung der nach Art. 12 §§ 2 u. 4 AG. BGB. von einem Urkundsbeamten aufgenommenen Urkunden mit der Wirkung, wie sie den Ausfertigungen gerichtlicher oder notarieller Urkunden innewohnt, ist durch die Gesetze nicht vorgesehen; eine Ausfertigung einer Urkunde der gedachten Art erscheint daher nicht geeignet, die Urschrift im Rechtsverkehr zu ersetzen. Es muß vielmehr davon ausgegangen werden, daß der Urkundsbeamte den Beteiligten die Urschrift

Noch: Zu Tarif-Nr. 10.

zu verabfolgen hat. Zu der Urschrift sind auch die erforderlichen Stempel zu verwenden unter Anwendung ev. von § 9 Abs. 1 d. G. FM. 27. 11. 01 III 14845. — Vgl. A. 8 bei Tarif 1 u. A. 3a bei § 9.

3. Ausschließlich im öffentlichen Interesse erteilte Ausfertigungen sind stempelfrei, wird aber zugleich das Privatinteresse berührt, so tritt Stempelpflicht ein. FM. 25. 12. 96 III 14734 (MBl. d. i. V. S. 24 von 1897).

Stempelfrei sind deshalb insbesondere:

a) Genehmigungen der Steuerordnungen der Kommunalbehörden durch die zuständigen Behörden. FM. 16. 10. 96 III 13802, ZBl. S. 613.

b) Genehmigungen der Sparkassen-Satzungen kommunaler Verbände. FM. 25. 12. 96 III 14734.

c) Ausfertigungen der Beschlüsse der Bezirksausschüsse über streitige Erstattungsansprüche auf Grund des Fürsorgegesetzes vom 2. Juli 1900. FM. 28. 10. 03 III 13797.

d) Die von den Bezirksausschüssen zu erteilenden Genehmigungen zu den Besoldungsfestsetzungen für Bürgermeister, Beigeordnete und besoldete Magistratsmitglieder. Das Gleiche gilt für die entsprechenden Genehmigungen für die Stadt Berlin. FM. 7. 9. 04 III 11722.

e) Die gemäß § 100 litt. h der GewO. gefällten Entscheidungen der Verwaltungsbehörden. FM. 4. 2. 03 III 88.

f) Die gemäß § 43 Abs. 3 der AusfAnw. zur GewO. v. 9. 8. 99 den Ortspolizeibehörden zu übersendenden zweiten Ausfertigungen der auf Grund §§ 33 und 33a erteilten Genehmigungsurkunden. FM. 18. 6. 00 III 3289, ZBl. S. 396. — Vgl. A. 6 litt. ii bei Tarif 77.

g) Die nach § 16 Abs. IV der Anw. betreffend die Genehmigung und Untersuchung der Dampfkessel v. 9. 3. 00 den Ortspolizeibehörden, Bergrevierbeamten und auch den zuständigen Dampfkesselüberwachungsvereinen zuzusendenden Ausfertigungen von Dampfkesselgenehmigungsurkunden. FM. 18. 8. 01 III 10356.

h) Die den Ortspolizeibehörden und Bergbehörden auszuhändigenden Abschriften der Bescheinigungen über Abnahme von Dampfkesseln sowie die zweiten Ausfertigungen von Genehmigungsurkunden der nach § 16 der Gewerbeordnung genehmigten Anlagen. FM. 21. 7. 99 III 9438. — Vgl. A. 6 litt. u bei Tarif 77.

i) Polizeiliche Erlaubniserteilungen zur Aufstellung beweglicher Dampfkessel — § 26 Nr. III Anw. v. 9. 3. 00 (MBl. f. d. i. V. S. 150).

k) Die Statuten der Innungen und Handwerkskammern — §§ 99, 103 Ges. v. 26. 7. 97 —, ebenso die Genehmigung solcher Statuten, wie die der Innungsausschüsse und Innungsverbände — §§ 84 Abs. 1, 101 Abs. 1, 104b Abs. 1 eod. — FM. 23. 4. 02 III 4972, ZBl. S. 102. — FM. 7. 8. 99 III 9971, ZBl. S. 207.

Noch: Zu Tarif-Nr. 10.

l) Die Ausfertigung einer Urkunde, durch welche das von geschlossenen freien Innungen auf neu errichtete Zwangsinnungen übergehende Vermögen von dem Regierungspräsidenten festgestellt wird. FM. 7. 9. 99 III 10987, ZBl. S. 215.

4. Stempelfrei sind ferner u. a.:

a) Das dem Wandergewerbeschein beigefügte, vom Bezirksausschuß genehmigte Bücherverzeichnis, wie der Wandergewerbeschein selbst. FM. 31. 3. 99 III 4216.

b) Erkenntnisse im Verwaltungsstreitverfahren.

c) Die Ausfertigungen von Schiedssprüchen der Gewerbegerichte nach § 67 des Ges. v. 29. 7. 90, weil in dem Streitverfahren vor den Gewerbegerichten keine Stempel erhoben werden sollen. FM. 23. 6. 96 III 8634, ZBl. S. 538. — Vgl. A. 4 zu Tarif 57.

d) Die Allerhöchst vollzogenen, als auch die in der Ministerialinstanz erteilten Patente über Titel- und Charakterverleihungen an Beamte. FM. 31. 10. 96 III 13593. — Vgl. A. 3 bei Tarif 12.

e) Die Genehmigungen des Handelsministers zu Verträgen über Anstellung von Lehrern an öffentlichen Handwerkerschulen. FM. 14. 7. 97 III 8764.

f) Vormundschaftsgerichtlicher Heiratskonsens für den heiratenden Elternteil nach der Auseinandersetzung. Joh. Bd. 17 S. 191. — Vgl. A. 5b bei § 14.

g) Der reine Vermerk „Bestätigt" nebst Siegel und Unterschrift unter der eingereichten Rechtsakte der Bergwerksbesitzer, falls keine Urschrift der Bestätigungsurkunde zu den Akten genommen wird. FM. 25. 7. 96 III 10310. Ebensowenig

h) Die Bescheinigung über den Austritt aus der Landeskirche, die auf Antrag vom Gericht erteilt wird. Joh. Bd. 17 S. 303.

i) Die durch die Ausführungsbestimmungen zum Süßstoffgesetz v. 7. 7. 02 vorgeschriebenen Süßstoffbezugsscheine. FM. 11. 4. 03 III 4738.

k) Genehmigungen der Aufsichtsbehörde zu Beschlüssen der Deichverbände und Meliorationsgenossenschaften über die Aufnahme von Darlehen, es sei denn, daß die Genehmigung in urkundlicher Form ausgefertigt wird und den Verbänden, deren Privatinteresse hierbei in Betracht kommt, nicht Steuerfreiheit ausdrücklich zugestanden ist. FM. 18. 2. 97 III 2090.

l) Genehmigungen der Polizeibehörde über die Auszahlung von Brandentschädigungsgeldern, wenn sie in der im FME. v. 24. 9. 96 III 13434 angegebenen Form d. h. in Form eines Erlaubnisscheines ohne Zurückbehaltung einer Urschrift und mit einem diesbezüglichen Vermerk versehen abgegeben werden. — Vgl. A. 6 litt. b bei Tarif 77.

Noch: Zu Tarif-Nr. 10.

m) Genehmigungen von Satzungen der Kriegervereine, sofern keine Urschrift des Bestätigungsvermerks zurückbleibt. FM. 9. 10. 96 III 13552.

n) Die von Bezirksausschüssen erteilten Genehmigungen zur Veräußerung städtischer Grundstücke, sofern nicht zu den Akten des Bezirksausschusses eine Urschrift zurückbehalten wird. FM. 14. 10. 97 III 12838.

o) Bestallungen der Stellvertreter von Kursmaklern, falls sie in der Form einfacher Verfügungen ausgestellt werden. FM. 20. 9. 97 III 11371.

5. Dagegen erfordern die in erster Instanz von einer kollegialischen Behörde erlassenen vorläufigen, durch rechtzeitigen Antrag auf mündliche Verhandlung außer Kraft tretenden Bescheide, wie sie jetzt gemäß Ziffer 26 Abs. 3 Satz 3 und 4 der AusfAnw. zur GewO. v. 1. 5. 04 zu erteilen sind, wenn ihnen eine gleichlautende, vom Vorsitzenden der Behörde — sei es auch nur mit dem Anfangsbuchstaben seines Namens — unterzeichnete Urschrift zugrunde liegt, den Ausfertigungsstempel. FM. 31. 8. 04 III 9540. ZBl. S. 218.

6. Ueber die stempelsteuerliche Behandlung der im Geschäftsverkehr der Zoll- und Steuerbehörden vorkommenden und von ihnen ausgestellten Erlaubnisscheine oder Genehmigungen und Bescheinigungen ist der FM. v. 22. 12. 97 III 11149 ergangen:

Die zur Anwendung kommenden Tarifstellen 10 (für Erlaubnisscheine und Genehmigungen) und 77 (für Bescheinigungen) werden durch die allgemeinen Steuerbefreiungen des LStG. insbesondere § 4 Abs. 1 Buchst. a und b, sodann aber auch durch die Gebührenfreiheit anordnenden Bestimmungen anderer Steuergesetze, z. B. § 49 EStG. v. 8. 7. 68 und § 16 Abs. 2 Brau-StG. ausgeschlossen.

Soweit derartige Steuer- oder Gebührenbefreiungen nicht Platz greifen, unterliegen Erlaubnisscheine oder Genehmigungen der Stempelpflicht, wenn sie sich als Ausfertigungen im Sinne der Tarifstelle 10 darstellen, wenn sie also nicht in Form von einfachen Bescheiden oder Anschreiben, sondern in feierlicher Form abgefaßt sind und ihnen gleichlautende mit Namensunterschrift oder auch nur mit dem Anfangsbuchstaben der Namensunterschrift des ausfertigenden Beamten versehene Urschriften (Konzepte) zugrunde liegen.

Bescheinigungen i. S. der Tarifstelle 77 sind stempelpflichtig, wobei es nicht darauf ankommt, ob eine Urschrift gefertigt wird oder nicht. Unter Berücksichtigung der schon unter der Herrschaft der früheren gesetzlichen Bestimmungen getroffenen Einzelentscheidungen und unter Berücksichtigung des Umstandes, daß der Ausfertigungsstempel weiter in der Form zu fordern ist, in der er schon nach den bisherigen Vorschriften hat entrichtet werden müssen, ist nachstehende Zusammenstellung der am häufigsten vorkommenden Schriftstücke unter Angabe ihrer Stempelpflichtigkeit oder Stempelfreiheit gefertigt. Es sind zu erteilen:

Meckl: Zu Tarif-Nr. 10.

A. **in Form stempelpflichtiger Ausfertigung:**

Erlaubnisscheine aller Art, durch die eine zollfreie Einfuhr von Waren oder eine Zollermäßigung gewährt wird,

Eingangspässe über inländische und ausländische Musterstücke. — Vgl. auch FM. v. 17. 5. 97, ZBl. S. 205,

Zusagescheine auf Steuervergütung für methylierten Branntwein,

Genehmigungen zur steuerfreien Verwendung von undenaturiertem Branntwein,

Berechtigungsscheine zum Ankauf von methyliertem Branntwein,

Erlaubnisscheine zum Verkauf von methyliertem Branntwein,

Genehmigung zur Denaturierung von Branntwein mit einem andern als dem allgemeinen Denaturierungsmittel,

Zusagescheine auf Brausteuervergütung,

Berechtigungsscheine zum abgabenfreien Bezuge von denaturiertem Salz oder Pfannenstein oder von undenaturiertem Pfannenstein zur Entnahme von Vieh- und Gewerbesalz und Erlaubnisscheine zum Handel mit Viehsalz,

Genehmigungen zur abgabefreien Verabfolgung von Soole und Mutterlauge,

Genehmigungen zur Denaturierung von Gewerbebestellsalz mit besonderen Denaturierungsmitteln,

Zusagescheine betreffend die Herstellung von Wermuthpulver zur Denaturierung von Salz,

Genehmigungen zur Verarbeitung von Surrogaten bei der Tabakfabrikation,

Bewilligungen von Tabaksteuervergütungen in den Fällen des Schlußsatzes des ersten Absatzes des § 8 des Regulativs betr. die Ausfuhrvergütung für Tabak,

Genehmigung zur Denaturierung von Zucker mit anderen pulver- oder mehlförmigen Futtermitteln,

Zusagescheine auf Abgabevergütung für Kakaowaren,

Defektenbeschlüsse;

B. **ohne Zurückbehaltung einer Urschrift, daher steuerfrei:**

Zolleinfuhrscheine,

Branntweinsteuer-Berechtigungsscheine,

Ausfuhrzuschußscheine für Zucker;

C **in Form stempelfreier Bescheide:**

Bescheide auf Anträge wegen Fristverlängerung für die Wiederausfuhr von Waren, die im Veredelungsverkehr, zu öffentlichen Ausstellungen oder zum vorübergehenden Gebrauch vom Auslande eingegangen sind oder den Rückbezug der im Veredelungsverkehr in das Ausland gehenden Waren,

Erteilung von Vergünstigungen im Brauereigewerbe,

Noch: Zu Tarif-Nr. 10.

Genehmigungen zur Lagerung abgefertigten Branntweins im Sammelgefäßraum bis zur Ansammlung ganzer Wagenladungen,

Genehmigungen zur Aufbewahrung von Branntwein in den Sammelgefäßen nach beendigtem jährlichen Betriebe unter gleichzeitiger Bewilligung einer Privatniederlage,

Bewilligungen von Privatniederlagen unter amtlichem Mitverschluß,

Genehmigungen zur steuerfreien Verwendung von Färbebier, welches aus bereits versteuerten Braustoffen hergestellt ist,

Genehmigungen zur Verwendung von Braustoffen in den Fällen des § 5 Abs. 4 der Fixationsgrundsätze,

Erteilungen von Vergünstigungen im Brauereibetriebe,

Erteilungen von Vergünstigungen im Fabrikbetriebe, betr. Zuckersteuer,

Genehmigungen zu baulichen Veränderungen und Aenderungen in den Betriebseinrichtungen (Zuckersteuer),

Genehmigungen zur Verlängerung der Frist zum Einbringen des Zuckers in die feuersicher abschließbaren Lagerräume und Einreichung einer Bestandsanmeldung,

Genehmigungen zur Aufbewahrung von Zucker in Räumen außerhalb der Zuckerfabrik,

Bewilligungen von Privatniederlagen für Zuckerprodukte,

Genehmigungen zur Vornahme von Abfertigungen zu anderen als den festgesetzten Abfertigungszeiten (Zuckersteuer),

Genehmigungen zur Abstandnahme von der regelmäßigen Untersuchung der Melasse bei deren Abfertigung,

Genehmigungen in Retourwarenangelegenheiten — FM 18. 8. 98 III 9354,

Entscheidungen auf Anträge in Personalangelegenheiten,

Fristbewilligungen und Stundungen an Zahlungspflichtige,

Auskunftserteilungen;

D. **in Form stempelfreier Verfügungen:**

Anstellungsverfügungen, insofern sie keine Bestallungen im Sinne der Tarifstelle 12 LStG. sind;

E. **stempelfrei** sind

Anmeldungsscheine zur steuerfreien Bereitung des Haustrunks aus § 4 Abs. 1 litt. b und in der Regel auch aus § 4 Abs. 1 litt. a LStG.,

Tabaksteuer-Kredit-Zertifikate aus § 4 Abs. 1 litt. b LStG.,

Disziplinarentscheidungen und Strafverfügungen gegen Beamte — wegen mangelnden Privatinteresses —,

Kreditbewilligungen und Verlängerungen aus § 4 Abs. 1 litt. b LStG.,

Bescheinigungen über die Anmeldung des Kleinhandels mit denaturiertem Branntwein — wegen mangelnden Privatinteresses FM. 14. 9. 98 III 12547.

	Lfd. Nr.	Gegenstand der Besteuerung.	Steuersatz v. H.	M.	Pf.	Berechnung der Stempelabgabe.
1	11.	[1] **Auszüge** [2—4] aus den Akten, öffentlichen Verhandlungen, amtlich geführten Büchern, Registern und Rechnungen, wenn sie für Privatpersonen [5] auf ihr Ansuchen ausgefertigt werden	—	1	50	
2		Befreit sind die auf den Personenstand (Geburten, Heirathen, Sterbefälle u. s. w.) bezüglichen Auszüge aus amtlich geführten Büchern und Standesregistern.				
	12.	**Bestallungen** [1] für besoldete Beamte [2. 3] . .	—	1	50	
		für unbesoldete [4] Beamte . . . . frei.				
		Bek. 14 C. 2. a. — D. V. 33 — Allg. V. § 1 Abs. 3.				

Zu Tarif-Nr. 11.

1. Vgl. PFG. Art. 57 Abs. 3 — auch A. 6ee bei Tarif 77.

2. An dem bestehenden Zustande, nach welchem alle nicht besonders befreiten amtlichen Auszüge stempelpflichtig sind, ist nichts geändert; insbesondere sind auch alle Verhandlungen, die sich auf die Fortschreibung der Grundsteuer und Gebäudesteuer beziehen, und die Abschriften und Auszüge aus denselben frei. KB. S. 19, AH. S. 2270.

3. Eine beglaubigte Abschrift eines in den Akten einer Behörde befindlichen Gesuches ist ein stempelpflichtiger Auszug. FM. 5. 1. 97 III 41.

4. a) Auszüge aus dem Genossenschaftsregister über die Vorstands- und sonstigen Mitglieder der Genossenschaft sollen nur dann dem Stempel unterworfen sein, wenn sie beglaubigt sind. Mot. 18/19, 3. KS. S. 7. — Vgl. Allg. Verf. § 1c.

b) Auszüge aus dem Handelsregister sind stempelfrei. KG. 11. 5. 96, Joh. Bd. 16 S. 262. — Vgl. A. 8 Aa u. Bc bei Tarif 1 und Allg. Verf. § 1c.

5. Die Handelskammern sind politische Körperschaften, haben daher einen öffentlich rechtlichen Charakter und können als „Privatpersonen" nicht gelten, weshalb die ihnen erteilten Auszüge aus den Gewerbesteuerlisten stempelfrei sind. FM. 30. 10. 96 III 14818, ZBl. S. 626.

Zu Tarif-Nr. 12.

1. Unter Bestallungen fallen diejenigen feierlichen Urkunden, mittels deren einem Beamten ein Amt endgültig verliehen oder eine neue mit einem neuen Dienstrang ausgestattete Amtsstellung gewährt wird z. B. Geheimer Ober-Finanzrat im Ministerium, nicht der Akt, wenn nur der Charakter z. B. als Geheimer Ober-

Lfd. Nr.	Gegenstand der Besteuerung.	Steuersatz v. H.	M.	Pf.	Berechnung der Stempelabgabe.
13.	**Bürgschaften,** s. Sicherstellung von Rechten.				
14.	**Cessions-Instrumente,** s. Abtretung von Rechten.				

Noch: Zu Tarif-Nr. 12.

Justizrat an Landgerichtspräsidenten verliehen wird. FM. 4. 9. 99 III 8258, 22. 3. 06 III 4155 und 31. 10. 96 III 13593. — Auch die Bestallungen z. B. als Landgerichtsrat, Staatsanwaltschaftsrat fallen unter diese Tarifstelle.

2. Unter den in dieser Tarifstelle erwähnten Beamten sind nur öffentliche Beamte zu verstehen, keineswegs aber hat die Bestimmung nur Staatsbeamte im Auge; deshalb können zu der fraglichen Kategorie auch Geistliche gerechnet werden. Dies muß geschehen, soweit solche im Dienst einer der anerkannten Kirchen stehen. RG. 28. 1. 03, Entsch. Bd. 53 S. 373. Die vom Bischof zu T. ausgegangenen Ausfertigungen zu Ernennungen von Pfarrern und Kaplänen wurden nach Tarifstelle 12 für stempelpflichtig erklärt und wurde der Bischof auf Grund § 13 litt. a LStG. haftbar gemacht.

3. a) Den mittleren und Kanzleibeamten sind bei Verleihung einer etatsmäßigen Stelle Anstellungsurkunden in der Form von Bestallungen auszuhändigen. Für die Unterbeamten ist auch bei unkündbarer Anstellung von der Ausfertigung einer förmlichen Bestallung abzusehen. FM. 22. 10. 02 I 10286, II 10130, III 12579. Diesen Beamten wird vielmehr nur eine Benachrichtigung in Form einer stempelfreien Verfügung zugestellt. Verf. des JustMin. v. 8. 11. 02 betr. Abänderung von Nr. 36 der Etatsvorschriften v. 31. 3. 00, JMBl. S. 264 von 1902.

b) Im Eisenbahndienst ist der Stempel zu Bestallungen nur für unkündbar angestellte Beamte und bei deren Beförderung zu verwenden; alsdann sind aber förmliche Bestallungsurkunden auszufertigen. Bei Ernennung von Beamten zum Diätar oder bei Verleihung etatsmäßiger Stellen unter Vorbehalt der Kündigung ist Tarifstelle 12 nicht anzuwenden. FM. 24. 12. 95 III 17944, ZBl. S. 29 von 1896.

c) Auch die im Kriegsministerium ausgefertigten Patente — nicht Bestallungen — für Oberzahlmeister unterliegen der Steuer nicht, weil Konzepte zu den Patenten nicht gefertigt werden sollen. FM. 22. 11. 06 III 20768. Diese Verf. ist veröffentlicht im Armee-Verordnungsblatt. — Vgl. A. 4d bei Tarif 10.

4. Die Patente der Offiziere des Beurlaubtenstandes sind stempelfrei, weil diese Offiziere zu den besoldeten nicht gehören. FM. 28. 1. 01 III 1074.

Lfd Nr.	Gegenstand der Besteuerung.	Steuersatz v. H.	M.	Pf.	Berechnung der Stempelabgabe.
15.	**Consense** zur Uebernahme einer Vormundschaft seitens eines Beamten oder einer Militärperson[1] . . . . frei.				
16	[1]**Duplikate** von stempelpflichtigen Urkunden jedoch nicht über den zu der stempelpflichtigen Urkunde selbst erforderlichen Stempel hinaus *Bek. 15 A. II. 1, 15 B. 5 — Allg. V § 1a. — D. V. 4.*	—	1	50	
17	**Eheversprechen**[1]	—	1	50	
18	[1]**Eheverträge**[2]	—	5	—	
	wird durch dieselben über Vermögensgegenstände[3] von nicht mehr als 6000 Mark verfügt	—	1	50	

Zu Tarif-Nr. 15.

1. Vgl. AG. BGB. Art. 72 und § 41 ReichsMilGes. v. 2. 5. 74. — BGB. §§ 1888, 1792, 1915.

Zu Tarif-Nr. 16.

1. Vgl A. 2a zu § 9

Zu Tarif-Nr. 17.

1. Vgl BGB. §§ 1297 ff.

Zu Tarif-Nr. 18.

1. Vgl. BGB. §§ 1432 ff. und über event. Stempelfreiheit von Eheverträgen AG. BGB. Art. 60 Abs 1, 61 § 3 u. 62 Abs. 2.

2. a) Zu den Gegenständen des Ehe- und Erbvertrages als einheitlichen Rechtsgeschäfts gehören auch vermögensrechtliche Zuwendungen, welche Nupturienten einander unter der Bedingung der Eheschließung erklären, selbst dann, wenn sie in die Form eines lästigen Veräußerungsgeschäfts gekleidet werden KG 9. 10. 99, Joh Bd 19 S. 193

Der für den Ehevertrag erhobene Stempel deckt die etwaige darin mit verlautbarte Schenkung an die Braut, sofern sie zu keinem andern Zwecke erfolgt, als um den Einfluß der Ehe auf die Vermögensverhältnisse der künftigen Ehegatten zu regeln. FM. 11. 7. 02 III 8136. Vgl. auch HSp. S. 580 A. 5 Ziff. 6.

b) Neben dem Stempel für Eheverträge ist ein besonderer Stempel für Abreden über die gegenseitigen Erbrechte der Ehegatten und die Erbrechte der in der Ehe geboren werdenden Kinder nicht zu erheben. FM. 5. 8. 98 III 8228.

Lfd. Nr.	Gegenstand der Besteuerung.	Steuersatz v. H.	M.	Pf.	Berechnung der Stempelabgabe.
19.	**Entlassungen aus der väterlichen Gewalt,**[1–2] Beurkundungen derselben (Emanzipationserklärungen)	—	10	—	
20.	[1]**Erbrecesse**[2–5] (Erbtheilungsverträge), **durch** welche die Vertheilung einer erbschaftssteuerpflichtigen Erbschaft beurkundet wird	1/25	—	—	des Werthes des Reinnachlasses, soweit über denselben im Erbreceß verfügt ist.[6]
	jedoch mindestens	—	1	50	
	Erbrecesse über erbschaftssteuerfreie Erbschaften	—	1	50	

Noch: Zu Tarif-Nr. 18.

3. a) Die Höhe des zu verwendenden Stempels ist von dem zur Zeit des Vertragsschlusses vorhandenen Vermögen, soweit darüber im Vertrage Bestimmungen getroffen werden, abhängig zu machen und dies auch dann, wenn zugleich über künftiges Vermögen der Ehegatten Verfügung getroffen wird. FM. 1. 8. 01 III 9338.

b) Durch die Bestimmung, daß das gesetzliche Güterrecht des BGB. gelten soll, wird über das gesamte beiderseitige Vermögen verfügt. FM. 20. 11. 02 III 14549.

c) Läßt der Urkundeninhalt nicht erkennen, daß ein Wert von nicht mehr als 6000 M. in Frage steht, so sind 5 M. Stempel fällig. FM. 18. 4. 98 III 3529.

Zu Tarif-Nr. 19.

1. Diese Tarifstelle hat seit Inkrafttreten des BGB. ihre Bedeutung verloren. Ueber Volljährigkeitserklärungen vgl. BGB. §§ 3 bis 5.

2. Großjährigkeitserklärungen umfaßt diese Position nicht; sie beschränkt sich auf die Entlassung Minderjähriger aus der väterlichen Gewalt. 3. KS. S. 10. Die väterliche Gewalt ist aber dem BGB. unbekannt.

Zu Tarif-Nr. 20.

1. Vgl. BGB. §§ 2032 ff., 312. — FG. §§ 86 ff., 93. — PFG. Art. 21 ff.

2. Die bloße Erklärung, daß die Ueberlassung von Vermögensgegenständen zum Zweck der Erbauseinandersetzung erfolge, reicht nicht aus, um die Urkunde zu einem Erbrezeß zu machen. KG. 26. 6. 99, Hz. S. 329.

3. Für den auf das statutarische Erbrecht der märkischen Ehegatten sich gründenden Erbschaftserwerb hängt die Erlangung der Erbeneigenschaft nicht von einer Entschließung des überlebenden Ehegatten ab, sondern vollzieht sich kraft Gesetzes. Joh. Bd. 19 S. 34. Auch dann, wenn er von seinem Wahlrecht Gebrauch macht und den Nachlaß den

Lfd. Nr.	Gegenstand der Besteuerung.	Steuersatz v. H.	M.	Pf	Berechnung der Stempelabgabe.
21.	**Erbverträge**[1] . . . . *A. V. §. 2c u. Abs. 2*	—	1	50	
22.	**Erlaubnißertheilungen** (Approbationen, Konzessionen, Genehmigungen u. s. w.) der Behörden in gewerbepolizeilichen Angelegenheiten: *Bek. 34.*				

Noch: Zu Tarif-Nr. 20.

Miterben überläßt, tut er dies als Miterbe. Bringt er weiter als entsagender Ehegatte den Nachlaß durch einen mit den Kindern geschlossenen Vertrag gegen Abfindung der übrigen Beteiligten an sich, so liegt auch dann nur eine Erbschaftsteilung vor, wie im Prinzip überhaupt anzunehmen ist, daß ein Vertrag, in welchem einem überlebenden märkischen Ehegatten auf der Grundlage seiner Erklärung, den Nachlaß des verstorbenen Ehegatten den übrigen Erben überlassen zu wollen, dieser Nachlaß von den übrigen Erben gegen eine Barabfindung überwiesen wird, nur den Erbrezeßstempel von 1 M. 50 Pf. bedingt. FM. 16. 11. 01 III 14473. — Vgl. A. 32e bei Tarif 32.

4. Wird in einem Erbrezeß ein nicht zum Nachlaß gehöriger Gegenstand einem Miterben zum Alleineigentum überwiesen, so hängt die Stempelpflicht davon ab, ob diese Ueberlassung einen integrierenden Bestandteil der Erbauseinandersetzung bildet d. h. ob der nicht zur Erbmasse gehörige Gegenstand dem Erben als Gegenleistung für eine von ihm in seiner Eigenschaft als Miterbe versprochene Leistung überwiesen wird. Ist diese Voraussetzung nach Inhalt der Urkunde nicht erfüllt, so liegt ein selbständiges neben dem Erbrezeß zu versteuerndes Geschäft vor. KG. 21. 9. 98, Hz. S. 329. — Vgl. A. 5 bei Tarif 2 und A. 6 zu Tarif 24.

5. Das in einem Erbrezeß von einem Erben abgegebene Versprechen, als Gegenleistung für Ueberlassung von Nachlaßgegenständen bestimmte Geldsummen zu zahlen, ist kein von der Erbteilung verschiedenes Geschäft. RG. 14. 1. 97, JW. 97 S. 160. — Vgl. A. 12d zu Tarif 58.

6. Bei der Berechnung des Stempels sollen diejenigen Teile des Reinnachlasses, über die in der Rezeßurkunde keine Bestimmung getroffen ist, außer Betracht bleiben; auch soll nur die reine zur Verteilung kommende Aktivmasse nach Abzug der vorhandenen Schulden zu grunde gelegt werden. KB. S. 22—23, 4. KS. S. 5. — Vgl. BGB. § 2047.

Zu Tarif-Nr. 21.

1. Vgl. BGB. §§ 1941 Abs. 1, 2274 ff.

	Lfd. Nr.	Gegenstand der Besteuerung.	Steuersatz v. H.	M.	Pf.	Berechnung der Stempelabgabe.
a	Noch 22.	a) Konzessionen:*				
1		zum Betriebe einer Apotheke,[1] wenn die Konzession vererblich und veräußerlich ist	1/2	—	—	des Werthes der Konzession.
		mindestens aber	—	50	—	
		sonst	—	50	—	
		zur Errichtung einer Zweig- (Filial-) Apotheke[2]	—	5	—	
		zur Verlegung einer Apotheke auf Antrag des Besitzers[3]	—	10	—	
2		Befreit sind die vererblichen und veräußerlichen Konzessionen[4] für diejenigen, welche dieselben erbschaftssteuerfrei ererbt haben.				
3		Außerdem findet die Bestimmung unter Ziffer 2 Ermäßigungen und Befreiungen der Tarifstelle „Kauf- und Tauschverträge" sinngemäße Anwendung. *Bek. 35.*				
b		b)[1]) Approbationen für:				
		Apotheker	—	1	50	
		diejenigen Personen, welche sich als Aerzte (Wundärzte, Augenärzte, Geburtshelfer, Zahnärzte und Thierärzte) oder mit gleichbedeutenden Titeln bezeichnen oder seitens des Staates oder einer Gemeinde als solche anerkannt oder mit amtlichen Funktionen betraut werden sollen	—	1	50	

* Die betreffenden Bestimmungen der GewO. lauten:

§ 1 Abs. 1. Der Betrieb eines Gewerbes ist jedermann gestattet, soweit nicht durch dieses Gesetz Ausnahmen oder Beschränkungen vorgeschrieben oder zugelassen sind.

§ 6. Das gegenwärtige Gesetz findet keine Anwendung auf die .... Errichtung und Verlegung von Apotheken, ... den Gewerbebetrieb der Auswanderungsunternehmer und Auswanderungsagenten, der Versicherungsunternehmer und der Eisenbahnunternehmungen, die Befugniss zum Halten öffentlicher Fähren und die Rechtsverhältnisse der Schiffsmannschaften auf den Seeschiffen. — Auf das Bergwesen, die Ausübung der Heilkunde, den Verkauf von Arzneimitteln, ... findet das gegenwärtige Gesetz nur insoweit Anwendung, als dasselbe ausdrückliche Bestimmungen darüber enthält.

Durch Kaiserliche Verordnung wird bestimmt, welche Apothekerwaaren dem freien Verkehre zu überlassen sind.

Lfd. Nr.	Gegenstand der Besteuerung.	Steuersatz v. H.	M.	Pf.	Berechnung der Stempelabgabe.
Noch 22.	(§. 29 der Gewerbeordnung für das Deutsche Reich vom 1. Juli 1883 — Reichs-Gesetzbl. S. 177);† *Bek. 14. C. 2b. — D. V. 34.*				
c 1	c) [1]Erlaubnißertheilungen: für Unternehmer von Privat-Kranken-, Privat-Entbindungs- und Privat-Irrenanstalten[2, 3] (§. 30 der Reichs-Gewerbeordnung);* zum Betriebe des Gewerbes als Schauspielunternehmer (§. 32 der Reichs-Gewerbeordnung);** zum ständigen Betriebe[4] der Gastwirthschaft, Schankwirthschaft oder des Kleinhandels mit Branntwein oder Spiritus (§. 33 der Reichs-Gewerbeordnung);*** zur gewerbsmäßigen öffentlichen Veranstaltung von Singspielen, Gesangs- und deklamatorischen Vorträgen, Schaustellungen von Personen oder theatralischen Vorstellungen ohne höheres Interesse der Kunst oder Wissenschaft in Wirthschafts- oder sonstigen Räumen oder zur Ueberlassung dieser Räume zu gewerbsmäßigen öffentlichen Veranstaltungen				

† Die betreffenden Bestimmungen der GewO. lauten:

§ 29 Abs. 1 Satz 1. Einer Approbation, welche auf Grund eines Nachweises der Befähigung ertheilt wird, bedürfen Apotheker und diejenigen Personen, welche sich als Aerzte (Wundärzte, Augenärzte, Geburtshelfer, Zahnärzte und Thierärzte) oder mit gleichbedeutenden Titeln bezeichnen oder seitens des Staates oder einer Gemeinde als solche anerkannt oder mit amtlichen Funktionen betraut werden sollen.

Die betreffenden Bestimmungen der GewO. lauten:

* § 30 Abs. 1 Satz 1. Unternehmer von Privat-Kranken-, Privat-Entbindungs- und Privat-Irrenanstalten bedürfen einer Konzession der höheren Verwaltungsbehörde.

** § 32 Abs. 1 Satz 1. Schauspielunternehmer bedürfen zum Betrieb ihres Gewerbes der Erlaubniss.

*** § 33 Abs. 1. Wer Gastwirthschaft, Schankwirthschaft oder Kleinhandel mit Branntwein oder Spiritus betreiben will, bedarf dazu der Erlaubniss.

Lfd. Nr.	Gegenstand der Besteuerung.	Steuersatz v. H.	M.	Pf.	Berechnung der Stempelabgabe.
Noch 22.	der bezeichneten Art (§. 33a der Reichs-Gewerbeordnung).* *Bek. 36. — D. V. 35.*				
	wenn der Gewerbebetrieb[5]				
	wegen geringen Ertrages und Kapitals von der Gewerbesteuer** frei ist . . .	—	1	50	
	in die vierte Gewerbesteuerklasse gehört	—	5	—	
	„ „ dritte „ „	—	15	—	
	„ „ zweite „ „	—	50	—	
	„ „ erste „ „	—	100	—	

* § 33a Abs. 1. Wer gewerbsmässig Singspiele, Gesangs- und deklamatorische Vorträge, Schaustellungen von Personen oder theatralische Vorstellungen, ohne dass ein höheres Interesse der Kunst oder Wissenschaft dabei obwaltet, in seinen Wirthschafts- oder sonstigen Räumen öffentlich veranstalten oder zu deren öffentlicher Veranstaltung seine Räume benutzen lassen will, bedarf zum Betriebe dieses Gewerbes der Erlaubniss ohne Rücksicht auf die etwa bereits erwirkte Erlaubniss zum Betriebe des Gewerbes als Schauspielunternehmer.

** Die betreffenden Bestimmungen des GewStG. v. 24. 6. 91 lauten:

§ 6. Die Besteuerung erfolgt in vier Gewerbesteuerklassen. In Klasse I sind diejenigen Betriebe zu besteuern, deren jährlicher Ertrag 50000 Mark oder mehr, oder bei denen der Werth des Anlage- und Betriebs-Kapitals 1000000 Mark oder mehr beträgt.

Die Gewerbesteuerklasse II umfasst die Betriebe mit einem jährlichen Ertrage von 20000 bis ausschliesslich 50000 Mark, oder mit einem Anlage- und Betriebs-Kapitale im Werthe von 150000 bis ausschliesslich 1000000 Mark.

Zur Gewerbesteuerklasse III gehören die Betriebe mit einem jährlichen Ertrage von 4000 bis ausschliesslich 20000 Mark, oder mit einem Anlage- und Betriebs-Kapitale im Werthe von 30000 bis ausschliesslich 150000 Mark.

Zur Gewerbesteuerklasse IV gehören die Betriebe mit einem jährlichen Ertrage von 1500 bis ausschliesslich 4000 Mark, oder mit einem Anlage- und Betriebs-Kapitale von 3000 bis ausschliesslich 30000 Mark.

§ 7. Betriebe, bei denen weder der jährliche Ertrag 1500 Mark noch das Anlage- und Betriebs-Kapital 3000 Mark erreicht, bleiben von der Gewerbesteuer befreit.

Auf die Betriebsteuer (§§ 59 ff. dieses Gesetzes) findet diese Bestimmung keine Anwendung.

Lfd. Nr.	Gegenstand der Besteuerung.	Steuersatz v. H.	M.	Pf.	Berechnung der Stempelabgabe.
Noch 22.	2 Für Bewilligungen von Fristverlängerungen und Fristungen (§. 49 der Reichs-Gewerbeordnung)* ein Viertel der vorstehenden Sätze. *D. V. 5.*				
	3 Befreit sind Erlaubnißertheilungen für Unternehmer von Privat-Kranken-, Privat-Entbindungs- und Privat-Irrenanstalten, welche zu gemeinnützigen Zwecken dienen;				
	1 d) Genehmigungen zur Errichtung der in §. 16 der Reichs-Gewerbeordnung** und den dazu ergangenen und ferner ergehenden Beschlüssen des Bundesraths be-				

* Die Bestimmungen des § 49 der GewO. lauten:

Bei Ertheilung der Genehmigung zu einer Anlage der in den §§ 16 und 24 bezeichneten Arten, ingleichen zur Anlegung von Privat-Kranken-, Privat-Entbindungs- und Privat-Irrenanstalten, zu Schauspielunternehmungen sowie zum Betriebe der im § 33 gedachten Gewerbe kann von der genehmigenden Behörde den Umständen nach eine Frist festgesetzt werden, binnen welcher die Anlage oder das Unternehmen bei Vermeidung des Erlöschens der Genehmigung begonnen und ausgeführt und der Gewerbebetrieb angefangen werden muss. Ist eine solche Frist nicht bestimmt, so erlischt die ertheilte Genehmigung, wenn der Inhaber nach Empfang derselben ein ganzes Jahr verstreichen lässt, ohne davon Gebrauch zu machen.

Eine Verlängerung der Frist kann von der Behörde bewilligt werden, sobald erhebliche Gründe nicht entgegenstehen.

Hat der Inhaber einer solchen Genehmigung seinen Gewerbebetrieb während eines Zeitraums von drei Jahren eingestellt, ohne eine Fristung nachgesucht und erhalten zu haben, so erlischt dieselbe.

Für die im § 16 aufgeführten Anlagen darf die nachgesuchte Fristung so lange nicht versagt werden, als wegen einer durch Erbfall oder Konkurserklärung entstandenen Ungewissheit über das Eigenthum an einer Anlage oder, in Folge höherer Gewalt, der Betrieb entweder gar nicht oder nur mit erheblichem Nachtheile für den Inhaber oder Eigenthümer der Anlage stattfinden kann.

Das Verfahren für die Fristung ist dasselbe wie für die Genehmigung neuer Anlagen.

** Die betreffenden Bestimmungen der GewO. lauten:

§ 16. Zur Errichtung von Anlagen, welche durch die örtliche Lage oder die Beschaffenheit der Betriebsstätte für die Besitzer oder

Lfd. Nr.	Gegenstand der Besteuerung.	Steuersatz v. H.	M.	Pf.	Berechnung der Stempelabgabe.
Noch 22.	zeichneten Anlagen,[1] wenn die Kosten[2] der Anlage				
	1 000 Mark nicht übersteigen	—	1	—	
	5 000 " " "	—	5	—	
	10 000 " " "	—	10	—	
	20 000 " " "	—	20	—	
	50 000 " " "	—	50	—	
	75 000 " " "	—	75	—	
	100 000 " " "	—	100	—	
	bei einem höheren Kostenbetrag für je 50 000 Mark mehr 50 Mark.				
	Bek. 37. — D. V. 36.				

Bewohner der benachbarten Grundstücke oder für das Publikum überhaupt erhebliche Nachtheile, Gefahren oder Belästigungen herbeiführen können, ist die Genehmigung der nach den Landesgesetzen zuständigen Behörde erforderlich.

Es gehören dahin:

Schiesspulverfabriken, Anlagen zur Feuerwerkerei und zur Bereitung von Zündstoffen aller Art, Gasbereitungs- und Gasbewahrungsanstalten, Anstalten zur Destillation von Erdöl. Anlagen zur Bereitung von Braunkohlentheer, Steinkohlentheer und Koaks, sofern sie ausserhalb der Gewinnungsorte des Materials errichtet werden, Glas- und Russhütten, Kalk-, Ziegel- und Gipsöfen, Anlagen zur Gewinnung roher Metalle, Röstöfen, Metallgiessereien, sofern sie nicht blosse Tiegelgiessereien sind, Hammerwerke, chemische Fabriken aller Art, Schnellbleichen. Firnisssiedereien, Stärkefabriken, mit Ausnahme der Fabriken zur Bereitung von Kartoffelstärke, Stärkesyrupsfabriken, Wachstuch-, Darmsaiten-, Dachpappen- und Dachfilzfabriken, Leim-, Thran- und Seifensiedereien, Knochenbrennereien, Knochendarren, Knochenkochereien und Knochenbleichen, Zubereitungsanstalten für Thierhaare, Talgschmelzen, Schlächtereien, Gerbereien, Abdeckereien, Poudretten- und Düngpulverfabriken, Stauanlagen für Wassertriebwerke (§ 23), Hopfen-Schwefeldörren, Asphaltkochereien und Pechsiedereien, soweit sie ausserhalb der Gewinnungsorte des Materials errichtet werden, Strohpapierstofffabriken, Darmzubereitungsanstalten, Fabriken. in welchen Dampfkessel oder andere Blechgefässe durch Ver-

Abs. Nr.	Gegenstand der Besteuerung.	Steuersatz v. H.	M.	Pf.	Berechnung der Stempelabgabe.
2 Noch 22.	Genehmigungen zu Veränderungen in der Betriebsstätte[3] oder zu wesentlichen Veränderungen in dem Betriebe der Anlagen (§. 25 der Reichs-Gewerbeordnung)* die Hälfte der vorstehenden Sätze;				

nieten hergestellt werden, Kalifabriken und Anstalten zum Imprägniren von Holz mit erhitzten Theerölen, Kunstwollefabriken, Anlagen zur Herstellung von Celluloid und Dégrasfabriken, die Fabriken, in welchen Röhren aus Blech durch Vernieten hergestellt werden, sowie die Anlagen zur Erbauung eiserner Schiffe, zur Herstellung eiserner Brücken oder sonstiger eiserner Baukonstruktionen, die Anlagen zur Destillation oder zur Verarbeitung von Theer und von Theerwasser, die Anlagen, in welchen aus Holz oder ähnlichem Fasermaterial auf chemischem Wege Papierstoff hergestellt wird (Cellulosefabriken), die Anlagen, in welchen Albuminpapier hergestellt wird, die Anstalten zum Trocknen und Einsalzen ungegerbter Thierfelle sowie die Verbleiungs-, Verzinnungs- und Verzinkungsanstalten, die Anlagen zur Herstellung von Gussstahlkugeln mittelst Kugelschrotmühlen (Kugelfräsmaschinen), die Anlagen zur Herstellung von Zündschnüren und von elektrischen Zündern.

Das vorstehende Verzeichniss kann, je nach Eintritt oder Wegfall der im Eingange gedachten Voraussetzung, durch Beschluss des Bundesraths, vorbehaltlich der Genehmigung des nächstfolgenden Reichstags, abgeändert werden.

* Die betreffenden Bestimmungen der GewO. lauten:

§ 25. Die Genehmigung zu einer der in den §§ 16 u. 24 bezeichneten Anlagen bleibt solange in Kraft, als keine Aenderung in der Lage oder Beschaffenheit der Betriebsstätte vorgenommen wird, und bedarf unter dieser Voraussetzung auch dann, wenn die Anlage an einen neuen Erwerber übergeht, einer Erneuerung nicht. Sobald aber eine Veränderung der Betriebsstätte vorgenommen wird, ist dazu die Genehmigung der zuständigen Behörde nach Massgabe der §§ 17 bis 23 einschliesslich, beziehungsweise des § 24 nothwendig. Eine gleiche Genehmigung ist erforderlich bei wesentlichen Veränderungen in dem Betrieb einer der im § 16 genannten Anlagen. Die zuständige Behörde kann jedoch auf Antrag des Unternehmers von der Bekanntmachung (§ 17) Abstand nehmen, wenn sie die Ueberzeugung gewinnt, dass die beabsichtigte Veränderung für die Besitzer oder Bewohner benachbarter Grundstücke oder das Publikum überhaupt neue oder grössere Nachtheile, Gefahren oder Belästigungen, als mit der vorhandenen Anlage verbunden sind, nicht herbeiführen werde.

Lfd. Nr.	Gegenstand der Besteuerung.	Steuersatz v. H.	M.	Pf.	Berechnung der Stempelabgabe.
Noch 72.	Bewilligungen von Fristverlängerungen und Fristungen (§. 49 der Reichs-Gewerbeordnung)* ein Viertel der vorstehenden Sätze; *D. V. 5.*				
e	e) Genehmigungen zur Anlegung von Dampfkesseln[1, 2] (§. 24 der Reichs-Gewerbeordnung)** oder Aenderung der Dampfkesselanlagen sowie Bewilligungen von Fristverlängerungen und Fristungen, soweit nicht die Bestimmungen zu d zur Anwendung kommen (§§. 25 und 49 der Reichs-Gewerbeordnung)*** .... *Bek. 14. C. 2 c. — D. V. 37.*	—	1	50	

Diese Bestimmungen finden auch auf gewerbliche Anlagen (§§ 16 und 24) Anwendung, welche bereits vor Erlass dieses Gesetzes bestanden haben.

* § 49 der GewO. s. auf S. 125.

** Die betreffende Bestimmung der GewO. lautet:

§ 24. Zur Anlegung von Dampfkesseln, dieselben mögen zum Maschinenbetriebe bestimmt sein oder nicht, ist die Genehmigung der nach den Landesgesetzen zuständigen Behörde erforderlich. Dem Gesuche sind die zur Erläuterung erforderlichen Zeichnungen und Beschreibungen beizufügen.

Die Behörde hat die Zulässigkeit der Anlage nach den bestehenden bau-, feuer- und gesundheitspolizeilichen Vorschriften, sowie nach denjenigen allgemeinen polizeilichen Bestimmungen zu prüfen, welche von dem Bundesrath über die Anlegung von Dampfkesseln erlassen werden. Sie hat nach dem Befunde die Genehmigung entweder zu versagen oder unbedingt zu ertheilen, oder endlich bei Ertheilung derselben die erforderlichen Vorkehrungen und Einrichtungen vorzuschreiben.

Bevor der Kessel in Betrieb genommen wird, ist zu untersuchen, ob die Ausführung den Bestimmungen der ertheilten Genehmigung entspricht. Wer vor dem Empfange der hierüber auszufertigenden Bescheinigung den Betrieb beginnt, hat die im § 147 angedrohte Strafe verwirkt.

Die vorstehenden Bestimmungen gelten auch für bewegliche Dampfkessel.

Für den Rekurs und das Verfahren über denselben gelten die Vorschriften der §§ 20 und 21.

*** §§ 25 und 49 der GewO. s. auf S. 127/128 und 125.

	Lfd. Nr.	Gegenstand der Besteuerung.	Steuersatz v. H.	M.	Pf.	Berechnung der Stempelabgabe.
f	Reich N.	f) Erlaubnißertheilungen zum Betriebe des Pfandleihgeschäfts (§. 34 der Reichs-Gewerbeordnung)***	—	15	—	
		Bek. 14. C. 2 d. — D. V. 38.				
g 1		g) Genehmigungen für Unternehmer von Versicherungsanstalten,				
		wenn ihr Geschäftsgebiet nicht über den Umfang einer Provinz hinausgeht	—	20	—	
		sonst	—	100	—	
2		Befreit sind Genehmigungen für Versicherungsanstalten, deren Geschäftsgebiet über den Umfang eines Kreises nicht hinausgeht, sowie für solche Anstalten, welche auf Gegenseitigkeit gegründet und deren Zwecke nicht auf die Erzielung von Gewinn gerichtet sind;[1]				
		Bek. 38.				
h		h) Erlaubnißscheine[1] zur Bestellung von Agenten im Inlande seitens ausländischer Unternehmer von Versicherungsanstalten	—	100	—	
i		i) Genehmigungen zum Gewerbebetriebe der Auswanderungsunternehmer und Auswanderungsagenten	—	100	—	
		Genehmigungen auf die Dauer eines Jahres sowie Verlängerungen dieser Genehmigungen	—	25	—	
k		k) [1]Erlaubnißertheilungen für ausländische Auswanderungsunternehmer zur Bestellung von Agenten im Inlande[2]	—	100	—	
l		l) Genehmigungen zum Betriebe von Privatanschlußbahnen,[1] wenn die Kosten[2] der Anlage				
		1 000 Mark nicht übersteigen	—	1	—	
		5 000 „ „ „	—	5	—	
		10 000 „ „ „	—	10	—	
		20 000 „ „ „	—	20	—	
		50 000 „ „ „	—	50	—	
		75 000 „ „ „	—	75	—	
		100 000 „ „ „	—	100	—	

*** Die betreffende Bestimmung der GewO. lautet:

§ 34 Abs. 1 Satz 1. Wer das Geschäft eines Pfandleihers . . . . . betreiben will, bedarf dazu der Erlaubniss.

	Lfd. Nr.	Gegenstand der Besteuerung.	Steuersatz v. H.	M.	Pf.	Berechnung der Stempelabgabe.
	Noch 22.	bei einem höheren Kostenbetrage für je 50 000 Mark mehr 50 Mark;				
		Genehmigungen zu Veränderungen in dem Betriebe die Hälfte der vorstehenden Sätze; *Bek. 39. — D. V. 40.*				
m		m) [1]Genehmigungen zum Betriebe eines Eisenbahnunternehmens[2]	—	100	—	
1		Genehmigungen zum Betriebe eines Dampfschifffahrts- oder Kleinbahnunternehmens,[3] wenn der Gewerbebetrieb wegen geringen Ertrages und Kapitals von der Gewerbesteuer frei ist	—	3	—	
		in die vierte Gewerbesteuerklasse gehort	—	10	—	
		„ „ dritte „ „	—	25	—	
		„ „ zweite „ „	—	60	—	
		„ „ erste „ „	—	100	—	
		Genehmigungen zu Veränderungen[4] in dem Betriebe die Hälfte der vorstehenden Sätze;				
		Bewilligungen von Fristverlängerungen und Fristungen ein Viertel der vorstehenden Sätze. *Bek. 40. — D V. 41, 5.*				
2		Die Bewilligung von Fristverlängerungen und Fristungen, welche durch Naturereignisse oder andere unabwendbare Zufälle verursacht sind, ist stempelfrei;				
n 1		n) Genehmigungen der Ortspolizeibehörden zum Betriebe von Gewerben, welche dem öffentlichen Personen- und Güterverkehr innerhalb der Orte durch sonstige Transportmittel aller Art (Wagen, Gondeln, Sänften, Pferde u. s. w.) dienen (§. 37 der Reichs-Gewerbeordnung)* . . . . . *Bek. 41.*	—	3 bis 20	—	je nach der Bedeutung des Gewerbes.

* Die betreffende Bestimmung der GewO. lautet:

§ 37. Der Regelung durch die Ortspolizeibehörde unterliegt die Unterhaltung des öffentlichen Verkehrs innerhalb der Orte durch

Lfd. Nr.	Gegenstand der Besteuerung.	Steuersatz v. H.	M.	Pf.	Berechnung der Stempelabgabe.
2 Noch Nr.	Werden Genehmigungen der bezeichneten Art Personen ertheilt, deren Gewerbebetrieb wegen geringen Ertrages und Kapitals von der Gewerbesteuer frei ist, so beträgt die Stempelabgabe......	—	—	50	

Zu Tarif-Nr. 22a.

1. Vgl. KaisV. v. 27. 1. 90 (RGBl. S. 9), 31. 12. 94 (RGBl. von 1895 S. 1), 25. 11. 95 (RGBl. S. 455).

2. a) Nur für die Erlaubnis der ersten Anlegung der Zweigapotheke ist der Stempel fällig, sodaß für die von drei zu drei Jahren zu erteilende Erlaubnis der Fortführung der Zweigapotheke dieser Stempel nicht zu erheben ist, sondern ev. nur, bei Zurückbehaltung eines Konzepts, der Ausfertigungsstempel. FM. III 1072 / M. d. g. A. III 5457 vom 2. 3. 01, ZBl. S. 76.

b) Selbständige Nebenapotheken sollen wie Filialapotheken behandelt werden; die einzelnen Aerzten erteilte Erlaubnis zur Führung von Hausapotheken ist stempelfrei. KB. S. 25, 4. KS. S. 8.

3. In den Fällen der Verlegung einer Apotheke auf Anordnung der Aufsichtsbehörde ist von einem Stempel abgesehen. Mot. S. 34.

4. Vererbliche und veräußerliche Konzessionen werden in Zukunft nicht mehr erteilt. KB. S. 25.

In dem JME. v. 23. 11. 00 — JMBl. S. 638 — ist darauf hingewiesen, daß Gericht und Notare, welche die Veräußerung von Apothekengrundstücken beurkunden, sich der Einziehung des auf der Urkunde über die Erlaubniserteilung ruhenden Stempels von 50 und event. 20 M. zu enthalten haben. Gleichzeitig ist bemerkt, daß die Kaufurkunden, wenn es sich um Veräußerung eines Privilegiums handelt, 1 % des Kaufpreises erfordern, daß dagegen nur der allgemeine Vertragsstempel fällig ist, wenn bei Veräußerung konzessionierter Apotheken über Uebertragung der Konzession auf den Erwerber oder über den Verzicht des Verkäufers auf die Konzession Vereinbarung getroffen wird. — Vgl. A. 14 bei Tarif 32 und A. 19d bei § 25.

Zu Tarif-Nr. 22b.

1. Hebammen fallen nicht unter die Position. 4. KS. S. 11. Vgl. GewO. §§ 40, 53, 143.

Wagen aller Art, Gondeln, Sänften, Pferde und andere Transportmittel sowie das Gewerbe derjenigen Personen, welche auf öffentlichen Strassen oder Plätzen ihre Dienste anbieten.

Zu Tarif-Nr. 22c.

1. Im Falle des Zusammentreffens eines nicht konzessionspflichtigen Betriebes mit einem konzessionspflichtigen Gewerbe in der Person eines Gewerbetreibenden bestimmt sich der Steuersatz der Tarifstelle 22c, da nach § 17 des GewStG. v. 24. 6. 91 mehrere Betriebe derselben Person als ein steuerpflichtiges Gewerbe zur Steuer veranlagt werden, nach der Veranlagung zu derjenigen Gewerbesteuerklasse, zu welcher der Gewerbetreibende nach seinem „Gesamtbetriebe“ gehört. RG. 18. 4. 02, ZBl. S. 182, Entsch. Bd. 51 S. 202.

2. Die Erlaubniserteilungen zum Betriebe einer Privatkranken- und Privatirrenanstalt sind besonders zu versteuern, da diese nach § 30 RGewO. unterschieden werden. FM. 27. 6. 01 III 8141.

3. Dem Kläger, dem schon früher die Genehmigung zur Errichtung einer Privatirrenanstalt erteilt war, ist ferner die Erlaubnis gegeben, in der Anstalt 7 Zimmer stärker zu belegen, bezw. noch einige Zellen anzulegen: Das Reichsgericht hat am 19. 10. 00, JW. 00 S. 794, ZBl. S. 255 von 1902 entschieden, daß Genehmigungen zu Veränderungen in Rücksicht auf eine Anstalt in Frage stehen, wegen deren Errichtung derselben Person die Konzession schon erteilt war. Solche Veränderungsgenehmigungen sind nach der Tarifstelle 22c nicht stempelpflichtig.

Diesem Urteil ist verwaltungsseitig im FM. 30. 9. 02 III 12269 beigetreten, wodurch die Rundverfügung v. 4. 9. 96 III 10893 aufgehoben ist, so daß also zu Erweiterungsurkunden der vorgedachten Art der Stempel dieser Tarifstelle nicht zu verlangen ist.

Der Erl. v. 30. 9. 02 III 12269 wird sich nur auf Fälle beziehen, in denen Erlaubniserteilungen zum Betriebe einer Privat-Kranken- 2c. Anstalt oder zum Betriebe der Gastwirtschaft 2c. lediglich eine Ausdehnung in räumlicher Beziehung erfahren. Ueber diesen Kreis hinaus wird der Erlaß keine Anwendung finden, insbesondere nicht auf eine inhaltliche Erweiterung der Erlaubnis selbst, wie sich die Ausdehnung einer sog. beschränkten Schankerlaubnis für Wein, Bier und Kaffee auf den Ausschank von Branntwein darstellt.

4. Fabrikbesitzer A. hatte in seinen Fabrikräumen eine Kantine für seine Arbeiter angelegt und hierfür vom Stadtausschuß die auf Veranlassung der Polizeibehörde nachgesuchte Schankerlaubnis erhalten: Ein Gewerbebetrieb i. S. des § 33 GewO. liegt überhaupt nicht vor, es findet deshalb Tarifstelle 22c nicht Anwendung. Der aus dieser Tarifstelle verwendete Stempel ist also nicht fällig. FM. 22. 12. 02 III 15965.

5. a) Dem Kläger ist als Direktor der N. N.-Brauerei für zwei Lokale, deren Betrieb für Rechnung der Brauerei erfolgen sollte, die Konzession erteilt: Maßgebend für den Stempel ist nicht die Gewerbesteuer der Brauerei, sondern die des Klägers. RG. 29. 6. 00, JW. S. 630. — Ebenso entschieden im FME. v. 13. 9. 00 III 10994 gelegentlich der Erstattung von Stempeln zu Erlaubniserteilungen für Lagerhalter eines Konsumvereins, dessen Geschäftsführer für den Verein gemäß § 33 RGewO. konzessioniert waren.

Noch: Zu Tarif-Nr. 22c.

b) Die Erlaubnisscheine zum Kleinhandel mit Branntwein, die dem nicht gewerbesteuerpflichtigen alleinigen persönlich haftenden Gesellschafter einer Kommanditgesellschaft erteilt worden sind, sind nicht nach derjenigen Gewerbesteuerklasse zu versteuern, in die der Gewerbebetrieb der Kommanditgesellschaft gehört. LG. I Berlin v. 16. 1. 01.

c) Von dem Stadtausschuß zu K. sind über die nach dem Tode des A. auf dessen Vater übergegangene 25 Schankstätten zum Ausschank von Mineralwasser und Fruchtsäften 25 verschiedene je auf eine einzelne dieser Schankstätten lautende Genehmigungsurkunden erteilt: Da der Vater zur 3. Gewerbesteuerklasse gehörte, mußte ein Stempel von 15 Mark zu jeder der 25 Urkunden verwendet werden (§ 1 Abs. 1 LStG.). Duplikate liegen schon deshalb nicht vor, da jede Urkunde über eine andere Schankstätte lautet. FM. 18. 4. 05 III 4871.

Zu Tarif-Nr. 22d.

1. Als Gegenstand der Wertbemessung soll nur der Teil der Anlage angesehen werden, für welche das Gesetz die Konzession vorschreibt, so daß z B, wenn ein Wohnhaus und eine Kesselschmiede als Gesamtanlage errichtet werden, nur die letztere in Betracht kommt Desgleichen soll bei Aenderungen nur der Wert dieser, nicht der durch die Aenderung erfolgte Mehrwert der ganzen Anlage in Rechnung gestellt werden KB. S. 30.

2. Für die Versteuerung sind die wirklich entstandenen Kosten der Anlage maßgebend, nicht etwa der Wert oder die zu schätzenden mutmaßlichen Kosten. HSp S. 621, 622 A 22. Wird die genehmigte Anlage überhaupt nicht ausgeführt, so kann ein Stempel nach Tarifstelle 22d auch überhaupt nicht gefordert werden; es kann dann ev. nur der Ausfertigungsstempel in Frage kommen.

3. „Betriebsstätte" ist nicht gleichbedeutend mit „Grundstück, auf dem sich die Anlage befindet", sondern begreift nur die dem Unternehmen unmittelbar zur Ausübung des Betriebes oder für sonstige Betriebszwecke dienenden Räume. Sächs OberverwGer. 14. 5 04, DJZ S. 751 von 1905.

Zu Tarif-Nr. 22e.

1. Turbinen sind nicht konzessionspflichtig und fallen deshalb nicht unter diese Position. 5. KS. S. 9.

2. In dem Falle, in welchem es sich um eine Aenderung einer bereits genehmigten Anlage durch Errichtung einer Dampfkesselanlage handelt, soll die Konzessionsurkunde maßgebend sein; wird aber die Anlegung eines Dampfkessels für einen schon bestehenden Betrieb genehmigt, so kommt Buchst e zur Anwendung; ist aber mit der Dampfkesselanlage eine Aenderung der schon früher konzessionierten Hauptanlage verbunden und wird diese Aenderung genehmigt, so soll Buchst. d Abs. 2 Platz greifen, weil die Konzession für die Kesselanlage in der Hauptkonzession enthalten ist und nicht besonders ausgestellt wird Es findet eine besondere Konzessionierung der Dampfkessel auch dann nicht statt, wenn

Noch: Zu Tarif-Nr. 22e.

eine an sich konzessionspflichtige Anlage der Behörde zur Genehmigung neu vorgelegt wird, sondern es wird auch in diesem Falle nur eine einzige Konzessionsurkunde über die gesamte Anlage ausgestellt. KB. S. 31.

Zu Tarif-Nr. 22g.

1. a) Die behördliche Genehmigung, der die sich als Versicherungsvereine auf Gegenseitigkeit charakterisierenden Sterbe-, Aussteuer- und dergl. Kassen bedürfen, stellt nach dem Reichsges. v. 12. 5. 01 § 15 eine Erlaubnis zum Geschäftsbetriebe dar. Es findet somit auf die Genehmigung diese BefrVorschr. Anwendung. Hiernach ist auch kein Ausfertigungsstempel mehr zu erfordern. FM. 13. 9. 04 III 11970, ZBl. S. 219.

b) Um die Stempelbefreiung zu begründen, genügt der Vermerk: „Stplfr. lt. StG. T. 22g." Erl. d. M. d. J. 20. 8. 96, MBl. S. 140, ZBl. S. 584.

Zu Tarif-Nr. 22h, i u. k.

1. Vgl. Ges. v. 17. 5. 53 betreffend den Geschäftsverkehr der Versicherungsanstalten und Reichsges. v. 9. 6. 97 über das Auswanderungswesen, durch welches letztere Gesetz litt. k jede weitere Bedeutung verloren hat.

2. Zu den auf Grund § 2 des Reichsauswanderungsges. zu erteilenden Erlaubnisurkunden der Auswanderungsunternehmer ist die preußische Stempelabgabe nicht fällig. FM. 28. 7. 02 III 6994.

Zu Tarif-Nr. 22l.

1. Vgl. §§ 43, 51 Ges. v. 28. 7. 92 über Kleinbahnen und Privatanschlußbahnen.

2. Für die Berechnung des Stempels entscheidet nicht der Wert der Anlage, sondern der tatsächlich für ihre Schaffung erforderlich gewesene Betrag; nicht bloß die unmittelbar auf den Bau der Anlage verwendeten Kosten, sondern auch alle Nebenkosten, insbesondere auch für Grunderwerb. RG. 13. 7. 05, ZBl. S. 694, Entsch. Bd. 61 S. 235. Im vorliegenden Falle sind nicht nur berücksichtigt die Kosten für Erd- und Oberbauarbeiten und Fernsprechkabel auf dem Gaswerk, sondern auch die Kosten für Landerwerb, Entschädigungen, Eisenbahnkabel, Reichspostkabel, Umbau der Lankwitzer Straße, Kostenbeitrag für Umbau der Station Marienfelde.

Zu Tarif-Nr. 22m.

1. Vgl. Ges. v. 3. 11. 38 über Eisenbahnunternehmungen und 28. 7. 92 (s. o.).

2. Die Tarifstelle 22m betrifft nur diejenigen Genehmigungen, welche zu dem Unternehmen als solchem erteilt werden; im Gegensatz zu den Genehmigungen zu Veränderungen in dem Betriebe und Bewilligungen von Fristverlängerungen, auf welche die ermäßigten Steuersätze Anwendung finden, können unter den zunächst angegebenen Genehmigungen nur solche verstanden werden, durch welche das

Lfd. Nr.	Gegenstand der Besteuerung.	Steuersatz v. H.	M.	Pf.	Berechnung der Stempelabgabe.
23.	**Familienstiftungen,** wie Fideikommißstiftungen, s. diese.				
1 24.	[1] **Fideikommißstiftungen,** [2. 4—8] d. h. alle von Todeswegen oder unter Lebenden getroffenen Anordnungen, kraft deren gewisse Vermögensgegenstände der Familie für immer oder für mehr als zwei Generationen[3] erhalten bleiben sollen . . . . *D. V. 42.*	3	—	—	des Gesammtwerthes der denselben gewidmeten Gegenstände ohne Abzug der Schulden 2 d. 7 b. d. 10.

Noch: Zu Tarif-Nr. 22m.

Unternehmen an sich gestattet wird. RG. 4. 10. 01, Entsch. Bd. 51 S. 17.

3. Die Ausstellung neuer Genehmigungsurkunden für die vor dem Inkrafttreten des Kleinbahngesetzes genehmigten Kleinbahnen, die sich den Bestimmungen des neuen Ges. v. 28. 7. 92 — § 53 Abs. 3 — unterwerfen, erfolgt stempelfrei. FM. 21. 7. 99 III 9972, ZBl. S. 206.

Vorstehender Erlaß vom 21. Juli 1899 hat auch auf Privatanschlußbahnen Anwendung. Neue Genehmigungsurkunden für diejenigen vor dem Inkrafttreten des Kleinbahngesetzes genehmigten Privatanschlußbahnen, deren Unternehmer sich den sämtlichen Bestimmungen dieses Gesetzes unterworfen haben, bedürfen des Stempels der Tarifstelle 22 l nicht; bei wesentlichen Erweiterungen oder wesentlichen Aenderungen im Fall der Unterwerfung ist der Stempel nach den Kosten der Erweiterung oder Aenderung zu berechnen.

In Fällen, wo es sich um Erweiterung oder Aenderung eines nur für den Pferdebetrieb genehmigten Anschlußgleises bei gleichzeitiger Einführung des Lokomotivbetriebes handelt, hat die Berechnung für die Genehmigungsurkunde nach den Kosten der Gesamtanlage stattzufinden, da durch die Genehmigung das Anschlußgleis tatsächlich erst eine Privatanschlußbahn im Sinne des § 43 des Kleinbahngesetzes wird. FM. 30. 11. 00 III 12992, ZBl. S. 601 von 1900.

4. a) Die Genehmigung zur Verlängerung eines bestehenden Kleinbahnunternehmens durch Fortführung der Bahnlinien unterliegt als eine Genehmigung zu Veränderungen in dem Betriebe nur dem halben Stempel, ebenso wie die infolge Veräußerung eines Kleinbahnunternehmens dem Rechtsnachfolger erteilte Genehmigung zum Betriebe. KG. 14. 3. 02.

b) Genehmigungen, welche sich auf die Erlaubniserteilung zur Verlegung einer Gleisanlage beschränken, sind nicht als Genehmigungen zu Veränderungen im Betriebe eines Kleinbahnunternehmens i. S. dieser Tarifstelle anzusehen und erfordern daher ev. nur den Ausfertigungsstempel. FM. 28. 5. 01 III 4028.

Lfd. Nr.	Gegenstand der Besteuerung.	Steuersatz v. H.	M.	Pf.	Berechnung der Stempelabgabe.
Noch 24.	2 Bei Stiftungen unter Lebenden ist der Stempel in der durch §. 16 Buchstaben g dieses Gesetzes vorgeschriebenen Frist von zwei Wochen beizubringen, bei Stiftungen von Todeswegen binnen sechs Monaten nach dem Todesfall.				
	3 Wegen der Verhaftung für die Entrichtung des Stempels für Stiftungen von Todeswegen kommen die Bestimmungen der §§. 29 und 30 des Gesetzes, betreffend die Erbschaftssteuer, vom 30. Mai 1873 / 19. Mai 1891 * zur Anwendung.				
	4 Bei Fideikommißstiftungen, für welche von dem Stifter ein weiteres Anwachsen des Grundvermögens, sei es durch in Aussicht genommene Zuwendungen freigebiger Art, sei es durch eine angeordnete Zuschlagung von Zinsen zum Kapital vorgesehen worden ist, wird der Werthstempel rücksichtlich des sich nach und nach ansammelnden Theiles des Stiftungsvermögens nur allmählich von dem Zuwachse nach näherer Bestimmung der Provinzial-				

* Die betreffenden Bestimmungen des EStG. lauten:

§ 29. Die Erbschaftssteuer trifft den Erwerber des steuerpflichtigen Anfalles. Für dieselbe haftet die ganze steuerpflichtige Masse (§. 5), aus welcher auch auf Erfordern für die Versteuerung bedingter Anfälle Sicherheit bestellt werden muss (§§ 22 und 23).

Erben und Miterben sind bis auf Höhe des aus der Erbschaft Empfangenen für die von allen den Nachlass betreffenden Anfällen zu entrichtende Erbschaftssteuer solidarisch verpflichtet.

Hinsichtlich der in diesem Gesetze den Erben und Miterben aufgelegten Verpflichtungen werden Erwerber eines Universalvermächtnisses oder eines Vermächtnisses unter einem Universaltitel den Erben und Miterben gleichgeachtet.

§ 30. Gesetzliche Vertreter und Bevollmächtigte der Erbinteressenten, Testamentsexekutoren und Nachlassverwalter, sowie die Verwalter von Familienstiftungen, dürfen die Erbschaft, einzelne Erbtheile, Vermächtnisse oder Schenkungen, beziehungsweise die Hebungen aus der Familienstiftung, nur nach Berichtigung oder Sicherstellung der darauf treffenden Erbschaftssteuer ausantworten und bleiben im entgegengesetzten Falle für die Steuer verhaftet.

Lfd. Nr.	Gegenstand der Besteuerung.	Steuersatz v. H.	M.	Pf.	Berechnung der Stempelabgabe.
Noch 24.	steuerbehörde oder, wenn der Stiftungsstempel bei den Gerichtskosten zu vereinnahmen ist, der zuständigen Gerichtsbehörde erhoben.				
	D. V. 12. C. — Allg. V. § 11. C § 12, Abs. 1.				
5	Fideikommißstiftungen, welche ausländische Grundstücke betreffen, sind dem Werthstempel nicht unterworfen.				
6	In Betreff der Erhebung des Fideikommißstempels aus Anlaß der Auflösung der Lehnverbände bewendet es bei den bestehenden Bestimmungen.[9]				

Zu Tarif-Nr. 24.

1. Vgl. Art. 59 EG. BGB. — Art. 89 Ziff. 1 c u. 10 AG. BGB. — §§ 80 ff. BGB. — Art. 1 AG. BGB. — ALR. II 4 §§ 23, 48, 72, 73 — auch A. 7 zu Tarif 66.

2. a) Der Stempel für Familienstiftungen (Tarif 23 und 24) ist durch das RESt G. v. 3. Juni 1906 unberührt geblieben, da das Stiftungsgeschäft nur insoweit dem Erbschaftssteuergesetz unterliegt, als es sich um die Zuwendung des Stiftungsvermögens an die Stiftung handelt (§ 55 Abs. 3 EStG.). Allg. Verf. v. 26. 6. 06, JMBl. S. 174.

b) Ob eine Anordnung als Familienstiftung zu versteuern ist, kann, da das BGB. über Familienstiftungen keine Vorschriften enthält und dem Tarif zum LStG. der Sprachgebrauch des Landrechts zu grunde liegt, nur nach der § 21 ALR. II 4 gegebenen Begriffsbestimmung entschieden werden.

Die im § 23 ALR. II 4 für Familienfideikommisse getroffene Bestimmung, daß die Anordnung für beständig oder doch für mehrere Geschlechtsfolgen getroffen sein müsse, hat für Familienstiftungen keine Geltung. FM. 24. 5. 01 III 6647. — Vgl. A. 22 bei § 5.

c) Zur Begründung der Stempelpflicht muß eine neue selbständige Stiftung ins Leben gerufen werden; ein Familienschluß, der die Verwendung der Revenuen eines Teiles des Stiftungsvermögens lediglich abändert, genügt nicht. (Eine Stiftung war nur für männliche Mitglieder einer Familie bestimmt; durch Familienschluß wurde die Verwendung eines Teils des Kapitals zu Unterstützungszwecken für die weiblichen Mitglieder beschlossen.) RG. 5. 1. 99, Gruch. Jahrg. 43 S. 1139.

d) Wenn z. Z. des Erlasses der Gesetze vom 7. März 1822 und 31. Juli 1895 von einer Fideikommißstiftung ein Urkundenstempel nicht zu zahlen war, so ist bei Vermehrung des Stiftungskapitals ein solcher Stempel nicht zu erheben. RG. 5. 1. 99, Gruch. Jahrg. 43 S. 1139.

Noch: Zu Tarif-Nr. 24.

3. Bei Zählung der beiden Generationen wird der erste Fideikommißbesitzer nicht mitgerechnet. AH. S. 2288, 2292 ff.

4. Eine Familienstiftung i. S. des Art. 1 AG. BGB. liegt auch dann vor, wenn in der Stiftungsurkunde für den Fall des Aussterbens der zunächst berechtigten Familie Bestimmung über anderweite Verwendung der Einkünfte der Stiftung getroffen ist. KG. 25. 3. 01, Joh. Bd. 21 S. A 214. Bei derartigen sukzessiven Stiftungen bedarf es bezüglich der Familienstiftung der Genehmigung des zuständigen Amtsgerichts, bezüglich der weiteren gewöhnlichen Stiftung der Königlichen Genehmigung.

Das Amtsgericht ist nur dann zur Genehmigung zuständig, wenn die Stiftung ausschließlich einer oder mehreren bestimmten Familien dient. Art. 1 § 1 Pr. AG. z. BGB. Handelt es sich aber um eine gemischte Stiftung, bei welcher schon bei dem Bestehen der Familie die Erträge der Stiftungskapitalien nicht bloß Familienmitgliedern, sondern auch andern Personen zugewendet werden, dann ist eine Familienstiftung i. S. des Art. 1 Pr. AG. nicht vorhanden; eine solche Stiftung unterliegt der landesherrlichen Genehmigung (Joh. Bd. 21 S. A 218). Dadurch wird jedoch nicht ausgeschlossen, daß i. S. der Steuergesetze eine Stiftung als Familienstiftung zu behandeln ist, wenn sie überwiegend die Unterstützung der Mitglieder bestimmter Familien bezweckt. FM. 16. 12. 04 III 15272.

5. Ein Familienfideikommiß ist nur an fruchttragenden Sachen, nicht etwa an Ahnenbildern, möglich. RG. 12. 5. 05, DJZ. Nr. 14.

6. Ist in einem Testament eine Quote des Nachlasses zu einer Familienstiftung ausgesetzt, so unterliegt die Zuweisung derselben an die Familienstiftung nicht der Erbschaftssteuer, sondern es darf nur der Urkundenstempel nach den Tarifstellen 23 und 24 von der Stiftungsurkunde erhoben werden. Zu dem Erbteilungsvertrag, in welchem der Familienstiftung bestimmte Stücke des Nachlasses zugeteilt werden, ist also nicht der in Tarifstelle 20 vorgesehene Stempel von $^1/_{25}$ Prozent für die Beurkundung der Verteilung einer erbschaftssteuerpflichtigen Erbschaft zu verwenden. KG. 14. 1. 01, JohNF. Bd. 21 S. B 28.

7. a) Eine dem Stempel unterworfene Erweiterung des Fideikommisses liegt auch dann vor, wenn zwar nicht neue Gegenstände dem Fideikommiß einverleibt, sondern die zum Fideikommiß gehörigen über den Begriff bloßer Erhaltung hinaus verbessert werden und hierüber eine urkundliche Willenserklärung errichtet wird.

Der Fideikommißstempel ist auch dann zu entrichten, wenn die Werterhöhung durch Aufnahme von Schulden ausgeglichen wird.

In einem Familienschluß war bestimmt, daß zu Gunsten des Fideikommißbesitzers, der eine stiftungsgemäß an N. N. aus den Fideikommißrevenuen zu zahlende Fideikommißabfindungssumme von 120000 M. dem

Noch: Zu Tarif-Nr. 24.

Gläubiger bezahlt hat, mit Rücksicht darauf, daß der Fideikommißbesitzer inzwischen einen noch größeren Betrag zur dauernden Verbesserung der Fideikommißgüter verwendet hat, in Höhe von 120000 M. eine wahre, auf der Substanz des Fideikommisses ruhende Fideikommißschuld konstituiert wird, die dem jetzigen Besitzer als Allodium gehören soll. Zur Sicherheit werden die Güter verpfändet.

Zu dieser Erklärung wurde der Schuldverschreibungsstempel und der Fideikommißstempel gefordert. Das Reichsgericht hat im Urteil vom 7. 4. 03 diese Forderung als gerechtfertigt erachtet, und dabei betont,

daß der gesetzgeberische Grund des Fideikommißstempels nicht der Umstand ist, daß bestimmte körperliche Gegenstände, sondern daß gewisse Vermögenswerte dem freien Verkehr entzogen werden, daß eine stempelpflichtige Erweiterung des Fideikommisses vorliegt, wenn seine Substanz nicht vermehrt, aber in ihrer Beschaffenheit mit dem Erfolge der Werterhöhung verbessert wird, ohne daß diese Verbesserung eine Erfüllung der Pflicht darstellt, die Substanz zu erhalten,

daß der Stempel nicht auf der tatsächlichen Widmung ruht, sondern auf der urkundlichen Willenserklärung, durch die der Gegenstand zum Fideikommiß „bestimmt" wird,

daß die durch die Verbesserungen des Fideikommisses bewirkte Erhöhung des Gesamtwertes hinsichtlich der Stempelpflichtigkeit dieser Erhöhung nicht dadurch wieder beseitigt wird, daß etwa der Reinwert des ganzen Fideikommisses trotz der Verbesserungen derselbe geblieben ist, weil der Wert der Verbesserungen durch die Belastung des Fideikommisses mit der Substanzschuld wieder seine Ausgleichung gefunden hat; trotz dieses Ausgleiches verbleibe es dabei, daß mehr Vermögenswerte als früher an dem freien Verkehr nicht teilnehmen können.

Der Schuldverschreibungsstempel ist neben dem Fideikommißstempel für begründet erachtet, weil beide Erklärungen als einseitige rechtlich — wenn auch nicht wirtschaftlich — von einander unabhängige Geschäfte nebeneinander stehen. ZBl. S. 231, Entsch. Bd. 54 S. 227.

b) Ein Familienschluß, durch den die Einverleibung von Verbesserungen in ein Fideikommiß beurkundet wird, unterliegt dem Fideikommißstempel insoweit, als durch die Verbesserungen der Wert des Fideikommisses erhöht worden ist. Für die Feststellung der Werterhöhung ist derjenige Zeitpunkt maßgebend, welcher der Verbesserung unmittelbar vorhergeht. Handelt es sich hierbei um Ersatzbauten für durch Brand zerstörte Gebäude, so ist die Zeit nach dem Brande, nicht die vor dem Brande, maßgebend. RG. 22. 4. 03. — Vgl. unten A. 8b.

c) Die Einverleibung von Verbesserungen in das Fideikommiß, durch welche das dem Besitzer nach § 211 LR. II 4, §§ 508 LR. I 18, 124 u. 130 LR. I 21 zustehende Recht der Wegnahme ausgeschlossen wird, ist auch dann als eine dem Fideikommißstempel unterliegende Vermehrung des Fideikommißvermögens anzusehen, wenn das

Noch: Zu Tarif-Nr. 24.

Entgelt für diese Einverleibung durch ein auf das Fideikommiß aufzunehmendes Pfandbriefdarlehn beschafft wird. Die gleichzeitige Belastung des Fideikommisses mit einer der Amortisation unterliegenden Schuld beseitigt die Stempelpflicht nicht, weil auch bei Errichtung des Fideikommisses der Wert desselben ohne Abzug der Schulden dem Stempel unterliegt. FM. 7. 11. 00 III 6055.

d) Stiftungsmäßige Aufwendungen zur Vermehrung einer zum Fideikommiß gehörigen Bibliothek sind dem Fideikommißstempel unterworfen, auch wenn die Zuwendungen den Betrag nicht übersteigen, um den die Bibliothek durch Veraltung der Werke entwertet wird.

Beträgt auch der jährliche Fideikommißzuwachs nicht über 150 M., so tritt doch Stempelpflicht ein, weil die Beträge der jährlichen Zuwendungen zusammen zu rechnen sind. KG. 4. 5. 06.

8. a) Das dem Fideikommiß zugeschlagene Haus ist zwar Bestandteil des Fideikommisses geworden, doch liegt ein Fideikommiß i. S. der Tarifstelle in Ansehung des Hauses nicht vor, denn nach der Stiftungsurkunde hat der Fideikommißbesitzer freies Veräußerungsrecht über das Haus, und ist er nur insofern gebunden, als er den Erlös nach Abzug der Schulden dem Fideikommiß zuschlagen muß. Fideikommissarisch gebunden ist also nur der künftige Reinerlös. Da dessen Höhe nicht feststeht, kann nach § 8 LStG. der Stempel endgültig erst nach erfolgter Veräußerung berechnet werden. FM. 16. 7. 03 III 9813.

b) Ein Fideikommißbesitzer verwendet Versicherungsgelder zur Wiederherstellung von Gebäuden. Da er diese Gelder dazu nach gesetzlicher Vorschrift verwenden mußte, liegt in der Ausführung der Verwendung keine fideikommiß-stempelpflichtige Zuwendung. FM. 5. 8. 98 III 11124. Ev. könnte nur der Mehrwert, der dem Gute durch die Versicherungssumme übersteigende Aufwendungen zugeführt wird, zur Berechnung gezogen werden. Der Unterschied würde in der Weise zu ermitteln sein, daß zunächst festgestellt wird, welche Gebäude für die Versicherungssumme hätten errichtet werden können und um wieviel dadurch der Wert des Fideikommisses gegenüber dem Zustand ohne solche Gebäude erhöht sein würde, und daß alsdann geschätzt wird, um wie viel der Wert des Fideikommisses durch die tatsächlich von dem Fideikommißbesitzer ausgeführten Bauten zur Zeit ihrer Vollendung jenem Zustand gegenüber gestiegen sind. RG. 22. 4. 03. — Vgl. oben A. 7b.

c) Der jedesmalige Fideikommißbesitzer ist zur Aufnahme eines amortisierbaren Darlehns von 100000 M. zu Bau- und Meliorationszwecken des Fideikommißguts stiftungsgemäß befugt: Der Fideikommißstempel ist nicht fällig, weil diesem nur diejenigen beurkundeten Rechtsgeschäfte unterworfen sind, vermöge deren ein Gegenstand des allodialen Vermögens dem freien Verkehr entzogen und zum Gegenstande einer Fideikommißstiftung bestimmt wird; vorliegend handele es sich aber nur um die Beurkundung eines Pfandbriefdarlehns, und die gewährten Pfandbriefe hätten nicht die Bestimmung, dauernde Bestandteile des Fideikommisses zu werden, sondern

Noch: Zu Tarif-Nr. 24.

sollten als Allodialvermögen des Besitzers zum Besten des Fideikommisses verbraucht werden. RG. 16. 6. 99, JW. S. 548.

d) Das zum Zweck der Melioration sowie behufs Vornahme von Reparaturen und Bewirkung von Ausstattungen, also für Zwecke, die das Fideikommißvermögen nicht vermehren, aufgenommene Darlehn von 120000 M. ist nur insoweit dem Fideikommißstempel unterworfen, als dem Fideikommißvermögen ein Mehrwert zugefügt ist. Daß das Fideikommiß mit einer Schuld belastet ist, steht der Stempelpflicht nicht entgegen. JM. 25. 10. 98, FM. 1. 11. 98 III 15006.

9. Vgl. insbesondere die Gesetze betreffend die erleichterte Umwandlung von Lehen in Fideikommisse v. 10. 6. 56 — 4. 3. 67 — 23. 7. 75 — 19. 6. 76.

10. Ist das mit den Schulden belastete Vermögen der Stiftung gewidmet, so findet ein Abzug nicht statt; ist aber bei Errichtung einer Stiftung durch letztwillige Verfügung nach dem erkennbaren Willen des Stifters nur der reine Nachlaß der Stiftung gewidmet, sind also die Nachlaßschulden vorweg zu berichtigen, so sind sie bei der Stempelberechnung vom Werte des Nachlasses in Abzug zu bringen. Der Wille des Stifters ist aus der Stiftungsurkunde, bei Errichtung der Stiftung durch letztwillige Verfügung aus dieser zu entnehmen. In dem zur Entscheidung stehenden Falle hatte Frau A. testamentarisch dem Frl. B. eine lebenslängliche sicher zu stellende Rente und an dem übrigen Vermögen ihrem Bruder den lebenslänglichen Nießbrauch zugewendet und sodann weiter gesagt: „dies vorausgeschickt bestimme ich mein Vermögen zu einer Familienstiftung“. Das Kammergericht hat in dem Beschluß vom 1. 12. 02 — Joh. Bd. 25 S. B 42 — entschieden, daß die Rente als Schuld zu behandeln, die auf dem der Stiftung zugefallenen Nachlaß ruhe, daß also das Stiftungsvermögen, nicht um den Kapitalwert der darauf haftenden Rente gekürzt werden darf. Auch aus dem Gesichtspunkt einer etwaigen Doppelbesteuerung sei ein Abzug nicht zu rechtfertigen, weil das Stiftungsvermögen ohne Rücksicht auf etwaige Erbschaftssteuer zu verstempeln sei. Das Nießbrauchsrecht dagegen sei als ein den Wert der belasteten Sache mindernder Umstand bei der Wertermittelung zum Zwecke der Stempelberechnung zu berücksichtigen und zwar auch in den Fällen, in denen ein Abzug der Schulden gesetzlich ausgeschlossen ist. Die Sache wurde an das Amtsgericht zurückverwiesen, um den Wert des dem Nießbrauch unterworfenen Vermögens und den Betrag zu ermitteln, um den sich infolge des Nießbrauchs dieser Wert verminderte, wobei die Vorschriften des § 6 Abs. 8 u. 10 LStG. entsprechend anzuwenden sind.

b) Im Fall der Umwandlung eines Lehngutes in ein Fideikommiß sind für Berechnung des Stempels die Vorschriften des Regulativs v. 3. 10. 68 maßgebend. FM. 14. 4. 98 — 18. 4. 98 III 5487.

c) Für die Bewertung des Fideikommißvermögens ist weder AGO. § 13 II 6, noch die landwirtschaftliche Taxe maßgebend. RG. 2. 1. 00, JW. S. 142.

Lfd. Nr.	Gegenstand der Besteuerung.	Steuersatz v. H.	M.	Pf.	Berechnung der Stempelabgabe.
25.	**Gesellschaftsverträge,**[1] wenn sie betreffen:				
a 1	a) die Errichtung von Aktiengesellschaften[2] oder Kommanditgesellschaften auf Aktien[3] sowie die Erhöhung des Aktien- oder Grundkapitals[4] solcher Gesellschaften . .	1/50	—	—	des Aktien- oder Grundkapitals oder der Erhöhung dieses Kapitals;
	die Errichtung von Gesellschaften mit beschränkter Haftung,[5] falls das Stammkapital				
	1) 100000 Mark oder weniger beträgt	1/50	—	—	des Stammkapitals;
	2) mehr als 100000 Mark, aber nicht mehr als 300000 Mark beträgt . .	1/10	—	—	wie vor;
	3) mehr als 300000 Mark, aber nicht mehr als 500000 Mark beträgt . .	1/2	—	—	wie vor;
	4) mehr als 500000 Mark beträgt . .	1	—	—	wie vor;
	die Erhöhung des Stammkapitals von Gesellschaften mit beschränkter Haftung,[6] falls dasselbe nach der Erhöhung				des Betrages, um den das Stammkapital erhöht ist;
	1) nicht mehr als 100000 Mark beträgt	1/50	—	—	
	2) mehr als 100000 Mark, aber nicht mehr als 300000 Mark beträgt . .	1/10	—	—	wie vor;
	3) mehr als 300000 Mark, aber nicht mehr als 500000 Mark beträgt . .	1/2	—	—	wie vor;
	4) mehr als 500000 Mark beträgt . .	1	—	—	wie vor;
2	Wenn jedoch die Zwecke der vorbezeichneten Gesellschaften nicht auf den Gewinn der Theilnehmer gerichtet sind . .	—	1	50	
3	Beschlüsse über die Erhöhung des Aktien-, Grund- oder Stammkapitals (Nachschüsse)[7] sind wie Verträge hierüber zu versteuern.				
4	Wird das Kapital nicht sofort voll eingezahlt,[8] so ist der Werthstempel von der jedesmaligen Theilzahlung zu entrichten; *D. V. 12 D. — Allg. V. § 11 D. § 12 Abs. 3 u. letzter Abs.*				
b	b) die Errichtung einer Kommanditgesellschaft oder offenen Handelsgesellschaft sowie Verabredungen über den Eintritt eines neuen Kommanditisten oder Gesellschafters in diese Gesellschaften oder über die Erhöhung der gemachten Einlage[9]	—	1	50	

Abs. Nr.	Gegenstand der Besteuerung.	Steuersatz v. H.	M.	Pf.	Berechnung der Stempelabgabe.
Noch 25.					
1	c) das Einbringen[10—13. 15] von nicht in Geld bestehendem Vermögen in eine Gesellschaft der unter a bezeichneten Art[14] bei Errichtung derselben oder in eine bereits bestehende Gesellschaft dieser Art, insoweit zu dem eingebrachten Vermögen unbewegliche[16] im Inlande belegene Sachen oder diesem gleichgeachtete Rechte gehören	1	—	—	des Entgelts einschließlich der auf der Einlage ruhenden, auf die Gesellschaft übergehenden Passiva und des Werthes aller sonstigen ausbedungenen Leistungen und vorbehaltenen Nutzungen oder, wenn das Entgelt aus dem Vertrage nicht hervorgeht, des Werthes des eingebrachten Vermögens;[19]
	insoweit zu dem eingebrachten Vermögen unbewegliche außerhalb Landes belegene Sachen oder diesen gleichgeachtete Rechte gehören	—	1	50	
	insoweit das eingebrachte Vermögen aus beweglichen[17] Vermögensgegenständen besteht	1/3	—	—	des Entgelts[17] c, d. einschließlich des Werthes der ausbedungenen Leistungen und vorbehaltenen Nutzungen oder, wenn das Entgelt nicht aus dem Vertrage hervorgeht, des Werthes des eingebrachten Vermögens;
	insoweit das eingebrachte Vermögen aus Forderungsrechten[18. 19] besteht . .	1/20	—	—	des Werthes der Forderungen;
2	Auf den Werthstempel kommt der nach den Vorschriften unter a dieser Tarifstelle zu berechnende Werthstempel in Anrechnung,[20] wenn das Einbringen des				

Lfd. Nr.	Gegenstand der Besteuerung.	Steuersatz v. H.	M.	Pf.	Berechnung der Stempelabgabe.
Noch 25.	Vermögens in die Gesellschaft zugleich[21] mit deren Errichtung oder mit der Erhöhung des Gesellschaftsvermögens beurkundet wird. 3 [22]Befreit ist das Einbringen von Nachlaßgegenständen in eine ausschließlich von den Theilnehmern an einer Erbschaft gebildete Gesellschaft mit beschränkter Haftung. Zu den Theilnehmern einer Erbschaft wird auch der überlebende Ehegatte gerechnet, welcher mit den Erben des verstorbenen Ehegatten gütergemeinschaftliches Vermögen zu theilen hat;				
	d 1 d) [23, 24] die Ueberlassung der Rechte an dem Gesellschaftsvermögen[25] seitens eines Gesellschafters oder dessen Erben an einen anderen Gesellschafter, die Gesellschaft oder einen Dritten oder die Abfindung eines Gesellschafters bei Auflösung der Gesellschaft	1/50	—	—	des Werthes der Gegenleistung oder, wenn eine solche in der Urkunde nicht enthalten ist, des Werthes der überlassenen Rechte;[27]
	2 [25] b. c. die Ueberlassung von Sachen oder Rechten seitens der Gesellschaft zum Sondereigenthum[26] an einen Gesellschafter oder dessen Erben,				des Entgelts einschließlich des Werthes der ausbedungenen Leistungen und vorbehaltenen Nutzungen oder, wenn das Entgelt nicht aus dem Vertrage hervorgeht, des Werthes der überlassenen Rechte:
	insoweit zu dem überlassenen Gesellschaftsvermögen unbewegliche im Inlande belegene Sachen oder diesen gleichgeachtete Rechte gehören	1	—	—	
	insoweit zu dem überlassenen Gesellschaftsvermögen unbewegliche außerhalb Landes belegene Sachen oder diesen gleichgeachtete Rechte gehören .	—	1	50	
	insoweit das überlassene Gesellschaftsvermögen aus beweglichen Vermögensgegenständen besteht	1/3	—	—	wie vor:
	insoweit das überlassene Gesellschaftsvermögen aus Forderungsrechten besteht	1/50	—	—	des Werthes der Forderungen.

Lfd. Nr.	Gegenstand der Besteuerung.	Steuersatz v. H.	M.	Pf.	Berechnung der Stempelabgabe.
Noch 25.	3 Bei Berechnung des Stempels bleibt derjenige Theil der zum Sondereigenthum überlassenen Vermögensgegenstände außer Betracht, welcher der Betheiligung des erwerbenden Gesellschafters an der Gesellschaft entspricht.				
	4 Befreit sind:				
	1) [28]Verträge über Ueberlassung von Rechten an dem Gesellschaftsvermögen an Personen, welche nach den Vorschriften des Gesetzes, betreffend die Erbschaftssteuer vom 30. Mai 1873 / 19. Mai 1891, von der Zahlung der Erbschaftssteuer befreit sind.				
	2) [29]Die Rückgewähr der von einem Gesellschafter eingebrachten unbeweglichen Sachen oder diesen gleichgeachteten Rechte oder beweglichen Vermögensgegenstände an diesen Gesellschafter oder dessen Erben oder dessen Ehefrau, welche mit demselben in Gütergemeinschaft gestanden hat;				
	e 1 e) [30]die erstmalige Feststellung des Statuts von Gesellschaften aller Art,[31–33] Gewerkschaften, Genossenschaften, Korporationen, Stiftungen, Vereinen und Anstalten in der Form von Verträgen oder Beschlüssen, sofern nicht nach den vorstehenden Bestimmungen ein höherer Stempel zu entrichten ist	—	1	50	
	[34]Befreit sind Kranken-, Unfall-, Alters- und Invaliditäts-Versicherungs- und Unterstützungskassen, denen die Versicherungsnehmer auf Grund gesetzlicher Bestimmungen beizutreten verpflichtet sind, und eingetragene Genossenschaften, welche die Gewinnvertheilung ausgeschlossen haben.				

Zu Tarif-Nr. 25.

1. Unter den „Gesellschaftsverträgen" sind, soweit offene Handelsgesellschaften in Frage kommen, solche Verträge zu verstehen, welche das „Gesellschaftsverhältnis" betreffen, d. h.

Noch: Zu Tarif-Nr. 25.

die Errichtung, das Einbringen, Erhöhung der Einlage, Eintritt neuer Sozien, Ausscheiden einzelner Sozien bei Fortbestehen der Gesellschaft und Regelung des Verhältnisses der Sozien untereinander bei Auflösung der Gesellschaft. RG. 17. 11. 99, Entsch. Bd. 45 S. 222, JBl. 1900 S. 101.

2. Vgl. HGB. §§ 178 ff., 200, 259.

3. Vgl. HGB. §§ 320 ff.

4. Vgl. HGB. § 278.

5. Vgl. §§ 1 ff. Ges. 20. 4. 92/20. 5. 98.

6. Vgl. § 53 Ges. 20. 4. 92/20. 5. 98.

7. Bei Gesellschaften mit beschränkter Haftung unterliegen dem Stempel nach Tarifstelle 25a sowohl Beschlüsse über Erhöhung des Stammkapitals, als Beschlüsse über Leistung von Nachschüssen. RG. 28. 4. 03, JBl. S. 219, Entsch. Bd. 54 S. 336. Die Gesellschaft A. ist mit einem voll eingezahlten Stammkapital von 2 500 000 M. gegründet. Nach § 7 des Gesellschaftsvertrages ist jeder Gesellschafter zur Einzahlung von Nachschüssen bis zur Höhe von 100 % seiner Stammeinlage verpflichtet. Nachschüsse sind später in Höhe von 20 % der Stammeinlage, zahlbar zunächst mit 10 %, eingefordert. Von dem eingezahlten Betrage ist 1 % Stempel erfordert und ist diese Forderung für gerechtfertigt erklärt.

Das Wort „Nachschüsse" im Stempeltarif hat den gleichen Sinn wie im Ges. v. 20. 4. 92; die Klammer steht hier an Stelle eines „und" oder „sowie".

8. a) Vgl. § 195 Abs. 3 HGB. — § 7 Abs. 2 Ges. 20. 4. 92/20. 5. 98.

b) Zur Entrichtung des Stempels für den Erhöhungsbeschluß kommt es dann nicht, wenn die Einzahlung endgültig unterbleibt, wenn also z. B. der Beschluß später vor einer Einzahlung wieder aufgehoben wird. RG. 15. 12. 05, JW. S. 96 von 1906.

9. Vgl. §§ 105, 130, 161, 173 HGB.

10. Vgl. §§ 186 Abs. 2, 320 Abs. 3, 322 HGB. — § 7 Abs. 2 Ges. 20. 4. 92/20. 5. 98.

11. a) Die offene Handelsgesellschaft C. hat mit noch sechs andern Personen unter der Firma A. eine Aktiengesellschaft mit einem Aktienkapital von 1 200 000 M. gegründet und ihr Fabrikgeschäft mit dem Grundbesitz, Fabrikanlagen, Maschinen, Materialien, Patenten, Vorräten, Außenständen usw. in die Aktiengesellschaft eingebracht. Die Passiva nach der Inventur vom 1. April 1898 übernimmt die Aktiengesellschaft, desgleichen die auf dem Grundbesitz haftenden Schulden von 264 000 M.

„Als Gegenleistung erhält die Handelsgesellschaft C. — abgesehen von der Uebernahme der Hypotheken und sonstigen Passiva — 750 000 M. als vollbezahlt geltende Aktien und 180 000 M. bar. Die Werte, für welche die einzelnen Gegenstände eingebracht werden, und die Beträge, zu welchen die Gegenleistungen der Gesellschaft im einzelnen darauf angerechnet werden, sind in der Anlage angegeben." Die Anlage enthält bezüglich der Vorräte folgende Angabe:

Noch: Zu Tarif-Nr. 25.

Vorräte, Einbringungspreis		362 923,47 M.
Gegenleistung:		
a) Uebernahme von laufenden Schulden	311 105,20 M.	
b) Bar	51 818,27 M.	362 923,47 M.

Von den Aktien übernehmen die Gründer:

a) Die Handelsgesellschaft C. 750 Stück gleich 750 000 M., welche als Gegenleistung für die Einbringung übernommen werden.

Es handelt sich um die Versteuerung der von der Handelsgesellschaft C. der neuen Aktiengesellschaft überlassenen Vorräte zum Betrage von 362 923,47 M., welcher durch Uebernahme von Schulden und Barzahlung gedeckt ist. Die Steuerbehörde hat hierfür den Stempel mit $^1/_3$ % nach Tarifstelle 25c zu 1210 M. berechnet.

Das Reichsgericht hat im Urteil 30. 4. 02 — Entsch. Bd. 51 S. 386 — entschieden:

Es handelt sich hier um ein im Sinne des Handelsgesetzbuchs (§ 186) aus Sacheinlage (Hingabe von Vermögenswerten gegen Gewährung von gesellschaftlichen Anteilsrechten) und Uebernahme (Hingabe von Vermögenswerten gegen anderes Entgelt) gemischtes Geschäft, d. h. es ist ein einheitliches Ganze der Aktiengesellschaft überlassen gegen Aktien, Barzahlung und Schuldübernahme. Stempelrechtlich gibt es ein solches gemischtes Geschäft nicht mehr, es ist vielmehr in solchem Falle das ganze Geschäft einheitlich nach Maßgabe der Tarifstelle 25c als „Einbringen" zu versteuern, und es ist nicht zu trennen in einen Teil, der der Tarifstelle 32 (Kauf- und Tauschverträge) und in einen andern, der der Tarifstelle 25c unterliegt. Unter dem „Einbringen" begreift die Tarifstelle nicht nur die Sacheinlage i. S. des Handelsgesetzbuchs, für welche begrifflich lediglich Anteilsrechte an der Gesellschaft gewährt werden können, sondern bei einem einheitlichen Geschäft auch die handelsrechtliche Uebernahme, bei welcher für den übernommenen Gegenstand nicht Anteilsrechte, sondern bares Geld hingegeben wird, oder Schulden übernommen werden. Vgl. HSp S. 680 Note C und Hz. S. 376 Note 4.

Es konnte daher nicht Tarif 32, sondern allein Tarif 25c Anwendung finden. Dieser enthält aber eine der Befreiungsvorschrift Nr. 3 der Tarifstelle 32 entsprechende Vorschrift nicht. ZBl. S. 234. — Auf denselben rechtlichen Standpunkt hat sich auch das Reichsgericht in einem späteren Urteil v. 20. 1. 03, Entsch. Bd. 53 S. 319, gestellt.

b) Bei Gründung der Gesellschaft A. m. b. H. hat sich die Gesellschaft B. mit einer Stammeinlage von 1 625 000 M. beteiligt: sie bringt das Grundstück X. zum Werte von 2 020 000 M. ein; die darauf lastende Hypothek von 1 200 000 M. geht auf die neu gegründete Gesellschaft über, welche diese Hypothek als Selbstschuldnerin übernimmt; der Mehrwert von 820 000 M. soll auf den Stammanteil der Gesellschaft B. verrechnet werden.

Neben dem Errichtungsstempel nach Tarif 25 litt. a wurde auch der Kaufstempel nach Tarifstelle 32 mit 12 000 M. auf Grund der Ansicht

Noch: Zu Tarif-Nr. 25.

verlangt, daß, so weit die Hypothek übernommen sei, ein **Kaufvertrag** vorliege. Das Reichsgericht hat im Urteil v. 6. 5. 02 — Entsch. Bd. 51 S. 391 — unter Hinweis auf sein Urteil v. 30. 4. 02 — Entsch. Bd. 51 S. 386 (oben A. 11 a) — entschieden, daß die handelsrechtliche Unterscheidung zwischen Sacheinlage und Uebernahme in den Fällen, in welchen es sich um ein handelsrechtlich aus Sacheinlage und Uebernahme gemischtes Geschäft handele, nach dem jetzigen Stempelgesetz steuerlich nicht festgehalten werden kann. Die Veränderung gegen das frühere Recht besteht nicht nur darin, daß die bisher stempelfreie Sacheinlage jetzt mit einem Stempel belegt ist, sondern auch darin, daß die in einem solchen Zusammenhang stehende Uebernahme dem Kaufstempel entzogen und stattdessen dem Einbringungsstempel der Tarifstelle 25 c unterworfen ist. Die frühere Ansicht, daß der Begriff des „Einbringens" i. S. der Tarifstelle 25 c sich mit dem der „Einlage" i. S. des § 186 HGB. decke und auf diesen beschränke, läßt sich gegenüber dem Inhalt der Spalte Berechnung der Tarifstelle 25 c nicht mehr aufrecht erhalten. Kann der Fiskus hiernach für sich den Umstand geltend machen, daß Tarifstelle 25c keine der Befreiungsvorschrift Nr. 3 der Tarifstelle 32 entsprechende Vorschrift enthält, so muß er auch die nachteilige Seite dieser Auslegung auf sich nehmen, die darin besteht, daß, wenn das Einbringen i. S. dieser Bestimmung die „Uebernahme" mit umfaßt, dann die im Abs. 2 der Tarifstelle 25 c vorgeschriebene Anrechnung des Errichtungsstempels auf den Einbringungsstempel auch bezüglich der unter dem Einbringen mitbegriffenen Uebernahme stattzufinden hat. — Vgl. Hz. II. Aufl. S. 381 Note d.

12. a) Die Aktiengesellschaft S. beabsichtigt ihr gegenwärtiges Grundkapital um 9 500 000 M. durch Ausgabe von 9500 Stück Inhaberaktien zu erhöhen. Für den Fall, daß die Generalversammlung diese Kapitalserhöhung beschließt, verpflichtet sich A. gegen Gewährung von 5000 Stück als vollgezahlt geltender Aktien der neuen Emission der Gesellschaft auf das erhöhte Grundkapital eine Einlage zu machen mit 200 000 £ englischen und 2 000 000 Rubel russischen Aktien.

Nach Vereinbarung dieses Vertrages beschloß die Generalversammlung der Aktiengesellschaft S.

das Grundkapital um 9 500 000 M. zu erhöhen,

zu genehmigen, daß A auf das erhöhte Grundkapital gegen Gewährung von 5000 Stück Aktien der neuen Emission eine Einlage mit den oben gedachten Aktien mache.

Das Reichsgericht hat im Urteil 29. 4. 02 — Entsch. Bd. 51 S. 351, ZBl. S. 230 — entschieden, daß an Stempeln zu erheben sind:

a) auf Grund Tarifstelle 25 a LStG. für die Erhöhung 1900 M.,
b) auf Grund der Tarifstelle 4 a 4 Abs. 2 RStG. vom Jahre 1900 für die Ausreichung der 5000 Stück neuen Aktien an den ersten Erwerber 1680 M. Reichsstempel,

Nach: Zu Tarif-Nr. 25.

c) neben diesem Reichsstempel aus Abs. 2 (für das Ausreichen der Aktien) auch für das Einbringen der ausländischen Aktien auf Grund Tarifnummer 4a 4 Abs. 1 desselben RStG. der hier vorgesehene Reichsstempel, weil es sich um den Erwerb fremder Aktien handele, den eine bestehende Aktiengesellschaft bei Erhöhung ihres Aktienkapitals durch die Einlage der Uebernehmer der neuen Aktien mache. Vgl. HSp. S. 688 Note 36.

Ein Einbringungsstempel auf Grund Tarif 25c LStG. ist neben dem Stempel oben zu c, weil § 21 RStG. entgegensteht, nicht fällig, da es sich wirtschaftlich und rechtlich um ein und dasselbe zu besteuernde Geschäft handele. — Vgl. unten A. 27.

b) Für das Einbringen von nicht in Geld bestehendem Vermögen in eine Aktiengesellschaft bei Errichtung derselben ist trotz des § 18 — jetzt § 21 — RStG. der Wertstempel nach Tarifstelle 25c auch insoweit zu entrichten, als das Entgelt für das Einbringen in Aktien und Obligationen besteht. Selbst dann trifft dies zu, wenn die Gründer wegen des Einbringens ausschließlich Aktien erhalten. RG. 5. 1. 00 — FM. 12. 3. 00 III 2152, ZBl. S. 122, JMBl. S. 512. — RG. 23. 2. 00, JMBl. S. 518, Entsch. Bd. 45 S. 99.

Dieselben Gründe, welche das Reichsgericht dahin geführt haben, bei einem Gründungsvertrage die Besteuerung nach Landesrecht neben der Reichsstempelabgabe für das Anschaffungsgeschäft für gerechtfertigt zu erklären, sind auch auf den Fusionsvertrag zweier Aktiengesellschaften anwendbar. — Vgl. RG. 25. 4. 98, Entsch. Bd. 41 S. 84. RG. 7. 12. 00, JW. 1901 S. 21. Desgleichen auf den Fall der Erhöhung des Grundkapitals einer bestehenden Aktiengesellschaft. RG. 15. 12. 05, JW. S. 95 von 1906.

13. Bei Berechnung des nach dieser Tarifstelle zu entrichtenden Stempels ist Tarifstelle 32 Abs. 5 nicht anwendbar, so daß Abtretungen der Rechte der Erwerber aus Veräußerungsgeschäften hier nur mit dem Abtretungsstempel zu belegen sind. FM. 20. 9. 98 III 12904. — Vgl. A. 52d bei Tarif 32.

Daher ist die Beurkundung des Einbringens des Anspruchs auf Auflassung von Grundstücken in Bezug auf die Stempelpflichtigkeit nicht wie die Beurkundung des Einbringens der Grundstücke selbst zu behandeln, sondern als Forderungsrecht nur mit $^1/_{30}$ % zu versteuern ist. RG. 24. 4. 03, Entsch. Bd. 54 S. 318. — Vgl. auch A. 21b zu Tarif 32.

14. Dadurch, daß bei Position c gewisse Arten von Gesellschaften nicht angeführt sind, soll zum Ausdruck gebracht werden, daß sie einen Stempel bei Einbringung in die Gesellschaft nicht zu tragen haben. AH. S. 2317.

15. Falls bei der Auflassung eine Urkunde im Sinne der Vorschrift unter c vorgelegt oder innerhalb der zu bestimmenden Frist eingereicht wird, fällt der Auflassungsstempel fort. 8. KS. S. 2. — Vgl. A. 9d bei Tarif 8.

16. a) Die Frage, ob bestimmte Gegenstände bewegliche oder unbewegliche Sachen sind, muß, da das Stempelsteuergesetz

Noch: Zu Tarif-Nr. 25.

hierüber eine Begriffsbestimmung nicht gibt, nach dem in Betracht kommenden Zivilrecht entschieden werden. Hierbei ist gleichzeitig bemerkt, daß mit dem Ausdruck „unbewegliche Sache" die Tarifstelle nicht etwa einen für den gesamten Geltungsbereich des Gesetzes maßgebenden Begriff verbinde, indem sie denselben dem für den größten Teil des Staatsgebietes geltenden Allgemeinen Landrecht entnehme. RG. 25. 10. 01, JW. S. 862.

b) Wenn eine hessische Aktiengesellschaft unter Vorlegung ihres in Hessen errichteten Gesellschaftsvertrages eine Zweigniederlassung bei einem preußischen Gericht zur Eintragung in das Handelsregister anmeldet, so ist zwar nicht ein Stempel nach Tarifstelle 25 litt. a, wohl aber ein solcher nach Tarifstelle 25 litt. c zu erheben, soweit es sich bei dem Einbringen um in Preußen befindliches Vermögen handelt. FM. 8. 4. 02 III 4405. — Vgl. A. 3a u. b zu § 2.

c) Die Aktiengesellschaft A. löst sich zum Zweck der Umwandlung in eine G. m. b. H. auf (§§ 80, 81 Ges. v. 20. 4. 92). Sämtliche Aktionäre gründen sodann die G. m. b. H. In dem Vertrage heißt es: die Stammeinlagen sind durch Sacheinbringen voll eingezahlt, indem die Gesellschafter die ihrem Aktienbesitz entsprechenden Anteile an dem Vermögen der aufgelösten Gesellschaft, welche wiederum die Höhe der Stammeinlage jedes einzelnen Gesellschafters darstellen, in die Gesellschaft eingebracht haben: Es war der Stempel nach Tarifstelle 25 litt. c fällig. RG. 26. 6. 06, JW. S. 582, ZBl. S. 1395.

d) Auch die Frage, ob die Einbringung von Gebäuden auf fremdem Grund und Boden dem Wertstempel von 1 % unterliegt, hat das KG. im Urteil v. 13. 1. 03 gestützt auf die RG. 5. 12. 98, JW. S. 81 von 1899 bejahend beantwortet. Da diese Entscheidung jedoch recht zweifelhaft ist (vgl. HSp. 404 A. 4a), wird bis zu einer reichsgerichtlichen Entscheidung davon auszugehen sein, ob die Gebäude nach den Bedingungen des Pachtvertrages jederzeit auf Verlangen des Verpächters entfernt werden müssen. Zutreffendenfalls wäre nur $^1/_3$ % Stempel fällig.

17. a) Auch von dem auf die Kundschaft entfallenden Teil des Einbringungspreises ist der Einbringungsstempel nach Tarif 25c mit $^1/_3$ Prozent in Ansatz zu bringen, weil die Aussicht auf Mitübergang der Kundschaft allgemein als ein erheblicher Vermögenswert angesehen wird und Tarifstelle 25c von der Voraussetzung ausgeht, daß alle eingebrachten Vermögenswerte, soweit sie nicht in barem Gelde bestehen, dem Einbringungsstempel unterliegen. FM. 22. 1. 06 III 319. — Vgl. A. 14e bei Tarif 32.

b) Aktien auf den Inhaber sind als Inhaberpapiere Träger des verbrieften Rechts und Gegenstand körperlicher Uebergabe, also bewegliche Gegenstände i. S. dieser Tarifnummer; Aktien auf den Namen fallen dagegen unter die Forderungsrechte. KG. 29. 11. 01.

c) Die Frage, ob bei Versteuerung eines Gesellschaftsvertrages betreffend die Gründung einer Aktiengesellschaft und Einbringung des Vermögens einer Gesellschaft m. b. H. die dem Einbringenden ge-

Noch: Zu Tarif-Nr. 25.

währten Aktien als „Entgelt“ anzusehen sind, hat das KG. im Urteil vom 13. 1. 03 bejahend beantwortet, doch muß der wirkliche Wert dieses Entgelts d. h. der Aktien aus dem Vertrage selbst unmittelbar hervorgehen oder sich wenigstens nach § 6 LStG. genau bestimmen lassen. Der Nennwert der als Entgelt gewährten Aktien ist also nicht ohne weiteres als wirklicher Wert dieses Entgelts anzusehen, es sind vielmehr in jedem Falle Ermittelungen über den Wert der Aktien anzustellen Falls sich ein bestimmter Wert nicht ermitteln läßt, ist der Wert der eingebrachten Vermögensgegenstände zu versteuern. Hiernach ist bei Gewährung von Aktien zum Nominalbetrage für die Einlage der nach dem Ergebnis der Ermittelungen feststellbare höchste Wert der Berechnung zu grunde zu legen, also der den Nennbetrag übersteigende Wert der Aktien oder der Wert der Einlage und nur, wenn sich nach beiden Richtungen keine höheren Werte ergeben, der Nennbetrag der Aktien.

d) Wenn das Gesamtentgelt mit dem Gesamtvermögenswert nicht übereinstimmt, kann die im Vertrage in Bezug genommene Bilanz der Versteuerung nicht zu grunde gelegt werden, es ist vielmehr die Steuer von dem etwa höheren Gesamtentgelt zu fordern.

18. Wechsel sind i S. dieser Tarifstelle zu den Forderungsrechten zu zählen, so daß das Einbringen von Wechseln in eine Aktiengesellschaft nur $^1/_{50}$ Prozent Stempel erfordert. KG. 14 2. 02.

Ein etwaiger Kassenbestand würde bei der Besteuerung außer Betracht bleiben und die Uebernahme von Außenständen würde mit $^1/_{50}$ Prozent zu versteuern sein. FM. 23 2. 99 III 1876.

19. Erfolgt bei Einbringung eines Grundstücks seitens eines offenen Handelsgesellschafters in eine bestehende offene Handelsgesellschaft gelegentlich des Eintritts eines neuen Gesellschafters in diese Gesellschaft die Einbringung lediglich gegen Gewährung gesellschaftlicher Rechte, so ist nur der Gesellschaftsvertragsstempel von $1^1/_2$ M. fällig, ein weiterer Stempel, insbesondere aus Tarif 32, aber nicht. Joh. Bd. 25 S. B 19. Wird für die Einbringung eine andere Gegenleistung gewährt z. B. Geld oder werden Hypothekenschulden übernommen, so liegt ein reines nach Tarifstelle 32 zu versteuerndes Veräußerungsgeschäft vor: besteht die Gegenleistung in Gewährung von Gesellschaftsrechten und einem sonstigen Entgelt, so muß neben dem Gesellschaftsvertragsstempel der Kaufstempel gefordert werden

Bei Berechnung des Stempels der Tarifstelle 32 ist, insoweit Hypotheken übernommen sind, der ganze Betrag der übernommenen Hypotheken zu berücksichtigen, nicht etwa in Anlehnung an Tarif 25 litt. d Abs. 3 der halbe Betrag der Hypotheken in Abzug zu bringen, weil Abs 3 sich nur auf Fälle des Abs. 2 bezieht und die übernehmende Gesellschaft dem Uebertragenden als Dritter gegenübersteht. — Vgl. unten A. 27 u. 32

20. Der ganze nach Tarifstelle 25 Buchst. a zur Erhebung gelangende Stempel kommt in Anrechnung, also nicht bloß insoweit, als Einbringungen erfolgt sind RG. 16. 3. 00, ZBl. S. 396, Entsch. Bd. 46 S. 239.

21. Die Anrechnung des Stempels findet nicht statt, wenn die Einbringung nicht in demselben Notariatsakt erfolgt, in welchem die Erhöhung des Kapitals beschlossen ist. RG. 12. 12 99.

Noch: Zu Tarif-Nr. 25.

22. Zur Anwendung dieser Vorschrift genügt nicht, daß die in eine Gesellschaft mit beschränkter Haftung eingebrachten Gegenstände aus einem Nachlaß oder gütergemeinschaftlichen Vermögen herrühren, dieselben müssen vielmehr noch zur Zeit des Einbringens die Eigenschaft von Nachlaßgegenständen haben. Dagegen erfordert diese Vorschrift nicht, daß sich sämtliche Teilnehmer an einer Erbschaft bezw. Gütergemeinschaft an der Bildung der Gesellschaft beteiligen. Es kann daher die Bildung der Gesellschaft mit der Teilung des Nachlasses oder der Gütergemeinschaftsmasse Hand in Hand gehen. RG. 9. 7. 01, JW. S. 667

23. Das Anwendungsgebiet dieser Tarifstelle 25d reicht nur so weit, als ein selbständiges Gesellschaftsvermögen rechtlich anerkannt wird, was bei einer Gesellschaft des gemeinen bürgerlichen Rechts nicht der Fall ist. Auf Uebertragung von Anteilscheinen findet der Abs. 1 dieser Tarifstelle daher nicht Anwendung. FM. 5. 1. 97 III 17186. — Für die Zeit seit dem 1. 1. 00 vgl. §§ 718, 738 BGB.

Der Buchstabe d ist auf alle Gesellschaften zu beziehen, bei denen ein selbständiges Gesellschaftsvermögen vorhanden ist, was für die Gewerkschaft nach § 96 Allg. BergGes. ohne weiteres zutrifft. RG. 9. 10. 06, JW. S. 782.

Die Tarifstelle 25d kommt nicht bloß zur Anwendung, wenn bei Auflösung der Gesellschaft einem Gesellschafter Sachen oder Rechte der Gesellschaft zugeteilt werden, sondern auch dann, wenn ein Gesellschafter nur ausscheidet und mit Vermögensstücken der erwähnten Art abgefunden wird, die Gesellschaft im übrigen fortbesteht, a. a. O.

24. Ein Auseinandersetzungsvertrag zwischen Gesellschaftern über ein Gesellschaftsvermögen, zu dem Grundstücke gehören, unterliegt der Formvorschrift des § 313 BGB. RG. 25. 5. 03, 1. Z. 1477 02. FM. 27. 9. 04 III 12272.

25. a) Abs. 1 der Tarifstelle 25d wird durch Abs. 2 in der Weise eingeschränkt, daß, wenn bei der Auseinandersetzung von Sozien aus Anlaß der Auflösung der Gesellschaft den einzelnen Teilhabern Grundstücke, bewegliche Vermögensgegenstände oder Forderungen, die bis dahin zum Gesellschaftsvermögen gehört haben, überlassen werden, alsdann nicht der Stempel des ersten Absatzes, sondern die besonderen Stempelsätze des zweiten Absatzes zur Geltung gelangen, vorbehaltlich der Befreiung unter Abs. 3 und 4. RG. 17. 11. 99. Entsch. Bd. 45 S. 218, ZBl. 1900 S. 101.

Der Entscheidung lag nachstehender Tatbestand zu grunde:

Die beiden Kläger treffen als die alleinigen Gesellschafter der offenen Handelsgesellschaft „Friedrich S." folgende Vereinbarungen:

1. Die zwischen ihnen bestehende Gesellschaft wird hiermit aufgelöst.
2. Friedrich S. übernimmt das gesamte Warenlager und die Kontor- 2c. Utensilien, „der Preis für die Ueberlassung des dem Ernst S. an diesen Gegenständen zustehenden Miteigentums wird auf 28 858 M. vereinbart".
3. Den Barbestand und die ausstehenden Forderungen soll Friedrich S. zur Deckung der Passiva verwenden und die Hälfte des etwaigen Ueberschusses an Ernst S. abführen.

Noch: Zu Tarif-Nr. 25.

Die Kläger haben die Anwendung der Tarifnummer 25d Abs. 1 verlangt und die Versteuerung mit $^1/_{50}$ Prozent für genügend erachtet, während der Steuerfiskus für die Ueberlassung der beweglichen Vermögensgegenstände der Gesellschaft an Friedrich S. zum Sondereigentum gegen eine dem Ernst S. zu zahlende Entschädigung von 28858 M. nach Abs. 2 eod. $^1/_3$ Prozent von 28858 M. verwendet wissen wollte.

Der letzteren Auffassung ist das Reichsgericht beigetreten.

b) Wenn bei der Auflösung der Gesellschaft einer der Gesellschafter die Aktiva übernimmt, so werden ihm die darin begriffenen beweglichen und unbeweglichen Sachen „seitens der Gesellschaft" zum Sondereigentum überlassen, denn auch bei der Auflösung ist es die Gesellschaft, die die ihr bisher gehörigen Gegenstände dem sie übernehmenden Gesellschafter überläßt. Als Empfänger der bisher der Gesellschaft gehörigen Sachen steht der Uebernehmende nicht zwei oder mehreren getrennten Personen, nämlich sich selbst und dem oder den andern bisherigen Gesellschaftern, jeder als Einzelperson gedacht, sondern der Gesellschaft und deren einheitlichem Willen gegenüber, der durch das Zusammenstimmen seines Willens als Gesellschafter mit dem Willen des oder der andern Gesellschafter gebildet wird. RG. 7./28. 12. 00, JW. S. 97 von 1901, JMBl. S. 272 von 1901. Dem Urteil lag folgender Sachverhalt zu grunde: Im § 1 des Vertrages wird die zwischen zwei Personen bestehende Handelsgesellschaft aufgelöst; im § 2 übernimmt der eine Gesellschafter das Geschäft mit allen Aktivis und Passivis; als zu den übernommenen Aktiven soll insbesondere auch ein Grundstück, und als zu den übernommenen Passiven sollen auch die Belastungen des Grundstücks zählen. Im § 4 wird die an den andern Gesellschafter zu machende Gegenleistung auf 50000 M. verabredet. Das Reichsgericht hat unter Anwendung auch des § 10 LStG. die Versteuerung mit 1 Prozent von 50000 M. nach Tarifstelle 25 litt. d gebilligt, indem es den im Urteil vom 17./24. 11. 99 — Entsch. Bd. 45 S. 218 — vertretenen Standpunkt aufrecht erhalten hat und weiter ausführt, daß Abs. 1 der Tarifstelle 25d zwei verschiedene Fälle zum Gegenstand habe; der erste, in welchem die Gesellschaft fortbesteht, aber eine Personalveränderung eintritt, der andere der der Auflösung der Gesellschaft. Vorliegend handele es sich um den zweiten Fall. Der Abs. 2 setze nun aber für den Fall der Auflösung eine besondere Steuer fest, wenn Grundstücke usw. zum Sondereigentum überlassen würden; diese Bestimmung des Abs. 2 beziehe sich auf beide Fälle des Abs. 1, sodaß bei Abs. 2 die Worte zu ergänzen seien: „bei dem Ausscheiden eines Gesellschafters aus der Gesellschaft oder bei deren Auflösung". Demgemäß müsse die Tarifstelle, wenn der Inhalt zusammengefaßt werde, lauten:

Gesellschaftsverträge, wenn sie betreffen bei Auflösung der Gesellschaft

1. die Ueberlassung von Grundstücken usw. an einen der Gesellschafter, je nachdem 1 Prozent, $^1/_3$ Prozent oder $^1/_{50}$ Prozent des Entgelts oder Werts,
2. im übrigen die Abfindung eines Gesellschafters $^1/_{50}$ Prozent.

Ob die Gesellschaft aus zwei oder mehreren Personen bestehe, komme nicht in Betracht. Ebenso FM. 13. 4. 01 III 4749.

Noch: Zu Tarif-Nr. 25.

c) Die unter A. und B. bestehende Handelsgesellschaft wird aufgelöst. Dem A. wird das gesamte Gesellschaftsvermögen mit Aktiven und Passiven überlassen. B. erhält eine bare Abfindung von 10000 M.: An Stempeln sind fällig $1/3$ Prozent von 10000 M. und der Hälfte der bilanzmäßigen Schulden. RG. 30. 5. 05, Entsch. Bd. 61 S. 72. Das Reichsgericht hat sich in der Begründung auf die früheren Urteile — Entsch. Bd. 45 S. 218 und JMBl. S. 272 von 1901 (oben unter a u. b) — berufen und noch bemerkt, der Abs. 1 dieser Tarifstelle solle sich auf die Ueberlassung „der" Rechte d. h. der gesamten Rechte am Gesellschaftsvermögen, der Abs. 2 auf die Teilung in Natur, auf die Ueberlassung einzelner Sachen und Rechte beziehen. Der Abs. 1 habe zunächst den Fall des Fortbestehens der Gesellschaft mit Personenwechsel (durch Tod oder Ausscheiden) im Auge, sodann den Fall der Auflösung. Besteht im Fall der Auflösung die Abfindung des einen Sozius in Geld, so hat die Versteuerung nach Abs. 2 zu erfolgen.

26. Die Vorschrift in Abs. 2 ist auf Fälle, in denen Sachen an mehrere Gesellschafter zum Miteigentum überlassen werden, in der Weise anzuwenden, daß nicht das den einzelnen Gesellschaftern übertragene Miteigentum, sondern das ihrer Gesamtheit übertragene Grundstück als die zum Sondereigentum überlassene Sache anzusehen ist. Dies hat zur Folge, daß nach Abs. 3 ein Stempel nur insoweit zu erheben ist, als die Bruchteile, welche den einzelnen Gesellschaftern an der nunmehr im Miteigentum stehenden Sache zustehen, ihre Beteiligung an dem Gesellschaftsvermögen übersteigen. Der KGB. v. 14. 11. 04 — I. J. 1103 04 — wurde diesem entsprechend abgeändert. JM. 15. 7. 05 I a 1111.

27. a) Der Kaufmann B. als Mitinhaber der Firma A. setzt sich mit den Erben des Mitgesellschafters C. auseinander. Er übernimmt das Geschäft mit Aktiven und Passiven, auch die zum Gesellschaftsvermögen gehörigen Wertpapiere: Außer den auf dem Grundbesitz ruhenden Schulden sind auch die Geschäftsschulden zu berücksichtigen, denn in der Uebernahme von Schulden ist ein Teil des „Entgelts" oder eine übernommene „Leistung" enthalten. Für den Uebergang der Wertpapiere auf B. kann nur der Reichsstempel verlangt werden, nicht ein Landesstempel auf Grund Tarif 25d Abs. 2. (Wegen etwaiger Berücksichtigung der Wertpapiere bei Berechnung eines Stempels nach Tarifstelle 25c vgl. RG. 5. 1. 00, JMBl. S. 512 oben A. 12b.) Der Reichsstempel ist aber nicht von dem halben, sondern von dem vollen Betrage der zum Gesellschaftsvermögen gehörigen Wertpapiere zu erheben, da den Gesellschaftern ein nach Bruchteilen geteiltes Eigentum an den einzelnen Stücken des gemeinschaftlichen Vermögens nicht zusteht und die Vorschrift der Tarifstelle 25d Abs. 3 LStG. auf den Reichsstempel keine Anwendung findet. (RG. Bd. 56 S. 206 u. 430) FM. 30. 5. 05 III 7029. — Vgl. oben A. 12a u. 19.

b) Die Baumeister D. und H. waren die alleinigen Inhaber der offenen Handelsgesellschaft N. Zum Vermögen der Gesellschaft gehörte u. a. das Grundstück X. Durch Vertrag wurde vereinbart, daß H. gegen Gewährung von 50000 M. aus der Gesellschaft ausscheide, wogegen das gesamte Gesellschaftsvermögen auf D. übergehen solle. Gelegentlich der Auflassung des Grundstücks wurde der Vertrag vorgelegt, wozu das

Noch: Zu Tarif-Nr. 25.
Gericht beim Mangel einer Trennung gemäß § 10 LStG. im Hinblick auf das RG. 17. 11. 99 — ZBl. S. 101 von 1900 — 1 Prozent von 50000 M. forderte. Das Urteil des Landgerichts I Berlin bestätigte diese Nachforderung.

28. Die Befreiungsvorschrift 1 bezieht sich nur auf die nach Abs. 1 des Tarifs 25d zu beurteilenden Fälle, während die Befreiung zu 2 offenbar nur auf die Gesellschaftsverträge des Abs. 2 Anwendung finden kann. RG. 15. 5. 00, JW. S. 542 und 2. 3. 06, JW. S. 240. Vgl. auch RG. 9. 10. 06, JW. S. 783.

29. Einem der beiden bisherigen Gesellschafter der offenen Handelsgesellschaft ist in der zum Zwecke der Liquidation vorgenommenen Versteigerung des der Gesellschaft gehörigen Grundstücks durch den Liquidator der Gesellschaft der Zuschlag erteilt: Es findet Tarifstelle 25d Befr. Nr. 2 Anwendung, sodaß der Stempel nur vom halben Kaufpreise zu berechnen ist. $\frac{\text{JM. 28. 2. 02 I 1525.}}{\text{FM. 11. 3. 02 III 3144.}}$

30. Aenderungen von Statuten sollen durch diese Tarifvorschrift nicht getroffen werden. KB. S. 48.

31. Vgl. BGB. §§ 25, 705 — BergGes. §§ 94 ff. — Genossenschaftsgesetz §§ 1, 2, 5.

32. a) Ist in einem die Errichtung einer offenen Handelsgesellschaft betreffenden urkundlichen Gesellschaftsvertrage bestimmt, daß die Gesellschafter ihnen gehörige Grundstücke in die Gesellschaft gegen gesellschaftliche Rechte einbringen, so ist hierfür nicht noch neben dem Gesellschaftsvertragsstempel von 1 M. 50 Pf. ein fernerer Stempel, insbesondere nicht der Prozentstempel aus Tarifstelle 32, zu entrichten. RG. 30. 6. 02, Joh. Bd. 25 S. B 19. — Vgl. oben A. 19.

Wenn Miteigentümer eines Grundstücks sich zu einer offenen Handelsgesellschaft vereinigen und ihr Grundstück als Einlage einbringen, so erfolgt der Eigentumsübergang erst durch die Umschreibung des Grundstücks auf die Gesellschaft. RG. Bd. 56 S. 96.

b) Eine Urkunde, die nur die Vereinbarung enthält, daß die Teilhaber einer offenen Handelsgesellschaft nicht in Geld bestehendes Vermögen in die — wenn auch bereits bestehende — Gesellschaft einbringen, unterliegt dem Feststempel von 1 M. 50 Pf. RG. 4. 7. 04, Joh. Bd. 29 S. B 47.

33. Ein Gesellschaftsvertrag, durch den sich die Vertragsparteien zur Verwertung des einem von ihnen gehörenden Grundbesitzes durch Parzellierung und Veräußerung verbinden, bedarf zu seiner Gültigkeit der im § 313 BGB. vorgeschriebenen Form. RG. 12. 10. 04, Holdh. S. 112 von 1905.

34. a) Die erstmalige Feststellung des Statuts von Kriegervereinen, in der Form eines Vertrages oder Beschlusses, ist stempelpflichtig. FM. 9. 10. 96 III 13552.

Lfd. Nr.	Gegenstand der Besteuerung.	Steuersatz v. H.	M.	Pf.	Berechnung der Stempelabgabe.
26.	**Gewerbelegitimationskarten**[1–4] (§. 44a der Reichs-Gewerbeordnung)* . . . . *Bek. 14 C. 1a. — Anh. § 1 Abs. 3. — D. V. 7. 43.*	—	1	—	

Noch: Zu Tarif-Nr. 25.

b) Stempelfrei sollen die Statuten der Knappschaftsvereine sein. Mot. S. 41—42, s. auch § 1 des Ges., betr. die Vereinigung der Berg-, Hütten-, Salinen- und Aufbereitungsarbeiter in Knappschaften vom 10. 4. 54 (GS. S. 139) und §§ 165 ff. des BergGes. vom 24. 6. 65 (GS. S. 705).

Eine allgemeine persönliche über die Vorschrift der §§ 165 ff. BergGes. hinausgehende Stempelbefreiung steht den Knappschaftsvereinen nicht zu. RG. 20. 3. 00, Hz. S. 394.

Zu Tarif-Nr. 26.

1. Auf die in den bestehenden Zollvereins- und Handelsverträgen vorgesehenen Legitimationskarten findet die Tarifstelle keine Anwendung. Mot. S. 42.

2. Der Ausfertigungsstempel wird neben Tarif 26 nicht außerdem erhoben. 9. KS. S. 2. — Vgl. auch A. 6cc zu Tarif 77.

3. Hausiergewerbescheine sollen durch den Stempel nicht getroffen werden. KB. S. 49.

4. Diesen Stempel erfordern auch diejenigen Gewerbelegitimationskarten, die gemäß Art. 2 der am 2. 4 03 in Kraft getretenen Vereinbarung zwischen dem Deutschen Reiche und Frankreich über die gegenseitige Behandlung der Handlungsreisenden vom 2. 7. 02 (RGBl. 03 S. 47) nach dem dieser Vereinbarung beigefügten Muster erteilt werden. Die Versteuerung hat durch Verwendung abgestempelter von den Steuerbehörden zu beziehender Formulare zu erfolgen. — Vgl. Bek. 14 C 1. FM. 23 5. 03 III 6882, ZBl. S. 183.

5. Wandergewerbescheine sind stempelfrei. FM. 31. 3. 99 III 4216.

* Die betreffende Bestimmung der GewO. lautet:

§ 44a Abs. 1 u. 6 Satz 1. Wer in Gemässheit des § 44 Waarenbestellungen aufsucht oder Waaren aufkauft, bedarf hierzu einer Legitimationskarte, welche auf den Antrag des Inhabers des stehenden Gewerbebetriebs von der für dessen Niederlassungsort zuständigen Verwaltungsbehörde für die Dauer des Kalenderjahrs und den Umfang des Reichs ausgestellt wird. Die Legitimationskarte enthält den Namen des Inhabers derselben, den Namen der Person oder der Firma, in deren Diensten er handelt, und die nähere Bezeichnung des Gewerbebetriebs.

Einer Legitimationskarte bedürfen diejenigen Gewerbetreibenden nicht, welche durch die in den Zollvereins- oder Handelsverträgen vorgesehene Gewerbelegitimationskarte bereits legitimirt sind.

Lfd. Nr.	Gegenstand der Besteuerung.	Steuersatz v. H.	M.	Pf.	Berechnung der Stempelabgabe.
27.	**Gnadenerweise,** s. Standeserhöhungen.				
28.	**Heirathsgenehmigungen** für Beamte und Militärpersonen[1] . . . . frei.				
29.	**Hingabe an Zahlungsstatt,** Verträge darüber, s. Kaufverträge.				
30.	**Indossamente,** s. Abtretung von Rechten.				
31.	**Inventarien,**[1] welche zum Gebrauch bei stempelpflichtigen Urkunden dienen . . . . *Allg. V. § 2a.*	—	1	50	

Zu Tarif-Nr. 28.

1. Art. 42 AG. BGB. – §§ 40, 60 Ziffer 4 ReichsMilGes. v. 2. 5. 74.

Zu Tarif-Nr. 31.

1. Vgl. Art. 108 PFG., auch A. 23 zu § 25 d. G.

2. a) Die gemäß § 124 KO. zu den Konkursakten eingereichten Inventare unterliegen, so lange sie nicht zu stempelpflichtigen Urkunden gebraucht werden, einem Stempel nicht.

b) Ist in einem notariell beurkundeten Ehevertrage von den Beteiligten unter näheren Vereinbarungen über das Frauengut erklärt, daß die (künftige) Frau das aus einem anliegenden Verzeichnis ersichtliche Vermögen in die Ehe einbringe, und ist das gedachte Verzeichnis dem notariellen Protokoll als Anlage beigefügt, so wird für das Verzeichnis ein besonderer Inventarstempel neben dem Stempel für den Ehevertrag nicht erhoben. KG. 20. 4. 03, Joh. Bd. 26 S. B 40.

Der Umstand, daß das Inventar nicht unterzeichnet ist, würde im Hinblick auf § 176 Abs. 2 Reichsges. über die freiw. Gerichtsbark. die Stempelpflichtigkeit nicht ausschließen. Jedoch setzt Tarifstelle 31 voraus, daß Inventar und die Urkunde, zu deren Gebrauch das Inventar dient, zwei verschiedene Urkunden sind. Das Inventar ist hier aber keine an sich selbständige Urkunde, sondern bildet eben auch nach § 176 Abs. 2 FG. einen Teil des Protokolls. Endlich ist auch nach § 10 Abs. 3 LStG. das als Teil des notariellen Protokolls anzusehende Inventar keinem Sonderstempel unterworfen.

Lfd. Nr.	Gegenstand der Besteuerung.	Steuersatz v. H.	M.	Pf.	Berechnung der Stempelabgabe.
1 32.	[1]Kauf-[2–16] **und Tauschverträge** und andere lästige Veräußerungsgeschäfte[17] enthaltende Verträge einschließlich der gerichtlichen Zwangsversteigerungen, insoweit nicht besondere Tarifstellen[18] zur Anwendung kommen, wenn sie betreffen:				bei Kauf- und Lieferungsverträgen vom Kauf- oder Lieferungspreise unter Hinzurechnung des Werthes der ausbedungenen Leistungen[32] b. und vorbehaltenen Nutzungen; bei anderen Verträgen vom Gesammtwerth der Gegenleistung unter Hinzurechnung des Werthes der vorbehaltenen Nutzungen, oder, wenn der Werth der Gegenleistung aus dem Vertrage nicht hervorgeht, von dem Werth des veräußerten Gegenstandes; [7, 10] d. f. [19] i. [33, 40]
	a) im Inlande befindliche unbewegliche Sachen[2–13, 19, 20] oder diesen gleichgeachtete Rechte	1	—	—	
	b) außerhalb Landes befindliche unbewegliche[21] Sachen[8] c. [21]	—	1	50	
	c) andere Gegenstände aller Art[11, 15, 22–32] (auch Lieferungsverträge), falls die Verträge nicht auf Grund der Tarifnummer 4				

Lfd. Nr.	Gegenstand der Besteuerung.	Steuersatz v. H.	M.	Pf.	Berechnung der Stempelabgabe.
Noch 32.	des Reichsstempelgesetzes vom 27. April 1894* der Reichsstempelabgabe unterliegen oder von dieser befreit sind	1/3	—	—	wie vor.
	2 Der Stempel berechnet sich bei Tauschverträgen[11—14] nach dem Werthe der von Einem der Vertragschließenden in Tausch gegebenen Gegenstände und zwar derjenigen, welche den höheren Werth haben, bei dem Tausche inländischer gegen ausländische Grundstücke nur nach dem Werthe der				

* Die betreffenden Bestimmungen lauten:

A. des Tarifs zum Reichsstempelgesetz vom 3. 6. 06:

Kauf- und sonstige Anschaffungsgeschäfte.

4. a) Kauf- und sonstige Anschaffungsgeschäfte über:
1. Wertpapiere der unter 2a, 2b und 3 des Tarifs bezeichneten Art — 2/10 ‰
2. Anteile von bergrechtlichen Gewerkschaften oder die darüber ausgestellten Urkunden (Kuxscheine, Bezugsscheine, Abtretungsscheine) — 1 ‰
3. sonstige Wertpapiere der unter 1 bis 3 des Tarifs bezeichneten Art einschließlich der Genußscheine — 3/10 ‰
4. ausländische Banknoten, ausländisches Papiergeld, ausländische Geldsorten — 2/10 ‰

Den Kauf- und sonstigen Anschaffungsgeschäften steht gleich die bei Errichtung einer Aktiengesellschaft oder Kommanditgesellschaft auf Aktien erfolgende Zuteilung der Aktien auf Grund vorhergehender Zeichnung, die bei Errichtung einer Aktiengesellschaft stattfindende Uebernahme der Aktien durch die Gründer und die Ausreichung von Wertpapieren an den ersten Erwerber.

b) Kauf- und sonstige Anschaffungsgeschäfte, welche unter Zugrundelegung von Usancen einer Börse geschlossen werden (Loko-, Zeit-, Fix-, Termin-, Prämien- usw. Geschäfte), über Mengen

vom Werte des Gegenstandes des Geschäfts und zwar in Abstufungen von
zu 4a 1 : 0,20 Mark,
„ 4a 2 : 1,00 „
„ 4a 3 : 0,30 „
„ 4a 4 : 0,20 „
„ 4b : 0,40 „
für je 1000 Mark oder einen Bruchteil dieses Betrags. Bei Berechnung der Abgabe im einzelnen Falle sind mindestens 10 Pfennig in Ansatz zu bringen und höhere Pfennigbeträge derart nach oben hin abzurunden, daß sie durch 10 teilbar sind

Der Wert des Gegenstandes wird nach dem vereinbarten Kauf- oder Lieferungspreise, sonst durch den mittleren Börsen- oder Marktpreis am Tage des Abschlusses bestimmt.

Lfd. Nr.	Gegenstand der Besteuerung.	Steuersatz v. H.	M.	Pf.	Berechnung der Stempelabgabe.
Noch 33.	ersteren; bei Zwangsversteigerungen[45–47] nach dem Betrage des Meistgebots, zu welchem der Zuschlag ertheilt wird, unter Hinzurechnung der von dem Ersteher übernommenen Leistungen; bei Verträgen über Hingabe an Zahlungsstatt[48, 49] nach dem Werthe, zu welchem die Gegenstände an Zahlungsstatt angenommen werden. Wird in einem Kaufvertrage hinsichtlich des Kauf-				

von Waren, die börsenmäßig gehandelt werden — $^4/_{10}$ ‰

Als börsenmäßig gehandelt gelten diejenigen Waren, für welche an der Börse, deren Usancen für das Geschäft maßgebend sind, Terminpreise notiert werden, und bei Waren, in denen der Börsenterminhandel untersagt ist (§ 50 Abs. 1 und 3 des Börsengesetzes vom 22. Juni 1896), diejenigen, für welche an der in Betracht kommenden Börse Preise für Zeitgeschäfte notiert werden.

Die zu den Wertpapieren gehörigen Zins- und Gewinnanteilsscheine bleiben bei Berechnung der Abgabe außer Betracht.

Ausländische Werte sind nach den Vorschriften wegen Erhebung des Wechselstempels umzurechnen.

Befreiungen.

Die vorbestimmte Abgabe wird nicht erhoben:

1. falls die Waren, welche Gegenstand eines nach Nummer 4b stempelpflichtigen Geschäfts sind, von einem der Vertragschließenden im Inland erzeugt oder hergestellt sind;
2. für die Ausreichung der von den Pfandbriefinstituten und Hypothekenbanken ausgegebenen, auf den Inhaber lautenden Schuldverschreibungen als Darlehnsvaluta an den kreditnehmenden Grundbesitzer;
3. für sogenannte Kontantgeschäfte über die unter Nummer 4a 4 bezeichneten Gegenstände sowie über ungemünztes Gold oder Silber.

   Als Kontantgeschäfte gelten solche Geschäfte, welche vertragsmäßig durch Lieferung des Gegenstandes seitens des Verpflichteten an dem Tage des Geschäftsabschlusses zu erfüllen sind;
4. von den zur Versicherung von Wertpapieren gegen Verlosung geschlossenen Geschäften, unbeschadet der Stempelpflicht der nach erfolgter Verlosung stattfindenden Kauf- oder sonstigen Anschaffungsgeschäfte;
5. für Kauf- oder sonstige Anschaffungsgeschäfte über Renten- und Schuldverschreibungen des Reichs oder der Bundesstaaten, sowie Interimsscheine über Einzahlungen auf diese Wertpapiere.

Lfd. Nr.	Gegenstand der Besteuerung.	Steuersatz v. H.	M.	Pf.	Berechnung der Stempelabgabe.
Noch 32.	preises eine Hingabe an Zahlungsstatt vereinbart, so ist der Vertrag wie ein Tauschvertrag zu versteuern.[49c]				
	3 Wird bei einer Versteigerung, welche zum Zwecke der Auseinandersetzung unter Miteigenthümern[50] erfolgt, der Zuschlag einem Miteigenthümer ertheilt, so bleibt bei Berechnung des Stempels derjenige Theil des Meistgebots außer Betracht, welcher auf den dem Ersteher bereits zustehenden Antheil an den versteigerten Gegenständen fällt. Im Falle der Gemeinschaft unter Miterben gilt im Sinne dieser Vorschrift jeder Miterbe als Miteigenthümer nach Verhältniß seines ideellen Antheiles am Nachlaß.				
	4 Wird ein Zuschlagsurtheil aufgehoben, so werden die angesetzten Beträge nicht erhoben oder, wenn sie bezahlt sind, erstattet.				
	5 [51–53]Beurkundungen von Uebertragungen der Rechte der Erwerber aus Veräußerungsgeschäften über unbewegliche Sachen und diesen gleichgestellte Rechte oder über bewegliche Sachen, sowie Beurkundungen nachträglicher Erklärungen der aus einem Veräußerungsgeschäft der vorbezeichneten Art berechtigten Erwerber, die Rechte für einen Dritten erworben bezw. die Pflichten für einen Dritten übernommen zu haben, werden in Betreff der Stempelpflichtigkeit wie Beurkundungen der Veräußerungen der Sachen und Rechte behandelt.[54, 55]				
	6 [56]Wenn jedoch der erste Erwerber das Veräußerungsgeschäft erweislich[57] auf Grund eines Vollmachtsauftrages oder einer Geschäftsführung ohne Auftrag für einen Dritten[56b] abgeschlossen hat, so bedürfen Beurkundungen von Uebertragungen der Rechte dieses ersten Erwerbers an den Dritten nur eines Stempels von[58]	—	1	50	
	7 [59, 60]In den Fällen des vorhergehenden Absatzes ist die Erstattung des bereits verwendeten Werthstempels anzuordnen.				

Lfd. Nr.	Gegenstand der Besteuerung.	Steuersatz v. H.	M.	Pf.	Berechnung der Stempelabgabe.
Noch 32.	Auch muß die Abstandnahme von der Einziehung des Werthstempels angeordnet werden, falls dies innerhalb zweier Wochen nach erfolgter Beurkundung der Uebertragung beantragt wird. *Bek. 42. — D.V. 44. — Allg. V. § 9. a. b.* 8 [61] Außerdem kann der Finanzminister bei sonstigen Beurkundungen der erwähnten Art in denjenigen Fällen die gleichen Anordnungen treffen, in denen besondere Billigkeitsgründe vorhanden sind. *Bek. 42 Abs. 3. — Allg. V. § 9 Abs. 1. § 9 c.* 9 In den Fällen des §. 25 der Subhastationsordnung für die Rheinprovinzen vom 1. August 1829 (Gesetz-Samml. S. 195),* sowie des §. 39 des Gesetzes, betreffend das Theilungsverfahren und den gerichtlichen Verkauf von Immobilien im Geltungsbereich des Rheinischen Rechts, vom 22. Mai 1887 (Gesetz-Samml. S. 136),** bedarf				

* B. der Subh.O. v. 1. 8. 22:

§ 25. Wer für sich selbst als Meistbietender den Zuschlag erhält, kann in den ersten drei Tagen nach dem Zuschlage den Namen eines Dritten, für welchen er gekauft hat, bei dem Friedensrichter oder Deputirten zu Protokoll erklären, er bleibt aber dessen ungeachtet persönlich und solidarisch mit diesem Dritten für die Erfüllung aller Bedingungen verantwortlich.

** C. des Ges. v. 22. 5. 87:

§ 39. Wer für sich den Zuschlag erhalten hat, ist befugt, innerhalb dreier Tage nach dem Tage des Zuschlags einen Dritten als diejenige Person zu benennen, für welche er angesteigert hat. Die Benennung muss unter Beifügung der Vollmacht oder mit der Zustimmungserklärung des Dritten zum Protokolle des Notars geschehen.

Das Protokoll ist als eine Fortsetzung des Versteigerungsprotokolls aufzunehmen.

Der Dritte ist als der unmittelbare Ansteigerer zu betrachten; jedoch bleibt Derjenige, welcher für sich den Zuschlag erhalten hat, für die Erfüllung aller Bedingungen persönlich und mit dem Dritten solidarisch verhaftet.

An die Stelle der Gesetze v. 1. 8. 22 und 22. 5. 87 tritt mit dem Zeitpunkt, in welchem das Grundbuch als angelegt anzusehen ist, nach § 1 Abs. 1 zum ZVG. dieses letztere Gesetz in Kraft.

Lfd. Nr.	Gegenstand der Besteuerung.	Steuersatz v. H.	M.	Pf.	Berechnung der Stempelabgabe.
Noch 32.	die nachträgliche Erklärung des Ansteigerers nur eines Stempel von	—	1	50	
	10 Demselben Stempel unterliegen Beurkundungen von Abtretungen der Rechte aus dem Meistgebot an einen Anderen im Sinne des §. 83 Absatz 2 des Gesetzes betreffend die Zwangsvollstreckung in das unbewegliche Vermögen, vom 13. Juli 1883 (Gesetz-Samml. S. 131).*[62, 64]				
	11 Ermäßigungen und Befreiungen:				
	1) [65, 66]Kauf-[67] und Tauschverhandlungen zwischen Theilnehmern an einer Erbschaft[68] zum Zwecke der Theilung der zu letzterer gehörigen Gegenstände[69]	—	1	50	
	Zu den Theilnehmern an einer Erbschaft wird auch der überlebende Ehegatte gerechnet, welcher mit den Erben des verstorbenen Ehegatten gütergemeinschaftliches Vermögen zu theilen hat.				
	2) [70, 71, 97] Befreit sind Verträge, durch welche unbewegliche Sachen oder diesen gleichgeachtete Rechte oder bewegliche Sachen allein oder im Zusammenhange mit anderem Vermögen von Ascendenten an Descendenten[74, 75] übertragen werden.[72, 76]				
	Bek. 30. c.				
	Auf Beurkundungen von Uebertragungen der Rechte des Erwerbers aus Verträgen der vorbezeichneten Art an andere Personen als an Descendenten des ursprünglich über-				

* D. des Ges. v. 13. 7. 83:

§ 83 Abs. 2. **Auf eine Abtretung der Rechte aus dem Meistgebote an einen Anderen ist bei Ertheilung des Zuschlags nur dann Rücksicht zu nehmen, wenn die Abtretung von Seiten des Meistbietenden, sowie die Uebernahme des Meistgebots von Seiten des Anderen gerichtlich oder notariell beglaubigt eingereicht worden sind. In der Formel des Urtheils ist auszusprechen, dass der Meistbietende neben dem Ersteher für die Erfüllung des Gebots verhaftet bleibt.**

Vgl. jetzt § 81 Abs. 2 des RZVG. v. 24. 3. 94 bei A. 62 dieser Tarifstelle.

Lfd. Nr.	Gegenstand der Besteuerung.	Steuersatz v. H.	M.	Pf.	Berechnung der Stempelabgabe.
Noch 32.	tragenden Ascendenten finden die Bestimmungen des sechsten und siebenten Absatzes dieser Tarifstelle keine Anwendung. 3) [77. 78 97] Befreit sind Kauf- und Lieferungsverträge über Mengen [79. 86—95] von Sachen oder Waaren, sofern dieselben entweder zum unmittelbaren Verbrauch[80] in einem Gewerbe[80 d. 81] oder zur Wiederveräußerung[82] in derselben Beschaffenheit oder nach vorgängiger Bearbeitung oder Verarbeitung[83] dienen sollen oder im Inlande[84] in dem Betriebe[85] eines der Vertragschließenden[85] erzeugt oder hergestellt[86] sind. 4) Gerichtliche oder notarielle Aufnahmen oder Beglaubigungen der nach der Tarifnummer 4 des Reichsstempelgesetzes vom 27. April 1894 reichsstempelpflichtigen oder von der Reichsstempelsteuer befreiten Kauf- und Anschaffungsgeschäfte	—	1	50	

Zu Tarif-Nr. 32.

1. Vgl. BGB. §§ 433, 311—313, 2033, 2371. — § 515.

2. Eine einen Kaufvertrag enthaltende Urkunde ist dann nicht stempelpflichtig, wenn nur einer der Kontrahenten sie unterschrieben hat und verabredet ist, nur dieser solle daraus verpflichtet sein, sofern sie auch später von dem andern Kontrahenten ohne Wissen und Willen des ersten ebenfalls unterschrieben wird. RG. 8. 12. 99, Rassow und Küntzel Jahrg. 44 S. 1013.

a) Liegt nicht ein beide Kontrahenten gleichmäßig bindender und berechtigender Vertrag vor, so ist der Kaufstempel nicht fällig; RG. 11. 3. 98, JW. S. 271. — FM. 26. 5. 98 III 7370; es handelt sich dann nur um ein pactum de emendo. — Vgl. A. 7c bei Tarif 71.

b) Hinkende Verträge, bei denen vorläufig nur der eine Teil für eine bestimmte Zeit gebunden ist, und die erst in endgültige Kaufverträge übergehen, wenn auch der andere Teil seine Zustimmung erteilt, wenn auch in der Weise, daß, falls der andere Teil den Vertrag nicht zum Abschluß bringt, der Verkäufer als Entschädigung für die Wartezeit und die dadurch inzwischen ihm verloren gegangene Gelegenheit zu anderweiten Verkäufen den bereits empfangenen Teil des Kaufpreises

Noch: Zu Tarif-Nr. 32.

behält, sind nur mit dem allgemeinen Vertragsstempel zu versehen. — Vgl. Joh. Bd. 17 S. 277. Es handelt sich in solchem Falle nicht um fest abgeschlossene Verträge, in denen dem einen Teile ein Rücktrittsrecht gegen Erlegung einer Vertragsstrafe vorbehalten ist (vgl. Joh. Bd. 16 S. 378), auch nicht um einen Kauf auf Probe, weil für den Käufer hauptsächlich die Verhältnisse des Grundstücksmarktes entscheidend sein werden. FM. 30. 7. 01 III 9601.

c) Die Abrede, daß Verkäufer das Recht und auf Verlangen des Käufers die Pflicht habe, innerhalb bestimmter Frist die verkauften Gegenstände zu demselben Preise zurückzukaufen, begründet nur einseitiges Recht und ist nicht Kaufvertrag. RG. 11. 3. 98, JW. S. 271. FM. 25. 2. 99 III 2353.

d) Daß von Mehrlieferungen, die vertragsmäßig von der einen Partei verlangt werden konnten und von der andern geleistet werden mußten, ein Stempel nicht zu entrichten sei, hat das KG. im Urteil v. 17. 12. 01 entschieden und dabei angenommen, daß nur eine den Unternehmer einseitig bindende Offerte vorliege. — Vgl. A. 5d zu Tarif 75.

e) Eine vertragsmäßig erklärte Anerkennung der aus dem Gesetz sich ergebenden Rechtsfolgen der Geltendmachung des Anspruchs der Wandelung fällt nicht unter diese Tarifstelle, sondern unterliegt nur dem allgemeinen Vertragsstempel. FM. 2. 7. 97 III 8205. — Vgl. A. 6 bei Tarif 8, A. 4 bei Tarif 67 und unten A. 17b.

f) Erfolgt eine Veräußerung an den Vorkaufsberechtigten auf Grund des ihm zustehenden Vorkaufsrechts, so unterliegt solche nicht freiwillige Uebertragung des Eigentums dem Kaufstempel nicht. FM. 23. 11. 05 III 15028. — Vgl. A. 7d bei Tarif 8 und A. 14g bei Tarif 71.

Macht aber der Vorkaufsberechtigte sein Recht nach Auflassung an einen Andern geltend und schließt mit diesem einen Vertrag, so ist der Kaufstempel fällig. Erk. des LG. I Berlin 3. 1. 98. Ebenso wie der über die Ausübung des Rückkaufsrechts getätigte Akt als ein neuer stempelpflichtiger Kaufakt anzusehen ist. RG. 25. 11. 98, JW. 99 S. 19. — Vgl. unten A. 17b.

3. Ein Kaufvertrag über einen einem Dritten gehörigen Gegenstand ist stempelpflichtig auch dann, wenn die Kontrahenten das fremde Eigentum kannten. RG. 21. 4. 97, JW. S. 295.

4. Macht der Empfänger einer Offerte den Vertragsabschluß von irgend welchen Bedingungen abhängig, und seien diese auch noch so geringfügig, so fehlt es an einer Willenseinigung einstweilen überhaupt. Eine etwaige spätere nicht urkundliche Zustimmung begründet trotz der Unerheblichkeit der bis dahin vorhandenen Differenzpunkte Stempelpflicht nicht. RG. 11. 7. 99, JW. S. 586. — Vgl. unten A. 54b und A. 8 zu § 1.

5. Ein mit einer katholischen Kirchengemeinde abgeschlossener Immobiliarkaufvertrag ist nicht stempelpflichtig, wenn ihm das Amtssiegel des Kirchenvorstandes nicht beigedrückt ist. RG. 28. 11. 95, Joh. Bd. 17 S. 385.

Noch: Zu Tarif-Nr. 32.

6. Der Stempelpflichtigkeit eines Kaufvertrages steht es nicht entgegen, wenn darin den Kontrahenten die Befugnis erteilt ist, durch Erlegung einer Konventionalstrafe von der Verpflichtung, das Kaufgeschäft zu erfüllen, sich zu befreien. Joh. Bd. 16 S. 378. — Vgl. A. 15c zu Tarif 71 u. A. 13i u. k zu Tarif 58.

7. Im Vertrag selbst angezogene Kostenanschläge gelten als Teile des Vertrages auch für die Stempelberechnung. FM. 26. 6. 99 III 8072.

8. a) Nach dem 31. Dez. 1899 abgeschlossene privatschriftliche Grundstücksveräußerungsverträge — vgl. § 313 BGB. — bedürfen weder des einprozentigen Wertstempels, noch, wenn sie zugleich die Uebertragung des Eigentums an beweglichen Sachen enthalten, des eindrittelprozentigen Stempels, selbst wenn für das bewegliche Vermögen besondere Werte angegeben sind, noch endlich des allgemeinen Vertragsstempels.

Werden derartige Verträge anläßlich der Auflassung oder später bei Gericht vorgelegt, so ist der Kaufstempel zu den Gerichtskosten zu vereinnahmen. Unterbleibt die Vorlegung der Urkunden nach erfolgter Auflassung und Eintragung, so ist der Stempel in der Frist des § 16 Abs. 1 litt. g LStG. in natura beizubringen; für den Beginn dieser Frist ist der Ablauf desjenigen Tages anzunehmen, an dem die Beteiligten von der Eintragung Kenntnis erhalten, bei Verzicht der Beteiligten gemäß § 55 RGBO. der Ablauf des Tages der Eintragung.

Für Rentengutsverträge treffen diese Grundsätze nicht zu. FM. 12. 2. 00 III 1539, ZBl. S. 97, JMBl. S. 63. — Vgl. A. 8 bei § 16 u. A. 12 bei Tarif 8.

b) Ein privatschriftlicher Grundstücksveräußerungsvertrag wird dann gültig und stempelpflichtig, wenn in dem Auflassungsprotokolle die überreichte Vertragsurkunde derart in Bezug genommen wird, daß daraus das Verhältnis des Urkundeninhalts zur Auflassung erhellt. RG. 28. 4. 05, ZBl. S. 640.

Ein solcher Vertrag über die Veräußerung mehrerer Grundstücke wird nur dann rechtswirksam und damit stempelpflichtig, wenn die Auflassung sämtlicher Grundstücke, die veräußert werden, erfolgt ist. — Vgl. RG. 30. 1. 04, Entsch. Bd. 56 S. 383, KG. 25. 5. 03, 1. J. 1477 02, FM. 27. 9. 04 III 12272.

Ein derartiger Tauschvertrag muß zu seiner Gültigkeit von beiden Seiten durch Auflassung und Eintragung vollzogen werden. RG. 30. 1. 04, Entsch. Bd. 56 S. 383.

c) Der § 313 BGB. ist auf den Abschluß von Verträgen über ausländische Grundstücke, wenn er im Inland vorgenommen ist, nicht anwendbar. Hier entscheidet die lex rei sitae. RG. 3. 3. 06, DJZ. S. 543.

d) Ist ein wesentlicher Bestandteil des Kaufvertrages (Höhe der Gegenleistung für die Grundstücksübereignung) nicht formgerecht beurkundet, so ist der Kaufvertrag nichtig. RG. 11. 7. 06, JW. S. 548.

Noch: Zu Tarif-Nr. 32.

9. Der als wirtschaftlich einheitlicher Vertrag aufzufassende Kaufvertrag ist beim Betruge auch nur einer der Verkaufsparteien in seinem vollen Umfange nichtig. RG. 16. 12. 05, JW. S. 83 von 1906. — Vgl. A. 12 bei § 25.

10. a) Eine Vereinbarung, wonach
jemand berechtigt ist, innerhalb einer bestimmten Frist die Auflassung eines Grundstücks gegen Zahlung einer bestimmten Geldsumme zu verlangen, und der Eigentümer verpflichtet ist, die Auflassung zu geben, ersterem auch die Verbindlichkeit obliegt, die Auflassung zu jenem Preise an dem bestimmten Endtermin entgegen zu nehmen, falls nicht das Grundstück bis dahin anderweit verkauft sein sollte,
ist als bedingter Kaufvertrag stempelpflichtig. KG. 8. 2. 01.

b) Durch Vertrag v. 2. 1. 01 bevollmächtigt A. den B. und C., seine Grundstücke für 5400 M. zu verkaufen, wobei gleichzeitig verabredet ist, daß, wenn dieser Verkauf bis zum 15. Januar desselben Jahres nicht gelinge, sie die Grundstücke für den angegebenen Preis selbst zu übernehmen haben: Die Urkunde enthält nicht nur eine Vollmacht, sondern außerdem einen bedingten Kaufvertrag. FM. 10. 9. 02 III 11315.

c) Wenn bei Grundstückskaufverträgen, in welchen der Kaufpreis auf einen bestimmten Betrag für das Quadratmeter festgesetzt und die Ermittelung der Größe des Grundstücks durch eine demnächst vorzunehmende Vermessung vorbehalten ist, die Umgrenzung des verkauften Grundstücks feststeht, so liegt ein Kaufgeschäft über eine bestimmte Sache vor und ist auch der Kaufpreis in objektiv bestimmbarer Weise bedungen; nur dessen Berechnung ist vorbehalten. Der Stempel ist nach dem ungefähren Flächeninhalt sofort zu verwenden. Ist ein ungefährer Flächeninhalt nicht angegeben, so ist nach § 8 d. G. und Bek. 8 zur annähernden Schätzung aufzufordern; kann nicht annähernd geschätzt werden, so erfolgt Ueberwachung nach DV. 12 B. FM. 22. 9. 03 III 11976. Erfolgt nach stattgehabter Vermessung die Auflassung, so wird der etwaige Fehlstempel, auch wenn es sich um notarielle Verträge handelt, mit den Gerichtskosten eingezogen.

d) Nach Inhalt des Abkommens stellt es sich erst nach 6 Jahren heraus, ob es als Mietvertrag oder als Kaufvertrag anzusehen ist, indem, wenn die Miete 6 Jahre lang pünktlich bezahlt ist, die Wagen ohne weitere Entschädigung in das Eigentum des Mieters übergehen, die bis dahin gezahlte Miete also als Kaufpreis gilt: da der Uebergang der Wagen in das Eigentum des Mieters somit erst nach 6 Jahren erfolgt, kann auch nur der Gesamtbetrag der bis dahin gezahlten Mietbeträge als Kaufpreis betrachtet und der Berechnung des Kaufstempels zugrunde gelegt werden, ohne Berücksichtigung des Umstandes, daß in dem Vertrage ein Teil dieses Gesamtbetrages als Zinsen bezeichnet ist. FM. 6. 7. 03 III 9501.

e) A. hat sein Geschäft für 30000 M. an B. verkauft. Die 30000 M. sollten in Raten von je 500 M. abgezahlt werden; falls B. vor-

Noch: Zu Tarif-Nr. 32.

Zahlung der gesamten 30000 M. verstirbt, soll die dann noch vorhandene Kaufgelderrestschuld dem Käufer erlassen sein. A. ist gestorben, nachdem erst ein Teil der 30000 M. gezahlt war: Der Erlaß stellt sich nicht als ein selbständiges Rechtsgeschäft neben dem Kaufvertrage dar, er ist insbesondere nicht als Schenkung aufzufassen, auch sind mit Rücksicht auf den bedingten Erlaß des Kaufgeldes die verkauften Gegenstände selbst nicht als geschenkt anzusehen; die Festsetzung über diesen event. Erlaß enthält vielmehr nur eine für den Kaufpreis wesentliche Abrede. RG. 21. 5. 94.

f) Die offene Handelsgesellschaft K. überließ ihre Grundstücke durch Vertrag vom Februar 1904 an ihre zu je einem Drittel an der Gesellschaft beteiligten drei Gesellschafter zu je einem ideellen Drittel zum Sondereigentum. Ein Entgelt ging aus dem Vertrage nicht hervor: Es ist der Kaufstempel mit 1 % von dem gesamten Wert der Grundstücke fällig. KG. 9. 5. 05 (II) und Beschl. v. 6. 6. 04 (I). Die Tarifstelle 25d komme nicht in Betracht, weil es sich weder um eine Ueberlassung beim Ausscheiden des Gesellschafters, noch um die Abfindung bei Auflösung der Gesellschaft handele. Das Entgelt bestehe in dem Verzicht auf die kraft des Gesellschaftsrechts den Gesellschaftern hinsichtlich der Grundstücke zustehenden vermögensrechtlichen Ansprüche. Es liegt eine Uebertragung des Eigentums an den Grundstücken auf die Gesellschafter vor, weil bisher kein nach Bruchteilen geteiltes Miteigentum an den Grundstücken bestanden habe, das Gesellschaftsvermögen vielmehr Eigentum zur gesamten Hand gewesen sei.

g) In dem von A. und B. vollzogenen Schlußschein sind die Bedingungen wegen eines von B. dem A. für 10000 M. zu verkaufenden Grundstücks festgestellt. Es heißt dann dort: A. nimmt obige Offerte an, falls auf dem Grundstück keine andern Lasten als die erwähnten Hypotheken und die Rechte der Stadt auf Abtretung eines Vorgartens eingetragen sind, ferner unter folgenden Bedingungen .... Am Schluß bekennen sich die Unterzeichneten zu den vorhergehenden Abmachungen, die sie als für sie bindend erklären: Das Reichsgericht führt im Urteil v. 3. 5. 01 — Entsch. Bd. 49 S. 223 — aus, daß in der Urkunde ein völlig perfekter Vertrag dokumentiert worden sei; da infolge der am Schluß abgegebenen Erklärung und der von beiden Teilen geschehenen Vollziehung eine beiderseitige Uebereinstimmung auch in Rücksicht auf die von A. bezüglich seines Konsenses gemachten Vorbehalte vorliege. — Wegen Bedeutungslosigkeit der Bedingungen siehe A. 4 bei § 3 d. G.

11. a) Bei einem Werkvertrag, bei welchem ausgemacht ist, daß der eine Teil dem andern ein Grundstück nebst einem Hause liefern soll, das von dem ersteren mit dem von ihm angeschafften Material zu erbauen ist, wird der Stempel nach den Grundsätzen vom Kauf berechnet (BGB. § 651). KG. 18. 1. 04, Joh. Bd. 28 S. B 75. Eine auf Grund mündlichen Vertrages aufgelassene Parzelle war vor der Auflassung bebaut. Nach Ermittelung des Wertes der Parzelle mit dem Gebäude erfolgte Nachliquidierung

Noch: Zu Tarif-Nr. 32.

des Stempels, weil zunächst nur der Auflassungsstempel nach dem Wert der Parzelle allein berechnet war. Der Umstand, daß nach besonderem Werkvertrage die Auflassung vor der Bebauung erfolgen sollte, ist ohne Belang. — Vgl. A. 11 bei Tarif 8.

b) Zu einem Vertrage über Ueberlassung eines Grundstücks und eines vom Verkäufer vor der Auflassung darauf herzustellenden Gebäudes ist der einprozentige Stempel von der Gesamtsumme zu erheben. JM. 10. 11. 98 I 6830, ZBl. S. 432. Nach Inhalt des Vertrages hatte die Baugesellschaft A. an B. eine Baustelle für 5000 M. verkauft und sich zur Bebauung derselben für 10 000 M. verpflichtet. Die Uebergabe soll nach Erteilung des Gebrauchsabnahmeattestes erfolgen, der Eigentumsübergang bis Zahlung des Kauf- und Baugeldes ausgesetzt sein und demgemäß das Grundstück nebst Gebäuden erst nach diesem Zeitpunkt aufgelassen werden.

Ebenso hat sich in einem ähnlichen Fall das RG. im Urteil v. 30. 9. 02 für einen einheitlichen Kaufvertrag entschieden: Kläger kaufte ein Grundstück „für den Preis von 240 000 M." Auf den „Kaufpreis" waren 30 000 M. anzuzahlen. Wegen des Restes wurde vereinbart, daß Verkäufer das Grundstück „vor der Auflassung" zu bebauen habe und berechtigt sei, zu diesem Zweck eine Hypothek von 210 000 M. aufzunehmen. Zum Schluß heißt es: „Der Wert des übereigneten Terrains beträgt 70 000 M., der Wert der zu errichtenden Baulichkeiten 170 000 M."

12. Auch Verträge über den Austausch von Feldesteilen zwischen angrenzenden, verschiedenen Besitzern gehörenden Bergwerken unterliegen dem Kaufstempel. FM. 2. 7. 97 III 8255.

13. Bei der stempelrechtlichen Beurteilung beiderseits vollzogener Anerkenntnisse über den Wechsel im Schiffseigentum (Reichsges. v. 15. 6. 95 u. JME. v. 2. 11. 95, JMBl. S. 327) wird bezüglich der Frage, ob ein Kaufvertrag vorliegt, auf § 3 Abs. 3 LStG. Rücksicht genommen werden müssen. In den meisten Fällen wird es den Beteiligten nur darauf ankommen, die Anmeldung zwecks Berichtigung des Schiffsregisters zu bewirken, ohne die Absicht den mündlich abgeschlossenen Kaufvertrag schriftlich zu beurkunden; ein Kaufstempel wird also dann nicht fällig sein.

14. a) Bei einer unveräußerlichen Personalkonzession steht die im Kaufvertrage über das Grundstück getroffene Preisbestimmung für den Verzicht auf die Konzession und für die Uebertragung des Rechts zum Fortbetriebe des Apothekengeschäfts mit der Kundschaft in keiner Beziehung zum Kaufpreise für das Grundstück; sie schließt also eine Erhöhung dieses Kaufpreises nicht in sich. RG. 31. 3. 98, Hz. S. 339. — FM. 29. 5. 00 und 13. 10. 00 III 6450 u. 12163. — Vgl. A. 4 bei Tarif 22a und A. 14d bei Tarif 71.

b) Bei einem Verkauf einer Brauerei sind für die Immobilien, das Inventar und das Geschäft einschließlich Vergütung für den Verzicht auf die Wirschaftskonzession besondere Preise vereinbart:

Noch: Zu Tarif-Nr. 32.

Da der Verzicht nicht selbständig bewertet war, ist der Stempel für den ganzen Kaufpreis erhoben. RG. 26. 2. 00, Hz. S. 421.

c) Gegenstand des Kaufes war ein zur Schankwirtschaft eingerichtetes und bestimmtes Grundstück. Für den Verzicht auf die Wirtschaftskonzession seitens des Verkäufers war eine besondere Vergütung festgesetzt: Das Reichsgericht hat im Urteil v. 19. 11. 01, JMBl. S. 54 von 1902, Entsch. Bd. 49 S. 321 entschieden, daß diese Vergütung nicht die Eigenschaft des Kaufpreises habe, weil sie nicht für die Uebertragung einer Sache festgesetzt wäre. Verkäufer verpflichte sich vielmehr nur gegen Vergütung zu einer Handlung. Auch werde mit dem Grundstück selbst der durch den Wirtschaftsbetrieb begründete höhere Wert desselben von dem auf die Konzession verzichtenden Verkäufer als Gegenstand des Kaufes nicht übertragen, denn der Verkäufer war außer Stande den für seine Person durch die persönliche Konzession erhöhten Wert des Grundstücks durch einfachen Verkauf desselben zu übertragen: wirtschaftlich komme dieser Vorgang dem einer Uebertragung nahe, rechtlich liege demselben eine neben dem Kaufvertrage über das Grundstück einhergehende Vereinbarung besonderer Natur zu Grunde. FM. 28. 1. 02 III 602, ZBl. S. 46. — Vgl. A. 14d bei Tarif 71.

d) Der beim Verkauf eines Gasthofsgrundstücks auf die Aufgabe der Konzession und die Uebertragung der Kundschaft gerechnete Teil des Preises unterliegt dem Immobiliarwertstempel, weil die aufgegebene Berechtigung zur Ausübung der Gastwirtschaft und die übertragene Kundschaft keinen selbständigen Vermögensgegenstand bilden, sondern tatsächlich, auch im Sinne der Vertragschließenden den Wert des Grundstücks erhöhen. RG. 9. 3. 00, ZBl. S. 429. — Vgl. unten f.

e) Nach der getroffenen Feststellung sind veräußert ein Haus und gleichzeitig ein nicht zum Hause gehöriger Inbegriff von Vermögensgegenständen und -werten, nämlich das im Hause betriebene und dem Hauseigentümer gleichfalls gehörige Bäckereigeschäft nebst Inventar und Kundschaft. Einzelpreise sind für das Haus und für das Bäckereigeschäft nebst Inventar und Kundschaft ausgeworfen, für letztere drei Vermögensgegenstände und bezw. -werte jedoch ein Gesamtpreis: Von diesem Gesamtpreis ist lediglich $^1/_3$ % Stempel fällig. RG. 2. 7. 01, FM. 26. 3. 02 III 2580, ZBl. S. 83 von 1902. Ueber den Einbringungsstempel für den auf die Kundschaft entfallenden Teil des Einbringungspreises s. bei Tarif 25 A. 17a.

f) Sind in einem Vertrage mehrere verschiedenen Steuersätzen unterliegende Gegenstände (ein Grundstück, das darin betriebene Geschäft nebst Kundschaft und das Inventar) für einen Einheitspreis, aber unter Angabe von Einzelwerten verkauft, und stellen sich die angegebenen Einzelwerte als unrichtig heraus, so ist der Stempel nicht nach § 10 Abs. 1, sondern nach Maßgabe der anderweit festgestellten Einzelwerte zu berechnen.

Ob „Geschäft nebst Kundschaft" nur als ein den Wert des Grundstücks erhöhendes Moment in Betracht kommt und deshalb der dafür angegebene Einzelwert dem Immobiliarwert unterworfen ist, hängt

Noch: Zu Tarif-Nr. 32.
von dem konkreten Charakter des Geschäfts und von der Art seines Zusammenhanges mit dem Grundstück ab; in letzterer Beziehung ist erheblich, ob es sich um ein konzessionspflichtiges Gewerbe handelt oder nicht. KG. 15. 2. 06, Joh. Bd. 31 S. B 39. Es handelte sich um den Verkauf eines Grundstücks nebst Zubehör und mit dem darin betriebenen Photographiegeschäft nebst Geschäftsinventar unter Auswerfung von Einzelwerten. Auf das „Geschäft nebst Kundschaft" waren 18 000 M. gerechnet. Hierfür kann nur der allgemeine Vertragsstempel in Ansatz kommen. — Vgl. oben Buchst. d.

Im Urteil des RG. 12. 3. 06, ZBl. S. 16 von 1907 ist die Ueberlassung eines in einem Mietraum betriebenen Handelsgewerbes nebst Kundschaft gegen Entgelt als Kaufvertrag angesehen. Es handele sich hier weder um eine Sache, noch um ein Recht (§ 433 BGB.); es sei nicht richtig, daß ein Kauf nur an einer Sache oder an einem Recht anzunehmen sei, auch andere Werte könnten Gegenstand eines Kaufes sein.

g) Eine für sich allein, d. h. ohne Veräußerung des Handelsgeschäfts als Ganzes gegen Entgelt erfolgende Uebertragung einer Firma bezw. die entgeltliche Einwilligung in ihre Fortführung durch einen andern, stellt kein Veräußerungsgeschäft dar. Eine hierüber errichtete Vertragsurkunde unterliegt daher nicht dem Kaufstempel, sondern nur dem allgemeine Vertragsstempel. RG. 19. 2. 04, Holdh. S. 274.

h) A. kauft von B. für einen bestimmten Preis die im Verzeichnis aufgeführten Gegenstände, welche zu dem betriebenen Handelsgeschäft gehören; A. kauft auch das am 1. 10. noch vorhandene Warenlager zu Fakturenpreisen; A. gestattet dem B. das Geschäft unter der bisherigen Firma zu betreiben; B. zahlt für diese Erlaubnis 1000 M.: Für diese letztere Abrede ist nur der allgemeine Vertragsstempel fällig. RG. 6. 2. 99, JW. S. 196.

i) In einem Vertrage verpflichtet sich A., das von B. betriebene Kurzwarengeschäft mit den vorhandenen Beständen und der Ladeneinrichtung nach einer aufzunehmenden Inventur käuflich zu übernehmen und zwar die Waren für den Fakturenpreis und die Ladeneinrichtung nach einer von Sachverständigen abzugebenden Taxe. Der so ermittelte Preis wird Zug um Zug gegen die Uebergabe gezahlt: Es liegt ein Mobiliarkaufvertrag vor. FM. 29. 10. 97 III 13389.

15. Kauf auf Probe ist als suspensiv bedingtes und deshalb stempelpflichtiges Geschäft aufgefaßt, das sich von einer bloßen Offerte namentlich dadurch unterscheidet, daß das als Bedingung gesetzte Wollen nicht in der sonst beim Kontraktschluß erforderlichen Form dem andern Teile gegenüber erklärt und von diesem akzeptiert zu werden braucht: RG. 15. 12. 98, JW. 99 S. 84. — Vgl. A. 9e bei Tarif 48.

In einem Urteil v. 20. 10. 03 — ZBl. S. 19 von 1904 — hat das Reichsgericht ausgeführt, daß ein Kauf auf Probe vorliege, da die Herbeiführung der rechtlichen Wirkung des Kaufvertrages nicht in die nackte Willkür des Käufers gestellt, sondern durch das Ergebnis seiner Prüfung der von der Klägerin zu liefernden Probepresse bedingt sei. Für

Noch: Zu Tarif-Nr. 32.
die Annahme eines Kaufes auf Probe mache es keinen Unterschied, ob die verkaufte Sache — Patentrecht — selbst zur Probe übergeben sei oder ob ein ihre Verwertbarkeit bedingender anderer Gegenstand — Probepresse — in Bezug auf seine Gebrauchsfähigkeit und Tüchtigkeit erprobt werde. Es stehe hier also die Erprobung der Probepresse der Erprobung des Patentrechts selbst gleich.

16. Die auch nach BGB. zulässige Sicherungsübereignung und Sicherungszeision stellt eine wirkliche Veräußerung dar. RG. 10. 10. 03.

17. a) Unter „andere lästige Veräußerungsgeschäfte" sind nur gegenseitig verpflichtende Verträge, synallagmatische Geschäfte, gemeint, bei denen Versprechen gegen Versprechen ausgetauscht wird, durch deren Erfüllung also der Veräußerer an Stelle des veräußerten Gegenstandes eine andere Leistung erhält. Daß als eine solche Gegenleistung die Rückgabe einer Sache, die der Empfänger nur auf bestimmte Zeit oder auf einen unbestimmten, vom Eintritt einer Bedingung abhängigen Zeitraum erhalten hatte, nicht anzusehen ist, liegt auf der Hand. RG. 10. 7. 00, JW. S. 680.

b) Ueber den Begriff des lästigen Veräußerungsgeschäfts und die Unanwendbarkeit der Tarifstelle 32 auf die vertragsmäßige Rückgängigmachung eines Kaufgeschäfts wegen Gewährsmangels hat das Reichsgericht im Urteil v. 26. 10. 00, ZBl. S. 130 von 1901, Entsch. Bd. 47 S. 303 sich ausgelassen. Es stand die Wiederaufhebung eines Vertrages in Frage, weil das Haus mit Schwamm behaftet war:

Der Wiederaufhebungsvertrag unterliegt nicht der Tarifstelle 32, weil er kein lästiges Veräußerungsgeschäft enthält. Wenn ein bereits durch Auflassung erfüllter Grundstückskaufvertrag wegen eines dem Grundstück anhaftenden zur Gewährleistung verpflichtenden Mangels vertragsmäßig rückgängig gemacht wird, so ist der neue Vertrag als ein lästiges Veräußerungsgeschäft i. S. der Tarifstelle 32 LStG. nicht anzusehen. Der Gegensatz der lästigen und wohltätigen Verträge ist durch den wirtschaftlichen Gesichtspunkt gegeben, ob beide Teile durch den Vertrag Vermögensleistungen gegen einander austauschen oder der eine Teil das ihm Hinzugebende ohne Gegenleistung empfängt. Danach kann es keinem Bedenken unterliegen, daß im Gegensatz zum Rückkauf, der unzweifelhaft unter den Begriff eines lästigen Veräußerungsgeschäfts zu bringen ist, die vertragsmäßige Rückgängigmachung eines Kaufvertrages den gleichen Charakter nicht hat, weil ihr das Merkmal der Entgeltlichkeit fehlt. Die vom Rückgebenden übernommene Verpflichtung zur Rückgabe bildet keine Gegenleistung für die der Gegenseite obliegende Verpflichtung zur Rücknahme, die Rückgewährspflicht des Verkäufers ist eine unmittelbare Rechtsfolge seiner Verpflichtung zur Rücknahme des Grundstücks. Nur wenn der Aufhebungsvertrag als solcher gegen Entgelt abgeschlossen wird, nimmt er dadurch die Natur eines lästigen Vertrages an. Hierbei ist noch darauf hingewiesen, daß auch die Motive zum Stempelsteuergesetz Rückgängigmachung eines Kaufvertrages und Rückkauf nicht identifizieren, sondern die Möglichkeit anerkennen, einen Kaufvertrag auf dem Vertragsweg auch

Noch: Zu Tarif-Nr. 32.

ohne gleichzeitigen Abschluß eines neuen Kaufgeschäfts (Rückkauf) aufzuheben. — Vgl. A. 12a u. b bei § 25, A. 6 bei Tarif 8, A. 2e und 52c bei Tarif 32, A. 4 bei Tarif 67 und A. 3d bei Tarif 71.

c) Nach erfolgter Auflassung, die im Jahre 1901 auf Grund mündlicher Vereinbarung stattgefunden hatte, kommen die Beteiligten im Jahre 1902 in einer privatschaftlichen Urkunde, in der der Inhalt des früheren mündlichen Abkommens wiedergegeben ist, überein, „den früheren Kaufvertrag aufzuheben. Sie verpflichten sich wechselseitig zur Rückauflassung". Der Rückauflassung ist das Abkommen von 1902 zu Grunde gelegt: Die Urkunde von 1902, in der die Rückgewähr zum Gegenstand besonderer Vereinbarung gemacht ist, enthält ein lästiges Veräußerungsgeschäft und ist auf sie nicht Tarifstelle 71 Ziff. 1 Abs. 1, sondern Tarifstelle 32 anzuwenden. Der Formmangel ist nach Vorlegung der Urkunde durch Auflassung und Eintragung geheilt. Der wegen Formmangels ungültige Vertrag wird jedenfalls dann gültig und stempelpflichtig, wenn in dem über die Auflassung aufgenommenen Protokolle die überreichte Vertragsurkunde derart in Bezug genommen wird, daß daraus das Verhältnis des Urkundeninhalts zur Auflassung erhellt. RG. 28. 4. 05, Entsch. Bd. 60 S. 398, JMBl. S. 310, ZBl. S. 640. — Vgl. A. 3b u. c bei Tarif 71.

d) Es überträgt A. seinem Sohne und seinem Schwiegersohne je den dritten Teil des Geschäftsvermögens seiner Firma, wogegen Sohn und Schwiegersohn wegen der versprochenen Vergütung für die bisherige Tätigkeit, der Schwiegersohn auch wegen der ihm versprochenen Mitgift und Aussteuer, sich für abgefunden erklären: Die Uebereignung je eines Dritteils des Geschäftsvermögens, soweit es in Grundstücken und beweglichen Gegenständen besteht, ist als lästiges Veräußerungsgeschäft zu versteuern unter Berücksichtigung der Befr.Vorschriften Nr. 2 und 3 der Tarifstelle 32. FM. 10. 5. 01 III 5790. — Vgl. unten A. 76.

18. Unter „besondere" Tarifstellen sind solche gemeint, die sich auf die Veräußerung von Sachen beziehen, wie Auflassungen, Auktionen, Gesellschaftsverträge, Leibrentenverträge; in solchem Falle schließt die besondere Tarifstelle die Pos. 32 als lex generalis aus. RG. 9. 1. 00, JW. S. 162.

19. a) Die Frage, was unter unbeweglichen Sachen i. S. der Tarifstelle 32a zu verstehen sei, entscheidet sich nach dem jeweiligen bürgerlichen Recht; es kommt deshalb das BGB. für Fälle zur Anwendung, die zeitlich dem neuen Gesetz angehören. RG. 23. 9. 04, Entsch. Bd. 59 S. 19.

Nach dem für die Anwendung der Tarifstelle 32a gegenwärtig in Betracht kommenden BGB. seien als unbewegliche Sachen i. S. der Tarifstelle Grundstücke anzusehen und als ein solches könne ein nur zu einem vorübergehenden Zweck auf dem Pachtacker mit dem Grund und Boden verbundenes Grundstück nicht erachtet werden, da dieses zufolge § 95 Abs. 1 BGB. sich als Bestandteil eines Grundstücks nicht darstelle. — Vgl. unten A. 24a.

b) Aus dem Umstand, daß der Ausdruck „unbewegliche Sachen" anstatt „Grundstücke" gewählt ist, erhellt, daß das Gesetz diesen Ausdruck

Noch: Zu Tarif-Nr. 32.

über den Kreis der Grundstücke hinaus so verstanden wissen will, wie es den örtlich geltenden privatrechtlichen Systemen entspricht.

Die Bahneinheit in dem Gesetze betreffend das Pfandrecht an Privateisenbahnen und Kleinbahnen usw. v. 19. 8. 95 ist als unbewegliche Sache i. S. der Tarifstelle 32 litt. a anzusehen; es ist daher bei Kaufverträgen über eine Privateisenbahn oder Kleinbahn (eine Bahneinheit i. S. des Ges. v. 19. 8. 95) der Immobiliarstempel von dem gesamten Kaufpreis einschließlich des auf die beweglichen Bestandteile des Bahnunternehmens entfallenden Teils zu entrichten. RG. 18. 3. 02, Entsch. Bd. 51 S. 101. — Vgl. unten A. 23.

Die Frankfurter Waldbahngesellschaft hatte ihr gesamtes Bahnunternehmen der Stadt Frankfurt mit der Bestimmung abgetreten, daß ein gewisser Teil des Kaufpreises auf Immobilien, der Rest auf die Mobilien sowie die abgetretenen Rechte entfallen solle: Die Berechnung des Immobiliarstempels nach Maßgabe des gesamten Kaufpreises gemäß § 1 des Ges. v. 19 8 95 ist also gebilligt.

c) Bei Entscheidung der Frage, ob eine elektrische Beleuchtungsanlage ein „wesentlicher Bestandteil" eines Hotels ist, hat das RG. im Urteil v. 28. 6. 04, DJZ. Nr. 20 Beil. sich dahin geäußert, daß der § 93 BGB. nutzloser Zerstörung wirtschaftlicher Werte vorbeugen wolle, daß eine Wesensänderung i. S. dieser Vorschrift schon dann vorliege, wenn das Hotel durch die Beseitigung der elektrischen Anlage eine so erhebliche Einbuße in seiner wirtschaftlichen Bedeutung erleide, daß hierin nach den Anschauungen des Verkehrs eine Wesensänderung zu erblicken sei, nicht bloß dann, wenn es seinen Charakter als Hotel überhaupt verliere.

d) Das Leitungsnetz eines Elektrizitätswerkes ist auch insoweit, als es sich über die räumlichen Grenzen des Grundstücks, auf dem sich die elektrische Beleuchtungsanlage befindet, hinaus erstreckt, als Substanzteil (Bestandteil) dieses Grundstücks anzusehen. RG. 7. 11. 00, Entsch. Bd. 48 S. 267. Auch im Urteil v. 23. 6. 06, JW. S. 541 ist die elektrische Anlage als wesentlicher Bestandteil eines Fabrikgrundstücks erklärt.

Ebenso das zu einer Gasanstalt gehörige Rohrnetz. RG. 21. 12. 96, Entsch. Bd. 39 S. 205 und das zu einem Wasserwerk gehörige Rohrnetz und Reservoir. RG. 14. 10. 04.

e) Eine Kanalisationsanlage ist, wenn sie den Gegenstand eines Veräußerungsvertrages bildet, als eine unbewegliche Sache (§ 6 ALR. I 2) anzusehen; desgl. eine auf fremdem Grund und Boden angelegte Straßeneisenbahn. RG. 5. 12. 98, JW. 99 S. 81; wie beim Verkauf eines Straßenbahnunternehmens nebst Geleisanlage die letztere. RG. 21. 3. 99.

f) Wesentlicher Bestandteil einer Dampfmühle ist eine in die Mühle eingebaute Lokomobile — RG. 20. 2. 06, JW. S. 189 — und wesentlicher Bestandteil einer Dampfziegelei der zu ihrem Betrieb gehörige Benzinmotor. RG. 16. 2. 06, JW. S. 190. — Vgl. unten A. 24c.

Noch: Zu Tarif-Nr. 32.

g) Maschinen, die untrennbar mit dem Grund und Boden verbunden sind, insbesondere Maschinen einer Fabrik, bilden Substanzteile des Gebäudes und haben damit Immobiliareigenschaft. RG. 16. 3. 00.

20. a) Ein Vertrag über die Bestellung eines Erbbaurechts gegen Entgelt ist als Veräußerungsgeschäft über eine unbewegliche Sache oder diesem gleich geachtetes Recht anzusehen. Mit dem Wesen des Erbbaurechts ist die Setzung einer zeitlichen Grenze an sich nicht unverträglich; das Gesetz schließt die Beifügung von Bedingungen, insbesondere kassatorischen Klauseln, nicht aus; unwesentlich für das Erbbaurecht ist die Regelung des Entgelts, dieser Punkt ist vielmehr lediglich dem Parteibelieben überlassen. Fällt ein lästiger Vertrag, der auf die Uebertragung eines bereits bestehenden Erbbaurechts gerichtet ist, unbedenklich unter Tarifstelle 32 (§ 1017 Abs. 2 BGB.), so ist dies auch mit dem obligatorischen auf Begründung des Erbbaurechts abzielenden Vertrage der Fall. FM. 12. 10. 05 III 12992, RG. 16. 5. 05, Entsch. Bd. 61 S. 1, ZBl. S. 739.

b) Die Aktiengesellschaft N. hat als Eigentümerin der Herrschaft S. sich verpflichtet, dem Ingenieur R. zwecks Einbringung in eine von ihm zu gründende Gesellschaft ein Erbbaurecht an Parzellen der Herrschaft S. einzuräumen. Das Recht soll für 30 Jahre zur Ausnutzung der Objekte für Fabrikbetriebe gegen einen jährlichen Pachtzins eingeräumt werden. Die Anlegung eines Grundbuchblatts für das Erbbaurecht wird bewilligt: Das Amtsgericht hat nach Tarifstelle 8 einen Stempel von 1 % verlangt unter Zugrundelegung der Pachtzinsraten aller 30 Jahre.

Das KG. hat im Beschluß v. 25. 7. 03 — I. J. 812 03 — entschieden: Es liege ein Erbbaurecht und nicht ein Pachtvertrag vor; das Erbbaurecht falle unter Tarifstelle 8, da das Superfiziarrecht in das Erbbaurecht des BGB. übergegangen sei. Vorliegend sei aber der Auflassungsstempel nicht fällig, weil die in an sich stempelpflichtiger Form ausgestellte Urkunde vorgelegt wäre. Diese Urkunde aber unterliege der Besteuerung aus Tarif 32 Abs. 1 und sei der erforderliche Stempel nach § 31 PrGKG. nunmehr mit den Gerichtskosten einzuziehen, wobei für die Berechnung die bei dieser Tarifstelle angegebenen Grundsätze entscheiden.

21. a) Bei Verträgen, die im Inland über bewegliche Sachen abgeschlossen werden, ist es gleichgültig, ob die Gegenstände im Inlande oder im Auslande belegen sind. (S. unten A. 22.) — Vgl. auch A. 3c bei § 2.

b) Wenn durch einen im Inland abgeschlossenen Kaufvertrag ausländische Grundstücke zusammen mit Inventar oder zusammen mit inländischen Liegenschaften veräußert werden, ohne daß in dem Vertrage eine Angabe der Einzelwerte erfolgt, so ist gemäß § 10 Abs. 1 LStG. für die Berechnung des Stempels der höchste Steuersatz, also der Wertstempel von 1/3 % bezw. 1 % des ganzen Kaufpreises zu entrichten. Der in den Tarifstellen 25 und 32 für die Veräußerung ausländischer Immobilien bestimmte Feststempel von 1 1/2 M. erstreckt sich nicht auf die mit diesen Immobilien veräußerten beweglichen Sachen; die letzteren

Noch: Zu Tarif-Nr. 32.

unterliegen, auch wenn sie sich im Auslande befinden, dem Wertstempel von 1/3 %. JM. 22. 9. 06, JMBl. S. 291. — Vgl. A. 1 b bei § 10.

22. Unter Nr. 32 litt. c fallen **auch** solche bewegliche Sachen, die sich im Auslande befinden, sofern sie nicht Substanzteile eines Grundstücks bilden. RG. 10. 5. 97, JW. S. 357.

23. Für einen in Berlin im Jahre 1899 abgeschlossenen Kaufvertrag über in Baden belegene Kleinbahnen, in welchem ein bestimmter Preis auf das bewegliche Zubehör gerechnet war, hat das RG. im Urteil v. 27. 10. 03 nur 1 1/2 M. für erforderlich erachtet und ausgesprochen, daß für Beantwortung der Frage, welche Sache als bewegliche oder unbewegliche anzusehen sei, das betreffende Landesrecht in Betracht komme, hier also das Badische Landrecht, wonach auch Zubehörstücke, um die es sich hier handele, zu den unbeweglichen Sachen rechnen. — Vgl. RG. 18. 3. 02, Entsch. 51 S. 101 oben A. 19 b.

24. a) Der Eigentümer eines mit einem Wohnhause und Ziegeleigebäuden besetzten Grundstücks hatte den benachbarten Pfarracker zur Entnahme des nötigen Lehms gepachtet und auf ihm einen Anbau des Maschinenhauses errichtet, mit welchem Maschinen niet- und nagelfest verbunden waren, sowie einen Schuppen und eine Feldbahn. Der Ersteher des dem Kläger gehörigen Grundstücks pachtete gleichfalls den Pfarracker und nahm mit dem ihm zugeschlagenen Grundstück auch die Gebäude und festen Maschinen mit der Feldbahn, die sich auf dem Pfarracker befanden, sowie die losen Maschinen und Geräte, die zur Lehmaufnahme gedient hatten, in Besitz: Die Klage auf Herausgabe ist zurückgewiesen. Die von dem Pächter für eigene Zwecke auf dem Pfarracker errichteten Gebäude seien i. S. des BGB. bewegliche Sachen, weil nur einem vorübergehenden Zwecke dienend, wenn auch die Pacht auf längere Zeit abgeschlossen wäre. Derartige Gebäude seien nicht Bestandteile des Grundstücks, auf dem sie stehen — § 95 BGB. Voraussetzung der Eigenschaft eines Zubehörs zu einem Grundstück sei nicht, daß sich die Sache auf demselben Grundstück befinde, sondern nur ein ihrer Bestimmung entsprechendes räumliches Verhältnis zur Hauptsache. RG. 19. 9. 03, DJZ. Nr. 21 Beil. — Vgl. oben A. 19 a.

b) A. verkauft an B. zur Sicherheit für ein ihm gewährtes Darlehn sein Fabrikgebäude nebst maschineller Einrichtung, das A. für seinen Betrieb auf gepachtetem Areal errichtet hat, mit der Verpflichtung, es bei Beendigung des Pachtverhältnisses wieder zu beseitigen: Es liegt ein Kauf über eine bewegliche Sache vor. RG. 23. 9. 04, Entsch. Bd. 59 S. 20.

c) Verträge zwischen dem Domänenfiskus und dem Pächter über den Verkauf der von den letzteren auf den Pachtgrundstücken errichteten superinventarischen Gebäude sind nur mit 1/3 % zu versteuern, dem Eigentumserwerb des Fiskus an den Gebäuden mit deren Errichtung (§§ 94, 946 BGB.) steht die Bestimmung des § 95 BGB. entgegen, da die Gebäude unter den vorliegenden Umständen als zu vorübergehenden Zwecken errichtet anzusehen sind. Der Pächter blieb

Noch: Zu Tarif-Nr. 32.

also verfügungsberechtigter Eigentümer. Der Verkauf dieser Gebäude, die nicht Bestandteile des Grundstücks sind, weil nur zu vorübergehenden Zwecken mit ihm verbunden, ist als ein Verkauf über eine bewegliche Sache anzusehen (vgl. RG. 23. 9. 04, Entsch. Bd. 59 S. 19). FM. 27. 10. 06 III 14118.

d) Eine zu vorübergehenden Zwecken aufgestellte, wenn auch verbundene Lokomobile, ist eine bewegliche Sache und nicht Bestandteil des Grundstücks. RG. 12. 4. 04, JW. S. 336.

25. a) Verkauf eines Gebäudes ohne Grund und Boden ist Immobiliar-, dagegen zum Abbruch Mobiliarvertrag. RG. 7. 3. 99, JW. S. 250. Jedoch handelt es sich beim Verkauf von Häusern auf Abbruch um den Verkauf zukünftiger Abbruchsmaterialien. Es muß deshalb geprüft werden, ob auf die veräußerten beweglichen Sachen, nämlich die Materialien, die Befreiungsvorschrift nach der Sachlage Anwendung erleidet. RG. 8. 12. 05, JW. S. 96 von 1906. — Vgl. unten A. 88.

b) A. verpachtet an B. eine Parzelle zum Zweck der Nutzung durch Abholzung und Verwertung des darauf befindlichen Holzbestandes auf 5 Jahre. Der in einer Summe bestimmte Pachtpreis beträgt 125 000 M. Die abgeholzten Flächen sind einplaniert zurückzugeben, und zwar schon während der Pachtzeit, soweit die Abholzung bewirkt ist. Dem Pächter steht frei, das Grundstück schon vor der Abholzung anderweit, etwa durch Abweiden, zu benutzen: Diese Urkunde ist als Kaufvertrag mit $^1/_3$ Prozent von 125 000 M. zu versteuern. FM. 25. 10. 01 III 13035. — Vgl. A. 9k bei Tarif 48.

26. Die in Verträgen zwischen der Eisenbahnverwaltung und Privaten über die Herstellung einer Anschlußbahnanlage von der Eisenbahnverwaltung übernommene Verpflichtung zur Unterhaltung dieser Anlage erfordert — neben dem allgemeinen Vertragsstempel — als Lieferungsvertrag besonders den Wertstempel von $^1/_3$ Prozent in der darstellbaren Hälfte.

Dieser Lieferungsstempel für die verwendeten Ersatzmaterialien ist zu erheben, so oft den Anschlußinhabern die Rechnung über die Kosten der Ersatzmaterialien mitgeteilt wird. FM. 6. 8. 99 III 7465/M. d. ö. A. 28. 11. 00, V A. 8471, EisVBl. 1900 S. 592.

27. In einem von beiden Teilen unterzeichneten etwa folgendermaßen lautenden Nachtrage zu einem Lieferungsvertrage

„Vorstehender Vertrag wird auf das Etatsjahr . . . verlängert"

ist von neuem ein stempelpflichtiger Lieferungsvertrag zu erblicken. FM. 5. 1. 03 III 16373.

28. Beurkundung der Uebertragung der zahnärztlichen Praxis, d. h. der Aufgabe dieser Praxis zu Gunsten des Uebernehmers gegen einen Preis unterliegt dem Wertstempel nach Tarifstelle 32 nicht. FM. 20. 12. 00 III 13244.

29. Ueber Verlagsverträge s. RG. 21. 6. 01, Entsch. Bd. 49 S. 278 bei Tarif 71 A. 13.

30. Den Unterschied zwischen Kauf und Licenz stellt das Reichsgericht dahin fest, daß Kaufvertrag vorliegt, wenn es sich um die

Noch: Zu Tarif-Nr. 32.

Uebertragung des ausschließlichen Benutzungsrechts selbst, wenn auch vielleicht unter räumlicher und zeitlicher Einschränkung der Ausübung des Rechts und einer Produktionsbeschränkung, ein Licenzvertrag, wenn es sich um die jemandem für seine Person erteilte Erlaubnis zur Benutzung des Patents handelt.

Ein Licenzvertrag würde nach Tarifstelle 48 litt. b zu versteuern sein. FM. 13. 2. 04 III 1678.

Ein Vertrag über die Ueberlassung des ausschließlichen Benutzungsrechts einer Erfindung, sowie des ausschließlichen Verwertungsrechts der für sie erteilten oder noch zu erteilenden Patente gegen ein bestimmtes Entgelt unterliegt daher der Tarifstelle 32 c. RG. 20. 10. 03 und 10. 4. 06, ZBl. S. 19 von 1904 und S. 799 von 1906. — Vgl. A. 3a zu § 6 und A. 13 zu § 16.

31. Durch den Vertrag der Gemeinde A. mit den Elektrizitätswerken B. v. J. 1895 hat die Gesellschaft die elektrische Beleuchtung der öffentlichen Wege und Plätze in der Gemeinde A. für die näher angegebene Vergütung übernommen; die Gesellschaft ist daher verpflichtet, die Glüh- und Bogenlampen während der festgesetzten Brennzeit brennend zu erhalten und zu diesem Zweck die nötige elektrische Kraft dorthin zu leiten. Daß aber die Lieferung elektrischer Kraft als Lieferung einer Sache i. S. des für die Beurteilung jenes Vertrages allein in Betracht kommenden allgemeinen Landrechts anzusehen und ein darüber errichteter schriftlicher Vertrag dem Lieferungsstempel von $^1/_3$ Prozent unterworfen ist, ist im Reichsgerichtsurteil v. 10. 3. 87 — Entsch. Bd. 17 S. 269 — überzeugend ausgeführt. Für die Stempelpflicht kann es auch keinen Unterschied machen, daß die Gesellschaft neben der Verpflichtung zur Lieferung des elektrischen Stromes auch die Verpflichtung zu gewissen Handlungen (Bedienung der Lampen usw.) übernommen hat, da hierfür ein besonderer Preis nicht bedungen und somit der Wertstempel von $^1/_3$ Prozent von dem ganzen Preise zu berechnen ist (vgl. RG. Bd. 25 S. 164). FM. 2. 3. 02 III 2636. Ebenso hat das RG. im Urteil v. 5. 2. 04, Holdh. S. 274 entschieden, daß nach Allgemeinem Landrecht ein Lieferungsvertrag über elektrischen Strom dem Kaufstempel unterliegt, sofern nicht die Befreiungsvorschrift Nr. 3 Anwendung findet. — Siehe unten A. 92a.

32. a) Beim Erbschaftskauf ist der Käufer nach Preußischem Recht Universalsukzessor des Erblassers; der Immobiliarkaufstempel ist deshalb selbst dann nicht fällig, wenn Grundstücke zur Erbschaft gehören. FM. 4. 9. 00 III 10427. Ebenso RG. 2. 7. 00 für die Zeit vor dem 1. 1. 00.

b) Für einen den §§ 2371 ff. BGB. unterfallenden Erbschaftskauf ist der Stempel nach Maßgabe des Kaufpreises zuzüglich der als ausbedungene Leistung zu behandelnden Pflicht zur Deckung bestimmt bezifferter Nachlaßschulden in der Weise zu berechnen, daß für inländische Immobilien ein Prozent, für außerhalb Landes befindliche Immobilien 1 M. 50 Pf. und für andere Nachlaßobjekte ein Drittel Prozent zum Ansatz kommen. Dabei sind Abs. 1 u. 2 des § 10 StG. zu beachten. Geht der Wert der Gegenleistung des Erbschaftskäufers aus

Noch: Zu Tarif-Nr. 32.

dem Vertrage nicht hervor, so sind die Werte der einzelnen Nachlaßobjekte nach Tarifstelle 32 Abs. 1 Buchst. a—c LStG. zu versteuern. KG. 17. 9. 00, Joh. Bd. 20 S. B 36.

c) Der Verkauf von Erbteilen durch einzelne Miterben erfordert, auch wenn Grundstücke zum Nachlaß gehören, $1/3$ Prozent Stempel. Der Betrag der übernommenen Nachlaßschulden ist dem Kaufpreise nicht hinzuzurechnen, da die Uebernahme nicht aus dem Vertrage, sondern aus § 2378 BGB. folgt, eine ausbedungene Leistung sonach nicht vorliegt. KG. 22. 2. 04, Joh. Bd. 28 S. B 77.

d) Ein die Veräußerung eines Erbschaftsteiles bezweckender Vergleich bedarf als Erbschaftskauf der für diesen erforderlichen Form. RG. 19. 10. 05, JW. S. 721.

e) Ein Erbschaftskauf über einen Erbanspruch an einzelnen Teilen des Nachlasses ist nichtig, z. B. der Kauf des Erbanspruchs an dem gesamten Grundbesitz des Erblassers, weil nur ein Anspruch auf das Vermögen des Erblassers als Ganzes, das Aktiva und Passiva umfaßt, besteht. RG. 31. 5. 05, JW. S. 437.

33. Vgl. §§ 446, 100 BGB. — auch A. 9 b bei Tarif 32.

34. a) Zu den ausbedungenen Leistungen, die bei Berechnung des Kauf- oder Auflassungsstempels dem Kaufpreise zuzuzählen sind, gehören nur Hypotheken, Grundschulden, Rentenschulden, Pfandrechte, nicht aber Altenteile, Rentenbankrenten oder sonstige dingliche Rechte irgend welcher Art, auch wenn sie im Vertrage vom Käufer übernommen werden. KG. 10. 11. 02, Joh. Bd. 25 S. C 15.

b) Uebernimmt bei einem Grundstückskaufe der Käufer einen vor oder nach dem Inkrafttreten des BGB. bereits eingetragenen Altenteil, so ist dessen Wert bei der Berechnung des Kaufstempels und der Auflassungskosten dem Kaufpreise nicht hinzuzurechnen. KG. 2. 5. 04, Joh. Bd. 28 S. B 26. Anders läge es, wenn etwa der Käufer auch die während der Besitzzeit des Verkäufers fällig gewordenen Altenteilsleistungen übernähme.

c) Ein Erbpachtskanon wird dadurch, daß der Käufer ihn im Kaufvertrage übernimmt, nicht zu einer ausbedungenen Leistung, ist also bei der Stempelberechnung nicht dem Kaufpreise hinzuzurechnen. Ist derselbe dagegen im Zwangsversteigerungsverfahren ein Bestandteil des geringsten Gebotes, so ist er als Teil des Kaufpreises zu verstempeln. KG. 20. 6. 04, Joh. Bd. 28 S. B 80.

35. Einräumung einer Wegegerechtigkeit seitens des Verkäufers an Käufer ist Kaufbedingung, dagegen ist die vom Käufer dem Verkäufer gegenüber übernommene Verpflichtung, gewissen anderen Parzellenerwerbern eine Wegegerechtigkeit an der verkauften Parzelle einzuräumen, ausbedungene Leistung oder vorbehaltene Nutzung. FM. 21. 12. 99 III 15690.

36. Die Passiva sind dem baren Kaufpreise bei Berechnung des Kaufstempels hinzuzurechnen, selbst wenn ein Vermögensinbegriff, eine Rechtsgesamtheit, verkauft ist. RG. 22. 5. 00, Entsch. Bd. 46 S. 266. Gegenstand des Kaufes war die Berliner Zweigniederlassung einer auswärtigen Aktiengesellschaft mit allen Aktiven und Passiven und

Noch: Zu Tarif-Nr. 32.

dem Recht der Firmenzeichnung. Der Kaufpreis betrug 100 000 M. Der Betrag der von der Käuferin übernommenen Passiva, der im Vertrage nicht angegeben war, wurde nachträglich auf 195 119 M. festgestellt, denen 126 676 M. an Außenständen gegenüber standen. Zu dem Vertrage wurde ein Stempel von 333,50 M. ($^1/_3$ Prozent von 100 000 M.) verwendet. Die Steuerbehörde erforderte einen weiteren Stempel von 650 M. 50 Pf., weil die Summe der übernommenen Passiven als „eine ausbedungene Leistung" zu dem Kaufpreise hinzugerechnet werden müsse. Das Reichsgericht trat der Auffassung der Steuerbehörde bei.

37. a) Die vom Käufer übernommene Verpflichtung, bei einem Weiterverkauf $^2/_3$ des Mehrerlöses an den Verkäufer zu zahlen, ist bedingte Erhöhung des Kaufpreises. FM. 7. 3. 98 III 3281.

b) Die Käufer haben neben dem Kaufpreise noch weitere 1000 M. Konventionalstrafe zu zahlen, wenn sie zu einem bestimmten Zeitpunkt mit dem Bau eines Wohnhauses nicht begonnen haben: Dies ist keine ausbedungene Leistung. FM. 14. 7. 96 III 9090. — Vgl. A. 15c zu Tarif 71.

38. Wenn in Grundstückskaufverträgen der Verkäufer sich die Abholzung und Nutzung der auf dem Grundstücke stehenden Bäume vorbehalten hat, so tritt der Wert des Baumbestandes als vorbehaltene Nutzung dem Kaufpreise hinzu.

39. a) Nach Inhalt des Kaufvertrages fallen die Verpackungskosten den Käufern zur Last: Eine derartige Vereinbarung ist Bestandteil des Kaufvertrages, da die Verpackung zum Zweck der Versendung geschieht und diese zur Abwickelung des Kaufgeschäfts gehört. Die Besorgung der Verpackung geht jedoch, wenn, wie vorliegend Berlin Erfüllungsort ist, die Uebersendung aber nach einem anderen Ort zu erfolgen hat, über die gesetzlichen Verpflichtungen des Verkäufers hinaus; wenn in solchem Fall Verkäufer die Besorgung der Verpackung übernimmt, so liegt eine ausbedungene, dem Kaufpreise hinzutretende Leistung vor. KG. 20. 5. 04.

b) Die Uebernahme der Kosten des Vertrages, der Auflassung und der Hypothekenbestellung, sowie des Wertstempels und der Umsatzsteuer, gleichviel, ob sie vom Käufer oder Verkäufer erfolgt, bleibt bei der Berechnung des Kaufstempels außer Betracht. FM. 15. 10. 03 III 16745.

c) Bei der vom Käufer übernommenen Verpflichtung zur Zahlung auch der durch die freiwillige Versteigerung des Kaufobjekts bei dem Auktionator entstandenen Kosten sowie zur Zahlung oder Erstattung einer etwaigen Provision, falls solche von einem Dritten gegen den Verkäufer erstritten werden sollte, treten diese als ausbedungene Leistung bei Berechnung des Stempels dem Kaufpreise hinzu. KG. 29. 5. 99, Joh. Bd. 19 S. 186. — Vgl. FM. 13. 1. 99 III 268 und unten A. 40. — Desgleichen treten

d) die vom Käufer übernommenen Vermessungs- und Kartierungskosten — FM. 13. 1. 99 III 268 —,

Noch: Zu Tarif-Nr. 32.

e) ein für Verkäufer vorbehaltenes Wohnungsrecht — FM. 22. 1. 00 III 655 —, sowie

f) die ortsstatutmäßig zu zahlenden Straßenregulierungskosten — RG. 17. 2. 98 — dem Kaufpreise hinzu. Es handelt im letzteren Falle sich um einen von der Stadtgemeinde Berlin als Verkäuferin selbst abgeschlossenen Kaufvertrag, in dem ein Teil des Kaufpreises auf die Straßenregulierungskosten gerechnet war. — Vgl. folgende Anm.

g) Die Verpflichtung zur Zahlung eines Beitrages zu den Pflasterkosten, wenn solche den Anliegern einer neuen zur Bebauung bestimmten Straße durch ein auf Grund § 15 G. v. 2 7. 75 erlassenes Ortsstatut auferlegt ist, ist als eine auf dem Grundstück ruhende gemeine Last anzusehen, die kraft Gesetzes auf den Besitznachfolger übergeht. Das Ausbedingen einer Leistung würde nur vorliegen, wenn z. Z. des Vertragsschlusses die Fälligkeit der Pflasterkosten schon eingetreten war. RG. 23. 2. 99, JW. S 251, Gruch. Jahrg. 43 S. 1076. Im vorliegenden Fall waren sie bei Beginn der Errichtung des Gebäudes zu zahlen; zur Zeit des Vertragsschlusses war aber mit dem Gebäude noch nicht begonnen, der Verkäufer von einer Verpflichtung der Stadtgemeinde gegenüber also noch frei.

40. Uebernimmt ein Käufer die Verpflichtung, die vom Verkäufer an X. bezahlte Abschlußprovision für ein Baugelddarlehn diesem wieder zu erstatten, so ist damit keine Gegenleistung für das Grundstück vereinbart, sondern ein besonderer allgemeiner Vertrag beurkundet. RG. 14. 7. 99. — Vgl. oben A. 39 c.

41. a) Der Begriff des Tausches ist im BGB. kein anderer als nach dem gemeinen Recht und dem ALR. Der Kauf geht auf den Umsatz von Ware gegen Geld, der Tausch dagegen auf den Umsatz von Ware gegen Ware, die Gegenleistung besteht bei dem letzteren nicht in dem allgemeinen Tauschmittel des Geldes. RG. 11. 4. 05, JW. S. 349.

b) Auch für Verträge, die unter der Herrschaft des BGB. errichtet sind, treffen die in den vielfachen Entscheidungen vom Reichsgericht aufgestellten Grundsätze zu. FM. 13. 2. 02 III 1531.

c) Ein Tausch liegt nur dann vor, wenn in der Vertragsurkunde die beiderseitig versprochene Hingabe des Gegenstandes in dem unmittelbaren Verhältnis von Leistung und Gegenleistung zum Ausdruck gebracht ist. Ob diese Voraussetzung zutrifft, muß aus der Absicht der Parteien, insoweit sie aus dem Urkundeninhalt erkennbar ist, entnommen werden. Mot. S. 43. — § 363 ALR. I 11. FM. 27. 3. 97 III 3209. — RG. 30. 11 96, JW. 97 S. 69 und RG. 11. 6. 01. — Ueber Auflassungen vertauschter Grundstücke ohne Vorlegung eines Tauschvertrages vgl. A. 16 c bei Tarif 8.

d) Bei Tauschverträgen berechnet sich der Stempel nach dem Werte derjenigen Tauschgegenstände, welche die höhere Stempelabgabe erfordern. RG. 2. 5. 04, Joh. Bd. 28 S. B 84. Grundstücke im Werte von 42000 M. einschließlich 6000 M. Inventarwert waren gegen solche im Werte von 39000 M. einschließlich 1000 M. Inventarwert eingetauscht. An Stempel waren 1 Proz. von 38000 M. und $\frac{1}{3}$ Proz. von 1000 M. erforderlich.

Noch: Zu Tarif-Nr. 32.

e) Der Stempel darf bei Tauschverträgen **nicht nach der Höhe der vertragsmäßig festgesetzten Gegenleistung** angesetzt werden; vielmehr kommt dafür der **objektive gemeine Wert** der in Tausch gegebenen Gegenstände in Betracht. Hierzu sind aber **nicht** die zur Ausgleichung nebenher erfolgenden Leistungen zu rechnen. RG. 15. 5. 03, Entsch. Bd. 54 S. 376. — Vgl. unten A. 43 b.

f) Der **Austausch von Forderungsrechten** gehört i. S. des Stempelrechts nicht zu den Tauschverträgen, denen gegenüber den Doppelkäufen durch den Abs. 2 eine steuerliche Vergünstigung gewährt ist. Denn dieser Absatz stellt nur eine für die Stempelberechnung gegebene Erläuterung des Abs. 1 dar und der letztere unterwirft nur die lästigen Veräußerungsverträge über körperliche Sachen und **dauernde** Rechte dem Wertstempel, während die gesondert beurkundete Vereinbarung über die Abtretung einer Forderung nach Tarif 71 und die Abtretung selbst nach Tarif 2 zu versteuern sind. RG. 4. 11. 04 VII, Holdh. S. 150 von 1905.

42. **Teilungsverträge** zwischen **Miteigentümern von Grundstücken** sind wie Tauschverträge zu versteuern. Bei der Wertberechnung ist der Miteigentumsanteil des einzelnen abzuziehen. Im Urteil wird der Stempel im Einzelfall berechnet, wenn zwei Personen zwei gleichwertige Grundstücke, die zu gleichen Bruchteilen in ihrem Miteigentum stehen, so unter sich teilen, daß jeder eines dieser Grundstücke erhält, ebenso bei gleicher Teilung von drei gleichwertigen zu gleichen Bruchteilen im Miteigentum dreier Personen stehenden Grundstücken, endlich wenn drei zu gleichen Bruchteilen im Miteigentum dreier Personen stehende Grundstücke verschiedenwertig sind und trotzdem ohne Geldausgleichung jedem Miteigentümer eines dieser Grundstücke als Alleineigentum zugewiesen wird. RG. 8. 7. 04, ZBl. S. 29 ff. von 1905, JMBl. S. 97 von 1905.

43. Tauschvertrag ist u. a. in folgenden Fällen angenommen:

a) Wenn bei der urkundlichen Vereinbarung eines Tausches von Grundstück gegen Grundstück für jedes der Grundstücke ein Geldwert ausgeworfen wird, dieser aber bei dem einen wie bei dem andern Grundstück nur teilweise durch Uebernahme der das Grundstück belastenden Hypotheken und durch Versprechen einer Barzahlung belegt wird, dergestalt, daß bei dem einen wie bei dem andern Grundstück ein durch ihre wechselseitige Hingabe zu deckender Vertrag verbleibt. RG. 2. 11. 03, Joh. Bd. 26 S. B 45, JMBl. S. 299 von 1904.

b) O. verkauft an W. sein Grundstück Z. für 15 000 M., zu dessen Belegung W. sein mit 3900 M. belastetes Grundstück Sch. im Werte von 12 000 M. auf O. überträgt, 5000 M. bar zahlt und in Anrechnung auf den Kaufpreis diejenigen 3500 M. übernimmt, die auf Z. eingetragen sind: Der Stempel darf nicht nach der Höhe der vertragsmäßig festgesetzten Gegenleistung angesetzt werden; vielmehr kommt dafür der objektive gemeine Wert der in Tausch gegebenen Gegenstände in Betracht; hierzu seien aber nicht die zur Ausgleichung nebenher erfolgenden Leistungen zu rechnen; vorliegend sei also der höhere Wert zwischen den beiden Grundstücken Z. und Sch. maßgebend. RG. 24. 4. 03, Entsch. Bd. 54 S. 376. — Vgl. oben A. 41 e.

Nach: Zu Tarif-Nr. 32.

c) V. offeriert der B. sein Grundstück W. zum Preise von 650000 M. zum Tausch gegen 2 der B. gehörige Parzellen im Werte von 437000 M. Auf dem mit 650000 M. bewerteten Grundstück des V. stehen 390000 M. eingetragen, welche die B. zu übernehmen hat, so daß 260000 M. verbleiben; auf dem mit 437000 M. bewerteten Grundstück der B. steht nichts eingetragen. Von diesen 437000 M. kommen die vorbezeichneten Resttauschgelder von 260000 M. in Abzug, so daß für Frau B. ein Restkaufgeld von 177000 M. verbleibt, welches kreditiert wird.

Frau B. hat die Offerte angenommen. RG. 15. 3. 04, Entsch. Bd. 57 S. 264, ZBl. S. 104, FMBl. S. 302.

d) A. tauscht vier ihm gehörige Grundstücke gegen ein Grundstück des B. ein. Der Wert der Grundstücke des A. beträgt 128000 M., der desjenigen des B. 400000 M. Auf den Grundstücken des A. ruhen 50000 M. Hypotheken, auf dem des B. 338000 M. Beide Erwerber übernehmen wechselseitig die Hypotheken. Das danach für B. verbleibende Tauschguthaben von 62000 M. (62000 M. + 338000 M. = 400000 M.) wird gegen einen gleich hohen Betrag des dem A. verbleibenden Tauschguthabens von 78000 M. (50000 M. + 78000 M. = 128000 M.) ausgeglichen und zum weitern Ausgleich hat B. an A. 160000 M. zu zahlen. RG. 28. 5. 04, Holdh. S. 275.

e) A. überläßt das Grundstück W. — angenommener Wert —	800000 M.
an B. (die Klägerin). Diese übernimmt von den Hypotheken	595000 „
sodaß als Anspruch des A. verbleiben	205000 M.
B. erklärt in dem Vertrage eine Schuldverschreibung über einen Resttauschpreis von	150000 M.
verbleibt ein Restanspruch für A von	55000 M.
B. überläßt das Grundstück Z. an A. Angenommener Wert	295000 M.
hiervon ab der obige Restanspruch des A. mit	55000 „
bleiben . . .	240000 M.

Ueber diesen Betrag beurkundet A. eine Schuldverschreibung für B.

Neben einem Tauschvertrage kommt die Beurkundung zweier Schuldverschreibungen über je 150000 M. in Betracht. Das Wesen des Tauschvertrages erschöpfe sich in dem gegenseitigen Austausche der hinzugebenden Gegenstände und der Herbeiführung des erforderlichen Ausgleichs. Wenn aber gleichzeitig Vereinbarungen getroffen würden, die über den Austausch und den Ausgleich hinausgehen, wenn also hier A., der nur 90000 M. (295000 — 205000 M.) zu zahlen hat, die Zahlung weiterer 150000 M., und B., die an Werten 295000 M. hingibt und nur 205000 M. empfängt, also beim Ausgleich etwas zu erhalten, nicht aber zu leisten hat, sich zur Zahlung von ebenfalls 150000 M. verpflichte, so folge hieraus, daß diese gegenseitigen Leistungen von 150000 M. außerhalb des Rahmens des Tauschvertrages liegen und einen selbständigen Gegenstand der Besteuerung bilden. RG. 4. 11. 04. — Vgl. A. 12e bei Tarif 58.

44. Doppelter Kauf ist dagegen u. a. in folgenden Fällen angenommen:

Noch: Zu Tarif-Nr. 32.

a) Nach Inhalt des Vertrages wird A. Eigentümer des Grundstücks X. gegen Uebernahme der darauf ruhenden Hypotheken, B. Eigentümer des Grundstücks Z. gegen Uebernahme der Hypotheken und Zuzahlung von 10000 M.: Es liegt ohne Rücksicht darauf, ob der Abschluß eines Tauschvertrages beabsichtigt ist, ein doppelseitiger Kauf vor, weil die Uebereignung der Grundstücke und ihrer Werte nicht im direkten Verhältnis von Leistung und Gegenleistung zu einander stehen, der Inhalt der Beurkundung nicht erkennen läßt, daß die unmittelbare Leistung eines jeden Vertragschließenden in der Verschaffung eines individuellen Gegenstandes besteht, § 363 LR. I 11. RG. 11. 6. 01, JW. S. 543. — Ebenso entschieden in RG. 26./29. 11. 01, JW. S. 46 von 1902 u. Entsch. Bd. 50 S. 285.

b) In einem Vertrage vom 29. 12. 02 werden die Tauschgelder belegt zum Teil durch Uebernahme der auf beiden Grundstücken ruhenden Hypotheken, zum Teil dadurch, daß ein alsdann auf dem einen Grundstück noch verbleibendes Resttauschgeld von 65000 M. durch Abtretung zweier auf einem dritten Grundstück ruhenden Hypotheken verrechnet wird und endlich zum Teil durch Zahlung einer Restzessionsvaluta von 10000 M. RG. 7. 7. 03.

c) A. vertauscht sein Grundstück X. zum angenommenen Wert von 400000 M. an B. Dagegen vertauscht B. sein Grundstück Z zum angenommenen Wert von 64500 M. an A. Die auf X. eingetragenen 360000 M. übernimmt B., die auf Z eingetragenen 64500 M. übernimmt A. Der Rest des Tauschpreises von 40000 M. wird dem B. gestundet. FM. 17. 5. 05 III 6245.

d) Ist in einem als Tauschvertrag bezeichneten Vertrage der Wert der wechselseitig hingegebenen Grundstücke nicht angegeben, die Angabe aber außerhalb der Urkunde nachgeholt und ergibt sich danach, daß der Wert des einen Grundstücks durch die übernommenen Hypotheken vollständig erschöpft wird, so ist der Vertrag als doppelter Kaufvertrag zu versteuern. RG. 5. 10. 05, Joh. 30 S. B 43. Es vertauschen A. und B. ihre Grundstücke miteinander und vereinbaren, daß A. die auf dem B.schen Grundstück lastenden Hypotheken von 91600 M. übernimmt und 18400 M. zuzahlt, und B. die das A.sche Grundstück belastenden Hypotheken von 112000 M. übernimmt.

e) Im Urteil vom 11. 4. 05, JW. S. 349 hat das RG. ausgesprochen, wie im Anschluß an die Entsch. v. 30. 11. 96, JW S. 69 von 1897 ständig angenommen sei daß in Fällen, in denen beide Vertragsteile einander Grundstücke überlassen, wobei der Wert der von der einen Partei hinzugebenden vollständig durch Uebernahme von Hypotheken, der Wert der von dem andern Teile zu gewährenden Grundstücke durch Uebernahme von Hypotheken und andere Leistungen (Barzahlung, Abtretung von Hypotheken) ausgeglichen werde, stets als doppelte Kaufverträge zu verstempeln seien. — Vgl. auch Entsch. Bd. 50 S. 285 und die dort angeführten Urteile.

f) Für Grundstück K. ist ein Wert von 292500 M., für das Grundstück W. ein solcher von 38300 M. festgesetzt. Der erstere Betrag wird durch Uebernahme von Hypothekenschulden in Höhe von 280000 M und

Noch: Zu Tarif-Nr. 32.
Barzahlung von 12500 M., der letztere durch Hypothekenübernahme von gleicher Höhe beglichen: Da über die Berichtigung einer jeden der Wertsummen erschöpfende Bestimmungen in der Art getroffen sind, daß ein Ausgleich eines Teiles der Werte durch gegenseitige Aufrechnung nicht stattgefunden hat, die festgesetzten Werte daher die Eigenschaft von Kaufpreisen haben, handelt es sich um zwei rechtlich selbständige Kaufverträge. Die Merkmale eines Tauschvertrages, daß ein unmittelbarer Austausch von Gegenständen stattfindet und daß bei ungleichwertigen Gegenständen eine Abrechnung der Werte der in Tausch gegebenen Gegenstände und eine Ausgleichung des Ueberschusses durch Barzahlung, Stundung, Abtretung usw. vorgenommen wird, treffen hier nicht zu. Keiner der Vertragschließenden erhält für die Ueberlassung seines Grundstücks als Gegenleistung das andere Grundstück oder auch nur einen Teil davon, sondern es sind für jedes Grundstück als Gegenleistung besondere Wertsummen festgesetzt. Den Entscheidungen des RG. v. 15. 5. 03 und 15. 3. 04 und des KG. v. 2. 11. 03 und 21. 3. 04 lag ein anderer Sachverhalt zu grunde. FM. 30. 9. 05 III 12541.

45. Vgl § 82 ZVG.

46. a) Bei Zuschlagsbescheiden ist auch dann der Wertstempel fällig, wenn der bisherige Eigentümer Ersteher ist. KG. 23. 11. 96, Joh. Bd. 16 S. 298. — Vgl. A. 1 bei Tarif 78.

b) Eine in das geringste Gebot aufgenommene Höchstbetragshypothek ist bei Berechnung des Stempels für den Zuschlagsbeschluß zum vollen eingetragenen Höchstbetrage zu grunde zu legen. KG. 4. 7. 04, Joh. Bd. 29 S. B 49.

c) Im Zuschlagsurteil selbst muß bestimmt sein, oder der Ersteher muß es binnen zwei Wochen nach der Verkündung anzeigen, welcher Teil des Meistgebots auf das bewegliche Zubehör zu rechnen ist, sonst ist vom Ganzen der 1prozentige Stempel fällig. KG. 28. 6. 97, Joh. Bd. 17 S. 299 und KG. 6. 10. 02, Joh. Bd. 26 S. B 19. Trotz solcher nachträglichen Angabe bleibt dem Gericht das Recht, selbst eine Wertermittelung vorzunehmen. — Vgl. A. 2b zu § 10 und Tarif 78.

d) Bei der Zwangsversteigerung eines Rentengutes ist zum Zweck der Stempelberechnung der Kapitalwert der darauf lastenden Rente dem Meistgebot nicht hinzuzurechnen. — Vgl. JM. 11. 3. 97, JMBl. S. 62/63.

e) Ueber Erbpachtskanon vgl. oben A. 34c.

47. Verhandlungen über die Uebernahme der aus dem bar zu zahlenden Kaufgelde zur Hebung gelangenden Forderungen — § 116 Abs. 1 Ges. 13. 7. 83 — sind ein Bestandteil des Verteilungsverfahrens und nicht eine mit diesem Verfahren nur äußerlich verbundene Handlung der freiwilligen Gerichtsbarkeit. JM. 20. 2. 97 I 551. — Vgl. A. 131 bei Tarif 58.

48. Vgl. BGB. § 364.

49. Eine Hingabe an Zahlungsstatt hat zur Voraussetzung, daß eine bereits bestehende Schuld nach der Absicht der Parteien dadurch getilgt werden soll, daß der Schuldner an Stelle des ursprünglich ge-

Noch: Zu Tarif-Nr. 32.

schuldeten Gegenstandes einen anderen leistet, den der Gläubiger als Erfüllung annimmt. FM. 27. 3. 97 III 3209.

49. a) Tarifstelle 32 Abs. 2 trifft auch den Fall, wenn die Hingabe von Forderungen an Zahlungsstatt vereinbart worden ist. RG. 4. 2. 98. — Vgl. A. 9g bei § 10 und A. 5 bei Tarif 2.

b) A. ist Firmeninhaber eines Bankgeschäfts, B. am Geschäftsgewinn und -verlust mit $^1/_3$ beteiligt. Der Anteil des B. ist auf einen bestimmten Geldbetrag festgestellt: zur Tilgung dieses Anteils überläßt A. an B. ein Grundstück: Es ist damit eine Hingabe an Zahlungsstatt beurkundet. KG. 1. 3. 97.

c) Ist in einem formgerechten, gehörig versteuerten Kaufvertrage über ein Grundstück für den Käufer ein bar zu zahlendes Restkaufgeld bedungen und wird nachträglich von den Beteiligten in einer besonderen formgerechten Urkunde vereinbart, daß der Verkäufer statt der Barzahlung ein Grundstück des Käufers an Erfüllungsstatt annehmen solle, so ist zu dem letztgedachten Abkommen ohne Rücksicht auf die Versteuerung des Kaufvertrages der Prozentstempel nach dem Werte zu erheben, zu dem das Grundstück an Erfüllungsstatt angenommen ist. KG. 8. 6. 03, Joh. Bd. 27 S. B 65.

50. Vgl. §§ 180—184 ZVG. — § 719 BGB. — auch A. 2c bei § 10.

51. Wegen Beobachtung der Form des § 313 BGB. bei Abtretung der Rechte aus einem Grundstückskaufvertrage s. JW. 1900 S. 888.

52. a) Durch die Bestimmungen des Abs. 5 sind **alle** Beurkundungen von Uebertragungen der Rechte, die aus Veräußerungsgeschäften erworben sind, getroffen, nicht bloß die Beurkundungen von Uebertragungen seitens der ersten Erwerber. RG. IV 20. 10. 98, Entsch. Bd. 42 S. 243.

b) Abs. 5 findet auch Anwendung auf einseitige Abtretungsurkunden. FM. 7. 12. 99 III 16173.

c) Desgleichen, wenn die Veräußerungsgeschäfte keine lästigen und frei gewollten Veräußerungsgeschäfte i. S. dieser Tarifstelle sind. KG. 23. 11. 05, Joh. Bd. 31 S. B 43. Käufer A. verlangte vom Verkäufer B. Wandlung wegen Hausschwammes nach erfolgter Auflassung. B. erkannte im Vergleichswege den Wandlungsanspruch an und verpflichtete sich an A. 10000 M. zu zahlen. A. verpflichtete sich, das Grundstück an B. oder einen Zessionar aufzulassen. B. trat den Auflassungsanspruch an C. ab, an den A. unter Vorlegung der Vergleichs- und Abtretungsurkunden das Grundstück aufließ. — Vgl. oben A. 17b.

d) Jedoch nicht bei Berechnung des nach Tarifstelle 25 litt. c zu entrichtenden Stempels für Einbringung. FM. 20. 9. 98 III 12904. — Vgl. A. 13 bei Tarif 25.

53. Die Uebertragung der Erwerberrechte ist in den Fällen stempelfrei, in denen die Veräußerung der Sachen selbst vom Stempel befreit wäre, insbesondere finden die Vorschriften über Ermäßigungen und Befreiungen dieser Tarifstelle Anwendung. RG. 16. 1. 03, Entsch. Bd. 53 S. 287.

Noch: Zu Tarif-Nr. 32.

34. a) Ist ein Grundstück an Eheleute verkauft und wird dem bereits beurkundeten Kaufvertrage ein Nachtrag hinzugefügt, inhalts dessen unter Abänderung der ursprünglichen Vereinbarung der Verkauf an den Ehemann allein erfolgt, so erfolgt die Versteuerung nach Tarif 32 Abs. 5. RG. 22. 2. 00, Hz. S. 436.

b) A. offeriert für 1000 M. an B., B. behält sich die Annahme bis 1. 10. vor. Am 1. 10. zediert B. sein Recht auf Annahme der Offerte an C.; C. akzeptiert die B.sche Zession und die A.sche Offerte: Es ist nur der Zessionsstempel fällig. KG. 5. 4. 97, Joh. Bd. 17 S. 277. — Vgl. A. 11 bei Tarif 2 und A. 4 oben, auch A. 9i bei § 10. Uebereignet aber B. bei vorbehaltener vormundschaftsgerichtlicher Genehmigung vor dieser Genehmigung seine Rechte an C. und wird sodann Kaufvertrag und Abtretung genehmigt, so sind beide Rechtsgeschäfte zu versteuern. RG. 23. 2. 99.

35. Frau K. tritt mit Zustimmung der beiden Vertragsparteien an Stelle des aus dem Schuldverhältnis entlassenen Ehemannes K. in alle Rechte und Pflichten aus dem Kaufvertrage: Hiermit ist ein neuer Kaufvertrag beurkundet; auf solche Fälle ist Abs. 5—8 nicht anwendbar. FM. 9. 8. 98 III 11190.

36. a) Konnte das ursprüngliche Veräußerungsgeschäft für den späteren Erwerber gar nicht vorgenommen werden, so ist auch Abs. 6 nicht anwendbar. RG. 15. 1. 00, Hz. 439.

b) Die Bestimmungen sind auch auf diejenigen Fälle zu beziehen, in denen eine negotiorum gestio für noch nicht existierende juristische Personen vorgelegen hat, wie dies bei Erwerbung von Rechten für eine erst demnächst zu begründende Aktiengesellschaft, Stiftung usw. der Fall ist. KB. S. 51. — FM. 31. 3. 99 III 4217. — Vgl. § 667 BGB.

37. Den Nachweis für das Zutreffen dieses Absatzes hat der Stempelpflichtige zu führen, andernfalls der Fiskus zur Erhebung des vollen Stempels berechtigt ist. Erkenntnis des LG. Berlin 5. 7. 00.

38. a) Die Anwendung der Tarifstelle 32 Abs. 6 ist ausgeschlossen, wenn es sich nicht um die Abtretung der Rechte aus einem Kaufvertrage, sondern um die Weiterveräußerung eines durch Auflassung bereits in das Eigentum des ursprünglichen Käufers übergegangenen Grundstücks handelt. In einem solchen Falle kann aber der Auflassungsstempel vermieden werden, wenn eine das Sachverhältnis ergebende und nach Tarifstelle 71 Nr. 2 verstempelte Urkunde vorgelegt wird. FM. 11. 10. 00 III 5179, I Gen. II 60. 1694. — Vgl. A. 3b, c bei Tarif 71.

b) Wird bei der Auflassung eine gemäß Abs. 6 mit 1,50 M. zu versteuernde Vereinbarung vorgelegt, in welcher der erste Erwerber erklärt, daß er das Grundstück seiner Zeit als Beauftragter oder Geschäftsführer gekauft habe und in Ausführung des Auftrages nunmehr übertrage, so ist der Auflassungsstempel nicht zu entrichten. FM. 13. 8. 97 III 4321.

c) Läßt der Mann ein im eigenen Namen, aber für Rechnung des eingebrachten Gutes der Frau erworbenes Grundstück an die Frau auf, so kommt der Auflassungsstempel nicht zur Hebung,

Noch: Zu Tarif-Nr. 32.
wenn rechtzeitig eine dieses Sachverhältnis ergebende Urkunde vorgelegt wird. Eine solche Urkunde unterliegt nur dem allg. Vertragsstempel. RG. 30. 5. 04, Joh. Bd. 28 S. B 88.

59. Der Notar darf nicht eigenmächtig von der Verwendung des Stempels absehen, ist vielmehr verpflichtet, wenn die Frist von 14 Tagen verstrichen ist, den Stempel zu verwenden, doch kann er sofort Erstattung beantragen. Für diese Erstattung ist die Frist des § 25 Abs. 1 litt. a d. G. maßgebend. Immerhin hat aber die Steuerverwaltung kein Interesse daran, zunächst die Verwendung des Stempels zu fordern und dann den Stempelbetrag zu erstatten. FM. 22. 6. 01 III 7263. — Vgl. A. 5 zu § 3.

60. Wird im Falle des Abs. 6 die Abstandnahme von der Einziehung des mit den Gerichtskosten zu erhebenden Wertstempels beantragt, so hat, sofern der Antrag nach Ablauf von zwei Wochen seit der Beurkundung der Uebertragung gestellt wird, hierüber der Landgerichtspräsident zu entscheiden. RG. 14. 5. 00, Joh. NF. Bd. I S. B 21.

61. Die dem Finanzminister erteilte Ermächtigung zur Ermäßigung des Stempels bis auf 1 M. 50 Pf. bezieht sich auf die in Abs. 5 erwähnten Beurkundungen. FM. 26. 9. 05 III 12412.

62. Vgl. jetzt Zwangsversteigerungsgesetz v. 24. 3. 97.

§ 81 Abs. 2. Hat der Meistbietende das Recht aus dem Meistgebot an einen Anderen abgetreten und dieser die Verpflichtung aus dem Meistgebot übernommen, so ist, wenn die Erklärungen im Versteigerungstermin abgegeben oder nachträglich durch öffentlich beglaubigte Urkunden nachgewiesen werden, der Zuschlag nicht dem Meistbietenden, sondern dem Andern zu ertheilen.

Abs. 4. Wird der Zuschlag erteilt, so haften der Meistbietende und der Ersteher als Gesamtschuldner.

Der Versteuerung der Beurkundung von Abtretungen der Rechte aus dem Meistgebot nach dem festen Steuersatz von 1 M. 50 Pf. steht nicht entgegen, daß der Abtretungspreis das Meistgebot übersteigt. RG. 30. 6. 02, Joh. 25 S. B 27.

63. Hat im Zwangsversteigerungsverfahren der Meistbietende das Recht aus dem Meistgebot an einen andern abgetreten und unter Bezugnahme hierauf in einer besonderen Urkunde das Recht oder das versteigerte Grundstück dem andern verkauft, so ist auch dieser Kaufvertrag dem Steuersatz von 1 M. 50 Pf. unterworfen, falls der Zuschlag dem andern erteilt wird. RG. 16. 2. 05, Joh. 30 S. B 50.

64. Die im Versteigerungstermin oder in dem zur Verkündung der Entscheidung über den Zuschlag bestimmten Termin erfolgte Protokollierung der Erklärungen über Abtretung des Rechtes und Uebernahme der Verpflichtung aus dem Meistgebot unterliegt keinem besonderen Gebühren- oder Stempelansatz. RG. 6. 6. 04, Joh. Bd. 28 S. B 19. Die Entscheidung ist damit begründet, daß eine derartige Be-

Noch: Zu Tarif-Nr. 32.

urkundung einer Abtretung innerhalb des Rahmens des Zwangsversteigerungsverfahrens liege. Die Beurkundung bewirke das Vollstreckungsgericht als solches. Ist die Gebühr aus § 125 Abs. 1 Nr. 2 des PrGKG. zugleich für die Beurkundung der im Termin abgegebenen Erklärungen aus § 81 Abs 2 ZVG. bestimmt, so sind diese auch stempelfrei. Vgl. § 119 Abs. 1 Satz 2, § 29, § 126 Abs. 2 PrGKG. Unerörtert ist gelassen, ob ebenso zu entscheiden wäre, wenn auch das den Erklärungen zu grunde liegende kausale Rechtsgeschäft beurkundet wäre.

65. Vgl. § 2032 BGB.

66. Weil die Urkunde erkennen lasse, daß die Kontrahenten Miterben seien, war es geboten, zur näheren Erläuterung des Wortlauts der Urkunde und zur sicheren Feststellung ihres Sinnes auf außerhalb der Urkunde liegende Tatsachen zurückzugehen. RG. 2. 1. 00, JW. S. 170. — Vgl. auch A. 2 e bei § 3.

67. Im Fall des Abschlusses des Kaufvertrages zwischen Teilnehmern an einer Erbschaft zum Zweck der Teilung wird zum Zweck der Anwendung dieser Befreiungsvorschrift kein Gewicht darauf gelegt, ob der Kaufvertrag freihändig oder im Wege öffentlicher Versteigerung zu stande kommt, wenn nur Ansteigerer und Versteigerer zu den Teilnehmern an der Erbschaft gehören. JM. 28. 2. 02 I 1525.
FM. 11. 3. 02 III 3144.

68. a) Die Ermäßigung erfordert zu ihrer Anwendung nicht notwendig eine Eigentumsgemeinschaft zur gesamten Hand; sie greift vielmehr auch dann Platz, wenn eine Erben- oder aufgelöste Gütergemeinschaft des alten Rechts in einem Miteigentum nach Quoten besteht. **RG. 2. 5. 04, Joh. Bd. 28 S. B 92. Im Jahre 1894 war das Grundstück A. als Eigentum des W. und seiner mit ihm in der gesetzlichen Gütergemeinschaft des rheinischen Rechts lebenden Frau eingetragen. Frau W. hinterließ 1897 als Erben ihre Kinder G. und B. Der überlebende Ehemann und der Miterbe G. W. beantragten 1903 das Grundstück auf den Namen des B. als Teilhabers der früheren Gemeinschaft zur einen Hälfte und der Erben seiner Ehefrau zur andern Hälfte in Erbengemeinschaft umzuschreiben. Das geschah. Später verkauften die beiden Miterben zum Zweck der Teilung der Güter- und Erbengemeinschaft ihrem Vater ihre Anteile an der Gütergemeinschaft und dem Nachlaß ihrer Mutter für 401 000 M. und eine zu übernehmende Hypothek. Zugleich erklärten die Beteiligten die Auflassung: Ein Stempel von 1½ M. wurde für genügend erachtet.**

b) Die Auseinandersetzung zwischen dem überlebenden Ehegatten und den Kindern über das Gesamtgut der fortgesetzten Gütergemeinschaft und zwischen den Kindern über ihren Anteil an dem Gesamtgute gilt für die Gebühren- und Stempelberechnung als Auseinandersetzung über den Nachlaß des verstorbenen Ehegatten. KG. 13. 6. 04, Joh. Bd. 29 S. B 29. — Vgl. A. 3 bei Tarif 20.

c) Kauf- und Tauschverhandlungen zwischen Miterben und einer dritten Person sind dem Wertstempel unterworfen. KG.

Noch: Zu Tarif-Nr. 32.

14. 3. 98, Hz. S. 444. — Besteht unter den Erben nicht mehr gemeinschaftliches Vermögen, so tritt die Ermäßigung nicht ein. KG. 27. 6. 98, Hz. S. 445. — Vgl. A. 2c bei § 10.

69. Der zu Erbteilungszwecken vorgenommene Verkauf von Erbschaftsgegenständen an einen der Teilnehmer an der Erbschaft und die Abtretung von Teilen der Kaufpreisforderung an einzelne Miterben bildet kein einheitliches Geschäft, für die Abtretung ist vielmehr besonders der Zessionsstempel fällig. RG. 13. 12. 04, Entsch. Bd. 59 S. 361. — Vgl. A. 12c bei Tarif 2.

70. Vgl. §§ 1924, 1705, 1589 BGB.

71. Die Nichtangabe des Verwandtschaftsverhältnisses schließt die Anwendung der Befreiungsvorschrift nicht aus. FM. 13. 7. 97 III 8786. — Vgl. A. 2c zu § 3.

72. a) Auch wenn von den Deszendenten Gegenleistungen zu Gunsten anderer Personen übernommen werden, tritt die Befreiung ein. KG. 5. 4. 99, Hz. S. 446.

b) Enthält ein Gutsüberlassungsvertrag zwischen Aszendenten und Deszendenten eine Ueberweisung des Kaufgelderrestes seitens des Verkäufers an sonstige Kinder in Anrechnung auf deren künftigen Erbteil, so ist ein Abtretungsstempel nicht erforderlich, da für schenkungsweise erfolgte Abtretung an erbschaftssteuerfreie Personen überall kein Stempel verlangt werden kann. FM. 12. 10. 04 III 13271.

73. Abänderungen und Ergänzungen von Verträgen zwischen Aszendenten und Deszenden genießen ebenfalls die Befreiung; für die Aufhebung solcher Verträge ist aber zu unterscheiden, ob sie schon ausgeführt waren oder nicht. Im ersteren Falle ist die Rückübertragung des Eigentums nicht stempelfrei, im letzteren Falle kommt Tarif 71 Ziff. 1 Abs. 1 zur Anwendung.

74. Bei Veräußerungsverträgen zwischen Aszendenten einerseits und Deszendenten und Nichtdeszendenten andererseits kann nicht etwa der § 5 Abs. 6 LStG. Platz greifen, vielmehr ist der Vertrag, soweit er die Nichtdeszenten angeht, besonders, und zwar nach dem von den letzteren zu zahlenden Entgelt bezw. den von diesen übernommenen Werten zu beurteilen.

75. Die Stempelfreiheit erstreckt sich nicht auf Uebertragsverträge, die zwischen Adoptiveltern und Adoptivkindern geschlossen werden. KG. 28. 4. 02, Joh. Bd. 24 S. B 44.

76. Ein Vertrag, durch den ein Vater sein Grundstück in eine aus ihm und seinen Söhnen bestehende offene Handelsgesellschaft gegen Uebernahme der Hypothekenschulden einbringt, fällt nicht unter diese Befreiungsvorschrift; er unterliegt vielmehr der Tarifstelle 32 und zwar von dem Gesamtwerte des vereinbarten Entgelts. KG. 31. 3. 05, ZBl. S. 536, JMBl. S. 321. M. S. und A. P. haben eine offene Handelsgesellschaft gegründet. Am 2. 11. 01 bringt A. P., der Vater von M. und S. P., ein Grundstück in die Gesellschaft; als Entgelt hierfür übernimmt die Gesellschaft die Hypothekenschulden von 172 000 M.: Es war der Kauf-

Noch: Zu Tarif-Nr. 32.

stempel von 1720 M. fällig. A. P. stand bei der Uebertragung des Grundstücks der Gesellschaft als Dritter gegenüber und Erwerberin war die Gesellschaft in ihrer Totalität. Die Individualität der einzelnen Gesellschafter, das besondere verwandtschaftliche Verhältnis, kommt nicht in Betracht. Vgl. Entsch. Bd. 56 S. 206 u. S. 430. — Vgl. oben A. 17d.

77. Vgl. §§ 91, 92, 946 ff. BGB.

78. Zweiseitige schriftliche Verträge über Lieferung von Sachen, die im Inlande im Betriebe eines der Vertragschließenden hergestellt sind, aber keine „Mengen" darstellen, erfordern den Stempel nach Tarifstelle 32 litt. c. LG. I Berlin 15. 1. 02

79. a) Ueber den Begriff „Mengen" ist im FM. v. 17. 2. 00 III 1535 ausgeführt:

Nach den ergangenen vielfachen Entscheidungen des Reichsgerichts (v. 24. Okt. 1898 — Entsch. Bd. 42 S. 255 —; v. 3. Nov. 1898 — JW. 1899 S. 19, 60 —; v. 24. Nov. 1898 — JW. 1899 S. 83, 28 —; v. 20. Febr. 1899 — a. a. O. S. 236, 38 —; v. 7. Febr./3. März 1899 — a. a. O. S. 249, 73 —; v. 5. Mai 1899 — a. a. O. S. 382, 46 —; v. 1. Juni 1900 — a. a. O. S. 568) verbindet diese Befreiungsvorschrift mit dem Ausdruck Mengen von Sachen oder Waren denselben Begriff, den die Anmerkung zur Tarifstelle 4B des RStG. v. 29. Mai 1885 mit dem gleichen Ausdrucke verbunden hat. Unter diesem Begriff ist zu verstehen eine im Sprachgebrauch des Lebens als Menge bezeichnete größere Zahl von gleichartigen Sachen, die nach ihrer Beschaffenheit und dem Willen der Vertragschließenden als untereinander völlig gleichwertige und daher insoweit auch als vertretbare in Betracht kommen, ohne daß dabei auf das einzelne Stück an sich, als Individuum, irgend ein Gewicht gelegt wird. Die Annahme einer Menge wird dadurch nicht ausgeschlossen, daß die Eigenschaft, die jedes Stück der zu liefernden Gattung haben soll, durch Beschreibung, Zeichnung und dergl. näher dargelegt wird. Auch bietet der Wortlaut der Befreiungsvorschrift keinen Anhalt für die Annahme, daß die Anwendbarkeit der Bestimmung nur auf Mengen solcher Sachen hat beschränkt werden sollen, die nach Zahl, Maß oder Gewicht gehandelt zu werden pflegen und deshalb allgemein vom Verkehr schlechthin als vertretbare (vertretbare Sachen im engeren Sinne) behandelt werden. Der Wortlaut des Gesetzes gestattet vielmehr die Auffassung, daß über eine „Menge" im Sinne des Gesetzes auch dann kontrahiert wird, wenn es sich dabei um eine Menge anderer gleichartiger und gleichwertiger Sachen handelt, von denen nach dem Vertragswillen jedes einzelne Stück — eben wegen der bedungenen Gleichartigkeit und Gleichwertigkeit aller Stücke derselben Gattung — im Verhältnis zu jedem anderen Stück derselben Art unterschiedslos als vertretbar in Betracht kommen soll. Es fehlt ferner nach der Ansicht des Reichsgerichts dafür, daß die Befreiungsvorschrift nur solche Sachen im Auge habe, die in größeren Mengen auf Vorrat hergestellt zu werden pflegen, an jeglichem Anhalt. Der Begriff der Menge ist aber ausgeschlossen, wenn es sich nicht um eine Vielheit von Gegenständen, sondern nur um ein Stück oder zwei Stück

Noch: Zu Tarif-Nr. 32.

handelt; in einem Erkenntnis v. 19. Sept./3. Okt. 1899 hat das Reichsgericht ausgesprochen, daß erst drei Stück eine Menge im Sinne der Befreiungsvorschrift darstellen.

b) Der Nachweis, daß die Waren zum unmittelbaren Verbrauch in einem Gewerbe oder zur Weiterveräußerung bestimmt seien, braucht aus der Urkunde nicht hervorzugehen, da sich dieser Zweck eines Vertrages meistens schon aus der Eigenschaft der Vertragschließenden als Fabrikanten oder Zwischenhändler von selbst ergeben wird oder aus der Vertragsurkunde mittels Auslegung entnommen werden kann, RG. 16. 1. 03, Entsch. Bd. 53 S. 287. Hinsichtlich der Frage, ob die Waren im Inlande im Betriebe eines der Vertragschließenden erzeugt oder hergestellt sind, hat das Reichsgericht im Urteil v. 23. 12. 02 — Entsch. Bd. 53 S. 214 — sich auf den gleichen Standpunkt gestellt, daß der urkundliche Nachweis hierfür nicht erforderlich ist.

Nach den in diesen Entscheidungen ausgesprochenen Grundsätzen soll in Zukunft verfahren werden, so daß also diese Befreiungsvorschrift auch dann anzuwenden ist, wenn der Befreiungsgrund nicht aus der Urkunde hervorgeht. FM. 11. 4. 03 III 2970, ZBl. S. 137 von 1903.

c) Die Gleichartigkeit mehrerer Sachen besteht darin, daß sie zu derselben Gattung gehören und innerhalb dieser wesentlich die gleichen Eigenschaften haben. Die Folge, nicht der Gegensatz, der Gleichartigkeit ist die Gleichwertigkeit der Gegenstände, welche vom Reichsgericht nur in dem Sinne als Erfordernis des Mengebegriffs betont ist, daß sie durch eine auf der Anbringung rein äußerlicher Zutaten beruhende Verschiedenheit der Preise nicht ausgeschlossen werde, wofern nur die wirtschaftliche Bedeutung, welche jedes Stück vermöge seiner natürlichen Beschaffenheit und dem Willen der Vertragschließenden mit dem andern habe, dieselbe sei. RG. 6. 6. 02, JW. S. 408. — Vgl. A. 4c bei Tarif 75.

d) Für die Befreiung kommt es auf die Vertretbarkeit der Sachen im eigentlichen Sinne nicht an, auch nicht darauf, ob es sich um Sachen handelt, die nach Modellen oder Zeichnungen herzustellen sind, oder der Besteller die Herstellung überwacht oder bei der Ablieferung jedes einzelne Stück prüft. RG. 3. 3. 99, JW. S. 249.

80. a) „Unmittelbarer Verbrauch" bedeutet nicht jeden Gebrauch als gewerbliches Betriebsmaterial, sondern nur einen solchen, der die Zerstörung der benutzten Sache zur Folge hat, so daß also nur solche Sachen darunter zu verstehen sind, deren Gebrauch in ihrem Verbrauch besteht. Hierzu gehören Eisenbahnschwellen nicht, da sie nur allmählich abgenutzt werden. Verträge über Lieferung von Eisenbahnschwellen sind daher nicht stempelfrei. RG. 20. 10. 98, Entsch. Bd. 42 S. 233, ZBl. S. 440 — RG. 9. 5. 99, JW. S. 427. Dazu gehören aus demselben Grunde auch nicht Keilelnieten und Eisendraht. LG. I Berlin 25. 9. 00.

b) Verbrauch im Gewerbe bedeutet diejenige Benutzung der Sache, welche in deren Vernichtung oder Zerstörung besteht, ohne die die

Noch: Zu Tarif-Nr. 32.

Sache den Nutzen nicht gewähren kann, zu dem sie bestimmt ist. § 120 I 2 ALR. und § 92 Abs. 1 BGB. Ein dauernder Gebrauch des Gegenstandes ist mit dem Begriff des Verbrauchs i. S. dieser Befreiungsvorschrift unvereinbar; ein Verbrauch i. S. der Steuervorschrift ist insbesondere nicht darin zu erblicken, daß die Sache ihre Form und Gestalt ändert, später für andere Zwecke als den ursprünglichen, unbrauchbar wird, ihre Selbständigkeit verliert, mit anderen Gegenständen vereinigt, zu deren Bestandteil gemacht wird, also bearbeitet oder verarbeitet wird. Der Begriff des Gebrauchs schließt die Dauer in sich, dem Begriff Verbrauch fehlt dieses Merkmal. RG. 8. 10. 01, Entsch. Bd. 49 S. 303.

c) Die Vorschrift dieser Tarifstelle Befreiung Nr. 3 ist einer ausdehnenden Auslegung nicht zugänglich. Verbrauchbare Sachen sind solche, deren bestimmungsmäßiger Gebrauch in ihrem Verbrauch besteht (§ 92 BGB.). Es muß sich um einen Verbrauch unmittelbar in einem Gewerbe des Käufers handeln, so daß die Befreiung nicht Platz greift, wenn die Sachmengen Zwecken dienen sollen, die zwar auch den Gewerbebetrieb fördern und zu ihm in Beziehung stehen, aber außerhalb des eigentlichen Betriebes liegen und nicht notwendig zu ihm gehören. Das zu liefernde Petroleum diente auch zur Beleuchtung einzelner Dienstwohnungen. Solche dienen nicht unmittelbar dem Betriebe. Da das für diese Zwecke bestimmte Petroleum nicht besonders bewertet war, wurde der Stempel von dem Gesamtpreise berechnet. RG. 12. 10. 06, JW. S. 725.

d) Gewerbliches Betriebsmaterial sind nur verbrauchbare Gegenstände. FM. 31. 3. 97 III 3501 und 11. 4. 97 III 4458.

e) Die Mengen von Sachen oder Waren müssen zum Verbrauch in dem Betriebe des Empfängers bestimmt sein. FM. 5. 2. 02 III 881.

f) Die Verwendung von Farbstoffen zum Anstreichen ist nicht als Verbrauch i. S. der Befreiungsvorschrift anzusehen. RG. 22. 5. 03, JW. S. 216, ZBl. S. 247. Die Handlung A. hatte an die Eisenbahndirektion 19 200 kg Bleiweiß zum Preise von 41,25 M. für 100 kg verkauft. Das Bleiweiß wurde in trockener Pulverform geliefert und sollte dem Zwecke dienen, nach Mischung mit Firniß zur Herstellung von Anstrichmasse verwendet zu werden: Für den Vertrag wurde $^1/_3$ Prozent des Kaufpreises als Stempel gefordert. Das Reichsgericht hat diese Forderung gebilligt.

g) Nicht zum Verbrauch, sondern zum dauernden Gebrauch ist Grubenholz zum Abbau der Abbaustrecken und der Schächte bestimmt. RG. 12./23. 12. 02, Entsch. Bd. 53 S. 214. — Vgl. auch Entsch. Bd. 42 S. 233, 49 S. 303.

81. a) Das Gewerbe der Eisenbahnverwaltung besteht in der entgeltlichen Beförderung von Personen und Gütern; jede Art von Tätigkeit, die diese Beförderung unmittelbar bezweckt, gehört zum Gewerbebetrieb selbst. Nicht dazu zu rechnen aber ist die Werktätigkeit, die dazu dient, der Eisenbahn die zur Ausübung des Transportgewerbes nötigen Einrichtungen erst herzustellen, insbesondere der Bau der Bahnstrecken, die Errichtung von Gebäuden, die Fabrikation von Maschinen, Eisenbahnwagen, Apparaten, Geräten usw. Dasselbe gilt von

Noch: Zu Tarif-Nr. 32.

der Unterhaltung, Ausbesserung und Wiederherstellung dieser Einrichtungen. Deshalb ist schon früher die Eigenschaft gewerblicher Betriebsmaterialien solchen Gegenständen abgesprochen, die zu Eisenbahnbauzwecken Verwendung finden sollten, deshalb kann auch das Anstreichen von Gebäuden, Zäunen, maschinellen Anlagen, Tafeln, Signalen, Weichenteilen, Eisenbahnwagen usw. nicht als Teil des gewerblichen Betriebes der Bahnen gelten und die hierfür zu liefernden Stoffe fallen aus diesem Grunde nicht unter diese Befreiungsvorschrift. FM. 22. 8. 02 III 10102.

Verträge über Lieferung von Zinn an Eisenbahnverwaltungen sind stempelfrei, gleichviel, ob das Zinn im Inland oder Ausland gewonnen wird, da es zum unmittelbaren Verbrauch im Betrieb der Eisenbahn, einem Gewerbebetrieb dient. FM. 22. 10. 97 III 13452.

b) Der staatliche Kanalbetrieb stellt keinen Gewerbebetrieb dar, daher unterliegt der Kauf von Sachen oder Waren, die zum unmittelbaren Verbrauch im Kanalbetrieb oder in der Kanalverwaltung dienen sollen, nicht dieser Befreiungsvorschrift. RG. 29. 11. 04, Holdh. S. 154 von 1905. Für den Begriff des Gewerbes kommt es nicht auf dieses, sondern auf den mit dem Unternehmen verfolgten Zweck an, der vorliegend auf einen Erwerb nicht gerichtet ist.

82. a) Die Befreiungsvorschrift findet auch beim Verkauf eines ganzen Warenlagers Anwendung, da das Lager aus den einzelnen Waren besteht, die zur Wiederveräußerung bestimmt sind. FM. 25. 9. 01 III 9394. — Vgl. unten A. 95.

b) Ist in dem Vertrage über Verkauf eines Handelsgeschäfts im ganzen ein bestimmter Betrag des Preises als auf die mitverkauften Warenvorräte entfallend bezeichnet, so steht der Anwendung der Befreiungsvorschrift der Umstand nicht entgegen, daß die Vorräte nur als Bestandteil des Handelsgeschäfts verkauft sind. KG. 1. 10. 01, Joh.N.F. Bd 21 S. B 33.

83. a) Ein Selbstherstellen bedeutet nicht schon jede auch noch so geringe Bearbeitung, es kommt vielmehr alles auf die Art der Bearbeitung an. FM. 6. 3. 02 III 2933. Es wäre z. B. ein Bohren von Löchern in eiserne Träger oder Anbringung von Winkeln und Streichen eine verhältnismäßig zu geringfügige Arbeit, um ein Herstellen i. S. dieser Befreiungsvorschrift anzunehmen. FM. 23. 4. 02 III 5021.

b) Die von der Klägerin in ihrem Betriebe vorgenommene Bearbeitung der von ihr anderweit bezogenen, der Heeresverwaltung gelieferten eisernen Träger bestand in dem Verkürzen und Zurechtschneiden derselben zu den im Vertrage vorgeschriebenen Längen, in der Anbringung von Löchern, der Entfernung von Rost und Hammerschlag und dem Anstreichen von Rostschutzfarbe: In dieser Tätigkeit liegt die Herstellung von neuem Gut aus vorhandenem Rohmaterial. Eine neue Sache entsteht dann, wenn das Halbfabrikat eine vertretbare Sache darstellte, das Vollfabrikat aber eine Sache, der

Noch: Zu Tarif-Nr. 32.

nach ihrer Form und Ausstattung ein individuelles Gepräge gegeben ist, das sie zur Verwendung für einen besonderen, genau bestimmten Zweck geeignet macht. Der Umstand, daß die neue Sache im Verkehr mit demselben Namen, wie vor der Umarbeitung bezeichnet wird, steht nicht entgegen. Bei Anwendung der Befreiungsvorschrift darf der Begriff der gewerblichen „Herstellung" nicht zu eng gefaßt werden. RG. 24. 11. 05, Entsch. Bd. 62 S. 90.

c) Die Firma A. verpflichtet sich, 550 qm geschalte Dachflächen mit Dachpappe vorzudecken und mit englischem Tafelschiefer einzudecken einschließlich Lieferung aller Materialien: Der Vertrag fällt, insoweit in ihm die Lieferung englischer Schieferplatten bedungen ist, nicht unter die Befreiungsvorschrift. Die Schieferplatten werden so verlegt, wie sie zur Baustelle angeliefert werden. Dadurch, daß die Platten noch mit Löchern versehen werden, um sie auf die Schalung aufzunageln, erhalten sie nicht eine Beschaffenheit, die sie zu Gegenständen einer andern Gattung macht, als derjenigen, der sie bis dahin angehört haben. FM. 31. 10. 05 III 14233.

84. Die Befreiungsvorschrift gilt nur für Lieferungsverträge für solche Waren, die in Preußen hergestellt sind; gleichgültig ist dabei, ob der Eigentümer des Betriebes, in dem die Herstellung erfolgt, nach seiner Staatsangehörigkeit Preuße oder Nichtpreuße ist; entscheidend ist vielmehr allein die Lage des Herstellungsorts. RG. 1. 5. 06, FM. 31. 8. 06 III 13513, ZBl. S. 1391. Entsch. Bd. 63 S. 260.

85. a) Für die „Herstellung im Betriebe eines der Vertragschließenden" kommt es nicht darauf an, ob der Verkäufer Eigentümer der Betriebsstätte ist, sondern darauf, ob er der Geschäftsherr ist und der Betrieb für seine Rechnung geführt wird. RG. 30. 12. 04, Holdh. S. 153 von 1905. Die Gesellschaft A. hatte Bleiweiß verkauft, das in einer dem B. gehörigen Fabrik hergestellt war. B. war ein Angestellter der Gesellschaft gegen Besoldung und hatte den Gebrauch der Fabrik der Gesellschaft A. auf deren eigene Rechnung gegen einen Teil der ihm aus den Betriebsergebnissen zufließenden Beträge überlassen: Der Kaufvertrag ist stempelfrei gelassen. Es macht keinen Unterschied, ob der Betrieb im Eigentum einer physischen oder juristischen Person steht. FM. 29. 12. 04 III 16068.

b) Die von dem Rheinisch-Westfälischen Kohlensyndikat verkauften Kohlen sind nicht in dessen Betriebe erzeugt oder hergestellt. RG. 29. 11. 04, Holdh. S. 151 von 1905. Das Syndikat führt keinen Bergwerksbetrieb, sondern kauft die von ihr zu veräußernden Kohlen von den Zechen, welche zu dem Syndikat gehören; das Syndikat vertritt auch nicht die produzierenden Zechen, sondern hat als Aktiengesellschaft eine eigene Persönlichkeit.

c) Auf den Vertrag über Lieferung glasierter Steinröhren ist die Befreiungsvorschrift nicht anwendbar, weil die Röhren nicht von der Gegenkontrahentin, der G. m. b. H. N. N., hergestellt werden, diese vielmehr eine bloße Verkaufsvereinigung ist. Wenn auch die Hersteller der Röhren der Ver-

Noch: Zu Tarif-Nr. 32.

kaufsvereinigung angehören, so haben sie doch nicht den Lieferungsvertrag abgeschlossen. FM. 14. 10. 02 III 12850.

d) Verträge der Molkereigenossenschaft über Lieferung von Vollmilch, wie sie solche von den Genossen erhält, sind mit 1/3 Prozent stempelpflichtig, weil die Milch kein Erzeugnis der Genossenschaft ist. RG. 19. 11. 96, JW. S. 15 von 1897.

e) Der zwischen der Militärverwaltung und der Tuchmacherinnung geschlossene Vertrag über Tuchlieferung ist stempelpflichtig, weil die zu liefernden Tuchmengen von den Innungsmitgliedern verfertigt werden, die Innung aber eine von ihren Mitgliedern getrennte, selbständige Rechtspersönlichkeit bildet. FM. 10. 8. 03 III 10026.

f) Ebenso gelten von einer Gewerkschaft bezogene Gegenstände als von dieser geliefert und nicht etwa von dem Besitzer sämtlicher Kuxe, da die Gewerkschaft eine selbständige rechtliche Persönlichkeit bildet. FM. 8. 7. 04 III 9003.

86. a) Die drei bestellten Postwagen sind unter sich völlig gleichartig und gleichwertig, so daß einer durch den andern ersetzt werden kann; der Postverwaltung ist es lediglich darauf angekommen, drei dieser Wagen zu erhalten, ohne daß sie ein Interesse an den einzelnen Postwagen als solchen gehabt hat; die Wagen selbst fallen unter die Gattung von Postwagen für Schmalspurbahnen. Drei Stück sind nach dem Sprachgebrauch eine Menge. RG. 5. 5. 99, JW. S. 383.

b) Außer 20 Stück gleichartigen Wagen waren zwei zu liefern, die sich von den 20 nur durch angebrachte Krammen zur Aufnahme von Postbriefkasten unterschieden: Bei der Geringfügigkeit des Unterschiedes sind alle 22 Stück gleichartig. RG. 23. 2. 00, ZBl. S. 223. — Vier Postwagen, bei denen nur die Beleuchtungseinrichtung verschieden war, sind bei der Geringfügigkeit des Unterschiedes eine Menge. RG. 9. 1. 00.

87. Die eisernen Träger sind nach Länge und Stärke unter sich verschieden, werden aber im Handelsverkehr nach feststehenden Nummern und nach Gewicht veräußert: sie sind deshalb Mengen, obwohl im Vertrage die Oertlichkeit, wo die Träger lagern, angegeben ist. RG. JW. 91 S. 365, FM. 11. 4. 97 III 3465.

88. Bei einem Verkauf von Häusern zum Abbruch bilden nicht die Gebäude, sondern die zukünftigen Abbruchsmaterialien den Gegenstand des Vertrages. Es muß daher geprüft werden, ob auf sie die Befreiungsvorschrift 3 Anwendung findet. RG. 8. 12. 05, Entsch. Bd. 62 S. 135. Siehe oben A. 25a

89. a) Holz auf dem Stamm, das die Forstverwaltung aufarbeitet und erst nach Aufarbeitung übergibt und dessen Preisfestsetzung nach der Bearbeitung der Festmeterzahl entsprechend erfolgt, ist Menge. FM. 5. 3. 97 III 2159. MBl. f. d. i. Verw. S. 87. Dagegen gehören

b) Bäume auf dem Stamm nicht zu den Mengen. FM. 26. 5. 98 III 7400.

Noch: Zu Tarif-Nr. 32.

90. Verträge über Lieferung von Kies und Sand, der durch Aushebung, Siebung und Stapelung am Gewinnungsort zu einem Bedarfsgegenstand umgestaltet wird, sind stempelfrei, nicht nur, wenn der Lieferungsübernehmer den Kies und Sand in eigenem oder gepachtetem inländischen Boden gewinnt, sondern auch, wenn er ihn aus freien Strömen entnimmt oder wenn der zwischen dem Lieferungsübernehmer und dem Grundstückseigentümer geschlossene Vertrag sich nicht als Pachtvertrag, sondern als Kaufvertrag über den zu gewinnenden Kies und Sand darstellt. FM. 20. 3. 00 III 3664, ZBl. S. 122.

91. a) Lokomotiven können ebenso wie Eisenbahnwagen als Mengen behandelt werden, wenn die einzelnen zu liefernden Lokomotiven und Wagen nach dem Willen der Kontrahenten unterschiedslos lediglich als Repräsentanten einer bestimmten Gattung in Betracht kommen sollen. RG. 20. 2. 99, Entsch. Bd. 43 S. 290.

b) Seitens des Fiskus ausrangierte Lokomotiven gelten aber nicht als Menge. FM. 5. 5. 98 III 5486.

c) Auch auf Verträge über den Verkauf ausgemusterter Eisenbahnwagen findet die Befreiungsvorschrift Anwendung. Auf die Unterschiede in der Konstruktion, dem Ladegewicht usw. wird kein Gewicht zu legen sein, weil es sich um nicht mehr betriebsfähige Wagen handelt, bei denen die Unterschiede unwesentliche sind und die Gleichartigkeit der Güterwagen selbst nicht aufheben. Verf. d. Min. d. öffentl. Arb. v. 13. 9. 02 V. K. 6. 02.

92. a) Lieferungsverträge über elektrischen Strom sind, sofern sie vor dem 1. Januar 1900 abgeschlossen sind, und der Erzeuger selbst den Strom liefert, als Mengen von Sachen stempelfrei; sofern sie nach dem 1. Januar 1900 abgeschlossen sind, sind sie nach Tarifstelle 71 Ziffer 2 mit 1,50 M. zu versteuern. RG. 18. 9. 03 und 5. 2. 04, JW. S. 188 u. Entsch. Bd. 56 S. 403. — FM. 26. 3. 04 III 4119. — S. oben A. 31.

b) Ein Vertrag über Lieferung einer Akkumulatorenbatterie von 132 Elementen ist als unter Befr. 3 fallend erachtet, weil sowohl die 132 Elemente, wie die 132 Holzkästen, in denen sich die Elemente befinden, und die zur Aufstellung erforderlichen Gruppenverbindungen und Holzgestelle unter sich völlig gleichartig sind. Die zu liefernden Gegenstände werden erst durch die Aufstellung insofern zu einer Einheit, als sie zusammen dem elektrischen Strom diejenige Stärke geben, die von der Bestellerin als die höchste für ihren Bedarf jemals erforderliche Stärke betrachtet wird. FM. 24. 12. 00 III 14987.

93. Verträge über Lieferung von Kleidungsstücken an Postbeamte sind stempelpflichtig, weil jedem Beamten Maß zu nehmen, die Stücke also unter sich nicht gleichartig sind. FM. 25. 10. 97 III 13273. — Ebenso RG. 1. 6. 00, JW. S. 568.

94. Die vom Steinsetzmeister zu liefernden Pflastersteine fallen nicht unter die Befreiungsvorschrift 3, weil der Steinsetzmeister sie weder im eigenen Steinbruch gewonnen, noch sie an die Gemeindeverwaltung zum Betriebe eines Gewerbes verkauft hat. FM. 11. 12. 97 III 15779.

	Lfd. Nr.	Gegenstand der Besteuerung.	Steuersatz v. H.	Steuersatz M. Pf.	Berechnung der Stempelabgabe.
1	33.	**Konsolidationen von Bergwerkseigenthum**[1, 2] (Vereinigung zweier oder mehrerer Bergwerke zu einem einheitlichen Ganzen),* Bestätigungsurkunden darüber	—	100 —	
2		Erreicht der Gesammtwerth des konsolidirten Bergwerkseigenthums nicht 10 000 Mark	—	10 —	

Noch: Zu Tarif-Nr. 32.

95. Es ist eine Eisen- und Messingwaren-Engros-Handlung mit allen Warenbeständen, ausstehenden Forderungen usw. für einen einheitlichen Preis verkauft. Inventur und Bilanz sind vorbehalten und später aufgenommen: Befr. 3 findet nicht Anwendung. KG. 15. 6. 00. — Vgl. oben A. 82.

96. Ueber die eventuelle Anwendbarkeit auch des § 10 Abs. 1 d. G. s. A. 3 bei § 10, über den Begriff von „erzeugen“ und „herstellen“ A. 7 bei Tarif 75 und über Kautionsbestellungen in stempelfreien Lieferungsverträgen A. 14a bei Tarif 59.

97. Gerichtlich aufgenommene Verträge, auf welche die Befreiungsvorschriften 2 oder 3 Anwendung finden, sind gänzlich stempelfrei; zu ihnen ist auch kein Protokollstempel oder der allgemeine Vertragsstempel zu verwenden. Dagegen würde der Notariatsurkundenstempel fällig sein. FM. 11. 2. 98 III 7324. — Vgl. A. 2 zu Tarif 45.

Zu Tarif-Nr. 33.

1. Der hier vorgesehene Stempelsatz umfaßt auch die Substanz des Bergwerks, nämlich die verliehenen Mineralien. AG. S. 2320.

2. Neben dem Stempel für Bestätigung ist nicht noch der Ausfertigungsstempel fällig. FM. 25. 7. 96 III 10310.

* Die hier interessierenden Bestimmungen des BergGes. lauten:

§ 41. Die Vereinigung zweier oder mehrerer Bergwerke zu einem einheitlichen Ganzen — Konsolidation — unterliegt der Bestätigung des Oberbergamts (§ 49).

§ 42. Zur Konsolidation ist erforderlich:

1. ein notariell oder gerichtlich beglaubigter Konsolidationsakt — je nach Beschaffenheit des Falles ein Vertrag oder Beschluss der Mitbetheiligten oder eine Erklärung des Alleineigenthümers,
2. ein von einem konzessionirten Markscheider oder Feldmesser in zwei Exemplaren angefertigter Situationsriss des ganzen Feldes.
3. die Angabe des dem konsolidirten Bergwerke beigelegten Namens.

§ 43. Kann das durch die Konsolidation entstehende (konsolidirte) Werk nur als Ganzes mit Hypotheken und dinglichen Lasten beschwert werden (vgl. § 98), so muss für den Fall, dass auf den einzelnen Bergwerken Hypotheken oder andere Realrechte oder dass auf denselben Privilegien des Rheinischen Rechts haften, ausser dem Konsolidationsakte eine mit den Berechtigten vereinbarte Bestimmung darüber beigebracht werden, dass und in welcher Rangordnung die Rechte derselben auf das konsolidirte Werk als Ganzes übergehen sollen.

§ 44. In allen übrigen Fällen muss in dem Konsolidationsakte eine Bestimmung des Antheilsverhältnisses, nach welchem jedes einzelne Bergwerk in das konsolidirte Werk eintreten soll, enthalten sein. Auf diese Fälle finden alsdann die besonderen Vorschriften der §§ 45 bis 48 Anwendung.

§ 45. Der wesentliche Inhalt des Konsolidationsaktes, insbesondere die Bestimmung des Antheilsverhältnisses (§ 44) wird durch das Oberbergamt den aus dem Hypothekenbuche ersichtlichen Hypothekengläubigern und anderen Realberechtigten, insofern deren ausdrückliches Einverständniss mit dem Antheilsverhältnisse nicht beigebracht ist, unter Verweisung auf diesen und die beiden folgenden Paragraphen bekannt gemacht.

Ausserdem erfolgt diese Bekanntmachung durch das Amtsblatt der Regierung, in deren Bezirk das Bergwerk liegt.

§ 46. Hypothekengläubiger und andere Realberechtigte, sowie privilegirte Gläubiger des Rheinischen Rechts, welche durch die Bestimmung des Antheilsverhältnisses (§ 44) an ihren Rechten verkürzt zu sein glauben, sind befugt, gegen diese Bestimmung Einspruch zu erheben.

Dieses Einspruchsrecht muss binnen drei Monaten nach Ablauf des Tages, an welchem die Bekanntmachung zugestellt, beziehungsweise das die Bekanntmachung enthaltende Amtsblatt ausgegeben worden ist (§ 45), durch gerichtliche Klage geltend gemacht werden.

Wer von dieser Frist keinen Gebrauch macht, ist seines Einspruchsrechts verlustig.

§ 47. Statt diese Klage zu erheben, können die vorbezeichneten Gläubiger und anderen Realberechtigten ihre Befriedigung vor der Verfallzeit verlangen, soweit dies die Natur des versicherten Anspruchs gestattet.

Dieses Recht muss jedoch ebenfalls bei Vermeidung des Verlustes desselben innerhalb der im § 46 bestimmten Frist geltend gemacht werden.

§ 48. Mit der Bestätigung der Konsolidation (§ 49) geht das Realrecht ohne Weiteres auf den entsprechenden, nach Maassgabe der vorstehenden Bestimmungen (§§ 44 bis 46) festgestellten Antheil an dem konsolidirten Werke über.

§ 49. Sind Hypothekengläubiger und andere Realberechtigte, sowie privilegirte Gläubiger des Rheinischen Rechts nicht vorhanden, oder ist in den Fällen des § 43 die dort bezeichnete Vereinbarung beigebracht, oder sind in den Fällen des § 44 Einsprüche nicht erhoben, oder die erhobenen Einsprüche (§§ 46, 47) erledigt, so entscheidet das Oberbergamt über die Bestätigung der Konsolidation.

Die Bestätigung darf nur versagt werden, wenn die Felder der einzelnen Bergwerke nicht aneinander grenzen, oder wenn Gründe des öffentlichen Interesses entgegenstehen.

Lfd. Nr.	Gegenstand der Besteuerung.	Steuersatz v. H.	M.	Pf.	Berechnung der Stempelabgabe.
34.	[1] Kuxe[2, 3] (§. 101 des Allgemeinen Berggesetzes für die preußischen Staaten vom 24. Juni 1865 — Gesetz-Samml. S. 705 —)*				des Werthes der Gegenleistung oder, wenn eine solche in der Urkunde nicht enthalten ist, des Werthes des abgetretenen Kuxes.
	Kuxscheine*	—	1	50	
	Allg. V. § 1. b.				
	Schriftstücke über Uebertragungen von Kuxen der bezeichneten Art	1/10	—	—	
	Schriftstücke über Verpfändungen von Kuxen wie Sicherstellung von Rechten, s. diese.				

Zu Tarif-Nr. 34.

1. Vgl. §§ 105, 231 Abs. 2 BergGes. — Art. 37 XIII AG. BGB.

2. Die einseitige schriftliche Willenserklärung des Uebertragenden genügt, ohne daß es noch der Annahme der Uebertragung bedarf. RG. 12. 12. 99, Entsch. Bd. 45 S. 246.

3. a) Seit dem 1. Juli 1900 hat durch das Reichsstempelgesetz vom 14. Juni 1900 §§ 4, 18 u. 57 — jetzt RStG. v. 3. 6. 03 — diese Tarifstelle ihre Bedeutung verloren.

b) Der Reichsstempel für Uebertragungen von Kuxen ist auch für solche Uebertragungsvermerke nicht zu fordern, welche auf einen vor dem 1. Juli 1900 ausgestellten, der Reichsstempelabgabe also noch nicht unterworfenen, Kuxschein gesetzt werden. FM. 5. 3. 01 III 2712, ZBl. S. 77.

Der Bestätigungsurkunde werden die Verleihungsurkunden der einzelnen Bergwerke beigefügt.

Hinsichtlich der Beglaubigung, Aushändigung und Aufbewahrung der Risse finden die Bestimmungen des § 33 Anwendung.

* Die betreffenden Bestimmungen des BergGes. lauten:

§ 101. Die Zahl der gewerkschaftlichen Antheile — Kuxe — beträgt hundert.

Durch das Statut kann die Zahl auf tausend bestimmt werden.

Die Kuxe sind untheilbar. Sie gehören zum beweglichen Vermögen.

§ 103. Ueber sämtliche Mitglieder der Gewerkschaft und deren Kuxe wird von der Gewerkschaft ein Verzeichniss — das Gewerkenbuch — geführt. Auf Grund desselben wird einem jeden Gewerken, welcher es verlangt, ein Antheilschein — Kuxschein — ausgefertigt.

Die Kuxscheine sind nach der Wahl des Gewerken über die einzelnen Kuxe oder über eine Mehrheit derselben auszustellen.

Die Kuxscheine dürfen nur auf einen bestimmten Namen, niemals auf den Inhaber lauten.

Die Erneuerung eines Kuxscheines ist nur gegen Rückgabe oder nach erfolgter Amortisation desselben zulässig.

Lfd. Nr.	Gegenstand der Besteuerung.	Steuersatz v. H.	M.	Pf.	Berechnung der Stempelabgabe.
35.	**Legalisation**[1, 2] **von Urkunden,** sofern sie nicht auf der Urkunde selbst stattfindet . sonst . . . . frei	—	1	50	
36.	[1]**Leibrenten- und Rentenverträge,** wodurch zu gewissen Zeiten wiederkehrende Zahlungen von Geld[2] für eine oder mehrere bestimmte Personen während der Lebensdauer derselben oder auf bestimmte oder unbestimmte Zeit gegen Entgelt erworben werden, mag die Gegenleistung in einer bestimmten Geldsumme oder in der Hingabe von Sachen oder in der Uebernahme von Leistungen oder Verpflichtungen, oder aber in dem Aufgeben von Rechten bestehen, falls nicht die Tarifstelle „Versicherungsverträge"[6] zur Anwendung kommt[3—7]	1	—	—	des Kapitalwerthes der Renten.[8]
37.	**Leichenpässe,** s. Pässe.				

Zu Tarif-Nr. 35.

1. Man versteht unter Legalisationen Atteste darüber, daß eine amtliche Unterschrift mit amtlicher Befugnis ausgestellt worden bezw. der angebliche Aussteller einer Urkunde seiner angegebenen Qualität zufolge oder nach der angegebenen Firma zur Ausstellung der Urkunde befugt gewesen ist. Die Legalisation wird von derjenigen Behörde erteilt, welcher die Beurteilung der amtlichen Qualität des Ausstellers gesetzlich beigelegt ist. (Zirkularerlaß des Finanzministers vom 16. Juli 1828 v. KA. Bd. 12 S. 659.) KB. S. 58.

2. a) Wenn der Magistrat die Befugnis zur Ausstellung von Sparkassenurkunden für die Unterzeichner der Urkunden bescheinigt, so ist das eine Legalisation. FM. 1. 4. 96 III 4637. Ebenso

b) die von den Regierungspräsidenten auf Antrag von Ausländern erteilten Beglaubigungen zu Geburts-, Heirats- und Sterbeurkunden dahin, daß die Unterschriften die eigenhändigen der Standesbeamten seien, und die hierzu erteilten Bescheinigungen, daß die Urkunden den gesetzlichen Bestimmungen gemäß ausgestellt seien. FM. 10. 5. 00 III 3656, ZBl. S. 272.

Zu Tarif-Nr. 36.

1. a) Vgl. §§ 759 ff. BGB. und über den Begriff des Leibrentenvertrages i. S. des Stempelges. v. 7. 3. 22 gegenüber dem landrechtlichen Begriff RG. 25. 6. 96, JW. S. 423.

b) Für den Begriff des Rentenvertrages ist die Art des für die Rente gewährten Entgelts ohne Bedeutung; als das für den Vertrag

Noch: Zu Tarif-Nr. 36.
Charakteristische wird gerade der Erwerb der Rente hingestellt. Der hauptsächliche Vertragszweck sind die wiederkehrenden Geldzahlungen, die Beschaffung der Rente muß den Hauptgegenstand des Vertrages bilden. Demgegenüber ist es nicht entscheidend, daß für das Gebiet des Zivilrechts ein Dienstvertrag mit Pensionsabrede als Leibrentenvertrag angesehen und den geltenden Formvorschriften unterworfen wird. Ein Vertrag, in dem ein Sohn auf sein gesetzliches Erbrecht am Nachlaß seiner Mutter verzichtet und dafür von der Mutter eine lebenslängliche Rente ausgesetzt erhält, unterliegt daher dem Leibrentenstempel, wenn die Hauptabsicht der Vertragschließenden auf die Beschaffung der Rente gerichtet war. RG. 28. 9. 06, JW. S. 726, ZBl. S. 23 von 1907. — Vgl. unten A. 3.

2. Es ist insoweit an dem bisherigen Recht festgehalten, als die Rente in Geldzahlungen bestehen muß; dagegen ist das Erfordernis, daß die Zahlung einer bestimmten Geldsumme verabredet und daß diese Zahlung für die Lebenszeit des Empfängers zu leisten sein muß, fallen gelassen. KB. S. 59.

3. Bildet die Zahlung der Rente nicht den Hauptgegenstand des Vertrages, sondern nur die für den Hauptgegenstand gewährte Gegenleistung, so ist nicht nach dieser Tarifstelle zu versteuern. RG. 12. 2. 00. Hz. S. 467. — Vgl. oben A. 1a.

4. Werden als Gegenwert für die versprochene Leibrente Wertpapiere gegeben und diese auf einen bestimmten Wert veranschlagt, so sind der Anschaffungsstempel nach dem RStG. und der Leibrentenstempel neben einander fällig. FM. 27. 5. 96 III 7465.

5. Die durch Vermittelung der Generalkommissionen umgewandelten Renten haben an der Vergünstigung des § 4d d. G. teil; wenn sonst Renten an Stelle von Hypotheken treten, ist der tarifmäßige Leibrentenstempel fällig. KB. S. 59.

6. Wenn ein Rentenvertrag einen Versicherungsvertrag darstellt, so soll die Tarifposition „Versicherungsverträge" zur Anwendung kommen und nur, wenn dieses nicht vorliegt, die Position „Leibrentenverträge". KB. S. 59—60, AH. S. 2323. 10. KS. S. 3. — Vgl. auch RG. Bd. 28 S. 316.

7. Der Leibrentenstempel ist in folgenden Fällen für erforderlich erachtet:

a) Wenn eine Mutter ihr Recht auf Rückzahlung ihres in die Ehe eingebrachten Vermögens an ihre Kinder abtritt, wogegen letztere sich zur Zahlung einer bestimmten jährlichen Rente auf Lebenszeit der Mutter verpflichten. FM. 15. 1. 01 III 470.

b) Wenn in einem Auseinandersetzungsvertrage zwischen den in Ehescheidung lebenden Eheleuten der Ehefrau für den Fall rechtskräftig erfolgter Scheidung ohne Rücksicht auf die Erledigung der Schuldfrage eine lebenslängliche Rente ausgesetzt wird. (Landrechtlicher Fall, s. jedoch unten c.)

Die Rente war der Ehefrau auch für den Fall versprochen, daß der Ehemann nicht für den schuldigen Teil erklärt werden sollte. In dem Verzicht der Ehefrau auf alle Ansprüche auf Rückgewähr des Eingebrachten,

Lfd. Nr.	Gegenstand der Besteuerung.	Steuersatz v. H.	M.	Pf.	Berechnung der Stempelabgabe.
38.	**Lieferungsverträge,** s. Kaufverträge. *Allg. V. § 1 Abs. 3.*				
39.	**Lustbarkeiten,**[1–3] Genehmigungen der Ortspolizeibehörden zur Veranstaltung von Musikaufführungen, Singspielen, Gesangs- und deklamatorischen Vorträgen, theatralischen Vorstellungen oder sonstigen Lustbarkeiten aller Art und zwar sowohl von öffentlichen Gesellschaften als von Privat-				

Noch: Zu Tarif-Nr. 36.

wie auf Ehescheidungsstrafe und aus sonstigen Rechtsverhältnissen liegt das Entgelt. RG. 12. 5. 03, ZBl. S. 417. Vgl. JW. S. 446 von 1905. Ebenso ist in einem späteren FME. v. 28. 10. 03 III 14659 mit Bezug auf vorstehendes Reichsgerichtsurteil in einem Fall entschieden, daß neben dem Vergleichs- oder Vertragsstempel der Leibrentenstempel fällig sei, weil die Ehefrau 4000 M. jährlich erhalten solle, falls der schwebende Ehescheidungsprozeß zu einer gerichtlichen Scheidung führen sollte. Das „Entgelt" liege darin, daß die Frau ev. auch mit der Rente von 4000 M. sich begnügen muß, also auf höhere Rente stillschweigend verzichtet, außerdem in der ferneren ausdrücklichen Bestimmung, daß die Parteien auf alle sonstigen vermögensrechtlichen Ansprüche gegeneinander noch ausdrücklich verzichten.

c) Inhaltlich des Vertrages der in Scheidung stehenden Eheleute erhält die Ehefrau für den Fall der Scheidung gegen Verzichtleistung auf andere Ansprüche die feste Summe von 1000 M., ohne daß die Zahlung davon abhängig gemacht ist, daß der Ehemann für den schuldigen Teil erklärt wird: Es war der Leibrentenstempel von 1 Prozent von 12 mal 1000 M. fällig. Der Mann übernimmt eine Verpflichtung, zu der er nicht unbedingt — nach § 1578 BGB. — gehalten ist, falls die Frau für allein schuldig oder mitschuldig erklärt wird. Die Gegenleistung der Frau besteht darin, daß sie sich, auch wenn der Ehemann allein schuldig, mit der ausgesetzten Rente begnügen muß und auf eine etwaige höhere Rente verzichtet. FM. 26. 1. 05 III 787. Ebenso ist ein gleichliegender Fall vom Reichsgericht im Urteil vom 26. 5. 05, Entsch. Bd. 61 S. 26, ZBl. S. 533 entschieden, wo noch mit Bezug auf das Urteil vom 12. 5. 03 ausgeführt wird, daß auch die nach dem BGB. zu beurteilenden Fälle keinen Unterschied begründen. Die im Urteil vom 19. 5. 99, JW. S. 428, niedergelegte abweichende Auffassung ist nicht aufrecht erhalten. — Vgl. A. 2 zu Tarif 67.

8. Wenn der Käufer der Leibrente bestimmt, daß die Rente nach seinem Tode auf einen andern übergehen soll, ist der Leibrentenstempel nur einmal fällig. Die Berechnung erfolgt nach dem Lebensalter der jüngsten Person. RG. 1. 3. 88, JW. S. 141, HSp. S. 163.

Lfd. Nr.	Gegenstand der Besteuerung.	Steuersatz v. H.	M.	Pf.	Berechnung der Stempelabgabe.
Noch 39.	oder von geschlossenen Gesellschaften dargebotenen	—	1	50	
	bei Lustbarkeiten geringfügiger Art . . .	—	—	50	
	Bek. 14. C. 1. Abs. 2. — D. V. 45.				

Zu Tarif-Nr. 39.

I. Ueber die Auslegung und Anwendung dieser Tarifstelle ist neben anderen Erlassen der gemeinschaftliche Erlaß der Minister der Finanzen und des Innern vom 15. 11. 96, FM. III 15634/M. d. J. I A. 9079, ZBl. S. 648 ergangen, der insbesondere bestimmt:

I. Begriff der Lustbarkeiten.

Lustbarkeiten i. S. dieser Tarifstelle sind alle der Ergötzung und Unterhaltung dienenden Veranstaltungen und Vorführungen, bei denen ein höheres Interesse der Kunst oder Wissenschaft nicht obwaltet. Auf den Zweck der Veranstaltung, ferner ob die Lustbarkeit von einzelnen Personen oder ganzen Gesellschaften dargeboten werden und ob die Veranstaltung eine gewerbsmäßige ist oder nicht, kommt es nicht an.

Nach Aufführung verschiedener Beispiele, in denen eine Lustbarkeit anzunehmen ist oder nicht, wozu auch u. a. rechnen

Ausspielung von Waren in Würfelbuden, FM. 10. 3. 99 III 12417, ZBl. S. 230,

Ausstellung von Bildern von Mordtaten usw. auf öffentlichen Plätzen unter Leiermusikbegleitung, sofern der Veranstalter einen festen Stand einnimmt, FM. 30. 11. 98 III 1543, ZBl. S. 452,

wird

II. wegen der Notwendigkeit der Genehmigungen der Ortspolizeibehörden bestimmt, daß, soweit gewerbsmäßig veranstaltete Lustbarkeiten in Frage kommen, über die Genehmigungspflicht die §§ 33b, 55 Nr. 4 und 60a der RGO. vom 1. Juli 1883 entscheiden, im übrigen aber es wegen der Genehmigungspflicht bei den landesgesetzlichen Bestimmungen bewendet.

In wie weit nicht gewerbsmäßig veranstaltete öffentliche oder private Lustbarkeiten einer Genehmigungspflicht unterliegen, richtet sich nach den bestehenden Gesetzen und Verordnungen. Es gilt dies insbesondere von von geschlossenen Gesellschaften veranstalteten Lustbarkeiten, zu denen auch Nichtmitglieder Zutritt haben, oder wenn die Gesellschaft ausschließlich oder hauptsächlich zwecks Veranstaltung der Lustbarkeit zusammengetreten ist. — Vgl. auch folg. A. 1 a.

Die Abhaltung von öffentlichen Lustbarkeiten, auch den gewerbsmäßig veranstalteten, — § 33c RGO. — ist überall von der polizeilichen Erlaubnis abhängig gemacht.

Unterliegt nicht die Veranstaltung der Lustbarkeit, sondern nur der Text der aufzuführenden Singspiele usw. der Genehmigung,

Noch: Zu Tarif-Nr. 39.
so findet Tarifstelle 39 nicht Anwendung. — Vgl. zu den letzten drei Sätzen FM. 6. 6. 98 III 5379, ZBl. S. 280.

III. Form der Genehmigungen.

Die stempelpflichtigen Genehmigungen sind ausschließlich auf den vorgeschriebenen Stempeldruckbogen zu erteilen. — FM. 16. 12. 96 III 15237.

IV. Umfang der Genehmigungen.

Jede einzelne Lustbarkeit bedarf einer besonderen Genehmigung. Nur wenn von demselben Unternehmer an demselben Ort an aufeinanderfolgenden Tagen Lustbarkeiten während längerer Zeiträume dargeboten werden, ist zu solchen einheitlichen Lustbarkeiten nur eine Genehmigung erforderlich, selbst auch dann, wenn an dem einen oder andern Tage zeitweise Unterbrechungen eintreten. — Vgl. FM. 10. 7. 99 III 8663. Ebenso kann zuverlässigen Wirten für die Dauer eines Monats eine einheitliche Genehmigung zur Veranstaltung solcher Tanzlustbarkeiten widerruflich erteilt werden, bei denen die Musik auf einen Klavierspieler und noch einen Violinspieler beschränkt wird. Die Gründe, aus welchen die Genehmigung für einen längeren Zeitraum erteilt ist, müssen in den Akten sowohl, wie auf der Genehmigung selbst vermerkt werden FM. 14. 12. 98 III 15865, ZBl. S. 5 von 1899 — s. auch unten A. 2 —.

V. Anwendung des Steuersatzes von 1,50 M. und 0,50 M.

Der Steuersatz von 1 M. 50 Pf. hat die Regel zu bilden und ist stets in den Fällen zu IV und dann zu entrichten, wenn die Lustbarkeit von einer Personenmehrheit (Gesellschaft, Verein usw.) veranstaltet wird.

Die Erhebung des geringeren Satzes ist nur ausnahmsweise und wenn besondere Gründe für eine Ermäßigung vorliegen, gestattet; bei Tanzlustbarkeiten müssen außerdem die Erfordernisse der Dienstvorschrift 45 Abs. 2 vorliegen. Die Gründe für die Ermäßigung müssen sowohl in den Akten, wie auf der erteilten Genehmigung vermerkt werden.

VI. Erstattung gezahlter Stempel.

Solche erfolgt insbesondere bei Nichtausführung einer genehmigten Lustbarkeit ohne Verschulden desjenigen, dem die Genehmigung erteilt ist, durch die Provinzial-Steuer-Direktoren, sowie bei stempelgesetzlich nicht gerechtfertigter Stempelzahlung, z. B. wenn eine subjektiv befreite Person den Stempel bezahlt hat. Liegt eine schriftliche, formelle Genehmigung vor, die von einem an sich Zahlungspflichtigen ausdrücklich nachgesucht und deshalb erteilt ist, so erfolgt eine Rückgewähr deshalb, weil es einer schriftlichen Genehmigung nicht bedurft hätte, nicht. FM. 14. 12. 96 u. 25. 6. 97 III 16595 und 7804 — vgl. auch RG. 3. 12. 97, JW. S. 94 von 1898.

Wenn dagegen eine Genehmigung nicht nachgesucht, vielmehr nur eine Anmeldung erfolgt ist und die Polizeibehörde eine gesetzlich nicht erforderliche Genehmigungsurkunde ausstellt, so ist die Erstattung gerechtfertigt. FM. 22. 8. 99 III 10005. — Vgl. A. 20e bei § 25.

Die auf Grund der Ziffer VI zu erstattenden Stempel sind nicht als verdorbene Stempel, sondern als Erstattungen aus Billigkeitsrücksichten zu behandeln. Verf. d. Kgl. ObRechK. v. 3. 2. 02. S. J. 43.

Noch: Zu Tarif-Nr. 39.

Bei nicht ordnungsmäßiger Versteuerung der Genehmigungen soll nach § 13 litt. a und § 19 des Stempelsteuergesetzes gegen die betreffenden Beamten vorgegangen werden.

1. a) Das Kammerg. hat in der Entscheidung vom 15. Nov. 1900 — Joh.N.F. Bd. 1 S. C 112 — über den Begriff einer öffentlichen Tanzlustbarkeit, einer geschlossenen Gesellschaft und über den Begriff Gäste ausgesprochen:

a) Oeffentlich ist eine Tanzlustbarkeit nur dann, wenn die Teilnahme einer nach Zahl, Art und Individualität unbestimmten Mehrheit von Personen freisteht.

b) Die Zulassung von Gästen macht die von geschlossenen Gesellschaften veranstalteten Tanzlustbarkeiten nicht zu öffentlichen.

c) Unter Gästen im Sinne der hierfür maßgebenden Vorschriften, insbesondere des Zirkular-Erlasses vom 26. Nov. 1859, versteht man Personen, welche auf Grund persönlicher oder sachlicher Beziehungen von der veranstaltenden Gesellschaft oder von Mitgliedern derselben eingeladen oder von der Gesellschaft zugelassen oder von Mitgliedern eingeführt sind. Hierbei macht es keinen Unterschied, ob die Einladung an einzelne Personen oder an ganze individuell begrenzte Personengruppen, insbesondere andere geschlossene Gesellschaften, ergeht.

d) Eine „geschlossene Gesellschaft“ ist ein nach außen hin abgeschlossener Kreis von Personen, welche nach innen miteinander verbunden sind. Diese innerliche Verbindung kann auf persönlichen Beziehungen beruhen, welche zwischen den Mitgliedern bereits bestehen oder durch die Vereinigung hergestellt werden sollen, oder aber auf der Gemeinsamkeit des sachlichen Zweckes.

e) Ein Kranken-Unterstützungsbund von Handwerkern sowie ein Gesangverein können ohne Rechtsirrtum als geschlossene Gesellschaften angesehen werden.

2. a) Mehrere Darbietungen stellen eine einheitliche Lustbarkeit dar, wenn sie der Unterhaltung desselben Personenkreises dienen sollen. OVG. Bd. 34 S. 204, Hz. S. 475.

b) Der Veranstalter von Tanzlustbarkeiten kann nicht verlangen, daß von der Polizeibehörde anstatt einer Genehmigungsurkunde für jede einzelne Lustbarkeit zum Zwecke der Ersparung von Stempeln bei Beginn des Jahres eine einzige Urkunde für alle im Laufe des Jahres zu veranstaltenden, in regelmäßiger Folge wiederkehrenden Tanzlustbarkeiten ausgestellt werde. Entsch. d. OVG. v. 18. 9. 97. — FM. 9. 11. 97 II 14235.

3. Unter diese Tarifstelle fallen u. a. nicht:

a) Von Vereinen am Erntedankfest mit Musikbegleitung veranstaltete Kirchgänge. FM. 30. 11. 98 III 15431, ZBl. S. 452.

b) Genehmigungen von Trauerfeierlichkeiten, bei denen der Rückmarsch unter Marschmusik erfolgt. FM. 29. 5. 97 III 6174.

c) Darbietungen von Drehorgelspielern, sofern die Musikaufführungen nicht in geschlossenen Räumen gegen Eintrittsgeld erfolgen. FM. 18. 5. 97 III 6083.

	Tst. Nr.	Gegenstand der Besteuerung.	Steuersatz v. H.	M	Pf.	Berechnung der Stempelabgabe.
	40.	**Mäkler, vereidigte,** Urkunden über die Bestätigung oder Anstellung derselben[1] . .	—	25	—	
	41.	**Mieth- und Aftermiethverträge,** s. Pacht- und Afterpachtverträge.				
1	42.	[1]**Namensänderungen,**[4–6] Genehmigungen zur Aenderung des Familiennamens[2, 4, 7]	—	[3]30	—	
2		Bei nachgewiesener Bedürftigkeit[8] kann der Stempel auf . . . . ermäßigt werden.	—	5	—	
		Bek. 43.				
3		Namensvermehrung und Namenswechsel bei adligen Namen ein Viertel der Sätze der Tarifstelle 60, Buchstabe a.				
4		Erfolgt die Namensvermehrung und der Namenswechel in Verbindung mit einer Standeserhöhung, so kommt außerdem der für letztere in der vorerwähnten Tarifstelle verordnete Stempelbetrag zur Erhebung.				
		D. V. 52.				

Noch: Zu Tarif-Nr. 39.

Dagegen bedürfen der polizeilichen Genehmigung:

a) Gewerbsmäßige Aufführung von Instrumentalmusik. FM. 22. 8. 99 III 10005.

b) Die von Kur- und Badeverwaltungen veranstalteten Kurkonzerte, Theateraufführungen und sonstigen Schaustellungen. Es genügt event. eine Genehmigung, auch bei zeitweiser Unterbrechung. Reunions sind aber einzeln zu genehmigen und mit eineinhalb Mark zu versteuern. FM. 17. 12. 96 III 16975, MBl. 97 S. 23.

c) In einem Lokal zu veranstaltende öffentliche Kinderfeste, bei denen auch Kindertänze stattfinden. Verf. des Reg.Präs. Potsdam 4. 4. 02 I 1568/3.

4. Wegen der Besteuerung der von Krieger- und Kameraden-Vereinen veranstalteten Festlichkeiten, Aufzüge usw. ist die AllgV. v. 6. 5. 99 III 1490, ZBl. S. 106 ergangen, die im einzelnen bestimmt, wann eine genehmigungs- und steuerpflichtige Lustbarkeit anzunehmen ist.

Zu Tarif-Nr. 40.

1. Diese Tarifstelle findet auf die Bestallung der Stellvertreter von Kursmaklern keine Anwendung. Es kommt unter Umständen nur Tarifstelle 10 in Frage. FM. 20. 9. 97 III 11371. Vgl. jetzt § 93 HGB.

Lfd. Nr.	Gegenstand der Besteuerung.	Steuersatz v. H.	M.	Pf.	Berechnung der Stempelabgabe.
43.	**Naturalisationsurkunden,**[1, 2] mit Ausnahme derjenigen, welche für im Reichsdienst angestellte Ausländer ausgestellt werden .	—	50	—	
	bei nachgewiesener Bedürftigkeit des zu Naturalisirenden kann der Stempel bis auf ermäßigt werden.[2] *Bek. 14 C. 2. h u. 44*	—	5	—	

(Margin: 1 beside line 1 of No. 43; 2 beside "bei nachgewiesener Bedürftigkeit")

Zu Tarif-Nr. 42.

1. Von der Gebuhr sollen nur Namensänderungen betroffen werden, welche auf besonderen Antrag im Verwaltungsverfahren genehmigt werden, nicht auch diejenigen Fälle, wo die Namensänderung als Folge eines anderweiten Rechtsaktes eintritt, wie bei der Annahme an Kindesstatt oder der Legitimation wegen unehelicher Geburt. — Vgl. z B. §§ 1706, 1758 BGB. — Mot. S. 50 — FM. 23. 3. 00 III 3397.

2. Unter dem Famliennamen, dessen willkürliche Aenderung die KabO. verbietet, ist nicht derjenige Name zu verstehen, den die betreffende Person seit der Geburt geführt hat, sondern derjenige, den sie zu führen berechtigt und verpflichtet ist OVG. 30 6. 03, Arch. für Strafrecht Jahrg. 50 S. 409. — Vgl. unten A. 4 Buchst. b

3. Falls die Genehmigung zur Namensänderung durch einen Akt mehreren Personen erteilt wird, ist der Stempel nur einmal in Ansatz zu bringen, weil den Gegenstand der Besteuerung nicht die Namensänderung selbst, sondern der Akt der Genehmigung bildet FM 9. 3. 03 III 2949.

4. Das KG. hat am 12. 4. 00 — JohRF. Bd. 1 S. C 100 — entschieden:

a) Die Kabinettsordre vom 15. April 1822, betreffend die Aenderung des Familiennamens, und der Allerhöchste Erlaß vom 12. Juli 1867 sind noch in Kraft.

b) Jede Aenderung des Familiennamens in der Schreibweise ist eine Aenderung des Familiennamens im Sinne dieser Kabinettsordre; z. B Schumann in Szuman, OVG 30. 6. 03, Wötzel in Wetzel, FM. 15. 1 97 III 356.

5. Umänderungen fremdsprachlicher Namen in deutsche bedurfen der Genehmigung 10. K S. 11.

6. Es liegt keine Namensänderung vor, wenn der ursprungliche, im Lauf der Zeit korrumpierte Name wieder hergestellt wird, oder wenn dem Familiennamen der Name des Gutes hinzugefugt wird. 10. KS S. 10

7. Genehmigungen zur Aenderung des Vornamens sind nach dieser Tarifstelle nicht stempelpflichtig. FM. 10 1. 99 III 17323, MBl. S. 34, event. aber nach Tarif 10.

8. Vgl. A 3 bei Tarif 4.

Lfd. Nr.	Gegenstand der Besteuerung.	Steuersatz v. H	M.	Pf.	Berechnung der Stempelabgabe.
44.	**Nebenausfertigungen** von Verträgen, wie Duplikate, s. diese.				
45.	[1] **Notariatsurkunden,**[2, 3] welche die Stelle einer in diesem Tarif versteuerten Verhandlung vertreten, wie diese; sonst und in allen Fällen mindestens . .	—	1	50	
46.	**Notarielle Zeugnisse,** wie amtliche Zeugnisse, s. Zeugnisse.				
47.	**Offizierpatente,** wie Bestallungen, s. diese. *Bek. 14. C. 2 i.*				

Zu Tarif-Nr. 43.

1. Der Abgabe unterliegen nicht die im § 9 des Gesetzes vom 1. Juni 1870 aufgeführten Bestallungen für in den unmittelbaren oder mittelbaren Staatsdienst oder in den Kirchen-, Schul- oder Kommunaldienst eines Bundesstaats aufgenommene Ausländer. Mot. S. 50.

2. Der Abgabe unterliegen Naturalisations- und Renaturalisationsurkunden (§§ 8, 21 Abs. 4 Ges. v. 1. 6. 70), dagegen nicht Aufnahme- und Wiederaufnahmeurkunden (§§ 7, 21 Abs. 5, 24 Abs. 1 eod.); die Entscheidung über die Höhe des beizubringenden Stempels im Fall des Abs. 2 haben die die Urkunden ausfertigenden Behörden; die Steuerbehörden jedoch haben Recht und Pflicht zur Nachprüfung. FM. 25. 8. 96 III 11538. — Vgl. A. 3 bei Tarif 4.

Zu Tarif-Nr. 45.

1. Vgl. Art. 31 PFG.

2. Der Stempel ist auch fällig bei den nach Tarifstelle 32 Befreiungen 2 und 3 stempelfreien und bei den einer Genehmigung bedürfenden Verträgen. FM. 11. 2. 98 III 7324. Vgl. A. 11 b zu § 16, d. G., A. 97 zu Tarif 32, A. 5 zu Tarif 48 und A. 5 zu Tarif 66. Ebenso zu Protokollen über nichtige Geschäfte. Vgl. FM. 22. 11. 02 III 14659. Dagegen nicht bei Miet- und Pachtverträgen. — Vgl. A. 5 bei Tarif 48 — wohl aber bei Schenkungen. Vgl. A. 1 bei Tarif 56. Der Stempel ist nicht erstattungsfähig aus § 25 Abs. 2 d. G. — Vgl. A. 16 zu § 25.

3. Die über ein Vertragsangebot aufgenommene Notariatsurkunde erfordert den Notariatsurkundenstempel. Zu der Annahmeerklärung ist der für das Geschäft erforderliche Stempel zu verwenden, und zwar mindestens 1 M. 50 Pf., wenn die Annahme notariell erfolgt. Eine Anrechnung des zur Angebotserklärung verwandten Stempels von 1 M. 50 Pf. auf den Geschäftsstempel ist ausgeschlossen. Jede einzelne Notariatsurkunde erfordert 1 M. 50 Pf., sofern nicht ein höherer Geschäftsstempel erforderlich ist, so daß durch den Geschäftsstempel immer nur ein Notariatsurkundenstempel mit abgegolten wird. FM. 14. 4. 05 III 4750. — Vgl. A. 11 b bei § 16.

Lfd. Nr.	Gegenstand der Besteuerung.	Steuersatz v. H.	M.	Pf.	Berechnung der Stempelabgabe
48.	[1] **Pacht- und Afterpachtverträge,** Mieth- und Aftermiethverträge, sowie [2] antichretische Verträge: [3, 9, 10]				
a 1	a) über unbewegliche Sachen, sofern der verabredete nach der Dauer eines Jahres zu berechnende Pachtzins (Miethzins, antichretische Nutzung) mehr als 300 Mark beträgt	1/10	—	—	des Pachtzinses (Miethzinses, der antichretischen Nutzung. [6, 11, 1]
2	Der Verpächter und Afterverpächter (Vermiether, Aftervermiether, Verpfänder) hat die vorbezeichneten, während der Dauer des Kalenderjahres in Geltung gewesenen Verträge bis zum Ablauf des Januar [14] des darauf folgenden Jahres [15] in ein Verzeichniß (Pacht-, Mieth-, Antichrese-Verzeichniß), welches die Bezeichnung des Grundstückes, den Namen des Pächters (Miethers, Pfandinhabers), die Dauer des Vertragsverhältnisses während des betreffenden Kalenderjahres, [17] den Zins (Nutzung), den erforderlichen Stempelbetrag und seine Namensunterschrift enthalten muß, einzeln einzutragen, das Verzeichniß mit der Versicherung, daß er andere unter die vorstehende Bestimmung fallende Verträge nicht abgeschlossen habe, zu versehen und die Versteuerung spätestens innerhalb der vorerwähnten Frist bei einer Steuerstelle zu bewirken. Vorausbezahlung für mehrere Jahre ist zulässig. Die in diesen Verzeichnissen zu machenden Angaben können bei der Steuerbehörde zu Protokoll erklärt werden. Die Verzeichnisse sind von den zur Führung derselben verpflichteten Personen fünf Jahre lang aufzubewahren. Auf Verlangen derselben erfolgt die Aufbewahrung durch die Steuerbehörde. Im Dezember jeden Jahres ist von den Hauptsteuer- und Hauptzollämtern auf die Bestimmungen über die Führung der Verzeichnisse und die Versteuerung durch Bekanntmachung in öffentlichen Blättern aufmerksam zu machen.				
	Bek. 45—49 u. Beil. 2. — D. V. 48 u. 49 u. Beil. 2 § 5. — Allg V. §§ 1 Abs. 2, 20 Abs. 4 u. 5.				

	Lfd. Nr.	Gegenstand der Besteuerung.	Steuersatz v. H.	M.	Pf.	Berechnung der Stempelabgabe.
3	Noch 48.	Außerdem können diejenigen Verpächter und Afterverpächter (Vermiether, Aftervermiether, Verpfänder), von welchen Verzeichnisse nicht eingereicht sind, von der Steuerbehörde zur Anzeige darüber angehalten werden, ob von ihnen während des vorangegangenen Kalenderjahres Verträge der vorbezeichneten Art errichtet worden sind. *D. V. 50.*				
4		Behörden sind berechtigt, die Versteuerung der von ihnen zu führenden Verzeichnisse selbst zu bewirken.[6 9a] *D. V. 47. — Allg. V. § 1, Abs. 3.*				
5		Wenn Verträge dieser Tarifstelle vor Ablauf der vertragsmäßig festgesetzten Zeit ihr Ende erreichen, so ist der Stempel nur für die Zeit bis zur Beendigung der Verträge zu entrichten.				
6		Die Vorschrift des §. 4 Buchstabe a dieses Gesetzes findet auf die Verträge dieser Tarifstelle keine Anwendung.				
7		[16] Die Beurkundungen von Abtretungen der Rechte aus Verträgen dieser Tarifstelle unterliegen einer anderen als der nach den obigen Bestimmungen zu entrichtenden Stempelsteuer nicht.				
8		Wenn in einem unter diese Tarifstelle fallenden Vertrage bestimmt ist, daß das Rechtsverhältniß unter gewissen Voraussetzungen als verlängert gelten soll, so kommen für die hiernach eintretenden Verlängerungen die vorstehenden Bestimmungen zur Anwendung.				
9		Die durch Briefwechsel zu Stande gekommenen Verträge sind hinsichtlich der Stempelpflicht wie förmliche schriftliche Verträge zu behandeln;				
b		b) über bewegliche Sachen[7]	$^1/_{10}$	—	—	des Zinses (Nutzung).
		Der Stempel berechnet sich nach der Dauer der bedungenen Vertragszeit; bei Verträgen auf unbestimmte Zeit ist der Versteuerung eine einjährige Dauer zu Grunde zu legen;				
c		c) über ausländische Grundstücke	—	1	50	

Zu Tarif-Nr. 48.

1. Vgl. §§ 535 ff., 581 ff., 549, 566 BGB. — auch A. 10 d, 20 b, 24 a, 25 b, 30 a zu Tarif 32 u. A. 4 d zu Tarif 75.

2. Antichretische Verträge kennt das BGB. nicht. — Vgl. auch A. 17 bei DV. 49.

3. Der Hotelverkehr fällt unter diese Bestimmungen nicht. 11. KS. S. 3. KB. S. 67.

4. Die schriftlichen Mietverträge bilden den Gegenstand der Stempelpflicht, Mieter und Vermieter sind in gleicher Weise für den Stempel verhaftet, die Mietverzeichnisse sind nur die Form, in der sich die Versteuerung vollzieht. Strafrechtlich freilich sind die Verpächter und Vermieter ausschließlich verantwortlich. FM. 11. 3. 96 u. 19. 6. 97 III 3209 u. 6871. RG. 19. 6. 00, Entsch. Bd. 46 S. 293. — Vgl. A. 9 bei § 17.

5. Pacht- und Mietverträge in notarieller oder Protokollform über unbewegliche Sachen, sofern sie lediglich einen Pacht- oder Mietvertrag beurkunden, sowie in diese Form gekleidete Beurkundungen von Abtretungen der Rechte aus solchen Miet- und Pachtverträgen erfordern neben dem zum Mietverzeichnis zu verwendenden Wertstempel nicht noch den Notariatsurkunden- oder Protokollstempel. FM. 9. 9. 97 III 10360, ZBl. S. 361.

6. Verträge steuerfreier Personen oder Anstalten, in denen letztere als Verpächter erscheinen, erfordern den halben tarifmäßigen Stempel, zu dessen Entrichtung dem Fiskus gegenüber auch der vom Stempel befreite Kontrahent verpflichtet ist, falls der Pächter nicht etwa auch Befreiung genießt. Der Stempel ist zu dem vom Vertreter der stempelfreien Anstalt aufzustellenden Verzeichnis zu kassieren, und haben diese Vertreter stempelfreier Anstalten das Verzeichnis auch zur Versteuerung zu bringen; Nebenexemplare sind stempelfrei. Nebenverträge sind auf Haupt- und Nebenexemplar besonders zu versteuern. FM. 27. 5. 96 III 7489. KG. 16. 12. 97, ZBl. S. 174 von 1898. Arch. Bd. 56 S. 453. RG. 19. 6. 00, ZBl. S. 432, Entsch. Bd. 46 S. 293. Nebenleistungen kommen nicht in Ansatz. KB. S. 63 AG. S. 750.

7. Die Frage, ob Verträge, in denen unbewegliche und bewegliche Gegenstände zusammen für einen einheitlichen Pachtzins verpachtet werden, nach Tarifstelle 48 a oder 48 b zu versteuern sind, wird darnach zu entscheiden sein, ob die verpachteten Gegenstände in der Hauptsache bewegliche oder unbewegliche Sachen sind. FM. 30. 12. 00 III 13333.

8. Die zum Zweck der Vermeidung einer Stempelstrafe erfolgende Abänderung des Datums eines Mietvertrages ist Urkundenfälschung. Ist das Datum geändert, um eine vermeintlich drohende Stempelstrafe zu vermeiden, so ist darin — entgegen der Ansicht in dem Urteil in Strafs., Entsch. 2, 33 und 41 — die Absicht der Verschaffung eines Vermögensvorteils zu erblicken (§ 268 RStGB.). RG. 5. 7. 00, ZBl. S. 15 von 1901. — Ueber Ablösung von Stempelmarken und deren Neuverwendung vgl. RG. in Strafs., Entsch. Bd. 37 S. 152.

9. Unter diese Tarifstelle fallen u. a.:

a) Die gemäß § 5 Ziff. 1 des Ges. betreffend die Verwaltung gemeinschaftlicher Jagdbezirke v. 4. 7. 05 schriftlich abzufassenden Jagd-

Noch: Zu Tarif-Nr. 48.

pachtverträge. Die Jagdvorsteher haben diese Verträge in das Verzeichnis einzutragen und zu versteuern: statt der Versteuerung durch die Steuerbehörden steht es den Jagdvorstehern als Behörden nach Abs. 4 dieser Tarifstelle auch frei, die Versteuerung selbst zu bewirken. Gemeinschaftl. Erl. der Min. für Landw. pp. u. des Innern v. 25. 11. 05. FM. 16. 12. 05 III 16023. Ebenso FM. 9. 5. 97 III 5614, ZBl. S. 189.

b) Einräumung des ausschließlichen Rechts zur Anbringung von Geschäftsanzeigen in Pferdebahnwagen gegen einen bestimmten Preis. RG. 21. 5. 97.

c) In einem Nachtrag wird der Mietzins herabgesetzt; das Mietsobjekt ändert sich insofern, als an Stelle der Befugnis zur Anbringung von Plakaten in einer bestimmten Anzahl von Wagen der Stadtbahn nun alle Wagen der Stadtbahn treten: Es liegt ein ganz neuer Mietvertrag vor, weil im Nachtrag nicht gesagt ist, ein wie großer Teil des Mietzinses auf die neu hinzugetretenen Wagen zu rechnen ist. FM. 10. 12. 98 III 16654.

d) Verträge, durch welche einer Pferdebahngesellschaft gegen Entgelt städtische Straßen und Anlagen zur Benutzung behufs Betriebes eines Pferdebahn-Transport-Unternehmens eingeräumt werden. RG. 27. 3. 93, ZBl. S. 268.

Das Kleinbahngesetz vom 28. 7. 92 hat für die rechtliche Beurteilung von Verträgen dieser Art keine Aenderung geschaffen. RG. 13. 12. 97.

e) Verträge einer Stadtgemeinde mit einem Unternehmer über Herstellung und Betrieb einer elektrischen Straßenbahn gegen jährliche Beiträge. Der an die Stadtgemeinde für die Uebernahme der Unterhaltung der Brücken und Durchlässe, sowie für die Entfernung des Schnees usw. zu zahlende Jahresbeitrag ist Mietzins. RG. 16. 9. 97.

f) Die entgeltliche Ueberlassung des Betriebes einer Eisenbahn als Transportgewerbe, wenn die Eisenbahngesellschaft dem andern Teil nicht nur die Einnahmen aus dem Betriebe überweist, sondern ihm auch den unmittelbaren Besitz, Betrieb und die Verwaltung zur eigenen wirtschaftlichen Ausnutzung der Anlage überträgt. RG. 30. 6. 98, JW. S. 524.

g) Ein Vertrag über die Ueberweisung von Grund und Boden auf bestimmte Zeit zwecks Errichtung einer Restauration, in welchem die Gegenleistung u. a. darin besteht, daß das von dem Restaurateur zu errichtende Gebäude nebst Inventar nach Ablauf der bestimmten Zeit Eigentum des Ueberlassenden wird. RG. 23. 6. 99, JW. S. 506.

h) Die Ueberlassung des Rechts auf Kohlengewinnung auf beschränkte Zeit in dem zu den vormals Königlich sächsischen Landesteilen gehörenden Gebiet der Lausitz — ohne den Grund und Boden, in dem die Kohlen anstehen — gegen Engelt (Tarif 48a).

Im übrigen gehört zur rechtswirksamen Neubestellung einer selbständigen Kohlenabbaugerechtigkeit nach § 3 des Ges. v. 22. 2. 69 in der

Noch: Zu Tarif-Nr. 48.

Fassung des Art. 38 AG. zum BGB. gerichtliche Form. FM. 11. 7. 02 III 8818.

h) Die Ueberlassung des Alleinrechts seitens der Gesellschaft A. an den Restaurateur zur Aufstellung von automatischen Apparaten in seinen Geschäftsräumen für eine bestimmte Zeit gegen Entgelt (Tarif 48a). FM. 20. 11. 06 III 18947.

i) Verträge über die Verpachtung der Fahrgeld- und Brückengelderhebung: sie sind Pachtverträge über bewegliche Sachen auch dann, wenn zugleich Fähr- oder Brückenhäuser bezw. kleinere Grundstücke zur Mitverpachtung kommen, sofern der auf diese unbeweglichen Gegenstände entfallende Teil des Pachtzinses im Verhältnis zu demjenigen Teil der Pachtsumme, der die Vergütung für die Ueberlassung des Rechts zur Erhebung der Abgaben bildet, nur von nebensächlicher Bedeutung ist. FM. 30. 12. 00 III 13333.

k) Verträge wegen Ueberlassung besonderer Telegraphenanlagen. Verträge wegen Herstellung solcher Anlagen, deren Ausführungskosten 1000 M. und mehr betragen, fallen daneben noch unter Tarifstelle 32c und 71. FM. 21. 8. 97 III 10252, ZBl. S. 325. — Vgl. A. 14b bei Tarif 71.

l) Verträge über Verpachtungen auf Probe, wobei dieselben Grundsätze wie bei Verträgen über Kauf auf Probe zur Anwendung kommen hinsichtlich der Versteuerung, z. B. wenn es von anzustellenden Proben abhängen soll, ob ein Pachtvertrag — die Ueberlassung der Ausübung einer Licenz — voll zur Ausführung kommen soll. FM. 13. 2. 04 III 1678. — Vgl. A. 15 und 30a bei Tarif 32.

m) Verträge über die Verpachtung des Kantinenbetriebes in der Kaserne, wie Verträge, durch die die Verwaltung des Theaters einem Buchhändler gegen eine Jahresvergütung das Recht einräumt, daß in dem Theater lediglich die von ihm hergestellten Theaterzettel, Programme und Textbücher zum Verkauf gelangen sollen. FM. 24. 3. 05 III 3619. Denn Pachtverträge nach § 581 BGB. können auch jetzt noch über Rechte geschlossen werden; wenn auch in Tarifstelle 48 nur von Pachtverträgen über Sachen die Rede ist, so kommt der Sprachgebrauch des BGB., nach dessen § 90 unter Sachen nur körperliche Gegenstände zu verstehen sind, für das Stempelsteuerges. noch nicht in Betracht (JW. 1902 S. 264 3 b). Nach § 7 ALR. I. 2 gehören aber Rechte zu den beweglichen Sachen.

n) Ueber Verpachtung einer Parzelle zum Zweck der Abholzung s. FM. 25. 10. 01 III 13035 bei Tarif 32 A. 25 b.

10. Ob ein Vertrag, durch den jemandem gegen eine von ihm zu zahlende Vergütung die Entnahme von Kies aus dem Grundstück eines andern gestattet wird, als Pachtvertrag über das Grundstück oder als Kaufvertrag über den Kies zu behandeln ist, hängt in jedem einzelnen Fall von den Umständen des Falles und der Fassung der Urkunde ab. FM. 9. 11. 03 III 15222.

11. a) Dem Mieter ist außer der Benutzung bestimmter Räume gegen bestimmtes Entgelt der Mitgenuß der in dem Hause befindlichen Zentralanlagen für Heizung, Dampfkraft und

Noch: Zu Tarif-Nr. 48.

elektrische Kraft in bestimmtem und gegen bestimmtes Einzelentgelt zugestanden: Von der ganzen zu zahlenden Vergütung ist der Mietstempel zu 1/10 Prozent und zwar durch das Mietverzeichnis zu entrichten. FM. 22. 10. 02 III 13257.

b) Die in Pachtverträgen aufgenommene Verpflichtung des Pächters einer Wirtschaft, von der verpachtenden Brauerei das Bier zu entnehmen, ist weder ein Kauf- oder Lieferungsvertrag, noch ein Nebenvertrag; es handelt sich vielmehr um eine derjenigen Gegenleistungen, zu welchen sich der Pächter für die Ueberlassung des Gebrauchs des Lokals verpflichtet, d. h. um einen Teil des Pachtzinses. KG. 24. 11. 02, Arch. 1904 S. 67.

c) Die in Berliner Mietverträgen erwähnten „Nebenabgaben“, d. h. vom Vermieter bar verauslagte und ihm vom Mieter zu erstattende Beträge, als Wassergeld, Müllgeld usw., werden nicht zum Mietspreis gerechnet und sind daher bei Berechnung des Mietstempels nicht mitzurechnen, gleichgültig, ob der Betrag in einer Summe (ziffernmäßig oder nach einem bestimmten Prozentsatz von der Miete) angegeben ist, oder die auf die einzelnen Arten der Nebenabgaben entfallenden Beträge getrennt angeführt sind. Bei zu hoher Veranschlagung könnte die Steuerbehörde ev. nach § 7 Abs. 3 LStG. verfahren. FM. 3. 1. 06 III 23.

12. Die in einem Mietvertrage enthaltenen Bestimmungen darüber, ob und unter welchen Bedingungen das Mietverhältnis von beiden Teilen oder von einem von ihnen gekündigt werden kann, sind als Teile des Mietvertrages und nicht als besonderer Nebenvertrag zu betrachten, und zwar auch dann, wenn in einem für eine bestimmte Zeit geschlossenen Mietvertrage Vermieter das Recht haben soll, den Vertrag schon vorher nach bestimmt festgesetzter Kündigung gegen Zahlung einer Entschädigung an den Mieter nach der Räumung aufzuheben. FM. 7. 5. 02.

13. Ueber Vereinbarungen in Mietverträgen betreffend das Recht des Vermieters an retinierten Sachen, die Verpfändung der inferierten Sachen und sonstige in Mietverträgen vorkommende Abreden s. FM. 2. 11. 97 bei Tarifstelle 71 A. 15 u 141 u. m.

14. Das Mietverzeichnis darf nicht, wenn der 31. Januar auf einen Sonntag fällt, erst am 1. Februar eingereicht werden. KG. 18. 11. 97. Arch. Bd. 45 S. 455.

15. Die Verträge können auch sofort nach Abschluß in das Verzeichnis eingetragen werden unter sofortiger Versteuerung, jedoch muß die Bescheinigung — Bekanntmachung 45 Abs. 3 — am Schluß des Jahres abgegeben werden.

16. a) Abs. 7 der Tarifstelle setzt voraus, daß auch der ursprüngliche Pachtvertrag, aus dem die Rechte übertragen werden, nach dem 1. 4. 96 errichtet ist. FM. 28. 3. 99 III 17280. — Vgl. A. 12a bei Tarif 2.

Hier mag noch erwähnt werden, daß die durch das Gesetz vom 19. Mai 1889 angeordnet gewesene Ermäßigung des Pachtstempels keine Anwendung auf vorher geschlossene Pachtverträge findet, selbst wenn der Stempel für diese gestundet war und erst unter der Herrschaft des neuen Gesetzes zur Einzahlung kommt. KG. 12. 1. 93, ZBl. S. 139.

	Lfd. Nr.	Gegenstand der Besteuerung.	Steuersatz v. H.	M	Pf.	Berechnung der Stempelabgabe.
1	49.	**Pässe** (Paßkarten)[1,2,4] zu Reisen in der Regel	—	1	50	
2		für Handwerksburschen, Dienstboten, Lohnarbeiter und andere Personen ähnlichen Standes, jedoch nur	—	—	50	
		Bek. 14. C. 1. b. u. c. — D. V. 7. 51. — Anh. § 1 Abs. 3.				
3		zum Transport von Leichen[3,5] wegen deren Beerdigung außer dem Kirchsprengel, worin der Todesfall sich ereignet hat ..	—	5	—	
		Bek. 14. C. 2. k. — D. V. 51.				
4		bei nachgewiesener Bedürftigkeit[6] kann der Stempel bis auf .... ermäßigt werden.	—	1	50	

Noch: Zu Tarif-Nr. 48.

b) Durch Vertrag vom 29. 5. 95 ist das Rittergut A an Amtmann N. bis zum Jahre 1913 verpachtet; für die gesamte Pachtzeit ist der Pachtstempel verwendet. Durch Vertrag vom 4. 9. 96 trat Amtmann N. sein Pachtrecht an seinen Sohn ab; dieser Zession trat der Verpächter unter ausdrücklicher Entlassung des Pachtzedenten aus den im urspünglichen Pachtvertrage übernommenen Verpflichtungen bei: Es steht die Errichtung eines neuen Pachtvertrages unter Auflösung des alten, nicht eine bloße Abtretung der Rechte aus einem Pachtvertrage, in Frage. Eine Anrechnung des zum alten Vertrage verwendeten Pachtstempels kann nicht erfolgen, weil der neue Vertrag nicht vor dem 1. 4. 96 geschlossen und darum die Anwendung des § 34 Abs. 3 LStG. ausgeschlossen sei. RG. 14. 3. 02. — Vgl. A. 1 bei § 34.

17. Der Berechnung des Stempels ist derjenige Betrag zu grunde zu legen, welchen der Mieter nach vertragsmäßiger Festsetzung für die Dauer des Mietverhältnisses innerhalb des betreffenden Kalenderjahres als Mietzins zu zahlen hatte. Bei Vorausversteuerungen bemißt sich der Stempel nicht nach der Summe der auf die einzelnen Kalenderjahre entfallenden Mietzinse, sondern nach der Summe der Stempelbeträge, wie sie sich für die Kalenderjahre im einzelnen ergeben. FM. 16. 5. 96 III 4911, ZBl. S. 302. — OLG. Naumburg 24. 9. 97.

18. Dem Pachtzins nicht zuzurechnen sind Verpflichtungen zur Ausführung von Bauten, Erhaltung von Feuerlöschgeräten, Tragung von Abgaben, Lasten, Versicherungsbeiträgen; es sind aber zuzurechnen vom Pächter übernommene Hypothekenzinsen. FM. 2. 8. 99 III 8469.

Zu Tarif-Nr. 49.

1. Die Ausfertigungsgebühr von 1 M. wird neben dem Stempel erhoben. FM. 21. 5. 96 III 8947.

	Lfd. Nr.	Gegenstand der Besteuerung.	Steuersatz v. H.	M.	Pf.	Berechnung der Stempelabgabe.
	50.	**Policen,** s. Versicherungsverträge.				
1	51.	**Polizeistunde,** Genehmigungen der Verlängerung der Polizeistunde für einzelne Wirthshäuser und öffentliche Vergnügungsorte .	—	1	—	
2		Befreit sind Genehmigungen auf die Dauer bis zu zwei Wochen.				
	52.	[1] **Proteste,** Wechselproteste und Proteste anderer Art	—	1	50	
1	53.	[1] **Protokolle,** auch von den Parteien nicht unterschriebene, welche in Privatangelegenheiten von Behörden[2] und Beamten aufgenommen sind und die Stelle einer im gegenwärtigen Tarif besteuerten Verhandlung vertreten, wie diese, mindestens[3] aber	—	1	50	

Noch: Zu Tarif-Nr. 49.

2. Verlängerungen der ursprünglich ausgestellten Reisepässe sind nicht mehr zugelassen. Die Pässe sind in der Regel auf 1 Jahr auszustellen, ausnahmsweise auf 2 Jahre. FM. 26. 10. 99 III 13350.

3. a) Der Stempel wird nur insoweit erhoben, als ein besonderer Leichenpaß notwenig ist. 10. KS. S. 12.

b) Für die Stempelpflichtigkeit eines tatsächlich ausgestellten Leichenpasses ist es ohne Bedeutung, wenn die Ausfertigung eines solchen nicht erforderlich gewesen wäre. FM. 3. 4. 02 III 4029.

c) Alle von der zuständigen Behörde ausgehenden Erlaubniserteilungen zum Transport von Leichen, auch die in Gestalt einer einfachen Verfügung ergehenden, fallen unter diese Tarifstelle. FM. 3. 9. 97 III 10772.

4. Wenn der die Ausfertigung der Pässe Veranlassende eine nach § 5 LStG. von der Entrichtung der Stempelsteuer befreite Person ist, z. B. wenn von Behörden für Beamte im öffentlichen Interesse Pässe ausgestellt werden, so bedürfen solche weder des Stempels der Tarifstelle 49, noch ist für sie eine Ausfertigungsgebühr zu entrichten.

Anträge auf Verabfolgung ungestempelter Formulare zu diesen stempelfreien Pässen sind unmittelbar an das Hauptstempelmagazin zu richten. FM. 8. 6. 04 III 7015.

5. Genehmigungen zur Ueberführung von Leichen nach den anatomischen Instituten der Landesuniversitäten sind stempelfrei. FM. 8. 3. 98 III 2760, MBl. S. 80.

6. Vgl. A. 3 bei Tarif 4.

Zu Tarif-Nr. 52.

1. Vgl. Art. 62 PFG.

Lfd. Nr.	Gegenstand der Besteuerung.	Steuersatz v. H.	M.	Pf.	Berechnung der Stempelabgabe.
Noch 53.	2 Protokolle, welche nicht die Stelle einer im Tarif besteuerten Verhandlung vertreten, sind stempelfrei. 3 Bei Protokollen, welche von Notaren aufgenommen sind, kommt die Tarifstelle „Notariatsurkunden" zur Anwendung.				
54.	1 **Punktationen** über einen zu errichtenden Vertrag, welche die Kraft eines Vertrages haben und demnach eine Klage auf Erfüllung begründen, sind wie Verträge über denselben Gegenstand und zwar auch dann zu versteuern, wenn darin die Aufnahme einer förmlichen Vertragsurkunde vorbehalten ist. 2 Zu einer Vertragsurkunde, welche auf Grund einer mit dem Werthstempel belegten Punktation demnächst aufgenommen wird und im Wesentlichen denselben Inhalt hat, wie diese, kommt der zur Punktation verwendete Werthstempel in Anrechnung.[1,2] *Bek. 50. — Allg. V. § 2 d. § 9 Abs. 2.*				

Zu Tarif-Nr. 53.

1. Vgl. § 177 Satz 1 FG. — Art. 55 Abs. 2 PFG. — auch A. 97 zu Tarif 32.

2. Diesem Stempel unterliegen auch die vom Ritterschaftlichen Syndikus aufgenommenen Verhandlungen. FM. 17. 2. 98 III 886.

3. Zu einer gerichtlichen Schuldverschreibung ist der Protokollstempel von 1 M. 50 Pf. fällig, auch wenn bei Beurkundung in einfacher Schriftform nur 20 Pf. zu erfordern sein würden. KG. 12. 2. 00, Hz. S. 520. — Vgl. A. 14 zu Tarif 58.

3. a) Vgl. auch A. 5 bei Tarif 48 und A. 1 bei Tarif 56.

Zu Tarif-Nr. 54.

1. Bei der Einstellung eines höheren Betrages in den auf Grund einer Punktation abgeschlossenen Kaufvertrag ist nur die Differenz zwischen dem in der Punktation und dem in dem Vertrage enthaltenen Kaufpreise für die Berechnung des zu entrichtenden Vertragsstempels maßgebend, sobald der Stempel nach dieser Tarifstelle richtig gezahlt ist. KB. S. 72.

2. Sowohl der Kauf- als auch der Tauschstempel muß erfordert werden, sobald in einer Punktation ein Entgelt in bar, in dem Vertrage aber in Naturalien verabredet ist, weil zwei ganz verschiedenartige Rechtsgeschäfte, Kauf und Tausch, zu Grunde liegen. KB. S. 72.

Lfd. Nr.	Gegenstand der Besteuerung.	Steuersatz v. H.	M.	Pf.	Berechnung der Stempelabgabe.
55.	[1]**Registraturen,** wenn sie die Stelle der Protokolle vertreten, wie diese.				
56.	1 [1]**Schenkungen unter Lebenden,** insbesondere auch die belohnenden und die mit einer Auflage belasteten Schenkungen, insofern sie schriftlich beurkundet sind, unterliegen von dem Betrage der Schenkung einer Werthstempelabgabe, welche sich nach den Vorschriften der §§. 6 bis 25 sowie des §. 27 erster Absatz des Gesetzes, betreffend die Erbschaftssteuer, vom 30. Mai 1873 / 19. Mai 1891 und des demselben anliegenden Tarifs* bestimmt, jedoch mit der Maßgabe, daß bei immerwährenden Nutzungen und Leistungen das Fünfundzwanzigfache ihres einjährigen Betrages als Kapitalwerth angenommen wird. An Stelle der Verhältnisse des Erblassers und des Erwerbers des Anfalles sind die Verhältnisse des Gebers, beziehungsweise des Beschenkten zu berücksichtigen. 2 Als Beurkundungen von Schenkungen sind alle Schriftstücke über solche Geschäfte anzusehen, bei welchen die Absicht auf Bereicherung des einen Theils gerichtet war, auch wenn das Geschäft in der Form eines lästigen Vertrages abgeschlossen ist. Bei Beurtheilung der Frage, ob die Absicht der Bereicherung des einen Theils anzunehmen ist, sind auch solche Umstände in Betracht zu ziehen, welche aus der Urkunde nicht ersichtlich sind. 3 In denjenigen Fällen, in welchen die Versteuerung der Schenkung über die für die Verwendung des Urkundenstempels sonst vorgeschriebene Frist hinaus ausgesetzt bleibt (§§. 22 bis 25 und §. 27 erster Absatz des Gesetzes, betreffend die Erbschaftssteuer, vom 30. Mai 1873 / 19. Mai 1891), muß die Urkunde vor Ablauf dieser Frist der von dem Finanzminister zu bestimmenden Steuerbehörde vorgelegt werden, welche die erforderlichen Anordnungen wegen späterer Verwendung				

Zu Tarif-Nr. 55.

1. Diese Position betrifft lediglich die im Gebiet des gemeinen Rechts aufgenommenen Registraturen, welche auch ohne Unterschrift des Antragstellers die Eigenschaft von amtlichen Protokollen besitzen. 12. KG. S. 3. 88. Z. 72. — Vgl. jetzt § 177 Abs. 1 FG.

Lfd. Nr.	Gegenstand der Besteuerung.	Steuersatz v. H.	M.	Pf.	Berechnung der Stempelabgabe.
Noch 56.	des Stempels zu treffen hat und welcher hierfür auf Verlangen Sicherheit zu bestellen ist. Diese Bestimmung findet auch auf die bei den Gerichtskosten zu verrechnenden Schenkungsstempel Anwendung. *D. V. 12. A. — Allg. V. § 11. A. u. § 12. Abs. 3.*				
4	Befreit sind Beurkundungen von Schenkungen der Arbeitgeber an Kassen oder Anstalten, welche die Unterstützung ihrer Arbeitnehmer oder Bediensteten, sowie der Angehörigen derselben bezwecken.				
57.	[1] **Schiedssprüche** [2—7.9] und zwar sowohl der ständigen Schiedsgerichte als auch der zur Entscheidung für den einzelnen Fall berufenen Schiedsrichter	1/10	—	—	des Werthes des Streitgegenstandes.[6]
	jedoch mindestens	—	2	—	
	höchstens	—	100	—	
	ist der Werth des Streitgegenstandes unschätzbar	—	10	—	

Zu Tarif-Nr. 56.

1. Die Vorschriften über die Erhebung von Abgaben von Schenkungen unter Lebenden und der über solche Schenkungen ausgestellten Urkunden sind durch das Reichs-Erbschaftssteuergesetz vom 3. Juni 1906 außer Kraft getreten. Ist jedoch die Vollziehung der Schenkung unter Lebenden, oder, wenn der Vollziehung ein rechtswirksames Schenkungsversprechen vorhergegangen ist, die Beurkundung des Versprechens vor dem 1. Juli 1906 erfolgt, so bleiben die bisherigen gesetzlichen Bestimmungen in Kraft. Ist ein Schenkungsversprechen vor dem 1. Juli 1906 nur privatschriftlich beurkundet, ohne daß der Mangel der Form vor diesem Zeitpunkte durch Bewirkung der versprochenen Leistung geheilt wäre (BGB. § 518), so sind die landesgesetzlichen Abgaben nicht zu erheben und, wenn sie bereits erhoben sein sollten, zu erstatten.

Wird eine Schenkung notariell beurkundet, so ist der Stempel der Tarifstelle 45 zu erheben; dagegen sind gerichtliche Beurkundungen einer Schenkung nach Tarifstelle 53 Abs. 2 stempelfrei, da die Schenkung nicht mehr zu den im Tarif besteuerten Verhandlungen gehört. Allg. Verf. d. Fin.Min. und Just.Min. v. 26. 6. 06, JMBl. S. 174.

Zu Tarif-Nr. 57.

1. Vgl. § 1025 ZPO.

2. Die Stempelpflichtigkeit bezieht sich nicht nur auf die Schiedssprüche schiedsrichterlicher Behörden, sondern auch auf die von Schieds-

Lfd. Nr.	Gegenstand der Besteuerung.	Steuersatz v. H.	M.	Pf.	Berechnung der Stempelabgabe.
58.	**Schuldverschreibungen.**				
1	I. [1] Schuldverschreibungen, hypothekarische und persönliche aller Art,[2—13] insoweit es sich nicht um der Reichsstempelabgabe unterworfene Werthpapiere handelt . . .	1/12	—	—	des Kapitalbetrages der Schuldverschreibung.[14]
2	Ermäßigungen:				
a	a) Schuldverschreibungen über Kaufgelder,[15] Erbgelder oder sonstige Forderungen aus zweiseitigen Verträgen, falls diese Verträge gehörig versteuert sind und alle wesentlichen Bedingungen des Schuldverhältnisses enthalten, wie Nebenausfertigungen derselben (vergl. die Tarifstelle „Nebenausfertigungen");				

Noch: Zu Tarif-Nr. 57.

richtern in Gemäßheit des § 1025 ZPO. gefällten Entscheidungen. RG. Bd. 30 S. 219. Mot. S. 52.

3. Nur schriftliche Schiedssprüche sollen getroffen werden. 12. KS. S. 5. — KB. S. 74.

4. Nur solche Schiedssprüche sind stempelpflichtig, die auf Grund gesetzlicher Vorschriften vollstreckbar, also geeignet sind, einen Rechtsstreit zu erledigen. Hierzu gehören nicht die von den Gewerbegerichten als Einigungsämtern nach § 67 des Ges. v. 29. 7. 90 abzugebenden Schiedssprüche. FM. 23. 6. 96 III 8634, ZBl. S. 537.

5. Die persönlichen Stempelsteuerbefreiungen — § 5 d. G. — sind bei Schiedssprüchen nicht aus der Person der Schiedsrichter, welche bei der Angelegenheit sachlich unbeteiligt sind, sondern aus der Person derjenigen zu beurteilen, welche nach dem Schiedsspruch dessen Kosten zu tragen haben. FM. 24. 8. 99 III 10682.

6. Nur der einmalige Stempel ist in Rennsachen zu verwenden, auch wenn gegen die Entscheidung des Vereinsschiedsgerichts der Spruch des Großen Schiedsgerichts oder der Technischen Kommission angerufen ist. FM. 12. 4. 00 III 4402. — Vgl. A. 3 zu § 15.

7. Gutachter, die nicht einen Rechtsstreit wie durch Richterspruch entscheiden, sondern nur über einzelne für ein Rechtsverhältnis erhebliche Tatfragen, z. B. über den Grad der verminderten Erwerbsfähigkeit eines Verletzten, einen Spruch abgeben, sind keine Schiedsrichter i. S. dieser Tarifstelle. KG. 14. 12. 05, Joh. Bd. 31 S. C 10.

8. Der Wert berechnet sich nach § 6 d. G. in Verbindung mit §§ 4 bis 8 d. ZPO. und §§ 11, 13 Abs. 1 d. DGKG. v. 18. 6. 78. Mot. S. 52—53.

9. Vgl. auch A. 4 c bei Tarif 10.

	Lfd. Nr.	Gegenstand der Besteuerung.	Steuersatz v. H.	M.	Pf.	Berechnung der Stempelabgabe.
b	Noch 58.	b) [16]Schuldverschreibungen über Darlehen, welche innerhalb Jahresfrist oder in einem kürzeren Zeitraum[17] zurückzuzahlen sind	1/50	—	—	der dargeliehenen Summe in Abstufungen von 20 Pf. für je 1000 Mark oder einen Bruchtheil dieses Betrages;
		So oft die Rückzahlungsfrist durch schriftliche Verabredungen über die Verlängerung der Darlehen,[18 a b] oder durch Ausstellung neuer Schuldverschreibungen bis zu einem Zeitraum von einem Jahre erweitert wird, je	1/50	—	—	wie vor;
		jedoch für die ursprüngliche Verschreibung und sämmtliche Verlängerungen nicht mehr wie	1/12	—	—	der dargeliehenen Summe;
		Beurkundungen der Verlängerung der Rückzahlungsfrist über den Zeitraum von einem Jahre hinaus . . .	1/12	—	—	wie vor;
		jedoch unter Anrechnung der für die Beurkundungen der ursprünglichen Verschreibung und der früheren Verlängerungen bereits entrichteten Stempel.				
		[18c] Die Anrechnung der früher gezahlten Stempel ist nur zulässig, wenn auf den Schriftstücken über die Verlängerung vom Aussteller vermerkt ist, zu welchen Urkunden und zu welchen Beträgen die früher gezahlten Stempel verwendet sind.				
3		Befreiungen:				
a		a) [19]Beurkundungen über die Verlängerung der Rückzahlungsfrist, wenn es sich um Schuldverschreibungen handelt, die mit einem Zwölftel vom Hundert des Kapitalbetrages bereits versteuert sind;				
b		b) [20]Beurkundungen von zinsbaren Darlehen, welche gegen spezielle Verpfändung oder Hinterlegung von edlen Metallen, Waaren, Wechseln oder Werthpapieren[21] gegeben werden (Lombarddarlehen) und innerhalb Jahresfrist oder in einem kürzeren				

Abs. Nr.	Gegenstand der Besteuerung.	Steuersatz v. H.	M.	Pf.	Berechnung der Stempelabgabe.
Noch 58.	Zeitraum zurückzuzahlen sind, vorausgesetzt, daß der Werth des hinterlegten Pfandes dem gewährten Darlehen mindestens gleichkommt;[22, 23]				
c	c) [24] Sparkassenbücher und Bescheinigungen über einzelne Einlagen seitens öffentlicher und solcher Sparkassen, welche gemeinnützige Zwecke verfolgen, insbesondere solcher, welche die Gewinnvertheilung ausgeschlossen haben, sowie der Sparkassen derjenigen eingetragenen Erwerbs- und Wirthschaftsgenossenschaften (Reichsgesetz vom 1. Mai 1889, Reichs-Gesetzbl. S. 55), welche die Förderung des genossenschaftlichen Personalkredits bezwecken;[25]				
d	d) [26] für Kommunalverbände, Kommunen oder Korporationen ländlicher oder städtischer Grundbesitzer oder Grundkredit- und Hypothekenbanken ausgestellte Schuldverschreibungen, auf Grund deren reichsstempelpflichtige Renten- und Schuldverschreibungen demnächst[27] ausgereicht werden. *Bek. 51. — Allg. V. § 10 Abs. 3.*				
I 1	II. [28, 29] Kaufmännische, nicht auf Order ausgestellte Verpflichtungsscheine über Leistungen von Geld[30, 31]	1/50	—	—	des Kapitalbetrages der Scheine in Abstufungen von 20 Pf. für je 1000 Mark oder einen Bruchtheil dieses Betrages.
2	Für die Verlängerung der Rückzahlungsfrist gelten die Bestimmungen zu I unter Ermäßigungen zu b und Befreiungen zu a.				
II 1	III. [32] Der Antrag auf Eintragung einer Hypothek oder Grundschuld oder einer wiederkehrenden Geldleistung im Grundbuche oder in einem für solche Eintragungen bestimmten öffentlichen Buche	1/12	—	—	der einzutragenden Summe oder des Kapitalwerthes der Geldleistung:

Lfd. Nr.	Gegenstand der Besteuerung.	Steuersatz v. H.	M.	Pf.	Berechnung der Stempelabgabe.
Noch 58.	sowie der Antrag auf Eintragung der **Verpfändung einer Hypothek oder Grundschuld oder einer wiederkehrenden Geldleistung durch den eingetragenen Gläubiger in Büchern der bezeichneten Art** . *Allg. V. § 1. b.* 2 Die Vorschriften der Tarifstelle „**Abtretung von Rechten**" fünfter bis einschließlich achter Absatz finden sinngemäße Anwendung.[33] *Bek. 52. — Allg. V. § 19.*	$^{1}/_{12}$	—	—	der Summe, für welche die Post verpfändet wird, wenn diese Summe geringer ist, als die Summe oder der Kapitalwerth der verpfändeten Post, sonst der letzteren Summe oder des Kapitalwerthes.

Zu Tarif-Nr. 58.

1. Vgl. §§ 607 ff., 780 ff., 793 ff. BGB. und A. 7 bei § 2.

2. Das Erfordernis der causa debendi ist stehen geblieben, desgl. das der Angabe der Verpflichtung zur Zahlung einer bestimmten Geldsumme. KB. S. 75. — Vgl A. 4 zu Tarif 59.

Auf Schuldverschreibungen findet die Vorschrift des § 1 Abs. 3 d. G. keine Anwendung. RG. 9. 6. 99, ZBl. S. 205, Entsch. Bd. 44 S. 234. — Vgl. A. 6 bei § 1.

3. a) Unter Schuldverschreibung ist eine solche Urkunde zu verstehen, in welcher eine für sich bestehende prinzipale Schuldverbindlichkeit zum Ausdruck gebracht wird, sodaß eine Schuldverschreibung dann nicht vorliegt, wenn in der Urkunde eine bereits verbriefte Schuld nur nach irgend einer Richtung modifiziert und deshalb erwähnt wird. RG. 27. 10. 98, Entsch. Bd. 42 S. 266.

b) Eine Schuldverschreibung kann einseitig oder in Form eines Vertrages erklärt werden, das Zahlungsversprechen kann in Veranlassung einer schon nach dem Gesetz begründeten Verpflichtung abgegeben werden, die Schuldverschreibung kann auch eine wiederkehrende Geldleistung zum Gegenstand haben; das erklärte Schuldversprechen muß aber für sich den Gegenstand eines Rechtsgeschäfts bilden, nicht den unlöslichen Bestandteil eines zugleich geschlossenen und beurkundeten Rechtsgeschäfts. RG. 10. 2. 98, ZBl. S. 176 und RG. 6. 5. 04, Entsch. Bd. 58 S. 117. — Vgl. auch A. 3a zu Tarif 70.

Noch: Zu Tarif-Nr. 58.

Nach den getroffenen Feststellungen hatte A. mit einem Konsortium einen Finanzierungsvertrag abgeschlossen, wonach das Konsortium zum Zweck der Beschaffung der Geldmittel für den von A. übernommenen Bau und Betrieb einer Eisenbahn eine Aktiengesellschaft gründen und als Gegenleistung des A. 1675000 M. erhalten sollte: Die geforderte Stempelfreiheit — weil das beurkundete Geschäft sich als Bestandteil eines einheitlichen, nach dem Tarif steuerpflichtigen Rechtsgeschäfts darstelle und daher keiner besondern Stempelsteuer unterliege (§ 10 Abs. 3 d. G.) — wurde vom Reichsgericht nicht gewährt, weil das Zahlungsversprechen von dem Schuldverschreibungsstempel nur dann befreit sei, wenn es Bestandteil eines nach dem Tarif steuerpflichtigen und also eines beurkundeten Hauptgeschäfts wäre. Sei dagegen das Hauptgeschäft, wie hier, nicht beurkundet, so bleibe der Schuldverschreibungsstempel zu entrichten, obgleich aus der Beurkundung des Zahlungsversprechens dessen Zusammenhang mit dem Finanzierungsvertrage deutlich hervorgehe.

Eine Schuldverschreibung, die den Bestandteil eines nicht beurkundeten Hauptgeschäfts bildet, ist stempelpflichtig. RG. 30. 5. 99, Entsch. Bd. 44 S. 219.

4. Der Schuldverschreibungsstempel ist nicht fällig, wenn die Schuldurkunde nicht ausgehändigt gewesen ist, das Schuldbekenntnis mithin nicht als dem Gläubiger gegenüber ausgesprochen angesehen werden kann. FM. 20. 11. 00 III 13917 u. 15. 6. 05 III 7584.

5. a) Mit dem Begriff der Schuldverschreibung ist es durchaus vereinbar, daß die Verbindlichkeit zur Zurückzahlung nur für den Fall der Gewährung der Valuta anerkannt und übernommen wird. RG. 24. 11. 99 Bd. 45 S. 232.

b) Der Begriff des Darlehns ist nicht identisch mit dem Begriff der Schuldverschreibung. — Schuldverschreibungen sind auch stempelpflichtig, wenn sie vor Empfang des Darlehns und in Erwartung der rechtsverbindlich versprochenen Zahlung des Darlehns ausgestellt sind. RG. 27. 3. 00, JW. S. 405 und RG. 30. 5. 99, Entsch. Bd. 44 S. 221, ferner RG. 16. 9. 02. Ebenso auch dann, wenn dem Darlehnsgeber ein Klagerecht auf Annahme des Darlehns nicht zusteht. RG. 21. 6. 97, JW. S. 492.

c) Verpflichtet sich jemand, ein Darlehn unter bestimmten Bedingungen zu geben, und nimmt der Schuldner diese Erklärung an, so ist der Schuldverschreibungsstempel ebenso fällig, wie dann, wenn ein Dahrlehnsvertrag derartig gefaßt ist, daß er die durch den Empfang des Dahrlehns bedingte Erstattungspflicht unmittelbar begründet. RG. 13. 3. 84. FM. 29. 10. 97 III 13389. KG. 30. 3. 05, Joh. Bd. 30 S. B 63.

d) Auch beurkundete Bedingungen eines erst künftig zu gebenden und anzunehmenden Darlehns sind dann als selbständige, für sich stempelpflichtige Schuldverschreibungen anzusehen, wenn aus ihnen ihrer Fassung nach unmittelbar die Pflicht zur Rückzahlung des Darlehns, nachdem es gezahlt worden sein wird, hergeleitet werden kann, und der erklärende zukünftige Darlehnsschuldner die Absicht gehabt

Noch: Zu Tarif-Nr. 58.

hat, durch seine Erklärung die Rückzahlungspflicht zu begründen. RG. 13. 3. 03, JW. S. 277.

6. a) Zur Begründung des Stempels muß die Verpflichtung zur Entrichtung einer bestimmten Geldsumme beurkundet sein; die Bezeichnung „etwa" genügt nicht. FM. 30. 3. 00 III 3409. Auch genügt nicht, wenn die Vereinbarung nicht die Verpflichtung zur Entrichtung einer in sich oder dem Höchstbetrage nach bestimmten Schuldsumme begründet, sondern nur die Möglichkeit gewährt, daß künftig eine Schuld entstehen kann. RG. 23. 12. 97, JW. 98 S. 95. Gruch. Jahrg. 46 S. 1082.

Es ist deshalb die von dem Mitglied eines Vorschußvereins durch Unterschrift der Geschäftsbedingungen desselben abgegebene Erklärung, daß er die im Kontogegenbuch künftig einzutragenden, zur Zeit völlig ungewissen Beträge als von dem Verein empfangene Darlehen anerkenne, zwar eine auf die Zukunft gestellte Schuldverschreibung, welche jedoch mit Rücksicht auf die Unbestimmbarkeit der Höhe der künftigen Schuldbeträge der Stempelpflicht nicht unterliegt. RG. 10. 1. 05, JW. S. 191.

Die erforderliche bestimmte Geldsumme ist zum Ausdruck gebracht in

b) schriftlichen Erklärungen, welche die Verpflichtung zur Entrichtung wiederkehrender Geldleistungen von unbestimmter Dauer enthalten. BZS. d. RG. v. 22. 5. 01, Entsch. Bd. 48 S. 351. FM. 14. 7. 01 III 8246, ZBl. S. 196, JMBl. S. 241. Dem Urteil lag eine Urkunde zu grunde, in welcher sich ein Vater verpflichtet, seiner Tochter, die sich mit dem Landrichter X. verheiraten werde, zur Einbringung in die Ehe auf die Dauer dieser Ehe und seines Lebens eine jährliche Rente von 20000 M. zu zahlen. Im Sinne der Tarifstelle 58 umfasse der Begriff des Kapitalbetrages den des Kapitalwertes mit.

c) einer Urkunde, durch welche der Aussteller mit Rücksicht auf die beabsichtigte Verheiratung seines Kindes sich verpflichtet, diesem jährlich einen bestimmten Geldbetrag zu bezahlen. Soweit die Zuwendung als Schenkung anzusehen ist, bedarf sie keines Wertstempels, auch nicht des Schuldverschreibungsstempels. Dagegen ist die Urkunde diesem letzteren Stempel unterworfen, wenn und soweit die Zuwendung nicht als Schenkung betrachtet werden kann. Als eine Schenkung kann die Zuwendung nur insoweit aufgefaßt werden — § 1624 BGB. — als sie das den Umständen, insbesondere den Vermögensverhältnissen des Ausstellers, entsprechende Maß übersteigt. FM. 10. 6. 04 III 7738.

d) dem Versprechen des Vaters, der Frau einen bestimmten Kapitalbetrag als Mitgift zu gewähren, auch wenn Ehevertrag und Schuldverschreibung in einer Urkunde enthalten sind. RG. 9. 10. 99, Hz. S. 325.

e) Sustentationserklärungen, in denen sich jemand zu einer bestimmten ziffermäßigen Beihilfe für eine bestimmte Zeit verpflichtet. Der Kapitalbetrag ist nach § 6 letzter Absatz d. G. zu berechnen. FM. 22. 2. 99 III 2185. Dagegen sind von Rechtskandidaten beizubringende Sustentationserklärungen stempelfrei, wenn das Versprechen der Gewährung einer bestimmten Geldsumme seitens der

Noch: Zu Tarif-Nr. 58.
Eltern vermieden wird und die Urkunde sich nur, wie sonst üblich, über Gewährung des standesgemäßen Unterhalts im Mindestwerte von 1500 M. ausläßt. FM. 7. 8. 99 III 10151. Unter derselben Voraussetzung sind stempelfrei die für die verschiedenen Laufbahnen in der Kaiserlichen Marine vorgeschriebenen Sustentationserklärungen. FM. 24. 1. 05 III 721. — Vgl. A. 5e bei Tarif 77.

7. Das Schuldanerkenntnis der Studierenden enthält so viele einzelne ev. stempelpflichtige Schuldverschreibungen, als Dozenten dem Studierenden Honorare gestundet haben. FM. 29./M. d. J. 20. 4. 97 III 5172. — Vgl. A. 5 litt. y bei Tarif 77 und A. 13 bei Tarif 59.

8. Als stempelpflichtige Schuldverschreibungen sind ferner u. a. angesehen:

a) Die von den Seminaristen bei ihrem Eintritt in ein Schullehrer-Seminar auszustellenden Verpflichtungsscheine. Der Wert berechnet sich nach § 6 Abs. 12 LStG. FM. 29. 9. 05 III 11214.

b) Einseitige Erklärungen über die Anerkennung der Vaterschaft unehelicher Kinder, welche zugleich ein Anerkenntnis der Verpflichtung zur laufenden Zahlung von Alimenten enthalten. FM. 8. 2. 99, FMBl. S. 70. FM. 15. 6. 99, ZBl. S. 144. — Vgl. A. 3 bei Tarif 67.

c) Die einseitige schriftliche Erklärung bestimmter Personen, die noch nicht Mitglieder der Gesellschaft m. b. H. sind, einen bestimmten Teil von dem erhöhten, neu aufzubringenden Stammkapital als ihre Stammeinlage zu übernehmen. RG. 24. 4. 00, ZBl. S. 427, Entsch. Bd. 46 S. 256.

d) Die einseitige Erklärung des A. von der Brauerei bestimmte Sachen leihweise erhalten und „darauf 175 M. angezahlt zu haben, so daß noch 525 M. verbleiben". A. erklärt sich bereit, die Sachen durch eine Mehrzahlung von 4 M. pro Hektoliter von der Brauerei zu entnehmenden Bieres eigentümlich zu erwerben. Bis zur vollständigen Tilgung bleiben die Sachen Eigentum der Brauerei: Es ist der Schuldverschreibungsstempel von 50 Pf. erforderlich. RG. 7. 5. 04. — Vgl. RG. 2. 2. 03 mit FM. 8. 5. 03 III 5240 (folg. A.).

e) In der Form von Möbelleihverträgen ausgestellte, aber nur einseitig vom Käufer unterschriebene Urkunden. RG. 2. 2. 03 (Straffenat). FM. 8. 5. 03 III 5240.

f) Schreiben, welche die Zahlungsverpflichtungen der Besteller aus den mit Vertretern des Lieferanten vorher gültig mündlich abgeschlossenen Lieferungsverträgen sowie alle sonstigen Erfordernisse einer Schuldverschreibung enthalten und an den Lieferanten gerichtet sind. LG. I Berlin 15. 1. 02.

g) Die vertragliche Uebernahme der Verpflichtung seitens Gemeinden zu baren Zuschüssen gelegentlich der Errichtung von Haltestellen, FM. 24. 12. 97 III 15646, wie die in einem sog. Subventionsvertrage versprochene Zuwendung, die entweder zu dem bestimmten Endzweck der Erbauung der Bahn oder unter der Be-

Noch: Zu Tarif-Nr. 58.

dingung dieser Erbauung erfolgt RG. 6. 5. 04, Entsch Bd. 58 S. 112. — **Vgl. A. 9d zu § 10.**

h) Die von Genossenschaften, Vereinen oder Privaten ausgefertigten Reverse, durch welche sie sich unter bestimmten Voraussetzungen zur Rückzahlung eines von der Landwirtschaftskammer zum Zwecke der Anschaffung eines Zuchtbullen empfangenen Betrages verpflichten. FM. 26. 6 03 III 8340

i) Sparkassenbücher, wenn aus dem Vordruck, der einen Teil der Urkunde bildet, hervorgeht, daß die Sparkasse verpflichtet ist, diejenigen Beträge, über deren Einzahlung sie im Buche quittiert hat, auf Verlangen zurück zu zahlen FM. 18. 1. 00 III 1845.

k) Das Bekenntnis der Schuldner in „Sparkassen-Quittungen", bestimmte Summen als Hypothekendarlehne erhalten zu haben, wobei gleichzeitig der Sparkasse zur Sicherheit der Darlehne anderweite Hypothekenforderungen in gleicher Höhe abgetreten werden. Vgl FM. 28. 1. 05 III 997.

9. Dagegen ist das Anerkenntnis des Magistrats einer Stadtgemeinde, daß der Kämmereikasse von der städtischen Sparkasse ein Darlehn gewährt sei, nicht schuldverschreibungsstempelpflichtig. RG. 1. 10 94, Entsch. Bd. 34 S. 3.

10. Eine Hauptschuldverschreibung unterliegt auch dann dem landesgesetzlichen Schuldverschreibungsstempel, wenn auf Grund derselben reichsstempelpflichtige Teilschuldverschreibungen ausgestellt werden.

Wenn die Erwähnung der Pflicht zur Verzinsung und Rückzahlung eines Darlehns sich der äußern Form nach als eine „selbständige" Beurkundung der Verpflichtung aus dem Darlehnsgeschäft darstellt, so ist die Urkunde zufolge des Abs 3 des § 3 LStG. der Stempelpflicht selbst dann nicht entzogen, wenn die Erwähnung in der „Absicht" der Verdeutlichung einer andern Erklärung z. B. der Bestellung einer Kautionshypothek geschah. RG. 24. 11. 99, Entsch. Bd. 45 S 231 und 12./22. 10. 00, ZBl. S. 101 von 1901 In der Urkunde v 3. 10 98 hat A. über eine Anleihe, zu der das Kapital mit 500000 M. von der Bank B zugesichert worden, Erklärungen abgegeben. Diese gehen namentlich dahin, daß Teilschuldverschreibungen auf den Namen der Bank im Gesamtbetrage auf 500000 M lautend auszustellen, daß deren Verzinsung in näher angegebener Weise zu erfolgen hat, daß die Rückzahlung der Teilschuldverschreibungen in speziell dargelegter Art erfolgen soll und daß der Bank wegen aller Ansprüche aus der Anleihe eine hypothekarische Kaution in Höhe von 600000 M. mit Grundstücken des A. bestellt werde.

11. Hat der Aussteller einer Darlehnsurkunde in derselben erklärt, daß er das Darlehn durch Uebergabe von Wertpapieren erhalten habe, und verspricht er die Rückzahlung in barem Gelde, so ist hiermit eine Urkunde hergestellt, die nach Tarif 4 RStG. stempelpflichtig ist. Die hierüber hinausreichende Urkunde über das Schuldversprechen bleibt aber nach Tarif 58 LStG. stempelpflichtig, ohne daß § 21 RStG. Anwendung findet RG 9 6 03, Entsch Bd. 55 S 97

Noch: Zu Tarif-Nr. 58.

12. Der Schuldverschreibungsstempel ist ferner erfordert zu Erklärungen und Urkunden folgender Art:

a) „Von meinem Vater habe ich zur Beteiligung am Geschäft der Firma N. N. 1000 M., verzinslich mit 3 Prozent, erhalten:" Aus dem angegebenen Zweck der Hingabe des Geldes folge nicht die rechtliche Notwendigkeit, daß die Zurückforderung habe ausgeschlossen sein sollen. Ob ein Vorempfang auf künftiges Erbteil vorliege oder Darlehn, sei Sache tatsächlicher Auslegung. RG. 28. 9. 97, JW. S. 583.

b) „Der Sparkasse verpfände ich wegen eines mit 4 Prozent von heute ab in Jahresraten verzinslichen und gegen halbjährliche Kündigung rückzahlbaren Darlehns von 10000 M. meine Grundstücke N. N. und bewillige und beantrage die Eintragung." RG. 20. 12. 97, Gruch. Jahrg. 42 S. 1005.

c) Zu der in einem Darlehnsvertrage von dem Schuldner erklärten Verpflichtung zur Zahlung einer Abschlußprovision. KG. 8. 10. 97. — Vgl. A. 5 zu Tarif 20.

d) Zu einer Erklärung, nach der in einem Auseinandersetzungsvertrage der Vater der Erbschaft entsagt, den Nachlaß behält und sich in Höhe der ermittelten Muttererbteile der Kinder als deren Schuldner bekennt. KG. 15. 1. 84, Joh. Bd. 4 S. 224.

e) Derjenige Betrag, den in einem Tauschvertrage der Erwerber des wertvolleren Grundstücks über den Wert desselben hinaus leistet und zu dessen Erstattung durch Barzahlung sich der Erwerber des minder wertvollen Grundstücks behufs Ausgleichung der gegenseitigen Leistungen verpflichtet, unterliegt dem Schuldverschreibungsstempel. RG. 29. 6. 96 und 12. 12. 98, JW. S. 84 von 1899, ZBl. S. 102 von 1904. — Vgl. A. 43 e bei Tarif 32.

f) Bei Umwandlung einer Grundschuld in eine Hypothek. FM. 15. 6. 97 III 5698. KG. 14. 4. 98. — Vgl. A. 8 bei Tarif 2.

g) Wenn gelegentlich der Abtretung einer Eigentümer-Grundschuld Zedent bekennt, die Valuta vom Zessionar als Darlehn empfangen zu haben und in Umwandlung der Grundschuld in eine Hypothek willigt. KG. 18. 10. 98.

h) Die nach vorhandenem Muster in der Form von Postkarten ausgestellten Schreiben, worin die landwirtschaftliche Zentral-Darlehnskasse für Deutschland Spar- und Darlehnskassenvereinen mitteilt, daß ihr von den Vereinen auf Grund besonderen Uebereinkommens bestimmte Beträge, Zinstermin . . . . . 19 . . in laufender Rechnung gezahlt worden seien. FM. 31. 5. 02 III 4966.

i) Zu dem Schreiben einer Bank an ihre Kunden: „Ich teile Ihnen mit, daß ich Sie für bis ult. nächsten Monats überlassene 1000 M. mit 5 Prozent verzinslich, erkannt habe". RG. 5. 1. 99.

k) Zu nachstehenden Schreiben:

α) Wir empfingen Ihr geehrtes Schreiben vom 25. cr. und erkannten Sie für die uns überlassenen M. 1 000 000 Ihrer Pfandbriefe mit 1 010 103 val. p. 26 cr. pp.

Noch: Zu Tarif-Nr. 58.

Laut Vereinbarung mit Herrn A. bleibt von dem Erlös der Pfandbriefe der Betrag von 1000000 M., unverzinslich bis 30. April und von da an mit 2 1/2 Prozent verzinsbar, bis 31. Mai uns überlassen ꝛc.

3) Wir bestätigen unsern heutigen Depeschenwechsel, demzufolge wir von Ihnen M. 200000 — Geld von ult. September bis ult. Oktober à 5 Prozent Netto Zinsen p. a. akzeptierten.

7) Wir empfingen Ihr Geehrtes von gestern und werden Ihnen auf Grund des hierauf stattgefundenen Depeschenwechsels M. 500000 während des kommenden Monats mit 2 1/4 Prozent Netto verzinsen. RG. 16. 9. 02.

l) Wenn die Firma A. anerkennt, der Bank B. aus der laufenden Geschäftsverbindung 10000 M. zu verschulden und sich verpflichtet, dies Guthaben der Bank in näher angegebener Art zu tilgen. FM. 7. 3. 02 III 2849.

m) Vgl. auch A 7a zu Tarif 24.

13. Der Schuldverschreibungsstempel ist nicht für erforderlich gehalten zu Erklärungen und Urkunden folgender Art:

a) Nach den Bedingungen über den Kreditverkehr in laufender Rechnung erfolgt die Abrechnung zwischen dem Vorschußverein und den Kreditnehmern vierteljährlich und wird der sich darnach ergebende Saldo als Kapital betrachtet und als solches auf neue Rechnung verzinslich vorgetragen; ferner wird statutgemäß jedem Kontoinhaber am Jahresschluß der Saldo seiner Rechnung aufgegeben und ist die Richtigkeit dieser Aufgabe von ihm schriftlich zu bestätigen: Diese Anerkennung der Aufgabe ist nicht schuldverschreibungsstempelpflichtig, hat vielmehr nur die Bedeutung des Einverständnisses mit der Aufnahme des Saldos in die neue Rechnung; eine Verpflichtung zur Zahlung ist darin nicht ausgesprochen. Ein Recht auf Zahlung hat der Verein vielmehr erst nach Kündigung des Kredits, und zwar auf Zahlung des sich dann ergebenden Saldo. FM. 25. 4. 00 III 4696. — Vgl. auch A. 9 bei Tarif 71 und A. 11b bei Tarif 59.

b) Von dem Vorschußverein zu N. E. G. m. u. H. wird den Mitgliedern in laufender Rechnung bis zu einem bestimmten Höchstbetrage ein Kredit eröffnet. Der Kreditnehmer erkennt dies an und unterwirft sich den diesbezüglichen Bestimmungen des Vereins. In besonderer Urkunde bescheinigt dann bei Inanspruchnahme des Kredits der Kreditnehmer, auf den bewilligten Kredit am .... 800 M. von dem Verein empfangen zu haben. FM. 23. 4. 03 III 5512.

Wird dagegen von Genossenschaften nach Gewährung des erbetenen Kredits und nach Ausstellung der Krediturkunde gelegentlich der Hingabe der Geldbeträge der betreffende Betrag in die Tagesfladde eingetragen und hier auch als „Darlehn" bezeichnet, so liegt eine stempelpflichtige Schuldverschreibung vor, wenn der Kreditnehmer über den Empfang des als Darlehn eingetragenen Betrages in der Kladde quittiert. FM. 7. 10. 01 III 12289.

Noch: Zu Tarif-Nr. 58.

c) Erklärungen folgenden Inhalts: „.... M. von Herrn N. für eigene Rechnung auf Kreditorenkonto empfangen zu haben, bescheinigen wir hiermit“ oder „..... M. Lombard empfangen zu haben, bescheinigt“. FM. 27. 7. 97 III 8908.

d) Das Bekenntnis, von der Bank „einen Vorschuß von 1000 M. gegen Wechsel erhalten zu haben“, ist eine stempelpflichtige Schuldverschreibung; dagegen ist der Stempel nicht fällig, wenn anerkannt wird, einen „Vorschuß bis 1000 M.“ erhalten zu haben. FM. 5. 12. 98 III 16133. — Vgl. RG. 30. 5. 99, Entsch. Bd. 44 S. 221.

e) Die Kreditierung der Zessionsvaluta in einer Abtretungsurkunde und Abreden über deren Verzinsung 2c., es sei denn, daß der Zessionar eine besondere Urkunde darüber ausstellt.

f) Wenn nach der Zession der debitor cessus den neuen Inhaber als seinen nunmehrigen Gläubiger anerkennt. FM. 17. 2. 98. III 886. — Vgl. A. 13d bei Tarif 77 u. A. 12 bei Tarif 71. III 886.

g) Sogenannte Quittungen, die Versicherungs-Gesellschaften von Versicherungsnehmern über empfangene Vorauszahlung mit ev. Zinsverpflichtung nach vorhandenem Muster erteilt zu werden pflegen. Die Rückzahlung der Vorauszahlung ist nur ein Recht, keine Pflicht des Versicherungsnehmers; macht er von seinem Recht keinen Gebrauch, so wird der Betrag der Vorauszahlung auf die später fällig werdende Versicherungssumme verrechnet. Auch die Uebernahme der Verpflichtung zur Verzinsung der Vorauszahlung ist nicht schuldverschreibungsstempelpflichtig, da aus dem Inhalt der Urkunde „bei Meidung des Verlustes aller Ansprüche aus obiger Police“ und den Policebedingungen entnommen werden muß, daß der Gesellschaft ein Klagerecht auf Zahlung der Zinsen nicht zustehen soll, sie sich vielmehr ev. nur aus der Police decken soll; die Zinszahlung ist ebenso wie die Zahlung der Prämie Bedingung für die spätere Erhebung der Versicherungssumme. FM. 20. 12. 05 III 16473.

h) Festsetzung einer Konventionalstrafe neben Konstituierung einer obligatorischen Verpflichtung zur Verstärkung der letzteren. RG. 14. 1. 97, JW. 1897 S. 160. — Vgl. A. 15c bei Tarif 71.

i) Angestellte der Gesellschaft verpflichten sich, innerhalb 10 Jahre nach ihrem Ausscheiden bei Vermeidung einer Konventionalstrafe an keinem Konkurrenzunternehmen Teil zu nehmen: Hierin liegt keine Schuldverschreibung, weil das Schuldversprechen nicht loslöslich von dem Hauptgeschäft ist. KG. 3. 1. 99. RG. 10. 2. 98.

k) Urkunden, in denen sich jemand verpflichtet, ein Grundstück zu beleihen und zu diesem Zweck bereits eingetragene Hypotheken im Wege der Zession zu erwerben, sind auch dann nicht als Schuldverschreibungen zu versteuern, wenn der Beleiher und spätere Zessionar einerseits und der Grundstückseigentümer und Schuldner andererseits in dieser Urkunde die Bedingungen über die Rückzahlung und Verzinsung vereinbaren und die Bedingungen wechselseitig akzeptieren. KG. 22. 2. 98.

l) In Fällen, in denen der Ersteher eines Grundstücks im Zwangsverfahren vor dem Kaufgelderbelegungstermin mit dem ein-

Noch: Zu Tarif-Nr. 58.

getragenen Hypothekengläubiger über die Verzinsung, Kündigung, Fälligkeit und Zahlung von durch das Meistgebot gedeckten Forderungen neue Festsetzungen vereinbart und sich verbindlich macht, in dem Kaufgelderbelegungstermin die Eintragung zu bewilligen und zu beantragen. RG. 21. 1. 97, Gruch., Jahrg. 42 S. 716. — Vgl. A. 47 bei Tarif 32.

14. Eine gerichtliche Schuldverschreibung erfordert den Protokollstempel im Mindestbetrage von $1^1/_2$ Mark, auch wenn bei Beurkundung in einfacher Schriftform 20 Pf. genügen würden. KG. 12. 2. 00, Hz. 520. — Vgl. auch A. 3 zu Tarif 53.

15. Wenn in Auflassungsverhandlungen Schuldverschreibungen über das Restkaufgeld aufgenommen werden, weil der zu Grunde liegende Kaufvertrag nicht den Unterschriften nach beglaubigt ist, so ist die Ermäßigung a anwendbar, sofern der Kaufvertrag gehörig versteuert ist und bereits alle wesentlichen Bedingungen des Schuldverhältnisses enthält; einer ausdrücklichen Bezugnahme auf den Kaufvertrag bedarf es nicht.

16. Vgl. §§ 607 ff. BGB.

17. a) Auf die Ermäßigung von $^1/_{50}$ Prozent besteht kein Anrecht, wenn in der Urkunde nicht zum Ausdruck gebracht ist, daß die Beträge innerhalb Jahresfrist zurückzuzahlen sind. RG. 30. 5. 99, Entsch. Bd. 44 S. 222.

b) Die Schuldverschreibung über ein Darlehn, welches zurückzuzahlen ist, sobald der Gläubiger die Zurückzahlung verlangt, unterliegt dem Stempel von $^1/_{12}$ Prozent, nicht dem ermäßigten Steuersatz von $^1/_{50}$ Prozent. KG. 30. 3. 05, Joh. Bd. 30 S. B 67. Der Schuldner hatte sich verpflichtet, das Darlehn dem Gläubiger sofort zurückzuzahlen. Die Ermäßigungsvorschrift ist für Fälle des § 609 BGB. nicht anwendbar. — Vgl. unten A. 22 b.

18. a) Die Urkunde über die verabredete Verlängerung ist stempelpflichtig, auch wenn sie nur die Unterschrift des Gläubigers oder Schuldners trägt; sind in die Fristverlängerungsurkunde mehrere bisher stempelfreie Objekte zusammen aufgenommen, so ist für den Stempel nur das in der Verlängerungsurkunde enthaltene Objekt maßgebend. FM. 27. 8. 97 III 10749. — Vgl. A. 6 b bei Tarif 59.

b) Auch die einseitig vom Schuldner ausgestellten Fristverlängerungsgesuche stellen sich hinsichtlich des zu verlängernden Zeitraumes als „neue Schuldverschreibungen" i. S. des Absatz 2 dieser Ermäßigung dar und sind deshalb stempelpflichtig. FM. 31. 5. 02 III 4966.

c) Die bei Gesuchen um Verlängerung eines Darlehns erfolgte Hinzufügung des Vermerks „zu dem Schuldschein Konto-Nr. . . . über M . . ." ist nicht hinreichend, um die zulässige Anrechnung der früher gezahlten Stempel zu begründen; es müßte noch der Betrag des zu dem Schuldschein verwendeten Stempels mitangegeben werden und bei Zwischenverlängerungen die Bezeichnung der darüber ausgestellten Urkunden und der zu ihnen verwendeten Stempelbeträge hinzutreten.

Noch: Zu Tarif-Nr. 58.

Dagegen genügt die Beifügung eines von den Ausstellern unterzeichneten Vermerks dahin: „zu der zugehörigen Schuldurkunde vom ... Konto Nr... über M.... ist der Betrag von M..., zu de.. Verlängerung.. der Rückzahlungsfrist vom.. der Betrag von M.... als Stempel verwandt," vorausgesetzt, daß alle Verlängerungen mit ihren Stempelbeträgen aufgeführt sind FM. 20. 6. 01 III 7363.

19. Die Befreiungsvorschrift a kann überhaupt nur in Frage kommen, wenn die ursprünglich bedungene Rückzahlungsfrist ein Jahr oder weniger betrug. Betrug in der ursprünglichen Schuldverschreibung die Rückzahlungsfrist mehr als ein Jahr, oder war die ursprüngliche Schuldverschreibung einfach auf Kündigung gestellt, so kann für die in Anlaß der Abtretung der Forderung an einen neuen Inhaber getroffene Festsetzung über Verlängerung der Rückzahlungsfrist ein Schuldverschreibungsstempel selbst dann nicht gefordert werden, wenn die ursprüngliche Verschreibung nach der Befreiungsvorschrift d vom Schuldverschreibungsstempel befreit war. FM 4 3. 98 III 2871

20. Die Befreiungsvorschrift b kommt nur zur Anwendung, wenn die Urkunde alle Merkmale des Lombard-Darlehns äußerlich erkennen läßt FM. 30. 7. 98 III 9280 u. 3 10. 04 III 12372 — Vgl. auch RG. 30 5 99, Entsch Bd 44 S. 222.

21. Unter Wertpapieren i S dieser Vorschrift werden nur solche Papiere verstanden, die als selbständige Träger der Forderung zu betrachten sind und in sich einen Geldwert haben; solche also, durch deren Veräußerung der Forderungsinhaber sich unmittelbar bezahlt machen kann Ein Hypothekendokument hat aber nur die Bedeutung einer Beweisurkunde. FM. 10. 3 04 III 3026

22. Die Befreiungsvorschrift findet nicht Anwendung auf Fälle wie:

a) Die . . Bank anerkennt, daß ihr die N. N. einen mit % zu verzinsenden Lombardvorschuß von . M. gegen diverse Effekten für die Zeit vom . . . bis . gewährt habe, weil ihre Voraussetzung, daß der Wert des Pfandes dem gewährten Darlehn mindestens gleichkommt, urkundlich nicht dargetan ist. FM. 30 7. 98 III 9280. oder kurz

b) Von der Bank A empfing ich heute ein Lombarddarlehn von M. 10 000 FM. 3 10. 04 III 12372

Auf Darlehen, deren Rückzahlung auf Kündigung gestellt ist (§ 609 BGB.), findet diese Befreiungsvorschrift ebensowenig Anwendung, wie in dem Fall, wenn der Schuldner berechtigt ist, das Darlehn jederzeit zurückzuzahlen — Vgl. oben A 17b.

23. Uneigentliche Lombardgeschäfte erfordern als einheitliche Anschaffungsgeschäfte nicht den Landesstempel für Schuldverschreibungen RG 15 12. 90.

24. a) Die Stempelfreiheit ist auf diejenigen Sparkassen beschränkt, welche mit genossenschaftlichen Einrichtungen zur Förderung des Personalkredits in Verbindung stehen, also das ganze übrige Gebiet der genossenschaftlichen Bildung, in dem die Sparkasseneinrichtungen einen ganz anderen Charakter annehmen und lediglich zu Erwerbszwecken dienen können, soweit nicht ein gemeinnütziger Zweck doch noch

Noch: Zu Tarif-Nr. 58.

nachgewiesen wird, von der Vergünstigung ausschließt. Unter den genossenschaftlichen Organisationen, welche sich mit Darlehnsgeschäften befassen, werden auch diejenigen ausgeschlossen, welche nicht sowohl die Förderung des Personalkredits, als ihre eigenen Erwerbsinteressen zum Gegenstand des Unternehmens haben. AH. S. 2347.

b) Die Befreiungsvorschrift findet nur auf solche Sparkassen Anwendung, die gemeinnützige Zwecke verfolgen, deren Vergünstigungen also der Allgemeinheit zugute kommen, nicht nur einem bestimmt begrenzten Personenkreise. FM. 9. 9. 97 III 11461.

25. Eine Bescheinigung, die eine Depositenbank in einem Quittungsbuch über einen eingezahlten Betrag erteilt, ist stempelfrei. AH. S. 2509.

26. Daß der Nachweis solcher besonderen Umstände, von denen das Gesetz die Befreiung einer an sich stempelpflichtigen Urkunde abhängig macht, nicht in der Urkunde selbst zu liegen braucht, ist bezüglich der nachträglichen Ausreichung von Pfandbriefen auf Grund von Schuldverschreibungen vom Reichsgericht angenommen. RG. VIa. Nr. 423 von 1899 und VII. Nr. 343 von 1901. — Vgl. auch RG. 16. 1. 03.

27. a) Diese Befreiungsvorschrift findet nur Anwendung auf Schuldverschreibungen, die vor Ausreichung der reichsstempelpflichtigen Schuld- oder Rentenverschreibung ausgestellt sind. RG. 27. 3. 03, ZBl. S. 217, JMBl. S. 245. Das Wort „demnächst" in dieser Befreiungsvorschrift bedeutet einen im Gesetz nicht näher bestimmten späteren Zeitpunkt. Da in dem der Entscheidung zu Grunde liegenden Falle die Pfandbriefe der Preußischen Hypothekenaktienbank, der die Hypothek zediert war und die das Dokument ihrem Treuhänder als Unterlage für die von ihr ausgegebenen Pfandbriefe übergeben hatte, bereits vorhanden gewesen waren, als die notarielle Schuldverschreibungsurkunde zu ihrer Deckung und Unterlage bestimmt war, konnte die Befreiungsvorschrift keine Anwendung finden. Tatbestand: In notarieller Verhandlung vom 20. 4. 99 bekannte W., ein Darlehn von 130000 M. empfangen zu haben, welches er am 31. 3. 00 zurückzuzahlen versprach. Zu dieser Urkunde waren 26 M. Stempel ($^1/_{50}$ Prozent) verwendet. Im Jahre 1901 trat die Gläubigerin die Darlehnshypothek an die Preuß. Hypothekenaktienbank ab, welche im April 1901 das Dokument ihrem Treuhänder als Unterlage für die von ihr ausgegebenen Pfandbriefe übergab. In notarieller Verhandlung vom 10. 8. 01 vereinbarte Kläger, der inzwischen das Eigentum am Pfandgrundstück erworben hatte, unter Uebernahme der Hypothek und Anerkennung der Aktienbank als neue Gläubigerin neue Verzinsungs- und Rückzahlungsbestimmungen: Der Notar verwendete hierzu 3 M. Stempel und demnächst auf Veranlassung des Gerichtsschreibers, der $^1/_{12}$ % von 130000 M. für erforderlich hielt, noch ferner 107 M. Den Erstattungsantrag des Klägers auf Rückzahlung von 107 M. lehnte der Provinzial-Steuer-Direktor bis auf einen Betrag von 26 M., der anzurechnen gewesen wäre, ab. Die auf Tarif 58 I Befr. d gestützte auf Zahlung des Restes von 81 M. gerichtete Klage wurde zurückgewiesen.

Noch: Zu Tarif-Nr. 58.

b) Die Erwägungen, daß für die Stempelpflichtigkeit einer Urkunde der Zeitpunkt ihrer Ausstellung entscheidend sei, die Voraussetzungen einer etwaigen Befreiung also zu dieser Zeit schon vorliegen müssen, daß bei Baugelderdarlehen die Voraussetzung der Stempelbefreiung, nämlich die Unterlagefähigkeit der Schuldverschreibungen für Pfandbriefe, aber erst später, nach und nach, mit der jedesmaligen Gewährung einer Darlehnsrate eintrete, sind rechtsirrtümlich und hindern die Stempelfreiheit der Urkunden über Baugelderdarlehn nicht. Das Gesetz macht die Befreiung nur davon abhängig, daß demnächst, d. h. zu einem im Gesetz nicht näher bestimmten späteren Zeitpunkt, reichsstempelpflichtige Schuldverschreibungen ausgereicht werden. Die Ausgabe der Pfandbriefe aber muß auf Grund der Schuldverschreibung erfolgen, auch kann zugegeben werden, daß die Schuldverschreibung schon bei ihrer Ausstellung so beschaffen sein muß, daß sie geeignet ist, künftig auszugebenden reichsstempelpflichtigen Schuldverschreibungen als Unterlage zu dienen. Zur Ermittelung dieses Punktes muß man unterstellen, daß die Ausgabe von reichsstempelpflichtigen Schuldverschreibungen rechtlich zulässig wäre lediglich auf Grund einer vorausgehenden anderweiten Schuldverschreibung, ohne jedes weitere Erfordernis. Zahlung der Valuta, Gewährung und Eintragung einer Hypothek, ein bestimmter Wert für letztere, Nichtüberschreitung einer gewissen Wertgrenze u. dergl. brauchen auch erst später erfüllt zu werden. Auch für den Fall ist die Stempelbefreiung gegeben, wenn von Hypothekenbanken Darlehen gewährt werden zur Wegfertigung bereits bestehender Hypotheken derart, daß die Bankhypothek einstweilen zu einer nachfolgenden Stelle eingetragen wird und der Schuldner sich verpflichtet, das Grundstück binnen bestimmter Frist von den Vorhypotheken frei zu machen. RG. 30. 12. 01 u. FM. 18. 2. 02 III 2053. Nach letzterem ist bei Gelegenheit der bei den Hypothekenbanken usw. vorzunehmenden Stempelprüfung durch probeweise Prüfung festzustellen, ob die Banken als Inhaber der Schuldverschreibungen über Baugelderdarlehen ihrer Verpflichtung zur nachträglichen Versteuerung derjenigen Schuldverschreibungen, auf Grund deren keine Hypothekenpfandbriefe ausgegeben werden, nachgekommen sind. ZBl. S. 56, JMBl. S. 65 von 1902.

28. Vgl. § 363 HGB. Abs. 1 Satz 2.

29. Es ist nicht richtig, daß nur diejenigen kaufmännischen Verpflichtungsscheine getroffen werden, welche eine Angabe des Verpflichtungsgrundes nicht enthalten. Abgesehen von der engeren Fassung im Tarif selbst ist der Begriff, wie er sich gemäß Art. 363 HGB. gestaltet, nicht weiter geändert. RG. 9. 6. 99 Bd. 44 S. 228.

30. a) In an die Klägerin in Beantwortung deren entsprechender Briefe von der Bank A., mit der Klägerin in Kontokurrentverkehr stand, gerichteten Schreiben, die besagen,

> daß sie (A.) zu Lasten ihres (der Klägerin) Kontos 1000 M. val. dato in separater Depositenrechnung erkannt und daß ihr auf ihr Guthaben in letzterer, vorausgesetzt, daß sie darüber nicht vor — folgen bestimmte Tage — verfüge, bis zu diesem Tage 2 Prozent p. a. vergütet werden

Noch: Zu Tarif-Nr. 58.

sah die Stempelsteuerbehörde stempelpflichtige Schuldverschreibungen nach Tarif 58 I Ermäßigung b. Das Reichsgericht wies im Urteil vom 23. 1. 03 das die Klage abweisende Urteil in die Berufungsinstanz zurück und führte dabei aus: Der Berufungsrichter behandelt die bezeichneten Schreiben als kaufmännische Verpflichtungsscheine — Tarif 58 II — ohne sich über den Begriff dieser auszulassen und kommt damit zu demselben rechnerischen Ergebnis, wie der beklagte Fiskus. Es fragt sich hier nur, ob die Schreiben die Uebernahme der abstrakten oder konkreten Verpflichtung zu einer Geldleistung, d. h. zur Leistung eines Kapitalbetrages zum Ausdruck bringen. Die diesbezügliche Annahme des Berufungsrichters ist nicht ausreichend begründet, denn aus dem Schreiben ergibt sich nur die Uebernahme einer bedingten Zinsverpflichtung, nicht das Ausscheiden des betreffenden Postens aus dem Kontokurrent als selbständige Schuld, unabhängig von der kontokurrentmäßigen Saldierung. Zur Auslegung der Urkunden war deshalb auf diejenigen Umstände einzugehen, unter deren Einfluß sie zu Stande gekommen sind. Nach Inhalt der Akten will die Klägerin offenbar geltend machen, daß der Kapitalposten, dessen besondere Buchung mitgeteilt wird, rechtlich innerhalb des Kontokurrents verbliebe, daß es also an der Begründung oder Anerkennung einer selbständigen Geldschuld fehle, wie sie für die Unterstellung jener Mitteilungen unter das Stempelgesetz erfordert wird. Rechtlich ist nicht ausgeschlossen, daß für verschiedene Posten eines Kontokurrents, auch wenn sie auf derselben Seite sich befinden, verschiedene Zinssätze ausbedungen werden; auch wird eine Forderung nicht dadurch für das Kontokurrent ungeeignet, daß sie abweichend von sonstigen Kontokurrentforderungen, durch Pfand oder Bürgschaft gesichert wird. Wäre also anzunehmen, daß die besondere Kontierung lediglich in Rücksicht auf die kaufmännische Buchführung oder sonst aus Zweckmäßigkeitsgründen vorgenommen wurde, daß also die rechtliche Natur jener Posten als Bestandteile der laufenden Rechnung sich nicht verändert habe, so würde es an der für den Begriff der Schuldverschreibung des kaufmännischen Verpflichtungsscheines unerläßlichen Verpflichtung zur Entrichtung einer Geldschuld fehlen. Holdh. S. 286.

b) Die Gesellschaft A. stand mit der Gesellschaft B. im Kontokurrentverhältnis. Zwischen ihnen sind eine Reihe gleichartiger Schreiben gewechselt, von denen die der A. besagen, daß sie mit dem offerierten Zinsfuß von . . . einverstanden sei und . . . M. bis . . . fest geben werde, worauf B. erwiderte, daß die A. zu Lasten ihres Kontos mit dem betreffenden Tage val. dato in separater Depositenrechnung erkannt, und daß ihr auf ihr Guthaben in letzterer, vorausgesetzt, daß sie darüber nicht vor dem bezeichneten Tage verfüge, bis zu diesem Tage der angegebene Zinssatz vergütet werde: Die Schreiben der Gesellschaft B. enthalten stempelpflichtige kaufmännische Verpflichtungsscheine, nämlich das Versprechen, eine bestimmte Einzelpost, unabhängig von dem zwischen A. und B. bestehenden Kontokurrentverhältnis, frühestens an einem bestimmten Stichtage zu zahlen und zu einem festen Zinssatze zu verzinsen; die Schreiben stellen nicht bloß Anzeigen dar über Buchungen innerhalb des Kontokurrentverkehrs, sondern die selbständige Ver-

Noch: Zu Tarif-Nr. 58.

pflichtung zur Zahlung einer bestimmten, von einer Gegenleistung nicht abhängigen Geldschuld, mithin die Erfordernisse eines kaufmännischen Verpflichtungsscheines. Mit der Festsetzung selbständiger Rückzahlungs- und Verzinsungsbedingungen haben die betreffenden Posten aufgehört, Bestandteile des Kontokurrents zu sein. RG. 4. 4. 05 VII.

c) Die Firma K. & L. hatte der Firma C. & Co. folgendes Schriftstück ausgestellt:

Rechnung für Herrn C. & Co.

Lombard-Zahlung.

Anbei uns. Depot:

M. 18 600 Gr. Berl. Straßenb. Aktien
Stücke in unserem grünen Check Nr. 8627

M. 35 000

Betrag empfangen
K. & L.

Diese Urkunde enthält einen kaufmännischen Verpflichtungsschein i. S. dieser Tarifvorschrift, d. h. solche Urkunde, in der ein Kaufmann sich zur Leistung von Geld verpflichtet, ohne daß diese Leistung in der Urkunde von einer Gegenleistung abhängig gemacht ist. Das Schriftstück besagt nämlich, daß K. & L. von C. & Co. ein Darlehn von 35 000 M. empfangen hat. Damit ist ohne weiteres zum Ausdruck gebracht, daß K. & L. sich verpflichtet 35 000 M. an C. & Co. zu zahlen. Die Hinzufügung eines Schuldgrundes ist nicht erforderlich (Entsch. Bd. 44 S. 230); gleichgültig ist auch, daß für die eingegangene Verpflichtung Sicherheit in Gestalt von Aktien bestellt ist, die sich im Giro-Effekten-Depot der Bank des Berliner Kassenvereins befanden. Es kommt neben der Verpflichtung zur Geldleistung lediglich darauf an, ob diese von einer Gegenleistung abhängig gemacht und ob die Urkunde an die Ordre gestellt ist. Beides ist nicht der Fall. Daß die Urkunde von einem Kaufmann („K. & L.") ausgestellt ist, ist nach ihrem Inhalt zweifellos, denn eine ausdrückliche, übrigens auch durchaus nicht übliche Angabe der Kaufmannseigenschaft ist nicht notwendig. RG. 10. 5. 05. — Vgl. unten A. 32.

d) Nachstehende Schreiben:

I. der Handlung A. an die Handlung B.:

„In Verfolg der . . . Besprechung haben wir dem C. auf Separatkonto 10 000 M. val. per 28. cr. kreditiert und erlauben uns, Sie hierfür auf Interimskonto zu belasten. Wir werden Ihnen für dieses Konto dieselben Zinsen in Anrechnung bringen, welche wir dem C. auf den vorstehenden Betrag vergüten", und der Antwort der Handlung B. an A. hierauf: „Wir bekennen uns zum Empfang Ihrer Zuschrift und haben Sie in Gemäßheit derselben für dem C. kreditierte 10 000 M. gleichlautend val. per 28. cr. auf Interimskonto erkannt. Von Ihrer Mitteilung betreffend Zinsenberechnung für dieses Konto haben wir Kenntnis genommen", .

Noch: Zu Tarif-Nr. 58.

II. der Handlung A. an D, worin dem Adressaten mitgeteilt wird, daß sie demselben zu Lasten seiner laufenden Rechnung per Uebertrag mit 100 000 M. val. 1. Juli cr. auf Separatkonto erkannt habe und daß sie das Guthaben auf Separatkonto mit 4 Prozent verzinsen werde,

III. der Handlung A. an F., daß sie 20 000 M. zu Lasten des conto ordinario in das Kredit des conto separato übertragen habe und daß sie das Guthaben auf Separatkonto mit 5 Prozent verzinsen werde,

hat das RG. im Urteil v. 17. 12. 01 für stempelpflichtige kaufmännische Verpflichtungsscheine erklärt.

31. Eine Urkunde, in der ein Kaufmann sich zur Zahlung einer bestimmten Geldsumme verpflichtet, ohne daß darin die Leistung von einer Gegenleistung abhängig gemacht wird, ist nach Nr. I, nicht nach Nr. II Tarif 58 zu versteuern, wenn zugleich die Verpflichtung zur Hypothekbestellung oder die Eintragungsbewilligung beurkundet ist oder wenn die Zahlungsfrist den Zeitraum von einem Jahre überschreitet. KG. 24. 10. 04, Joh. 30 B 58. — Vgl. oben A. 31 c.

32. Vgl. §§ 13, 15, 30 RGBO. — §§ 1113 ff., 1191 ff., 1199, 1273, 1274 BGB. — auch A. 3 zu Tarif 59.

33. Der Antrag des Gläubigers auf Eintragung einer Hypothek auf Grund eines den Eigentümer verurteilenden Erkenntnisses unterliegt nicht dem Stempel aus dieser Tarifstelle Ziffer III.

34. Eine Schuldurkunde war nach Tarif 58 Erm. litt. b mit 1/50 Prozent versteuert und zur Eintragung gelangt; später wurde ermittelt, daß nicht vereinbart war, daß die Rückzahlung innerhalb Jahresfrist erfolgen sollte: die vom Amtsgericht gemäß Ziffer III nachträglich erhobene Stempelforderung, auf die der gemäß Erm. litt. b verwendete Betrag nicht anzurechnen war, ist gerechtfertigt, denn die Worte „hinsichtlich des Wertes der Gegenleistung" in Tarif 2 Abs. 6 sind nur auf Tarifstelle 2 zu beziehen ohne sinngemäße Anwendung auf Tarif 58, wo nur festzustellen ist, ob nicht in die Urkunde von der wirklichen Vereinbarung abweichende Bestimmungen aufgenommen sind, welche nach dem Gesetz eine Befreiung oder Erleichterung des Urkundenstempels nach sich ziehen. KG. 29. 4. 01, Joh. Bd. 23 S. B 21.

Dabei hat das Kammergericht folgende Grundsätze ausgesprochen:

a) Wird bei dem Antrag auf Eintragung einer Hypothek zum Zweck der Stempelbefreiung die Urkunde über das dem Antrage zu Grunde liegende Rechtsgeschäft überreicht, so erfordert die in Tarifstelle 58 III Abs. 2 vorgeschriebene sinngemäße Anwendung der Tarifstelle 2 Abs. 5 bis 8, daß die Urkunde hinsichtlich aller für die Besteuerung von Schuldverschreibungen erheblichen Bestimmungen der Verabredung der Parteien entspricht. Bei Schuldverschreibungen über Darlehen kommt es also nicht ausschließlich darauf an, daß hinsichtlich des Wertes der Gegenleistung die Urkunde mit der Vertragsabrede übereinstimmt.

b) Hat eine Bank einem Schuldner offenen Kredit eingeräumt und der Schuldner auf den Kredit hin Geld entnommen, so ist dieser berechtigt,

	Lfd. Nr.	Gegenstand der Besteuerung.	Steuersatz v. H.	M.	Pf.	Berechnung der Stempelabgabe.
1	59.	[1, 1a] **Sicherstellung von Rechten,** Beurkundungen darüber,[2—9] wenn der Werth der sichergestellten Rechte				
		600 Mark nicht übersteigt	—	—	50	
		1 200 " " "	—	1	—	
		10 000 " " "	—	1	50	
		bei einem höheren Betrage [10, 11] d. f. . .	—	5	—	
2		Der Stempel darf in keinem Falle den für die Beurkundung des sicherzustellenden Rechtes zur Erhebung gelangenden Stempel übersteigen.[11—14]				
3		Ist der Werth der sichergestellten Rechte nicht schätzbar[15]	—	1	50	
4		Befreit sind:				
		a) Urkunden über Dienstkautionen der Beamten öffentlicher Behörden;[16]				
		b) in Schuldverschreibungen zur Sicherheit der Schuldverpflichtung vom Schuldner abgegebene Erklärungen;[17—19]				
		c) Urkunden über Sicherstellungen der Vormünder (§. 58 der Vormundschaftsordnung vom 5. Juli 1875, Gesetz-Samml. S. 431).[20]				

Noch: Zu Tarif-Nr. 58.

den Schuldschein über das Geld dahin auszustellen, daß er ein bares Darlehn empfangen habe.

c) Entspricht die bei dem Antrage auf Eintragung einer Hypothek überreichte mit einem Stempel versehene Urkunde über das zu Grunde liegende Rechtsgeschäft in einer für die Besteuerung von Schuldverschreibungen erheblichen Bestimmung nicht der wirklichen Verabredung der Parteien, so muß ungeachtet der Verstempelung jener Urkunde der volle Stempel für den Antrag auf Eintragung der Hypothek in Ansatz gebracht werden.

Zu Tarif-Nr. 59.

1. Vgl. §§ 232 ff., 765 ff., 437, 438, 1204 Abs. 2, 1190 BGB.

1. a) Ueber Hypotheken und Grundschulden auf Fabrikgrundstücken als Kreditsicherheit s. FM. 11. 11. 90 III 13657, über die von Feuerversicherungsgesellschaften bei Gewährung von Kredit gegen Eintragung einer Sicherungshypothek auf Gebäuden abzugebenden Erklärungen s. FM. 8. 3. 96 III 149 und über Hypothekenbestellung als Sicherheit für Steuerkredit überhaupt s. FM. 29. 12. 96 III 17116 (BBl. Nr. 2 von 1897). Für das zu beobachtende Verfahren bei Sicherstellung mit Wechseln, oder

Noch: Zu Tarif-Nr. 59.
in Fällen, in denen es sich um Kreditbewilligung ohne Bestellung einer vollständigen oder um Erlaß jeglicher Sicherheit handelt, s FM. 26. 7 83 III 1614 und 5. 5. 99 III 16072/98

2 Die Schriftlichkeit als Formvorschrift fur die Bürgschaft wird nicht durch Briefwechsel ersetzt RG 8 3. 04, JW S. 232. Erklärung der Bürgschaftsübernahme in schriftlicher Form durch einen nur mündlich Bevollmächtigten ist rechtsgültig. RG. 27. 4. 03, DJZ. Nr. 15.

3 Die Bewilligung der Eintragung einer Vormerkung zur Sicherung des Anspruchs auf Uebertragung des Eigentums an einem Grundstück unterliegt dem Sicherstellungsstempel KG 2. 5. 04, Joh. Bd. 28 S. B 54. FM. 1 8. 04 III 9758 Ebenso der Antrag auf Eintragung eines Altenteils. Schließt das Altenteil eine Geldrente in sich, so könnte insoweit gemäß Nr. III Tarif 58 eine wiederkehrende Geldleistung in Frage kommen

4 Sicherungshypotheken i. S des § 1190 BGB sind nur mit dem Sicherstellungsstempel zu belegen, nicht mit dem Schuldverschreibungsstempel, weil die Beurkundung einer nach Rechtsgrund und Betrag bestimmten, selbständigen und bestehenden Schuld nicht stattfindet. Freilich scheiden diejenigen Fälle aus, in denen die zu sichernde Forderung bereits zu einem bestimmten Betrage als bestehend anerkannt wird; insoweit ist nach Tarif 58 zu versteuern.

Wird mit Bestellung der Sicherungshypothek i. S. des § 1190 BGB. zugleich der Antrag auf deren Eintragung im Grundbuch verbunden, so ist ebenfalls nur der Sicherstellungsstempel erforderlich, unter Ausschluß des Stempels der Tarifstelle 58 Ziff. III. FM. 20. 5. 01 III 4037, ZBl S. 159. — JM. 1. 7. 01, JMBl. S 157 In dem letzteren Erlaß wird insbesondere noch darauf hingewiesen, daß die nach § 1184 BGB. bestellten Sicherungshypotheken stempelsteuerlich ebenso wie gewöhnliche Hypotheken zu behandeln sind; vgl. auch dieserhalb den inhaltlich gleichen FME. v. 20. 7 01 III 8445, ZBl. S. 196. — Vgl A. 9 zu Tarif 71.

5 a) Den von der Bank an die Kunden gesandten gedruckten Anschreiben waren die Allgemeinen Bedingungen der Bank für den Geschäftsverkehr beigefügt. Mit diesen Bedingungen haben sich die Kunden schriftlich auf Ansuchen der Bank einverstanden erklärt. Die Bedingungen betrafen u. a. die Ermächtigung der Bank ev die bei ihr lagernden Aktien der Kunden in den Generalversammlungen zu vertreten; ferner enthielten sie die Bestätigung, daß alle Wertpapiere ꝛc. der Bank als Faustpfand zur Sicherheit ihrer Forderungen aus laufender Geschäftsverbindung dienen sollten: Es war der Vollmachts- und der Sicherstellungsstempel mit je 1 M. 50 Pf fällig. Bemerkt wurde, daß der Sicherstellungsstempel auch dann fallig sei, wenn es sich um zukünftige Forderungen und zukünftig in den Besitz des Gläubigers gelangende Vermogensobjekte handele. RG. 27. 4 05, DJZ. Nr. 13. ZBl. S. 736 — Vgl. A. 9e zu § 10.

b) Da in dem Schreiben an dem Gemeindevorstand die ubersandten Depotscheine als Beweisurkunden für die gestellte Pflasterkaution bezeichnet werden, so ist der Sicherstellungsstempel fällig. FM 14 7. 96 III 9090

Noch: Zu Tarif-Nr. 59.

c) Falls als Sicherheit niedergelegte Wertpapiere wegen erfolgter Kündigung zurückgegeben werden müssen und an deren Stelle neue Wertpapiere treten, so liegt in der Niederlegung der neuen Wertpapiere eine neue Sicherstellung, die den Stempel von neuem erfordert. FM. 10. 1. 01 III 205.

d) In einem Darlehnsschuldschein wird von einem Beamten Sicherheit durch Einräumung eines Pfandes an der Empfangsbescheinigung über eine Dienstkaution bestellt; gleichzeitig werden alle aus der Kautionsbestellung erwachsenen Rechte abgetreten: Fällig ist der Sicherstellungs- und Abtretungsstempel. RG. 10. 1. 99, JW. S. 171. FM. 20. 8 96 III 11333.

6. a) Der Schuldner eines kurzfristigen Darlehns beantragt die Prolongation; der Bürge erklärt sich damit einverstanden: Die Bürgschaft ist stempelpflichtig. FM. 15. 12. 96 III 16943.

b) Einverständniserklärung des Bürgen in die Fristverlängerung zur Rückzahlung des Darlehns ist nicht stempelpflichtig. Anders dagegen, wenn der Bürge ursprünglich nur bis zu einer bestimmten Zeit oder bis zu einer bestimmten Höhe gehaftet hat und er weitere Haftung übernimmt. FM. 27. 8. 97 III 10749. — Vgl. A. 18a bei Tarif 58.

7 a) Verzinsungs- und Rückzahlungsbestimmungen oder auch letztere allein werden in einer Vertragsurkunde abgeändert bei Verpfändung des Grundstücks, insbesondere wird vereinbart, daß bei nicht pünktlicher Zinszahlung das Kapital sofort fällig ist: Es ist der Vertrags- und Sicherstellungsstempel erforderlich, letzterer mit höchstens 1,50 M, weil zum Vertrage nur 1,50 M. Stempel fällig waren. RG. 27 10. 98, Entsch Bd. 42 S. 264, ZBl. S. 56 von 1899. — Bei Verringerung bereits sichergestellter Rückzahlungsbedingungen würde der Kautionsstempel nicht fällig sein Die Erhöhung des Zinssatzes ist nach § 6 Abs. 9 d. G zu berechnen. JM. 4. 2 99, JMBl von 1899 S. 45 — Vgl A 11a bei Tarif 71

In der Vereinbarung, wonach das schon eingetragene Kapital, sofern die Zinsen stets binnen 2 Wochen nach der Fälligkeit gezahlt würden, nicht vor einem bestimmten — später hinausgeschobenen — Termin eingefordert werden dürfe, hat das KG. im Urteil v 10 12. 01 lediglich eine zu Gunsten des Schuldners getroffene Anordnung erblickt, und deshalb für die Bewilligung der Eintragung dieser Bestimmung den Sicherstellungsstempel nicht für fällig erachtet

b) Falls bei Aenderung eines durch Eintragung gesicherten Schuldverhältnisses in seinen Nebenbestimmungen nur der Kautionsstempel (bei einseitigen Erklärungen) zu verwenden ist, beträgt er, falls § 6 sich nicht anwenden läßt, 1,50 M. (unschätzbar), es sei denn, daß das ganze Kapital nicht mehr als 600 M. bez 1200 M beträgt. FM. 7 4. 98 III 3531.

8 a) Die Vorschrift, daß der Unternehmer mit seinem Guthaben und mit seinem sonstigen Vermögen hafte, ist rechtlich bedeutungslos. Wenn die Sicherheit nicht sofort bestellt wird, zur künftigen Bestellung vielmehr sich nur jemand verpflichtet, so ist kein Sicherstellungsstempel fällig FM 10 11. 97 III 14290

Noch: Zu Tarif-Nr. 59.

Deshalb ist die in einem Anstellungsvertrage abgegebene Erklärung, „daß der Anzustellende zur Sicherung des Gegenkontrahenten eine Kaution von 3000 M. in einer noch zu zedierenden Police bestelle", erst ein pactum de cavendo. Dagegen ist die Uebernahme des del credere seitens des Versicherungsgeneralagenten für seine Unteragenten gegenüber der Gesellschaft eine Sicherstellung. LG. Berlin I 23. 1. 00.

b) In Fällen der Bestellung eines Faustpfandes an Gattungssachen kann der Sicherstellungsstempel nur dann verlangt werden, wenn die in der Urkunde abgegebene Erklärung die bereits erfolgte oder gleichzeitig erfolgende Uebergabe der ihrem Gegenstande nach zu bezeichnenden Sicherheit (Bargeld, Art der einzelnen Wertpapiere 2c.) klar erkennen läßt. Entsch. der Kgl. Ober-Rechnungskammer v. 20. 3. 02.

c) Bei Eigentumsübertragung zum Zweck der Sicherung einer Forderung ist Vertragsgegenstand das Eigentum an Sachen, Inhalt des Vertrages die Uebertragung des Eigentums, verbunden mit der Abrede des Rückfalls oder der Rückübertragung. Pos. 59 bleibt demnach auch dann unanwendbar, wenn die Entgeltlichkeit der Veräußerung nicht festgestellt werden kann; es würde dann Pos. 71[2] zutreffen. RG. 2. 1. 00, JW. S. 162.

9. a) Für die Frage, ob ein Anschreiben, mit dem ein Wechsel als Generalkaution überreicht ist, den Sicherstellungsstempel erfordert oder nicht, kommt es darauf an, ob der Wechsel selbst als Kautionsinstrument anzusehen ist oder nicht. Wenn das Akzept aus Gefälligkeit gegeben und durch den Wechsel Bürgschaft geleistet wird, so ist dieser als Kautionsinstrument selbst anzusehen und ist das Ueberreichungsschreiben stempelfrei.

b) Die in von der Eisenbahnverwaltung abgeschlossenen Arbeitsverträgen enthaltene Vereinbarung, wonach die von den Unternehmern hinterlegte Generalkaution auch für die Sicherstellung der durch die Verträge eingegangenen Verbindlichkeiten haften soll, erfordert den Sicherstellungsstempel nicht, sofern die über die Bestellung der Generalkaution ausgestellte Urkunde vorschriftsmäßig versteuert ist, weil auf Grund der erwähnten Abrede nicht ein neuer Gegenstand als Pfand übertragen, sondern nur festgesetzt wird, in welcher Höhe die Generalkaution haften soll. FM. 2. 11. 01 III 13258.

c) Der Sicherstellungsstempel ist ferner nicht fällig:

α) für die in den Fällen der Sicherstellung gestundeter Zoll- und Steuerbeträge durch Teilbürgschaften von den Teilbürgen auszustellenden Reverse. FM. 13. 1. 97 III 6494. — Vgl. A. 5 b bei § 4.

β) für die im Versteigerungstermin übernommene Bürgschaft für das Meistgebot. Joh. Bd. 28 S. B 22.

γ) für die Uebernahme der Gewähr seitens des Zedenten für die Sicherheit. FM. 29. 10. 95 III 15373.

10. a) Die für eine Mehrzahl von Arbeitern ausgestellten Bürgschaften, wie solche in den östlichen Provinzen von Landwirten

Noch: Zu Tarif-Nr. 59.
den Behörden gegenüber für ihre Arbeiter übernommen zu werden pflegen, erfordern nur einmal den Stempel mit 1 M. 50 Pf. 19. KS. S. 10 KB S. 79.

b) Wenn mehrere Personen sich in einem Akt solidarisch für dieselbe Schuld verbürgen, ist der Stempel nur einmal fällig. — FM. 10. 8. 85 III 10286 —, gibt dagegen jemand in einer Urkunde zwei voneinander unabhängige Bürgschaften für verschiedene Hauptschuldner ab, so ist der zweimalige Stempel zu erfordern. FM 3. 9 71 III 11996. HSp S. 153.

c) In einer Urkunde hatte der Aussteller Bürgschaft übernommen bis zum laufenden Betrage von 10000 M. und sich verpflichtet, falls der Entleiher seine Verbindlichkeiten nicht erfüllen sollte, die Schuld desselben bis zur Höhe von 10 000 M nebst bedungenen Zinsen, Verzugszinsen und Kosten zu erstatten: Das Reichsgericht hat im Urteil vom 21. 3. 02, Entsch. Bd. 51 S. 123 einen Stempel von 5 M. für gerechtfertigt gehalten; indem es — unter Abstandnahme von seiner Ansicht im Urteil vom 25. 5 00, Entsch Bd 46 S 272 — die Zinsen für einen zukünftigen in der Urkunde nicht begrenzten Zeitraum in die Berechnung der Stempelabgabe mit hineinzieht. Der Betrag der Zinsen ist nach § 6 Abs. 12 zu berechnen. Inwieweit auch die mitverbürgten Kosten zu berücksichtigen wären, ist unentschieden gelassen — Vgl. A. 32a bei Tarif 73.

II. a) Für Anwendung des Absatzes 2 ist derjenige Betrag des Stempels maßgebend, welcher im Fall der Beurkundung des sicher zu stellenden Rechts zur Erhebung gelangen würde. FM. 17. 2. 98 III 886. FM 16. 10. 97 Nr. 5165.

Dieser Satz ist dahin aufzufassen, daß, wenn das sicher zu stellende Recht überall nicht, oder nicht in stempelpflichtiger Form (z. B. nicht in Vertragsform, sondern in Form einer nicht stempelpflichtigen einseitigen Urkunde) beurkundet wird, der Sicherstellungsstempel niemals denjenigen Stempel übersteigen darf, der zu einer in stempelpflichtiger Form vorgenommenen Beurkundung des sicher zu stellenden Rechts zu erlegen gewesen wäre. FM. 20 2. 02 III 2085 u 31 5. 02 III 4966. Für die Forderung des Bürgschaftsstempels macht es hiernach keinen Unterschied, ob die zu grunde liegenden Kreditgeschäfte gemeinschaftlich vom Kreditnehmer und Kreditgeber in der Form zweiseitiger Verträge oder ob sie nur einseitig vom Kreditgeber in der Form von Kreditversprechen oder vom Kreditnehmer in der Form von Kreditanträgen beurkundet sind oder ob eine Verlautbarung des Kreditgeschäfts überhaupt nicht stattgefunden hat Vgl. A 15b bei § 25.

b) Die Beurkundung der Sicherstellung von Rechten aus Kreditverträgen erfordert nach Tarif 59 Abs. 2 einen Stempel von höchstens 1½ M. — vgl. RG. v. 27 10. 98, Entsch. Bd. 42 S 267 —, da Kreditverträge selbst nur dem allgemeinen Vertragsstempel unterliegen.

Noch: Zu Tarif-Nr. 59.

c) Die Beurkundung der Sicherstellung aus einseitigen Kreditversprechen, die stempelfrei sind (Verpfändungserklärungen, Bürgschaften usw.), unterliegen dem Sicherstellungsstempel wie Kreditverträge. Denn die Vorschrift in Abs. 2 ist dahin aufzufassen, daß die Höhe des Sicherungsstempels von der Höhe des Stempels für das zu grunde liegende Rechtsgeschäft nur unter der Voraussetzung abhängig ist, daß dieses Rechtsgeschäft in an sich stempelpflichtiger Form beurkundet ist. (Siehe oben Ziff. 11a.) FM. 20. 5. 01 III 4037, ZBl. S. 160 und FM. 31. 5. 02 III 4966.

d) Verpfändungserklärungen folgenden Inhalts:

> der Vorschußverein zu .... E. G. m. u. H. ist mit mir in Geschäftsverbindung getreten und hat es übernommen, mir Vorschüsse gegen Wechsel zu gewähren. Zur Sicherheit verpfände dem genannten Verein....
>
> Datum Unterschrift

unterliegen dem Sicherstellungsstempel und erfordern, da die Hauptverbindlichkeit im Falle ihrer Beurkundung den allgemeinen Vertragsstempel von $1^1/_2$ M. erfordern würde, einen Sicherungsstempel in gleicher Höhe. Lassen die Verpfändungserklärungen erkennen, daß die zu gewährenden Vorschüsse den Höchstbetrag von 1200 M. oder 600 M. nicht übersteigen, so bedarf es auch nur eines Sicherungsstempels von 1 M. oder 50 Pf. FM. 20 5. 01 III 4037, ZBl. S. 160.

e) Die nach vorhandenem Formular (A Nr. 152) bei der Lombardierung des unter Mitverschluß der Steuerbehörde lagernden Branntweins ausgestellten Urkunden erfordern sowohl den Zeugnisstempel von 1 M. 50 Pf. (FM. 26. 2. 97 III 2475), wie den Sicherstellungsstempel in gleichem Betrage. FM. 14. 12. 05 III 14136. Das sichergestellte Recht bildet hier das Abkommen über das Lombarddarlehn, dessen Beurkundung nach Tarifst. 71 dem allgemeinen Vertragsstempel unterworfen sein würde. Daß in Wirklichkeit zu diesen Darlehnsverträgen gemäß § 1 Abs. 3 LStG. ein Stempel nicht erhoben wird, hat nicht die Befreiung vom Sicherstellungsstempel zur Folge, denn bei Anwendung des Abs. 2 der Tarifstelle 59 kommt es auf denjenigen Stempel an, der zu verwenden gewesen sein würde, wenn die Beurkundung in an sich stempelpflichtiger Form erfolgt wäre. Die Sicherstellung ist daher nicht stempelfrei, wenn, wie hier, die Beurkundung des Hauptgeschäfts nur wegen der Form, in der es im gegebenen Falle abgeschlossen ist, einem Stempel nicht unterliegt; für die Stempelpflichtigkeit genügt es vielmehr, wenn das Hauptgeschäft, falls darüber eine förmliche Urkunde errichtet wäre, einer bestimmten Tarifstelle unterworfen gewesen sein würde. FM. 20. 5. 01, ZBl. S. 160.

f) Da in den bei der Reichsbank üblichen Verpfändungserklärungen die Sicherstellung auf Wechselforderungen beschränkt ist, und da eine Beurkundung der sichergestellten Wechselforderungen in der Form einer nach Tarif 58 stempelpflichtigen Schuldverschreibung nach der Geschäftsübung der Reichsbank

Noch: Zu Tarif-Nr. 59.

nicht in Frage kommt, unterliegen Verpfändungserklärungen dieses beschränkten Inhalts auch bei einem 10 000 M. übersteigenden Werte nur dem Sicherstellungsstempel von 1 M. 50 Pf. FM. 28. 8. 05 III 11030.

12. Falls eine Schuldverschreibung einen Stempel von nur 20 Pf. erfordert, ist die darauf bezügliche Bürgschaftserklärung auch nicht höher zu stempeln.

13. Die Stempelpflicht der Bürgschaft der Eltern unter dem Schuldanerkenntnis der Studierenden richtet sich nach der Stempelpflichtigkeit der Schuldverschreibungen. — Vgl. A. 7 bei Tarif 58.

14. a) Kautionsbestellungen in stempelfreien Kauf- und Lieferungsverträgen sind nach Abs. 2 dieser Tarifstelle stempelfrei. FM. 13. 10. 96 III 14224. — Vgl. auch A. 14e zu Tarif 71. — Ebenso Beurkundung der Bürgschaft für ein Lombarddarlehn. FM. 5. 3. 97.

b) Zu trockenen Wechseln, in denen der Aussteller zur Sicherung des Wechselgläubigers eine Urkunde verpfändet, ist ein weiterer Stempel als der Wechselstempel nicht fällig. FM. 7. 10. 98 III 13856. Ebenso sind Verpfändungserklärungen in unvollständigen aber versteuerten Wechseln nicht mit dem Landesstempel zu belegen. FM. 28. 5. 97 III 2797. Erklären aber die Wechselbürgen auf trockenen Wechseln noch über die Wechselverjährungsfrist hinaus auch im Fall der Prolongation haften zu wollen, so würde der Sicherstellungsstempel fällig sein, wenn nicht Abs. 2 der Tarifstelle entgegenstände. FM. 4. 10. 97 III 12488.

15. Unschätzbarkeit liegt u. a. dann vor, wenn es sich um Sicherstellung künftiger Forderungen handelt. FM. 25. 9. 97 III 12905.

16. Urkunden, in denen für einen Beamten durch Dritte Dienstkaution gestellt wird, sind stempelfrei. Diese Befreiungsvorschrift hat seit Erlaß des Reichsges. v. 20. 2. 98 und des Preuß. Ges. v. 7. 3. 98 viel an Bedeutung verloren.

17. a) Diese Befreiungsvorschrift bezieht sich nur auf Erklärungen, die im Falle des Nichtbestehens der Befreiungsvorschrift dem Stempel aus der Tarifstelle 59 unterliegen würden; sie kann sich dagegen nicht auf Rechtsgeschäfte erstrecken, die einem besonderen Stempel unterliegen, mögen sie auch dem Zwecke der Sicherstellung dienen. Daher sind z. B. in Schuldverschreibungen beurkundete Abtretungen, auch wenn sie zwecks Sicherstellung der Schuldverpflichtungen erfolgen, dem Zessionsstempel unterworfen. Denn Sicherstellungen durch Zession sind eben mehr als bloße Sicherstellungen, und Abtretungen fallen unter eine besondere Tarifstelle. Die Befreiungsvorschrift der Tarifstelle 59 kann aber nur eine Befreiung aus dieser Tarifstelle im Auge haben. RG. 10. 1. 99. FM. 28. 9. 05 III 12569 und 5. 12. 05 III 15566.

b) Abgesehen von der Befreiungsvorschrift b ist jede andere Sicherstellung, auch wenn sie nur einen Bestandteil des gleichzeitig beurkundeten Hauptgeschäfts bildet, in stempelsteuerlicher Hinsicht als selbständiges Geschäft anzusehen. RG. 18. 4. 98, Hz. S. 584.

Lfd. Nr.	Gegenstand der Besteuerung.	Steuersatz v. H.	M.	Pf	Berechnung der Stempelabgabe.
60.	[1] **Standeserhöhungen und Gnadenerweise, landesherrliche.**				
a 1	a) Standeserhöhungen				
	für die Verleihung der Herzogswürde .	—	5000	—	
	„ „ „ „ Fürstenwürde .	—	3000	—	
	„ „ „ „ Grafenwürde .	—	1800	—	
	„ „ „ „ Freiherrnwürde	—	1200	—	
	„ „ „ des Adels	—	600	—	
2	Wenn in obigen Verleihungen mehrere Seitenverwandte mit aufgenommen werden, so wird für jeden Seitenverwandten die volle Taxe besonders erhoben. *D. V. 52.*				
3	Die vorstehend festgesetzten Beträge werden auch erhoben, wenn eine Standes=				

Noch: Zu Tarif-Nr. 59.

18. Wenn zur Ergänzung einer die Eintragung des Schuldbetrages auf das Grundstück des **Schuldners** bereits bewilligenden Schuldurkunde in einer besondern Verhandlung vom Schuldner noch erklärt wird, daß er für das erhaltene Darlehn mit seinem Grundstück Hypothek bestelle, so ist zu dieser Verhandlung nicht der Sicherstellungsstempel noch besonders neben dem zur Schuldurkunde verwendeten Schuldverschreibungsstempel fällig.

19. Wenn für den Kaufgelderrest mit einem andern Grundstück als dem Kaufgegenstand Hypothek bestellt wird, so trifft Tarifstelle 59 zu. FM. 21. 12. 99 III 15690 und 1. 8. 01 III 9338.

20. Jetzt — nach Art. 89 Ziff. 30 AG. BGB. und Art. 4 EG. BGB. — § 1844 BGB., welcher lautet:

Das Vormundschaftsgericht kann aus besonderen Gründen den Vormund anhalten, für das seiner Verwaltung unterliegende Vermögen Sicherheit zu leisten. Die Art und den Umfang der Sicherheitsleistung bestimmt das Vormundschaftsgericht nach seinem Ermessen. Das Vormundschaftsgericht kann, so lange das Amt des Vormundes dauert, jederzeit die Erhöhung, Minderung oder Aufhebung der Sicherheit anordnen.

Bei der Bestellung, Aenderung oder Aufhebung der Sicherheit wird die Mitwirkung des Mündels durch die Anordnung des Vormundschaftsgerichts ersetzt.

Die Kosten der Sicherheitsleistung sowie der Aenderung oder der Aufhebung fallen dem Mündel zur Last.

	Lfd. Nr.	Gegenstand der Besteuerung.	Steuersatz v. H.	Steuersatz M.	Steuersatz Pf.	Berechnung der Stempelabgabe.
	Noch 60.	erhöhung aus Anlaß oder bei Gelegenheit einer Adoption oder Legitimation stattfindet.				
4		Für Anerkennung und Bestätigung einer von einem auswärtigen Fürsten verliehenen Standeserhöhung eines Inländers werden die obigen Sätze erhoben.				
5		Für die Verleihung des preußischen Adels an einen ausländischen Adligen kommt die Hälfte des für die Verleihung der betreffenden Adelsstufe vorgeschriebenen Stempels in Ansatz				
6		Für sonstige nachträgliche Aenderungen oder Ergänzungen der bezüglich einer Standeserhöhung getroffenen Bestimmungen wird, sofern keine anderen Vorschriften Anwendung finden, ein Fünftel des Steuersatzes für die betreffende Standeserhöhung in Ansatz gebracht;				
b		b) Wappenvermehrungen und Wappenänderungen ein Achtel der Sätze zu a				
		Erfolgt die Wappenvermehrung und Wappenänderung in Verbindung mit einer Standeserhöhung, so kommt außerdem der für letztere vorgesehene Stempelbetrag zur Erhebung;[2]				
c		c) Erhebung eines Inbegriffs von Gütern zu einer Standesherrschaft, einem Herzogthum oder Fürstenthum .	—	6000	—	
d		d) Verleihung des Patents für einen Kammerjunker	—	400	—	
		" " Kammerherrn	—	1200	—	
		sofern letzterer vorher Kammerjunker war	—	800	—	
e		e) für die Verleihung von Titeln an Privatpersonen[3] [4]	—	300	—	

Zu Tarif-Nr. 60.

1. Das Recht der Krone, den Stempelbetrag im Wege der Gnade zu erlassen, bleibt unberührt. KB. S. 79, AH. S. 2486, 2490.

2. Bei gleichzeitiger Namensänderung, Verleihung des Adels und Wappenänderung wird nur der Stempel für Standeserhöhung und Wappenänderung zu erheben sein. 14 KS. S. 2

Lfd. Nr.	Gegenstand der Besteuerung.	Steuersatz v. H.	M.	Pf.	Berechnung der Stempelabgabe.
61.	**Statuten von Gesellschaften, Vereinen u.s.w.,** s. Gesellschaftsverträge, Buchstabe e.				
62.	**Strafbescheide**[1] der Finanzbehörden, sofern die Strafe einschließlich des Werthes der eingezogenen Gegenstände 15 Mark übersteigt	—	1	50	
63.	**Tauschverträge,** s. Kaufverträge.				
64.	**Taxen von Grundstücken,**[1] insofern sie wegen eines Privatinteresses unter Aufsicht einer öffentlichen Behörde[2] aufgenommen werden . . . . *Allg. V. § 2 a.*	—	1	50	

Noch: Zu Tarif-Nr. 60.

3. a) Der Titel Oekonomierat ist dem Landwirt, also der Privatperson, verliehen, wenn auch bei der der Verleihung voraufgegangenen Darlegung der persönlichen Verhältnisse von dem mit dem Titel Ausgezeichneten als Amtsvorsteher die Rede gewesen ist. FM. 14. 10. 99 III 12899.

b) Mit Rücksicht darauf, daß auch die nicht beamteten Aerzte nicht mehr als Privatpersonen i. S. des LStG. anzusehen sind, vielmehr anzunehmen ist, daß sie auf dem Gebiete der Gesundheitspflege, wie die Rechtsanwälte auf dem der Rechtspflege, eine eigenartige Stellung öffentlich rechtlichen Charakters bekleiden, ist bei der Verleihung des Titels „Sanitätsrat“ und „Geh. Sanitätsrat“ an nicht beamtete Aerzte von der Einziehung des Stempels dieser Tarifstelle abzusehen. FM. 7. 9. 01 III 11238, ZBl. S. 219. — Vgl. A. 1 bei § 12.

4. Vgl. A. 19 f bei § 25 d. G.

Zu Tarif-Nr. 62.

1. Vgl. Nr. 44 der AusfB. zum VStrG. v. 26. 7. 97 und §§ 21 Abs. 1 und 47 Abs. 2 dieses letzteren Ges. für Stempel zu Straf- und Beschwerdebescheiden. — Auch A. 14 bei Bek. 15 A II. 2.

Zu Tarif-Nr. 64.

1. Vgl. AG. BGB. Art. 73. — Art. 110 PrFG.

2. Die zwecks Beleihung von Grundstücken durch die Kreissparkasse von Gemeindevorständen und 2 Schöffen aufgenommenen Taxen sind stempelpflichtig, da sie unter Aufsicht einer öffentlichen Behörde aufgestellt sind. Ob sich die Tätigkeit der Behörden dabei auf eine bloße Beaufsichtigung bei Aufnahme der Taxen beschränkt hat oder ob von denselben die Taxen selbst aufgenommen sind, ist belanglos. FM. 26. 1. 92 III 756.

Lfd. Nr.	Gegenstand der Besteuerung.	Steuersatz v. H.	M.	Pf.	Berechnung der Stempelabgabe.
65.	**Testamente**, s. Verfügungen von Todeswegen				
66.	[1] **Verfügungen von Todeswegen** aller Art,[2—10] auch in Form von Verträgen *Bek. 15. B a. — Allg. V. § 2 c.*	—	1	50	

Zu Tarif-Nr. 66.

1. Vgl §§ 1937 ff., 2232—2246, 2249, 2250, 2265 ff., 2346 ff BGB — Art. 44 EG BGB. — § 176 FG. — Art. 54 PrFG. — auch A. 10 bei Bek. 15 A II

2. a) Ein eigenhändiges Testament ist auch dann rechtsgültig, wenn die Angabe des Orts und Tages der Unterschrift räumlich nachfolgt; es genügt, wenn das Datum je nach der Beschaffenheit des Falles zwar nicht mitunterschrieben, aber doch mit der unterschriebenen letztwilligen Erklärung in einen derartigen räumlichen Zusammenhang gebracht ist, daß seine Bedeutung als Datum der unterschriebenen Erklärung daraus ersichtlich wird. RG. 13. 10. 02, Entsch. Bd. 52 S 277. Auch RG. 3. 3 02, JW. S 232.

Die Zeitangabe „Ende August“ genügt nach einer Entsch. des KG. nicht. — Vgl. auch JW. S. 232 von 1902.

b) Ueber den Umfang der Ungültigkeit eines eigenhändigen Testaments, wenn ein Teil desselben nicht vom Testator geschrieben ist (§§ 2235 Nr. 2, 2085 BGB.), vgl. RG. 5. 3. 06, JW. S. 229.

3. Bei einem in gemeinschaftlicher Form errichteten gemeinschaftlichen Testament wird von seiten des Ehegatten, welcher das Testament nicht ganz niederschreibt, dem Erfordernis der Unterzeichnung nicht dadurch genugt, daß er seinen Namen in den Text der eigenhändig geschriebenen Beitrittserklärung aufnimmt. (BGB. § 2267.) KG. 23. 6. 02, Joh. Bd. 24 S. A 180 Die Beitrittserklärung lautete:

Ich, Anna C. geb. H. erkläre, daß obiges Testament auch das meinige ist.

G, d 27. 6. 01.

4. Ein gerichtliches, notarielles oder Dorf-Testament wird nicht dadurch nichtig, daß die erfolgte Vorlesung, Genehmigung und Vollziehung durch die Worte: „vorgelesen, genehmigt, unterschrieben“ oder die Abkürzungen „v. g. u.“ beurkundet ist, sofern diese Formeln nach den Umständen des Falles keine Zweifel darüber lassen, daß die Vorlesung, Genehmigung und eigenhändige Unterzeichnung wirklich erfolgt ist. KG. 17. 11. 02, Joh. Bd. 25 S. A 53.

5. a) Wird ein Testament vor dem Notar durch Uebergabe einer Schrift errichtet — §§ 2232, 2238, 2240 BGB. —, so ist das aufzunehmende Protokoll ein Bestandteil der Testamentsurkunde und unterliegt deshalb nicht noch dem besonderen Feststempel für notarielle Urkunden aus Tarifstelle 45 Joh. Bd. 23 S B 19. Die N.'schen

Noch: Zu Tarif-Nr. 66.

Eheleute errichteten vor dem Notar A. ihr gemeinschaftliches Testament, in dem sie dem Notar eine verschlossene Schrift mit der Erklärung übergaben, daß diese ihren letzten Willen enthalte. Der Notar nahm über die Errichtung des Testaments ein Protokoll auf, daß er mit der Schrift in einem Umschlage verschloß und in die Verwahrung des Gerichts brachte: Außer 3 M. Testamentsstempel ist der Notariatsurkundenstempel nicht fällig.

b) Über die Verwendung des Stempels zu den von Notaren aufgenommenen Testamenten s. FM. 17. 10. 01 III 11129 bei Bek. 15 A. II Abs. 1.

6. Werden gemäß § 2231 Ziffer 2 BGB. errichtete privatschriftliche Testamente, die nicht in amtliche Verwahrung gegeben und nicht versteuert sind, nach dem Tode des Errichters unversteuert gemäß § 2259 BGB. dem Gericht überliefert, so kann die Erhebung des Stempels als Gerichtsgebühr erfolgen. Schr. des Präs. des KG. v. 3. 10. 03, Gen. I T. 7. Der Ueberreicher wäre als Inhaber i. S. des § 16 Abs. 2 LStG. nicht zu erachten, weil er mit der Ueberreichung nur einer Pflicht genügt, selbst wenn er zu den im Testament Bedachten oder sonst zu den Erben des Errichters gehört. Dies wird auch bei der Uebergabe eines gemeinschaftlichen Testaments seitens des überlebenden Ehegatten in Ansehung der letztwilligen Verfügung des Erstverstorbenen gelten. — Vgl. A. 9d bei § 16.

7. Die zur Aufnahme von Nottestamenten bestellten besonderen Urkundspersonen — JMBl. 04 S. 90 — können den Testamentsstempel verwenden; sie können hiervon absehen, falls das Testament innerhalb 2 Wochen dem Amtsgericht eingereicht wird. Enthält das Nottestament eine Fideikommiß- oder Familienstiftung, so hat die Urkundsperson für die Verwendung des Stempels nicht zu sorgen.

8. Testamente sind stempelpflichtig, auch wenn in ihnen das Objekt auf nicht über 150 M. angegeben ist, es sei denn, daß das Testament sich nur auf bestimmte Vermögensstücke bezieht, deren Wert 150 M. nicht übersteigt, und daß dies aus dem Testament hervorgeht. — Vgl. auch obigen Erl. v. 23. 6. 00 § 25 Abs. 1 und Erl. v. 15. 3. 04 (unten A. 9) § 26.

9. Das nach den Vorschriften des BGB. errichtete gemeinschaftliche Testament von Eheleuten ist kein individuell bestimmtes und einheitliches Rechtsgeschäft i. S. des § 10 LStG., auch dann nicht, wenn es als korrespektives — § 2270 BGB. — anzusehen ist; es erfordert deshalb den Stempel der Tarifstelle 65/66 doppelt. KG. 25. 3. 01, Joh. Bd. 22 S. B 18. Ebenso KG. 14. 1. 02, ZBl. S. 67, JMBl. S. 79, Entsch. Bd. 50 S. 308.

Auch wenn getrennte Erklärungen der testierenden Eheleute nicht vorliegen, wie sie z. B. in § 2267 BGB. vorgesehen sind, ist doch der Auffassung Folge zu geben, daß bei gemeinschaftlichen Testamenten durchweg, auch wenn sie gerichtlich errichtet oder dem Gericht zur Aufbewahrung übergeben sind, der Testamentsstempel doppelt anzusetzen ist.

	Lfd Nr	Gegenstand der Besteuerung.	Steuersatz v H	M.	Pf.	Berechnung der Stempelabgabe
1	67.	[1]**Vergleiche**[2–4, 6]	—	1	50	
2		Ist jedoch durch den Vergleich ein unter den Parteien bisher nicht in stempelpflichtiger Form zu Stande gekommenes Rechtsgeschäft anerkannt oder im Wesentlichen aufrecht erhalten oder ein anderweites Rechtsgeschäft neu begründet worden,[5] so ist zu dem Vergleiche, wenn diese Geschäfte nach dem gegenwärtigen Tarif einem höheren als dem für Vergleiche verordneten Stempel unterworfen sind, dieser höhere Stempel zu verwenden.				
3		[7]Befreit sind die von Schiedsmännern und Gewerbegerichten aufgenommenen Vergleiche, sofern nicht die Voraussetzungen des vorhergehenden Absatzes Anwendung finden.				

Noch: Zu Tarif-Nr. 66.

Auch nach dem Erl v. 23. 6. 00 § 25 Abs. 1, enthaltend die Anweisung betreffend die Errichtung von Testamenten vor dem Gemeinde- oder Gutsvorsteher — Anlage zu Nr. 32 des JMBl. von 1900 und § 26 der Anw. für die zur Aufnahme von Nottestamenten bestellten besonderen Urkundspersonen v. 15. 3. 04, JMBl. S. 90 —, unterliegen gemeinschaftliche Testamente von Ehegatten dem doppelten Stempel.

10. Ist ein Testament vor dem Inkrafttreten des BGB. errichtet, so ist hinsichtlich der Rechtswirkungen für die Erben ausschließlich das BGB maßgebend, wenn der Erblasser nach dem 1 1. 00 gestorben ist Sind daher die Erblasser eines vor dem 1. 1. 00 errichteten gemeinschaftlichen Testaments nach diesem Zeitpunkt gestorben, so ist der wirkliche Wille der Erblasser unter Anwendung des § 133 und der sonstigen Auslegungsregeln des. BGB. zu erforschen. Kann der Wille der Erblasser auf diese Weise nicht festgestellt werden, so ist die besondere Auslegungsregel des § 2269 das. anzuwenden, wonach im Zweifel die Vermutung Platz greifen soll, daß der Dritte für den gesamten Nachlaß als Erbe des zuletzt verstorbenen Ehegatten eingesetzt sei Die ebenfalls nur im Zweifel geltende Vorschrift des § 28 PrEStG. ist alsdann nicht anwendbar. RG. 14. 10. 04, JBl. S. 18 von 1905, Entsch. Bd 59 S. 80

Zu Tarif-Nr. 67.

1. Vgl § 779 BGB.

2. Verpflichtet sich ein schuldiger geschiedener Ehemann seiner geschiedenen Ehefrau gegenüber zur Zahlung einer jährlichen Rente auf Lebenszeit der Ehefrau und zur weiteren Zahlung eines Kapitals an ihre demnächstigen Erben, während die Ehefrau dagegen auf gesetz-

Lfd. Nr.	Gegenstand der Besteuerung.	Steuersatz v. H.	M.	Pf.	Berechnung der Stempelabgabe.
68.	**Verleihungen des Bergwerkseigenthums,** Urkunden darüber (§§. 22ff. des Allgemeinen Berggesetzes für die Preußischen Staaten vom 24. Juni 1865 — Gesetz-Samml. S. 705 —)*	—	50	—	

Noch: Zu Tarif-Nr. 67.

liche Abfindung verzichtet, so ist nur der Vergleichsstempel fällig. RG. 10. 2. 98, ZBl. S. 178, JW. S. 212. — Vgl. A. 7 zu Tarif 36.

3. Anerkennung der Vaterschaft und Uebernahme der Verpflichtung zur Zahlung von Alimenten in Form eines Vertrages ist Vergleich, bei einseitiger Erklärung aber Schuldverschreibung. FM. 15. 6. 99, ZBl. S. 144. — Vgl. A. 8b bei Tarif 58.

4. A. erkennt den von B. erhobenen Anspruch auf Rückgängigmachung des früher zwischen ihnen abgeschlossenen Kaufvertrages zur Vermeidung eines Prozesses an, wogegen B. auf Ersatz von Unkosten verzichtet: Der Vergleichsstempel ist fällig, trotzdem nicht glaubhaft gemacht ist, daß der im Vergleich als Grund der Rückgängigmachung angegebene Wandelungsanspruch tatsächlich bestanden hat. FM. 20. 6. 99 III 7982. — Vgl. auch RG. 26. 3. 00, Hz. S. 602 über das Zustandekommen eines Vergleichs, wenn die Rechtsfolgen festgesetzt werden, die sich aus der Wandelung ergeben. — Vgl. A. 17b bei Tarif 32.

5. Wenn der Verkäufer eines Grundstücks, nach Ausführung eines Baues für den Käufer wegen vertragswidriger Bauausführung auf Schadensersatz belangt, mit dem Käufer einen Vergleich dahin schließt, daß er das Grundstück unter bestimmten Bedingungen zurückzunehmen sich verpflichtet, so liegt Kauf, nicht Vergleich, vor. RG. 31. 1. 98, Hz. S. 603.

6. Von Prozeßbevollmächtigten bezw. den Parteien unterschriebene, dem Gericht eingereichte Anzeigen in Zivilprozeßsachen über die Beilegung des Rechtsstreites sind stempelfrei. Es kann darin weder die Beurkundung eines Vergleiches noch eines sonstigen Vertrages erblickt werden. FM. 8. 3. 05 III 2868.

7. a) Vgl. §§ 25—27 und 33 ff. SchiedsmO. v. 29. 3. 79, sowie Gesetz betreffend die Gewerbegerichte v. 29. 7. 90.

b) In die Tarifstelle sind die Grundsätze aufgenommen, die dem Rechtszustande bei der Vorlegung des Entwurfs entsprachen, insbesondere auch die Grundsätze des § 40 der Schiedsmannsordnung vom 29. 3. 79. Es hat also den schiedsmännischen Vergleichen keine weitere Stempelbefreiung eingeräumt werden sollen, als sie schon nach der Schiedsmannsordnung bestand.

---

* Die betreffenden Bestimmungen des BergGes. lauten:

§ 22. Die den gesetzlichen Erfordernissen entsprechende Muthung

Lfd. Nr.	Gegenstand der Besteuerung.	Steuersatz v. H.	M.	Pf.	Berechnung der Stempelabgabe.
69.	**Verpflichtungsscheine**, kaufmännische, s Schuldverschreibungen, II.				
70.	[1]**Versicherungsverträge**,[2] auch in der Form von Policen[3–8] und deren Verlängerungen,[9] wenn sie betreffen:				

begründet einen Anspruch auf Verleihung des Bergwerkseigenthums in dem im § 27 bestimmten Felde.

§ 26. Das Bergwerkseigenthum wird für Felder verliehen, welche, soweit die Oertlichkeit es gestattet, von geraden Linien an der Oberfläche und von senkrechten Ebenen in die ewige Teufe begrenzt werden.

Der Flächeninhalt der Felder ist nach der horizontalen Projektion in Quadratlachtern festzustellen.

§ 30. Liegen Einsprüche und Kollisionen mit den Rechten Dritter nicht vor und findet sich auch sonst gegen die Anträge des Muthers gesetzlich nichts zu erinnern, so fertigt das Oberbergamt ohne Weiteres die Verleihungsurkunde aus.

§ 31. Liegen Einsprüche oder Kollisionen mit den Rechten Dritter vor, oder kann aus anderen gesetzlichen Gründen den Anträgen des Muthers gar nicht oder nicht in ihrem ganzen Umfange entsprochen werden, so entscheidet das Oberbergamt über die Ertheilung oder Versagung der Verleihung durch einen Beschluss, welcher dem Muther und den betheiligten Dritten in Ausfertigung zugestellt wird.

Einsprüche und Ansprüche, welche durch den Beschluss des Oberbergamts abgewiesen werden, müssen, insofern wegen derselben der Rechtsweg zulässig ist, binnen drei Monaten, vom Ablaufe des Tages, an welchem der Beschluss beziehungsweise der Rekursbescheid (§ 191) zugestellt ist, durch gerichtliche Klage verfolgt werden.

Wer von dieser Frist keinen Gebrauch macht, ist seines etwaigen Rechts verlustig.

Die in dem Verleihungsverfahren durch unbegründete Einsprüche entstehenden Kosten hat der Widersprechende zu tragen.

§ 32. Sind die der Verleihung entgegenstehenden Hindernisse (§ 31) durch die Entscheidung der Bergbehörde oder durch Richterspruch beseitigt, so fertigt das Oberbergamt die Verleihungsurkunde aus.

§ 33. Bei Ausfertigung der Verleihungsurkunde werden die beiden Exemplare des Situationsrisses (§ 17) von dem Oberbergamte beglaubigt, erforderlichen Falls aber vorher berichtigt und vervollständigt.

Das eine Exemplar des Risses erhält der Bergwerkseigenthümer, das andere wird bei der Bergbehörde aufbewahrt.

Lfd. Nr.	Gegenstand der Besteuerung.	Steuersatz v. H.	M.	Pf.	Berechnung der Stempelabgabe.
Noch 70.	a 1 a) [10]Lebens- und Rentenversicherungen einschließlich der Versicherungen auf den Lebensfall (Altersversorgung, Aussteuer, Militärdienst und dergl.) . . . . *Bek. 15. B. a.* 2 Bei Rentenversicherungen wird der Kaufpreis und in Ermangelung eines solchen der zehnfache Betrag der Rente als Versicherungssumme angesehen.[11] 3 Werden bei Versicherungen gleicher Art von demselben Versicherer mehrere Urkunden für dieselbe Person ausgestellt, so berechnet sich die Stempelabgabe nach dem Gesammtbetrage der versicherten Summe. 4 Befreit sind Versicherungen, bei welchen die versicherte Summe den Betrag von 3000 Mark nicht übersteigt;	1/20	—	—	der versicherten Summe in Abstufungen von 10 Pf. für je 200 Mark oder einen Bruchtheil dieses Betrages;[10]
	b 1 b) [10]Unfall und Haftpflichtversicherungen 2 [12]Befreit sind Versicherungen, bei denen die verabredeten Jahresprämien den Betrag von 40 Mark nicht übersteigen;	1/2	—	—	des Gesammtbetrages der verabredeten Prämien[13] in Abstufungen von 10 Pf. für je 20 Mark oder einen Bruchtheil dieses Betrages;[10, 14]
	c 1 c) Versicherungen gegen andere Gefahren[13] (Feuer-, Hagel-, Viehversicherungen u.s.w.) für jedes Jahr[15] der Versicherungsdauer 2 Jeder Bruchtheil eines Versicherungsjahres kommt bei der Versteuerung als ein volles Jahr in Betracht.	1/1000	—	—	d. i. 1 Pf. von Eintausend Mark der versicherten Summe in Abstufungen von 10 Pf. für je 10000 Mark oder einen Bruchtheil dieses Betrages.[14]

	Lfd. Nr.	Gegenstand der Besteuerung.	Steuersatz v. H.	M.	Pf.	Berechnung der Stempelabgabe.
3	Noch 70.	Die den öffentlichen Feuerversicherungsanstalten reglementsmäßig zustehenden Stempelsteuerprivilegien finden Anwendung auf alle Schriftstücke, welche sich auf den Eintritt der Versicherungsnehmer in diese Anstalten oder spätere Abänderungen der Versicherungen beziehen				
4		Befreit sind: 1. Versicherungen, bei welchen die versicherte Summe den Betrag von 3 000 Mark nicht übersteigt [17] 2 Versicherungen bei den auf Gegenseitigkeit gegründeten und nicht die Erzielung von Gewinn bezweckenden Versicherungsanstalten, deren Versicherungsbeiträge durch Umlage [18] erhoben werden und deren Geschäftsbetrieb über den Umfang einer Provinz nicht hinausgeht.				
5		Befreit sind Verträge über Rückversicherungen und Transportversicherungen.[19]				

Zu Tarif-Nr. 70.

1 Vgl. Art. 75 EG BGB. — §§ 330, 1045 ff., 1127 ff. BGB — § 1934 LR. II 8

2 Nur die beurkundeten Verträge sollen von der Steuer getroffen werden. AH. S. 2356

3. a) Policen können im Sinne des Gesetzes nur von Versicherungsgesellschaften ausgestellt werden. Von einer Privatperson ausgestellte sog. Policen sind als Schuldverschreibungen anzusehen 10. KS. S. 5.

b) Police ist die einseitige schriftliche Erklärung des Versicherers, daß er das ihm vom Versicherungsnehmer angetragene Risiko für eine bestimmte Prämie übernehme. Die Stempelpflicht der Police tritt mit ihrer Vollziehung im Inlande und ihrer Inverkehrsetzung ein RG. 15. 1. 97, JW S. 122. — Vgl. unten A. 15 Ziff. II.

Deshalb sind als Schuldverschreibungen — nicht nach Tarif 70 — Kapitalversicherungsverträge (sog. Kapitalansammlungsverträge) zu versteuern, da der Versicherer bei diesen Verträgen gar keine Gefahr übernimmt, sich vielmehr nur verpflichtet, zu einer bestimmten Zeit eine bestimmte Summe an den Versicherten oder einen Dritten zu zahlen, ohne Rücksicht darauf, ob der Versicherte noch lebt. Vgl HSp. S. 1050. FM 26 10 06 III 16698.

c) Die zu besteuernde Urkunde über den Versicherungsvertrag ist in dem Falle, wenn außer dem schriftlichen Versicherungsantrage nur die ein-

Noch: Zu Tarif-Nr. 70.

seitig vom Versicherer vollzogene Police vorhanden ist, allein und ausschließlich die Police, die, wenn sie im Ausland ausgestellt ist, nicht stempelpflichtig ist. Der Versicherungsantrag ist für die Frage der Besteuerung außer Betracht zu lassen. RG. 10. 5. 01, JW. S. 469. — Vgl. A. 3d, 4b u. 5 bei § 2 und unten A. 7b.

d) Die städtische Feuersozietät zu St. hat sog. Feuerkassenscheine folgenden Inhalts ausgestellt:

Es wird hiermit bescheinigt, daß die Gebäude des zu St. belegenen dem .... gehörigen Grundstücks .... auf Grund der Taxe des ...... von zusammen .... M. bei der städtischen Feuersozietät zu St. gegen Feuerschaden versichert sind. Der Feuerkassenbeitrag beträgt nach dem Satze von .. Pf. für 300 M. und Jahr ... M. für das Halbjahr.

Der Magistrat. Feuer-Sozietäts-Deputation.

Diese Bescheinigungen unterliegen nicht dem Stempel der Tarifstelle 70, weil die Mitgliedschaft zur Feuersozietät ohne weiteres durch Erbauung oder Erwerb eines Hauses kraft Gesetzes begründet wird, und die Tarifstelle nur Urkunden über solche Versicherungsverhältnisse zum Gegenstand hat, welche durch Vereinbarung der Beteiligten begründet sind, mag das Schriftstück in einer von beiden Teilen vollzogenen Vertragsurkunde oder in einer von dem Versicherer über die Vereinbarung in der Form der Police einseitig ausgestellten Erklärung bestehen. RG. 3. 10. 02, Entsch. Bd. 52 S. 234.

4. Versicherungsverträge unterliegen auch im Fall des § 1 Abs. 3 LStG. der Abgabe aus Tarifstelle 70. RG. 23. 1. 99, JW. S. 172, Entsch. Bd. 43 S. 251.

5. Die in Tarifstelle 71 ² getroffene Bestimmung, wonach ein auf unbestimmte Zeit oder auf Kündigung abgeschlossener Vertrag in Betreff der Stempelpflichtigkeit als ein auf ein Jahr abgeschlossener gilt, ist auf Versicherungsverträge nicht anzuwenden, da für diese Tarif 70 maßgebend ist. FM. 13. 5. 98 III 6190.

6. Versicherungspolicen wie Verlängerungsscheine sind als einseitige Erklärungen des Versicherers darüber, daß der — allerdings zweiseitige — Versicherungsvertrag in bindender Weise für den Versicherer besteht oder fortbesteht, aufzufassen und vom Versicherer nach § 12 b, sofern er nicht selbst Steuerfreiheit genießt, ohne Rücksicht auf die etwa dem Versicherungsnehmer zustehende persönliche Stempelfreiheit nach Tarifstelle 70 voll zu versteuern. RG. 26. 1. 00, ZBl. S. 272, Entsch. Bd. 46 S. 216. — Vgl. A. 1 bei § 5 und unten A. 15 Ziff. II.

7. a) Für den Policenstempel ist es bedeutungslos, wo die Versicherungsanstalt ihren Sitz hat, welchem Staatsverbande die Versicherungsnehmer angehören und ob die versicherten Gegenstände sich im Inland oder Ausland befinden. FM. 31. 12. 97 III 16408. RG. 15. 1. 97, JW. 1897 S. 122. — Vgl. auch A. 5 bei § 2.

b) Die im Auslande vollzogenen Versicherungsverträge sind stempelpflichtig, wenn die Hauptverpflichtung, nämlich

Noch: Zu Tarif-Nr. 70.

die Zahlung der Versicherungssumme im Inlande zu erfüllen ist. RG. 27. u. 31. 5. 04, Entsch. Bd. 58 S. 210 und Holdh. Nr. 12 von 1904. — Vgl. A. 3 d u. 4 b zu § 2.

8. Wenn ein Versicherter unter Bezeichnung der Nummer der Police die Versicherung mit allen Rechten und Pflichten an einen andern überträgt, so tritt die Stempelpflicht — nach etwa vorbehaltener Genehmigung durch die Versicherungsgesellschaft — nach Tarifstelle 2 ein. Der Berechnung des Stempels ist die Versicherungssumme zu grunde zu legen. FM. 17. 1. 01 III 205. — Vgl. A. 12 b bei Tarif 2.

9. a) Eine „Verlängerung" ist vorhanden, wenn ein früher errichteter Versicherungsvertrag durch eine neue Vereinbarung über die Zeit seiner ursprünglichen Geltung hinaus auf einen weiteren Zeitraum erstreckt wird. RG. 29. 11. 04, Holdh. S. 153 von 1905.

b) Versicherungsverträge, die infolge unterbliebener Kündigung fortbestehen, unterliegen keiner neuen Versteuerung, wenn sie unter der Herrschaft des früheren Stempelgesetzes versteuert sind. RG. 13. 7. 00, Entsch. Bd. 46 S. 308. FM. 24. 10. 98.

c) Aber auch bei den unter der Herrschaft des neuen Gesetzes errichteten Versicherungsverträgen tritt beim Unterbleiben der Kündigung und der damit stillschweigend eintretenden Verlängerung keine Stempelpflicht ein, weil die schriftliche Beurkundung fehlt. RG. 13. 7. 00, Entsch. Bd. 46 S. 308. FM. 4. 11. 00 III 12162 u. 11. 3. 01 III 3052.

10. a) Wenn in einer Police für verschiedene Versicherungen, die auch verschiedenen Steuersätzen unterliegen und von denen eine im vorliegenden Einzelfall für sich allein steuerfrei sein würde, ungetrennt eine einheitliche Prämie festgesetzt ist, so kommt der höchste Steuersatz für die ganze Versicherungssumme oder die ganze Prämie zur Anwendung (§ 10 Abs. 1 LStG.). RG. 27. 5. 04, Holdh. S. 271. RG. 31. 5. 04, Entsch. Bd. 58 S. 210.

b) Die Versicherung gegen Krankheitsfolgen ist, wenn eine Rente vereinbart ist, als Rentenversicherung nach Tarifst. 70 a zu versteuern; die Versicherung für infolge Körperverletzung herbeigeführten gänzlichen oder teilweisen Verlust der Arbeits- und Erwerbsfähigkeit fällt unter 70 b. RG. 27. u. 31. 5. 04, Entsch. Bd. 58 S. 210 und Holdh. Nr. 12 von 1904.

c) Nach den Grundsätzen in dem Urteile vom 27./31. Mai 1904 ist bei der Versteuerung von Invaliditäts- und Krankenversicherungs-Policen zu verfahren; hiernach ist immer nach derjenigen Tarifstelle zu versteuern (70 a oder 70 b), nach welcher sich für den jedesmaligen Fall der höchste Steuerbetrag ergibt, und Steuerfreiheit tritt nur dann ein, wenn auf die betreffende Police sowohl die Befreiungsvorschrift in Tarifstelle 70 a Abs. 4, wie diejenige in 70 b Abs. 2 zutrifft. FM. 24. 10. 05 III 13279.

11. Die Rente ist nicht gegen Zahlung eines Kaufpreises, sondern durch Entrichtung ratenweiser, auf unbestimmte Zeit

Noch: Zu Tarif-Nr. 70.

zu zahlender Prämien erworben: Der Stempel ist nach dem 10fachen Betrag der Rente zu berechnen, wenn auch in der Police der für die Stempelfrage nicht in Betracht kommende Kaufwert (sog. einmalige Prämie) verzeichnet ist, und den Versicherungsnehmern nach Aushändigung der Policen noch die Wahl zwischen einmaliger und ratenweiser Prämienzahlung gelassen wird. FM. 20. 12. 99 III 15110.

12. Unter Gesamtbetrag der verabredeten Prämien ist die Summe aller für die Dauer der Versicherung zu erlegenden Prämien zu verstehen. Ein etwa bewilligtes Freijahr kommt in Abzug. Für die Anwendung der Befreiungsvorschrift ist der Betrag der Prämie für ein Jahr entscheidend. Ist die Versicherung von kürzerer Dauer, so ist nach Verhältnis der Dauer der Versicherung zu der Dauer des Kalenderjahres der Jahresbetrag der Prämien zu ermitteln und es tritt nur alsdann Befreiung ein, wenn der so gefundene Jahresbetrag die Summe von 40 M. nicht übersteigt. FM. 13. 6. 96 III 8003, ZBl. S. 352.

13. Der bedingungsgemäße Aufschlag auf die Prämie für deren ratenweise (halb- und vierteljährliche usw.) Zahlung kann als stempelpflichtiger Teil der Prämie angesehen werden. RG. 27. 5. 04, Holdh. Nr. 12 von 1904, auch RG. 31. 5. 04, Entsch. Bd. 58 S. 210.

14. Mehrere Gesellschaften übernehmen zu gleichen Versicherungsbedingungen Versicherung gegen Feuer durch eine gemeinschaftliche Police; die Prämien sind verschieden, weil jede Gesellschaft nur für einen bestimmten Teil des Schadens haftet: Der Stempel berechnet sich nach der Gesamtversicherungssumme. Würde aber die Police dahin lauten, daß jede einzelne Gesellschaft unter den für sie geltenden Versicherungsbedingungen hafte, so würden so viel stempelpflichtige Versicherungen vorliegen, als Gesellschaften mit verschiedenen Bedingungen beteiligt sind. FM. 14. 9. 99 III 10912.

15. Für die stempelsteuerliche Behandlung von Nachträgen zu Versicherungsurkunden gilt im allgemeinen Folgendes:

a) Mehrfache Beurkundung desselben Geschäfts ist auch bei Versicherungsurkunden nach Tarifstelle 16 zu versteuern. Bei Abweichungen zwischen den mehreren Urkunden würde jedesmal der Policenstempel fällig sein. Ob die späteren Beurkundungen auf die ursprüngliche Police gesetzt werden oder für sich bestehende Urkunden bilden, kommt dabei nicht in Betracht. FM. 5. 7. 99, ZBl. S. 189.

b) In Fällen, in denen die laufende Versicherung aus irgend einem Grunde erloschen gewesen ist, ist der Nachtrag als ein ganz neuer Versicherungsvertrag zu versteuern. Wenn also bei Ueberführung der versicherten Gegenstände in ein anderes Grundstück und Nichtanzeige seitens des Versicherten hiervon an die Gesellschaft die Versicherung nicht bloß ruht, sondern erlischt, so wird bei späterer Anzeige und Genehmigung der Aenderung ein neues Vertragsverhältnis geschaffen, das von neuem den Policenstempel erfordert. RG. 23. 1. 99, ZBl. S. 65, Entsch. Bd. 43 S. 248. FM. 31. 10. 00 III 12407. — Vgl. unten unter II.

Ist jedoch wie das RG. im Urteil vom 14. 11. 02, ZBl. S. 152 von 1903, ausführt, nach den Versicherungsbedingungen die Anzeige des Versicherten nicht notwendig als Vertragsangebot aufzufassen, sondern stellt sie sich lediglich als die Erfüllung einer Vertragspflicht dar, so ist die zustimmende Erklärung der Gesellschaft nichts weiter, als der Ausdruck des Willens, von dem Recht der Aufhebung des Vertrages keinen Gebrauch zu machen. Es handelt sich dann nicht um den Abschluß eines neuen Versicherungsvertrages. FM. 24. 3. 05 III 2132. — Vgl. unten unter II d.

c) Ist in dem als Nachtrag bezeichneten Schriftstück ein Zusammenhang mit der Hauptpolice und die Nachtragseigenschaft nicht zu erkennen, so ist er als neue Police zu versteuern.

I. Nachträge, die den Hauptvertrag in wesentlichen Punkten (Essentialien) ändern, sind neu zu versteuern. — Vgl. RG. 21. 12. 93, Entsch. Bd. 32 S. 305. — Hierzu rechnen:

α) Wechsel in der Person der Versicherungsnehmer, wobei die ganze Versicherungssumme der Versteuerung zu grunde zu legen ist. — Vgl. RG. 3. 10. 99, Entsch. Bd. 44 S. 324, FM. 13. 11. 00 III 13156.

β) Aenderungen in den versicherten Gegenständen, ganz oder zum teil, wobei der Stempel von der ganzen Versicherungssumme zu berechnen ist, bei teilweiser Aenderung jedoch unter Anrechnung desjenigen Betrages, der auf den Versicherungswert der bereits früher Versicherten im Versicherungsverhältnis verbleibenden Gegenstände entfällt. Ist z. B. die ursprünglich über 10 000 M. lautende Police mit 10 Pf. versteuert und treten neue Versicherungsgegenstände im Werte von 3000 M. hinzu, so beträgt die neue Versicherungssumme 13 000 M. und der Stempel 20 Pf., hiervon kommen 10 Pf. für die bereits früher versicherten Sachen im Werte von 10 000 M. in Abzug, so daß zum Nachtrag 10 Pf. zu verwenden sind.

Lautet in dem vorigen Falle die ursprüngliche Police über 4000 M. und ist sie mit 10 Pf. versteuert, so ist für den Nachtrag ein Stempel nicht zu verwenden. Wenn die ursprüngliche Police 3000 M. nicht übersteigt, im Nachtrag aber über diesen Betrag hinausgegangen wird, so ist der Stempel von der Gesamtversicherungssumme zu verwenden.

γ) Aenderung der Versicherungssumme durch Erhöhung: Deren Versteuerung erfolgt wie zu β. Aenderungen durch Verminderung enthalten in der Regel keine von neuem steuerpflichtigen Beurkundungen, es sei denn, daß Neuausfertigung einer Police erfolgt.

δ) Aenderungen des Prämiensatzes durch Erhöhung oder Herabsetzung: die Gesamtversicherungssumme ist von neuem zu verstempeln oder, falls sich die Aenderung nur auf einen Teil der Versicherungssumme bezieht, dieser Teil. FM. 7. 8. 00 III 5556 u. 24. 3. 05 III 2132.

Wenn der Aussteller eines Policennachtrages schriftlich erklärt, daß sich der Prämiensatz geändert habe, indem an Stelle des früheren Prämiensatzes ein anderweiter Satz trete, so beurkundet er damit, daß der

Noch: Zu Tarif-Nr. 70.

ursprüngliche Vertrag sich in einem wesentlichen Punkte geändert habe und daß an seine Stelle ein neuer Vertrag getreten sei, der in bindender Weise für ihn bestehe. Eine solche Erklärung ist eine neue Police, die deshalb auch von neuem zu versteuern ist. FM. 18. 2. 01 III 15129.

Ist jedoch in der Hauptpolice bereits eine Erhöhung der Prämie für den Fall des Eintritts gewisser Umstände z. B. für den Fall des Verbringens der Sachen an einen mit erhöhter Gefahr verbundenen Ort vorgesehen, so ist der Nachtrag stempelfrei oder, wenn er den Inhalt der Police wörtlich oder auch nur in allen wesentlichen Punkten wiederholt, nach Tarifstelle 16 mit einem Höchstbetrage von 1,50 M. stempelpflichtig. FM. 24. 3. 05 III 2132. — Vgl. oben A. 15 b.

Zu 7 und 8.

Aenderung betreffend die Zahlung der Versicherungssumme und die Höhe der Prämie. Die Gesellschaft A. hatte für B. eine Lebensversicherungspolice ausgestellt, wonach 10 000 M. an den Inhaber der Police nach dem Tode des Versicherten gegen eine Jahresprämie von 334 M. zu zahlen waren. Später wurde die Police dahin geändert, daß die Police spätestens am . . . . auszuzahlen sei, wogegen der Versicherte außer der bisherigen Jahresprämie eine Ergänzungsprämie von jährlich 187 M. zu entrichten habe: Das RG. hat im Urteil vom 16. 2. 06 VII die Forderung des neuen Policenstempels mit 5 M. für begründet erklärt, weil ein neuer Versicherungsvertrag vorliege. Daß der Nachtrag bereits in den Bedingungen des ursprünglichen Vertrages enthalten gewesen sei, sei ohne Bedeutung, weil es zum Abschluß des Nachtrages einer neuen Vereinbarung bedurft habe.

c) Aenderungen der Gefahr, gegen welche die Versicherung genommen ist: Die Neuversteuerung erfolgt nach der Gesamtversicherungssumme.

Nachträge, in denen die Versicherungsgesellschaft die Ersatzleistung auch auf Grund des Bürgerlichen Gesetzbuches übernimmt, sind nicht von neuem stempelpflichtig, weil dadurch eine Aenderung der Gefahr, gegen welche die Versicherungen genommen sind, nicht beurkundet wird. FM. 13. 11. 00 III 13156.

II. Nachträge, Veränderungsgenehmigungen usw., die das Versicherungsverhältnis nur in unwesentlichen Punkten ändern (Naturalien, Accidentalien), sind selbst dann nicht von neuem stempelpflichtig, wenn auf die Hauptpolice Bezug genommen oder deren wesentliche Bestimmungen wiederholt werden, es sei denn, daß aus der gewählten Fassung und der äußeren Form der Urkunde die Absicht erkennbar ist, daß durch den Nachtrag das ganze Versicherungsverhältnis nochmals hat beurkundet werden sollen.

Zu II rechnen Translokationen, abgesehen von dem oben erörterten Falle des Erlöschens, nicht des Ruhens der alten Versicherung, Genehmigung der Ueberführung im Ausland befindlich gewesener, durch eine im Ausland ausgestellte Police bereits früher versicherter Gegenstände. — Vgl. oben A. 15 b.

Lfd. Nr.	Gegenstand der Besteuerung.	Steuersatz v. H.	M.	Pf.	Berechnung der Stempelabgabe.
ff. 1 71.	**Verträge,**				
1	1) [1]durch welche ein früherer stempelpflichtiger[2] Vertrag lediglich aufgehoben wird[3]	—	1	50	
2	Wenn jedoch die Verabredung über die Aufhebung oder Beseitigung des früheren Vertrages sich als eine in diesem Tarif besonders aufgeführte Verhandlung darstellt, so kommt derjenige Steuersatz zur Anwendung, welchem die Verabredung nach den Vorschriften dieses Tarifs unterliegt.[4]				

Noch: Zu Tarif-Nr. 70.

Nachträge in Form zweiseitiger Verträge, die die gänzliche oder teilweise Aufhebung eines Versicherungsvertrages zum Gegenstand haben, erfordern nach Tarifstelle 71 Ziff. 2 1 M. 50 Pf. Stempel, während Nachträge in solcher Form, sofern die Voraussetzungen zu I zutreffen, den Steuersätzen der Tarifstelle 70 litt. c unterliegen. FM. 5. 7. 99 III 7241, ZBl. S. 189.

16. Bei Versicherungen für mehrere Jahre besteht der zu entrichtende Stempel in der Summe der Stempelbeträge, wie sie sich für das einzelne Versicherungsjahr ergeben. Es beträgt z. B. der Stempel je einer Police über 12 000 M. auf 3 Jahre nicht 40 Pf. (1 Pf. von 3 × 12 000 = 36 000 M.), sondern, da der Stempel für das einzelne Jahr sich auf 20 Pf. berechnet, 3 × 20 Pf. = 60 Pf. RG. 14. 3. 98, ZBl. S. 230.

17. Neben der ersten (ursprünglichen) Police werden für dieselbe Person weitere Policen über hinzugekommene Beträge ausgestellt: jede Police bildet ein besonderes Vertragsverhältnis für sich, mithin ist jede Police bis zu 3000 M. auch dann stempelfrei, wenn der Gesamtbetrag aller Versicherungen stempelpflichtig sein würde. FM. 6. 12. 97 III 15558.

18. a) Unter Umlage im Sinne der Befreiung 2 ist der Fall zu verstehen, daß entweder nach jedem einzelnen Unglücksfall oder in bestimmten Zeitpunkten nach Maßgabe der in dem Zeitabschnitt eingetretenen Unglücksfälle der zu ersetzende Schaden unter die Versicherten verteilt und von ihnen nach bestimmtem Maßstabe erhoben wird. AH. S. 2351, 2359 ff. RG. 23. 1. 99 Bd. 43 S. 248, ZBl. S. 65.

b) Gegensatz zur Umlage ist die Vorauserhebung fester Beträge unter Vorbehalt späteren Ausgleiches, sei es durch Nacherhebung des Fehlenden oder Rückgewähr des zu viel Erhobenen in irgend einer Form. FM. 7. 4. 97 III 3504.

19. Vgl. §§ 2016 ff. ALR. II 8 über Rückversicherung und §§ 778 ff. HGB. über Transportversicherung.

Lfd. Nr.	Gegenstand der Besteuerung.	Steuersatz v. H.	M.	Pf.	Berechnung der Stempelabgabe.
Noch 71.	[5] Der Finanzminister kann in besonderen Fällen den zu entrichtenden Werthstempel aus Billigkeitsrücksichten bis auf	1/20	—	—	
	Ziff. 2 ermäßigen;				
	1 2) [2] über sonstige vermögensrechtliche[6] Gegenstände, wenn keine andere Tarifstelle zur Anwendung kommt [7–15]	—	1	50	
	2 Ein auf unbestimmte Zeit oder auf Kündigung abgeschlossener Vertrag gilt in Betreff der Stempelpflichtigkeit als ein auf ein Jahr abgeschlossener.[16]				
	Befreiungen:				
	a) Lehrverträge,[17]				
	b) [18] Verträge, durch welche Arbeits- und Dienstleistungen auf bestimmte oder unbestimmte Zeit gegen zu gewissen Zeiten wiederkehrendes Entgelt (Lohn, Gehalt und dergleichen)[19] versprochen werden, wenn der Jahresbetrag der Gegenleistung 1 500 Mark [20] nicht übersteigt.				

Zu Tarif-Nr. 71.

1. Vgl. A. 2a, b, c, d, e, A. 14g, h, A. 26, A. 40, A. 41f, A. 58a bis c, A. 73, A. 92a u. A. 97 bei Tarif 32; A. 6, A. 9k und A. 12 zu Tarif 48; A. 8c zu Tarif 59; A. 5 u. A. 15 letzter Absatz zu Tarif 70 und A. 9d bei § 10.

1. a) Die stempelrechtliche Frage, ob ein Vertrag vorliegt, der einen früheren Vertrag lediglich aufhebt, ist ausschließlich nach dem Inhalt der auf ihre Stempelpflichtigkeit zu prüfenden Urkunde zu entscheiden. RG. 21. 11. 04, Joh. Bd. 29 S. B 88.

2. Ein Vertrag, der einen früheren stempelfreien Vertrag lediglich aufhebt, ist völlig stempelfrei. RG. 21. 11. 04, Joh. Bd. 29 S. B 88. Die Abs. 2 und 3 der Tarifstelle 71 treffen alle Verträge, durch die ein früherer Vertrag aufgehoben wird, mag dieser stempelpflichtig oder stempelfrei sein. eod.

3. a) Die Vorschrift in Ziffer 1 Abs. 1 kommt überhaupt nur gegenüber noch nicht ausgeführten Verträgen in Frage.

b) Die vertragsmäßige Aufhebung eines noch nicht durch Auflassung erfüllten Grundstücksverkaufes unterliegt nicht dem Kaufstempel. RG. 6. 4. 05, Joh. Bd. 30 S. B 47. Das Eigentum war mangels Auflassung noch bei dem ersten Verkäufer verblieben. Der Umstand, daß der erste Erwerber die Anzahlung und 4800 M. an Verwendungen auf das Grundstück zu fordern hatte, und deshalb 30000 M.

Noch: Zu Tarif-Nr. 71.
Hypotheken abgetreten werden und für 3000 M. eine Hypothek bestellt wird, berechtigt nicht zur Erhebung eines anderen Stempels als 1 M. 50 Pf. + Zessionsstempel, weil § 10 Abs. 3 LStG. und der Erhebung des Sicherstellungsstempels Tarifstelle 59 Befr. b entgegenstehen. — Vgl. A. 58a bei Tarif 32.

c) A. verkauft an B. das Grundstück N. Bevor an B. aufgelassen wird, verkauft B. einen Teil des Grundstücks N. an A. zurück: Es ist nicht der Kaufstempel, sondern nur der allgemeine Vertragsstempel fällig; weil mangels Auflassung der erste Vertrag noch nicht erfüllt war, B. noch kein Eigentum erlangt hatte, konnte er auch dem A. nicht das Eigentum verschaffen. Diese Eigentumsverschaffung ist aber nach § 433 BGB. Voraussetzung für den Kauf. FM. 13. 11. 06 III 18552.

d) Die Bestimmung in Ziffer 1 findet dann keine Anwendung, wenn bei Errichtung des Wiederaufhebungsvertrages der erste Vertrag bereits durch Uebergabe und Auflassung der veräußerten Grundstücke pp. erfüllt war, und in dem zweiten Vertrage zugleich Bestimmungen über die Rückveräußerung getroffen worden sind. Alsdann findet Tarif 32 Anwendung. Hiervon verschieden ist die Rückgängigmachung eines Kaufvertrages wegen Gewährsmängel — RG. 26. 10. 00 — zu beurteilen. FM. 15. 10 04 III 13115. — Vgl. A. 17c bei Tarif 32.

4. Wird Tausch oder doppelseitiger Kauf derart aufgehoben, daß nur von der Veräußerung des einen Grundstücks Abstand genommen, während für das andere Grundstück der Preis herabgesetzt wird, so ist nach Abs. 2 für den späteren Vertrag der Wertstempel nach Tarif 32 zu entrichten. RG. 16. 1. 99, Hz. S. 618.

5. Bei gewissen Arten von Verträgen, insbesondere bei Verträgen über die Uebertragung des Eigentums an Sachen gegen Entgelt, wie beim Kauf, wird sich die Wiederaufhebung in der Regel wieder durch einen Kauf — Rückkauf — vollziehen, so daß die zweimalige Entrichtung des Wertstempels erforderlich wird, wenn der Rechtszustand, wie er vor Abschluß des ersten Rechtsgeschäftes bestanden hat, wiederhergestellt werden soll. Für Fälle dieser Art, sowie überhaupt für den Fall, daß sich die Vereinbarung über die Wiederaufhebung eines Rechtsgeschäfts als eine einer besonderen Tarifstelle unterliegende Verhandlung darstellt, soll der Finanzminister ermächtigt werden, den gesetzlichen Wertstempel, wenn er höher ist als $^1/_{20}$ v. H., auf diesen Steuersatz zu ermäßigen. Beschränkt sich die Verabredung über die Beseitigung des früheren Abkommens lediglich hierauf, so soll ein fester Stempel von nur 1,50 M. entrichtet werden. Mot. S. 58.

Bei zu den Gerichtskosten verrechneten Stempeln steht diese Befugnis dem Justizminister zu. JM. 17. 1. 07 Ia 3707.

6. Der Ausdruck „vermögensrechtlich" ist hier in seiner weitesten Bedeutung zu verstehen — RG. 30. 6. 03, JW. S. 349, JMBl. S. 276 —, da er offenbar nur den Gegensatz zu einem Vertragsinhalt rein familienrechtlicher Art bezeichnen soll.

7. Hat der Hauptvertrag nur einen Wert von 150 M., so kann der Nebenvertrag dennoch stempelpflichtig sein, wenn zwischen beiden

Noch: Zu Tarif-Nr. 71.

kein solcher Zusammenhang besteht, daß die Wertgrenze des Objekts des Hauptvertrages zugleich bestimmend für die des Objekts des Nebenvertrages ist. FM. 21. 7. 96 III 9967 u. 16. 12. 99 III 15263.

8. a) Zu mehreren, in der nämlichen Urkunde enthaltenen Vereinbarungen zwischen denselben Personen, welche unter keine andere Tarifvorschrift fallen, ist der allgemeine Vertragsstempel nur einmal zu erfordern. FM. 21. 5. 97 III 3416. Freilich nur dann ist er einmal zu fordern, wenn es sich um einen einheitlichen Vertrag handelt und die mehreren Vereinbarungen in rechtlicher, wirtschaftlicher oder sonst in tatsächlicher Beziehung miteinander im Zusammenhang stehen. RG. 20. 10. 98, Entsch. Bd. 42 S. 243.

b) Wie eine Urkunde, in welcher mehrere Grundbesitzer in Ansehung ihrer Grundstücke einer Gewerkschaft gewisse Ausbeuterechte einräumen, so viele einzelne Verträge enthält, als die Zahl der Grundbesitzer ausmacht (RG. 5. 5. 05), ebenso erfordert auch der zwischen den Gesellschaften A. und B. einerseits und ihren Außenbeamten andererseits abgeschlossene Anstellungsvertrag den zweimaligen Vertragsstempel. FM. 12. 6. 06 III 8259.

c) Die Gesellschaft A. verkauft an B. zur Sicherheit für ein ihr gewährtes Darlehn ihr auf verpachtetem Areal errichtetes Fabrikgebäude für 60 000 M. B. vermietet sogleich an die Gesellschaft das erworbene Fabrikgebäude. Bei Auflösung des Mietverhältnisses hat A. das Recht, die Fabrik für 60 000 M. zurückzukaufen. Auch dem B. steht bei Auflösung des Mietverhältnisses das Recht zu, die Rückzahlung des Kaufpreises gegen Uebereignung der Fabrik zu verlangen: Da es an einem beide Teile gleichmäßig bindenden und berechtigenden Rückkaufsübereinkommen fehlt, ist nur der allgemeine Vertragsstempel mit zweimal 1 M. 50 Pf. zu verwenden. RG. 23. 9. 04, JW. S. 543. — Vgl. A. 2a bei Tarif 32.

9. Kreditverträge, in denen sich der Kreditnehmer bedingt zur Rückzahlung eines nur dem Höchstbetrage nach zu ersehenden Saldos verpflichtet, sind ebenso, wie Urkunden, in denen jemand einem andern einen Kredit in laufender Rechnung bis zu einem Höchstbetrage zusagt — RG. 1. 11. 89 (Rassow-Küntzel Bd. 34 S. 1070) u. 5. 1. 99 (JW. S. 118) —, keine Schuldverschreibungen, sondern bedürfen nur des allgemeinen Vertragsstempels. Dem RGE. v. 27. 3. 00 (JW. S. 405), das eine Urkunde, in der jemand erklärt, daß er einem andern einen kaufmännischen Kredit bis zur Höhe von 70 000 M. eröffne und der Kreditnehmer sich verpflichtet, von dem gewährten Kredit Gebrauch zu machen, für stempelpflichtig angesprochen hat, ist über den entschiedenen Fall hinausgehende Bedeutung nicht beigelegt.

Einseitige Kreditversprechen, d. h. nur von Kreditgebern ausgestellte Urkunden, in denen die Kreditgeber sich verpflichten, andern Kredit in laufender Rechnung bis zu einem Höchstbetrage zu gewähren, sind völlig stempelfrei. FM. 20. 5. 01 III 4037, ZBl. S. 160, JM. 1. 7. 01, JMBl. S. 156. — Vgl. auch A. 4 zu Tarif 59.

Noch: Zu Tarif-Nr. 71.

10. Mit einer Verkaufsofferte erklärt sich der Oblat einverstanden, behält sich aber die Annahme für eine bestimmte Zeit vor: Es liegt ein einseitig verpflichtender Vertrag, kein zweiseitiges Veräußerungsgeschäft vor, daher ist auch die Beurkundung der Abtretung der Rechte des Oblaten aus einem solchen Offertvertrage Zession, nicht Kauf. KG. 5. 4. 97, Joh. Bd. 17 S. 277. — Vgl. A. 11 zu Tarif 2 und A. 54 b zu Tarif 32.

11. a) Ein durch Eintragung im Grundbuch gesichertes Schuldverhältnis wird in seinen Nebenbestimmungen geändert (Zinsfuß, Kündigungsbedingungen, Zahlungsort, Zinstermin), wobei Schuldner für die neuen Verpflichtungen das Grundstück verpfändet: fällig ist der allgemeine Vertragsstempel und der Kautionsstempel. FM. 7. 4. 98 III 3531, RG. 27. 10. 98, Entsch. Bd. 42 S. 264, JMBl. S. 45 von 1899, ZBl. S. 56 von 1899. — Vgl. A. 7a bei Tarif 59.

b) Löschungsfähige Quittungen, d. h. Quittungen, die zugleich die Löschungsbewilligung des bisherigen Gläubigers und den Löschungsantrag des bisherigen Schuldners enthalten, unterliegen dem Vertragsstempel nicht. FM. 5. 8. 01 III 7702. Ebenso nicht Urkunden, in denen der Gläubiger einer verzinslichen Hypothek die Löschung eines Zinsprozents bewilligt und der Grundstückseigentümer die Löschung beantragt. KG. 22. 6. 03, Joh. Bd. 27 S. B 46.

c) Gibt bei Zession einer Post mit Zinsermäßigung seitens des eingetragenen Gläubigers der Schuldner keine ausdrückliche Erklärung ab, sondern beschränkt sich bloß darauf, die Aeußerung des Gläubigers mit zu unterschreiben, oder stellt der Schuldner im Anschluß an die Löschungsbewilligung des Gläubigers bezüglich einer Teilpost bei gleichzeitiger Zession der Restpost mit Zinsermäßigung lediglich den Löschungsantrag unter Uebernahme der Kosten, so ist bei dem Mangel einer Beurkundung des Zinsermäßigungsvertrages der allgemeine Vertragsstempel nicht besonders fällig. RG. 12. 6. 00, Entsch. Bd. 46 S. 291, FM. 24. 10. 00 III 12575. Sollte aber in einem besonders gestalteten Fall eine wirkliche Vereinbarung über die Kostenlast in der Urkunde enthalten sein und infolgedessen die Erhebung des allgemeinen Vertragsstempels in Frage kommen, so würde die Stempelpflichtigkeit immer erst eintreten, wenn der Betrag der Kosten die Summe von 150 M. übersteigt.

d) Dem Vertragsstempel unterliegen Verträge, d. h. mehrseitige Rechtsgeschäfte, welche auf der wechselseitig erklärten Willensübereinstimmung mehrerer Personen beruhen, einerlei, ob der Vertrag wechselseitige Verbindlichkeiten begründet oder nur ein einseitig verpflichtender ist; es ist daher eine Entpfändungserklärung stempelpflichtig, wenn der Eigentümer des entpfändeten Grundstücks in derselben Urkunde erklärt, daß er die Entpfändungserklärung des Gläubigers akzeptiere. Eine solche Akzeptation liegt vor, wenn der Eigentümer, nachdem unmittelbar vorher der Gläubiger den Grundbesitz aus der Pfandhaft entlassen und in die Löschung gewilligt hat, diese Löschung beantragt. RG. 12. 6. 00, JMBl. S. 645, ZBl. S. 431, Entsch. Bd. 46 S. 291.

Sind die nach dem RGE. v. 12. 6. 00, Entsch. Bd. 46 S. 291 dem Vertragsstempel unterliegenden Pfandentlassungserklärungen unter

Noch: Zu Tarif-Nr. 71.

der Herrschaft des BGB. ausgestellt, so kann der allgemeine Vertragsstempel nicht beansprucht werden, weil nach § 875 BGB. zur Aufhebung eines dinglichen Rechts an einem Grundstück die einseitige Erklärung des Berechtigten, daß er das Recht aufgebe, genügt, es nicht mehr eines Verzichtvertrages bedarf. Ein zu versteuernder Vertrag würde jedoch dann vorliegen, wenn die Annahme des Verzichts in der Urkunde ausdrücklich ausgesprochen ist. FM 5 8. 01 III 7702.

e) Erfolgt die Einigung des Gläubigers und Schuldners über die Erteilung oder Ausschließung des Hypothekenbriefes (§ 1116 BGB.) gleichzeitig mit der Beurkundung des Schuldverhältnisses, so ist ein besonderer Vertragsstempel nicht erforderlich (§ 10 Abs. 3 LStG.); dagegen müssen Vereinbarungen über die nachträgliche Aufhebung der Ausschließung der Erteilung eines Briefes (§ 1116 Abs. 3 BGB.) als Abänderungen des bestehenden Rechtsverhältnisses mit dem Vertragsstempel belegt werden.

12. Wenn der debitor cessus in der Zessionsurkunde den Zessionar als seinen neuen Gläubiger anerkennt, ist ein Vertragsstempel nicht fällig HSp. S. 152. — Vgl. A. 13f bei Tarif 58 und A 13d bei Tarif 77

13. Verträge, in denen sich die Autoren zur Anfertigung und Lieferung schriftstellerischer Arbeiten, auch musikalischer Kompositionen, die Verleger zur Vervielfältigung und Verbreitung der letzteren in buchhändlerischer Weise verpflichten — also Verlagsverträge —, unterliegen selbst dann, wenn man davon ausgeht, daß der Verlagsvertrag ein Veräußerungsgeschäft enthält und nur solche Schriftwerke betrifft, auf die sich der Schutz des Urheberrechts erstreckt, nicht der Tarifstelle 32 litt. c, sondern der Tarifstelle 71 Nr 2 als Verträge über Handlungen. RG. 21 6. 01, JW. S. 624, FM 2. 7. 02 III 7265 und FM 4. 9. 01 III 11086, ZBl. S. 220. Dagegen würde die Uebertragung des einer Buchhandlung bereits zustehenden Verlagsrechts an eine andere Buchhandlung gegen Entgelt dem Kaufstempel unterliegen. Vgl. FM. 7. 7. 00 III 8264

14. Den allgemeinen Vertragsstempel erfordern u. a.:

a) Verträge der Brennereibesitzer, die unter Vermittelung einer Spiritusverwertungsgenossenschaft von der Preuß Zentralgenossenschaftskasse in Berlin einen Kredit erlangen und der letzteren zu diesem Zweck die ihnen im Laufe eines Betriebsjahres zustehenden Branntwein-Kontingentscheine überlassen wollen, mit der Zentralgenossenschaftskasse. FM. 9 3. 01 III 906

b) Verträge der Telegraphen- oder Postverwaltungen mit Gemeinden oder Privatpersonen über die unentgeltliche Benutzung von Grund und Boden zwecks Anlage von Telegraphenlinien oder Verträge mit Privatpersonen wegen unentgeltlicher Uebernahme von amtlichen Verkaufsstellen für Postwertzeichen. FM. 23 6 97 III 7579. — Vgl. A. 9k bei Tarif 48.

c) Die urkundliche Erklärung, mittels deren der Alleinbesitzer aller Kuxe einer Gewerkschaft des neuen Rechts die Uebereignung des gesamten gewerkschaftlichen Vermögens

Noch: Zu Tarif-Nr. 71.
einschließlich der Passiva an sich selber ausspricht. RG. 26. 3. 00, JohRF. Bd. 1 Heft 3 S. B 39.

d) Wenn für den Verzicht auf die Apothekenkonzession und Aufgabe des Geschäftsbetriebes ein besonderer Preis ausgeworfen wird. FM. 22. 12. 96 III 17156, 20. 9. 97 III 11991 u. 29. 6. 00 III 7462. — Vgl. A. 4 bei Tarif 22a und A. 14 bei Tarif 32. — Ebenso der entgeltliche Verzicht auf eine Schankwirtschaftskonzession in Verträgen über die Veräußerung von Schankwirtschaftsgrundstücken. RG. 19. 11. 01.

e) Kompromiß- und sonstige Nebenverträge in Kauf- oder Lieferungsverträgen oder auch ausgetauschten Schlußscheinen über Mengen selbst erzeugter oder hergestellter Sachen. RG. 30. 6. 03, ZBl. S. 464, JMBl. S. 276; eine Ausnahme bilden diejenigen Kauf- und Lieferungsverträge der bezeichneten Art, welche unter Zugrundelegung von Börsenusancen und über börsenmäßige Waren geschlossen werden und nicht bloß nach der Nr. 3 der Befr. zu Tarif 32, sondern auch nach der Befreiungsvorschrift zu Tarif 4 des Reichsstempelgesetzes Landesstempelfreiheit genießen. FM. 13. 10. 96 III 14224 u. 19. 6. 02 III 6729, RG. 2. 2. 99 u. 11. 7. 98, Entsch. Bd. 42 S. 180, ZBl. S. 393 von 1898. Ueber Kautionsbestellungen in dergleichen Verträgen vgl. A. 14a bei Tarif 59.

f) Schiedsvertrag in einem durch ausgetauschte Bestätigungsschreiben zustande gekommenen, sonst stempelfreien Kaufvertrage, sowohl, wenn ein eigentliches Schiedsgericht bestellt wird, als wenn Berufung auf Sachverständige über die vertragsmäßige Beschaffenheit der Ware vereinbart wird. RG. 27. 6. 98, ZBl. S. 393, JMBl. S. 548 von 1900. RG. 3. 11. 98, JW. 99 S. 19. RG. 2. 2. 99, JW. S. 199.

Sollen vertragsmäßig etwaige Streitigkeiten unter Ausschluß des Rechtswegs nach dem Ermessen des einen Kontrahenten entschieden werden, so liegt nur eine Vertragsbedingung vor.

Vereinbarungen über die zur Feststellung von Tatfragen zu berufenden Gutachter enthalten keinen Schiedsvertrag. RG. in Entsch. Bd. 24 S. 412, FM. 10. 11. 97 III 14290.

g) Vorkaufsrecht und Wiederkaufsrecht, in einem Kaufvertrage eingeräumt. RG. 20. 12. 97, JW. S. 94 von 1898, Gruch. Jahrg. 42 S. 1006. — Vgl. A. 2f zu Tarif 32 u. A. 7d bei Tarif 8.

Unter der Herrschaft des BGB errichtete privatschriftliche Verträge, durch welche ein Vorkaufsrecht an einem Grundstück eingeräumt wird — vgl. § 313 BGB. —, sind nicht rechtswirksam und daher nicht stempelpflichtig. FM. 11. 2. 02 III 1617.

Der Vertrag auf Einräumung eines persönlichen Vorkaufsrechts an einem Grundstück ist formfrei, bedarf nicht der gerichtlichen oder notariellen Beurkundung. RG. 4. 3. 05, JW. S. 230. Ein solcher Vertrag fällt daher auch unter diese Tarifstelle.

Die Erklärung des Vorkaufsberechtigten wegen Ausübung des Vorkaufsrechts bedarf des Kaufstempels nicht. FM. 28. 12. 00 III 15263. RG. 23. 11. 05 Joh. Bd. 32 S. B 49.

Noch: Zu Tarif-Nr. 71.

h) Die Vereinbarung, keine gleiche Fabrik in B. zu errichten oder zu führen. RG. 6. 3. 94, Entsch. Bd. 25 S. 161. FM. 14. 4. 05 III 4750.

i) Die Vereinbarung in Pachtverträgen, daß dem Pächter von einem bestimmten Zeitpunkt ab das Recht zustehen soll, das Pachtgut zu einem bestimmten Preise zu kaufen. FM. 22. 1. 96 III 17442.

k) Die in Jagdpachtverträgen enthaltenen Vereinbarungen, nach denen der Jagdpächter nach billiger Schätzung zweier Sachverständigen, die der Pächter und der Beschädigte zu ernennen haben, den Ersatz des Schadens übernimmt, den er oder seine Jagdgenossen gelegentlich der Ausübung der Jagd verursachen sollten. — Vgl. RG. 11. 7. 98, ZBl. S. 398, FM. 2. 8. 99 III 9903.

Zu Jagdpachtverträgen, in denen der Jagdpächter den Ersatz des Wildschadens übernimmt, ist außer dem Pachtstempel der allgemeine Vertragsstempel nicht zu erheben, weil diese Abrede lediglich eine Pachtbedingung enthält, die durch den Pachtstempel mit gedeckt wird. FM. 28. 9. 06 III 15990.

l) Die im Mietvertrage enthaltene Abrede, nach welcher Vermieter die Heizung sämtlicher Räume besorgt und Mieter sich verpflichtet, den auf ihn entfallenden Anteil der Heizkosten zu entrichten. FM. 9. 1. 97 III 135.

m) Die im Mietvertrage enthaltene besondere Vereinbarung eines Gerichtsstandes. FM. 13. 6. 98 III 8056, RG. 26. 3. 96.

Die in Versicherungsverträgen enthaltene Vereinbarung eines besonderen Gerichtsstandes erfordert nicht den allgemeinen Vertragsstempel, weil die Voraussetzungen des § 1 Abs. 2 u. 3 LStG. nicht gegeben sind. FM. 17. 7. 03 III 10239.

15. Dagegen sind nicht besonders zu versteuern:

a) Die in Mietverträgen vorkommenden Vereinbarungen über das Recht des Vermieters, eventl. die retinierten Gegenstände freihändig zu veräußern und sich daraus bezahlt zu machen, oder die Verpfändung der inferierten Gegenstände während der Vertragsdauer.

b) Eine im Kaufvertrage enthaltene Bestimmung über den Eintritt des Käufers in die bestehenden Mietverträge. FM. 2. 11. 97 III 13880, ZBl. S. 433, JMBl. 98 S. 33. FM. 8. 5. 93, ZBl. S. 180. — Vgl. auch A. 11 und 12 bei Tarif 48 über in Mietverträgen vorkommende Nebenabreden.

c) Die Konstituierung einer Konventionalstrafe zur Sicherung einer obligatorischen Verpflichtung. RG. 14. 1. 97, Gruch. Jahrg. 41 S. 1060. — Vgl. A. 6 u. 37 b zu Tarif 32 und A. 13 h zu Tarif 58.

16. Vgl. A. 5 bei Tarif 70.

17. Die Befreiungsvorschrift bezieht sich auf die Annahme von Lehrlingen in Apotheken und in Handelsgeschäften. Mot. S. 59.

18. Die Befreiungsvorschrift b hat nur solche Verträge im Auge, die als Dienst- oder Arbeitsverträge sich darstellen, in denen es sich

Lfd. Nr.	Gegenstand der Besteuerung.	Steuersatz v. H.	M.	Pf.	Berechnung der Stempelabgabe.
72	[1]**Vokationen** der Geistlichen und Schullehrer, wie Bestallungen, s. diese.				
1 73.	[1—5]**Vollmachten, Ermächtigungen und Aufträge** zur Vornahme von Geschäften rechtlicher Natur[6, 7] für den Vollmachtgeber, wenn der Werth des Gegenstandes der Vollmacht[8, 9, 23—28]				
	500 Mark nicht übersteigt	—	—	50	
	1 000 „ „ „	—	1	—	
	3 000 „ „ „	—	1	50	

Noch: Zu Tarif-Nr. 71.

um ein Unterordnungsverhältnis handelt, wie dies aus den Worten „Lohn, Gehalt und dergleichen", auch aus der Begründung zum Gesetz, wo diese Befreiung sich der Befreiung für Lehrverträge „aus gleichen Gründen" anreiht, sich ergibt. FM. 13. 7. 03 III 9134. Deshalb fallen Verträge der Landwirtschaftskammer mit Polizeibehörden über Zahlung von Gebühren für Nahrungsmitteluntersuchungen nicht unter diese Befreiung. Auf den „Dienstvertrag" des BGB. hat das LStG. noch nicht Rücksicht nehmen können. FM. 3. 10. 06 III 16282. — Vgl. A. 14 bei Tarif 73.

19. Die Befreiung findet auf Dienstverträge keine Anwendung, wenn als Gegenleistung nicht lediglich ein zu gewissen Zeiten wiederkehrendes Entgelt, wie Gehalt, Lohn, sondern auch anderweite zu unbestimmten Zeiten wiederkehrende unfixierte Vergütungen zugesichert sind. RG. 28. 11. 04, Joh. Bd. 28 S. C 55, ZBl. S. 92 von 1906.

20. Wenn in einem Engagementsvertrag als zu gewissen Zeiten wiederkehrendes Entgelt zwar ein Betrag vereinbart ist, der für das Jahr die Summe von 1500 Mark nicht übersteigt, ihm aber der Zusatz „anfangs" hinzugefügt ist, so fällt er nicht unter die Befreiungsvorschrift.

21. Verträge über das Heften von Akten sind einheitliche mit Materialbeschaffung verbundene Werkverträge, die aber nicht die Herstellung einer Sache, sondern einen andern durch Arbeit herbeizuführenden Erfolg (das Geheftetsein der Akten) zum Gegenstande haben. Auf derartige Verträge findet nicht Tarifstelle 75, sondern Tarifstelle 71 Anwendung. Dasselbe gilt für Vereinbarungen über das Einbinden der Bücher. FM. 24. 6. 02 III 6730 u. 9. 9. 05 III 11785.

Zu Tarif-Nr. 72.

1. Unter den Vokationen dieser Tarifstelle sind die im ALR. II 11, § 374 genannten Schriftstücke zu verstehen. RG. 28. 1. 03. Entsch. Bd. 53 S. 373.

Lfd. Nr.	Gegenstand der Besteuerung.	Steuersatz v. H.	M.	Pf.	Berechnung der Stempelabgabe.
Noch 73.	6 000 „ „ „	—	3	—	
	10 000 „ „ „	—	5	—	
	15 000 „ „ „	—	7	50	
	bei einem höheren Betrage	—	10	—	
	wenn die Vollmacht zur Vornahme aller oder gewisser Gattungen von Geschäften [10] für den Vollmachtgeber ermächtigt (Generalvollmacht) [10] und der Werth des Gegenstandes [11] 50 000 Mark übersteigt	—	20	—	
2	[12] Steht der Bevollmächtigte in einem Dienstverhältnisse [13, 14] zu dem Vollmachtgeber, höchstens	—	1	50	
3	[15] Wenn der Werth des Gegenstandes der Vollmacht nicht schätzbar ist,[16] wenn es sich insbesondere um Vollmachten zur Ausübung des Stimmrechts [17] in Gesellschaften aller Art handelt	—	1	50	
4	Bei Prozeßvollmachten [18–31] treten an Stelle der Steuersätze des ersten Absatzes von 3, 5, 7,50, 10, die Steuersätze von 2, 3, 4, 5 Mark.				
5	[32] Schriftstücke, in welchen Jemand einem Dritten gegenüber erklärt, daß er einem Anderen die Vornahme einer Angelegenheit rechtlicher Natur aufgetragen habe,[33–35] sind dem Stempel nicht unterworfen, sofern nicht die Verkehrssitte eine Vollmacht in diesen Fällen erfordert und durch das Schriftstück die förmliche Vollmacht ersetzt werden soll.				
6	[36, 37] Zu Vollmachten, in denen mehrere, nicht in einer Erb- oder sonstigen Rechtsgemeinschaft stehende Personen einen Bevollmächtigten bestellen, ist der Vollmachtstempel so oft zu verwenden, als Vollmachtgeber vorhanden sind.[38–40]				
7	Wenn bei einer gerichtlichen oder notariellen Versteigerung durch die Kaufbedingungen oder durch besondere Erklärungen bestimmte Personen bevollmächtigt werden, nach erfolgtem Zuschlage für die Versteiglasser oder [41] für die Ansteigerer die Auflassungserklärung abzugeben und				

Lfd. Nr.	Gegenstand der Besteuerung.	Steuersatz v. H.	M.	Pf.	Berechnung der Stempelabgabe.
Noch 32.	für die Ansteigerer die Eintragung der Steigpreise zu bewirken, so ist der Vollmachtstempel ohne Rücksicht auf die Anzahl der Betheiligten und der abzugebenden Erklärungen nur einmal in Ansatz zu bringen, sofern nach Inhalt des Protokolls die Vollmacht auf einen Zeitraum von längstens drei Tagen nach Ablauf des Tages, an welchem der Zuschlag erfolgt, beschränkt wird.				
	[42, 43] Substitutionen bei einer Prozeßvollmacht, welche nicht in einer nach diesem Tarif einem besonderen Stempel unterliegenden Verhandlung ausgestellt werden, sind stempelfrei, sofern über die ursprüngliche Vollmacht eine vorschriftsmäßig versteuerte[43 a] Urkunde vorhanden und dies entweder auf der Substitutionsvollmacht vermerkt ist, oder die ursprüngliche Vollmacht sich bei den Gerichtsakten befindet.[44, 45]				
	Bek. 15. B. c. u. 53. — Allg. V. § 2. a.				

Zu Tarif-Nr. 73.

1. Vgl. §§ 164 ff. BGB. über Vollmachten, 662 ff. über Aufträge und §§ 12 Abs. 2 HGB., 29 RGBO., 71 Abs. 2 ZVG. und 1945 BGB. über die Notwendigkeit der Beglaubigung von Vollmachten.

2. Den Gegenstand der Vollmacht im Sinne der Tarifstelle bilden alle Geschäfte rechtlicher Natur im Gegensatz zu bloß tatsächlichen Dienstleistungen ohne Beschränkung auf das privatrechtliche Gebiet. Mot. S. 59 — JW. 1896 S. 276 —. Durch den Zusatz „Ermächtigungen und Aufträge" hat an der durch das Gesetz von 1822 begründeten Stempelpflicht nichts geändert werden sollen. RG. 31. 5. 03, ZBl. S. 1446.

3. Die Frist zur Verstempelung einer Vollmacht beginnt mit dem Tage der Unterschrift des Vollmachtgebers und nicht erst mit dem Tage, an welchem der Bevollmächtigte den Auftrag annimmt. RG. 25. 4. 95, Joh. Bd. 16 S. 380.

4. Die Vollmacht ist, auch wenn sie zur Besorgung mehrerer Geschäfte ermächtigt, ein einheitliches stempelpflichtiges Geschäft im Sinne des § 10 Abs. 3 d. G. Joh. Bd. 19 S. 202. — S. unten A. 8.

5. Vollmachten, die sich auf öffentlich-rechtliche Angelegenheiten beziehen, z. B. für Wahlen eines Gemeinde- oder Kreistags-Verordneten, sind stempelpflichtig. FM. 20. 11. 98 III 15734 u. 2. 4. 00 III 3910.

Noch: Zu Tarif-Nr. 73.

Es sind deshalb auch stempelpflichtig die im Verwaltungsstreitverfahren von den Parteien, auch wenn diese öffentliche Behörden sind, ausgefertigten Vollmachten, soweit die Partei nicht persönliche Stempelfreiheit genießt. Der § 102 des Landesverwaltungsges. vom 30. 7. 83 bezieht sich auf die in diesem Verfahren überreichten Vollmachtsurkunden nicht. RG. 30. 1. 96, JW. 1896 S. 276. FM. 26. 6. 97 III 7277. — Vgl. A. 29 a unten.

6. Weil ein Geschäft rechtlicher Natur vorliegt, ist u. a. in folgenden Fällen Stempelpflichtigkeit angenommen:

a) Für eine Urkunde, in der der Kassierer des Kriegervereins zu dessen Vertretung auf dem Delegiertentage beauftragt wird. RG. 22. 10. 97, JW. S. 618.

b) Der Magistrat zu A. beauftragt den Buchhalter B., die von dem Magistrat zurückgenommenen Anleihescheine über 1000 M. von der Seehandlung abzuheben. B. ist zur Quittungsleistung berechtigt (§ 368 BGB.). FM. 4. 11. 04 III 14347.

c) Das Direktorium der Feuer-Versicherungs-Genossenschaft A. bestätigt, daß Herrn B. eine Agentur der Genossenschaft übertragen sei und B. berechtigt sein solle, Anträge für Versicherungen nach Maßgabe seiner Instruktion entgegenzunehmen, sowie Gelder gegen Quittung einzukassieren. FM. 12. 12. 04 III 15705.

d) Für die einem Versicherungs-Generalagenten in einem Anstellungsvertrage zugesprochene Berechtigung zur Vertretung der Gesellschaft Privaten und Behörden gegenüber. Erk. des LG. I Berlin 23. 1. 00.

e) Für die Ermächtigung zur Empfangnahme von Gegenständen, deren Herausgabe auf Grund eines vollstreckbaren Titels zu erfolgen hat.

f) Für Ergänzungserklärungen zu der Reichsbank gegenüber ausgestellten Vollmachten, in denen der Niederleger von Wertpapieren, der durch eine früher ausgestellte Vollmacht einen Offizier zur Erhebung der Zinsen ermächtigt hat, nunmehr erklärt, daß im Fall der Behinderung des Offiziers an dessen Ehefrau die Zinsen gezahlt werden könnten. FM. 2. 10. 00 III 11763. — Vgl. auch A. 5 zu § 4.

g) Für die Vollmacht, alle mit der Post für die Berufsgenossenschaft eingehenden Sendungen in Empfang zu nehmen und darüber zu quittieren. § 145 UnfallverfGes. kommt nicht in Frage. FM. 7. 11. 97 III 13930.

7. Dagegen sind als Vollmachten nicht zu verstempeln:

a) Schriftstücke wie „ich bevollmächtige hiermit den Rechtsanwalt A. in B.", weil sich nicht ersehen läßt, ob zu einem und zu welchem Geschäft rechtlicher Natur eine Ermächtigung erteilt werden soll.

b) Eine schriftliche selbst einem Rechtsanwalt erteilte Ermächtigung zur Einsichtnahme von Schriftstücken, weil kein Geschäft rechtlicher Natur in Frage kommt. RG. 31. 5. 06, ZBl. S. 1446. Joh. Bd. 32 S. B 63.

c) Eine Vollmacht zum Nachsuchen einer Abschrift des Grundbuchblatts, da sie den Bevollmächtigten noch nicht berechtigt, für den Machtgeber auf Grund der zu erteilenden Abschrift ein Rechtsgeschäft vor-

Noch: Zu Tarif-Nr. 73.

zunehmen, und der Antrag selbst, eine Abschrift zu erteilen, als Geschäft rechtlicher Natur nicht aufzufassen ist. — Vgl. unten A. 19b Abs. 3.

8. a) Die Bevollmächtigung verschiedener Personen zur Vornahme mehrerer Geschäfte gleicher Art von demselben Vollmachtgeber erfordert nur den einmaligen Stempel; dies auch dann, wenn in einer Urkunde zwei Personen zusammen derselbe Auftrag derart erteilt ist, daß sie ermächtigt sind, jeder allein die erforderlichen Handlungen vorzunehmen. Vgl. HSp. S. 171. AGH. S. 2365 und Joh. Bd. 2 S. 176. — Vgl. oben A. 4.

b) Die Frage, ob die Erteilung einer Generalvollmacht an mehrere nicht zu gemeinschaftlicher Vertretung berufene Personen ein einheitliches Geschäft darstellt, ist lediglich nach § 10 d. G. zu beurteilen. Die Annahme einer einheitlichen Bevollmächtigung wird nicht dadurch bedingt, daß dem Machtgeber nur eine einzelne Person als Bevollmächtigter gegenübersteht; es ist vielmehr nur aus der sachlichen Seite des durch die Bevollmächtigung begründeten Rechtsverhältnisses zu entnehmen, ob eine Vollmacht oder eine Mehrheit von solchen vorliegt. Vorliegend hatten die sämtlichen Mitglieder eines Grubenvorstandes drei von ihnen zu Substituten und Bevollmächtigten des Grubenvorstandes bestellt; jeder der Bevollmächtigten war befugt, nach außen hin selbständig ohne das Einverständnis der übrigen rechtlich bindende Vertretungshandlungen vorzunehmen: Es war zu der Urkunde der Generalvollmachtsstempel dreimal zu entrichten. RG. 7. 2. 05, JMBl. S. 373, ZBl. S. 217. FM. 23. 5. 05 III 5326.

c) Wird von einer Person einem andern in derselben Urkunde eine Prozeßvollmacht und eine Vollmacht zur Auflassung des dem Machtgeber gehörigen Grundstücks erteilt, so ist der zweimalige Vollmachtstempel nach Abs. 1 und 4 fällig; wenn der Machtgeber in derselben Urkunde zwei andere Personen ermächtigt, sei es gemeinschaftlich, sei es jeder für sich, dasselbe Grundstück aufzulassen, so kommt der Vollmachtsstempel nur einmal in Ansatz, so bei Erteilung einer Vollmacht an zwei Rechtsanwälte. RG. 7. 2. 05, ZBl. S. 217, JW. S. 222.

d) Eine Urkunde, in der mehreren zu gemeinsamer Ausübung ihres Berufes verbundenen Rechtsanwälten Prozeßvollmacht und Vollmacht zur Empfangnahme des Streitgegenstandes erteilt ist, unterliegt dem Vollmachtstempel selbst dann nur einmal, wenn die Bevollmächtigten den Vollmachtgeber auch einzeln vertreten können. KG. 4. 1. 05, Joh. Bd. 30 S. B 69.

e) Eine von mehreren Mitangeklagten auf ihren gemeinschaftlichen Verteidiger ausgestellte Vollmacht bedarf des mehrfachen Vollmachtstempels. KG. 10. 5. 97, ZBl. von 1899 S. 54; FM. 15. 5. 99, JMBl. von 1899 S. 151. Ebenso die auf eine Person in einer Urkunde von mehreren Beschuldigten (Privatklägern oder Privatbeklagten) ausgestellte Vollmachtsurkunde. FM. 11. 2. 98 III 7324. — Vgl. unten A. 34a und A. 39.

9. Werden in einem Testament dem Testamentsvollstrecker weitere Befugnisse eingeräumt, als nach § 98 I 13 ALR. einem Bevoll-

Noch: Zu Tarif-Nr. 73.

mächtigten im Zweifel zustehen, so ist wegen § 10 Abs. 3 LStG. ein Vollmachtstempel nicht fällig. FM. 13. 6. 99 III 7635. — Vgl. jetzt §§ 2197 ff. BGB. Auch unter der Herrschaft des BGB. ist ein Vollmachtstempel zu der in letztwilligen Verfügungen enthaltenen Bestellung von Testamentsvollstreckern nicht zu erheben.

10. a) Eine Generalvollmacht liegt auch dann vor, wenn die Ermächtigung zur Besorgung aller Angelegenheiten des Vollmachtgebers sich auf einen bestimmten Teil des Vermögens z. B. auf eine dem Vollmachtgeber angefallene Erbschaft oder auf ein von ihm betriebenes Handelsgeschäft beschränkt. Steht diese Beschränkung auf einen gewissen Vermögenskomplex, wenn die Ermächtigung sich auf alle Rechtsgeschäfte erstreckt, der Annahme der Generalvollmacht nicht entgegen, so liegt auch kein Grund vor, die Vollmacht anders zu qualifizieren, wenn die Ermächtigung auf gewisse Gattungen von Geschäften in Bezug auf einen Vermögenskomplex gerichtet ist. RG. 9. 7. 03, JW. S. 319.

b) Frau A. beauftragt und ermächtigt den Kaufmann B. zum parzellenweisen Verkauf ihres Gutes N. derart, daß B. berechtigt ist, mit den Käufern vollgültige Kaufverträge in seinem Namen abzuschließen sowie alles hierzu Gehörige zu vereinbaren und zu veranlassen: Eine Generalvollmacht liegt nicht vor, da als solche nur diejenige Vollmacht anzusehen ist, die zur Verwaltung des gesamten Vermögens oder eines besonderen Kreises wirtschaftlicher Angelegenheiten ermächtigt; es ist vielmehr eine Spezialvollmacht beurkundet, da der erteilte Auftrag sich auf die Vornahme einer bestimmten Kategorie gleichartiger Geschäfte, die sich auf einen einheitlichen Gegenstand beziehen, beschränkt. FM. 22. 4. 97 III 2591.

c) Der Subdirektor und acht Generalagenten der Gesellschaft A. bevollmächtigen den Revisor B., sämtliche Haupt- und Spezialagenturen der A. innerhalb der Provinz N. zu revidieren, Kassengelder dieser Agenturen abzuheben und darüber rechtsgültig zu quittieren, Versicherungspapiere in Empfang zu nehmen und deren Rückeinnahme und Buchungswert zu bescheinigen: Die dem Revisor erteilte Ermächtigung hat, da die Agenturen nicht zum Abschluß von Verträgen befugt sind, nur die Bedeutung einer Legitimation, soweit es sich um die Prüfung der geschäftlichen Tätigkeit dieser Agenturen handelt; soweit der Revisor Kassengelder und Versicherungspapiere gegen Quittung in Empfang zu nehmen hat, handelt es sich um neue Spezialvollmachten.

Eine Generalvollmacht liegt nicht vor, da es sich nicht um Vornahme gewisser d. h. mehrerer Gattungen von Geschäften handelt; die von dem Bevollmächtigten vorzunehmenden Rechtsgeschäfte gehören vielmehr, obwohl sie die Abhebung von Kassengeldern und Versicherungspapieren sowie Quittungsleistung bei sämtlichen Agenturen der Provinz zum Gegenstande haben, inhaltlich einer bestimmten einzelnen Gattung von Geschäften an und verlieren diese Eigenschaft dadurch nicht, daß die Bevollmächtigung verschiedenen Dritten gegenüber wirksam werden kann. FM. 14. 10. 99 III 12849.

d) Die gemäß § 274 Abs. 1 Satz 2 HGB. dem Aufsichtsrat einer Aktiengesellschaft erteilte Ermächtigung, Aenderungen

Noch: Zu Tarif-Nr. 73.

des Gesellschaftsvertrages, welche nur die Fassung betreffen, vorzunehmen, ist als Generalvollmacht nicht anzusehen. LG. I Berlin 30. 4. 98, Hz S. 632

e) Erteilung von Prokura ist Generalvollmacht. Als Objekt gilt das im Handelsgewerbe angelegte Vermögen mit Ausnahme der Grundstücke Der Mindeststempel beträgt 1,50 M Prokurenanmeldung zum Handelsregister ist in gerichtlicher Form stempelfrei, in notarieller Form als Notariatsurkunde mit 1,50 M. stempelpflichtig. Erfolgt sie durch Unterschriftsbeglaubigung, so ist vom Gericht wie vom Notar der Atteststempel zu verwenden FM. 27 6. 99 III 7342, ZBl. S. 180; JM. 12 7. 99, JMBl S. 192.

11. a) Eine Generalvollmacht ist, auch wenn der Gegenstandswert sich aus der Urkunde nicht ergibt oder er darin offenbar unrichtig bezeichnet wird, mit dem Vollmachtstempel bis zum Höchstbetrage von 20 M nach dem Aktivvermögen des Vollmachtgebers zur Zeit der Ausstellung der Vollmacht, mindestens aber mit 1 M. 50 Pf. zu besteuern. Zur Bemessung des richtigen Stempels ist, auch wenn in der Vollmacht ein bestimmtes Objekt angegeben ist, Feststellung des Vermögens zur Zeit der Vollmachtausstellung zulässig; ein Abzug der Schulden findet hierbei nicht statt KG. 4 12. 99, Joh Bd. 19 S. 210.

b) Bei Generalvollmachten zur Verwaltung des gesamten jetzigen und zukünftigen Vermögens bemißt sich der Stempel nach dem Stande des jetzigen Vermögens, mindestens aber sind 1,50 M. (unschätzbar) fällig. JM. 17 10. 98, ZBl. S. 415

12 Vgl. §§ 611 ff BGB.

13 a) Unter „Dienstverhältnis" ist sowohl das privatrechtliche Dienstverhältnis wie das öffentlich-rechtliche Beamtenverhältnis zu verstehen, also auch dasjenige, in welchem ein Gemeindebeamter zur Gemeinde steht. RG. 10 7. 00, JW. S 681. FM. 26 6 97 III 7277 und 28 11 02 III 14353

b) Der ermäßigte Steuersatz wird überall da zur Anwendung zu bringen sein, wo es feststeht, daß ein solches Dienstverhältnis z. Z. der Ausstellung der Vollmacht bestanden hat, selbst wenn dies aus der Urkunde nicht hervorgeht. Umgekehrt kann die Stempelerleichterung nicht zur Anwendung kommen, wenn zwar in der Urkunde von dem Vorhandensein eines Dienstverhältnisses die Rede ist, ein solches aber in Wirklichkeit nicht bestanden hat. FM 5. 7. 04 III 8945 u 3. 10. 04 III 12372.

c) Ein Dienstverhältnis setzt eine auf längere Zeit berechnete Anstellung voraus KG 19. 10. 05 Joh. Bd 32 S. B 65

d) Die einem Gutsadministrator, mit dem ein Verwaltungsvertrag geschlossen ist, erteilte Vollmacht unterliegt dem geringeren Stempel des Abs 2. KG. 29 7 98, Hz. S 640. Dagegen ist das Verhältnis der Partei zu ihrem Prozeßvertreter kein Dienstverhältnis. Joh. Bd. 32 S. B 65.

14. Die Verträge zwischen verschiedenen Hausbesitzern und dem Verein Invalidendank über die Besorgung der Hausverwaltung im weitesten Umfange sind für Vollmachten erklärt. Für den Begriff der Vollmacht mache es keinen Unterschied, ob der Bevollmächtigte für seine Mühewaltung eine Vergütung erhält oder nicht, ob also die

Noch: Zu Tarif-Nr. 73.

Vollmacht auf einem Dienstvertrage (§§ 611 ff. BGB.) oder einem Auftrage (§§ 662 ff. das.) beruht; durch den allgemeinen Vertragsstempel könne der Vollmachtstempel nicht ausgeschlossen werden, da umgekehrt Tarifstelle 71 Ziff. 2 nur dann zur Anwendung kommen soll, wenn keine andere Tarifstelle anwendbar ist. Die Tarifstelle 73 Abs. 2 könne nicht in Anwendung kommen, weil von einem persönlichen Dienstverhältnis, daß das Stempelsteuergesetz voraussetzt, bei einem Verein schon an sich nicht die Rede sein kann, auch ein Hausverwaltungsvertrag nach Art der hier in Frage stehenden kein persönliches Unterordnungsverhältnis begründet. Da der Vollmachtstempel auch dann erforderlich ist, wenn die Urkunde von dem Vollmachtgeber allein unterzeichnet ist, ist es ohne Bedeutung, wenn die Urkunden nicht von dem Verein in rechtsgültiger Weise mit vollzogen sind. Aus demselben Grunde ist der Vollmachtstempel trotz der dem Verein zustehenden Stempelsteuerbefreiung mit dem vollen Betrage zu verwenden. FM. 11. 11. 05 III 14715. — Vgl. A. 18 bei Tarif 71.

15. Der Begriff der Unschätzbarkeit hier und im § 4 Abs. 1 litt. a ist der gleiche. FM. 20. 4. 04 III 4875.

16. Der Gegenstand der Vollmacht ist u. a. unschätzbar:

a) wenn der Aussteller noch kein Vermögen besitzt, sondern solches nur zu erwarten hat. 14. KS. S. 9.

b) bei Prozeßvollmachten in Ehesachen und in Privatklagesachen. FM. 11. 2. 98 III 7324.

c) bei Vollmachten betreffend Rückkehr-, Besserungs- und Wiederaufnahmebefehle. — Vgl. unten A. 27.

d) bei Vollmachten für ein Strafverfahren, Joh. Bd. 17 S. 293, selbst wenn es sich um angeklagte Eheleute handelt, sofern nur nicht der Ehemann als Beistand unterschreibt.

e) bei solchen für eine Verwaltungsstrafsache, auch wenn das Vergehen nur mit einer Strafe von 150 M. oder weniger bedroht ist. FM. 30. 6. 98 III 8951.

f) in Verwaltungsstreitsachen über die Erteilung von Schankerlaubnisscheinen. FM. 14. 6. 04 III 7607.

g) für Vollmachten, welche in einer Grundbuchsache behufs Herbeiführung einer beanstandeten Eintragung erteilt werden. RG. 11. 7. 00, Hz. S 641.

h) bei Postvollmachten. FM. 21. 5. 97 III 7277. — Vgl. A. 20 h bei § 25.

i) bei Vollmachten für Aufgebot eines Hypothekendokuments. FM. 23. 11. 98 III 9747.

k) bei Vollmachten in einem Prozeß auf Herausgabe eines Hypothekenbriefes. RG. 10. 7. 99, Joh. Bd. 19 S. 204.

l) bei Vollmachten, die in Generalversammlungen von Vereinen vorgelegt werden, weil in der Generalversammlung auch Beschlüsse über Gegenstände gefaßt werden können, die eine Abschätzung nach Geld nicht zulassen. FM. 29. 9. 06 III 15189.

Vgl. ferner für Unschätzbarkeit oben A. 11 b u. unten A. 26 c u. 27.

17. a) Vorbehaltlich besonderer Einzelfälle soll im allgemeinen von der Forderung der Beibringung förmlicher schriftlicher Vollmachten für

Noch: Zu Tarif-Nr. 73.

Personen, die Frauen in der Ausübung des Stimmrechts bei Gemeindewahlen 2c. vertreten, abgesehen werden, es soll genügen, daß die Vertreter von den Vertretenen in anderer Form schriftlich oder mündlich auf zweifelsfreie Weise bezeichnet werden. FM. 17. 5. 05 III 6266. — Vgl. unten A. 23 f.

b) Vollmachten zur Kommunalwahl sind mit 1,50 M. stempelpflichtig; ebenso Vollmachten zur Ausübung des Stimmrechts auf Kreistagen. Es soll eine Urkunde zur allgemeinen Vertretung auf den Kreistagen genügen, so daß für jede einzelne Kreistagssitzung eine Vollmacht nicht ausgestellt zu werden braucht. FM. 1. 7. 98 III 7930.

18. Prozeßvollmacht ist diejenige Vollmacht, welche einen andern als Prozeßbevollmächtigten für einen nach der ZPO. zu verhandelnden bestimmten Rechtsstreit zu allen Prozeßhandlungen Namens des Vollmachtgebers ermächtigt. In der Prozeßvollmacht dürfen auch diejenigen Befugnisse urkundlich besonders hervorgehoben werden, welche nach §§ 77, 78 u. 80 ZPO. — vgl. jetzt §§ 81, 82 — klar aus dem allgemeinen Auftrag zur Prozeßführung als Prozeßbevollmächtigter hervorgehen. KG. 13. 4. 98, JMBl. S. 250.

19. Folgende in die Prozeßvollmacht aufgenommenen Ermächtigungen gehen nicht über den Rahmen einer Prozeßvollmacht hinaus:

a) zur Vertretung im Interventionsprozeß, im Verfahren behufs Eröffnung des Konkurses über das Vermögen des Gegners, im Konkurse selbst und den infolge desselben entstehenden Prozessen zur Gewährung von Stundung. KG. 11. 11. 01, JMBl. S. 50 von 1902, Joh. Bd. 23 S. B 29; KG. 14. 3. 04, JMBl. S. 259.

b) Anträge auf Ein- und Ausreichung von Geldern, Wertpapieren und Dokumenten bei den Hinterlegungsstellen zu vollziehen, auf Rechtsmittel zu verzichten und solche zurückzunehmen, den Anspruch, auf den sich die Prozeßvollmacht bezieht, im Konkurse des Gegners zu verfolgen.

Insbesondere ist der ersteren Ermächtigung nicht die Bedeutung beizulegen, daß die Prozeßbevollmächtigten befugt sein sollen, Gelder 2c. für die Beklagte in Empfang zu nehmen, welchenfalls eine Vollmacht i. S. des Abs. 1 vorhanden wäre — s. u. A. 22a —, die Bevollmächtigten sollen vielmehr nur Anträge auf Auszahlung an die Beklagte selbst an die Hinterlegungsstelle richten dürfen und zwar bezieht sich die Vollmacht nur auf Hinterlegungen, die in dem Prozesse selbst erfolgen oder erfolgt sind. KG. 14. 3. 04, JMBl. S. 259, Joh. Bd. 28 S. B 39.

Dagegen sind Ermächtigungen „aus den eingehenden Geldern einen Vorschuß zu entnehmen" oder „die abgehobenen Handakten zu vernichten" überhaupt nicht nach Tarif 73 zu versteuern. KG. 11. 11. 01, Joh. Bd. 23 S. B 29.

20. Als Prozeßvollmachten sind auch anzusehen die Vollmachten zur Vertretung im Konkurs- oder Zwangsversteigerungsverfahren, sofern sie nicht Ermächtigungen enthalten, die nicht im Rahmen einer Prozeßvollmacht (§§ 77, 78 — jetzt 81, 82 — ZPO.) liegen, oder zu denen Spezialvollmachten (z. B. zur Abgabe von Geboten) erforderlich sind. FM. 11. 2. 98 III 7324 u. 13. 4. 98 III 4930; KG.

Noch: Zu Tarif-Nr. 78.
18. 4. 98, JMBl. S. 250; RG. 2. 3. 00, DJZ. S. 207. — S. unten A. 23e, 24a.

21. Eine Prozeßvollmacht, die zugleich die allgemeine Ermächtigung zur Empfangnahme von Geld und andern Gegenständen enthält, ist in der Regel stempelrechtlich als ein einheitliches Rechtsgeschäft zu würdigen. KG. 27. 2. 99, Joh. Bd. 19 S. 202.

22. a) Vollmachten in Prozessen, die den bevollmächtigten Anwalt nicht nur zu Prozeßhandlungen nach Maßgabe der §§ 81, 82 ZPO. und zur Empfangnahme der zu erstattenden Prozeßkosten, sondern auch ferner ermächtigen, den Streitgegenstand sowie hinterlegte Gelder und Urkunden in Empfang zu nehmen, sowie für das Zwangsversteigerungsverfahren ausgestellte Vollmachten, die zum Empfange des Versteigerungserlöses ermächtigen, sind keine Prozeßvollmachten i. S. des Abs. 4 dieser Tarifstelle. Es erstreckt sich deshalb auf solche Vollmachten die einstweilige Befreiung von der Stempelsteuer, welche als Folge der Bewilligung des Armenrechts für die Partei eintritt, nicht. Das Armenrecht deckt nur die Prozeßvollmacht und nur insoweit ist der Armenanwalt für den Stempel nicht haftbar. Im übrigen haftet er nach § 13d LStG. (vgl. A. 6c bei § 13). RG. 14. 4. 03, ZBl. S. 246, JMBl. S. 161, Entsch. Bd. 54 S. 275. — Vgl. unten A. 30a.

b) Bei nachträglicher Entziehung des Armenrechts ist der zu erhebende Vollmachtstempel von dem Armenanwalt, der die Vollmacht dem Gericht eingereicht hat, nicht zu erfordern. KG. 26. 10. 96. — Vgl. A. 5e zu § 13.

23. a) Als „Gegenstand der Vollmacht" ist bei Prozeßvollmachten nach dem Sinne dieser Tarifstelle der Gegenstand des Prozesses anzusehen; für die Berechnung des Wertes dieses Gegenstandes sind nicht die Vorschriften der ZPO. oder anderer Prozeße, sondern nur die des Stempelsteuergesetzes selbst maßgebend. Bei Geldforderungen ist nach § 6 Abs. 3 dieses Ges. der aus der stempelpflichtigen Urkunde ersichtliche Geldbetrag als Wert anzusehen. Da nun im vorliegenden Falle in der stempelpflichtigen Vollmacht „1000 Mark" als Gegenstand des Rechtsstreites bezeichnet, Zinsen aber nicht erwähnt sind, so hat das Berufungsgericht mit Recht lediglich den Betrag von 1000 M. als Gegenstand der Vollmacht angesehen. RG. 14. 3. 02, JW. S. 234. Dieser Entscheidung ist verwaltungsseitig Folge gegeben. FM. 12. 6. 02 III 7326. — Vgl. A. 10c bei Tarif 59.

b) Der stempelrechtliche Wert der vom Kläger erteilten Prozeßvollmacht ist nach der Klageschrift zu bestimmen, wenn die Vollmachtsurkunde nur die für die Gebührenberechnung in Betracht kommende Wertklasse angibt. Sind in diesem Falle in der Klageschrift neben dem Kapitale Zinsen für die Zeit von der Erhebung oder Zustellung der Klage an geltend gemacht, so ist der Stempelberechnung außer dem Kapitale das Zwölfeinhalbfache des einjährigen Zinsbetrages zu grunde zu legen. KG. 28. 3. 04, Joh. Bd. 28 S. B 29, JMBl. S. 3 von 1905. Geklagt war wegen 131 M. nebst

Noch: Zu Tarif-Nr. 73.

4 Prozent Zinsen seit der Klagezustellung. Mit der Klageschrift überreicht war eine Prozeßvollmacht, in der „wegen 120—200 M." Vollmacht erteilt war. Mit den RG.-Urteilen v. 23. 3. 00 und 14. 3. 02 (JW. S. 405 und Gruch. Bd. 47 S. 692) steht diese Entscheidung nicht im Widerspruch, weil in jenen Fällen in der Vollmacht der Kapitalbetrag angegeben war, im vorliegenden Falle die Vollmacht aber eine bestimmte Summe nicht enthält.

c) Der Stempel für die in einem Exmissionsprozeß ausgestellte Vollmacht ist nach den Vorschriften im letzten Absatz des § 6 LStG. zu ermitteln. RG. 27. 2. 99, Joh. Bd. 19 S. 202.

d) Fordert die Frau vom Manne im Wege der einstweiligen Verfügung die Gewährung von Unterhalt durch Entrichtung einer Geldrente für die Dauer des Ehescheidungsprozesses, so ist das 12½fache des einjährigen Betrages als stempelpflichtiger Wert anzusehen; jedoch darf der nach § 6 Abs. 10 LStG. für die Lebenszeit zu berechnende Wert nicht überschritten werden. RG. 3. 11. 02, Joh. Bd. 26 S. B 15.

e) Als stempelpflichtiger Wert einer Vollmacht zur Vertretung eines Konkursgläubigers im Konkursverfahren ist regelmäßig der aus der Vollmacht ersichtliche Geldbetrag der Konkursforderung, nicht der vermutlich zur Hebung gelangende Betrag, anzusehen. RG. 25. 1. 04, Joh. Bd. 28 S. B 34. Stempelrechtlich ist eine Vollmacht für ein Konkursverfahren eine Prozeßvollmacht. Vorliegend lautete die Vollmacht „wegen meiner Darlehnsforderung von 8000 M." Im Text der Vollmachtsurkunde stand: „Obj. c. 15 bis 20 Prozent meiner Forderung". Diese Angabe, also der mutmaßliche Wert der Forderung, kommt für die Stempelberechnung nicht in Betracht. Anders wäre es, wenn zur Zeit der Beurkundung der Vollmacht die Beschränkung der angemeldeten Forderungen auf bestimmte Prozentsätze bereits feststeht, wenn also z. B. für eine Abschlagszahlung der zu zahlende Prozentsatz gemäß § 159 KO. bestimmt und die Vollmacht auf die Vertretung bei dieser Verteilung gerichtet ist. — Vgl. unten A. 30a.

f) Ist die Vollmacht zur Wahrnehmung des ersten Konkurstermins ausgestellt (Beibehaltung des Verwalters, Bestellung eines Gläubigerausschusses und event. über die § 120 KO. bezeichneten Gegenstände), so ist nur ein Stempel von 1 M. 50 Pf. — Abs. 3: Ausübung des Stimmrechts — fällig. RG. 16. 1. 99, Joh. Bd. 18 S. 193; JM. 17. 2. 00.

Würde die Vollmacht nur ermächtigen „zur Annahme des Zwangsvergleiches, durch welchen eine Akkordrate von 10 Prozent auf die nicht bevorrechtigten Forderungen angeboten ist", so ist Wert des Gegenstandes nur der Betrag der Akkordrate. — Vgl. unten A. 38.

24. a) Die Vollmachten zur Vertretung der Beteiligten in dem Verfahren der Zwangsversteigerung zum Zwecke der Zwangsvollstreckung sind als Prozeßvollmachten zu versteuern, wenn sie lediglich zu den das Zwangsversteigerungsverfahren betreffenden Rechtshandlungen ermächtigen. RG. 4. 5. 05, Joh. Bd. 31 S. B 47.

Noch: Zu Tarif-Nr. 73.

Die Vollmacht lautete: „Dem Rechtsanwalt A. erteilen wir Vollmacht, uns in dem Verfahren der Zwangsversteigerung des Grundstücks B. wegen unserer Forderung von 16 000 M. bei dem Amtsgericht zu C. zu vertreten:" Es war nur ein Stempel von 5 M. fällig. — Vgl. unten A. 30c.

b) Ist eine Vollmacht zur Vertretung im Zwangsversteigerungsverfahren wegen einer dem Betrage nach bezeichneten Hypothek erteilt und der Bevollmächtigte hierbei namentlich für befugt erklärt, für den Machtgeber mitzubieten und das Grundstück zu erstehen, so ist zufolge der letztgedachten Ermächtigung Gegenstandswert der Vollmacht mindestens der gemeine Wert des Grundstücks, nicht bloß der Betrag, welcher zum Herausbieten der Forderung geboten werden muß. RG. 6. 3. 99, Joh. Bd. 22 S. B 40. Hierbei kann zur Bemessung des Wertes des Grundstücks das erzielte Meistgebot als Grundlage dienen, wenn anzunehmen ist, daß Meistgebot und Grundstückswert ungefähr im Einklang stehen. FM. 9. 11. 01 III 13929. Sonst haben für die Bemessung des Grundstückswerts die allgemeinen Grundsätze des Stempelsteuergesetzes zu gelten. Eine solche Vollmacht geht über den Rahmen einer Prozeßvollmacht hinaus. RG. 12. 2. 00.

c) Ist in der Vollmacht zur Vertretung im Zwangsversteigerungsverfahren die Vertretungsmacht für den Antrag auf Erteilung des Zuschlages mitgewährt, so ist diese Vollmacht nach der obigen Entscheidung (Joh. Bd. 22 S. B 40) zu behandeln, wenn die Erteilung des Zuschlages an den Gläubiger und Vollmachtgeber mit ins Auge gefaßt ist. Im andern Falle dagegen liegen, wenn die Vollmachten nicht sonst noch besondere Befugnisse gewähren, bloße Prozeßvollmachten vor.

25. Urkunden, inhalts deren der Aussteller einem Auktionator oder Gerichtsvollzieher den Auftrag erteilt, bestimmt bezeichnete Sachen zu versteigern, d. h. nicht nur Gebote entgegenzunehmen, sondern auch den Zuschlag zu erteilen und Eigentum zu übertragen, stellen sich als Vollmachten dar. Enthalten die Urkunden eine Wertangabe nicht, so ist der gemeine Wert des Gegenstandes maßgebend. FM. 6. 6. 04 III 7264.

Der Auftragsschein und das später errichtete Auktionsprotokoll enthalten verschiedene Rechtsgeschäfte und unterliegen jedes für sich der tarifmäßigen Abgabe. FM. 22. 5. 97 u. 28. 7. 98 III 6022 u. 10509.

26. a) Die im § 31 RGBO. gegebene Stempelfreiheit für die Auflassungsvollmacht, wenn das der Einigung zu grunde liegende Rechtsgeschäft von einem Notar beurkundet und die Vollmacht in der Urkunde enthalten ist, greift auch dann Platz, wenn die Auflassung nicht vor dem Grundbuchamt, sondern vor einem andern Gericht oder einem Notar erklärt wird. RG. 21. 8. 00, Hz. S. 643. — Vgl. A. 12b bei Tarif 77.

b) Ist die Auflassungsvollmacht in gerichtlich aufgenommenen Urkunden über das der Auflassung zu grunde liegende Veräußerungsgeschäft enthalten, so tritt ihre Stempelpflichtigkeit wieder ein.

Noch: Zu Tarif-Nr. 73.

c) Geht eine Auflassungsvollmacht über den Rahmen einer solchen hinaus, ermächtigt sie „überhaupt zu Eintragungen aller Art in den Grundbüchern", so trifft die Stempelfreiheit aus § 31 RGO. nicht mehr zu. RG. 4. 11. 04.

In einem solchen Falle ist als Wert derselben nicht der vereinbarte Kaufpreis maßgebend, vielmehr ist der Wert in der Regel nicht schätzbar. Ist das Objekt — Höhe der Hypothek ꝛc. — angegeben, so ist dieses maßgebend. FM. 27. 2. 02 III 2364. Im allgemeinen ist für Auflassungsvollmachten Objekt der gemeine Wert des Grundstücks. KG. 12. 6. 99, Hz. S. 631.

d) Ueber Vollmachten in Enteignungssachen vgl. A. 13 bei § 4 d. G.

27. Ermächtigt eine Vollmacht, eine gerichtliche Verfügung anzufechten, in welcher die Umschreibung einer Hypothek abgelehnt ist, so ist ihr Gegenstandswert nicht der Betrag der Hypothek, sondern sie ist als unschätzbar zu versteuern. KG. 21. 7. 00. — Vgl. oben A. 16 c.

28. Bei Vollmachten für Nachlaßregulierungen ist der aliquote Anteil des Vollmachtgebers als Objekt anzunehmen. FM. 18. 10. 97 III 13105.

29. a) Auf die Vollmachten im Verwaltungsstreitverfahren finden ebenfalls Tarifstelle 73 und § 4 litt. a sowie § 4 Abs. 2 des Ges. Anwendung.

Wird der Wert des Streitgegenstandes nach erfolgter Stempelverwendung auf 150 M. und weniger festgesetzt, so erfolgt Erstattung durch die Steuerbehörde.

Zur Entrichtung oder Nachbringung des Stempels ist der Aussteller, sowie jeder Inhaber oder Vorzeiger verpflichtet. — §§ 12b u. 13 d. G.

Die Stempelverwendung hat innerhalb zwei Wochen zu geschehen. § 16g und Abs. 2 d. G. Ohne den Stempel eingereichte Vollmachten sind dem Einreicher zur rechtzeitigen Stempelverwendung zurückzugeben, event. aber steht bei nahem Ablauf der Verwendungsfrist und bedenkenfreier Zahlungsfähigkeit des Verpflichteten dem Vorsitzenden des Verwaltungsgerichts frei, die Vollmacht mit dem Stempel zu versehen und den Betrag sodann einzuziehen. Bei verspäteter Einreichung der Vollmacht oder bei Ablauf der Verwendungsfrist, ohne daß der Vorsitzende des Gerichts von seiner Befugnis Gebrauch macht, ist die Sache zur strafrechtlichen Verfolgung an das Haupt-Steueramt abzugeben.

Die §§ 30 Abs. 3 und 31 Abs. 2 d. G. finden auch auf die Verwaltungsgerichte Anwendung. Erl. des Min. d. J. v. 26. 6. 96 I. A. 6283. ZBl. S. 536 u. S. 453 von 1898. FM. 14. 7. 96 III 9488. — Vgl. A. 5 oben u. A. 7 bei § 30.

b) Zu einer Vollmacht, die ein Rechtsanwalt in einem Beschwerdeverfahren dem Landratsamt einreicht, hat die Behörde den Stempel nicht zu erheben: Bei nicht rechtzeitiger Kassierung des Stempels ist also der Rechtsanwalt strafbar, und zwar subsidiär als Inhaber oder Vorzeiger (§ 16 Abs. 2). KG. 26. 8. 97.

c) Ueber Vollmachten zur Abgabe von Steuererklärungen s. A. 5 bei § 4 d. G.

Noch: Zu Tarif-Nr. 73.

30. a) Im Stempelauslande von Ausländern ausgestellte Vollmachten zur Führung eines Prozesses oder zur Vertretung in einem Konkursverfahren vor einem Preußischen Gericht unterliegen dem Vollmachtstempel **nicht**, weil die Entstehung der Stempelpflicht durch § 2 DGKG. ausgeschlossen wird.

Dies gilt auch von den im Prozeßverfahren eingereichten Vollmachten, die über den Rahmen einer Prozeßvollmacht hinausgehen, indem sie inhaltlich den Bevollmächtigten zu Handlungen ermächtigen, die außerhalb des Prozeßverfahrens liegen, z. B. zur Empfangnahme von Sachen, Geldern, Wertpapieren usw. von der Gegenpartei und von Dritten, sowie zur Quittungsleistung darüber. RG. 24. 4. (15. 5.) 03, Entsch. Bd. 54 S. 426, ZBl. S. 430, JMBl. S. 230.

Die als „Prozeßvollmacht" bezeichnete Urkunde war im Ausland von einem Ausländer ausgestellt. Ein inländischer Anwalt hatte sie bei einem inländischen Gericht zu seiner Legitimation überreicht. — Vgl. auch A. 7 bei § 2 und oben A. 22.

b) Wird eine solche im Auslande ausgestellte Vollmacht aber im Stempelinlande nicht dem Gericht, sondern z. B. der Ministerial-, Militär- und Baukommission zwecks Entgegennahme hinterlegter Beträge eingereicht, so ist sie stempelpflichtig. FM. 5. 7. 04 III 8884.

c) Im Auslande von Ausländern ausgestellte Vollmachten zur Vertretung des Ausstellers in einem in Preußen schwebenden Grundstücks-Zwangsversteigerungsverfahren unterliegen dem preußischen Vollmachtstempel. KG. 29. 2. 04, ZBl. S. 100, JMBl. S. 151, Joh. Bd. 27 S. B 63. Durch § 2 Abs. 2 DGKG. wird der Stempel nicht ausgeschlossen. — Vgl. oben A. 24.

d) Eine von einem Ausländer im Ausland ausgestellte Vollmacht unterliegt der preußischen Stempelsteuer, wenn das Geschäft, zu welchem der Bevollmächtigte durch die Vollmacht ermächtigt wird, von ihm im Inlande ausgeführt und dabei von der Vollmacht Gebrauch gemacht wird.

Die Entscheidung des Reichsgerichts v. 24. 4. 03 bezieht sich nur auf im Ausland ausgestellte Vollmachten zur Vertretung in einer vor die ordentlichen Gerichte gehörigen Rechtssache, die den Bestimmungen der ZPO., der StPO. oder der KO. unterliegt. FM. 12. 10. 03 III 14014. — Vgl. A. 7 b bei § 16.

e) Wird ein unausgefülltes Vollmachtsformular im Ausland unterzeichnet und sodann im Inland ausgefüllt, so ist der Vollmachtstempel fällig. Bolze 20 Nr. 681, Hz. S. 27.

31. Der Prozeßbevollmächtigte haftet für den Vollmachtstempel nur dann, wenn er die Vollmacht im Inland innegehabt oder vorgezeigt hat. KG. 13. 3. 99, Joh. Bd. 19 S. 213, FM. 30. 4. 99 III 4653. — Vgl. A. 9c bei § 16 u. oben A. 22a.

32. Vgl. §§ 167, 171 BGB.

33. Ein Schriftstück folgenden Inhalts: „Ich zeige der Güterexpedition hiermit an, daß ich den . . . . mit der Empfangnahme der ankommender Güter ꝛc. und der Quittungsleistung beauftragt habe", ist Vollmacht. FM. 2. 3. 98 III 2625. — Vgl. unten A. 35f u. Tarif 2 A. 7b.

34. a) Im Strafverfahren bedarf es zur Bestellung eines Verteidigers seitens des Angeklagten keiner Vollmacht. Zu seiner Legitimation bei Gericht genügt es, daß der Angeklagte die Wahl des Verteidigers dem Gericht, auch mündlich, anzeigt. (§ 217 StrPO.) Solche Anzeige ist nicht stempelpflichtig. KG. 30. 11. 96, Joh. Bd. 17 S. 290.

Dagegen erfordert die Verkehrssitte für die Ermächtigung des Verteidigers zur Empfangnahme von Zustellungen an Stelle des Angeklagten und zur Zurücknahme von Rechtsmitteln eine Vollmacht. KG. 25. 6. 00, Joh. Bd. 21 S. B 16. Dies wird selbst dann zutreffen, wenn nur die Form des Ersuchens, dem Verteidiger das Urteil zuzustellen, gewählt ist. — Vgl. oben A. 8e.

b) In denjenigen Fällen, in welchen nach § 499 Abs. 2 StrPO. die dem Angeschuldigten erwachsenen notwendigen Auslagen der Staatskasse auferlegt sind, ist der Stempel für die Vollmacht außer Ansatz zu lassen. JM. 21. 9. 06, JMBl. S. 291.

35. In folgenden Fällen sind stempelpflichtige Vollmachten nicht anzunehmen:

a) Die Erklärung, Bureaugehilfen könnten Zahlungen annehmen usw. Der Kläger hatte dem Amtsgericht angezeigt, daß er dem Bureaupersonal die Ermächtigung erteilt hätte, in Zwangsvollstreckungssachen gültig über Zahlungen der Schuldner zu quittieren; er traf dann auch die Einrichtung, am Schlusse jedes Zwangsvollstreckungsauftrages den Gerichtsvollzieher von den seinen Angestellten erteilten Befugnissen in Kenntnis zu setzen. Das Reichsgericht führt aus: Nach der Feststellung des Berufungsrichters seien die schriftlichen Erklärungen nur schriftliche Kundgebungen der bereits erteilten Vollmachten und es bestehe im wesentlichen nicht eine Verkehrssitte dahin, daß in Fällen der vorliegenden Art eine Vollmacht erfordert werde. RG. 16. 10. 03, Entsch. Bd. 55 S. 375.

b) Die nach § 32 Abs. 2 der Branntweinsteuer-Grundbestimmungen der Steuerbehörde einzureichenden Anzeigen. Die Stempelpflicht ließe nur auf Tarifstelle 73 Abs. 5 LStG. sich begründen. Da indessen im § 32 Abs. 2 l. c. nicht die Ausstellung einer förmlichen Vollmacht, sondern nur die Einreichung einer Anzeige verlangt wird, so läßt sich nicht behaupten, daß die Verkehrssitte eine Vollmacht erfordere und durch die Anzeige die Vollmacht ersetzt werden solle. FM. 27. 1. 03 III 833.

c) Folgende Erklärung der Centrale für Spiritusverwertung:

An die Königliche Branntwein-Abfertigungsstelle
in N. N.

Wir ermächtigen hierdurch die Viktoria-Speicher-Gesellschaft — oder sind damit einverstanden — von unserem Lager . . . Faß . . . Spiritus zum Abgabensatze von . . . . abfertigen zu lassen.

Das Verfügungsrecht über den in ihrem Lager niedergelegten Branntwein steht der Viktoria-Gesellschaft auf Grund der Lagerordnung schon

Noch: Zu Tarif-Nr. 73.

als Lagerbesitzerin zu; Anträge auf Abfertigung von Branntwein aus ihrem Lager stellt sie im eigenen Namen.

d) Anträge, Branntweinsteuer-Berechtigungsscheine an dritte Personen auszuhändigen, desgleichen eine diesbezügliche Vollmachtserklärung, die an das Hauptamt gerichtet ist. FM. 26. 3. 98 III 8488. — Vgl. auch FM. 19. 5. 98 III 5812, ZBl. S. 252.

e) Die vom dritten Inhaber einer als Sicherheit für Abgabenstundungen zu Gunsten eines Zoll- oder Steuerschuldners dem Hauptamte verpfändeten Reichs- oder Staatsschuldbuchforderung dahin auszustellenden Erklärungen,

> daß das Hauptamt ermächtigt werde und berechtigt sein solle, ohne seine (des Dritten) Mitwirkung lediglich auf Grund der amtlichen Feststellung, daß ein gestundeter Abgabenbetrag fällig geworden ist, die Löschung der im Reichsschuldbuch (Staatsschuldbuch) eingetragenen Forderung und die Ausreichung entsprechender Schuldverschreibungen bei der Hauptverwaltung der Staatsschulden (Reichsschuldenverwaltung) zu beantragen.

FM. 25. 7. 04 III 9352.

f) Wenn in Gesuchen um Auszahlung hinterlegter Gelder von dem zur Erhebung des Betrages gegenüber den übrigen Hinterlegungsbeteiligten legitimierten Empfangsberechtigten der Antrag gestellt wird, die Summe statt an ihn an einen beliebigen Dritten zu zahlen, insofern aus der Erklärung die Natur des zwischen dem eigentlichen Empfangsberechtigten und dem Dritten obwaltenden, dem Antrag auf Auszahlung zu grunde liegenden Rechtsverhältnisses, welches nicht notwendig ein Vollmachtsverhältnis zu sein braucht, nicht mit Sicherheit zu erkennen ist. FM. 5. 1. 01 III 15622. — Vgl. A. 7b zu Tarif 2.

g) Schriftstücke, in denen der Aussteller ein Bankhaus als Kommissionär ermächtigt, Wertpapiere für ihn anzukaufen oder zu verkaufen, unterliegen nicht dem Vollmachtstempel; ebensowenig enthält die Ermächtigung zur Verfügung über die zu verkaufenden Papiere zum Ausgleich der etwaigen Forderungen des Kommissionärs eine stempelpflichtige Vollmacht. FM. 17. 5. 97 und 19. 7. 01 III 3325 u. 8979.

36. Vgl. §§ 6—8 PR. I. 17 und §§ 741 ff. BGB.

37. Die „Rechtsgemeinschaft" ist nicht auf das zivilrechtliche Gebiet zu beschränken. KG. 2. 2. 05, Joh. Bd. 30 S. B 73.

38. Für Vollmachten, in denen mehrere Gläubiger jemand bevollmächtigen, für sie in einem Konkursverfahren einem Zwangsvergleich zuzustimmen oder in einem Zwangsversteigerungsverfahren gegen einen angemeldeten Anspruch Widerspruch zu erheben, ist der Vollmachtstempel nach Abs. 6 nur einmal zu erheben. FM. 31. 10. 00 I 5271, ZBl. S. 581. — Vgl. oben A. 23f.

39. a) Wird im Strafverfahren einem Rechtsanwalt von dem Angeklagten und dessen gesetzlichen Vertreter gemeinschaftlich eine Vollmacht ausgestellt, so liegt, wenn hinsichtlich des gesetzlichen Vertreters nur die ihm in der Strafprozeßordnung eingeräumte Mitwirkung am Strafverfahren in Frage kommen kann, eine Rechtsgemeinschaft zwischen dem Angeklagten und dem gesetzlichen Vertreter

Noch: Zu Tarif-Nr. 73.

mit der Wirkung vor, daß der Vollmachtstempel nur einmal zum Ansatz kommen darf. KG. 2. 2. 05, Joh. Bd. 30 S. B 73.

b) Klagen Frau A und ihre minderjährigen Kinder gegen den Ehemann und bezw. Vater auf Unterhalt, so besteht keine Rechtsgemeinschaft, weil jeder einen selbständigen Klageanspruch hat. KG. 19. 10. 05. Joh. Bd. 32 S. B 65.

40. Eine Rechtsgemeinschaft besteht auch unter Mitgliedern des nämlichen Vereins, die gemeinschaftlich eine Vollmacht ausgestellt haben, da in der Generalversammlung nur über Angelegenheiten dieses Vereins Beschluß gefaßt werden kann, solche Vollmacht sich mithin auf Gegenstände bezieht, in bezug auf die zwischen den Ausstellern Rechtsgemeinschaft besteht. FM. 29. 9. 06 III 15189.

41. Wenn bei einer gerichtlichen oder notariellen Versteigerung durch die Kaufbedingungen oder durch besondere Erklärungen eine Person bevollmächtigt wird, nach erfolgtem Zuschlage für die Versteiglasser und für die Ansteigerer die Auflassungserklärung abzugeben und für die Ansteigerer die Eintragung der Steigpreise zu bewirken, so ist der Vollmachtstempel nur einmal in Ansatz zu bringen, sofern nach Inhalt des Protokolls die Vollmacht auf einen Zeitraum von längstens drei Tagen nach Ablauf des Tages beschränkt wird, an welchem der Zuschlag erfolgt. KG. 4. 5. 05, Joh. Bd. 30 S. B 76.

42. Vgl. § 81 ZPO.

43. a) Substitutionen bei einer Prozeßvollmacht unterliegen dem tarifmäßigen Stempel, sofern nicht die Ausnahme im letzten Absatz zutrifft, und zwar kann dann nur der Steuersatz des Abs. 4 zur Anwendung kommen. KG. 14. 11. 04, Joh. Bd. 29 S. B 55. — Sie sind nur dann stempelfrei, wenn aus dem Inhalt der Haupt- und Nachvollmacht diese Eigenschaft hervorgeht. KG. 8. 12. 98, Goltd., Jahrg. 46 S. 390. — Substitutionen bei gewöhnlichen Vollmachten (Abs. 1) sind stempelfrei. KG. 14. 11. 04, Joh. Bd. 29 S. B 56.

b) Die Entscheidung des Kammergerichts, wonach Substitutionen nur dann stempelpflichtig sind, wenn in dem für die Stempelpflichtigkeit der Substitutionsvollmacht maßgebenden Zeitpunkt die Gerichtskosten für die Hauptvollmacht bereits bezahlt sind — KG. 13. 12. 97, Joh. Bd. 17 S. 295 —, ist in dem JME. v. 30. 9. 98 I 5508, JMBl. S. 248 dahin abgeändert, daß es genügt, wenn die Hauptvollmacht in an sich stempelpflichtiger Form zu den Gerichtsakten zwecks Herbeiführung der Versteuerung eingereicht ist. FM. 14. 10. 98 III 13857, ZBl. S. 413.

c) Ist die ursprüngliche Vollmacht unversteuert eingereicht, so ist für später eingereichte Substitutionsvollmachten ohne Rücksicht auf die bereits erfolgte Berechnung und Einziehung des Stempels zu der ursprünglichen Vollmacht ein Stempel nicht einzuziehen.

Ist die ursprüngliche Vollmacht stempelfrei, so steht dies der Zubilligung der Stempelfreiheit für die Substitutionsvollmacht nicht entgegen, vorausgesetzt, daß die Hauptvollmacht in an sich stempelpflichtiger Form dem Gericht eingereicht ist. Dies trifft z. B. zu, wenn dem Aussteller der Hauptvollmacht für seine Person Stempelfreiheit zusteht. FM. 17. 5. 99, ZBl. S. 109, JMBl. S. 135.

	Lfd. Nr.	Gegenstand der Besteuerung.	Steuersatz v. H.	M.	Pf.	Berechnung der Stempelabgabe.
	74.	[1] **Vorrechtseinräumungen** [2–4] (Prioritätscessionen)	—	1	50	
1	75.	[1] **Werkverdingungsverträge**, inhalts deren der Uebernehmer auch das Material für das übernommene Werk ganz oder theilweise anzuschaffen hat, sind, falls letzteres in der Herstellung beweglicher Sachen besteht, wie Lieferungsverträge [2, 3] unter Zugrundelegung des für das Werk bedungenen Gesammtpreises zu versteuern.				
2		Handelt es sich bei dem verdungenen Werk um eine nicht bewegliche Sache,[4] so ist der Werkverdingungsvertrag so zu versteuern,[5] als wenn über die zu dem Werk				

Noch: Zu Tarif-Nr. 73.

44. Die Bestellung eines Bevollmächtigten für die höhere Instanz durch den Prozeßbevollmächtigten der unteren Instanz ist eine stempelfreie Substitutionsvollmacht. JM. 14. 7. 99, JMBl. S. 250.

Der Hauptbevollmächtigte darf auf Grund seiner Substitutionsbefugnis dem Substituten aber nicht weitergehende Befugnisse erteilen, als er selbst hat, wenn die Substitutionsvollmacht nicht den Anspruch auf Stempelfreiheit verlieren soll. RG. 8. 12. 98, Goltd., Jahrg. 46 S. 390.

45. Ueberträgt ein Generalbevollmächtigter seine Vollmacht auf Grund der ihm hierzu erteilten Befugnis im vollen Umfange auf einen andern, so liegt eine stempelfreie Substitution vor. RG. 14. 11. 04, Joh. Bd. 29 S. B 55; JMBl. S. 116 von 1905; FM. 29. 8. 05 III 11261.

Zu Tarif-Nr. 74.

1. Vgl. § 880 BGB. — §§ 19, 29 RGBO.

2. Als Objekt bei Vorrechtseinräumungen ist der geringste der drei zwischen den beiden Forderungen und dem belasteten Grundstück bestehenden Werte anzusehen. FM. 15. 6. 97 III 5698. — Vgl. § 21 Ziffer 3 Satz 2 GKG.

3. Tritt ein Gläubiger mit seiner Hypothek hinter die Hypotheken mehrerer anderer Gläubiger zurück, so ist der Stempel so oft zu verwenden, als vortretende Gläubiger vorhanden sind. FM. 18. 4. 03 III 5287.

4. Die in der Kaufgelderbelegungsverhandlung von einem Realinteressenten abgegebene Erklärung, daß er aus seiner Post nicht liquidiere, vielmehr nacheingetragenen Berechtigten das Vorzugsrecht einräume, unterliegt keinem besonderen Stempelansatz. Joh. Bd. 5 S. 226 und Bd. 28 S. B 22.

Lfd. Nr.	Gegenstand der Besteuerung.	Steuersatz v. H.	M.	Pf.	Berechnung der Stempelabgabe.
Noch 75.	erforderlichen, von dem Unternehmer anzuschaffenden beweglichen Gegenstände in demjenigen Zustande, in welchem sie mit dem Grund und Boden in dauernde Verbindung gebracht werden sollen, ein dem Steuersatz der Tarifstelle „Kauf- und Tauschverträge" Buchstabe c oder der Ziffer 3 der „Ermäßigungen und „Befreiungen" dieser Tarifstelle unterliegender Lieferungsvertrag und außerdem hinsichtlich des Werthes der Arbeitsleistung ein dem Steuersatz der Tarifstelle „Verträge" Ziffer 2 unterworfener Arbeitsvertrag abgeschlossen wäre.				
3	Die Vorschrift des §. 10 dieses Gesetzes findet entsprechende Anwendung dergestalt daß, insoweit eine Trennung des Gesammtpreises nicht vorgenommen ist, der höchste Steuersatz zu entrichten ist.				

Zu Tarif-Nr. 75.

1. Vgl. §§ 631 ff., 651 BGB.

2. Verträge über die Herstellung eines Denkmals unterliegen dem vollen Lieferungsstempel, wenn nicht eine Trennung des Wertes der Materialien und der Arbeitsleistung im Vertrage enthalten ist; dagegen unterliegen Verträge über die Anfertigung der Modelle für ein Standbild nur dem reinen Arbeitsvertragsstempel, da der Wert der von dem Künstler herzugebenden Materialien gegenüber der aufzuwendenden Arbeit zu sehr in den Hintergrund tritt. FM. 29. 3. 94 III 2748. Das gleiche wird bei Verträgen über Herstellung von Gemälden gelten.

3. Wenn neben Anfertigung, Lieferung und betriebsfähiger Aufstellung eines Röhrendampfkessels der Lieferant nur einen Monteur zu stellen hat, Aufstellung und Einmauerung aber durch den Besteller bewirkt wird, so liegt kein Werkverdingungsvertrag, sondern ein Lieferungsvertrag über bewegliche Gegenstände vor. FM. 5. 3. 97 III 2760.

4. Als Werkverdingungsverträge sind u. a. aufgefaßt:

a) Vertrag über vollständige betriebsfähige Herstellung und Ausrüstung einer Eisenbahn. Der Umstand, daß sich Besteller eine ausgedehnte Kontrolle vorbehält, steht der Annahme eines Werkverdingungsvertrages nicht entgegen. Die Gegenleistung für das bedungene Werk hat vorliegend darin bestanden, daß Besteller dem Unternehmer einen Baukredit von x Mark derart eröffnet hat, daß für etwaige Mehrausgaben Unternehmer allein aufzukommen hatte, daß ihm aber

Noch: Zu Tarif-Nr. 75.

außerdem eine Abfindung von x Mark zugesichert worden ist. RG. 9. 2. 99, JW. S. 197, Gruch. Jahrg. 43 S. 1066.

b) Uebernahme der Herstellung der Abdeckungen der Böschungen am Nord-Ostsee-Kanal mit dem vom Unternehmer zu liefernden Material, also Herstellung eines bestimmten Werks in Bezug auf eine unbewegliche Sache. Es kommt nicht darauf an, in welchem Verhältnis der Wert der Arbeiten zu dem des gelieferten Materials steht. RG. 28. 9. 97, JW. S. 582.

c) Vertrag über Lieferung und Aufstellung der eisernen Trägerkonstruktionen und schmiedeeisernen Treppen zu dem Restaurationsflügel des Herrenhauses. Da die einzelnen Teile, welche zur Herstellung der Trägerkonstruktionen und der Treppen erforderlich sind, in mehr als zwei untereinander gleichartigen, im Inland im Betriebe der vertragschließenden Firma hergestellten Stücken bestehen, ist der Lieferungsstempel nicht zu verwenden, vielmehr nur der allgemeine Vertragsstempel. FM. 6. 2. 01 III 1092. Auch Eisenwaren, die besonderen Zwecken angepaßt und dafür besonders bearbeitet sind, bleiben vom Lieferungsstempel befreit, falls sie im Inlande im Betriebe eines der Vertragschließenden erzeugt oder hergestellt sind und es sich um Mengen gleichartiger Sachen handelt; unter denselben Voraussetzungen müssen auch Tischlerarbeiten, Steinmetzarbeiten usw. lieferungsstempelfrei gelassen werden. Entspricht die vorgenommene Trennung nicht den tatsächlichen Verhältnissen, oder ist „der Wert der Arbeitsleistungen sowie der zu liefernden zum Verbrauch bestimmten Mengen von Sachen und Waren“ in einer Summe angegeben, so ist hiermit den Erfordernissen der Tarifstelle 75 nicht genügt. FM. 5. 2. 02 III 881. — Vgl. A. 79c bei Tarif 32.

d) Die nach bestehendem Formular abgeschlossenen Verträge des Fiskus mit Domänenpächtern über Drainierung des domänenfiskalischen Landes. Verpflichtet sich daneben Pächter, die ihm vom Fiskus für die Drainierung bewilligte Kapitalsumme bis zum Ablauf der Pachtzeit zu verzinsen, so liegt hierin eine Erhöhung des Pachtzinses und somit ein selbständiger Pachtvertrag. FM. 8. 2. 99 III 1295.

e) Ein Vertrag, in welchem die Gemeinde A. dem B. das ausschließliche Recht erteilt und B. die Pflicht übernimmt, eine Kanalisationsanlage für die Gemeinde nach Maßgabe eines beigefügten Projekts nebst Plänen zu erbauen und diese Anlage bis zu einem bestimmten Zeitpunkt zu betreiben, wenn dieselbe nicht gemäß einer besonderen, in den Vertrag aufgenommenen Abrede zu einem früheren Zeitpunkt von der Gemeinde übernommen werden sollte. RG. 17. 4. 00.

5. a) Erreicht bei Werkverdingungen über nicht bewegliche Sachen weder der Lieferungsvertrag noch der Arbeitsvertrag stempelpflichtige Höhe, so ist er überhaupt nicht stempelpflichtig, weil eine Zusammenrechnung beider Objekte nicht stattfindet. FM. 5. 9. 97 III 11257.

b) Von dem Gesamtpreise ist der Prozentstempel eventuell auch dann zu berechnen, wenn nur einzelne Teile des Lieferungsgegen-

Noch: Zu Tarif-Nr. 75.

standes von dem Unternehmer, die übrigen Materialien dagegen von dem Besteller geliefert werden. FM. 8. 7. 98 III 8735.

c) Zur Festsetzung des Stempels ist der dem Vertrage beigefügte Kostenanschlag eventuell zu berücksichtigen. FM. 29. 7. 98 III 9158.

d) Leistungen und Lieferungen, welche in den schriftlichen Abmachungen, zugehörigen Verdingungsanschlägen usw. nicht vorgesehen sind, kommen bei Berechnung des Stempels zu Werkverträgen nicht in Betracht. Dagegen unterliegen die in den Verdingungsanschlägen angenommenen Vordersätze denjenigen Feststellungen, welche bei der Bauausführung sich ergeben. Da der Unternehmer zu etwaigen erforderlich werdenden Mehrleistungen vertraglich verpflichtet ist, und deshalb seine Vergütung nach den wirklichen Leistungen und Lieferungen unter Zugrundelegung der vertragsmäßigen Einheitspreise berechnet wird, müssen die Mehrlieferungen und Mehrleistungen, die im Rahmen des Vertrages liegen, nachversteuert werden, soweit sie nicht durch den Arbeitsvertragsstempel gedeckt werden oder nicht gesetzliche Befreiungsgründe Platz greifen. FM. 15. 6. 01 III 7265. — Vgl. A. 2d zu Tarif 32.

6. Zwecks Berechnung des Wertstempels zu Verträgen über Ausführung von Hochbauten im Bereich der allgemeinen Bauverwaltung ist seitens der Herren Minister der Finanzen und der öffentlichen Arbeiten eine Verf. v. 12. 2. 00 — MBl. d. i. V. S. 103 —, der sich auch das Kriegsministerium angeschlossen hat, ergangen, aus der insbesondere entnommen wird:

1. Verträge der gedachten Art unterliegen der Tarifstelle 75 Abs. 2 u. 3. Bei Feststellung des Begriffs der nicht beweglichen Sache bleibt der Umstand, daß die gelieferten Gegenstände nicht nur als Gesamtanlage, sondern auch in einzelnen Teilen wieder vom Grund und Boden getrennt und anderweit verwendet werden können, außer Betracht.

2. Bei Berechnung des stempelpflichtigen Materialwerts sind die zum Bau erforderlichen beweglichen Gegenstände mit demjenigen Wert in Ansatz zu bringen, welchen sie in dem Zustande besitzen, in dem sie mit dem Grund und Boden in dauernde Verbindung gebracht werden. Zum Materialienwert gehört somit der Wert derjenigen Arbeit, welche zur Errichtung der einzelnen Gegenstände bis zum Augenblick ihrer dauernden Verbindung erforderlich ist, ganz gleichgültig, wo diese Arbeit vorgenommen wird.

3. Für die Ermittelung des Wertes der Arbeitsleistung kommen nur die bei der Herstellung des Baues entstehenden Kosten für das Verbauen, Versetzen, Verlegen oder Anbringen der Materialien, die Aufstellung der Konstruktionsteile, Befestigung der Beschläge und sonstiger Eisenteile usw. in Frage, wobei auch die damit verbundenen Kosten für Rüstungen und sonstige Nebenleistungen zu berücksichtigen sind.

Nachdem sodann unter Ziff. 4 u. 5 die Prozentsätze der Titelsummen der Kostenanschläge angegeben sind, welche in der Regel für die Ermittelung des Materialwerts in Betracht kommen werden, und unter Ziff. 6 bestimmt ist, daß die in Tarifstelle 32 Befreiungen 3 be-

	Lfd. Nr.	Gegenstand der Besteuerung.	Steuersatz v. H.	M.	Pf.	Berechnung der Stempelabgabe.
	76.	**Wiederaufhebung** von Verträgen, s. Verträge, Ziffer 1.				
1	77.	**Zeugnisse,**[3–6] **amtliche in Privatsachen,**[2, 5a] innerhalb der Zuständigkeit[1a] der ausstellenden Behörde[1b] oder des ausstellenden Beamten ertheilte	—	1	50	
		Bek. 14. C. 1. d. u. 2. l.				
2		Beurkundungen der Gerichtsvollzieher nach §. 17 der Hinterlegungsordnung				

Noch: Zu Tarif-Nr. 75.

stimmten „Mengen“ bei der Feststellung des Materialwerts zwar außer Betracht bleiben, in der Berechnung jedoch als solche zu bezeichnen sind, die vom Unternehmer selbst im Inland erzeugt und hergestellt sind, unter Ziff. 7 u. 8 endlich die Begriffsbestimmung für „Menge“ gegeben ist — vgl. A. 79 bei Tarifstelle 32 —, wird in Ziffer

9. bestimmt, daß zu den „Mengen“ insbesondere rechnen:

a) Bruchsteine, Mauersteine, Kalk, Zement, Sand, Kies, Zementfässer usw.,

b) gewöhnliche Eisenbahnschienen, Draht und sonstige Eisen- und Blechwaren, soweit diese nicht besonderen Zwecken angepaßt und dafür besonders bearbeitet sind,

c) Maschinen und Maschinenteile, welche nicht eine für besondere Verhältnisse eingerichtete Bauart haben, sondern vom Unternehmer nach demselben Modell und in gleicher Art hergestellt zu werden pflegen,

d) Leucht-, Brenn- und ähnliche Stoffe.

e) land- und forstwirtschaftliche Erzeugnisse (Strauch, Rohr, Schilf).

7. Was als „erzeugen“ oder „herstellen“ anzusehen ist, ist nach den Umständen des Einzelfalles zu beurteilen. Im allgemeinen ist als entscheidendes Merkmal festzuhalten, daß die zu liefernden Sachen oder Waren durch die Bearbeitung in dem Betriebe der Vertragschließenden eine Beschaffenheit erhalten haben müssen, die sie zu Gegenständen einer andern Gattung macht, als derjenigen, welcher sie bisher angehört haben. Dies trifft zu, wenn der Unternehmer in seinem Betriebe aus rohen Steinmaterialien Bausteine, Pflastersteine oder Steinschlag herstellt oder die Lösung von Steinen vom Felsen oder die Förderung von Kohlen usw. in seinem Betriebe vornimmt. Ob der Unternehmer die bearbeiteten Materialien seinem eigenen Grund und Boden entnommen hat, oder ob er Pächter des Grundstücks ist, macht dabei keinen Unterschied. Sind jedoch die Gegenstände durch Bearbeitung nur verfeinert, nicht aber zu Gegenständen einer andern Gattung gemacht, so gehören sie nicht zu den vom Unternehmer erzeugten oder hergestellten Sachen oder Waren. Mitgeteilt durch FME. v. 31. 8. 00 III 10517.

Lfd. Nr.	Gegenstand der Besteuerung.	Steuersatz v. H.	M.	Pf.	Berechnung der Stempelabgabe.
Noch 77.	vom 14. März 1879 (Gesetz-Samml. S. 249)*	—	—	50	

D. V. 7 u. 53.

3 Befreit sind:[5]

a) Zeugnisse, auf Grund deren ein anderes amtliches Zeugniß[5. n. t. u. aa. 6. i. m.] oder ein Paß (Reise- oder Leichenpaß, Paßkarte) ausgestellt werden soll;[7]

Allg. V. § 10 letzter Abs.

b) Zeugnisse aller Art, welche von Geistlichen in Bezug auf kirchliche Handlungen ertheilt werden, insbesondere Geburts-, Tauf-, Aufgebots-, Ehe-, Trau-, Todten- und Beerdigungsscheine;

c) Zeugnisse, welche zum Nachweise der Berechtigung zum Genusse von Wohlthaten, Stiftungen und anderen Bezügen für hülfsbedürftige Personen dienen sollen oder welche wegen Zahlung von Wartegeldern, Pensionen, Unterstützungsgeldern, Krankengeldern, Beerdigungskosten, Wittwen- und Waisengeldern und ähnlichen Kosten und Geldern als Rechnungsbeläge bei öffentlichen oder privaten Kassen und Anstalten eingereicht werden müssen;

Allg. V. § 10 letzter Abs.

d) [8]Führungszeugnisse, insoweit sie nicht zur Erlangung der in den Tarifstellen „Erlaubnißertheilungen“[8c] und „Lustbar-

---

* Die betreffende Bestimmung der HinterlO. lautet:

§ 17. Die Gerichtsvollzieher sind zuständig, die Aufgabe des Geldes zur Post zu beurkunden.

Die Urkunde soll enthalten:

1) die Angabe, zu welcher Zeit, unter welcher Adresse und bei welcher Postanstalt die Sendung aufgegeben ist;
2) die Bezeichnung der Art des Verschlusses und der Verpackung des Geldes;
3) die Bezeichnung der Summe und der Gattungen desselben;
4) eine Abschrift der in Gemässheit der §§ 14, 15 der Hinterlegungsstelle eingesandten Erklärung;
5) die Unterschrift des Gerichtsvollziehers.

Vgl. auch Art. 84 AG. BGB.

Lfd. Nr.	Gegenstand der Besteuerung.	Steuersatz v. H.	M.	Pf.	Berechnung der Stempelabgabe.
Noch 77.	keiten" aufgeführten Genehmigungen u.s.w erforderlich sind. Den Führungszeugnissen stehen gleich Zeugnisse über geleistete Arbeiten in Anstalten, welche von unmittelbaren oder mittelbaren Staatsbehörden betrieben werden; e) [9] Beglaubigungen von Unterschriften[10] unter Anträgen und Verhandlungen, die nach ihrem Inhalt[10 d] ausschließlich[11] zu einer Eintragung oder Löschung in öffentlichen, das Eigenthum und die Belastung von Grundstücken und selbstständigen Gerechtigkeiten feststellenden Büchern[13 f] erforderlich sind,[12. 13] sowie die mit solchen Beglaubigungen verbundenen Zeugnisse über die Vertretungsbefugniß der Betheiligten; f) Beglaubigungen von Unterschriften der Gesuche um Auszahlung[14] hinterlegter Gelder nach §. 25 Absatz 2[15] der Hinterlegungsordnung vom 14. März 1879 (Gesetz-Samml. S. 249).* 4 In den unter a und c bezeichneten Fällen tritt die Stempelfreiheit nur dann ein, wenn der dieselbe begründende Zweck aus der Urkunde hervorgeht.[5. aa. 6. f. o. cc.] Wird von den Attesten zu anderen Zwecken nachträglich Gebrauch gemacht, so ist der Stempel nachzuverwenden. *D. V. 53. — Allg. V. § 20 letzter Abs.*				

* Die betreffende Bestimmung der HinterlO. lautet:

§ 25. Innerhalb des Gebiets des Deutschen Reichs geschieht, wenn der Berechtigte in dem Gesuche um Auszahlung es beantragt und soweit die Posteinrichtungen es gestatten, die Uebersendung des Betrages durch die Post. Kann die Uebersendung mittels einer Postanweisung geschehen, so ist sie auf diesem Wege zu bewirken.

Uebersteigt der zu übersendende Betrag die Summe von dreitausend Mark, so darf die Uebersendung durch die Post nur geschehen, wenn die Unterschrift des Berechtigten durch eine zur öffentlichen Beglaubigung von Unterschriften zuständige Behörde oder Urkundsperson beglaubigt ist. Der Aufnahme eines Protokolls über die Beglaubigung und der Zuziehung von Zeugen bedarf es nicht.

Vgl. auch Art. 84 AG. BGB.

Zu Tarif-Nr. 77.

1. a) Die Tarifstelle soll nur auf solche Atteste Bezug haben, durch welche Tatsachen und Umstände von der „zuständigen" Behörde oder dem „zuständigen" Beamten bescheinigt werden. LB. S. 92.

Die Zuständigkeit zur Ausstellung eines Zeugnisses ist für jede unmittelbare und mittelbare Behörde nicht nur dann begründet, wenn sie auf einer ausdrücklichen Bestimmung des Gesetzes oder einer Verordnung beruht, sondern, da der Staat es seinen Wohlfahrtszielen entsprechend als Aufgabe seiner Organe betrachtet, den auf ihre Hilfe angewiesenen Personen in öffentlichen und privaten Rechtsangelegenheiten bei gegebenem Anlasse durch Ausstellung von Zeugnissen zur Seite zu treten, auch schon dann, wenn die Behörde kraft ihres Amtes von der Tatsache Kenntnis hat und ihr Zeugnis auf andere Weise nicht wohl ersetzt werden kann. Diese Befugnis der Behörde zur Ausstellung von Zeugnissen genügt zur Begründung der Zuständigkeit. RG. 13. 1. 03, ZBl. S. 135, Entsch. Bd. 53 S. 271. Dieser Grundsatz erfährt eine Einschränkung, wenn besondere Behörden oder Beamte für gewisse Arten von Bescheinigungen durch Gesetz oder sonst allgemeine rechtsgültige Anordnungen ausschließlich für zuständig erklärt sind, z. B. Gerichte und Notare für Unterschriftsbeglaubigungen. FM. 27. 6. 99 III 7049. — Ueber Unterschriftsbeglaubigungen s. unten A. 10 c.

b) Kaufmännische Korporationen und Handelskammern sind keine Behörden. FM. 19. 11. 97 III 14273.

c) Vgl. A. 2 bei § 2, A. 6 bei Tarif 10, A. 11 e bei Tarif 59 und A. 10 e bei Tarif 73.

2. Auch diejenigen Zeugnisse sollen von der Stempelpflicht umfaßt werden, deren Ausstellung zum Teil aus Gründen des öffentlichen Wohles, zum Teil im Interesse Privater veranlaßt worden ist. Mot. S. 61.

3. Die von der Physikalisch-technischen Reichsanstalt zu Charlottenburg ausgestellten Prüfungsscheine und Beglaubigungen bedürfen eines Preußischen Stempels nicht. FM. 28. 8. 02 III 10800. Den Bundesstaaten steht nicht das Recht zu, an Hoheitsakte des Reiches die Erhebung einer Steuer zu knüpfen.

4. Die auf Grund des § 75 a des Krankenversicherungsgesetzes erteilten Bescheinigungen des Herrn Reichskanzlers unterliegen nicht den Vorschriften des preuß. Stempelsteuergesetzes. Da die Verwendung des Stempels für diese Bescheinigungen reichsgesetzlich nicht vorgeschrieben ist, so erfolgt deren Ausfertigung stempelfrei. FM. 14. 11. 02 III 14196, ZBl. S. 305.

5. Als amtliche Zeugnisse in Privatsachen im Sinne dieser Tarifstelle sind anzusehen:

a) Die vom städtischen Inspektor des Schlachthauses ausgestellten Zeugnisse über die Untersuchung geschlachteten Viehes. FM. 30. 8. 96 III 12013.

b) Atteste der Polizeiverwaltungen über die Fähigkeit zur Uebernahme größerer Lieferungen zwecks Zulassung zum Submissionstermin. FM. 16. 10. 96 III 11987.

Noch: Zu Tarif-Nr. 77.

c) **Bescheinigungen** der Polizeibehörden, daß die vorstehend aufgeführten Posten in dem Pfandbuch des Pfandleihers N. als verfallen bezeichnet sind, und gegen den Verkauf der Sachen nichts einzuwenden ist. RG. 16. 12. 97, Entsch. Bd. 40 S. 386.

d) Die Bescheinigungen über den erfolgten Aushang einer Einladung zur Gewerkenversammlung (mangels eines öffentlichen Interesses), sofern nicht seitens der Revierbeamten in den Aushangsbescheinigungen das etwaige Vorhandensein des Befreiungsgrundes des § 4a LStG. ersichtlich gemacht ist. FM. 14. 6. 05 III 7372.

e) Die Bescheinigung der Polizeibehörde, daß eine im Polizeibezirk wohnhafte Person im stande ist, einen andern zu ernähren (Sustentationsattest). FM. 10. 9. 98 III 12664. — Vgl. A. 6e bei Tarif 58.

f) Die von Polizeibehörden oder Beamten auszustellenden Lebenszeugnisse auf Quittungen über Renten aus der Preuß. Renten-Versicherungsanstalt. FM. 11. 2. 05 III 1472, ZBl. S. 38. Stempelfreiheit tritt nur dann ein, wenn aus der Urkunde sich ergibt, daß es sich um einen Gegenstand im Werte von 150 M. oder weniger handelt.

g) Bescheinigungen der Gemeindevorsteher über die erfolgte Umwandlung der nicht feuersicheren Bedachung in eine feuersichere. FM. 27. 6. 99 III 7049.

h) Heimatscheine, auch Staatsangehörigkeitsausweise und Entlassungsurkunden, insoweit nicht § 15 Abs. 1 des Ges. v. 1. 6. 70 zutrifft. FM. 8. 9. 96 III 12321, ZBl. S. 587.

i) Die nach Vorschrift Nr. V Ziff. 3 Abs. 2 der Ausführungs-Verfügung v. 2. 8. 95 (MBl. S. 231) zum Jagdscheingesetz vom 31. 7. 95 von den Jagd- oder Ortspolizeibehörden ausgestellten Zeugnisse. FM. 10. 11. 96 III 13991, ZBl. S. 633. Sollte die Polizeibehörde die an das Landratsamt gerichteten Ersuchen entgegengenommen und nach Beifügung ihres eigenen Attestes dem Landratsamt eingereicht haben, so würden die Vermerke als abgekürzte amtliche Berichte stempelfrei sein. FM. 9. 12. 99 III 14819.

k) Bescheinigungen des Landrats auf Grund amtlicher Feststellungen darüber, daß der zu A. am .... geborene N.N. von .... bis .... in A. ununterbrochen in C. gemeldet gewesen und als unverheiratet verzeichnet ist. FM. 22. 12. 99 III 15802.

l) Bescheinigung des Meldeamts, daß die N.'schen Eheleute während einer bestimmten Zeit in A. gemeldet gewesen und daß während derselben Zeit ausweislich des Melderegisters Kinder aus der Ehe nicht zur Anmeldung gekommen sind. RG. 13. 1. 03, Entsch. Bd. 53 S. 271, ZBl. S. 135. Dabei ist ausgeführt, daß das Zeugnis nicht als bloße Auskunftserteilung zu betrachten sei und daß der Sekretär, welcher es unterschrieben, kraft des ihm erteilten allgemeinen Auftrages gehandelt habe.

Noch: Zu Tarif-Nr. 77.

m) Zeugnisse der Regierungspräsidenten für Königliche Polizei-Subalternbeamte auf Grund der Prüfungsordnung, daß der Betreffende von der Kommission geprüft und mit — gut — ausreichend — bestanden habe. FM. 19. 11. 98 III 15455.

n) Wiederholungszeugnisse über die nicht bestandene zweite ärztliche Wiederholungsprüfung; sie sind als stempelfreie Vorzeugnisse nicht anzusehen, weil die Studierenden zu einer weiteren Prüfung nicht zugelassen werden (§ 16 der Bek. betr. die Prüfungsordnung für Aerzte vom 28. Mai 1901). FM. 15. 6. 06 III 8909. — Vgl. unten A. 6 m.

o) Bescheinigungen der Oberforstmeister über die Befähigung zum Eintritt in die Forstlehre auf Grund § 2 Abs. 5 des Regulativs vom 1. 10. 93. FM. 31. 8. 96 III 11735, ZBl. S. 604. — Vgl. unten A. 6 r.

p) Die gemäß § 7 Abs. 6 des Regulativs über Ausbildung, Prüfung und Anstellung für die unteren Stellen des Forstdienstes vom 1. 10. 93 auszustellenden Lehrzeugnisse (§ 4 litt. c LStG. trifft nicht zu). FM. 17. 2. 97 III 1035, ZBl. S. 91.

q) Abgangszeugnisse der Militärmusiker von der Königl. akademischen Hochschule für Musik. FM. 10. 7. 97 III 7215. — Vgl. unten A. 6 k.

r) Die von den Medizinalbeamten für Militäranwärter ausgestellten Gesundheitsatteste. FM. 6. 3. 97 III 16820, ZBl. S. 93. — Vgl. unten A. 6 t.

s) Die von Medizinalbeamten ausgestellten Gesundheitszeugnisse für Kandidaten des höheren Schulamts behufs Eintritts in den Schuldienst. FM. 3. 7. 98 III 8840, ZBl. S. 319. — Vgl. Ges. v. 16. 9. 99 über die Dienststellung des Kreisarztes und die Bildung von Gesundheitskommissionen.

t) Das vom Kreisarzt behufs Teilnahme an einem Hebammenlehrkursus gemäß § 60 der Dienstanweisung für die Kreisärzte auszustellende Fähigkeitszeugnis sowohl, wie das Zeugnis über die später bestandene Prüfung. FM. 11. 7. 02 III 8685. Ersteres ist nicht ein Vorzeugnis, sondern im Privatinteresse ausgestellt.

u) Die nach Ziff. 3 b der Zulassungs- und Ausbildungsbedingungen der Desinfektionsschule in Greifswald den Gesuchen um Zulassung zu einem Kursus in dieser Schule beizufügenden kreisärztlichen Zeugnisse über die körperliche und geistige Befähigung des Bewerbers für den Beruf als Desinfektor. FM. 26. 7. 05 III 9015. Diese Zeugnisse sind keine Vorzeugnisse, da das spätere Prüfungszeugnis nicht auf Grund dieser Zeugnisse ausgestellt wird; sie dienen vielmehr zugleich dazu, dem Bewerber zu einer mit einem Einkommen verbundenen Stellung zu verhelfen, sind also überwiegend im Privatinteresse ausgestellt.

v) Die in Gemäßheit der Ausführungsbestimmungen B. und E. des Bundesrates zum Fleischbeschaugesetz erteilten Befähigungsausweise für Fleischbeschauer und Trichinenbeschauer (Unteranlagen zu BB. B und E), sowie die in den ministeriellen Ausführungsbestimmungen vom 20. März 1903 betreffend die Schlachtvieh- und Fleischbeschau, ein-

Noch: Zu Tarif-Nr. 77.
schließlich der Trichinenschau, bei Schlachtungen im Inlande vorgeschriebenen Befähigungsnachweise (Anlagen 1, 3, 4 und 5 daselbst). FM. 27. 5. 03 III 7107.

w) Beglaubigungen der Polizeibehörden oder Gemeindevorsteher, die sich auf Anmeldungen zum Genossenschaftsregister beziehen (§ 8 Abs. 2 der Bek. vom 11. 7. 89 betreffend Führung des Genossenschaftsregisters und die Anmeldungen zu demselben). RG. 9. 11. 97, JW. 98 S. 33.

x) Die von Dampfkesselrevisoren auf Antrag des Kesselbesitzers auszustellenden Bescheinigungen über Untersuchungen, die in der Anweisung betreffend die Genehmigung und Untersuchung der Dampfkessel vom 6. 5. 93 nicht vorgeschrieben sind, ferner die Abnahmebescheinigungen und die von den Beschlußbehörden auszustellenden Genehmigungsurkunden (§§ 16, 18, 25 u. 27 der Anweisung). FM. 21. 12. 96 III 17029, ZBl. 97 S. 26. — Vgl. unten A. 6 litt. u.

y) Beglaubigung der Unterschrift des Studierenden durch den nach § 1 Abs. 3 des Ges. v. 29. 5. 79 zuständigen Universitätsrichter unter dem Anerkenntnis über gestundete Honorare, wobei der Gesamtbetrag der von den einzelnen Dozenten gestundeten und in den Verpflichtungsscheinen anerkannten Forderung für die Berechnung der Steuer maßgebend ist, ebenso Bescheinigungen der Magistrate, Landräte, Amtsvorsteher über die Vermögensverhältnisse der Eltern und Bedürftigkeit des Sohnes bei Stundung von Kollegienhonoraren und Bürgschaft der Eltern ohne Rücksicht auf die Höhe der gestundeten Honorare — Erl. des Min. der geistl. ꝛc. Angelegenheiten vom 20. 4. 97, ZBl. f. d. Unterrichtsverwaltung S. 425. — FM. 29. 4. 97 III 5172. — Vgl. A. 7 bei Tarif 58 und A. 13 bei Tarif 59.

z) Bescheinigungen über den 44jährigen Besitz, sofern nicht aus dem Attest ein Objekt bis 150 M. hervorgeht. FM. 7. 10. 97 III 12525.

aa) Unschädlichkeitsatteste. Als Objekt gilt für sie der Kaufpreis für das betreffende Trennstück bezw. der Wert desselben. Ein etwaiger Befreiungsgrund müßte in dem Attest selbst vermerkt werden. FM. 31. 1. 99 III 873, ZBl. S. 33.

Die Landschaftsdirektionen und Generalkommissionen haben die von ihnen ausgestellten Unschädlichkeitszeugnisse — vgl. Art. 20 AG. zur RGBO. — in allen Fällen zu verstempeln, in denen nicht aktenkundig ist oder dargetan wird, daß die Urkunde demnächst noch zur Erteilung der Verwendungsbescheinigung der Generalkommission eingereicht werden soll. Im letzteren Falle sind die Unschädlichkeitszeugnisse als Vorzeugnisse stempelfrei; es ist aber der Zweck, zu dem das Zeugnis ausgestellt wird, im Text desselben anzugeben. (DV. 53 und Abs. 4 der Tarifstelle 77.)

Den Verwendungsbescheinigungen der Generalkommissionen steht Stempelfreiheit aus § 4 Abs. 1 zu d LStG. nicht zu; eine nochmalige Stempelverwendung findet jedoch nicht statt, wenn der Stempel bereits zum Unschädlichkeitsattest verwendet ist. Die erfolgte Verwendung des Stempels zum Unschädlichkeitsattest ist aber auf der

Noch: Zu Tarif-Nr. 77.

Verwendungsbescheinigung zu vermerken. Min. f. Landwirtsch. v. 6. 12. 04 I C b 6358, ZBl. S. 10 von 1905.

bb) Das mit dem Revisionsvermerk des Revierbeamten versehene und dem Muthenden zurückgegebene Duplikat der Muthung (BergGes. § 33). AH. S. 2366.

cc) Musterpässe über Waren aus dem freien Verkehr des Zollvereins. FM. 17. 5. 97 III 3594, ZBl. S. 205.

dd) Ursprungszeugnisse über nach dem Auslande auszuführenden Zucker. RG. 16. 6. 05, Entsch. Bd. 61 S. 117. FM. 1. 9. 05 III 11364, ZBl. S. 689. — Vgl. A. 20g bei § 25 und unten A. 6z.

ee) Von der Steuerbehörde zum Zweck der Erteilung von Lombarddarlehen auf Spiritus für die Reichsbank ausgestellte Bescheinigungen. FM 26. 2. 97 III 2475.

ff) Die amtlichen Bestätigungen der Denaturierung von Branntwein, welche den Inhabern von Branntweinverteilungslägern behufs Vorlegung bei der Zentrale für Spiritusverwertung, G. m. b. H. in Berlin, auf Antrag erteilt werden. FM. 7. 2. 01 III 1244.

gg) Ankaufserlaubnisscheine über größere Mengen Aether als 104 $^1/_6$ kg Schwefeläther oder 256 $^{16}/_{30}$ kg Essigäther.

Aether-Verkaufserlaubnisscheine sind stets stempelpflichtig, da sie nicht über eine bestimmte Menge lauten.

hh) Körscheine. FM. 16. 1. 03 III 16022. — Vgl. unten A. 6kk.

6. Als Zeugnisse im Sinne dieser Tarifstelle sind nicht anzusehen und daher stempelfrei:

a) Beglaubigung der Unterschrift unter Quittungen über Brandentschädigungsgelder durch Polizeibehörden oder Geistliche. FM. 11. 6. 96 III 8243.

b) Bescheinigungen der Polizeibehörden, daß der Auszahlung der Brandentschädigung keine polizeilichen Bedenken entgegenstehen, falls die Form eines Erlaubnisscheins mit dem Vermerk: „stempelfrei" mangels Vorhandenseins einer Urschrift gewählt wird. FM. 24. 9. 96 III 13434. — Vgl. A. 4 litt. l bei Tarif 10.

c) Polizeiliche Bescheinigungen über das Leerstehen der Wohnung zwecks Liquidierung der Wohnungsgeldentschädigung bei Versetzungen von Beamten. FM. 14. 11. 96 III 16008, ZBl. S. 635.

d) Die polizeilichen Bescheinigungen für die Schlafstellenvermieter. FM. 7. 2. 98 III 1400.

e) Polizeiliche Bescheinigungen über die Anmeldung von Versammlungen, in denen öffentliche Angelegenheiten erörtert oder beraten werden sollen, gleichviel ob die Bescheinigung beantragt ist oder nicht. FM. 20. 5. 98 III 6775 und 11. 8. 98 III 11407. Ebenso sind auch solche Bescheinigungen als ausschließlich im öffentlichen Interesse ausgestellt anzusehen, die den Veranstaltern einer nicht öffentlichen Lustbarkeit auf ihren Antrag über die Anmeldung von der Polizeibehörde erteilt wird, falls in Polizeiverordnungen die Anmeldung nicht öffentlicher Lustbarkeiten verlangt wird. FM. 29. 4. 00 III 5106.

f) Wohnsitzbescheinigungen und andere zum Zweck der Benutzung beim Standesamt ausgestellte amtliche Zeugnisse. Es muß aber an-

Noch: Zu Tarif-Nr. 77.

gegeben sein, daß sie nur zu dem bezeichneten Zweck bestimmt sind. FM. 12. 6. 99 III 7340. MBl. S. 104.

g) Die Bescheinigungen der beamteten Tierärzte über den seuchenfreien Zustand von aus dem Auslande eingeführten Tieren. FM. 9. 4. 97 III 4145, ZBl. S. 173.

h) Die durch landesherrliche Anordnung zur Abwehr von Viehseuchen vorgeschriebenen Bescheinigungen. FM. 27. 3. 97 III 3126.

i) Die durch Medizinalbeamte ausgestellten Beglaubigungen der Servierzeugnisse der Apothekergehilfen (vorbereitende Atteste), ferner Bescheinigungen über die Apotheker-Lehrzeit und über die Apothekergehilfen-Servierzeit. FM. 6. 11. 97 III 14099.

k) Zeugnis des Armee-Musik-Inspizienten über die Dienstkenntnis in der Führung eines Musikkorps. FM. 10. 7. 97 III 7215. — Vgl oben A. 5q.

l) Abgangszeugnisse der Studierenden von der Universität, ohne Rücksicht darauf, ob sie zwecks Immatrikulation auf einer andern Universität oder zwecks Zulassung zur Prüfung erteilt werden. FM. 11. 10. 96 III 14046.

m) Die nach § 17 Abs. 2 der Bek. betreffend die Prüfungsordnung für Aerzte v. 28. 5. 01 den Studierenden über die ärztliche Vorprüfung erteilten Zeugnisse (als Vorzeugnisse), sofern in ihnen der die Stempelfreiheit begründende Zweck der Ausstellung angegeben ist. FM. 15. 6. 06 III 8909. — Vgl. oben A. 5n und unten A. 9d.

n) Die den Kandidaten der Landmeßkunst zu erteilenden Semesterzeugnisbogen und Studienzeugnisse für die künftige Ablegung der kulturtechnischen Prüfung. FM. 6. 2. 97 III 16823, ZBl. S. 60.

o) Zeugnisse über die wissenschaftliche Befähigung zum einjährig-freiwilligen Militärdienst, über die Prüfung der Abiturienten und Immatrikulanden, die quartaliter den Schülern erteilten Zeugnisse und die Abgangszeugnisse beim Uebertritt auf eine andere Lehranstalt, die amtlichen Gesundheitszeugnisse für Schulamtspräparanden bei Beginn der Vorbereitung, sowie die für die Aufnahmeprüfung bei den Schullehrer-Seminaren von den Anwärtern beizubringenden Gesundheitsatteste und dergleichen Atteste für die Meldung zu Volksschullehrer- und dergl. Prüfungen, endlich auch die für die Aufnahmeprüfungen bei den Schullehrer-Seminaren von den Anwärtern beizubringenden, ortsbehördlich bescheinigten Unterhaltserklärungen des Vaters bezw. des Nächstverpflichteten. Voraussetzung ist, daß bei allen diesen ärztlichen Zeugnissen der die Stempelfreiheit begründende Zweck angegeben ist. FM. 3. 7. 98 III 8840, ZBl. S. 319.

p) Die von den gewerblichen Fortbildungs- und Fachschulen für die männliche und die weibliche Jugend, einschließlich der Baugewerk-, Maschinenbau- und sonstigen Fachschulen für die Metallindustrie, der keramischen, der Fachschulen für Textilindustrie und der Handwerker- und Kunstgewerbeschulen den Schülern zu erteilenden Zeugnisse einschließlich der beim Uebertritt in eine andere Lehranstalt auszustellenden Abgangszeugnisse. FM. 30. 9. 00 III 11670, ZBl. S. 561.

q) Die Kalkulaturatteste des Regierungspräsidenten über Befähigung der Kalkulatur-Hilfsarbeiter zur selbständigen Bearbeitung

Noch: Zu Tarif-Nr. 77.

von Rechnungssachen und die Zuverlässigkeit für solche Geschäfte. FM. 19. 11. 98 III 15455.

r) Aeußerungen der Lehrherrn über die Leistungen und die Ausbildung der Forstlehrlinge. FM. 21. 8. 99 III 10335. — Vgl. oben A. 5o.

s) Zeugnis über die Beschäftigung als Bureauanwärter. FM. 14. 8. 97 III 9971.

t) Die von Sanitätsoffizieren ausgestellten Zeugnisse über die körperliche Brauchbarkeit von Militäranwärtern für den Grenz- oder einen andern Zivildienst. FM. 7. 8. 00 III 7241, ZBl. S. 427. — Vgl. oben A. 5r.

u) Die von Dampfkesselrevisoren auszustellenden Bescheinigungen über die Prüfung der Bauart, die erste Wasserdruckprobe, die regelmäßig wiederkehrenden technischen Untersuchungen und die Wasserdruckproben nach Hauptausbesserungen bei Dampfkesseln und ähnlichen Apparaten, sowie die nach § 11 der Anweisung, betreffend Genehmigung und Untersuchung der Dampfkessel, auszustellenden Prüfungsbescheinigungen über die Vollständigkeit der vom Kesselbesitzer eingereichten Vorlagen zur Erlangung der Genehmigung eines Dampfkessels. FM. 21. 12. 96 III 17029, ZBl. S. 26 von 1897. — Vgl. A. 3 litt. h bei Tarif 10 und oben A. 5 litt. x.

v) Bescheinigungen über die technische Untersuchung der maschinellen Anlage von Aufzügen (Fahrstühlen) sowie der Befähigungsnachweis für Führer von Aufzügen (überwiegend öffentliches Interesse). FM. 23. 9. 02 III 11197.

w) Die Ausstellung der Bescheinigungen über die Prüfung eines Kraftfahrzeuges, über die Tauglichkeit einer bestimmten Person als Kraftfahrzeugführer und über die Zuteilung einer Erkennungsnummer (überwiegend öffentliches Interesse). FM. 6. 2. 04 III 1079, ZBl. S. 42.

x) Die Unterschriftsbeglaubigungen unter Vollmachten zur Empfangnahme oder unter Erklärungen über die Abholung von Postsendungen, wenn sie nicht durch Gericht oder Notar bewirkt werden. FM. 6. 7. 00 III 6550, ZBl. S. 409. — Vgl. A. 20h bei § 25.

y) Eingangspässe über ausländische Musterstücke, wenn aus ihnen hervorgeht, daß der Zollwert der Waren, über die der Musterpaß erteilt ist, 150 M. nicht übersteigt. FM. 17. 5. 97 III 3594, ZBl. S. 205.

z) Die von Ortsbehörden ausgestellten Ursprungszeugnisse, wenn der Unterschied im Zoll, welcher auf der Ware im Lande der Bestimmung ruht, je nachdem dieselbe von einem Ursprungszeugnisse begleitet ist oder nicht, sich auf mehr als 150 M. beläuft. Dabei wird allerdings vorausgesetzt, daß aus dem Inhalt der Zeugnisse hervorgeht, daß dieselben zum Zwecke der Versendung der Waren nach einem bestimmten Lande und behufs Erlangung eines niedrigeren Zollsatzes im Bestimmungslande ausgestellt sind, und daß die betreffenden Behörden ev. von den Beteiligten in den Stand gesetzt werden, die Höhe des Zollunterschiedes zuverlässig festzustellen. FM. 14. 5. 02 III 5797. — Vgl. A. 20g bei § 25 und oben A. 5dd.

Noch: Zu Tarif-Nr. 77.

Die Beglaubigung der Ursprungserklärungen bezüglich deutscher zur Ausfuhr nach Spanien bestimmter Ware ist der Ortspolizeibehörde übertragen. M. d. J. 18. 7. 86. Eine Uebertragung dieser Befugnis auf die Vorstände der Polizeireviere in Berlin hat nicht stattgefunden.

aa) Bescheinigungen über die Anmeldung des Kleinhandels mit denaturiertem Branntwein. FM. 14. 9. 98 III 12547.

bb) Die von Ortspolizeibehörden behufs zollfreier Einfuhr von Heirats- oder Anzugsgut ausgestellten Anmeldungs- oder Niederlassungsbescheinigungen. FM. 15. 11. 00 III 13527.

cc) Polizeiliche Bescheinigungen über das Nichtvorhandensein der im § 57 GewO. bezeichneten Versagungsgründe zum Zweck der Erlangung einer Gewerbe-Legitimationskarte oder eines Wandergewerbescheins, sofern der Zweck der Ausstellung gemäß Abs. 3 aus dem Zeugnis hervorgeht. FM. 27. 3. 00 III 3578, ZBl. S. 213.

dd) Auf Grund des § 15 der GewO. von den zuständigen Landesbehörden zu erteilenden Bescheinigungen über den Empfang der im § 14 GewO. vorgeschriebenen Anzeigen, betreffend den Beginn, die Aufgabe usw. der dort bezeichneten Gewerbe und Geschäfte. FM. 14. 9. 98 III 12547.

ee) Die in Vereinsregistersachen für die nach § 66 BGB. erforderliche Beglaubigung der bei den Gerichtsakten verbleibenden Satzung. JM. 21. 9. 06, JMBl. S. 291.

ff) Bescheinigungen über den Austritt aus der Landeskirche. Joh. Bd. 17 S. 303.

gg) Auswanderungsbescheinigungen der Bezirkskommandos und Ersatzkommissionen auf Grund § 111 Nr. 16a Abs. 2 und § 27 Nr. 1 der Wehrordnung. FM. 4. 8. 97 III 9481. ZBl. S. 304 und 10. 9. 00 III 10192, ZBl. S. 549.

hh) Die nach § 195 Abs. 2 Ziffer 5 HGB. von den Handelsvertretungsorganen behufs Eintragung einer Aktiengesellschaft in das Handelsregister darüber auszustellende Bescheinigung, daß eine Abschrift des Berichts eingereicht worden ist usw.

ii) Die nach Ziffer 43 Abs. 3 der AusfAnw. zur GewO. vom 9. 8. 99 den Ortspolizeibehörden zu übersendenden zweiten Ausfertigungen der auf Grund §§ 33 u. 33a erteilten Genehmigungsurkunden. FM. 18. 6. 00 III 3289, ZBl. S. 396. — Vgl. A. 3 litt. f bei Tarif 10.

kk) Die an Stelle der Körscheine eingeführten, von dem Vorsitzenden der Kommission ausgestellten Deckbücher, die auf der ersten Seite den Vordruck enthalten:

„Der Stier darf zum Decken fremden Rindviehs bis zum . . . . Termin . . . . benutzt werden."

Auch als Ausfertigungen können diese Deckbücher nicht angesprochen werden, weil keine Urschriften vorhanden sind. FM 16. 1. 03 III 16022. — Vgl. oben A. 5hh.

ll) Ebenso wie die an Stelle der Körscheine eingeführten Deckbücher sind auch die in einzelnen Kreisen üblichen Auszüge aus den Körprotokollen stempelfrei, sofern die Auszüge für die Stierbesitzer nicht

Noch: Zu Tarif-Nr. 77.
auf ihr Ansuchen, sondern ohne Antrag von Amtswegen (Tarifstelle 11) ausgefertigt werden. FM. 17. 9. 03 III 12997.

mm) Vgl. A. 2 zu § 2.

7. „soll“: also ohne Rücksicht darauf, ob später ein Zeugnis ausgestellt wird oder nicht. FM. 3. 7. 98 III 8840, ZBl. S. 319.

8. a) Unter den Führungszeugnissen sind alle Zeugnisse zu verstehen, die über das sittliche oder sonstige Verhalten des Zeugnisempfängers im allgemeinen, oder über dessen Verhalten, Fleiß und Leistungen während seiner Beschäftigung in einem Staatsbetriebe oder auf einem öffentlichen Bureau im besonderen ausgestellt werden.

Hiernach sind auch die von Bewerbern um Katasterzeichnerstellen behufs ihrer Zulassung zur Zeichnerprüfung nach den Vorschriften v. 20. 3. 88 beizubringenden Zeugnisse über ihre bisherige Geschäftstätigkeit in der Katasterverwaltung stempelfrei. FM. 27. 7. 03 III 10638.

b) Die Behörden sind besonders angewiesen worden, nicht durch Wahl stempelfreier Schriftform die Stempelpflichtigkeit sonst stempelpflichtiger Führungszeugnisse auszuschließen. FM. 16. 8. 97 III 10250, ZBl. S. 324, MBl. S. 174 u. 201.

c) Dagegen ist für die seitens der Ortspolizeibehörden in dem Schankkonzessionsverfahren gemäß § 33 Abs. 2 Nr. 1 GewO. abzugebenden Aeußerungen der Runderlaß v. 1. 11. 92, Min. d. J. II 13627, wieder in Kraft gesetzt, wonach dergleichen Aeußerungen in Form eines Berichts oder eines Schreibens an die zuständige Behörde abzugeben sind. FM. 4. 1. 01 III 15623. — Würden derartige amtliche Aeußerungen von den Gesuchstellern veranlaßt, den letzteren auch das Gesuch mit der Aeußerung ausgehändigt sein, so würde der Zeugnisstempel fällig sein. FM. 13. 3. 00 III 2832.

d) Polizeiliche Führungszeugnisse, die von den Kandidaten der Medizin nach § 63 Abs. 1 der Prüfungsordnung für Aerzte v. 28. 5. 01 dem Antrage auf Erteilung der Approbation als Arzt beizufügen sind, sind stempelpflichtig, weil sie zur Erlangung einer Approbation, also einer Erlaubniserteilung i. S. des Tarifs 22b erforderlich sind. FM. 18. 1. 07 III 847. — Vgl. oben A. 5n und 6m.

9. Ueber Unterschriftsbeglaubigungen vgl. §§ 129 BGB. §§ 167, 191 FG. Art. 115, 117, 122 PFG. §§ 1—4, 10, 12, V. v. 20. 12. 00 GS. S. 640. auch Art. 35, 36, 58 PFG. — s. auch A. 1a oben.

10. a) Die Stempelfreiheit von Beglaubigungen ist nicht dadurch bedingt, daß die beantragte Eintragung für zulässig befunden wird und wirklich erfolgt, sondern nur an die Voraussetzung gebunden, daß eine die Eintragung bezweckende Urkunde beglaubigt wird. Joh. Bd. 3 S. 221.

b) Die Tarifstelle 77 litt. e bezieht sich nur auf Unterschriftsbeglaubigungen, so daß z. B. vom Notar gefertigte beglaubigte Abschriften von Erbbescheinigungen und Generalvollmachten, selbst nur zum Zweck einer Löschung im Grundbuch, nach Tarifstelle 1 stempelpflichtig sind. FM. 4. 5. 97 III 5431. — Vgl. A. 6 bei Tarif 1.

Noch: Zu Tarif-Nr. 77.

c) Der Zeugnisstempel für Unterschriftsbeglaubigungen ist nur dann fällig, wenn die Beglaubigungen entweder durch die Amtsgerichte oder Notare erfolgen oder andere Behörden durch Gesetz oder rechtsgültige Verordnungen ausdrücklich zur Vornahme von Beglaubigungen für zuständig erklärt sind. FM. 18. 10. 96 III 13950, ZBl. S. 613. Rechtsgültige Verordnungen sind lediglich solche von der Staatsgewalt ohne Mitwirkung des Parlaments auf Grund der Verfassung oder auf Grund gesetzlicher Ermächtigung getroffene Anordnungen, welche allgemein gültige Normen aufstellen. FM. 6. 2. 97 III 825, ZBl. S. 61. — Vgl. oben A. 1a.

d) Wird dem beglaubigenden Notar nicht die Einsicht der Urkunde zur Feststellung etwaiger Stempelfreiheit gewährt, so hat er in allen Fällen den Beglaubigungsstempel zu verwenden; wird die Beglaubigung stempelfrei erteilt, so muß der Notar den Befreiungsgrund in seinen Akten vermerken, und zwar derart, daß eine Nachprüfung der Frage der Stempelfreiheit möglich ist; hierbei genügt die bloße Bezeichnung „Grundbuchsache“ nicht, wohl aber die Bezeichnung „Abtretung einer Hypothekenforderung“, „Auflassungsvollmacht“. JM. 21. 6. 97 I 2766, ZBl. S. 277, JMBl. S. 154. — Vgl. auch A. 1 bei DV. 7.

e) Der Beglaubigungsvermerk braucht die Angabe nicht zu enthalten, daß die Vollziehung oder Anerkennung der Unterschrift in Gegenwart des beglaubigenden Beamten erfolgt ist. KG. 2. 7. 00, Joh. NF. Bd. I S. A 133.

f) Beglaubigen die Notare nur eine von ihnen nicht entworfene Urkunde, so sind sie nur zur Verwendung des Zeugnisstempels verpflichtet. FM. 30. 6. 97 III 7992, ZBl. S. 277.

II. a) Wenn auch zur Eintragung einer Buchhypothek die Beibringung einer Schuldurkunde nicht mehr erforderlich ist, so findet dennoch in den Fällen, in welchen die der Unterschrift nach beglaubigte Erklärung neben der Bewilligung der Eintragung einer Hypothek zugleich die Schuldurkunde enthält, die Befreiungsvorschrift e Anwendung. Der entgegenstehende Beschluß des KG. v. 13. 5. 01 ist aufgehoben.

Hierbei ist gleichzeitig bemerkt: Die Befreiungsvorschrift ist nicht dahin auszulegen, daß die Beifügung einer jeden Erklärung, welche zum Zweck der Herbeiführung einer Eintragung oder Löschung nicht notwendig ist, den Wegfall der Stempelfreiheit zur Folge hat, vielmehr ist die Grenze für die Anwendung der Befreiungsvorschrift dahin zu ziehen, daß zwar die Aufnahme von Erklärungen, welche mit der Bewilligung einer Eintragung oder Löschung sachlich in keinem Zusammenhange stehen, der Gewährung der Stempelfreiheit entgegensteht, daß aber die Stempelfreiheit auch dann anerkannt werden kann, wenn die Beteiligten sich nicht auf die zur Eintragung oder Löschung unbedingt erforderlichen Erklärungen beschränkt haben, sondern zur näheren Bestimmung des dinglichen Rechtsverhältnisses dienliche Erklärungen beigefügt haben. Als eine solche Erklärung ist auch die Anerkennung der Forderung, für welche Hypothek bestellt werden soll, anzusehen. JM. 10. 12. 01, JMBl. S. 309, ZBl. S. 31 von 1902.

Noch: Zu Tarif-Nr. 77.

b) Ueber den nach Inhalt des JM. v. 10. 12. 01, JMBl. S. 309, für die Stempelfreiheit gezogenen Rahmen gehen folgende in einer Schuldverschreibungsurkunde mit Hypothekenbestellung enthaltene Bestimmungen nicht hinaus:

> Schuldner ist verpflichtet, die Gebäude in angemessener Feuerversicherung zu halten, darin keine Aenderung ohne Zustimmung des Gläubigers eintreten zu lassen. Im Fall Nichtzahlung der Versicherungsbeiträge durch den Schuldner und Einzahlung seitens des Gläubigers ist ersterer zur Erstattung und Verzinsung verpflichtet. Die verpfändeten Gebäude dürfen ohne Zustimmung des Gläubigers nicht abgebrochen werden.
>
> Das Kapital soll ohne Kündigung bei Nichterfüllung dieser Abmachungen fällig sein. JM. 7. 9. 04, JMBl. S. 329, FM. 27. 3. 05, ZBl. S. 180.

c) Wegen des in hypothekarischen Schuldverschreibungen üblichen Zusatzes, daß bei Kündigung seitens des Gläubigers ohne Vorlegung des Hypothekenbriefes der Eigentümer zur Zurückweisung der Kündigung nicht berechtigt ist, dessen Eintragungsfähigkeit feststeht — RG. 27. 4. 04, JW. S. 339 —, wird der Zeugnisstempel auch dann nicht erfordert werden können, wenn hierzu nicht eine besondere Eintragungsbewilligung abgegeben ist, weil diese Kündigungsbestimmung eine Bedingung der Hypothekenbestellung ist und davon nicht getrennt werden kann.

12. Unterschriftsbeglaubigungen sind ferner stempelfrei:

a) Unter Blanko-Abtretungen auf Urkunden, die in das Grundbuch einzutragen sind. FM. 14. 7. 99 III 9091.

b) Unter einer Vollmacht zur Abgabe einer Auflassungserklärung. JM. 21. 6. 97, JMBl. S. 154. — Vgl. A. 26a bei Tarif 73.

13. Dagegen ist der Zeugnisstempel erforderlich:

a) Zu der Beglaubigung eines Antrages auf Ergänzung des Hypothekenbriefes durch Eintragung der derzeitigen Bestandteile des Grundstücks und der Feuerversicherungssumme. FM. 26. 7. 01 III 9326.

b) Zu einer Klausel, die in eine mit Hypothekenbestellung verbundene Schuldverschreibung aufgenommen wird: Für alle Klagen aus dieser Urkunde ist das Amtsgericht in S. zuständig. RG. 1. 10. 01, Entsch. Bd. 49 S. 299.

c) Falls die Schuldverschreibung oder die Urkunde über Bestellung einer Kautionshypothek die Uebernahme der selbstschuldnerischen Bürgschaft seitens des Verpfänders enthält. FM. 24. 4. 99 III 4926 u. 17. 10. 00 III 12290.

d) Wenn in der Zessionsurkunde Schuldner den Zessionar als seinen neuen Gläubiger anerkennt. FM. 28. 5. 98 III 7117 — vgl. A. 13f bei Tarif 58 und A. 12 bei Tarif 71.

e) Wenn die unterschriftlich beglaubigte Urkunde zur Eintragung oder Löschung in einem außerpreußischen Grundbuch dient. RG.

Lfd. Nr.	Gegenstand der Besteuerung.	Steuersatz v. H.	M.	Pf.	Berechnung der Stempelabgabe.
78.	**Zuschlagsbescheide,**[1, 2] wie Kaufverträge, s. diese.				

Noch: Zu Tarif-Nr. 77.

23. 11. 96, Joh. Bd. 16 S. 270. FM. 27. 4. 03 III 2969. RG. 12. 5. 05, Entsch. Bd. 60 S. 431, ZBl. S. 707.

f) Zu Beglaubigungen der auf das Staatsschuldbuch oder Reichsschuldbuch bezüglichen Anträge. FM. 11. 2. 98 III 7324.

g) Zu Unterschriftsbeglaubigungen unter Anträgen, die sich auf eine Eintragung im Schiffsregister beziehen. FM. 6. 7. 97.

14. Es darf nur ein Gesuch der hier bezeichneten Art, nicht gleichzeitig eine andere Erklärung beurkundet sein. FM. 31. 12. 97 III 16731.

Es ist überhaupt diese Befreiungsvorschrift als Ausnahmevorschrift eng auszulegen, weshalb auch der Zeugnisstempel zu verwenden ist, wenn bei Unterschriftsbeglaubigung durch einen zuständigen Beamten (Art. 111, 115, 117, 122, 123 PFG. und §§ 1—4, 10, 12 V. v. 20. 12. 00 GS. S. 640) der Antrag nicht auf Uebersendung, sondern bloß auf Auszahlung an den Empfangsberechtigten selbst, seinen Vertreter oder einen Dritten gerichtet ist. FM. 5. 1. 01 III 15622.

15. Auch die Beglaubigungen unter Gesuchen um Uebersendung bis zu 3000 M. sind stempelfrei (FM. 16. 10. 87 III 12453, Gaupp V S. 29), wobei es gleichgültig ist, ob der eigentlich Empfangsberechtigte oder sein legitimierter Vertreter die Uebersendung an diesen bezw. jenen oder einen Dritten beantragt. FM. 5. 1. 01 III 15622.

Zu Tarif-Nr. 78.

1. Diese Tarifstelle findet auch dann Anwendung, wenn der bisherige Eigentümer Ersteher ist und der Zuschlagsbescheid dahin geht, daß ihm das Eigentum an dem Grundstück zu belassen sei. RG. 23. 11. 96, Joh. Bd. 16 S. 298. — Vgl. A. 46a bei Tarif 32.

2. Ist im Zuschlagsurteil selbst nicht bestimmt, welcher Teil des Meistgebots auf das bewegliche Zubehör zu rechnen ist, so ist vom Ganzen der einprozentige Stempel fällig. Zur Abwendung des höheren Stempels genügt auch eine Anzeige des Erstehers binnen 2 Wochen nach der Verkündung des Urteils zu den Gerichtsakten, vorbehaltlich freilich der Befugnis des Gerichts, die Richtigkeit zu beanstanden und selbst eine Wertermittelung vorzunehmen. RG. 28. 6. 97, Joh. Bd. 17 S. 299 u. RG. 6. 10. 02. — Vgl. A. 46c bei Tarif 32.

Tabelle

über den gegenwärtigen Kapitalwert einer Rente oder Nutzung im Werte vom 1 Mark auf eine bestimmte Anzahl von Jahren behufs Berechnung der davon zu entrichtenden Stempelsteuer. (Zu § 6 des Gesetzes.)

Anzahl der Jahre	Kapitalwert M.	Kapitalwert Pf.	Anzahl der Jahre	Kapitalwert M.	Kapitalwert Pf.	Anzahl der Jahre	Kapitalwert M.	Kapitalwert Pf.
1	1	0,0	31	18	29,0	61	23	62,4
2	1	96,2	32	18	58,9	62	23	71,5
3	2	88,6	33	18	87,4	63	23	80,3
4	3	77,5	34	19	14,8	64	23	88,7
5	4	63,0	35	19	41,1	65	23	96,9
6	5	45,1	36	19	66,5	66	24	04,7
7	6	24,2	37	19	90,8	67	24	12,2
8	7	00,2	38	20	14,3	68	24	19,4
9	7	73,3	39	20	36,8	69	24	26,4
10	8	43,5	40	20	58,5	70	24	33,0
11	9	11,1	41	20	79,3	71	24	39,5
12	9	76,0	42	20	99,3	72	24	45,6
13	10	38,5	43	21	18,6	73	24	51,6
14	10	98,6	44	21	37,1	74	24	57,3
15	11	56,3	45	21	54,9	75	24	62,8
16	12	11,8	46	21	72,0	76	24	68,0
17	12	65,2	47	21	88,5	77	24	73,1
18	13	16,6	48	22	04,3	78	24	78,0
19	13	65,9	49	22	19,5	79	24	82,7
20	14	13,4	50	22	34,2	80	24	87,2
21	14	59,0	51	22	48,2	81	24	91,5
22	15	02,9	52	22	61,8	82	24	95,7
23	15	45,1	53	22	74,8	83	24	99,7
24	15	85,7	54	22	87,3	84 und mehr.	25	00,0
25	16	24,7	55	22	99,3			
26	16	62,2	56	23	10,9			
27	16	98,3	57	23	22,0			
28	17	33,0	58	23	32,7			
29	17	66,3	59	23	43,0			
30	17	98,4	60	23	52,8			

A. Bekanntmachung

betreffend

die Ausführung*) des Stempelsteuergesetzes.

Vom 13. Februar 1896.

(ZBl. der Abgabenverwaltung S. 53 ff.)

Unter Berücksichtigung der Aenderungen in dem Erlaß vom 28. 8. 00 — ZBl. S. 477 ff. (Nachtrag I) — die durch lateinische Schrift auch äußerlich kenntlich gemacht sind.

Zur Ausführung des am 1. April 1896 in Kraft tretenden Stempelsteuergesetzes vom 31. Juli 1895 (Gesetz-Samml. S. 413) **wird vom Finanz-Minister im Einverständnis mit den Ministern für Handel und Gewerbe, der öffentlichen Arbeiten, der geistlichen, Unterrichts- und Medizinal-Angelegenheiten, der Justiz und des Innern Folgendes bestimmt:**

1. Abschnitt.

Von der Pflicht zur Entrichtung der Stempelsteuer.

Zu § 5 des Gesetzes.

1) Ueber die Zulässigkeit der im zweiten und dritten Absatz erwähnten Stempelsteuerbefreiungen entscheidet der Finanz-Minister.

Zu § 6 des Gesetzes.

2) Wegen der Stempelerstattungen des zweiten Absatzes kommt die Ziffer 18 Absatz 1 dieser Bekanntmachung zur Anwendung.

* Ueber die Wirkung der Ausführungsvorschriften als gesetzliche Bestimmung, nicht bloß als Anordnung rein instruktioneller Art s. RG. 22. 1. 04, Entsch. Bd. 56 S. 274, JMBl. S. 218 von 1905.

3) Die in einer anderen, als der Reichswährung ausgedrückten Summen werden nach den für die Erhebung des Wechselstempels vom Bundesrath festgesetzten Mittelwerthen umgerechnet.*

Zu § 7 des Gesetzes.

4) Wenn der Werth des Gegenstands einer Urkunde sich nach dem Lebensalter einer Person berechnet, so sind die die Versteuerung vornehmenden Behörden und Beamten einschließlich der Notare verpflichtet, die Betheiligten über das Lebensalter zu befragen und dasselbe, falls sie eine genügende Auskunft erlangen können, auf der Urkunde zu vermerken.

5) Die Festsetzung und Einziehung der Ordnungsstrafen des zweiten Absatzes erfolgt nach fruchtloser Androhung im Wege der Verfügung durch die Hauptämter. In denjenigen Fällen, in denen das Ermittelungsverfahren vor den Stempelsteuerämtern schwebt, setzen diese die Ordnungsstrafen fest und überweisen sie den Hauptämtern zur Einziehung. Die im § 15 des Gesetzes erwähnten Behörden und Beamten haben unter Mittheilung der Verhandlungen das zuständige Hauptamt um Festsetzung der Ordnungsstrafen zu ersuchen. Sie sind von dem Ergebnis durch die Hauptämter zu benachrichtigen.

* „Anmerkung. Nach dem Bundesrathsbeschluss vom 9. März 1899, beziehentlich 21. Juni 1900, sind folgende Mittelwerthe zu Grunde zu legen:

1 Pfund Sterling	20,40	Mark
1 Frank, Lira, Peseta (Gold), Lëu, finnische Mark	0,80	„
1 osterreichischer Gulden (Gold)	2,00	„
1 „ „ (Währung)	1,70	„
1 österreichisch-ungarische Krone	0,85	„
1 Gulden holländischer Währung	1,70	„
1 skandinavische Krone	1,125	„
1 alter Goldrubel	3,20	„
1 Rubel 1 alter Kreditrubel	2,16	„
1 türkischer Piaster	0,18	„
1 Peso (Gold)	4,00	„
1 Dollar	4,20	„
1 alter japanischer Goldyen	4,20	„
1 japanischer Yen	2,10	„
1 deutsch-ostafrikanische oder indische Rupie	1,35	„

Gegen die Straffestsetzungen findet Beschwerde an den Provinzial-Steuer-Direktor statt.

6) Bei der Ermittelung der für die Berechnung der Stempelsteuer erforderlichen Grundlagen ist die Entstehung von Kosten thunlichst zu vermeiden.

7) Die Bestimmung über die Aussetzung der Zahlung des streitig gebliebenen Stempels infolge Beschreitung des Rechtsweges findet nur Anwendung auf diejenigen Beträge, welche wegen Meinungsverschiedenheiten zwischen den Steuerbehörden und Steuerpflichtigen über die Höhe des Werths des Gegenstandes streitig geblieben sind, nicht aber auf diejenigen Stempelbeträge, welche streitig sind, weil die Steuerpflichtigen ihre rechtliche Verpflichtung zur Zahlung überhaupt bestreiten.

Die Aussetzung der Einziehung des Stempels hat zur Voraussetzung, daß die Steuerpflichtigen die Zustellung der Klage überzeugend nachweisen.

Zu § 8 des Gesetzes.

8) Eine Aussetzung der Versteuerung wegen Unbestimmtheit des Werths des Gegenstandes ist dann nicht zulässig, wenn es möglich ist, den Werth des Gegenstandes des Geschäfts, wenn auch nur annähernd, sogleich festzustellen. Nur wenn ein Geschäft seinem Inhalt nach so unbestimmt ist, daß sich der Werth desselben auch nicht annähernd schätzen läßt, ist die Erhebung des Stempels bis zur erfolgten Ausführung des Geschäfts auszusetzen oder wenn es sich um fortlaufende oder zu gewissen Zeiten wiederkehrende Leistungen handelt, von Zeit zu Zeit — etwa alljährlich — vorzunehmen. Die Berechnung des Stempels bei Urkunden über Geschäfte der letzteren Art richtet sich nach dem Gesammtwerthe des Gegenstandes, dergestalt, daß auch die bei Vornahme der einzelnen Versteuerungen 150 M. oder weniger betragenden Werthe nicht außer Betracht bleiben dürfen, sondern den bereits versteuerten Werthen behufs der Nachversteuerung hinzuzurechnen sind. Wenn beispielsweise bei einem Lieferungsvertrage der nach Ablauf des ersten Vierteljahres auf 450 M. festgestellte Lieferungspreis mit $^1/_3$ v. H., also mit 1,50 M. versteuert worden ist und sich nach Ablauf des zweiten Vertragsjahres ein Preis von 150 M. ergiebt, so sind diese 150 M. nicht steuerfrei, sondern sie unterliegen einem Stempel von 50 Pf., weil der stempelpflichtige Gesammtpreis am

Schluß des zweiten Jahres 600 M. (450 + 150 M.) und der davon zu entrichtende Stempel 2 M. beträgt.

Zu Urkunden, aus welchen ein bestimmter Werth sogleich ersichtlich ist, in denen aber außerdem Leistungen von unbestimmten, erst später schätzbaren Werthen ausbedungen sind, ist der Stempel von dem ersichtlichen Werthe sogleich zu verwenden, die Beibringung des übrigen Stempels aber nach der Vorschrift des vorhergehenden Absatzes zu bewirken.

Unmittelbare oder mittelbare Staatsbehörden sind hinsichtlich der von ihnen mit Privatpersonen abgeschlossenen Verträge, bei denen der Werth des Gegenstandes unbestimmt ist, von der Pflicht zur Vorlegung an die Steuerbehörde entbunden und befugt, die Versteuerung dieser Urkunden ohne Mitwirkung der Steuerbehörden vorzunehmen.

Zu § 10 des Gesetzes.

9) Wenn bei Rechtsgeschäften über mehrere, verschiedenen Steuersätzen unterliegende Gegenstände in der Urkunde das Entgelt ohne Angabe der Einzelwerthe ungetrennt in einer Summe oder Leistung verabredet ist (also beispielsweise in einer den Verkauf eines Grundstücks nebst Beilaß enthaltenden Kaufurkunde nicht besondere Werthe für das Grundstück und den Beilaß angegeben sind oder ein Werkverdingungsvertrag nichts darüber enthält, wieviel von dem bedungenen Gesammtpreise auf den Materialienwerth und wieviel auf Arbeitsvergütung entfällt), so haben die Steuerbehörden die Werthe der einzelnen Gegenstände auf der Urkunde zu vermerken, sofern es von den Urkundenausstellern oder einem derselben oder deren Vertretern oder Bevollmächtigten bei der Versteuerung verlangt wird und die im § 16 des Gesetzes angegebenen Fristen noch nicht abgelaufen sind. Der bezügliche Vermerk ist von dem Antragsteller zu unterschreiben und von dem aufnehmenden Beamten mit dem Datum, der Bezeichnung der Amtsstelle und seiner Namensunterschrift zu versehen.

Geben die gemachten Werthangaben bezüglich ihrer Richtigkeit zu Bedenken Anlaß, so hat die Steuerbehörde aus der Vertragsurkunde einen Auszug, soweit er für die Stempelpflichtigkeit von Belang ist oder auch nur einen Vermerk zu den Akten zu fertigen und demnächst das Erforderliche wegen Ermittelung und Versteuerung des wirklichen Werths nach den Vorschriften des § 7 des Gesetzes zu veranlassen.

II. Abschnitt.

Von der Erfüllung der Stempelpflicht und den Folgen der Nichterfüllung.

Zu §§ 14 und 15 des Gesetzes.

10) Der Verkauf von Stempelmaterialien (Stempelpapier, Stempelmarken, Stempeldruckformularen, Stempeldruckbogen), erfolgt durch die Amtsstellen der Verwaltung der indirekten Steuern, nämlich die Haupt-Steuer- und Haupt-Zollämter und die diesen nachgeordneten Neben-Zoll- und Steuerämter (Unterämter). Außerdem sind zum Verkauf die Stempelvertheiler befugt, jedoch nur innerhalb der in ihren Anstellungsverfügungen vorgeschriebenen Erhebungsgrenzen. Diese Steuerstellen — die Stempelvertheiler indessen nur in den ihnen gestatteten Grenzen — sind ferner verpflichtet, zu schriftlichen Urkunden jeder Art je nach den Wünschen der Steuerpflichtigen das erforderliche Stempelpapier oder statt desselben Stempelmarken in entsprechendem Werthe nach der Vorschrift der Ziffer 15 A I und II Nr. 1 dieser Bekanntmachung zu entwerthen.[1]

Außer den in dem vorhergehenden Absatz bezeichneten Steuerstellen sind alle anderen Behörden und Beamte einschließlich der Notare verpflichtet, zu den von ihnen aufgenommenen Verhandlungen, ertheilten Ausfertigungen u. s. w. das erforderliche Stempelpapier oder die erforderlichen Marken nach der Vorschrift der Ziffer 15 A I und II Nr. 2 bis 4 dieser Bekanntmachung zu entwerthen.[2] Schiedsmänner sind zur Entwerthung von Stempelpapier und Stempelmarken befugt, ohne für die Richtigkeit der Stempelberechnung verantwortlich zu sein.

---

[1] Zum Verkauf von Stempelmaterialien, auch wenn deren Gesamtbetrag im Einzelfall 1000 M. übersteigt, sind die Steuerbehörden mit Ausnahme der Stempelverteiler immer befugt. FM. 9. 6. 96 III 12674, ZBl. S. 588.

[2] Zu den von den Eltern der **Studierenden** abgegebenen **Bürgschaftserklärungen** zu den von dem **Universitätsrichter** aufgenommenen Verpflichtungsscheinen der Studierenden darf der Quästor die Stempel verwenden. FM 11. 10. 96 III 14046. — Vgl. A. 7 bei Tarif 58, A. 13 bei Tarif 59 und A. 5y bei Tarif 77.

In gewissen Fällen (vgl. Ziffer 15 B dieser Bekanntmachung) ist es auch Privatpersonen, Gesellschaften, Genossenschaften u. s. w. gestattet, Stempelmarken bis zu einem bestimmten Betrage ohne amtliche Ueberwachung zu entwerthen.

11) Die Haupt- und Unterämter sowie die Stempelvertheiler haben sich der Prüfung der ihnen zur Versteuerung vorgelegten Urkunden hinsichtlich ihrer Stempelpflichtigkeit zu unterziehen und danach den Stempel zu berechnen und zu entwerthen und zwar ohne Rücksicht darauf, ob die Steuerpflichtigen bezw. die die Urkunde Vorlegenden eine Prüfung verlangen oder nicht. Wenn die Prüfung unterbleiben muß, weil der Vorleger der Urkunde die Einsichtnahme nicht gestattet, so ist die Weigerung durch die Worte „Einsicht der Urkunde verweigert" auf der Urkunde ersichtlich zu machen. Entstehen über die Rechtmäßigkeit der Stempelforderung oder die Höhe des Stempels bei der die Entwerthung vornehmenden Steuerstelle Zweifel, so hat sie den nach ihrer Ansicht zum mindesten erforderlichen Stempel zu erheben und zu entwerthen und demnächst die Entscheidung des vorgesetzten Hauptamts bezw. des zuständigen Stempelsteueramts darüber einzuholen, ob der berechnete Betrag der richtige oder welcher andere Betrag zu verbrauchen sei. Hat nach dieser Entscheidung eine Ueberhebung von Stempelgebühren stattgefunden, so ist die Erstattung des zuviel geforderten Betrags von Amtswegen zu veranlassen, während zu wenig entrichtete Stempel einzuziehen und nachträglich zu entwerthen sind, ohne daß bei inzwischen erfolgter Ueberschreitung der gesetzlichen Stempelverwendungsfristen ein Strafverfahren eingeleitet wird.

12) Werden Urkunden, welche in einer anderen Sprache als der deutschen abgefaßt sind, zur Versteuerung vorgelegt, so ist die Versteuerung durch denjenigen Beamten, welcher der betreffenden Sprache mächtig ist, zu bewirken. Ist ein solcher Beamter bei der Steuerbehörde, welche die Verstempelung vorzunehmen hat, nicht vorhanden und entstehen hinsichtlich der Richtigkeit der Angaben der Steuerpflichtigen über den Urkundeninhalt Bedenken, so ist die Urkunde oder eine von der Steuerbehörde zu fertigende Abschrift derselben an den Provinzial-Steuer-Direktor einzureichen.[3] Letzterer läßt durch einen Beamten seines Verwaltungsbezirks, welcher der

---

[3] Die bei dem Hauptamt etwa schon gefertigte Uebersetzung ist gleich mit vorzulegen.

Sprache, in welcher die Urkunde abgefaßt ist, mächtig ist, eine Uebersetzung fertigen und auf Grund dieser Uebersetzung den erforderlichen Stempel einziehen. Fehlt es an einem solchen Beamten, so kann die Uebersetzung, sofern es sich um Urkunden handelt, welche im steuerlichen Interesse von Wichtigkeit sind, auch anderweitig auf Kosten der Steuerverwaltung beschafft werden.

13) Die nach den bisherigen Vorschriften angefertigten und bis zum 1. April 1896 in Gebrauch befindlichen Stempelwerthzeichen (mit Ausnahme der gestempelten Formulare zu Reisepässen und zu Befähigungs- und Prüfungszeugnissen für Seeschiffer, Seesteuerleute und Maschinisten auf Seedampfschiffen) treten mit diesem Tage außer Gebrauch. Der Umtausch dieser Stempelmaterialien ist bis zum 1. April 1897 zulässig und erfolgt nach der in der Ziffer 17 dieser Bekanntmachung enthaltenen Bestimmung.

Die Provinzial-Steuer-Direktoren haben das Publikum auf die den Umtausch der am 1. April 1896 außer Gebrauch tretenden Stempelmaterialien betreffenden Bestimmungen durch Bekanntmachung in den öffentlichen Blättern rechtzeitig aufmerksam zu machen.

14) Vom 1. April 1896 ab werden die nachstehend bezeichneten Stempelmaterialien in folgenden Sorten zum Verkauf gestellt bezw. abgestempelt:

A. Stempelpapier.

[5] Der Bogen zum Preise von — M. 50 Pf.; 1 M.; 1 M. 50 Pf.; 2 M.; 2 M. 50 Pf.; 3 M.; 3 M. 50 Pf.; 4 M; 4 M. 50 Pf.; 5 M.; 6 M.; 10 M.; 15 M.; 20 M.; 25 M.; 30 M.; 40 M.; 50 M.; 60 M.; 70 M.; 80 M.; 90 M.; 100 M.; 150 M.; 200 M.; 300 M.; 400 M.; 500 M.; 600 M.; 700 M.; 800 M.; 900 M. und 1000 M.

Stempelbogen zum Preise von mehr als 1000 M. werden auf besonderen schriftlichen Antrag von den Haupt-Steuer- und Haupt Zollämtern ausgefertigt.[6] Solche Bogen sind mit folgendem Ausfertigungsvermerk zu versehen:

---

[4] Auch nach Ablauf der Frist kann aus Billigkeitsgründen vom Finanzminister Ersatz geleistet werden. FM. 22. 11. 97 III 14551 — 4. 11. 98 III 15183. — Vgl sonst A. 7a bei § 25 d. G.

[5] Stempelbogen im Werte von 15 M. bis 90 M. sind nicht mehr Bedürfnis. FM. 16. 12. 05 III 13196.

[6] Bei Vorlegung einer einen Stempel von mehr als 1000 M erfordernden Urkunde bei einem Hauptamt ist der Stempel stets durch Ausfertigung eines Stempelbogens über den fälligen Betrag darzustellen

Nr. . . . . . .

Gültig über . . . . M. . . . Pf. Stempel
buchstäblich

. . . .

. . . .

Ort und Datum (Tag, Monat, Jahr in Buchstaben).

Das Haupt-Steuer- (Haupt-Zoll-) Amt.

Schwarzstempel. Unterschrift.

B. Stempelmarken.

Das Stück zum Preise von 10 Pf.; 20 Pf.; 50 Pf.; 1 M.; 1½ M.; 2 M.; 2½ M.; 3 M.; 3½ M.; 4 M.; 4½ M.; 5 M.; 6 M.; 10 M.; 15 M.; 20 M.; 25 M.; 50 M.; 100 M.

C. Stempeldruckformulare und -Bogen.[1]

1) Nachstehende nur mit einem preußischen Werthstempel (kleineren Formats) in Schwarzdruck versehene Stempeldruckformulare bezw. -Bogen werden von den Haupt-Steuer- und Haupt-Zollämtern, den Steuer- und Neben-Zollämtern zum Verkauf gestellt:

a. zu Gewerbelegitimationskarten das Stück zum Preise von 1 M. (Tarifstelle 26);

b. zu Pässen zu Reisen das Stück zum Preise von 1½ M. und ½ M. (Tarifstelle 49);

c. zu Paßkarten das Stück zum Preise von 1½ M. und ½ M. (Tarifstelle 49);

Hiernach ist in der Regel auch zu verfahren bei Vorlegung einer Urkunde bei einem Unteramt oder wenn eine sonstige Amtsstelle für die Verwendung des Stempels zu sorgen hat, und nur ausnahmsweise, wenn sofortige Verwendung des erforderlichen Betrages notwendig ist, sind Stempelbogen von 1000 M. und weniger und Stempelmarken zu verwenden. FM. 9. 9. 96 III 12674, ZBl. S. 588.

[1] Stempeldruckbogen für Genehmigungen zur Veranstaltung von Lustbarkeiten und Tanzlustbarkeiten dürfen an jeden beliebigen Käufer, also nicht bloß an Behörden und Beamte, sondern auch an Privatpersonen, abgegeben werden.

Dagegen dürfen Stempeldruckformulare und Stempeldruckbogen zu Gewerbelegitimationskarten, Pässen, Paßkarten und Befähigungs- und Prüfungszeugnissen für Seeschiffer usw. nach wie vor nur an die zur Ausfertigung dieser Urkunden befugten Behörden verkauft werden. FM. 18. 11. 02 III 14560.

d. zu Befähigungs- und Prüfungszeugnissen für Seeschiffer, Seesteuerleute und Maschinisten auf Seedampfschiffen das Stück zum Preise von 1½ M. (Tarifstelle 77).

Ausserdem werden zu Genehmigungen der Veranstaltung von Lustbarkeiten in der vorgedachten Art abgestempelte und mit dem Vordruck „Genehmigung zur Veranstaltung einer Lustbarkeit" versehene Bogen und zu Genehmigungen der Veranstaltung von Tanzlustbarkeiten in gleicher Weise abgestempelte Bogen mit folgendem Aufdruck:

Genehmigung zur Veranstaltung einer Tanzlustbarkeit.

. . . ., den . . . ten . . . . 19 . .

Dem Gastwirth . . . . . . wird auf das Gesuch vom . . . . Mts. hierdurch die polizeiliche Genehmigung ertheilt, in seinem Lokale . . . . am . . ten . . . . 19 . . von . . . . . Uhr Nachmittags bis . . . . Uhr Nachts eine öffentliche Tanzlustbarkeit zu veranstalten.

An Lustbarkeitssteuer sind . . . . Mark . . . Pf. vor Beginn der Lustbarkeit an die . . . . Kasse zu zahlen.

das Stück zum Preise von 1½ Mk. und ½ Mk. von den bezeichneten Steuerbehörden und auch von den Stempelvertheilern zum Verkauf gestellt (Tarifstelle 39). Die Bogen zum Preise von ½ Mk. enthalten ausserdem einen Vordruck für die Gründe, aus denen sich die Versteuerung mit nur 50 Pf. rechtfertigt.

Die Versteuerung der vorbezeichneten Schriftstücke hat ausschließlich durch die Verwendung von abgestempelten Formularen und Bogen zu erfolgen, dergestalt, daß die Verwendung von Stempelpapier und Stempelmarken nicht zuläſſig ist.

2) Auf Ansuchen von Behörden, Gewerkschaften, Versicherungsgesellschaften[a] und ähnlichen Privatunternehmungen werden gedruckte Formulare oder auch beschriebene Bogen bei dem Haupt-Stempelmagazin gestempelt.

Abgestempelt können insbesondere folgende Schriftstücke werden:

a. Bestallungen (Tarifstelle 12);

b. Approbationen (Tarifstelle 22b);

---

[a] Anträge auf Abstempelung von Versicherungs-Policen können abgelehnt werden, sofern die Abstempelung nicht etwa zu den für das Stempelpapier vorgeschriebenen Preisſätzen verlangt wird. FM. 22. 4. 96 III 5342.

c. Genehmigungen zur Anlegung von Dampfkesseln oder Aenderung der Dampfkesselanlagen sowie Bewilligungen von Fristverlängerungen und Fristungen (Tarifstelle 22 e);
d. Erlaubnißertheilungen zum Betrieb des Pfandleihgeschäfts (Tarifstelle 22 f);
* h. Naturalisationsurkunden (Tarifstelle 43);
i. Offizierpatente (Tarifstelle 47);
k. Pässe zum Transport von Leichen (Tarifstelle 49 Abs. 3 und 4);
l. amtliche Zeugnisse in Privatsachen, Prüfungszeugnisse u.s.w. (Tarifstelle 77).

Die Stempelung der Formulare ꝛc. erfolgt durch Aufdruck des preußischen Werthstempels in Schwarzdruck und des Borussia-Trockenstempels, jedoch ohne den für das weiße Stempelpapier vorgeschriebenen farbigen Unterdruck.

Anträge auf Stempelung sind unter Einzahlung des Steuerbetrags und Beifügung der abzustempelnden Formulare ꝛc. an das Hauptamt des Bezirks mittels einer in doppelter Ausfertigung einzureichenden Anmeldung zu richten. Handelt es sich um die Stempelung gedruckter Formulare, so ist für je 20 Stück derselben ein überschüssiges Stück als Ersatz für etwa bei der Stempelung verdorbene Stücke beizufügen. Die Anmeldung ist nach dem anliegenden Muster a aufzustellen und mit der Bezeichnung des Orts, dem Datum und der Unterschrift des Antragstellers zu versehen.

Eine Ausfertigung der Anmeldung, mit Quittung über den eingezahlten Steuerbetrag versehen, wird von dem Hauptamt dem Antragsteller zurückgegeben. Die andere Ausfertigung ist mit der Bescheinigung des Hauptamts über die Einzahlung des Steuerbetrags nebst den zugehörigen Stücken dem Hauptstempelmagazin zu übersenden, welches nach Erledigung des Stempelungsgeschäfts sämmtliche Stücke mit den etwa verstempelten und unbrauchbar gemachten überschüssigen Stücken an das Hauptamt zur Aushändigung an den Antragsteller zurücksendet.

Für das Stempelungsgeschäft selbst ist eine Gebühr nicht zu entrichten; jedoch hat der Antragsteller die entstehenden Portokosten zu tragen.

15) Für die Entwerthung der Stempelbogen und Stempelmarken kommen folgende Bestimmungen zur Anwendung:

---

* e, f und g sind ausgefallen.

A. Entwerthung von Stempelbogen und Stempelmarken durch Steuerbehörden und Stempelvertheiler sowie andere Behörden und Beamte einschließlich der Notare und Schiedsmänner.

I. Stempelbogen.

Soweit die stempelpflichtigen Erklärungen auf ganzen Bogen niedergeschrieben werden, bedarf es einer Entwerthung dieser Bogen nicht. Insoweit eine solche Niederschrift nicht stattgefunden hat, sind die zur Darstellung des gesetzlichen Betrags des Stempels erforderlichen Stempelbogen umzuschlagen und einzeln zu entwerthen, d. h. mit einem Vermerk zu versehen, welcher die Bezeichnung des beurkundeten Geschäfts, das Datum der Urkunde, den Werth des Gegenstandes sowie die Namen der Urkundenaussteller enthalten muß, z. B.

Entwerthet zu dem am 1. April 1896 zwischen dem .... zu .... und dem .... ebendaselbst geschlossenen Kaufvertrage über das Grundstück ....

Berlin, den zehnten April eintausendachthundert und sechs und neunzig.

Amtsstelle.

Amtsstempel. Unterschrift.

oder:

Entwerthet zu der von dem .... zu .... am 1. April 1896 ausgestellten Schuldurkunde über ein von dem .... zu .... erhaltenes Darlehn von .... Mark.

Berlin u. s. w. wie vorstehend.

Das Umschlagen der Stempelbogen ist in der Weise zu bewirken, daß jeder derselben mit der Verhandlung durch Zusammenheften und Einsiegeln der Fadenenden (welches jedoch nicht vermittels gummirter Siegelmarken geschehen darf) verbunden wird.[1] Derart umgeschlagene Stempelbogen stehen dem im § 14 Buchst. a des Gesetzes erwähnten gestempelten Papier gleich, auf welches die stempelpflichtige Erklärung unmittelbar niedergeschrieben wird.

---

[1] Das Einsiegeln der Fadenenden wird, soweit Stempelverteiler in Betracht kommen, durch Aufkleben von Oblaten und eines mit dem Schwarzstempel zu versehenden Stückes Papier in der Weise vorgenommen, wie es von den Gerichten bei Besiegelung von Urkunden geschieht. FM. 1. 4. 96 III 4157.

Soweit zu stempelpflichtigen Verhandlungen der Schiedsmänner der Stempel von den Parteien in Form von Stempelbogen beigebracht ist, hat der auf jeden einzelnen Bogen zu setzende Vermerk etwa, wie folgt, zu lauten:

Entwerthet zu dem am 1. April 1896 zwischen dem .... zu .... und dem .... zu .... Seite 80 Nummer 61 des Protokollbuchs geschlossenen Vergleiche.

Berlin u. s. w. wie oben.

Die entwertheten Stempelbogen sind von den Schiedsmännern zu besonderen Belagsakten zu nehmen.

In den Fällen, in denen von dem Steuerpflichtigen die Urkunde nicht vorgelegt werden kann, ist nach der Vorschrift des vorletzten Absatzes der Nummer II 1 dieser Ziffer zu verfahren.

II. Stempelmarken.

Der Gebrauch von Stempelmarken ist auf Urkunden, welche einem Stempel von nicht mehr als 300 M. unterliegen, beschränkt. Zu Urkunden, welche eines höheren Stempels bedürfen, muß, insoweit der Betrag durch 100 theilbar ist, Stempelpapier verwendet werden, während für den überschießenden Betrag Marken in möglichst geringer Zahl entwerthet werden können. Die Marken sind links auf der ersten Seite [10] und, wenn diese nicht den genügenden Raum gewährt, auf den nächstfolgenden Seiten der Urkunde fest und sorgfältig aufzukleben. Marken, durch deren Verwendung der Werth eines Stempelbogens auf den erforderlichen Betrag ergänzt werden soll, sind in derselben Art auf der ersten Seite des Bogens und erforderlichen Falls auf den nächstfolgenden Seiten aufzukleben. Die auf die Marken zu setzenden Entwerthungsvermerke (vergl. Nr. 2b, Nr. 3 und Nr. 4 unten) müssen in allen Fällen mit haltbarer Tinte in deutlichen Schriftzeichen (Buchstaben und Ziffern) ohne jede Rasur, Durchstreichung oder Ueberschrift geschrieben sein; insbesondere muß der Name deutlich und lesbar sein.

---

[10] Unter Abänderung der Vorschrift, daß die Stempelmarken links auf der ersten Seite aufzukleben sind, ist bestimmt, daß die Notare mit Rücksicht auf § 2246 BGB. bei den von ihnen errichteten Testamenten den Stempel ausschließlich auf dem Umschlage neben der Aufschrift zu verwenden haben. FM. 17. 10. 01 III 11129, ZBl. S. 251, JMBl. S. 262.

Hinsichtlich der Entwerthung von Stempelmarken seitens der einzelnen Behörden und Beamten ist Folgendes zu beachten:

1) Entwerthung durch Steuerbehörden [11] und Stempelvertheiler.

Das Aufkleben der Marken muß derart erfolgen, daß dieselben ohne Zwischenraum neben oder unter einander zu stehen kommen. Jede einzelne Marke ist mit mehrmaligen Abdrücken des amtlichen Schwarzstempels zu versehen, dergestalt, daß diese Abdrücke nicht nur jede Marke bedecken, sondern auch auf dem die einzelnen Marken von allen Seiten umgebenden Papier zu stehen kommen. Zur Veranschaulichung dient der nachstehende Abdruck:

Die aufgedruckten Stempel müssen auf jeder einzelnen Marke völlig deutlich und erkennbar [12] sein und insbesondere die Bezeichnung und den Ort der Amtsstelle klar ersehen lassen.

[11] Unter „Steuerbehörden" sind hier nur diejenigen zu verstehen, denen die Befugnis zum Verkauf von Stempelzeichen beigelegt ist. FM. 22. 5. 00 III 4272.

[12] Die Marken sind deutlich abzustempeln. Die Vorstände haben

Außerdem ist auf jeder Urkunde unter Angabe der Amtsstelle mit Amtsstempel, Datum (in Worten und beziehungsweise Ziffern) und Unterschrift zu vermerken, welcher Stempelbetrag im ganzen und welcher davon in Stempelpapier und in Marken entwerthet worden ist. Wenn z. B. Marken zum Werthe von 55 M. 50 Pf. auf einen Kaufvertrag geklebt und entwerthet worden sind, muß der Vermerk lauten:

55 M. 50 Pf. in Marken entwerthet.

Berlin, den 1. April 1896.

Amtsstelle.

Amtsstempel. Unterschrift.

Wenn 55 M. 50 Pf. in einem umgeschlagenen Stempelbogen von 50 M., einer Marke von 5 M. und einer Marke von 50 Pf. verbraucht sind, hat der auf die Urkunde zu setzende Vermerk zu lauten:

55 M. 50 Pf. und zwar 50 M. in Papier und 5 M. 50 Pf. in Marken entwerthet.

Berlin u. s. w. wie oben.

Werden Marken aufgeklebt, um den Werth eines Stempelbogens, auf welchem die Urkunde niedergeschrieben ist oder niedergeschrieben werden soll, auf den erforderlichen Betrag zu ergänzen, z. B. um den Werth eines Stempelbogens zu 50 M. durch Aufkleben einer Marke zu 5 M. auf 55 M. zu erhöhen, so würde der Vermerk lauten:

Zur Ergänzung auf 55 M. eine Marke zu 5 M. entwerthet.

Berlin u. s. w. wie oben.

Die Versteuerung der Nebenausfertigungen erfolgt in der Weise, daß nach Entwerthung der Stempelmarke auf der Nebenausfertigung auf letzterer vermerkt wird, welcher Stempel zur Nebenausfertigung und welcher Betrag zur Hauptausfertigung entwerthet ist, z. B.

Zur Nebenausfertigung 1,50 M. entwerthet. Zur Hauptausfertigung 105 M. (in Worten) verwendet.

Berlin, den 1. April 1896.

Amtsstempel. Unterschrift.

ihr besonderes Augenmerk auf die Entwertung zu richten und das Versäumte eventuell durch diejenigen Beamten, die die Ausführungsbestimmung nicht genügend beachtet haben, nachholen zu lassen. FM. 9. 3. 97 III 1079/23. 12. 98 III 15028. Ordnungswidrige Entwertung, namentlich undeutliche und nur auf den äußersten Teilen der Marke befindliche Stempelabdrücke sind zu rügen. FM. 25. 2. 98 III 2447.

Kann die stempelpflichtige Urkunde nicht vorgelegt werden, so ist von den Steuerpflichtigen die Einreichung der den wesentlichen Inhalt der Urkunde enthaltenden Anzeige zu erfordern oder auf Verlangen dieser Inhalt sogleich zu Protokoll zu nehmen und zu der Anzeige bezw. zu einer von dem Protokoll zu fertigenden beglaubigten Abschrift die Entwerthung des Stempels in der vorgeschriebenen Art zu bewirken. Findet sich die stempelpflichtige Urkunde später wieder vor und wird sie der Stempelbehörde eingereicht, so ist, sobald die Uebereinstimmung des Inhalts derselben mit demjenigen der Anzeige oder des Protokolls festgestellt ist, auf der Urkunde die früher stattgefundene Stempelverwendung unter Angabe des Betrags zu vermerken.

Es ist den Steuerstellen untersagt, von Privatpersonen etwa bereits aufgeklebte Marken abzustempeln, wenn dieselben mit irgend welchen Vermerken versehen sind. Sind die Marken dagegen unversehrt und erregt ihre Beschaffenheit nicht den Verdacht, daß sie bereits auf einem anderen Schriftstück aufgeklebt gewesen seien, so haben die Steuerstellen die Verpflichtung, dergleichen Marken zu entwerthen.

2) Entwerthung durch andere Behörden und Beamte ausschließlich der Notare und Schiedsmänner.

Die vorgedachten Behörden[13] [15] und Beamten, zu denen auch die Provinzial-Steuer-Direktionen und Stempelsteuerämter gehören, können zu allen von ihnen in amtlicher Eigenschaft mit Privatpersonen abgeschlossenen Verträgen, ferner zu allen von ihnen aufgenommenen Verhandlungen oder ertheilten Ausfertigungen u. s. w.

[13] Die Schlachthausinspektoren haben zu den von ihnen ausgestellten Zeugnissen über die Untersuchung geschlachteten Viehes die Marken zu verwenden. FM. 30. 8. 96 III 12013.

[14] Entwertet das Haupt-Steueramt zu Strafbescheiden, Beschwerdebescheiden und Unterwerfungsverhandlungen Stempelmarken, so hat es nach 15 A II 2, nicht 1, zu verfahren, da das Haupt-Steueramt in diesen Fällen als Verwaltungsbehörde handelt.

[15] Die Stempelmarken auf den für die Spar- und Darlehnsvereine für die Angehörigen der Reichs-Post- und Telegraphenverwaltung auszustellenden Schuldscheinen und Bürgschaftserklärungen dürfen von den Oberpostdirektionen, den Post- und Telegraphenämtern — ausschließlich Postagenturen — in derselben Weise entwertet werden, wie die Stempelmarken auf den von ihnen in amtlicher Eigenschaft aufgenommenen Verhandlungen und erteilten Ausfertigungen. FM. 12. 11. 03 III 15179, ZBl. S. 485.

sowie zu allen von Privatpersonen auf sie ausgestellten Vollmachten statt des Stempelpapiers Stempelmarken verwenden, jedoch nur unter nachstehenden Bedingungen:

a. das Aufkleben der Marken auf die stempelpflichtige Erklärung hat in der Weise zu erfolgen, daß zwischen den nebeneinander befestigten Marken ein geringer Zwischenraum bestehen bleibt, um das Uebergreifen der unter b angeordneten Entwerthungsvermerke auf das Papier zu gestatten.

b. Die Entwerthung der Marken, und zwar jeder einzelnen, erfolgt bei Behörden und Beamten durch Vermerk des Datums (in Ziffern), an welchem die Marke aufgeklebt ist, der Geschäftsnummer[16] und des Orts, an welchem die Verwendung erfolgt ist, und zwar in dem unteren Theile der Marke, dergestalt, daß die Geschäftsnummer und das Datum stets in der Marke selbst einzutragen sind, der übrige Theil des Vermerks aber auf das die Marke seitwärts umgebende Papier nach beiden Seiten hinübergreift.

Beamte, welche kein Geschäftsverzeichniß führen, haben statt der Geschäftsnummer ihren ausgeschriebenen Namen in den unteren Theil der Marke zu setzen.

Außerdem haben die Behörden und Beamten die aufgeklebten Marken jedesmal mit einem schwarzen oder farbigen Abdruck ihres Stempels dergestalt zu versehen, daß der Abdruck theils auf dem oberen, mit dem Entwerthungsvermerke nicht versehenen Theile der Marke (ohne die vorgedachten Schriftzeichen zu bedecken), theils auf dem die Marke umgebenden Papiere zu stehen kommt.

Zur Veranschaulichung dienen nachstehende Abdrücke:

[Siehe Seite 322.]

Beamte, welche keinen amtlichen Stempel führen, haben statt eines Stempelabdrucks die Amtsstelle auf dem oberen Theile der Marke und unter Mitbenutzung des die Marke umgebenden Papiers deutlich zu bezeichnen und mit Namensunterschrift zu versehen.

[16] Die Entwertung der Stempelmarken zu solchen Schriftstücken von geringerer Bedeutung, die im Bereich der Staatseisenbahnverwaltung nicht in das Geschäftsbuch eingetragen werden, kann unter Abstandnahme von der Angabe einer Geschäftsnummer nur durch Aufdruck des amtlichen Stempels sowie durch Eintragung des Datums und Orts der Stempelverwendung geschehen. FM. 16. 4. 01 III 4822, EisVBl. S. 181.

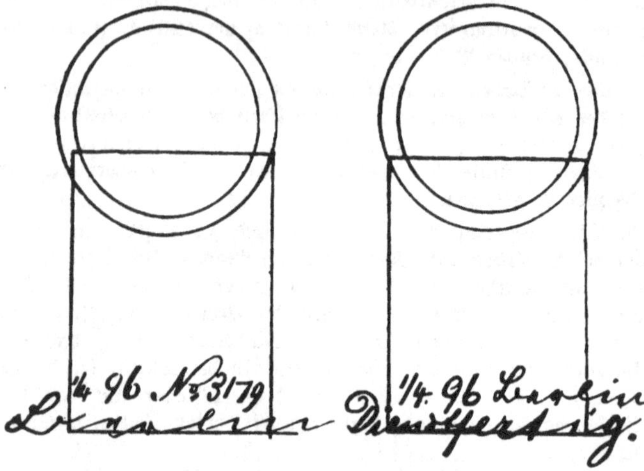

c. Hinsichtlich der Versteuerung der Nebenausfertigungen finden die oben unter A II 1 Abs. 3 für Steuerbehörden und Stempelvertheiler gegebenen Vorschriften entsprechende Anwendung.[16a]

3) Entwerthung durch Notare.

Die Entwerthung von Stempelmarken ist in derselben Weise vorzunehmen, wie sie für Beamte, welche einen amtlichen Stempel, aber kein Geschäftsverzeichniss führen, unter A II No. 2 vorgeschrieben ist. Bei der Versteuerung solcher Urkunden, welche nach den gesetzlichen Vorschriften in das Notariatsregister einzutragen sind,[17]

[16a] Z. B.:

Zur Nebenausfertigung . . . . M. entwertet
Zur Hauptausfertigung . . . . M. entwertet
N. N. den . . . .
Amtsstelle
L. S. Unterschr.

(ohne Unterschied, ob Haupt- und Nebenausfertigung gleichzeitig oder zu verschiedenen Zeiten errichtet oder versteuert werden. Vgl. auch § 9 Abs. 3 d. G.)

FM. 26. 3. 96 III 7487.

[17] Bei Beglaubigung einer Abschrift ist eine Nummer des Notariatsregisters nicht in die Marke einzutragen, weil Abschriftsbeglaubigungen in das Notariatsregister nicht aufgenommen werden. FM. 14. 3. 99 III 4455. — Vgl. Art. 95 PFG.

ist auch die Nummer des Notariatsregisters in der Marke einzutragen. (Art. 95 des Preussischen Gesetzes über die freiwillige Gerichtsbarkeit vom 21. September 1889 — G.S. S. 249).

Nachstehender Abdruck veranschaulicht den Entwerthungsvermerk:

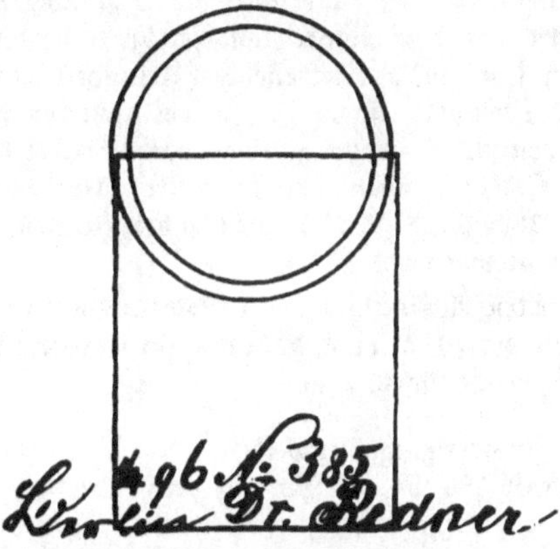

Notare haben zu den von ihnen aufgenommenen Verhandlungen einschließlich der von ihnen dem Inhalt nach anerkannten und innerhalb der gesetzlichen Stempelverwendungsfristen eingereichten Verhandlungen, ferner zu denjenigen Urkunden, bei denen sie den Entwurf anfertigen und nach Vollziehung durch die Betheiligten die Unterschriften oder Handzeichen beglaubigten, sowie zu allen von ihnen ertheilten Ausfertigungen, Abschriften, Bescheinigungen u. s. w. das erforderliche Stempelmaterial zu verwenden.

Ausserdem sind die Notare befugt zur Verwendung von Stempeln zu Privaturkunden, zu denen sie die Entwürfe nicht angefertigt, die sie aber hinsichtlich der Unterschriften beglaubigt haben, ferner zu allen auf sie ausgestellten Vollmachten und zu Vollmachten, in denen dritte Personen als Bevollmächtigte bezeichnet sind und die den Notaren vorgelegt werden, um auf Grund derselben rechtsgeschäftliche Beurkundungen vorzunehmen. Die Befugniss erstreckt sich insbesondere auf Vollmachten, die zu den von Notaren über den Hergang von Generalversammlungen aufgenommenen Verhandlungen von den Betheiligten vorgelegt werden. Die Verpflichtung der Parteien, für die gehörige Versteuerung der Urkunden Sorge zu tragen, wird hierdurch nicht berührt, sodass dieselben für die richtige und rechtzeitige Verwendung des gesetzlichen Stempels persönlich verhaftet bleiben.

Die Verwendung des Stempels erfolgt bei Notariatsverhandlungen zur Urschrift, bei unterschriftlich beglaubigten Urkunden, deren Entwürfe von den Notaren angefertigt sind, ferner bei Privaturkunden u. s. w. auf den betreffenden Urkunden selbst. Die Verwendung des Stempels ist in Fällen der letzteren Art von den Notaren zu den Akten bezw. zu den nach Artikel 60 Abs. 2 des Preussischen Gesetzes über die freiwillige Gerichtsbarkeit vom 21. September 1899 (G.S. S. 249) zurückzubehaltenden beglaubigten Abschriften zu vermerken.

Auf der ersten Ausfertigung der Notariatsverhandlung ist die Stempelfreiheit derselben sowie der zur Urschrift verwendete Stempel vom Notar zu bescheinigen, z. B.

Als erste Ausfertigung stempelfrei.
Zur Urschrift 500 M. (in Worten) verwendet.
Berlin, den 1. April 1896.

Der Königliche Notar.

Stempel. Unterschrift.

Handelt es sich um die Versteuerung von weiteren Ausfertigungen, so entwerthet der Notar den Ausfertigungsstempel und vermerkt auf der Nebenausfertigung den zur Urschrift verwendeten Stempel, z. B.

Zur Nebenausfertigung 1,50 M. entwerthet.
Zur Urschrift 500 M. (in Worten) verwendet.
Berlin u. s. w. wie vorstehend.

4) Entwerthung durch Schiedsmänner.

Die Entwerthung der Stempelmarken auf dem Protokoll erfolgt in derselben Weise, wie sie für Beamte, welche einen amtlichen Stempel, aber kein Geschäftsverzeichniß führen, unter A 2 II a und b vorgeschrieben ist. Nachstehender Abdruck veranschaulicht die Entwerthung:

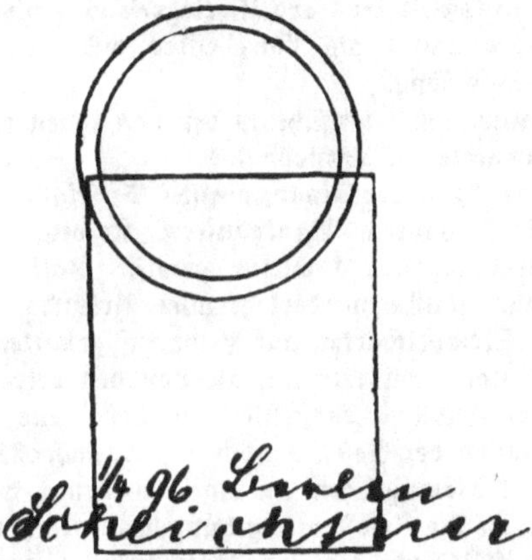

B. Entwerthung von Stempelmarken durch Privatpersonen, Sparkassen, Gesellschaften, Genossenschaften u. s. w. ohne amtliche Ueberwachung.

Ohne amtliche Ueberwachung ist die Entwerthung von Stempelmarken, welche von allen Haupt- und Unterämtern sowie allen Stempelvertheilern — von letzteren nur innerhalb der ihnen für den Verkauf von Stempelmaterialien vorgeschriebenen Grenzen — käuflich entnommen werden können, gestattet:

a. den Ausstellern von
Verfügungen von Todeswegen (Tarifstelle 66);
Versicherungsverträgen, Policen und deren Verlängerungen (Tarifstelle 70);[18]

b. Auktionatoren hinsichtlich der Beurkundungen der von ihnen abgehaltenen Versteigerungen (Tarifstelle 9).[19] Auf die beeidigten

---

[18] Die außerhalb Preußens gelegenen Generalagenturen, die die Versicherungsgeschäfte auch für inländische Gebietsteile besorgen, sind auch zur Entwertung ermächtigt. FM. 11. 1. 96 III 15684. Die Entwertung der Preußischen Marken kann in solchen Fällen im Ausland erfolgen. FM. 15. 2. 99 III 1910.

[19] Die Auktionatoren sind fortan auch befugt, die gesetzlichen Stempel zu den nach Tarifstelle 73 LStG. zu versteuernden Versteigerungsaufträgen, deren Ausstellung durch die Ziffern 18, 29 und 39 der von dem Herrn Minister für Handel und Gewerbe unterm 10. Juli 1902 er-

Auktionatoren in Ostfriesland und Harlingerland sowie im Regierungsbezirk Osnabrück finden die Vorschriften unter A I und II No. 2 dieser Ziffer Anwendung.

c. Rechtsanwälten[20] hinsichtlich der von ihnen und für sie ausgestellten Vollmachten (Tarifstelle 73).

[21] Außerdem kann der Finanzminister Sparkassen, Gesellschaften, Genossenschaften, Banken, Bankhäusern, Kreditanstalten, gewerblichen Unternehmungen u. s. w. für gewisse Gattungen in ihrem Geschäftsverkehr häufig wiederkehrender Urkunden die Selbstentwerthung der Stempelmarken auf Widerruf gestatten.[22] Diese Erlaubniß kann sich nicht nur auf die von den betreffenden Gesellschaften u. s. w. selbst ausgestellten, sondern auch auf die von Dritten zu Gunsten der Gesellschaften u. s. w. ausgestellten Urkunden beziehen. Die diesbezüglichen Anträge, in denen die Art der Geschäfte, für welche die Selbstentwerthung beansprucht wird, bestimmt zu bezeichnen ist[22] und die zur Entwerthung der Marken und

---

lassenen und in den Regierungsamtsblättern veröffentlichten Vorschriften über den Umfang der Befugnisse und Verpflichtungen sowie über den Geschäftsbetrieb der Versteigerer vorgeschrieben ist, selbst zu verwenden. FM. 9. 4. 03 III 4038, ZBl. S. 134.

[20] a) Rechtsanwälte sind befugt, die Marken zu den für sie ausgestellten Vollmachten selbst zu entwerten, auch wenn sie nicht Notare sind. FM. 5. 4. 98 III 4827.

Sind mehrere Rechtsanwälte gemeinschaftlich bevollmächtigt, so genügt, wenn derjenige der mehreren Bevollmächtigten, der die Entwertung bewirkt, als der Teil des Entwertungsvermerks, der den „Vor- und Zunamen" enthalten soll, nur seinen eigenen Vor- und Zunamen niederschreibt.

b) Aber nicht Patentanwälten steht die Entwertung ohne amtliche Ueberwachung zu. FM. 20. 12. 05 III 16411.

[21] Auch Handelsgesellschaften und Einzelkaufleuten kann Selbstentwertungsbefugnis gegeben werden. Im Einzelfalle, insbesondere bei Anträgen auf Selbstentwertung von Stempeln zu Indossamenten auf vor dem 1. Oktober 1881 ausgegebenen Namenaktien, auf kaufmännischen Anweisungen auf Leistung nicht von Geld, sondern von Wertpapieren und andern vertretbaren Sachen und auf den an Ordre lautenden Bodmereibriefen und Transportversicherungspolicen, ferner zu Schuldverschreibungen über kurzfristige Darlehen und zu Verpflichtungsscheinen nebst Vollmachten, welche Urkundengattungen im Handelsverkehr besonders häufig sind, wird bezüglichen Anträgen entsprochen werden; eine allgemeine Selbstentwertungsbefugnis kann nicht eingeführt werden. FM. 20. 5. 01 III 4215.

[22] Durch die Erlaubnis zur Selbstentwertung werden dritte Personen, die mit den Sparkassen usw. in Verbindung treten,

Führung des nachstehend unter 2 erwähnten Stempelsteuerbuchs berechtigten Personen namhaft[22] gemacht werden müssen, sind an den zuständigen Provinzial-Steuer-Direktor zu richten, welcher sie, mit gutachtlicher Aeußerung versehen, dem Finanz-Minister zur Entscheidung zu überreichen hat.

Die Entwerthung der Stempelmarken ohne amtliche Mitwirkung ist nur unter den nachfolgenden Bedingungen zulässig:

1) die Entwerthungsbefugniß ist auf Urkunden, welche einen Stempel von nicht mehr als 30 M. (bei Versicherungsverträgen, Policen und deren Verlängerungen von nicht mehr als 50 M.) erfordern, beschränkt;

2) die Verwendungsberechtigten haben über die Versteuerung der Schriftstücke, insoweit es sich nicht um Verfügungen von Todeswegen oder Vollmachten handelt, ein Stempelsteuerbuch[23, 24] nach dem anliegenden Muster b zu führen, in welches alle zu den einzelnen Urkunden verwendeten

---

als Urkundenaussteller von ihrer gesetzlichen Stempelpflicht nicht befreit. Die Erlaubnis zur Selbstentwertung ist deshalb nur im wirklichen Bedürfnisfall zu geben. In den Berichten sind die Geschäfte ihrem Inhalt und Gegenstand nach zu erörtern, sodaß Zweifel hinsichtlich der Urkundengattungen nach Möglichkeit ausgeschlossen werden. Es ist anzugeben, ob die Befugnis auch auf die den Grundbuchverkehr betreffenden Urkunden ausgedehnt werden soll; etwa vorhandene Formulare sind beizufügen. Die zur Anwendung kommenden Steuersätze sind unter Hinweis auf die Tarifstellen anzugeben; es ist ferner anzugeben, in welcher Anzahl die Urkunden in den beiden letzten Geschäftsjahren ausgestellt sind. Die Personen, denen außer dem Antragsteller die Befugnis zur Entwertung verliehen werden soll, sind nach Geschäftsstellung zu bezeichnen, nicht dem Namen nach. FM. 28. 3. 96 III 4376/19. 5. 96 III 7155.

[23] Für verschiedene Arten von Policen ist je ein Stempelsteuerbuch zu führen. Auch ausländische Versicherungs-Gesellschaften können es führen und die Stempel für die im Geltungsbereich des Gesetzes abzuschließenden Versicherungspolicen selbst verwenden. Zwecks Revision wird das Stempelsteuerbuch dem Stempelsteueramt eingesandt. Rücksendung erfolgt portofrei. FM. 26. 4. 96 III 5617 u. 2. 4. 96 III 4640.

[24] Das Stempelsteuerbuch kann mit dem Versicherungsregister (Borderau) verbunden und zu diesem Zweck dem Register eine besondere Spalte eingefügt werden, in welche die zu den Haupt- und Nebenausfertigungen der Policen verwendeten Stempel in zeitlicher Reihenfolge und besonderer laufender Nummer und unter Angabe des Tages der Verwendung einzutragen sind. FM. 13. 3. 96 III 3513 und 2. 4. 96 III 4592. Für die Zulassung der Verbindung ist Voraussetzung, daß das Versicherungsverzeichnis besondere Spalten für die laufende Nummer, unter welcher der verwendete Stempel im einzelnen

Stempel nach der Reihenfolge der Verwendung (Haupt- und Nebenausfertigung unter einer Nummer) einzeln einzutragen sind. Diese Verzeichnisse unterliegen auch wenn sie von Personen ausgestellt werden, welche nach § 31 Abs. 2 des Gesetzes nicht revisionspflichtig sind, der Einsichtnahme und der Prüfung der Vorstände der Stempelsteuerämter. Die Verzeichnisse können von allen Haupt- und Unterämtern gegen Zahlung der Herstellungskosten bezogen werden. Die zur Führung der Stempelsteuerbücher Verpflichteten haben dieselben von der letzten Eintragung an gerechnet fünf Jahre lang aufzubewahren;[25]

3) [26] hinsichtlich der Art und Weise des Aufklebens der Marken auf die stempelpflichtige Urkunde und der Deutlichkeit des Entwerthungsvermerks finden die oben unter A II getroffenen allgemeinen Bestimmungen sinngemäße Anwendung, jedoch mit der Maßgabe, daß zwischen den nebeneinander aufzuklebenden Marken ein geringer Zwischenraum bestehen bleibt, welcher das Uebergreifen der unter 4 beschriebenen Entwerthungsvermerke gestattet; zwischen den **untereinander** aufgeklebten Marken ist ein Zwischenraum nur dann frei zu lassen, wenn die Entwerthungsvermerke statt der handschriftlichen Eintragung durch Stempelabdrücke hergestellt werden, weil wie unter 4 vor-

einzutragen ist, sowie für den Betrag des verwendeten Stempels und für das Datum der Entwertung erhält, und daß aus dem Verzeichnis hervorgeht, welche Stempelbeträge im einzelnen für Haupt- und Nebenausfertigungen verbraucht sind. Für jede Versicherungsart ist ein besonderes Verzeichnis zu führen. FM. 3. 4. 96 III 4711. ZBl. S. 255.

[25] Die Befugnis zur Selbstentwertung preußischer Stempelmarken zu den von ihr ausgestellten Urkunden über im Königreich Preußen zu erfüllende Versicherungsgeschäfte ist der Feuerversicherungsgenossenschaft A in Leipzig erteilt. FM. 20. 1 06 III 721.

[26] a) Der Gesellschaft A. in B. ist genehmigt, nachdem sie sich zur Uebernahme der Kosten für die durch preußische Beamte bei ihr in B. vorzunehmenden Revisionen verpflichtet hat, die Stempelmarken, die zu Policen über Versicherung des Privathaushalts gegen Wasserleitungsschäden und Einbruch-Diebstahl nach Tarif 70c in Verbindung mit § 2 LStG. erforderlich sind, anstatt auf den Policen selbst, auf den von diesen abzutrennenden in B. aufbewahrten Coupons zu verwenden und die Policen mit einem Vermerk über die auf den Coupons erfolgte Entwertung zu versehen. FM. 7. 4. 06 III 5110.

b) Der Versicherungsgesellschaft A ist genehmigt, daß die Stempel anstatt zu den Policen selbst zu den von diesen abtrennbaren Coupons geschrieben ist, der Stempelabdruck des Gesellschafts- bezw. Geschäftsnamens theils auf dem oberen Theile der Marke, theils auf dem die Marke umgebenden Papiere zu stehen kommen muss, der Abdruck der unteren Marke die obere Marke aber nicht berühren darf;

4) die Entwerthung der Marken, und zwar jeder einzelnen, erfolgt durch den Vermerk des Datums (in Ziffern), an welchem die Marke aufgeklebt wird, der Nummer des Stempelsteuerbuchs (insoweit über die Versteuerung der Schriftstücke ein solches zu führen ist) und des Orts, an welchem die Verwendung geschehen ist. Dieser Vermerk ist in dem unteren Theile der Marke einzutragen, und zwar dergestalt, daß das Datum und die Nummer des Stempelsteuerbuchs in der Marke niedergeschrieben wird und der Ortsname auf das umgebende Papier nach beiden Seiten übergreift. Außerdem ist auf dem oberen Theile der Marke und unter Mitbenutzung des umgebenden Papiers der Vor- und Zuname, bezw. die Firma niederzuschreiben. Nachstehender Abdruck veranschaulicht die Entwerthung:

(Vorderseite, oben, links) verwendet werden, welche im Besitz der in Preußen befindlichen Generalagentur zu verbleiben haben. Die Policen müssen mit einem Vermerk über die auf dem Coupon stattgefundene Stempelverwendung versehen werden. FM. 22. 11. 04 III 14916.

c) Der Feuerversicherungsgesellschaft A. ist genehmigt, die Stempel, welche zu ihren Policen über Versicherungen gegen Wasserleitungsschäden nach Tarifstelle 70c erforderlich sind, anstatt zu den Policen selbst zu den von diesen abzutrennenden, die Bescheinigung über die bei der Gesellschaft erfolgte Versicherung sowie den Empfang der Police und das Einverständnis des Versicherungsnehmers mit den Bedingungen der Gesellschaft enthaltenden Abschnitten zu verwenden und die Police mit

Versicherungsgesellschaften, öffentliche Sparkassen, Gewerkschaften und Genossenschaften sind befugt, statt der handschriftlichen Eintragung den Entwerthungsvermerk ganz oder zum Theil — jedoch mit Ausnahme der laufenden Nummer des Stempelsteuerbuches — durch einen Stempelabdruck, zu dem nur schwarze Stempelfarbe verwendet werden darf, herzustellen. Der Abdruck des Gesellschafts- oder Geschäftsnamens muss theils auf dem oberen Theile der Marke, theils auf dem die Marke umgebenden Papier zu stehen kommen. Dieselbe Befugniß kann auch anderen Gesellschaften u. s. w. in denjenigen Fällen, in welchen die Erlaubniß zur Selbstentwerthung besonders nachgesucht werden muß, ertheilt werden. Die Stempelabdrücke müssen mit haltbarer Farbe hergestellt sein und auf jeder einzelnen Marke den Namen bezw. den Geschäftsnamen sowie das Datum. das Nummerzeichen (N) und den Entwerthungsort deutlich erkennen lassen. Die Art der Entwerthung ergiebt sich aus dem nachstehenden Abdruck:

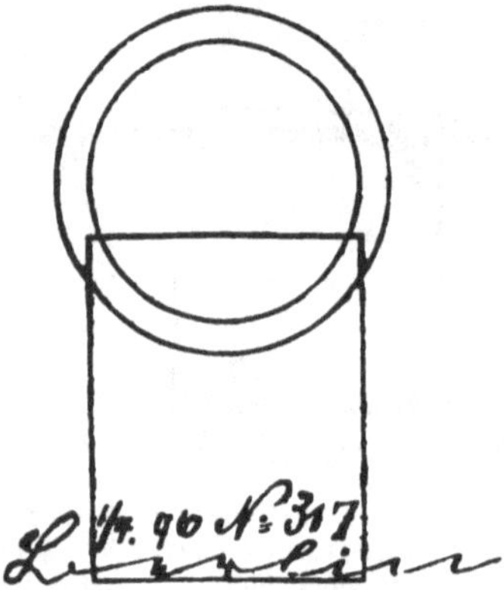

den Aufdruck zu versehen, daß der gesetzliche Stempel auf dem dazu gehörigen Abschnitte entwertet worden ist. FM. 28. 3. 06 III 4244.

d) Der Schweizerischen Versicherungs-Aktiengesellschaft in A. ist genehmigt, daß die Stempel anstatt zu den Policen selbst zu den von diesen abzutrennenden Versicherungsanträgen verwendet werden. Diese Anträge sind bei der Berliner Filiale der Gesellschaft zum Zweck der Stempelrevision aufzubewahren. FM. 25. 4. 03 III 5511.

5) Duplikate stempelpflichtiger Urkunden werden in der Weise versteuert, daß der Duplikatstempel zu dem Duplikat entwerthet und auf diesem außerdem vermerkt wird, welcher Stempel zum Duplikat und welcher Betrag zum Hauptexemplar entwerthet ist, z. B.

Zum Duplikat 1,50 M. entwerthet. Zum Hauptexemplar 5 M. (in Worten) verwendet.

Berlin, den 1. April 1896.

Friedrich Kassirer & Comp.

6) Bei Verfügungen von Todeswegen darf die Entwerthung der Stempelmarken nur durch die Urkundenaussteller und in den vom Finanz-Minister besonders genehmigten Fällen nur durch diejenigen Personen, welchen die Befugniß zur Entwerthung der Marken und Führung des Stempelsteuerbuchs verliehen ist, erfolgen. Versicherungsgesellschaften können die Entwerthung der Marken und Führung der Verzeichnisse ohne besondere Genehmigung durch Generalagenten oder sonstige Geschäftsangestellte bewirken lassen. Doch bleiben in allen Fällen die Vorstände der betreffenden Gesellschaften, Genossenschaften, Banken u. s. w. für die Stempel und die verwirkten Strafen persönlich verhaftet.

16) Die Stempelpflicht wird, abgesehen von dem Verbrauch von gestempeltem Papier, Stempelmarken, gestempelten Formularen und Stempeldruckbogen, noch durch Baarzahlung erfüllt, nämlich durch Zahlung jährlicher Abfindungssummen statt der Versteuerung im Einzelnen (Aversionalversteuerung). Die Zahlung jährlicher Abfindungssummen statt der Einzelversteuerung ist nur zulässig, wenn es sich um die Besteuerung von Beurkundungen gleichartiger, häufig wiederkehrender Rechtsgeschäfte handelt, beispielsweise um Versicherungsverträge, Policen u. s. w. Da diese Versteuerungsart nur dem Zwecke dient, den Steuerpflichtigen die Mühewaltungen und Umstände, wie sie mit der Einzelversteuerung verbunden sind, zu ersparen, nicht aber ihnen Vermögensvortheile durch Zahlung geringerer Stempelabgaben zuzuwenden, so muß bei der Versteuerung mittels der Abfindungssumme thunlichst derselbe Steuerbetrag erhoben werden, welchen der Steuerpflichtige bei der Einzelversteuerung zu zahlen gehabt haben würde. Der voraussichtliche Verbrauch an Stempeln bei der Zahlung dieser Abgabe im Einzelnen

hat daher für die Bemessung der jährlichen Abfindungssumme den entscheidenden Maßstab abzugeben.

[27] Sparkassen, Versicherungsgesellschaften, Genossenschaften u. s. w., welche Stempelmarken ohne amtliche Ueberwachung entwerthet und über den gesammten Stempelverbrauch das in der Ziffer 15 B Nr. 2 dieser Bekanntmachung bezeichnete Stempelsteuerbuch ein Jahr lang [28] geführt haben, kann nach Ablauf dieses Jahres die Zahlung jährlicher Abfindungssummen statt der Einzelversteuerung gestattet werden. Der aus dem Stempelsteuerbuch hervorgehende, während eines Jahres gezahlte Gesammtstempelbetrag bildet die Grundlage für die Berechnung der für die einzelnen Jahre zu zahlenden Abfindungssummen. Stellt sich nach Beendigung des einzelnen Jahres, für welches das Steuerabkommen läuft, heraus, daß der Gesammtwerth [29] der abgeschlossenen Geschäfte ein höherer ist als der Gesammtwerth der Geschäfte desjenigen Jahres, in welchem die Anschreibungen im Stempelsteuerbuch erfolgt sind, so findet eine verhältnißmäßige Erhöhung der zu zahlenden Summe statt. Sollen beispielsweise die Policen einer Feuerversicherungsgesellschaft mittelst Abfindung versteuert werden und ergiebt sich für die Dauer eines Jahres bei einer Gesammtversicherungssumme von 10 Millionen aus dem Stempelsteuerbuch ein Stempelverbrauch von 160 M., so würde dieser Betrag um ein Viertel — also um 40 M. — zu erhöhen sein, wenn die Gesammtversicherungssummen während des Bestehens des Steuerabkommens jährlich die Summe von 10 Millionen um $2^1/_2$ Millionen übersteigen. Ebenso findet eine Ermäßigung der zu zahlenden Abfindungsbeträge in demjenigen Verhältniß statt,

[27] Die Anträge auf Aversionierung müssen von dem Gesellschaftsvorstande ausgehen; sie können auch nur für einen Teil des Geschäftsbereichs gestellt werden, jedoch unter Erörterung der Gründe für die Beschränkung. FM. 6. 2. 97 III 584.

[28] Abweichungen von der Regel, daß das Stempelsteuerbuch ein Jahr vor der Verstattung zur Aversionalversteuerung geführt sein muß, sind nur dann zulässig, wenn die erforderlichen Unterlagen anderweit in zuverlässiger Weise beschafft werden können. FM. 31. 3. 96 III 4457.

[29] Unter Gesamtwert ist der Wert aller Geschäfte, der steuerpflichtigen und steuerfreien, zu verstehen. Zwecks dessen Ermittelung soll ein besonderes Verzeichnis über die abgeschlossenen Geschäfte nur dann verlangt werden, wenn der Wert auf andere Weise z. B. durch Einsicht des Geschäftsberichts oder der Geschäftsbücher nicht zuverlässig festgestellt werden kann. FM. 23. 11. 97 III 14794.

in welchem sich der Gesammtwerth der abgeschlossenen Geschäfte in den Jahren, in welchen das Steuerabkommen läuft, verringert.

Die vorerörterten Grundsätze enthalten nur allgemeine Anhaltspunkte für die Bemessung der Abfindungssummen, so daß Abweichungen und Erleichterungen in der Ermittelung dieser Summen überall da zulässig sein sollen, wo sich dieselben aus der Eigenart des in Betracht kommenden Geschäftsverkehrs und dem Vorhandensein besonderer Umstände rechtfertigen lassen. Auch kann Sparkassen, Versicherungsgesellschaften, Genossenschaften u. s. w. schon vom Tage des Inkrafttretens des Gesetzes ab und ohne daß sie ein Stempelsteuerbuch geführt haben, die Versteuerung durch Zahlung jährlicher Abfindungssummen gestattet werden, sofern sie die zur Ermittelung dieser Summen erforderlichen Unterlagen aus ihren Geschäftsbüchern oder in irgend einer anderen Weise zu beschaffen vermögen.

Der Steuerpflichtige ist verbunden, seine Geschäftsbücher und sonstigen Verhandlungen, welche für die Ermittelung der Abfindungssummen sowie für die amtliche Ueberwachung der Besteuerung von Bedeutung sind, den Beamten des zuständigen Stempelsteuer- oder Hauptamts jederzeit zur Einsicht vorzulegen.[30]

---

[30] Die Berichte über die Anträge auf Aversionierung haben sich insbesondere auf folgende Punkte zu erstrecken:

a. genaue Bezeichnung der Anstalten usw. unter Angabe der Haupt- und Nebengeschäfte, Generalagenturen und deren Geschäftsbezirke einschließlich der im Ausland befindlichen Generalagenturen;
b. genaue Bezeichnung der Gattung der Urkunden, der Tarifstellen. des Steuersatzes;
c. Angabe des Geschäftsjahres;
d. Angabe des Gesamtwertes aller während des dem Steuerjahr zuletzt vorangegangenen Geschäftsjahres abgeschlossenen Geschäfte, und zwar für jede Gattung besonders, unter Glaubhaftmachung der Richtigkeit;
e. Angabe des Gesamtwertes der Geschäfte, welche für die Berechnung wegen eines Befreiungsgrundes außer Betracht bleiben, und des Prozentverhältnisses dieses Wertes zu dem Gesamtwert unter d;
f. Angabe desjenigen Steuerbetrages, der innerhalb des dem Steuerjahr zuletzt vorangegangenen Geschäftsjahres bei der Einzelversteuerung entrichtet worden oder zu entrichten gewesen wäre, dergestalt, daß von jedem einzelnen Geschäft und von jeder Haupt- und Nebenausfertigung der Stempel besonders zu berechnen ist;

Der zur Versteuerung Verstattete hat alle in seinem Geschäftsverkehr errichteten, an sich stempelpflichtigen Urkunden, auf welche sich die Abfindung erstreckt, mit einem die Abfindung erkennen lassenden kurzen Vermerk, z. B.:

Stplfr: l: Abf:

(statt Stempelfrei laut Abfindung),

mit einer ihm vom Finanz-Minister mitgetheilten Nummer sowie mit seinem Vor- und Zunamen bezw. der vollen Firma und der Bezeichnung des Wohnorts zu versehen. Dieser Vermerk kann, wenn er nicht niedergeschrieben wird, durch Stempelaufdruck hergestellt werden, muß aber in jeder Form den Namen, die Firma und den Ort deutlich erkennen lassen.

Zur Veranschaulichung dient nachstehender Abdruck:

Stplfr: l: Abf: 16 Friedr. Kassirer Berlin.

III. Abschnitt.

Besondere Bestimmungen.

Zu § 24 des Gesetzes.

17) Der Antrag auf Ersatz für die vor dem Verbrauch verdorbenen Stempelzeichen ist bei dem Hauptamt des Bezirks anzumelden.

Dies gilt auch hinsichtlich derjenigen Stempelmaterialien, welche vom 1. April 1896 ab außer Gebrauch treten, sowie bezüglich der

---

g. Angabe des Prozentverhältnisses des Steuerbetrages zu f zu dem Gesamtwert unter d;

Formulare der Urkundengattungen, Geschäftsstatuten und dergl. sind beizufügen. FM. 31. 3. 96 III 4457.

Stempel zu Policen, die zwar mit der Prämienquittung versehen, in Folge verweigerter Zahlung der Prämie dem Versicherungssuchenden aber nicht ausgehändigt worden sind.[31]

Zu § 25 des Gesetzes.

18) Anträge auf Erstattung verwendeter, gesetzlich nicht erforderlicher Stempel sind innerhalb der vorgeschriebenen Frist an den Vorstand desjenigen Stempelsteueramtes, in dessen Bezirk der Stempel verwendet worden ist,[32–34] zu richten und zwar in der Regel unter Beifügung der Urkunden,[35] auf welchen die zu erstattenden Stempel entwerthet worden sind. Behörden und Beamte

---

[31] a) Die Erstattung zu Policen erfolgt nach Prüfung der Verhältnisse des Einzelfalles; an beizubringenden Nachweisen können in Frage kommen: Briefe und Bescheinigungen von Agenten, Kassenboten und Versicherten über Nichteinlösung der Police, Schriftwechsel zwischen Agenturen und Generalagenturen, Bescheinigung der Generalagentur selbst mit dem Zusatz, daß ihr die Nichtaushändigung aus eigener Wissenschaft bekannt sei. FM. 4. 1. 98 III 16363.

b) Erstattungsanträge zu Policen, die dem Versicherungsuchenden infolge verweigerter Zahlung nicht ausgehändigt sind, müssen innerhalb der im § 25 litt. a vorgesehenen zweijährigen Frist gestellt werden, obwohl die Erstattung gemäß § 24 d. G. erfolgt. Dies trifft sowohl auf unterschriebene und mit Prämienquittung versehene, wie auf nur vollzogene aber noch nicht quittierte Policen zu. In den der Erstattung zu grunde liegenden Belägen muß ersichtlich gemacht sein, daß die Frist gewahrt ist. Entsch. der Königl Ober-Rechnungskammer vom 13. 5 02.

[32] Anträge auf Erstattung im Auslande verwendeter Stempel werden in der Regel von dem Stempelsteueramt bearbeitet werden, in dessen Bezirk der Empfangsberechtigte wohnt; wegen vermeintlicher Nichtzuständigkeit darf ein Amt den Antrag nicht ablehnen, sondern es muß ihn an das Amt abgeben, welches es für zuständig hält, eventuell wäre zu berichten FM. 18. 7. 97 III 10041.

[33] Bei Erstattung von Stempeln, die auf Grund einer Revisionserinnerung gezahlt sind, ist ohne Rücksicht auf den Ort der Stempelverwendung derjenige Provinzial-Steuer-Direktor zuständig, in dessen Bezirk das betreffende Stempelsteueramt sich befindet, welches den Stempel nachgefordert hat. FM. 30. 5. 99 III 5420, ZBl. S. 131.

[34] Tritt der Fall ein, daß die Erstattung in einem andern Bezirk zu erfolgen hat, als in demjenigen, wo Klage erhoben ist (§ 26 Ges.), so haben die beiden Provinzial-Steuer-Behörden sich miteinander in Verbindung zu setzen. FM 30 12. 97 III 16343.

[35] Von Vorlegung der mit den Stempelzeichen versehenen Urkunden kann unter Umständen abgesehen werden, z. B. weil sie sich in Rußland befinden und daher schwer zu beschaffen sind.

haben diese Anträge thunlichst in der Form von Nachweisungen, welche die Erstattungsgründe enthalten müssen, in einfacher Ausfertigung einzureichen.

Wegen der Erstattung der von Behörden oder Beamten einschließlich der Notare verauslagten Stempel sowie der Stempel zu Urkunden über nichtige oder durch rechtskräftiges gerichtliches Urtheil für ungültig oder nichtig erklärte Geschäfte finden die Bestimmungen des vorhergehenden Absatzes ebenfalls Anwendung. Dem Antrage auf Erstattung verauslagter Stempel ist die Bescheinigung beizufügen, daß die versuchte Beitreibung von dem zur Errichtung des Stempels Verpflichteten fruchtlos gewesen ist.

19) Anträge auf Erstattung verwendeter Stempel aus Billigkeitsgründen bei unterbliebener Geschäftsausführung sind bei demjenigen Provinzial-Steuer-Direktor anzubringen, in dessen Bezirk der Stempel verwendet worden ist.

Zu § 26 des Gesetzes.

20) Die Steuerbehörden sind verbunden, in allen von ihnen ausgehenden Verfügungen, durch welche Stempelsteuerforderungen geltend gemacht oder Einsprüche dagegen zurückgewiesen werden, diejenige Amtsstelle zu bezeichnen, bei welcher gegen die betreffende Verfügung Beschwerde im Verwaltungswege erhoben werden kann oder gegen welche die gerichtliche Klage zu richten ist.

Zu § 29 des Gesetzes.

21) Alle Postsendungen, welche durch die von den Vorständen der Stempelsteuerämter auszuführenden Stempelrevisionen oder in Folge derselben entstehen, sind an die revidirten Stellen portofrei abzulassen.

Zu § 30 des Gesetzes.

22) Die Verwaltung des Stempelwesens wird durch die Stempelsteuerämter, die Hauptsteuer- und Hauptzollämter und die den Hauptämtern nachgeordneten Steuer- und Nebenzollämter (Unterämter), ferner durch die Provinzialsteuerbehörden (Provinzial-Steuer-Direktoren) und in höchster Instanz durch den Finanz-Minister geführt. Außerdem sind an geeigneten Orten mit dem Verkauf und der Entwerthung von Stempelpapier und Stempelmarken bis zu bestimmten Beträgen, dem Verkauf von Stempeldruckbogen zu Genehmigungen der Veranstaltung von Lustbarkeiten sowie der unentgeltlichen Verabfolgung von Formularen zu

Pacht-, Mieth- und Antichrese-Verzeichnissen Stempelvertheiler beauftragt.

23) In Stempelsteuersachen sind die im Verwaltungswege eingelegten Beschwerden gegen Verfügungen und Anordnungen

a. der Steuer- und Nebenzollämter (Unterämter) sowie der Stempelvertheiler an das vorgesetzte Hauptamt,

b. der Stempelsteuer- sowie der Hauptämter an den Provinzial-Steuer-Direktor,

c. der Provinzial-Steuer-Direktoren an den Finanz-Minister

zu richten.[36]

Bezüglich der Anfechtung der Strafbescheide der Hauptämter und Provinzial-Steuer-Direktoren kommen die besonderen, für das Zollverfahren geltenden Bestimmungen zur Anwendung.

24) Alle Hauptsteuer- und Hauptzollämter sowie Stempelsteuerämter haben gegen Erstattung der ihnen an Schreibgebühren und Porto entstandenen Kosten den Steuerpflichtigen auf deren Anfragen über die Höhe des zu einer Urkunde zu verwendenden Stempels sowie darüber, ob eine Verpflichtung zur Entrichtung von Stempelgebühren überhaupt besteht, Auskunft zu ertheilen. Die Anfragen sind an dasjenige Stempelsteuer- bezw. Hauptamt zu richten, in dessen Bezirk der Anfragende seinen Wohnort hat. Gesuche um Auskunftsertheilung von Personen ꝛc., welche nicht im Bezirke des Stempelsteuer- oder Hauptamtes wohnen, sind der zuständigen Behörde unter entsprechender Benachrichtigung des Gesuchstellers zur Erledigung zu überweisen. Auf Anfragen allgemeiner Art erstreckt sich die Pflicht zu einer amtlichen Belehrung nicht. Die vorbezeichneten Steuerstellen sind vielmehr mit Rücksicht auf den Grundsatz des § 8 Absatz 1 des Gesetzes, wonach die Steuerpflichtigkeit einer Urkunde sich nach ihrem Inhalt richtet, nur verbunden, auf Anfragen Auskunft zu geben, welche sich auf bestimmte, mit dem Antrage vorzulegende Urkunden beziehen. Behörden und Beamte einschließlich der Notare haben mit den Anfragen zugleich eine Erörterung der Zweifel, welche zu denselben Anlaß gegeben haben,

[36] In allen Fällen, in denen sich der streitige Stempel nicht ohne weiteres aus der Urkunde berechnen läßt, wie z. B. bei Gesellschaftsverträgen, Werkverträgen, die auf Kostenanschläge, Preisverzeichnisse Bezug nehmen, ist eine besondere hinsichtlich der rechnerischen Richtigkeit von einem Rechnungsbeamten bescheinigte Stempelberechnung aufzustellen und den Berichten als Anlage beizufügen. FM. 1. 7. 04 III 8960.

zu verbinden. Auch kann den Steuerbehörden nicht zugemuthet werden, für die Steuerpflichtigen zeitraubende und umständliche Berechnungen über den zu zahlenden Stempel aufzustellen, sondern es genügt, wenn sie den Anfragenden die allgemeinen Grundsätze angeben, nach welchen die Aufstellung der Berechnung vorzunehmen ist.

Die Antworten auf Anfragen über den zu verwendenden Stempel sind des schleunigsten zu ertheilen und müssen den Anfragenden so frühzeitig zugehen, daß sie noch in der Lage sind, die tarifmäßigen Stempel innerhalb der zweiwöchigen Stempellösungsfrist beizubringen, vorausgesetzt, daß die Anfrage rechtzeitig, d. h. spätestens bis zum Ablauf der ersten Woche der zweiwöchigen Frist bei der Steuerbehörde eingereicht ist. Wenn die Anfrage rechtzeitig erfolgt ist, die Beantwortung sich aber aus irgend einem Grunde verzögert hat, so ist ein Strafverfahren nicht einzuleiten, wenn die gesetzliche Stempellösungsfrist zwar überschritten, der Stempel aber bis zu einem bestimmten, von der Steuerbehörde anzugebenden Tage beigebracht ist.

Die Provinzial-Steuer-Direktoren haben ihr besonderes Augenmerk darauf zu richten, daß diese Anordnungen durch die unterstellten Steuerbehörden auf das Gewissenhafteste beobachtet werden, und ihnen die bezüglich der Auskunftsertheilung bestehenden Vorschriften von Zeit zu Zeit — etwa alle 3 Jahre — durch eine allgemeine Verfügung in Erinnerung zu bringen.

Zu § 31 des Gesetzes.

25) Die Geschäftsbezirke der Vorstände der Stempel- und Erbschaftssteuerämter sind im einzelnen in der Beilage 1 aufgeführt. Diese Geschäftsbezirke haben die in der Beilage 1 bezeichneten Aenderungen erfahren.*

26) [37] Zu den besonderen Obliegenheiten der Vorstände gehört die Vornahme der Stempelrevisionen innerhalb ihrer Geschäftsbezirke, bei welchen sich die Vorstände der Mithilfe ihrer Beamten bedienen können.

---

* Beilage 1 ist als entbehrlich für die Zwecke dieses Buches hier nicht abgedruckt.

[37] Zu Nr. 26 vgl. FM. 2. 10. 99 III 10214 betreffend die rechnungsmäßige Behandlung der Rückstände bei der Stempel- und Erbschaftssteuer im Anschluß an die Ausführungsvorschriften zum Staatshaushaltsgesetz vom 13. 6. 99, ZBl. S. 231. — Vgl. auch Anh. § 27 a.

[38] Ob den Revisionen, welche in der Regel an dem Ort, wo die zu revidirenden Anstalten, Behörden, Beamten u. s. w. ihren Sitz haben und die stempelpflichtigen Verhandlungen sich befinden, vorzunehmen sind, eine Anmeldung vorauszugehen hat, bleibt dem Ermessen der Vorstände überlassen.

Die revisionspflichtigen Behörden und Anstalten haben, sobald sie von dem Vorstande des Stempelsteueramtes von der Abhaltung der Revision in Kenntniß gesetzt werden, dafür Sorge zu tragen, daß die Revision ohne allen Aufenthalt begonnen und vollständig ausgeführt werden kann. Zu diesem Zweck sind dem Revisor alle Urkunden, Akten, Geschäftsbücher, Bilanzen, Jahresberichte sowie überhaupt alle Schriftstücke und Verhandlungen, welche für die Revision von Belang sind, zur Einsicht vorzulegen, auch ist ihm und seinen Beamten jede gewünschte Auskunft zu ertheilen und ein angemessener Raum für die Erledigung seiner Obliegenheiten zur Verfügung zu stellen. Urkunden, öffentliche Bücher, Akten u. s. w., welche nicht von besonderem Werthe sind und deshalb eine besondere Verwahrung nicht erfordern, sind dem Revisor auf Verlangen auch in seine Wohnung zu verabfolgen und falls sie nicht durch Beamte oder Angestellte der revidirten Stellen befördert werden können, vor der Verabfolgung zu versiegeln. Die Einsendung der Akten behufs der Revision nach dem Amtssitz der Vorstände der Stempelsteuerämter darf nur insoweit beansprucht werden, als dieselbe ohne Nachtheil für den Geschäftsgang bei der revidirten Stelle stattfinden kann.

Ueber das Ergebniß der Revision ist eine von dem Revidirten nicht zu unterzeichnende Verhandlung aufzunehmen, von welcher die revidirte Stelle eine Abschrift unter dem Ersuchen erhält, die Abgabensumme der von ihr anerkannten Erinnerungen in vorschriftsmäßig entwertheten Stempelmaterialien einzusenden und, wenn nur ein Theil der Erinnerungen anerkannt wird, die Num-

[38] Der im Gesellschaftsvertrage angegebene und für den Gerichtsstand maßgebende Sitz der Aktiengesellschaft braucht nicht mit dem tatsächlichen Mittelpunkt der Geschäfte zusammenfallen. Joh. Bd. 13 S. 44 (vgl. § 24 BGB.). Ob im gegebenen Falle ein preußisches Stempelsteueramt zur Einforderung der im Ausland befindlichen Schriftsachen einer Gesellschaft, deren Sitz im Inland ist, berechtigt ist, kann zweifelhaft werden. Die Bekanntmachung Nr. 26 hat jedenfalls mit Rücksicht auf ihren Wortlaut in Abs. 2 nur den gewöhnlichen Fall im Auge, daß der Sitz der Gesellschaft und der Mittelpunkt ihrer Geschäftsführung zusammenfallen. FM. 21. 5. 02 III 6143.

mern der betreffenden Erinnerungen sowie den auf die einzelne Erinnerung entfallenden Betrag besonders anzugeben. Die revidirte Stelle legt mit der Abschrift der Revisionsverhandlung ein Aktenstück an und veranlaßt wegen Erledigung der aufgestellten Erinnerungen sowie wegen Einziehung und nöthigenfalls zwangsweiser Beitreibung der nachgeforderten Stempel das Erforderliche. Die Abwickelung der Revisionserinnerungen liegt in allen Fällen den Vorständen der Stempelsteuerämter ob, bei welchen die revidirten Stellen ihre Einwendungen zunächst anzubringen haben. Erst wenn beide sich nicht zu einigen vermocht haben, ist die Beschwerde an den vorgesetzten Provinzial-Steuer-Direktor[30] und gegen dessen Entscheidung an den Finanz-Minister zu richten. Die bei dem Provinzial-Steuer-Direktor bezw. bei dem Finanz-Minister eingelegte Beschwerde hemmt die zwangsweise Beitreibung der nachgeforderten Stempel.

Die Vorstände der Stempelsteuerämter haben der revidirten Stelle den Eingang der entwertheten Stempelmaterialien, welche bei den Akten der Stempelsteuerämter verbleiben, sowie die Erledigung der Erinnerungen zu bescheinigen. Auf Grund dieser Bescheinigungen vermerken Behörden und Beamte einschließlich der Notare auf den betreffenden Urkunden, soweit sie im Besitz derselben sind, die nachentrichteten Beträge.

Zu § 32 des Gesetzes.

27) Die Bestimmung, wonach die von Privatpersonen nicht in der vorgeschriebenen Weise verwendeten Stempelmarken als nicht verwendet anzusehen sind, soll nicht eine Doppelversteuerung zur Folge haben, sondern es hat durch dieselbe nur der Thatbestand einer nach den §§ 17 und fg. des Gesetzes zu ahndenden Zuwiderhandlung festgestellt werden sollen.

Abgesehen von der etwa erforderlich werdenden Einleitung eines Strafverfahrens, bedarf es daher nur der nachträglichen ordnungsmäßigen Entwerthung der vorschriftswidrig verwendeten Stempelmarken.

[30] Entscheidung über Beschwerden gegen Revisionserinnerungen trifft ohne Rücksicht darauf, wo die Stempelverwendung stattgefunden hat, derjenige Provinzial-Steuerdirektor, in dessen Bezirk sich das betreffende Stempelsteueramt befindet. FM. 17. 4. 99 III 5420.

Stempeltarif.

Zur Tarifstelle 2.

28) Wegen der Versteuerung der Anträge auf Eintragung der Abtretung einer Hypothek oder Grundschuld (Abs. 4 bis 8 der Tarifstelle) finden die Vorschriften der Ziffer 80 dieser Bekanntmachung Anwendung. Die Aushändigung von Ausfertigungen und Abschriften sowie die Rückgabe der aus Anlaß des Antrages auf Eintragung der Abtretung einer Hypothek oder Grundschuld vorgelegten Urkunden kann von vorheriger Zahlung des als Gerichtsgebühr zu berechnenden Stempels (und der Kosten) abhängig gemacht werden. (§ 15 des Preußischen Gerichtskostengesetzes in der Fassung der Bekanntmachung vom 6. Oktober 1899 — G.S. S. 326 —; § 13 der Ordnung für die Verwaltung der Kassen bei den Justizbehörden vom 31. März 1900 — Just.Min.Bl. S. 103 —.

Hinsichtlich der Anrechnung des zu dem Eintragungsantrage entrichteten Stempels auf denjenigen Stempel, welchem die nachträglich über das zu Grunde liegende Geschäft errichtete Urkunde unterliegt, ist die Ziffer 32 dieser Bekanntmachung sinngemäß anzuwenden. Es bleibt zu beachten, daß der feste Stempel, welcher zu dem Eintragungsantrage erforderlich gewesen sein würde, wenn derselbe nicht des Werthstempels bedurft hätte (z. B. bei einem notariellen Eintragungsantrage der Notariatsurkundenstempel von 1,50 M., Tarifstelle 45), nicht auf den Stempel zu der späteren Urkunde angerechnet werden darf. Es sind mithin bei einem in der Form einer Notariatsurkunde abgefaßten, mit einem Werthstempel von 30 M. versehenen Eintragungsantrage nur 28,50 M. auf den Stempel zu der späteren Urkunde anrechnungsfähig.

In Betreff des Vermerks, mit welchem die in der Befreiungsvorschrift dieser Tarifstelle erwähnten Abtretungsurkunden zu versehen sind, ist nach der Ziffer 51 dieser Bekanntmachung zu verfahren.

Zur Tarifstelle 8.

29) Auflassungserklärungen sind wie gegenseitige Verträge zu behandeln, insbesondere sind wegen der sachlichen und persönlichen Stempelsteuerbefreiungen die Vorschriften der §§ 4 und 5 des Gesetzes zur Anwendung zu bringen.

Die Werthstempelabgabe berechnet sich nach § 6 des Gesetzes von dem gemeinen Werthe des veräußerten Gegenstandes zur Zeit des Eigenthumswechsels — wobei der Werth des mitveräußerten beweglichen Beilasses außer Betracht bleibt — ohne Rücksicht auf die für besondere Zwecke vorgeschriebenen Abschätzungsgrundsätze, insbesondere also auch ohne Berücksichtigung der Schätzungsgrundsätze ritterschaftlicher Kreditanstalten. Der mündlich verabredete Kaufpreis oder die noch sonst mündlich verabredete Gegenleistung sind, sofern sie niedriger sind als der gemeine Werth, für die Berechnung des Werthstempels nicht maßgebend. Wenn jedoch der Kaufpreis oder der Gesamtwerth der Gegenleistung unter Hinzurechnung des Werthes der ausbedungenen Leistungen oder vorbehaltenen Nutzungen den gemeinen Werth übersteigt, so ist der Werthstempel vom Kaufpreise bezw. vom Gesammtwerth der Gegenleistung zuzüglich des Werthes der ausbedungenen Leistungen und vorbehaltenen Nutzungen zu entrichten (§ 17 Abs. 3 Buchst. a des Gesetzes).

30) Im einzelnen ist nach folgenden Bestimmungen zu verfahren:

a. Die Werthstempelabgabe bleibt unerhoben, wenn bei Aufnahme oder Einreichung der Auflassungserklärung die Urkunde über das zu Grunde liegende Veräußerungsgeschäft (Kauf, Tausch, Schenkung u. s. w.) versteuert oder unversteuert in Urschrift, Ausfertigung oder beglaubigter Abschrift vorgelegt wird, vorausgesetzt, daß die Urkunde das Rechtsgeschäft so enthält, wie es unter den Betheiligten hinsichtlich des Werthes der Gegenleistung verabredet ist.

Die vorzulegenden Urkunden müssen in an sich stempelpflichtiger Form abgefaßt sein, es genügt also nicht die Beibringung eines steuerfreien Briefwechsels und dergl. Privatschriftliche Grundstücksveräusserungsverträge sind trotz § 313 Bürgerl. Gesetzbuches in an sich stempelpflichtiger Form abgefasste Urkunden, da diese Verträge gültig und stempelpflichtig werden, sobald die Auflassung und Eintragung erfolgt ist.

Der Grundbuchrichter ist verpflichtet, die ihm vorgelegten Urkunden mit Rücksicht auf die vorschriftsmäßige Versteuerung sorgfältig zu prüfen. Ist eine die Erhebung des Werthstempels ausschließende Urkunde nicht oder nicht ausreichend versteuert, so hat er zunächst auf Grund des § 58 Ziffer 6 des preußischen Gerichtskostengesetzes vom 25. Juni 1895 zu bestimmen, ob und in welcher Höhe

Sicherheit zu leisten ist, und nöthigenfalls das Erforderliche wegen der Sicherstellung nach der allgemeinen Verfügung des Justiz-Ministers vom 15. September 1895 (Just.Min.Bl. S. 272) zu veranlassen. Der zu der Urkunde nicht oder zu wenig verwendete Stempel ist in Gemäßheit des § 31 Abs. 1 Pr. G.K.G. nach den für Gerichtskosten geltenden Vorschriften einzuziehen. Wenn die Einreichung der nicht oder nicht genügend versteuerten Urkunden bei Gericht erst nach Ablauf der in § 16 des Gesetzes angegebenen Fristen stattgefunden hat, so ist zugleich unter Mittheilung des Eingangstages und einer Abschrift der Urkunde dem zuständigen Hauptamt Anzeige zu machen, welches das Weitere wegen einer etwa erforderlich erscheinenden Einleitung des Strafverfahrens herbeizuführen hat.

Ist in der vorgelegten Urkunde das Entgelt für die Grundstücksveräußerung in ausländischen Banknoten, ausländischem Papiergeld, ausländischen Geldsorten oder in Werthpapieren der unter Nummer 1, 2 und 3 des Tarifs zum Reichs-Stempelgesetz vom 27. April 1894 (R.G.Bl. S. 381) bezeichneten Art verabredet, so ist insoweit die Urkunde dem Reichsstempel für Anschaffungsgeschäfte nach der Tarifnummer 4 des Reichs-Stempelgesetzes unterworfen, dagegen nach § 18 des bezeichneten Gesetzes vom Landesstempel befreit. An Stelle des wegfallenden landesgesetzlichen Urkundenstempels der Tarifstelle 32 ist aber, wenn der Auflassung die Urkunde zu Grunde gelegt wird, nach der Vorschrift des zweiten Satzes des Absatzes 3 der Tarifstelle 8 der Auflassungsstempel zu erheben, insoweit nicht die Voraussetzungen der Ziffer 1 und 2 der Ermäßigungen und Befreiungen der Tarifstelle 32 vorhanden sind.

Wenn die vorgelegte Urkunde das Rechtsgeschäft nicht so enthält, wie es unter den Betheiligten hinsichtlich des Werthes der Gegenleistung verabredet ist und einem geringeren Stempel unterliegt, als die Beurkundung des wirklich verabredeten Rechtsgeschäfts erfordern würde, so ist die Urkunde oder eine einfache Abschrift derselben dem zuständigen Hauptamt wegen der vorgekommenen Steuerhinterziehung zur weiteren Veranlassung nach § 17 Abs. 2

und Abs. 3 Buchstabe b des Gesetzes zu übersenden. Steht der nach Inhalt der vorgelegten Urkunde verabredete Kaufpreis zu dem gemeinen Werth in einem so offenbaren Mißverhältniß, daß der Verdacht der Stempelsteuerhinterziehung gerechtfertigt erscheint, so hat der Grundbuchrichter von den Parteien eine nähere Erklärung über die Gründe, welche für die Festsetzung des Kaufpreises maßgebend gewesen sind, zu erfordern. Bezüglich der Versteuerung sind diese Fälle nach den Vorschriften unter c dieser Ziffer und so zu behandeln, als wenn eine Urkunde überhaupt nicht vorgelegt worden wäre.

b. Ist eine Urkunde zwar nicht eingereicht, von den Betheiligten aber das der Auflassung zu Grunde liegende Veräußerungsgeschäft vor dem Grundbuchrichter zugleich in der Auflassungsverhandlung zu Protokoll erklärt, so finden die Bestimmungen unter a entsprechende Anwendung. Der erforderliche Stempel wird als Urkundenstempel zu der Auflassungsverhandlung auf Grund des § 56 Pr. G.K.G. in Verbindung mit den einschlägigen Tarifvorschriften des Stempelsteuergesetzes erhoben.

c. Wird eine das Veräußerungsgeschäft enthaltende Urkunde nicht vorgelegt und das Veräußerungsgeschäft bei der Auflassung nicht protokollarisch aufgenommen, so hat der Grundbuchrichter die Betheiligten darüber zu vernehmen, ob sie eine Urkunde überhaupt nicht vorlegen wollen, und sie über die Folgen der Nichtvorlegung, insbesondere auch darüber zu belehren, daß der Entrichtung des Auflassungsstempels ungeachtet zu der Urkunde der gesetzlich erforderliche Stempel beizubringen ist. Es ist Pflicht des Grundbuchrichters zu prüfen, ob im Falle der Beurkundung des Abkommens der Urkundenstempel niedriger sein würde als der Auflassungsstempel.[40] Letzteres ist beispielsweise der

[40] a) Die Begründetheit des Auflassungsstempels hat zur Voraussetzung, daß, wenn eine das Veräußerungsgeschäft enthaltende Urkunde nicht vorgelegt wird, die Beteiligten in der vorgeschriebenen Weise belehrt werden, und daß seit einer der — nicht irreführenden — Belehrung erst nachfolgenden Zustellung der Gerichtskostenrechnung eine Frist von zwei Wochen unbenutzt verstrichen ist. RG. 22. 1. 04, Entsch. Bd. 56 S. 274. IMBl. S. 218 von 1905, ZBl. S. 675 von 1905.

b) Unterläßt der Richter bei der Auflassung die gehörige Verhandlung über die Möglichkeit, den Auflassungsstempel

Fall bei Tauschverträgen, bei Kaufverträgen, in denen eine Hingabe an Zahlungsstatt vereinbart ist, bei Verträgen zwischen Theilnehmern an einer Erbschaft zum Zwecke der Theilung der zu letzterer gehörigen Gegenstände und bei Verträgen, durch welche Grundstücke von Ascendenten auf Descendenten übertragen werden (Tarifstelle 32 Abs. 2 und Ermäßigungen und Befreiungen Ziffer 1 und 2), ferner bei Schenkungen zwischen Ascendenten und Descendenten oder zwischen Ehegatten (Tarifstelle 56 dieses Gesetzes und Befreiungsvorschriften Ziffer 2 Buchstabe a, b und c des Tarifs zum Gesetz, betreffend die Erbschaftssteuer vom $\frac{\text{30. Mai 1873}}{\text{19. Mai 1891}}$ — Gesetz-Samml. 1891 S. 78 —) u. s. w. Die Belehrung des Grundbuchrichters und die Erklärung der Betheiligten über die Vorlegung oder Nichtvorlegung der das Veräußerungsgeschäft enthaltenden Urkunde müssen in das Protokoll aufgenommen werden.

Wenn der Auflassung ein Kauf- oder Tauschgeschäft oder überhaupt ein entgeltliches Veräußerungsgeschäft im Sinne der Tarifstelle 32 des Gesetzes zu Grunde liegt, so muß das Protokoll ferner eine Belehrung der Betheiligten darüber enthalten, daß der anzugebende Werth nicht geringer sein darf als der nach dieser Tarifstelle berechnete Betrag der vom Erwerber übernommenen Lasten und Leistungen mit Einschluß des Preises und unter Hinzurechnung der vorbehaltenen Nutzungen ausschließlich des für den beweglichen Beilaß festgesetzten Preises und daß eine Zuwiderhandlung gegen diese Bestimmung nach § 17 Abs. 3 Buchstabe a des Gesetzes eine Geldstrafe in Höhe des zehnfachen Betrages des hinterzogenen Stempels nach sich zieht.

Der Grundbuchrichter hat sodann wegen der etwa erforderlich werdenden Sicherheitsleistung das Weitere wie

---

durch Einreichung einer geringer zu versteuernden Veräußerungsurkunde zu sparen, so fehlt eine Grundlage für den Ansatz des Auflassungsstempels, und es ist das ganze diesen Stempel betreffende Verfahren zu erneuern. KG. 4. 7. 98, Joh. Bd. 18 S. 101.

c) Eine irreführende Belehrung seitens des Grundbuchrichters steht dem Fehlen der Belehrung gleich. RG. 17. 11. 05, Entsch. Bd. 62 S. 77.

unter a zu bestimmen, den Veräußerer und Erwerber zur Angabe des Werthes des veräußerten Gegenstandes aufzufordern und die gemachten Angaben im Protokoll zu vermerken.

In der Kostenrechnung oder einer Anlage zu derselben ist den Kostenschuldnern anheim zu geben, die das Veräußerungsgeschäft enthaltende Urkunde binnen einer mit dem Tage der Zustellung der Kostenrechnung beginnenden Frist von zwei Wochen einzureichen und ihnen zugleich nochmals eine Belehrung über die Folgen der unterlassenen Einreichung insbesondere auch darüber zu ertheilen, daß zu der etwa errichteten Urkunde im Falle der nicht rechtzeitigen Vorlegung derselben ungeachtet der Zahlung des Auflassungsstempels der gesetzlich erforderliche Stempel beizubringen ist. Geht während der angegebenen Frist die Urkunde ein, so ist wie unter a dieser Ziffer zu verfahren. Sind dem Grundbuchrichter die Bedingungen des Veräußerungsgeschäfts auf irgend eine Weise glaubwürdig bekannt geworden, und übersteigt der aus diesen Bedingungen sich ergebende Werth den seitens der Betheiligten angegebenen, so ist der Auflassungsstempel von dem aus dem Veräußerungsgeschäfte sich ergebenden Werthe einzuziehen, vorausgesetzt, daß dieser nicht niedriger ist, als der gemeine Werth des veräußerten Gegenstandes. Dem zuständigen Hauptamt ist behufs Erwägung, ob nach § 17 Abs. 2 und Abs. 3 Buchstabe a des Gesetzes ein Strafverfahren einzuleiten ist, von dem Sachverhalt Anzeige zu machen.

In allen anderen Fällen veranlaßt der Grundbuchrichter, wenn er Bedenken trägt, die gemachten Werthangaben als richtig anzunehmen, die Werthermittelung in Gemäßheit des § 7 Abs. 3 des Gesetzes nach seinem Ermessen, erforderlichenfalls durch Vernehmung von Sachverständigen oder in sonst geeigneter Weise. Die Hauptämter haben etwaigen Ersuchen der Grundbuchrichter um Ermittelung des Werths ungesäumt zu entsprechen.

31) Außerdem findet auf Grund der Auszüge aus den Tagebüchern der Grundbuchführer eine allgemeine Prüfung des Werths des veräußerten Gegenstandes bei denjenigen Auflassungen, deren Versteuerung auf Grund einer Werthangabe (Tarifstelle 8 Abs. 1

und 2; Ziffer 30 Buchstabe c dieser Bekanntmachung) erfolgt ist, durch die Provinzial-Steuer-Direktoren statt. Dieselben setzen, wenn sie die angegebenen Werthe für zu niedrig erachten, die zu entrichtenden Stempelbeträge anderweitig fest und erlassen wegen der von dem Amtsgericht zu bewirkenden Einziehung des Mehrbetrages die weitere Anordnung.

Die Beschwerde gegen die Festsetzungsverfügung ist zunächst an den Provinzial-Steuer-Direktor und gegen die darauf ergehende Entscheidung desselben an den Finanz-Minister zu richten, welcher im Einverständnis mit dem Justiz-Minister die weitere Entscheidung trifft. Wird gegen diese Entscheidungen der Rechtsweg beschritten, so ist die Klage gegen den durch den Ober-Staatsanwalt vertretenen Justizfiskus zu erheben.

32) Wird bei einem Hauptamt, Steueramt, Zollamt oder einem Notar die Anrechnung des für eine Auflassung oder Umschreibung gezahlten Gerichtskostenstempels auf denjenigen Stempel verlangt, welcher zu einer später errichteten Urkunde über das der Auflassung oder der Umschreibung zu Grunde liegende Veräußerungsgeschäft erforderlich ist, so ist die Bescheinigung über die Erlegung des Gerichtskostenstempels vorzulegen. Es findet alsdann die Prüfung der Uebereinstimmung des in der Urkunde enthaltenen Geschäfts mit dem der Auflassungserklärung oder der Umschreibung zu Grunde liegenden Rechtsgeschäft statt. Ergeben sich in dieser Beziehung keine Bedenken, so wird auf der Urkunde der bereits entrichtete Gerichtskostenstempel bescheinigt und nur der etwa überschießende Betrag in Stempelzeichen verwendet. Die beigebrachte Bescheinigung über die Entrichtung des Werthstempels ist in der Regel der Urkunde beizuheften, andernfalls bei der Behörde bezw. den Notariatsakten zurückzubehalten. Von den Notaren ist die Bescheinigung über die Anrechnung auf die Urschrift zu setzen und die erste Ausfertigung mit einem entsprechenden Vermerk zu versehen. Da die Anrechnung sich nur auf den zu der Urkunde erforderlichen Werthstempel bezieht, so muß der feste Stempel, dessen die Urkunde, wenn sie nicht dem Werthstempel unterworfen wäre, mit Rücksicht auf die besondere Form ihrer Abfassung bedarf, von der Urkunde erhoben werden. Ist also beispielsweise eine in Höhe von 300 M. werthstempelpflichtige Urkunde in der Form einer Notariatsurkunde errichtet, und beträgt der bereits entrichtete Auflassungsstempel ebenfalls 300 M., so muß mindestens der Stempel von 1,50 M. nach der Tarifstelle 45 zur Urkunde verwendet werden.

Zur Tarifstelle 10.

33) Die Stempelpflicht ist auf Ausfertigungen von bereits vorhandenen Schriftstücken eingeschränkt, sodaß, wenn nicht eine andere Tarifstelle (z. B. Nr. 22, 39 u. s. w.) Anwendung findet, Steuerfreiheit in allen denjenigen Fällen eintritt, in denen es an einer Urkunde fehlt, von welcher die amtliche Ausfertigung entnommen ist. Alle Behörden und Beamten einschließlich der Notare sind verpflichtet, auf den von ihnen stempelfrei ertheilten Ausfertigungen, insoweit sie nicht unter die Befreiungen zu a und b fallen, den Grund der Stempelfreiheit zu bescheinigen, z. B. „Stempelfrei mangels Vorhandenseins einer Urschrift".

Zur Tarifstelle 22.

34) Den Steuersätzen dieser Tarifstelle unterliegen die aufgeführten Erlaubnisscheine ohne Rücksicht auf die Form, in welcher sie ertheilt sind, also einerlei, ob in der Form von Ausfertigungen, Protokollen, einfachen Bescheiden, Verfügungen u. s. w.

Zur Tarifstelle 22a.

35) Behufs Ermittelung des stempelpflichtigen Werths vererblicher und veräußerlicher Konzessionen ist zunächst der die Konzession Nachsuchende zur Werthangabe und zur Vorlegung des über den Verkauf der Apotheke etwa geschlossenen Vertrages aufzufordern. Falls ein solcher Vertrag vorhanden ist, so ist aus ihm festzustellen, ob und was die Vertragschließenden über die Vergütung für den Uebergang der Konzession auf den neuen Erwerber verabredet haben. Wird der angegebene Werth für zu niedrig erachtet und findet eine Einigung mit dem Steuerpflichtigen nicht statt, so ist der Werth, falls ihn die die Konzession ertheilende Behörde nicht selbst zu begutachten vermag, nach der Vorschrift des § 7 Abs. 3 des Gesetzes und unter Beachtung der Vorschrift der Ziffer 6 dieser Bekanntmachung anderweitig zu ermitteln, wobei unter Umständen auch die in früheren Verträgen über das Entgelt für die betreffende Konzession getroffenen Vereinbarungen als Anhaltspunkte werden dienen können. Den Oberpräsidenten bleibt es überlassen, zur Ermittelung der Konzessionswerthe die Mitwirkung der Provinzial-Steuer-Direktoren in Anspruch zu nehmen.

Insoweit der Werthstempel unstreitig ist, muß seine Verwendung auf der Konzessionsurkunde innerhalb der im § 15 Abs. 1 des Gesetzes angegebenen Frist erfolgen, während der Stempel für den etwaigen nachträglich ermittelten Mehrwerth später auf der Urkunde zu entwerthen ist.

Zur Tarifstelle 22c.

36) Die Erlaubnißertheilungen sind vor der Aushändigung mit einem Stempel von 1,50 M. zu versehen, sofern nicht der die Erlaubniß Nachsuchende die Verwendung eines höheren Stempels selbst beantragt (§ 15 Abs. 2 des Gesetzes). Durch die Verwendung eines Stempels von 1,50 M. gilt die Versteuerung derjenigen Erlaubnißscheine als erledigt, welche zum Betriebe von Gewerben ertheilt werden, bei denen von vornherein mit Sicherheit anzunehmen ist, daß weder der jährliche Ertrag 1500 M. noch das Anlage- und Betriebskapital 3000 M. erreicht.

Hinsichtlich aller übrigen Erlaubnißscheine, insoweit zu ihnen nicht der höchste Steuersatz von 100 M. sogleich entrichtet worden ist, bedarf es einer Ueberwachung der weiteren Versteuerung. Zu diesem Behuf ist dem Steuerpflichtigen die Wiedereinreichung der Urkunde nebst den in § 15 Abs. 2 des Gesetzes bezeichneten Schriftstücken innerhalb der dort bestimmten Fristen und zwar unter Hinweis auf die Strafen des § 18 des Gesetzes für den Fall der unterlassenen oder nicht fristgerechten Wiedervorlegung des Erlaubnißscheines schriftlich aufzugeben. Auf dem Erlaubnißschein ist die vorläufige Versteuerung, die Geschäftsnummer, sowie die Frist zur Wiedervorlegung der Urkunde behufs endgültiger Versteuerung zu vermerken, z. B.:

„Vorläufig versteuert mit 1,50 Mk. Nr. 8609.
Wieder vorzulegen behufs endgültiger Versteuerung binnen zwei Wochen nach dem Tage der Rechtskraft der Zuschrift über das Ergebniß der Veranlagung zur Gewerbesteuer oder der auf das eingelegte Rechtsmittel ergangenen Entscheidung, oder, wenn eine Veranlagung nicht stattgefunden hat, binnen Jahresfrist.

Ort. Datum. Amtsstelle
Unterschrift."

Nach Wiedereinreichung des Erlaubnißscheines ist die Nachverwendung des etwa nachzuzahlenden Stempels zu bewirken und die endgültige Versteuerung zu vermerken, z. B.:

„Durch Nachzahlung von 48,50 M. Stempel endgültig versteuert.

Ort. Datum. Amtsstelle
Unterschrift."

Der Vermerk der endgültigen Versteuerung muß auch in denjenigen Fällen auf den Erlaubnißschein gesetzt werden, in denen eine Nachzahlung nicht stattfindet.

In Betreff der zur endgültigen Besteuerung nicht wieder vorgelegten, unter den vorhergehenden Absatz fallenden Erlaubnißscheine stellt die Behörde durch Anfrage bei dem Vorsitzenden des Steuerausschusses der Klasse IV fest, welcher Steuerklasse der Erlaubnißscheininhaber zugewiesen worden ist, und veranlaßt die Nachversteuerung in der vorangegebenen Weise. Von den Fällen der nicht oder nicht rechtzeitig erfolgten Wiedervorlegung der Erlaubnißscheine hat die ausstellende Behörde dem zuständigen Hauptamt Anzeige zu machen.[41]

Zur Tarifstelle 22d.

37) Behufs Versteuerung der unter d aufgeführten Genehmigungen ist der die Genehmigung Beantragende aufzufordern, vorerst den muthmaßlich entstehenden Kostenbetrag anzugeben und sodann innerhalb vier Wochen nach Fertigstellung der Anlage unter Wiedereinreichung der Urkunde den wirklich gezahlten Kostenbetrag anzuzeigen, wobei er für den Fall der Nichtbeobachtung dieser Frist auf die Strafen des § 18 des Gesetzes hinzuweisen ist. Der Erlaubnißschein ist vorläufig mit einem dem muthmaßlichen Werth entsprechenden Stempel zu versteuern und mit einem Vermerk über die vorläufige Versteuerung der Geschäftsnummer, sowie über die Pflicht zur Wiedereinreichung zu versehen, z. B.:

„Vorläufig versteuert mit 50 M.
N. 8606.
Wieder vorzulegen behufs endgültiger Versteuerung binnen vier Wochen nach Fertigstellung der Anlage.
Ort. Datum.

Amtsstelle.
Unterschrift."

[41] Damit die zweiwöchige Frist nicht übersehen wird, setzen sich die Stadt- und Kreisausschüsse mit der betreffenden Amtsstelle der Gewerbesteuer-Veranlagung dergestalt in Verbindung, daß sie von dieser sofort nach rechtskräftigem Feststehen der Veranlagung über deren Ergebnis verständigt werden und alsdann umgehend die Steuerpflichtigen nochmals besonders zu der binnen der gesetzlichen Frist zu bewirkenden Vorlegung der Erlaubnisscheine unter Nachbringung des etwa nachzuzahlenden Stempels auffordern, die Anzeige an das zuständige Hauptamt aber erst erstatten, wenn trotzdem die zweiwöchige Frist des § 15 Abs. 2 d. G.

Werden die Urkunden demnächst wieder vorgelegt, so ist wegen der Nachverwendung des fehlenden Stempels und des Vermerks der endgültigen Versteuerung nach der Vorschrift des zweiten Absatzes der Ziffer 36 dieser Bekanntmachung zu verfahren. Geben die von den Steuerpflichtigen bezüglich des Kostenbetrages gemachten Angaben zu Bedenken Anlaß, so wird die Vorlegung der über den Kostenaufwand vorhandenen Beläge (Kostenanschläge, Abrechnungen, Quittungen u. s. w.) zu verlangen sein.

Gegen diejenigen Erlaubnisscheininhaber, welche die Urkunden zur endgültigen Versteuerung nicht wieder vorgelegt haben, kann, abgesehen von der Einziehung des zu wenig entrichteten Stempels die Einleitung des Strafverfahrens auf Grund des § 18 Abs. 8 des Gesetzes bei dem zuständigen Hauptamt beantragt werden.

Zur Tarifstelle 22 g.

38) Die Steuerbefreiungen sowie die ermäßigten Sätze der Genehmigungen für Unternehmer von Versicherungsanstalten dürfen nur dann zur Anwendung kommen, wenn die gesetzlichen Voraussetzungen der Ermäßigungen und Befreiungen aus dem Inhalt der Genehmigungsurkunden hervorgehen.[12]

Entstehen im einzelnen Falle darüber, ob die Zwecke der Versicherungsanstalt auf Gewinn gerichtet sind oder nicht, Zweifel, so bedarf es zur Entscheidung der Frage des Einverständnisses des Finanz-Ministers.

Zur Tarifstelle 22 l.

39) Wegen der Versteuerung dieser Genehmigungen finden die Bestimmungen der Ziffer 37 dieser Bekanntmachung entsprechende Anwendung.

Zur Tarifstelle 22 m.

40) Die Versteuerung der Genehmigung des zweiten, dritten und vierten Absatzes des Buchstaben m dieser Tarifstelle richtet sich nach den Vorschriften der Ziffer 36 dieser Bekanntmachung.

überschritten wird, und zwar unter Mitteilung, ob und wie seitens der Steuerpflichtigen der besonderen Aufforderung nachgekommen ist. FM. 31. 3. 99 III 759.

[12] Es genügt, wenn in den Genehmigungsurkunden die Voraussetzungen für die Befreiung durch den Vermerk: „Stempelfrei laut StG. T. 22 g" beurkundet werden. FM. 1. 9. 96 III 12290, ZBl. S. 584.

Zur Tarifstelle 22 n.

41) Für die Bemessung des Steuersatzes dieser Tarifstelle ist festzuhalten, daß der höchste Satz von 20 M. zur Anwendung zu kommen hat, sobald der jährliche Gewerbeertrag auf etwa 3000 M. zu veranschlagen ist, und daß bei muthmaßlich niedrigeren Erträgen der Stempel entsprechend zu ermäßigen ist.

Zur Tarifstelle 32.

42) Anträge auf Erstattung des Werthstempels in den Fällen des sechsten und siebenten Absatzes dieser Tarifstelle sind an den Vorstand desjenigen Stempelsteueramtes zu richten, in dessen Bezirk der Stempel verwendet ist.

Anträge auf Abstandnahme von der Einziehung des Werthstempels in den vorbezeichneten Fällen sind bei demjenigen Provinzial-Steuer-Direktor anzubringen, in dessen Bezirk die Vertragsurkunde errichtet ist oder, wenn es sich um Urkunden, die im Auslande ausgestellt sind, handelt, in dessen Bezirk die inländischen Vertragstheilnehmer wohnen, bezw. der Stempel nach § 2 Abs. 1 des Gesetzes zu erheben sein würde. Ueber die Anträge entscheidet der Provinzial-Steuer-Direktor nach Prüfung des Sachverhalts.

Anträge auf Erstattung bereits verwendeter Werthstempel oder auf Abstandnahme von der Einziehung von Werthstempeln in den Fällen des achten Absatzes dieser Tarifstelle sind an die Provinzial-Steuer-Direktoren zu richten, welche die Anträge dem Finanz-Minister zur Entscheidung einzureichen haben.

Zur Tarifstelle 42.

43) Der für den Fall der Bedürftigkeit auf 5 M. ermäßigte Steuersatz darf nur dann zugestanden werden, wenn der die Namensänderung Nachsuchende ein von der obrigkeitlichen Behörde seines Wohnorts ausgestelltes, stempelfrei auszufertigendes Zeugniß darüber beibringt, daß er sich in bedürftigen Vermögensverhältnissen befindet. Dieses Zeugniß oder eine Abschrift desselben ist zu den Akten zurückzubehalten.

Zur Tarifstelle 43.

44) Bei der Versteuerung der Naturalisationsurkunden bildet die Anwendung des Steuersatzes von 50 M. die Regel; die ermäßigten Stempel bis zu 5 M. dürfen ausnahmsweise nur dann zur Erhebung kommen, wenn der zu Naturalisirende durch eine

amtliche, stempelfrei zu ertheilende Bescheinigung nachweist, daß er sich in bedürftigen Vermögensverhältnissen befindet. Die Bemessung der Höhe des zu entrichtenden Stempels erfolgt nach dem Grade der Bedürftigkeit.

Zur Tarifstelle 48.

45) Das für die Eintragungen bestimmte Verzeichniß (Pacht-Mieth-, Antichrese-Verzeichniß) ist nach dem in der Beilage 2 enthaltenen Muster, welchem die für die Versteuerung in Betracht kommenden Bestimmungen in der Form von Bemerkungen vorangestellt sind, zu führen und kann, sofern die Steuerpflichtigen dasselbe nicht selbst mit der Feder anlegen wollen, von allen Hauptämtern, Zoll- und Steuerämtern und Stempelvertheilern unentgeltlich bezogen werden.

Alle von einem Verpächter, Vermiether u. s. w. für ein Kalenderjahr oder im voraus zu versteuernden Verträge sind in ein Verzeichniß einzutragen, auch wenn die Verträge sich auf mehrere Grundstücke beziehen, sofern nur diese Grundstücke zu demselben Hauptamtsbezirk[43] gehören. Jedoch kann auch über jedes einzelne Grundstück ein besonderes Verzeichniss geführt werden. Sind die mehreren Grundstücke in verschiedenen Hauptamtsbezirken belegen, so ist für jeden Bezirk ein besonderes Verzeichniß zu führen. Werden in einem Verzeichniß die Verträge über mehrere Grundstücke nachgewiesen, so sind die mehreren Verträge, die ein und dasselbe Grundstück betreffen, zusammenhängend je in besonderen Abschnitten einzutragen. Die einzelnen Grundstücke sind in der Ueberschrift des näheren zu bezeichnen. Es steht den Steuerpflichtigen frei, für jedes Kalenderjahr ein besonderes Verzeichniß zu führen oder die Versteuerung für die einzelnen auf einander folgenden Kalenderjahre in demselben Verzeichniß zu bewirken.

Die Eintragungen in den einzelnen Spalten erfolgen nach dem Muster des in dem Vordruck der Beilage 2 enthaltenen ausgefüllten Formulars und sind am Schlusse mit folgender Bescheinigung zu versehen:

daß andere unter die Tarifstelle Nr. 48 Buchst. a des Stempelsteuergesetzes vom 31. Juli 1895 fallende Verträge, als die

[43] Ein einheitliches Pachtverzeichnis ist zugelassen für die Grundstücke der Klosterkammer, die in verschiedenen Direktionsbezirken liegen. FM. 5. 4. 98 III 4867.

vorstehend eingetragenen, in dieses Verzeichniß nicht aufzunehmen waren, versichere ich

Ort. Datum.

Unterschrift des Pächters u. s. w.

Die Aufstellung und Versteuerung der Verzeichnisse durch Beauftragte oder Vertreter ist zulässig, doch bleiben die eigentlich Verpflichteten für die gesetzlichen Stempelabgaben sowie für die verwirkten Strafen persönlich verhaftet.

46) Der Eintragung in das Verzeichniß unterliegen alle Pacht- und Afterpachtverträge, Mieth- und Aftermiethverträge sowie antichretische Verträge, welche innerhalb eines Kalenderjahres in Geltung gewesen sind auf Grund

eines förmlich schriftlichen Vertrags, eines durch Briefwechsel zu Stande gekommenen Vertrags

einer in einem Vertrage der vorbezeichneten Art enthaltenen Bestimmung:

daß das Pacht-, Afterpacht-, Mieth- u. s. w. Verhältniß unter gewissen Voraussetzungen (z. B. im Falle einer innerhalb einer bestimmten Frist nicht erfolgten Kündigung) als verlängert gelten soll,

sofern der Zins (bezw. Nutzung), wenn er nach der Dauer eines Jahres berechnet wird, mehr als 300 M. beträgt. Trifft letztere Voraussetzung zu, so sind die Verträge auch alsdann steuerpflichtig, wenn der auf die Geltungsdauer des Vertrags während des betreffenden Kalenderjahres entfallende Zins- oder Nutzungsbetrag 150 M. oder weniger (vergl. § 4a des Gesetzes) beträgt, so daß z. B. ein während der Dauer eines halben Monats in Geltung gewesener Miethvertrag, in dem der monatliche Miethzins auf 30 M. verabredet ist, der Eintragung in das Verzeichniß und der Versteuerung (mit 0,50 M.) bedarf, während andererseits ein 10 Monate in Geltung gewesener Miethvertrag, in dem der monatliche Miethzins auf 25 M. festgesetzt ist, steuerfrei bleibt.

Derjenige Zeitraum, hinsichtlich dessen eine Versteuerung der Pacht-, Mieth- u. s. w. Verträge, welche vor dem 1. April 1896 geschlossen worden sind, bereits stattgefunden hat, bleibt für die Eintragung in das Verzeichniß außer Betracht.

Wenn Pacht-, Mieth- u. s. w. Verträge vor Ablauf der vertragsmäßig festgesetzten Zeit ihr Ende erreichen, so ist der Stempel nur für die Zeit bis zur Beendigung der Verträge zu entrichten, sodaß beispielsweise ein für die Zeit vom 1. Januar bis Ende Dezember

1897 zu einem Jahresmiethzinse von 6000 M. verabredeter Miethvertrag, welcher aber nur bis zum 1. Juli 1897 bestanden hat, nur in Höhe von 3000 M. (also mit 3 M.) zu versteuern ist.

Die Entrichtung des gesetzlichen Stempels ist nicht auf das betreffende Kalenderjahr beschränkt, sondern es ist nach dem Belieben des Steuerpflichtigen eine Vorausversteuerung auf mehrere Jahre zulässig.

47) Die Versteuerung des Verzeichnisses muß bis zum Ablauf des Januar, der auf das Kalenderjahr folgt, für welches die Versteuerung geschehen soll, bewirkt werden und zwar bei demjenigen Hauptamt oder Steueramt bezw. Neben-Zollamt, in dessen Geschäftsbezirk die betreffenden Grundstücke belegen sind, oder bei einem Stempelvertheiler. Gehören die Grundstücke zu den Geschäftsbezirken verschiedener Unterämter, so hat der Steuerpflichtige die Wahl, welchem dieser Aemter er das Verzeichniß vorlegen will.

Die Stempelpflicht wird dadurch erfüllt, daß der zur Führung des Verzeichnisses Verpflichtete oder dessen Beauftragter einer der vorbezeichneten Steuerstellen das Verzeichniß ausgefüllt und mit der vorgeschriebenen Versicherung versehen unter Zahlung des Stempelbetrags entweder einreicht oder durch die Post mittelst eingeschriebenen Briefes einsendet oder daß er die in dem Verzeichniß zu machenden Angaben vor der Steuerbehörde unter Entrichtung des Stempelbetrags zu Protokoll erklärt.

48) Die eingegangenen Verzeichnisse sind in rechnerischer Hinsicht von den Steuerbehörden zu prüfen. Insoweit die Verzeichnisse augenscheinliche Unrichtigkeiten enthalten oder ihr Inhalt bei der Durchsicht den Steuerbehörden auf Grund ihrer Kenntniß der örtlichen und persönlichen Verhältnisse noch sonst zu Bedenken Anlaß giebt, sind die gemachten Angaben durch Verhandlungen mit den Steuerpflichtigen richtig zu stellen und auf Grund dieser Ermittelungen die Stempel anderweit zu berechnen, auch, sofern Zuwiderhandlungen vorliegen, die erforderlichen Anordnungen wegen Einleitung des Strafverfahrens zu treffen. Dem pflichtmäßigen Ermessen der Hauptämter, Zoll- und Steuerämter sowie der Stempelvertheiler bleibt es überlassen, die Verzeichnisse hinsichtlich der sachlichen Richtigkeit der gemachten Angaben einer weiteren Prüfung zu unterziehen, soweit es der Dienstbetrieb gestattet.

Die Stempelmarken sind von den vorgedachten Steuerbehörden nach der Vorschrift der Ziffer 15 A II Nr. 1 dieser Bekanntmachung unmittelbar hinter der vorgeschriebenen Versicherung oder, wenn die betreffende Seite keinen genügenden Raum bietet, auf der folgenden Seite oder, wenn eine solche Seite nicht vorhanden ist, auf einem mit dem Verzeichniß in festen Zusammenhang zu bringenden Blatt zu entwerthen, jedoch mit der Maßgabe, daß es der im zweiten Absatz der Ziffer 15 A II Nr. 1 vorgeschriebenen Vermerke nicht bedarf. Sollen die Angaben zu Protokoll erklärt werden, so ist hierzu das vorgeschriebene Formular zu benutzen und hinter der Versicherung von dem betreffenden Beamten ein von dem Steuerpflichtigen zu unterschreibender Vermerk über die Protokollirung aufzunehmen, z. B.

Vorstehende, zu Protokoll erklärte Angaben nach Vorlesung g. u. u.

Namensunterschrift des Steuerpflichtigen.

Stand und Wohnort desselben.

Datum.

Amtsstelle.

Name des Beamten.

Die durch die Post eingesendeten Verzeichnisse sind dem Steuerpflichtigen, wenn er nicht die amtliche Aufbewahrung beantragt hat, binnen 3 Tagen mit den entwertheten Stempelzeichen ohne Anschreiben mittelst eingeschriebenen [11] unfrankirten Briefes wieder zuzustellen, nachdem über die stattgefundene Entwerthung ein Vermerk zu den Akten gemacht ist. Wird die amtliche Aufbewahrung verlangt, so ist der Antragsteller von der Entwerthung zu benachrichtigen.

49) Die den Haupt- und Unterämtern zur Aufbewahrung übergebenen Verzeichnisse sind in übersichtlicher Weise und in einer sich entweder aus den Namen der Verpächter, Vermiether u. s. w. oder aus der ortsüblichen Bezeichnung der Grundstücke (Straße, Hausnummer ꝛc.) ergebenden Reihenfolge oder in irgend einer anderen bestimmten Ordnung aufzubewahren, so daß jedes einzelne Verzeichniß ohne Schwierigkeit und Zeitverlust aufgefunden werden kann. Ueber die Hinterlegung der Verzeichnisse ist den Steuerpflichtigen auf Verlangen eine Empfangsbescheinigung auszustellen.

[11] Die Rücksendung der Verzeichnisse mittels eingeschriebenen Briefes hat künftig nur auf ausdrücklichen Wunsch der Einsender, in allen andern Fällen aber unter der Rubrik „Portopflichtige Dienstsache" „unfrei" zu erfolgen. FM. 15. 4. 05 III 3756, ZBl. S. 196.

Zur Tarifstelle 54.

50) Wenn die Anrechnung des zu einer Punktation verwendeten Werthstempels auf denjenigen Stempel verlangt wird, welchem eine auf Grund der Punktation aufgenommene, mit ihr im wesentlichen übereinstimmende Vertragsurkunde unterliegt, so ist von dem Steuerpflichtigen bei der Versteuerung dieser Vertragsurkunde die mit dem Werthstempel versehene Punktation (bei notariellen Punktationen die mit der Bescheinigung des zur Urschrift verwendeten Stempels versehene Ausfertigung) vorzulegen. Auf das weitere Verfahren finden die Vorschriften der Ziffern 28 Absatz 2 und 32 dieser Bekanntmachung entsprechende Anwendung. Da die Anrechnung sich nur auf den zur Punktation verwendeten Werthstempel bezieht, so bleiben die festen Stempel, welche die Punktation, wenn sie nicht mit dem Werthstempel versteuert wäre, mit Rücksicht auf die besondere Form ihrer Errichtung erfordern würde (Notariatsurkundenstempel u. s. w.) oder welche zu ihr wegen der darin enthaltenen Nebenverträge (vergl. Tarifstelle 71 Ziffer 2 Absatz 1 des Gesetzes) noch besonders verwendet worden sind, von der Anrechnung ausgeschlossen.

Zur Tarifstelle 58.

51) Die zu Gunsten von Kommunalverbänden, Kommunen oder Korporationen ländlicher oder städtischer Grundbesitzer oder Grundkredit- und Hypothekenbanken ausgestellten Schuldverschreibungen, welche auf Grund der demnächstigen Ausreichung reichsstempelpflichtiger Renten- und Schuldverschreibungen nach der Befreiung d unter I dieser Tarifstelle von der Entrichtung des landesgesetzlichen Schuldverschreibungsstempels frei sind, müssen mit einem den Grund der Stempelfreiheit erkennen lassenden Vermerk versehen sein, z. B.

> Stempelfrei, da auf Grund dieser Verschreibung reichsstempelpflichtige Pfandbriefe neu ausgegeben werden.
>
> Ort. Datum.
>
> Unterschrift.

Dieser Vermerk ist von dem Verbande oder der Bank, zu deren Gunsten die Urkunde lautet, unterschriftlich zu vollziehen. Ist die Schuldurkunde von Behörden oder Notaren aufgenommen, so kann der Vermerk auch von diesen auf die Urkunde gesetzt werden.

52) Wegen der Versteuerung der Anträge auf Eintragung einer Hypothek oder Grundschuld oder wiederkehrenden Geldleistung sowie wegen der Anrechnung der zu diesen Anträgen entrichteten

Stempel auf diejenigen Stempel, welchen die nachträglich über das zu Grunde liegende Geschäft errichteten Urkunden unterliegen, finden die Vorschriften der Ziffern 28 und 32 dieser Bekanntmachung Anwendung.

Zur Tarifstelle 73.

53) Wenn zum Gebrauch im Verwaltungsstreitverfahren[45, 46] und im Verfahren vor den Gewerbegerichten bestimmte Vollmachten ohne den vorgeschriebenen Stempel bei den genannten Behörden eingereicht werden, so haben die Behörden denselben einzuziehen und zu den Akten zu entwerthen. Die Aussteller der Vollmachten sind von Stempelstrafe frei, wenn die Urkunden innerhalb der Stempelverwendungsfristen des § 16 des Gesetzes eingereicht sind. Ist diese Frist bei der Einreichung bereits überschritten, so haben die Verwaltungs- bezw. Gewerbegerichte das zuständige Hauptamt von der vorgekommenen Zuwiderhandlung zu benachrichtigen.

Berlin, den 13. Februar 1896.

Der Finanz-Minister.

Miquel.

[45] Ueber die Behandlung der Vollmachten im Verwaltungsstreitverfahren vgl. A. 29 zu Tarif 73.

[46] Auf eine Vollmacht, welche zur Vertretung des Steuerpflichtigen in einem Beschwerdeverfahren nach §§ 44 ff. Einkommensteuerges. v. 24. 6. 91 eingereicht wird, findet Bek. 53 nicht Anwendung, da solches als ein Verwaltungsstreitverfahren i. S. des Ges. über die allg. Landesverwaltung vom 30. 7. 83 nicht anzusehen ist. KG. 8. 3. 00, Joh.NF. Bd. 1 S. C 18.

Muster a.

(zu §§. 14 und 32 des Gesetzes und Ziffer 14C Nr. 2 der Bekanntmachung.)

Anmeldung zur Abstempelung von Formularen oder beschriebenen Bogen.

Laufende Nr.	Bezeichnung der abzustempelnden Formulare oder Bogen	Stückzahl der abzustempelnden Formulare oder Bogen	Stückzahl der überschüssigen Formulare oder Bogen	Stempelbetrag für das einzelne Stück		Stempelbetrag im Ganzen		Bemerkungen (insbesondere über die Herstellung eines Aufdrucks oder Vordrucks auf den abzustempelnden Formularen oder Bogen)
				M.	Pf.	M	Pf.	
1	2.	3.	4	5.		6		7

Muster b.

(zu §§. 14 und 32 des Gesetzes und Ziffer 15 B Nr. 2 der Bekanntmachung.)

Stempelsteuerbuch de . . . . in . . . .
betreffend die Verwendung von Stempelmarken ohne amtliche Ueberwachung.

Laufende Nr	Namen, Stand und Wohnort der Steuerpflichtigen	Art des beurkundeten Geschäfts	Bezeichnung der Tarifstelle (Nummer, Ziffer, Buchstabe)	Werth des Gegenstandes M.	Werth des Gegenstandes Pf.	Verwendeter Stempel M.	Verwendeter Stempel Pf.	Datum der Entwerthung
1.	2.	3.	4.	5.		6		7.

Beilage 2.*
(Zu Ziffer 24 des Nachtrages.)**

Pacht- (Mieth-, Antichrese-) Verzeichniss

betreffend d . . . . Grundstück . . . .

in . . . . Nummer . . . d. . . . . Strasse (Platzes)
„ . . . . „ . . . „ . . . . „ „
„ . . . . „ . . . „ . . . . „ „
„ . . . . „ . . . „ . . . . „ „
„ . . . . „ . . . „ . . . . „ „

Bemerkungen.

1. Der Eintragung in das Verzeichniss unterliegen alle Pacht- und Afterpachtverträge, Mieth- und Aftermiethverträge, sowie antichretische Verträge, welche innerhalb eines Kalenderjahres in Geltung gewesen sind, auf Grund

eines förmlichen schriftlichen Vertrages,
eines durch Briefwechsel zu Stande gekommenen Vertrages,
einer in einem Vertrage der vorbezeichneten Art enthaltenen Bestimmung:

dass das Pacht-, Afterpacht-, Mieth- u. s. w. Verhältniss unter gewissen Voraussetzungen (z. B. im Falle einer innerhalb einer bestimmten Frist nicht erfolgten Kündigung) als verlängert gelten soll,

sofern der Zins (bezw. die Nutzung), wenn er nach der Dauer eines Jahres berechnet wird, mehr als 300 Mark beträgt. Trifft letztere Voraussetzung zu, so sind die Verträge auch alsdann steuerpflichtig, wenn der auf die Geltungsdauer des Vertrages während des betreffenden Kalenderjahres entfallende Zins- oder Nutzungsbetrag 150 Mark oder weniger (vergl. § 4a des Stempelstenergesetzes vom 31. Juli 1895) beträgt, so dass z. B. ein während der Dauer eines halben Monats

*) Beilage 1 ist nicht abgedruckt. S. Note zu Ziffer 25 der Bek.
**) S. Nr. 45 Abs. 1 der Bek.

in Geltung gewesener Miethvertrag, in dem der monatliche Miethzins auf 30 Mark verabredet ist, der Eintragung in das Verzeichniss und der Versteuerung (mit 0,50 Mark) bedarf, während andererseits ein zehn Monate in Geltung gewesener Miethvertrag, in dem der monatliche Miethzins auf 25 Mark festgesetzt ist, steuerfrei bleibt.

Mündlich geschlossene Pacht-, Mieth- u. s. w. Verträge sind nicht steuerpflichtig und deshalb in das Verzeichniss nicht aufzunehmen.

2. Derjenige Zeitraum, hinsichtlich dessen eine Versteuerung der Pacht-, Mieth- u. s. w. Verträge, welche vor dem 1. April 1896 geschlossen worden sind, bereits stattgefunden hat, bleibt für die Eintragung in das Verzeichniss ausser Betracht.

3. Wenn Verträge der unter Ziffer 1 Absatz 1 bezeichneten Art vor Ablauf der vertragsmässig festgesetzten Zeit ihr Ende erreichen, so ist der Stempel nur für die Zeit bis zur Beendigung der Verträge zu entrichten, so dass beispielsweise ein für die Zeit vom 1. Januar bis Ende Dezember 1897 zu einem Jahresmiethzinse von 6000 Mark geschlossener Miethvertrag, welcher aber nur bis Ende Juni 1897 bestanden hat, nur in Höhe von 3000 Mark (also mit 3 Mark) zu versteuern ist.

4. Die Entrichtung des gesetzlichen Stempels ist nicht auf das betreffende Kalenderjahr beschränkt, sondern es ist nach dem Belieben des Steuerpflichtigen eine Vorausversteuerung auf mehrere Jahre zulässig. Wegen der Berechnung des Stempels bei Vorausversteuerungen vergl. den zweiten Absatz der folgenden Ziffer.

5. Die Stempelabgabe beträgt $^1/_{10}$ vom Hundert des Pachtzinses (Miethzinses, der antichretischen Nutzung) und der Mindestbetrag derselben 50 Pfg. Die Stempelabgabe steigt in Abstufungen von je 50 Pfg., wobei überschiessende Steuerbeträge auf je 50 Pfg. abgerundet werden, so dass also bei einem Zinse bezw. einer Nutzung

bis zu 500 Mark der Stempel beträgt . . . . 0,50 Mark
von mehr als
500—1000 Mark der Stempel beträgt . . . . 1,00 „
von mehr als
1000—1500 Mark der Stempel beträgt . . . . 1,50 „
u. s. w.

Bei Vorausversteuerungen für eine längere Vertragsdauer als das abgelaufene Kalenderjahr berechnet sich der Stempel nicht nach der Gesammtsumme der für den betreffenden Zeitraum zu zahlenden

Pacht, Miethe u. s. w., sondern er stellt sich in der Gesammtsumme der Stempelbeträge dar, die sich für die einzelnen Kalenderjahre ergeben. Soll z. B. ein für die Zeit vom 1. Oktober 1897 bis Ende 1898 über eine Jahresmiethe von 400 Mark geschlossener Miethvertrag im Januar 1898 im Voraus für das Jahr 1898 versteuert werden, so beträgt der Stempel nicht $^1/_{10}$ vom Hundert der im Ganzen zu zahlenden Miethe von (100 + 400) = 500 Mark, also nicht 0,50 Mark, sondern er beträgt 1 Mark, nämlich 0,50 Mark für die auf das abgelaufene Kalenderjahr entrichtete Miethe von 100 Mark und 0,50 Mark für die auf das Kalenderjahr 1898 zu zahlende Miethe von 400 Mark.

Die Nebenausfertigungen (Nebenexemplare) der Pacht-, Mieth- u. s. w. Verträge unterliegen einem besonderen Stempel nicht, wenn nicht etwa ein solcher in Folge der nach Ziffer 14 erforderlichen besonderen Versteuerung der Hauptausfertigungen fällig ist.

6. Die Aufstellung und Versteuerung der Verzeichnisse durch Beauftragte oder Vertreter ist zulässig, doch bleiben die eigentlich Verpflichteten für die gesetzlichen Stempelabgaben sowie für die verwirkten Strafen persönlich verhaftet.

7. Alle von einem Verpächter, Vermiether u. s. w. für ein Kalenderjahr oder im Voraus zu versteuernden Verträge sind in ein Verzeichniss einzutragen, auch wenn die Verträge sich auf mehrere Grundstücke beziehen, sofern nur diese Grundstücke zu demselben Hauptamtsbezirk gehören. Jedoch kann auch über jedes einzelne Grundstück ein besonderes Verzeichniss geführt werden. Sind die mehreren Grundstücke in verschiedenen Hauptamtsbezirken gelegen, so ist für jeden Bezirk ein besonderes Verzeichniss zu führen. Werden in einem Verzeichniss die Verträge über mehrere Grundstücke nachgewiesen, so sind die mehreren Verträge, die ein und dasselbe Grundstück betreffen, zusammenhängend je in besonderen Abschnitten einzutragen, sofern nicht von der Befugniss der Anlegung besonderer Verzeichnisse für jedes einzelne Grundstück Gebrauch gemacht wird. Die einzelnen Grundstücke sind in der Ueberschrift des Näheren zu bezeichnen. Es steht den Steuerpflichtigen frei, für jedes Kalenderjahr ein besonderes Verzeichniss zu führen oder die Versteuerungen für die einzelnen auf einander folgenden Kalenderjahre in demselben Verzeichniss zu bewirken.

8. Das Verzeichniss ist von dem Verpächter, Vermiether u. s. w. oder seinem Beauftragten mit folgender Bescheinigung zu versehen:

Dass andere unter die Tarifstelle 48 Buchstabe *a* des Stempelsteuergesetzes vom 31. Juli 1895 fallende Verträge, als die vorstehend eingetragenen, in dieses Verzeichniss nicht aufzunehmen waren, versichere ich.

. . . . den . . . . 19 . .

(Vor- und Zuname sowie Stand des Verpächters, Vermiethers u. s. w. oder seines Beauftragten.)

9. Die Versteuerung des Verzeichnisses muss bis zum Ablauf des Januar, der auf das Kalenderjahr folgt, für welches die Versteuerung geschehen soll, bewirkt werden und zwar bei demjenigen Hauptamt, oder Steueramt bezw. Nebenzollamt, in dessen Geschäftsbezirk die betreffenden Grundstücke belegen sind, oder bei einem benachbarten Stempelvertheiler. Gehören die Grundstücke zu den Geschäftsbezirken verschiedener Unterämter, so hat der Stempelpflichtige die Wahl, welchem dieser Aemter er das Verzeichniss vorlegen will (vgl. Ziffer 7).

10. Die Stempelpflicht wird dadurch erfüllt, dass der zur Führung des Verzeichnisses Verpflichtete[47] oder dessen Beauftragter einer der in Ziffer 9 bezeichneten Steuerstellen das Verzeichniss ausgefüllt und mit der in Ziffer 8 angegebenen Versicherung versehen unter Zahlung des Stempelbetrages entweder einreicht, oder durch die Post mittelst eingeschriebenen Briefes einsendet oder dass er die in dem Verzeichniss zu machenden Angaben vor der Steuerbehörde unter Entrichtung des Stempelbetrages zu Protokoll erklärt.

11. Die zur Führung der Verzeichnisse Verpflichteten haben die Verzeichnisse fünf Jahre lang aufzubewahren. Auf Verlangen erfolgt die Aufbewahrung durch die Steuerbehörde.

12. Alle Verpächter, Vermiether u. s. w. sind verbunden, die von ihnen zu führenden Verzeichnisse den Vorständen der Stempelsteuerämter auf Verlangen einzureichen oder, wenn sie Verzeichnisse nicht eingereicht haben, auf Aufforderung der Steuerbehörde anzuzeigen, dass von ihnen während des vorangegangenen Kalenderjahres Ver-

---

[47] Im Falle der Veräußerung eines Grundstücks haftet jeder der verschiedenen Eigentümer für den Mietstempel nur bezüglich desjenigen Teils der Mietzeit, während dessen er Eigentümer des Grundstücks gewesen ist. Es darf indessen kein höherer Stempel beansprucht werden, als ohne den Eigentumswechsel fällig wäre.

träge der erwähnten Art, deren Eintragung in das Verzeichniss gesetzlich erforderlich ist, nicht errichtet worden sind.

13. Wer den Vorschriften bezüglich der Verpflichtung zur Entrichtung der Stempelsteuer für Pacht-, Mieth- u. s. w. Verträge zuwiderhandelt, hat eine Geldstrafe verwirkt, welche dem zehnfachen Betrage des hinterzogenen Stempels gleichkommt, mindestens aber 30 Mark beträgt. Ergiebt sich aus den Umständen, dass eine Steuerhinterziehung nicht hat verübt werden können oder nicht beabsichtigt worden ist, so tritt eine Ordnungsstrafe bis zu 300 Mark ein. Eine Strafe bis zu einem gleichen Betrage ist verwirkt, wenn den Vorschriften bezüglich der Aufbewahrung der Verzeichnisse zuwidergehandelt wird oder die unter Ziffer 12 erwähnten Aufforderungen unbeachtet bleiben.

14. Durch die Versteuerung der Pacht-, Mieth- etc. Verzeichnisse gelten die Verträge nur insoweit als versteuert, als in ihnen die Pacht-, Mieth- etc. Abkommen beurkundet sind, nicht aber auch hinsichtlich **anderer,** in ihnen etwa noch enthaltener, **besonders stempelpflichtiger** Rechtsgeschäfte. Insbesondere gelten nicht als mitversteuert die von den Pacht-, Mieth- etc. Abkommen unabhängigen Nebenverträge, also beispielsweise die Verabredung, dass die Entscheidung entstehender Streitigkeiten einem Schiedsgericht oder einem an sich unzuständigen Gericht übertragen werden solle oder die Vereinbarung eines Vorkaufsrechts [48] für den Pächter, Miether u. s. w. Derartige Nebenabreden sind nach § 14 und der Tarifstelle 71 Ziffer 2 Abs. 1 des Gesetzes in der Weise zu versteuern, dass die erforderlichen Stempelmaterialien zu der Urkunde selbst durch eine Steuerstelle innerhalb der im § 16 des Gesetzes bestimmten Frist von zwei Wochen entwerthet werden.

Als besonders stempelpflichtiger Nebenvertrag ist aber nicht anzusehen die Verabredung, wonach der Vermiether, wenn er sein Zurückbehaltungsrecht wegen rückständiger Miethe ausübt, nach fruchtloser schriftlicher Zahlungsaufforderung berechtigt sein soll, die zurückbehaltenen Gegenstände freihändig zu veräussern und sich aus dem Erlöse zu befriedigen, ohne dass Miether Schadensersatzansprüche geltend machen kann und ferner die Vereinbarung, wonach der

[48] Für die seit Inkrafttreten des BGB. privatschriftlich errichteten Verträge nur noch von Bedeutung, wenn das Vorkaufsrecht sich auf andere Sachen als Grundstücke bezieht. FM. 11. 2. 02 III 1617. — Vgl A. 14g bei Tarif 71.

Miether die eingebrachten Sachen an den Vermiether während der Dauer des Vertrages für den richtigen Eingang der Miethe sowie für die sonstigen Ansprüche aus dem Miethertrage verpfändet.

15. Die Führung des Verzeichnisses erfolgt nach dem nachstehend abgedruckten Muster.[40] In demselben ist eine jährliche oder monatliche Pacht, Miethe u. s. w. vorausgesetzt; in den Fällen, in denen die Pacht, Miethe u. s. w. nach Wochen oder Tagen vereinbart ist, wird das Formular entsprechend abzuändern sein.

[40] Statt der amtlich gelieferten Pacht- und Mietverzeichnisse können solche Formulare benutzt werden, die in einem kleineren Format hergestellt und zu mehreren in einem, alsdann für eine Reihe von Jahren zu benutzenden Hefte oder Buche vereinigt werden. Jedoch muß der Inhalt dieser Verzeichnisse und der voraufgeschickten Bemerkungen genau mit dem der amtlichen Muster übereinstimmen. FM. 14. 9. 04 III 11877.

B. Dienstvorschriften

betreffend

die Ausführung des Stempelsteuergesetzes.

Vom 14. Februar 1896.

(ZBl. S. 93 ff.)

Unter Berücksichtigung der Aenderungen in dem Erlaß vom 28. 8. 00, ZBl. S. 485 ff. — Nachtrag I —, die durch lateinische Schrift besonders kenntlich gemacht sind.

[Die Muster a bis e, die Beilagen 3, 4 und 7, 5, 6, 8 und 9 sind durch Nachtrag I fortgefallen, und die Muster A bis J sind, als entbehrlich für die Zwecke dieses Buches, hier nicht mit abgedruckt.]

Zur Ausführung des am 1. April 1896 in Kraft tretenden Stempelsteuergesetzes vom 31. Juli 1895 (Gesetz-Samml. S. 413) wird vom Finanz-Minister im Einverständniß mit den Ministern für Handel und Gewerbe, der öffentlichen Arbeiten, der geistlichen, Unterrichts- und Medizinal-Angelegenheiten, der Justiz und des Innern Folgendes bestimmt:*

I. Abschnitt.

Von der Pflicht zur Entrichtung der Stempelsteuer.

Zu § 5 des Gesetzes.

1. Jeder Provinzial-Steuerdirektor und jedes Stempelsteueramt führt über diejenigen Stiftungen ein Verzeichniß, welche als milde Stiftungen anerkannt sind.

---

* Anmerkung. Die Dienstvorschriften für die Gerichte sind in eine besondere allgemeine Verfügung des Finanzministers und des Justizministers aufgenommen. Die hier gegebenen Vorschriften kommen daher für die Gerichte nur insoweit in Betracht, als sie ausdrückliche Anordnungen für diese enthalten.

Zu § 6 des Gesetzes und Ziffer 6 der Bekanntmachung.

2. Wegen der Stempelerstattungen des zweiten Absatzes kommt die Ziffer 17 dieser Vorschriften zur Anwendung.

Zu § 7 des Gesetzes.

3. Die zwischen den Steuerbehörden bezw. Beamten und den Steuerpflichtigen über den Werth des Gegenstandes zu treffenden Einigungen sind nur unter dem ausdrücklichen Vorbehalt der Abänderung durch die vorgesetzten Dienstbehörden zu treffen.

Zu § 9 des Gesetzes.

4. Wird den Steuerbehörden eine stempelpflichtige Verhandlung mit dem Antrage vorgelegt, dieselbe als Nebenausfertigung (Duplikat, Nebenexemplar) zu versteuern, so ist diesem Antrage nur dann zu entsprechen, wenn das Vorhandensein einer als Hauptausfertigung vorschriftsmäßig versteuerten Urkunde nachgewiesen ist. Kann ein solcher Nachweis nicht geführt werden, so ist die vorgelegte Verhandlung als die vorhandene einzige Ausfertigung anzusehen und zur Versteuerung zu ziehen. Der verwendete Stempel wird jedoch bis auf den zur Nebenausfertigung erforderlichen Betrag zurückgezahlt, sobald später die vorschriftsmäßig versteuerte Hauptausfertigung vorgelegt werden kann. Der Erstattungsantrag ist an das zuständige Stempelsteueramt zu richten, welches das Erforderliche nach den Bestimmungen der Ziffer 17 dieser Vorschriften zu veranlassen hat.

Zu § 11 des Gesetzes.

5. Von der Bestimmung des Gesetzes, daß die Stempelabgabe mindestens 0,50 M. beträgt und in Abstufungen von je 0,50 M. steigt, enthält der Tarif in der Tarifstelle 58 „Schuldverschreibungen I (Ermäßigungen Buchstabe b) und II“ sowie in der Tarifstelle 70 „Versicherungsverträge“ Ausnahmen, indem der Mindestbetrag der dort bezeichneten Abgaben sich auf nur 0,20 bezw. 0,10 M. beläuft und in Abstufungen von gleichen Beträgen ansteigt. Auf die in der Tarifstelle 22 „Erlaubnißertheilungen“ unter den Buchstaben c, d und m aufgeführten Viertel und Hälften der Steuersätze findet die allgemeine Regel Anwendung.

II. Abschnitt.

Von der Erfüllung der Stempelpflicht und den Folgen der Nichterfüllung.

Zu §§ 14 und 15 des Gesetzes und Ziffer 14 und 15 der Bekanntmachung.

6. Behörden und Beamte, einschließlich der Notare, haben sich der Verauslagung der Stempelgebühren thunlichst zu enthalten, weil ihnen nach § 25 Buchstabe b des Gesetzes wegen dieser Auslagen ein Erstattungsanspruch gegen die Staatskasse zusteht und diese Ausfälle erleiden würde, wenn inzwischen die zur Zahlung verpflichteten Personen zahlungsunfähig geworden sind.

7. Alle Behörden und Beamten haben die Pflicht, die Verwendung der Stempel, mit welchen die von ihnen ausgefertigten Schriftstücke versehen sind, auf den Urschriften, Abschriften ꝛc. oder, wo dergleichen Urkunden nicht vorhanden sind, durch einen besonderen Vermerk in den Akten zu bescheinigen.[1] Diese Pflicht erstreckt sich nicht auf die in der Ziffer 14C Nr. 1 Buchstabe a bis d der Bekanntmachung erwähnten Gewerbelegitimationskarten, Pässe, Paßkarten und Befähigungszeugnisse ꝛc. für Seeschiffer, Seesteuerleute und Maschinisten.

Notaren liegt es auch ob, auf den bei den Notariatsakten verbleibenden Verhandlungen den Betrag des Stempels zu vermerken, mit welchem die bei der Aufnahme der Notariatsverhandlungen vorgelegten Urkunden versehen sind. Dies gilt insbesondere von Vollmachten, welche zu den von den Notaren über den Hergang in Generalversammlungen aufgenommenen Verhandlungen von den Betheiligten vorgelegt werden.

Sofern sich der erforderliche Stempel nicht ohne Weiteres aus der Urkunde berechnen läßt, sind Behörden und Beamte, einschließlich der Notare, verpflichtet, auf den Urschriften oder Abschriften der ausgefertigten Verhandlungen ꝛc. oder, wenn solche

[1] Im Fall der Befreiung vom Atteststempel (Tarif 77 e) hat der Notar den wesentlichen Inhalt der beglaubigten Urkunde in den Akten kurz zu verzeichnen. „Grundbuchsache" genügt nicht, aber z. B. „Hypothekarische Schuldverschreibung", „Abtretung einer Hypothekenforderung", „Auflassungsvollmacht". JM. 21. 6. 97, JMBl. S. 154, ZBl. S. 277. — Vgl. A. 10d bei Tarif 77.

Urkunden nicht vorhanden sind, an der betreffenden Stelle der Akten eine kurze Stempelberechnung aufzustellen, auch die Berechnung auf den Ausfertigungen ꝛc. zu vermerken. Bei Stempelbefreiungen und Stempelermäßigungen sind die Befreiungsgründe sowie die Gründe für die Anwendung eines geringeren als des höchsten Steuersatzes sowohl an gehöriger Stelle in den Akten, als auch auf den Ausfertigungen ꝛc. zu vermerken.

8.[2] Sind die Stempelgebühren nicht innerhalb der gesetzlichen Fristen (§ 15 des Gesetzes) gezahlt, so ist die zwangsweise Einziehung der Stempelbeträge in Gemäßheit der Verordnung, betreffend das Verwaltungszwangsverfahren wegen Beitreibung von Geldbeträgen vom 15. November 1899 (G.S. S. 545; Centralblatt 1900 S. 21) und der dazu erlassenen Ausführungsanweisung vom 28. November 1899 (Centralblatt 1900 S. 44)* zu veranlassen. Notare sowie diejenigen Behörden oder Beamten, welchen die Einziehung der der Beitreibung im Verwaltungszwangsverfahren unterliegenden Geldbeträge nicht zusteht, haben den Antrag auf zwangsweise Einziehung des Stempels, für jeden stempelpflichtigen Akt besonders, dem Hauptamte ihres Wohnsitzes bezw. ihrer Amtsstelle einzureichen. Der Antrag muß die Parteien unter der Angabe, ob sie im eigenen Namen oder als Vertreter Anderer (z. B. als Vormünder) betheiligt sind, genau bezeichnen, ferner das Datum, die Nummer und die Gattung der Urkunde sowie den Betrag des Stempels enthalten. Beläge zur Prüfung und Begründung des Antrages brauchen nicht beigefügt zu werden.

Mit der zwangsweisen Einziehung von Stempeln, für deren Nachbringung die Notare von Amtswegen zu sorgen haben, sind die Gerichtsvollzieher zu beauftragen.

[2] Ueber die mit der Vornahme der Zwangsvollstreckungen, welche im Bereich der Verwaltung der indirekten Steuern im Verwaltungszwangsverfahren zur Beitreibung von Geldbeträgen auszuführen sind, mit Einschluß derjenigen zur Einziehung von Stempeln, für deren Nachbringung die Notare von Amtswegen zu sorgen haben (§ 15 Ges. u. DB. 8), sowie von Stempeln, die auf Grund der abgehaltenen Revisionen der Gerichts- und Notariatsakten nachträglich beigebracht werden müssen, zu beauftragenden Steuerbeamten und Gerichtsvollzieher s. FME. v. 28. 12. 00 III 13984/JME. v. 12. 12. 00 I 7396, JMBl. S. 648/649, ferner S. 26 von 1901 u. ZBl. S. 589. Die AllgV. v. 7. 6. 86 III 6536, ZBl. S. 125, ist aufgehoben.

* Einen Zusatz hierzu enthält die V. v. 18. 3. 04 nebst Ausführungsanweisung v. 4. 7. 04 (GS. S. 36).

Um den Schuldnern der Stempelgebühren die erheblichen Kosten zu ersparen, welche ihnen im Falle der Einklagung der durch die Anträge auf zwangsweise Einziehung entstehenden Schreibgebühren der Notare erwachsen würden (§ 20 der Gebührenordnung für Notare in der Fassung der Bekanntmachung vom 6. Oktober 1899 G.S. S. 374), kann die Schreibgebühr, wenn sie von den Notaren bei Stellung der Anträge auf zwangsweise Einziehung der Stempelbeträge in Rechnung gestellt wird, im Verwaltungszwangsverfahren zugleich mit den Stempeln beigetrieben werden. Bei unzureichendem Ausfall der Beitreibung sind die eingegangenen Gelder zunächst zur Deckung der Zwangsvollstreckungskosten und Gebühren der Zwangsvollstreckungsbehörden, demnächst der Schreibgebühr der Notare und alsdann der Stempelgebühren zu verwenden.

9. Die Notare sind verbunden, in allen Fällen, in welchen sich der Werth des Gegenstandes nicht aus den mit den Parteien aufgenommenen schriftlichen Verhandlungen von selbst ergiebt, die Parteien darüber zu vernehmen und die Erklärungen derselben zu vermerken sowie überhaupt die zur Beurtheilung der Höhe des Stempels erforderlichen Angaben zu beschaffen. Diese Verpflichtung hat aber zur Voraussetzung, daß die thatsächlichen Verhältnisse, welche für die Werthfestsetzung und die davon abhängige Stempelberechnung bestimmend sind, zur Zeit der notariellen Aufnahme bezw. Beglaubigung der Urkunde bereits bestanden haben oder binnen zwei Wochen nach dem Tage der Ausstellung der Urkunden eingetreten sind. Bestimmt sich der Werth des Gegenstandes nach dem Eintritt späterer Ereignisse — beispielsweise der in einem Lieferungsvertrage vereinbarte Preis nach künftigen Marktpreisen —, so liegt den Notaren die Beschaffung der für die Berechnung des Stempels erforderlichen Angaben nicht mehr ob. Doch sind sie in Fällen dieser Art verpflichtet, dem Hauptamt ihres Wohnorts oder ihrer Amtsstelle von dem Sachverhalt Kenntniß zu geben, und zwar unter Angabe des Grundes, weshalb der Stempel nicht oder nicht in dem erforderlichen Betrage verwendet ist, und unter Mittheilung einer Abschrift der betreffenden Verhandlung oder des in Betracht kommenden Theils derselben. Auf der Ausfertigung der Notariatsverhandlung vermerkt der Notar den Grund, weshalb der Stempel zur Urschrift nicht oder nicht ausreichend oder nur in Höhe des Notariatsurkundenstempels mit 1,50 M. verwendet ist, sowie den Tag der Mittheilung an das Hauptamt. Letzteres hat

für die Einziehung des Stempels Sorge zu tragen, ihn auf der Anzeige des Notars in der vorgeschriebenen Weise zu verwenden und den Notar von der stattgefundenen Verwendung zu benachrichtigen. Dieses Benachrichtigungsschreiben ist vom Notar als Belag den Notariatsakten beizuheften.

10. Den Schiedsmännern wird empfohlen, bei der Aufnahme von Verhandlungen, bei welchen die Zahlung eines Stempels in Frage kommen kann, die Parteien, namentlich wenn dieselben geschäftsunkundige Personen sind, auf die ihnen nach § 15 Abs. 3 des Gesetzes hinsichtlich der Beibringung des Stempels obliegende Verpflichtung hinzuweisen.

Die Vorschrift des § 13 Buchstabe a des Gesetzes, wonach die Schiedsmänner für die Verwendung des Stempels zu den von ihnen aufgenommenen Urkunden nicht zu haften haben, wird durch die von ihnen vorgenommene Entwerthung der Stempelzeichen nicht berührt. Auch ist aus derselben eine Verantwortlichkeit der Schiedsmänner für die Richtigkeit der Stempelberechnung nicht herzuleiten.

Zu § 16 des Gesetzes.

11. Die Stempelsteuer für Verträge oder andere stempelpflichtige Verhandlungen muß innerhalb der im Gesetz bestimmten Fristen zum vollen Betrage von den Steuerpflichtigen eingezahlt werden. Stundungen oder Abtragungen der Stempelsteuerschuld durch Theilzahlungen sind nur ausnahmsweise beim Vorhandensein besonderer Gründe, und zwar in der Regel nur in den Fällen nachträglich und unverschuldet eingetretener Zahlungsunfähigkeit, zulässig und stets an die Bedingung zu knüpfen, daß

a. die Steuerschuldner sich auf Erfordern zur Verzinsung und zur Bestellung einer angemessenen Sicherheit[3, 4] verpflichten;

b. beim Ausbleiben einer Theilzahlung die zwangsweise Beitreibung des ganzen Restes erfolgen wird;

[3] Bei Sicherstellung durch Verpfändung einer Hypothekenforderung muß der Hypothekenbrief übergeben werden. FM. 5. 3. 00 III 2546. ¶ An sich sind Hypothekenforderungen nur ausnahmsweise als Sicherheit anzunehmen. FM. 29. 9. 96, ZBl. S. 18 von 1897.

[4] Als Sicherheit für Stundungen ist auch die Verpfändung von Reichsschuldbuchforderungen nach dem Gesetz vom 31. 5. 91 unter Beachtung der Verf. vom 16. 3. 90 III 17606 zugelassen. FM. 16. 6. 99 III 7666, ZBl. S. 137. Ebenso dürfen als Sicherheit für gestundete indirekte Steuern die Niederlegungsbescheinigungen der

c. die eingehenden Beträge zunächst auf die rückständige Stempelsteuer, sodann auf die Kosten und zuletzt auf die Geldstrafen verrechnet werden.

Zur Bewilligung von Stundungen und Theilzahlungen fälliger Stempelsteuern bis zum Schluß desjenigen Rechnungsjahres, in welchem die Steuerforderung entstanden ist, sind die Provinzial-Steuerdirektoren befugt. Außerdem dürfen die Provinzial-Steuerdirektoren über den Schluß des Rechnungsjahres hinaus selbständig Fristen oder Theilzahlungen gewähren in allen Stempelsteueruntersuchungen, welche auf dem Verwaltungswege oder gerichtlich entschieden worden sind (und zwar einschließlich der Straf- und Kostenbeträge), und ferner in Ansehung der Steuer- und Kostenbeträge in allen denjenigen Fällen, in welchen mit Rücksicht auf die obwaltenden Verhältnisse von einer Bestrafung Abstand genommen worden ist. In allen übrigen Fällen erfolgt die Genehmigung von Stundungen oder Theilzahlungen durch den Finanzminister.

Diese Anordnungen haben durch § 17 des Gesetzes, betreffend den Staatshaushalt vom 11. Mai 1898 (G.S. S. 77) und Ziffer 6 der Ausführungsbestimmungen vom 13. Juni 1899 — I. 7289/III. 7367 — (Centralblatt S. 166) keine Aenderung erfahren.

12. Eine Aussetzung der Versteuerung findet nach dem Gesetz in folgenden Fällen statt:

a) bei gewissen Schenkungsbeurkundungen (Tarifstelle 56 Abs. 3);*

b) bei unbestimmtem Werth des Gegenstandes eines Geschäfts (§ 8 des Gesetzes);

c) bei Fideikommißstiftungen rücksichtlich des von dem Stifter vorgesehenen weiteren Anwachsens des Stiftungsvermögens (Tarifstelle 24 Abs. 4);

d) bei Gesellschaftsverträgen hinsichtlich des nicht sofort voll eingezahlten Kapitals (Tarifstelle 25 Buchstabe a letzter Absatz).

In Fällen dieser Art (abgesehen von der nachträglichen Versteuerung der Urkunden über Fideikommißstiftungen) sind die Stempel, welche an sich bei den Gerichtskosten zu vereinnahmen

---

Schlesischen landschaftlichen Bank zu Breslau über zur Kreditbestellung geeignete Wertpapiere an Stelle dieser selbst unter den Bedingungen der Verf. v. 9. 8. 82 III 10573, ZBl. S. 289/300 von den Hauptämtern angenommen werden. (Vgl. auch Verf. v. 9. 8. 00 III 9101, ZBl. S. 422.) FM. 10. 11. 00 III 13254. — Vgl. unten A. 5.

* Vgl. A. 1 bei Tarif 56.

wären, von den Steuerbehörden einzuziehen und zu den Urkunden zu verwenden (§ 30 Abs. 2 des Gerichtskostengesetzes).

Im Einzelnen ist nach folgenden Bestimmungen zu verfahren:

A. Bei Schenkungen.*)

a) Wenn eine Schenkung von dem Eintritt einer aufschiebenden Bedingung oder von einem hinsichtlich des Zeitpunktes seines Eintritts ungewissen Ereigniß abhängig ist, so ist die Besteuerung erst beim Eintritt der Bedingung oder des Ereignisses vorzunehmen (§§ 22 und 24 des Erbschaftssteuergesetzes vom 30. Mai 1873 / 19. Mai 1891).

b) Wird der Werth einer Schenkung durch eine auf ihr ruhende Last vermindert, deren Fortdauer von einer auflösenden Bedingung oder von einem nur hinsichtlich des Zeitpunktes seines Eintritts ungewissen Ereigniß abhängig ist, so wird die Last wie eine unbedingte in Abzug gebracht. Beim Eintritt der Bedingung oder des zeitlich ungewissen Ereignisses ist derjenige Stempelbetrag nachzuerheben, welcher mehr zu entrichten gewesen sein würde, wenn der Zeitpunkt des Eintritts der Bedingung oder des Ereignisses bei Berechnung des Stempels bekannt gewesen wäre. Ausgenommen sind die Lasten von unbestimmter Dauer, deren abzuziehender Werth sich nach den Bestimmungen in den §§ 15 bis 18 des Erbschaftssteuergesetzes und in dem Artikel 1 Ziffer 2 des Gesetzes vom 31. Juli 1895 (Gesetz-Samml. S. 412) berechnet (§§ 23 und 24 des Erbschaftssteuergesetzes).

c) Wenn unsichere Forderungen und andere zur sofortigen Werthermittelung nicht geeignete Gegenstände geschenkt werden und eine Einigung über den muthmaßlichen Werth der Schenkung zwischen der Steuerbehörde und dem Steuerpflichtigen nicht stattfindet, so kann die Steuerbehörde von dem Werthe, den der Steuerpflichtige als den muthmaßlichen in Vorschlag bringt, den Stempel einziehen und die Berichtigung des Werthansatzes sowie die entsprechende Nachforderung des Stempels bis zum Ausgange derjenigen Verhandlungen vorbehalten, von welchen die Bezahlung der Forderung bezw. die Werthermittelung abhängt (§ 25 a. a. O.).

d) Wird Jemandem Vermögen geschenkt, dessen Nutzung einem Dritten zusteht, so erfolgt, wenn die Aussetzung der Versteuerung der Substanz bis zur Vereinigung der Nutzung mit der Substanz beantragt wird, die Erhebung des Schenkungsstempels erst bei Beendigung der Nutznießung des Dritten nach Maßgabe der alsdann obwaltenden Verhältnisse (§ 27 Abs. 1 a. a. O.).

In Fällen dieser Art sind privatschriftliche und notarielle Schenkungsurkunden vor Ablauf der für die Verwendung des Urkundenstempels sonst vorgeschriebenen Frist (§ 16 des Gesetzes) demjenigen Stempelsteueramt vorzulegen, in dessen Verwaltungsbezirk der Schenkgeber seinen ordent-

*) Vgl. A. 1 bei Tarif 56.

lichen Wohnsitz hat, oder, falls er keinen Wohnsitz in dem Geltungsbereiche des Gesetzes haben sollte, in welchem der geschenkte Gegenstand oder ein Theil davon sich befindet, oder, wenn auch dies im Geltungsbereich des Gesetzes nicht der Fall ist, in welchem der Beschenkte seinen ordentlichen Wohnsitz hat, oder, falls dieser auch keinen Wohnsitz in dem Geltungsbereich des Gesetzes haben sollte, bei irgend einem von den Betheiligten selbst auszuwählenden Stempelsteueramte.

Hinsichtlich der Stundung und späteren Einziehung der Stempel sowie der Bestellung der Sicherheit ist nach folgenden Bestimmungen zu verfahren:

I. Privatschriftliche Urkunden

Bei Vorlegung privatschriftlicher Urkunden — zu welchen auch die der Unterschrift nach gerichtlich beglaubigten Schenkungen sowie diejenigen Urkunden gehören, bei denen die Notare die Unterschriften beglaubigt, die Entwürfe aber nicht selbst gefertigt haben — sind durch Aufnahme einer Verhandlung mit dem Vorzeiger der Urkunden und nöthigenfalls durch Befragen der übrigen Steuerpflichtigen diejenigen aus dem Urkundeninhalt nicht ersichtlichen Umstände festzustellen, welche für die Berechnung des Stempels, den Eintritt seiner Fälligkeit und die spätere Einziehung sowie für die Sicherheitsbestellung in Betracht kommen (z. B. Werth der Schenkung, Verwandtschaftsverhältniß zwischen Schenker und Beschenkten, Alter des letzteren u. s. w.). Auf Grund dieser Feststellungen ist der später fällig werdende Stempel zu berechnen, der Stundungsfall in ein mit der Feder nach dem anliegenden Muster a anzulegendes, unter fortlaufender Nummer zu führendes Stundungsverzeichniß einzutragen, von der eingereichten Urkunde, insoweit ihr Inhalt für die Stempelpflichtigkeit von Belang ist, beglaubigte Abschrift zu fertigen und auf der Urkunde der Tag der Vorlegung, die Nummer des Stundungsverzeichnisses, die Höhe des gestundeten Stempels und der Zeitpunkt, zu welchem die Urkunde unter Beifügung des entwertheten Stempelmaterials wieder einzureichen ist, zu vermerken. Ein solcher Vermerk wird beispielsweise zu lauten haben:

Vorgelegt am 19
(St. V. Nr. ....) Wiedereinzureichen mit .... M entwerthetem Stempelmaterial innerhalb 14 Tage nach dem Tode des 2c.
......................., den ...... ten .... 19....
(Amtsstelle. Unterschrift.)

Demnächst ist die Urkunde dem Vorzeiger unter Hinweis auf die Strafbestimmungen der §§ 17 und 18 des Gesetzes wieder zuzustellen und, wenn Sicherheitsbestellung für erforderlich erachtet wird, der Steuerpflichtige zur Erklärung aufzufordern, in welcher Weise er die Sicherheit leisten wolle.

Für die Forderung der Sicherheit kommen die für die Sicherstellung später fällig werdender Erbschaftssteuern im Allgemeinen geltenden Vorschriften zur Anwendung[5].

---

[5] a) Zum Zweck der Verpfändung von Reichs- und Staatsschuldbuch-Forderungen als Sicherheit für

Die Annehmbarkeit der angebotenen Sicherheit ist von dem Stempelsteueramte zu prüfen und von dem Ergebniß der Prüfung der Steuerpflichtige zu benachrichtigen mit der Aufforderung, die Sicherheit innerhalb einer bestimmten Frist an das namhaft zu machende Hauptamt abzuliefern. Das betreffende Hauptamt, welches Abschrift dieser Verfügung erhält, hat die Nummer, unter welcher die bestellte Sicherheit im Dokumenten-Journal und Dokumenten-Manual bezw. im Depositen-Manual gebucht ist, dem Stempelsteueramte behufs Vermerkung im Stundungsverzeichnisse mitzutheilen.

Das Stempelsteueramt überwacht den rechtzeitigen Eingang der gestundeten Stempelsteuerbeträge und veranlaßt erforderlichenfalls die zwangsweise Einziehung derselben bei Eintritt der Fälligkeit.

Nach erfolgter Versteuerung hat das Stempelsteueramt die Rückgabe der hinterlegten Sicherheit zu veranlassen, auch zu prüfen, ob etwa ein Strafverfahren einzuleiten sein wird. Sobald dem Stempelsteueramte von dem Hauptamte die Rückgabe der Sicherheit mitgetheilt ist, hat es

gewährten Zoll- und Steuerkredit ist die Eintragung eines im FME. vom 22. 12. 99 III 1427 vorgeschriebenen Vermerks in Sp. 3 des Reichs- oder Staatsschuldbuchs zu verlangen. Für Einziehung der verpfändeten Forderung oder eines Teiles davon für den Steuerfiskus im Wege der Zwangsvollstreckung genügt die Vorlage einer Urkunde bei der Verwaltung, in der dem Hauptamt der Anspruch auf Herausgabe der an die Stelle der Buchschuld tretenden Schuldverschreibungen zur eigenen Einziehung überwiesen wird. (Ueberweisungs-Verfügung.).

Zur Sicherung gegen berechtigte Ansprüche Dritter ist die Eintragung des ferneren Vermerks „Jede Verfügung über die gepfändete Forderung bedarf der Zustimmung des Hauptamts" zu verlangen und zum Schutze gegen etwaige frühere nicht bekannt gewordene Verpfändungen oder Abtretungen hat der Buchgläubiger in der abzugebenden Verpfändungserklärung zu versichern, „daß er über die Forderung weder durch Abtretung noch durch Verpfändung bisher verfügt habe". FM. 25. 6. 03 III 510.

b) Als Sicherheit für Abgabestundungen können auch solche Reichs- und Staatsschuldbuchforderungen zugelassen werden, die nicht für den Zoll- und Steuerschuldner selbst, sondern für einen Dritten eingetragen sind, sofern dieser zugleich mit der Verpfändungserklärung in unwiderruflicher Erklärung das Hauptamt ermächtigt, bei Fälligkeit eines Abgabebetrages die Löschung der Schuldbuchforderung gegen Ausreichung entsprechender Schuldverschreibungen zu beantragen. FM. 9. 2. 04 III 541.

c) Als Sicherheit für zu stundende Zölle und indirekte Steuern können fortan auch die von der Königl. Seehandlung (Preuß. Staatsbank) ausgestellten Niederlegungsbescheinigungen über zur Sicherheitsbestellung geeignete Wertpapiere von den Hauptämtern angenommen werden. Hierbei ist das in der Verf. vom 9. 8. 82 (ZBl. S. 298) vorgeschriebene Verfahren einzuhalten. FM. 26. 2. 06 III 2250, ZBl. S. 232. — Im übrigen vgl. auch die A. 3 u. 4 zu DV. 11.

die völlige Erledigung des Stundungsfalles im Stundungsverzeichniß durch wagerechte Durchstreichung der laufenden Nummer augenfällig zu machen.

Die entstandenen Verhandlungen sind als Beläge zum Stundungs-Verzeichniß in den für jeden einzelnen Fall besonders anzulegenden Aktenstücken unterzubringen.

II. Notarielle Urkunden.

Die Notare haben die Ausfertigung der von ihnen aufgenommenen oder vor ihnen dem Inhalte nach anerkannten, zur sofortigen Versteuerung nicht geeigneten Schenkungsverhandlungen sowie diejenigen Schenkungsurkunden, bei denen sie die Entwürfe selbst angefertigt und die Unterschriften beglaubigt haben (§ 15 Abs. 1 letzter Satz des Gesetzes), einem der unter A Abs. 2 bezeichneten Stempelsteuerämter zu übersenden. Auf den Urschriften bezw. den beglaubigten Abschriften der gedachten Urkunden ist zu vermerken, wann und bei welchem Stempelsteueramt die Vorlegung bewirkt ist. Die entstehenden Schreibgebühren und Portokosten fallen den Parteien zur Last. Den Notaren wird empfohlen, thunlichst bei Aufnahme der Urkunden die Parteien über die die Berechnung und Ueberwachung der zu stundenden Stempel bedingenden Umstände zu hören, insbesondere über das Verwandtschaftsverhältniß zwischen Schenker und Beschenkten, das Alter des Beschenkten, den Werth der Schenkung und die Art der Sicherstellung. Diese Angaben sind den Stempelsteuerämtern ebenfalls mitzutheilen. Können die Angaben von den Notaren nicht gemacht werden, so liegt die Feststellung der bezüglichen Umstände den Steuerbehörden ob. Die Stempelsteuerämter haben den Notaren den Eingang der vorerwähnten Urkunden zu bescheinigen und die Verhandlungen, nachdem sie mit dem vorgeschriebenen Vermerk versehen sind, an die Partei gelangen zu lassen, sofern nicht der Notar um deren Rückgabe gebeten hat.

Die weitere stempelsteuerliche Behandlung der notariellen Urkunden richtet sich nach den für privatschriftliche Urkunden unter I gegebenen Vorschriften. Von der erfolgten Verwendung des Stempels hat das Stempelsteueramt den Notar in Kenntniß zu setzen, von welchem auf Grund dieser Mittheilung die Höhe des entrichteten Stempels zu der Urschrift (bezw. zur beglaubigten Abschrift) der Schenkungsverhandlung zu vermerken ist.

III. Gerichtliche Urkunden.

Der Gerichtsschreiber wird die Ausfertigung der von dem Gerichte aufgenommenen Schenkungsurkunde oder, sofern es sich um eine Urkunde handelt, welche dem Gericht zum Zwecke der Anerkennung des Inhalts eingereicht worden ist, diese Urkunde selbst demjenigen Stempelsteueramt, in dessen Geschäftsbezirk die Gerichtsbehörde ihren Sitz hat, übersenden und, daß dies geschehen, auf der Urschrift bezw. auf der Verhandlung über die Inhaltsanerkennung vermerken.

Die entstehenden Schreibgebühren und Portokosten fallen der Staatskasse zur Last. Zur Vermeidung unnötigen späteren Schreibwerks werden die Gerichte thunlichst bei Aufnahme der Urkunden die Parteien über die vorstehend unter II dieser Ziffer bezeichneten Umstände näher hören. Diese

Angaben werden dem Stempelsteueramt ebenfalls mitgetheilt. Können die Angaben von den Gerichten nicht gemacht werden, so liegt die Feststellung der bezüglichen Umstände den Steuerbehörden ob. Die Stempelsteuerämter haben den Gerichtsschreibern den Eingang der Ausfertigungen der gerichtlichen Schenkungsurkunden bezw. der nach dem Inhalt gerichtlich anerkannten Schenkungsurkunden zu bescheinigen und die gedachten Verhandlungen, nachdem sie mit dem vorgeschriebenen Vermerk versehen worden sind, an die Partei gelangen zu lassen, sofern nicht der Gerichtsschreiber um die Rückgabe gebeten hat.

Die weitere stempelsteuerliche Behandlung der gerichtlichen Schenkungsurkunden richtet sich nach den für privatschriftliche Urkunden unter I gegebenen Vorschriften. Von der erfolgten Einziehung des Stempels hat das Stempelsteueramt den Gerichtsschreiber in Kenntniß zu setzen, von welchem auf Grund dieser Mittheilung die Höhe des entrichteten Stempels zu der Urschrift der Schenkungsurkunde bezw. Verhandlung über die Inhaltsanerkennung vermerkt werden wird.

Zum Zwecke der Ueberwachung der späteren Verwendung der gestundeten Stempel ist, wenn die Steuer nach Ablauf einer bestimmten Frist fällig wird, die Wiedervorlegung der Belagsakten zu dem betreffenden Zeitpunkte zu verfügen und alsdann die Einziehung des Stempels zu bewirken. Ist dagegen der Eintritt oder der Fortfall der Bedingung oder des Ereignisses, von denen die Fälligkeit des Stempels abhängt, der Zeit nach ungewiß, so sind von Zeit zu Zeit — etwa alle zwei Jahre — in den im Stundungsverzeichniß aufgeführten noch unerledigten Fällen Ermittelungen darüber anzustellen, ob der Grund der Stundung noch fortdauert.

B. Bei unbestimmtem Werth des Gegenstandes.

[6] Wenn in Folge der Unbestimmtheit des Werthes des Gegenstandes eine Aussetzung der Versteuerung stattfinden muß, so ist die bezügliche Urkunde, insoweit es sich nicht um Verträge handelt, bei denen eine unmittelbare oder mittelbare Staatsbehörde betheiligt ist (vergl. Ziffer 8 Abs. 3 der Bekanntmachung), vor Ablauf der für die Verwendung des Urkundenstempels sonst vorgeschriebenen

[6] Die Ziffer 12 B der DV. findet nur Anwendung, wenn der **gesamte** Wert eines beurkundeten Rechtsgeschäfts dergestalt unbestimmt ist, daß eine sofortige Versteuerung überhaupt nicht vorgenommen werden kann, dagegen nicht dann, wenn es sich nur um die Nachversteuerung einer Nebenleistung handelt, z. B. wenn sich der Kaufpreis bei Eintritt eines späteren zur Zeit noch unbestimmten Ereignisses erhöht. In diesem Falle genügt eine Anzeige i. S. der DV. 9 an das Hauptsteueramt. FM. 11. 9. 01 III 11364. Im entschiedenen Fall lag ein Vertrag zu Grunde, in welchem Patente für einen bestimmten Preis verkauft waren und in dem weiter vereinbart war, daß im Fall des Weiterverkaufes der Patente 5 Prozent von den für sie erzielten Beträgen der erste Verkäufer ferner erhalten sollte. Auf diesen Vertrag war DV. 9 anzuwenden.

Frist demjenigen Stempelsteueramte einzureichen, in dessen Verwaltungsbezirk die Errichtung stattgefunden hat, oder, wenn die Urkunde im Auslande ausgestellt ist, in dessen Verwaltungsbezirk sich der Gegenstand des Geschäfts befindel oder der Vertrag zu erfüllen ist. Gerichtliche Urkunden übersenden die Gerichtsschreiber demjenigen Stempelsteueramt, in dessen Geschäftsbezirk die Gerichtsbehörde ihren Sitz hat. Hinsichtlich der Vorlegung privatschriftlicher Urkunden, der Mittheilung notarieller oder gerichtlicher Urkunden, der Bestellung der Sicherheit, der Stundung und der späteren Versteuerung finden die Vorschriften unter A sinngemäße Anwendung.

Die Versteuerung ist je nach Umständen entweder bis zur völligen oder theilweisen Ausführung des Geschäfts auszusetzen oder bei wiederkehrenden Leistungen von Zeit zu Zeit — etwa von Jahr zu Jahr — vorzunehmen und in beiden Fällen in gleicher Weise zu überwachen, wie es für Schenkungsurkunden vorgeschrieben ist. Nach beendigter Versteuerung macht das Stempelsteueramt von dem Ergebniß den Notaren bezw. Gerichtsschreibern Mittheilung, welche dasselbe zu den Urschriften rc. vermerken.

C. Bei Fideikommißstiftungen.

Urkunden über Fideikommißstiftungen, zu welchen der Stempel in Stempelmaterialien beizubringen und in denen ein weiteres, der allmählichen Versteuerung unterliegendes Anwachsen des Stiftungsvermögens vorgesehen ist, sind vor Ablauf der für die Verwendung des Urkundenstempels sonst vorgeschriebenen Frist in beglaubigter Abschrift bezw. in einem beglaubigten Auszuge demjenigen Provinzial-Steuerdirektor, in dessen Bezirk das Fideikommiß belegen oder die Urkunde errichtet ist, mitzuteilen, welcher nach Prüfung der in Betracht kommenden Umstände das zuständige Stempelsteueramt mit Anweisung darüber versieht, in welcher Weise die allmähliche Versteuerung des Zusatzes erfolgen soll. Wegen der Ueberwachung, Eintragung in das Stundungsverzeichniß u. s. w. kommen die Vorschriften unter A zur entsprechenden Anwendung, jedoch mit der Maßgabe, daß eine Sicherstellung nicht stattfindet.

D. Bei Gesellschaftsverträgen.

Die Nachversteuerung von Gesellschaftsverträgen und Gesellschaftsbeschlüssen, bei denen das Kapital nicht sofort eingezahlt ist[7]

[7] Die Nachversteuerung der Gesellschaftsverträge hin:

und deshalb nur eine Versteuerung der Theilzahlung stattgefunden hat, richtet sich im Allgemeinen nach den unter A gegebenen Vorschriften, jedoch mit der Abweichung, daß es einer Sicherstellung nicht bedarf.

Die betreffenden Urkunden sind vor Ablauf der für die Verwendung des Stempels sonst vorgeschriebenen Frist in beglaubigter Abschrift oder in beglaubigtem Auszuge demjenigen Stempelsteueramte, in dessen Bezirk sie errichtet sind oder die Gesellschaft ihren Sitz hat, einzureichen, welches das Erforderliche wegen der Eintragung in das Stundungsverzeichniß und der späteren Verwendung der nachträglich fällig werdenden Stempel veranlaßt. Hinsichtlich der Uebersendung gerichtlicher Urkunden durch die Gerichtsschreiber kommt die Vorschrift unter B dieser Ziffer zur Anwendung.

Zu § 19 des Gesetzes.

13. Die gegen Staatsbeamte und Notare auf Grund des § 19 des Gesetzes festzusetzenden Strafen sind nicht Disziplinar- sondern eigentliche Stempelsteuerstrafen. Auf das Verfahren bei Festsetzung derselben finden die Vorschriften des Gesetzes, betreffend das Verwaltungsstrafverfahren bei Zuwiderhandlungen gegen die Zollgesetze und die sonstigen Vorschriften über indirekte Reichs- und Landesabgaben, sowie die Bestimmungen über die Schlacht- und die Wildpretsteuer vom 26. Juli 1897 (G.S. S. 237) nach § 60 daselbst mit der Massgabe Anwendung, dass die Untersuchung und die Festsetzung der Strafe durch die in dem genannten Paragraphen bestimmte Aufsichtsbehörde bezw. deren Vorsteher und die Entscheidung über Beschwerden durch den daselbst bezeichneten Minister erfolgt.

Der Strafbescheid ist nach dem Muster 1 dieses Nachtrages zu erlassen. In dem Strafbescheide sind dem Beschuldigten die Kosten des Verfahrens aufzuerlegen (§§ 45 bis 47 des Gesetzes vom 26. Juli 1897). Als Kosten des Verfahrens kommen nach § 45 baare Auslagen nach Massgabe der §§ 113 und 114 des Preussischen Gerichtskostengesetzes, insbesondere Schreibgebühren und Postgebühren zum Ansatz. Daneben ist zu der Ausfertigung der Strafbescheide und der Beschwerdebescheide der tarifmässige Ausfertigungsstempel zu verwenden, wenn der Betrag der Strafe einhundertfünfzig Mark übersteigt.

sichtlich des nicht sofort voll eingezahlten Kapitals (Tarif 25 litt. a letzter Abs.) ist von demjenigen Stempelsteueramt zu überwachen, in dessen Bezirk die Gesellschaft ihren Sitz hat, anstatt von demjenigen, in dessen Bezirk der Gesellschaftsvertrag errichtet ist.

Der Strafbescheid ist durch Zustellung oder durch Verkündung (Eröffnung zu Protokoll) bekannt zu machen.

Für die Ausführung von Zustellungen finden die Bestimmungen der Civilprozessordnung über Zustellungen von Amtswegen (§§ 208 fg. R.G.Bl. 1898 S. 410) entsprechende Anwendung.

Wegen des Verfahrens bei Verhängung von Stempelstrafen gegen Gerichtsbeamte und Notare ist zu vergleichen Nr. 13 des Nachtrages vom 17. Juli 1900 zur allgemeinen Verfügung des Finanzministers und des Justizministers, betreffend das gerichtliche Stempelwesen vom 29. Februar 1896.

— s. jetzt § 22 dieser Allg.V. —

Die zur Festsetzung von Stempelstrafen gegen Beamte befugten Aufsichtsbehörden sind verbunden, nach dem anliegenden Muster b Stempelstrafverzeichnisse zu führen, welche in 7 Spalten zu enthalten haben:

a) die fortlaufende Nummer,
b) den Namen, Dienststellung und Wohnort des Beamten,
c) den Gegenstand der Stempelsteuerhinterziehung (z. B. Nichtversteuerung der Genehmigung einer Lustbarkeit),
d) die Nummer der zur Anwendung kommenden Tarifstelle,
e) das Datum des Strafbescheides,
f) den Betrag der Ordnungsstrafe,
g) Bemerkungen (z. B. über den ergriffenen Rekurs, die Gründe etwaiger Rückstände u. s. w.).

Aus diesen Verzeichnissen haben die Behörden Auszüge über die innerhalb jedes Vierteljahrs vorgekommenen Straffälle zu fertigen und sie in beglaubigter Form nach Ablauf eines jeden Vierteljahrs an den Provinzial-Steuerdirektor einzusenden. Wenn im Laufe eines Vierteljahrs keine Stempelstrafen festgesetzt worden sind, so ist eine Anzeige hierüber an den Provinzial-Steuerdirektor nicht erforderlich, jedoch ist unter dem nächsten einzusendenden Auszuge zu bescheinigen, daß in den früheren Vierteljahren keine Stempelstrafen einzuziehen gewesen sind. Im Interesse einer möglichst gleichmäßigen Handhabung des Strafverfahrens hat der Provinzial-Steuerdirektor zu prüfen, ob bei den einzelnen Straffestsetzungen überall nach den bestehenden Bestimmungen verfahren ist und, wo es ihm zur Aufklärung des Sach- und Rechtsverhältnisses nothwendig erscheint, die über die Untersuchung geführten Verhandlungen einzufordern. Der Justiziarius bezw. das die Stempelsteuersachen bearbeitende

Mitglied der Provinzial-Steuerdirektion hat auf jedem Auszuge zu vermerken, daß derselbe von ihm nach den gesetzlichen Bestimmungen geprüft worden ist. Nach bewirkter Prüfung bezw. nach Erledigung der gezogenen Erinnerungen weist der Provinzial-Steuerdirektor dasjenige Hauptamt, in dessen Bezirk die Behörde, von welcher die Strafe eingezogen ist, ihren Sitz hat, zur Vereinnahmung des Betrages an und läßt der betreffenden Behörde Abschrift dieser Anweisung zugehen. Die Behörde hat den angewiesenen Betrag binnen zwei Wochen nach dem Eingang der Verfügungsabschrift an das zuständige Hauptamt abzuführen.

Die gegen Beamte der Justizverwaltung festgesetzten Ordnungsstrafen werden von den Gerichtskassen vereinnahmt, so daß hinsichtlich dieser Strafen die vorstehenden Bestimmungen über Führung von Stempelstrafverzeichnissen und Einreichung von Auszügen aus denselben nicht zur Anwendung kommen.

Zu § 21 des Gesetzes.

14. Die Verpflichtung zur Nachentrichtung der Abgaben ist in der Entscheidungsformel des Strafbescheides nicht auszusprechen.

Die Erhebung der vorenthaltenen Steuerbeträge erfolgt unabhängig vom Strafverfahren. Der Ausgang der Untersuchung ist zu derselben nicht abzuwarten, sondern es sind sogleich nach Entdeckung der Zuwiderhandlung die Abgaben — nöthigenfalls schätzungsweise, unter Vorbehalt der Erstattung des etwa überhobenen Betrages — von der hierzu zuständigen Verwaltungsbehörde festzustellen und einzuziehen.

Nach § 5 Nr. 1 des Verwaltungsstrafgesetzes erfolgt die Entscheidung bei allen Zuwiderhandlungen, welche lediglich Ordnungsstrafen nach sich ziehen, durch die Hauptzoll- oder Hauptsteuerämter.*

Zur Sicherung eines vorschriftlichen Verfahrens haben die Hauptämter alle Fälle, in denen die Hinterziehungsstrafe mehr als 300 M. betragen haben würde, an Stelle dieser Strafe aber eine Ordnungsstrafe festgesetzt ist, in zwei besonderen Nachweisungen, von denen die eine die Stempel- und Erbschaftssteuersachen, die andere die übrigen Steuer- und die Zollsachen umfasst, unter kurzer Angabe des

* Der dritte Absatz der bisherigen Ziffer 14 (amtl. Ausg. S. 144) ist ersetzt durch die allgemeine Verfügung des Finanzministers vom 6. Oktober 1897 III 12757 (ZBl. S. 408), die bei § 21 d. G. abgedruckt ist.

Thatbestandes der Zuwiderhandlung und der Gründe für die Verhängung der Ordnungsstrafe einzutragen und diese Nachweisungen halbjährlich getrennt der Provinzial-Steuerbehörde vorzulegen. In die Nachweisung sind diejenigen Fälle nicht aufzunehmen, in denen die Provinzial-Steuerbehörde selbst die Festsetzung der Ordnungsstrafe angeordnet hat. Die Provinzial-Steuerbehörde hat die Nachweisungen einer sorgfältigen Prüfung zu unterwerfen und, wo es ihr nothwendig erscheint, die Belagsakten einzufordern. Bei der Prüfung ist insbesondere darauf zu achten, dass in den einzelnen Hauptamtsbezirken nicht offenbare Ungleichheiten Platz greifen, indem in dem einen Bezirk ein sehr ausgedehnter, in dem andern ein sehr beschränkter Gebrauch von den hierauf bezüglichen Vorschriften unter gleichartigen Verhältnissen gemacht wird. Die Nachweisungen sind von dem mit der Bearbeitung beauftragten Mitgliede der Provinzial-Steuerbehörde mit der Bescheinigung der stattgefundenen Prüfung zu versehen.*

Von allen in Untersuchungssachen wegen Zuwiderhandlungen gegen das Stempelsteuergesetz in der Revisionsinstanz ergehenden gerichtlichen Urtheilen ist unter Darstellung des Sachverhältnisses und der Streitpunkte, welche dadurch entschieden sind, Abschrift an den Finanzminister einzureichen.

Zu § 22 des Gesetzes.

15. Die Vollstreckung der Straf- und der Beschwerdebescheide sowie der Kostenentscheidungen liegt den Hauptämtern ob, welche dabei nach Massgabe der Bestimmungen über das Verwaltungszwangsverfahren zu verfahren haben (§ 54 Abs. 1 des Verwaltungsstrafgesetzes). Im Uebrigen finden betreffs der Strafvollstreckung die Vorschriften der §§ 52, 53 und 54 Abs. 2 des bezeichneten Gesetzes Anwendung.

Die Vollstreckung gerichtlich oder im Verwaltungsstrafverfahren festgesetzter Strafen ist auszusetzen, sobald der Nachweis der Absendung eines Gesuches wegen gnadenweisen Erlasses oder gnadenweiser Ermäßigung einer solchen Strafe geführt ist. Die Steuerbehörden haben nach Eingang des Gnadengesuches das Erforderliche wegen Aussetzung der Strafvollstreckung bis nach erfolgter Entscheidung über das Gnadengesuch unverzüglich zu veranlassen und, wenn es sich um gerichtliche Stempelstrafen handelt, an die zustän-

* Vgl. Ziff. 4 der AusfB. zum VStrG. v. 26. 7. 97.

dige Gerichtsbehörde (Staatsanwaltschaft, Amtsrichter) das Ersuchen um vorläufige Abstandnahme von der Strafvollstreckung zu richten. In Fällen, in denen das Steuerinteresse gefährdet erscheint, sind daneben die erforderlichen Maßnahmen zur Sicherheit der Stempelsteuer, Strafe und Kosten zu treffen. Die Gerichtsbehörden sind verpflichtet, dem Ersuchen der Steuerbehörde um Aussetzung der Strafvollstreckung zu entsprechen.

III. Abschnitt.

Besondere Bestimmungen.

Zu § 24 des Gesetzes und Ziffer 17 der Bekanntmachung.

16. Die Hauptämter reichen die ihnen zugehenden Anträge auf Ersatz für die vor dem Verbrauch verdorbenen Stempelzeichen mit den Belägen dem Provinzial-Steuerdirektor ein, welcher den zu ersetzenden Betrag, nachdem die Richtigkeit desselben durch einen Rechnungsbeamten bescheinigt ist, festsetzt und dem Hauptamt die Anweisung zur Zahlung ertheilt. Wenn und soweit die Ersatzleistung unzulässig ist, lehnt der Provinzial-Steuerdirektor den Ersatzanspruch ab. Die verdorbenen Stempelmarken sowie die aus den Bogen und Formularen herausgeschnittenen Stempelzeichen werden bei der Provinzial-Steuerdirektion in Gegenwart zweier Beamten durch Verbrennen vernichtet; die stattgefundene Vernichtung ist von den beiden Beamten auf der Urschrift der die Zahlungsanweisung enthaltenden Verfügung zu bescheinigen. Hauptämter, bei denen zahlreiche Ersatzanträge einzugehen pflegen, können vom Provinzial-Steuerdirektor ermächtigt werden, solche zu sammeln und dem Provinzial-Steuerdirektor am Schlusse jedes Vierteljahres vorzulegen. Die eingegangenen Anmeldungen sind in einer Uebersicht zusammenzustellen, welche unter laufende Nummer die Antragsteller, ferner die Gattung der verdorbenen Materialien und die zu erstattenden Beträge enthält. Die Beläge werden nach der Reihenfolge geordnet beigefügt.

Die vorstehenden Bestimmungen finden auch Anwendung auf die Ersatzleistung für Stempelmaterialien, welche vom 1. April 1896 ab außer Gebrauch treten, sowie für Stempel zu Policen, die zwar mit der Prämienquittung versehen, in Folge verweigerter Zahlung der Prämie dem Versicherungssuchenden aber nicht ausgehändigt worden sind.

Zu § 25 des Gesetzes und Ziffer 18 und 19 der Bekanntmachung.

17. Die Vorstände der Stempelsteuerämter haben die bei ihnen eingegangenen Anträge auf Erstattung verwendeter Stempel zu prüfen und sie unter Beifügung einer mit Gründen versehenen Erstattungs-Nachweisung in einfacher Ausfertigung über diejenigen Beträge, deren Erstattung sie für zulässig halten, dem Provinzial-Steuerdirektor vorzulegen. Sind die Anträge in der Form von die Erstattungsgründe bereits enthaltenden Nachweisungen eingereicht, so sind sie von den Vorständen, soweit keine Bedenken obwalten, mit der Richtigkeitsbescheinigung zu versehen.

Der Provinzial-Steuerdirektor ertheilt unter der Ausfertigung die Anweisung zur Zahlung des festgestellten Betrages auf das dem Antragsteller zunächst belegene Hauptamt. Der Zahlungsanweisung sind die dem Antragsteller wieder zurückzugebenden Urkunden beizufügen, nachdem die auf ihnen befindlichen Stempelwerthzeichen von einem Beamten der Provinzial-Steuerdirektion mit einem Vermerk in blauer Tinte über die Höhe des zur Erstattung angewiesenen Stempels durchschrieben sind. Der Vermerk hat beispielsweise zu lauten:

Dreihundertundfünfzig Mark
am 1. Juli 1896 Nr. 17 189 erstattet.

Unterschrift des Beamten. Amtsbezeichnung.

In der Zahlungsanweisung ist zu erwähnen, daß die Erstattung auf den Urkunden in der vorgeschriebenen Art vermerkt ist.

Wenn zu Notariatsverhandlungen Stempel zu erstatten sind, so hat die Einforderung der Urschriften und die Durchschreibung der Stempelwerthzeichen durch einen Beamten der Provinzial-Steuerdirektion zu unterbleiben. Sind die Urschriften den Erstattungsanträgen nicht beigefügt, so haben die Provinzial-Steuerdirektoren, sobald sie den zu erstattenden Betrag zur Zahlung anweisen, den Notar zu ersuchen, die Stempelwerthzeichen, die sich auf der in seinen Akten enthaltenen Urschrift befinden, mit einem Vermerk[*]

[*] Der Vermerk hat zu lauten:
„. . . . . . M. . . Pf. am . . . . Nr. . . zur Erstattung — oder abgekürzt z. E. — angewiesen."
JM. 17. 10. 01, JMBl. S. 252.

über die Höhe des zur Erstattung angewiesenen Stempels zu durchschreiben und davon, dass dies geschehen, Mittheilung zu machen. Die Notare haben diesen Ersuchen zu entsprechen und die Erstattung in der in dem vorhergehenden Absatz angeordneten Weise auf den Stempelwerthzeichen mit blauer oder rother Tinte zu vermerken. Von den Provinzial-Steuerdirektoren sind die Anzeigen der Notare über die bewirkten Stempelerstattungsvermerke dem mit der Herauszahlung der Stempelsteuer beauftragten Hauptamt als Rechnungsbeläge zuzustellen. Sollte ein Stempel etwa doppelt erstattet sein, so hat der Notar dem zuständigen Provinzial-Steuerdirektor hiervon Nachricht zu geben.

Auf zum Theil oder gänzlich unzulässige Erstattungsanträge sind die Betheiligten unter Angabe der Gründe durch den Provinzial-Steuerdirektor entsprechend zu bescheiden.[1]

18. Die fristzeitig eingegangenen Anträge auf Erstattung von Stempeln aus Billigkeitsgründen bei unterbliebener Ausführung des Geschäfts sind von den Provinzial-Steuerdirektoren dem Finanzminister einzureichen, welcher über die Erstattung Entscheidung trifft.

Dagegen sind die Provinzial-Steuerdirektoren ermächtigt, Stempelerstattungsanträge der erwähnten Art ohne vorherige Berichterstattung abzulehnen, wenn das beurkundete Geschäft bereits ausgeführt ist, insbesondere bei Grundstücksveräusserungen die Auflassung stattgefunden hat. Das Gleiche gilt von Erstattungen, bei denen es sich um ganz geringfügige Beträge handelt und sich mit Rücksicht auf die Vermögenslage der den Erstattungsanspruch geltend machenden Personen annehmen lässt, dass die Versagung der Erstattung in wirtschaftlicher Hinsicht für sie nicht in's Gewicht fallen wird.[1a]

Zu § 26 des Gesetzes.

19. Ob in einem gegebenen Falle die Einlassung auf einen Rechtsstreit oder die Fortführung desselben in den höheren Instanzen rathsam erscheint oder nicht, bleibt dem verantwortlichen Ermessen der Provinzial-Steuerdirektoren überlassen, welche darauf Bedacht zu nehmen haben, daß einerseits das fiskalische Interesse gewahrt,

[1] Der Vorstand des Stempelsteueramts legt, ohne Bericht zu erstatten, dem Provinzialsteuerdirektor den zu vollziehenden Verfügungsentwurf vor. FM. 26. 4. 98 III 457, ZBl. S. 237.

[1a] Vgl. A. 15a zu § 25 d. G.

andererseits aber die Anstrengung unnöthiger Prozesse vermieden wird. Dabei ist nicht ausgeschlossen, daß in den selteneren Fällen an den Finanzminister berichtet wird, in denen ein für die Staatskasse wichtiger, noch nicht entschiedener Grundsatz in Frage kommt. Zur Aufrechterhaltung der Einheitlichkeit in der Anwendung der stempelsteuergesetzlichen Vorschriften werden sich im Falle der Klage gegen den Justizfiskus die denselben vertretenden Behörden (Oberstaatsanwälte), bevor sie sich auf einen Prozeß wegen Stempelabgaben einlassen, mit den Provinzial-Steuerdirektoren bezüglich der Streitfrage und der weiteren Behandlung der Prozesse in Verbindung setzen, ihnen auch Abschriften der rechtskräftig gewordenen gerichtlichen Urtheile mittheilen.

Von jeder in die Rechtskraft übergegangenen gerichtlichen Entscheidung eines gegen den Steuer- oder Justizfiskus angestrengten Prozesses haben die Provinzial-Steuerdirektoren mittelst eines den Gegenstand der Klage und die Rechtsfrage erörternden Berichts dem Finanzminister eine Abschrift einzureichen.[10]

Die die Stempel- und Erbschaftssteuer betreffenden Civilprozesse sind in die durch die Verfügung des Finanzministers vom 28. April 1890 III 4796 angeordnete Nachweisung nicht mehr aufzunehmen. Statt dessen haben die Provinzial-Steuerdirektoren künftig eine nach dem beiliegenden Muster c aufzustellende Nachweisung über alle die Stempel- und Erbschaftssteuer betreffenden, im vergangenen Rechnungsjahre im Verwaltungsbezirk anhängig gewesenen Prozesse, bei welchen in Vertretung des Fiskus die Provinzial-Steuerbehörde oder die Justizbehörde als Partei betheiligt gewesen war, alljährlich im Juni dem Finanzminister einzureichen oder, wenn solche Prozesse nicht anhängig waren, eine entsprechende Mittheilung zu erstatten. Die Prozesse gegen den Justizfiskus sind in einem besonderen Abschnitte aufzuführen. Bei denjenigen Prozessen, die bereits früher Gegenstand besonderer Berichterstattungen gewesen sind, ist auf die betreffenden Berichte und die dazu ergangenen Entscheidungen hinzuweisen. In die im Juni 1897 fällige Nachweisung sind auch die im ersten Vierteljahre des Kalenderjahres 1896 geführten Prozesse mit aufzunehmen.

[10] Die Entscheidungen I. und II. Instanz sind sofort nach eingetretener Rechtskraft, die des Reichsgerichts sofort nach Eingang — auch bei Zurückverweisung an die II. Instanz — einzureichen. FM. 14. 1. 01 III 578.

Wegen der Erstattung der Prozeßkosten [11] [11] **an die obsiegenden Gegner kommt die allgemeine Verfügung des Finanzministers vom**

---

[11] a) Zur Ergänzung der hinsichtlich der Ausführung des § 98 Abs. 4 des deutschen Gerichtskostengesetzes bestehenden Bestimmungen ist in der Allg. Verf. des Justizministers vom 8. 12. 02 (JMBl. S. 302) bemerkt:

1. Die Nichterhebung oder Rückerstattung von Gebühren in Gemäßheit des § 98 Abs. 4 setzt voraus, daß demjenigen, welchem Gebührenfreiheit zusteht, die Kosten des Verfahrens durch gerichtliche Entscheidung auferlegt sind, sie findet nicht statt, falls die gebührenfreie Partei die Kosten übernommen hat.

2. Ist der preußische Fiskus Partei, so sind in Gemäßheit des Verwaltungsgrundsatzes, daß Zahlungen aus einer Staatskasse in die andere zu vermeiden sind, Auslagen, zu deren Tragung der Fiskus verurteilt ist, weder von ihm, noch von der etwa nach § 90 des deutschen Gerichtskostengesetzes zahlungspflichtig bleibenden Gegenpartei zu erfordern und, falls sie von der Gegenpartei bereits vorher erfordert, aber zur Zeit der Verurteilung noch nicht bezahlt sind, niederzuschlagen; sind dagegen die Auslagen von der Gegenpartei zur angegebenen Zeit bereits bezahlt, so findet eine Erstattung seitens der Gerichtskasse nicht statt. Schuldner der Schreibgebühren für Ausfertigungen und Abschriften, welche nicht von Amtswegen zu erteilen sind, ist nach § 86 Abs. 2 des deutschen Gerichtskostengesetzes nur der Antragsteller; sie sind daher von dem Gegner des Fiskus, soweit er Antragsteller ist, auch dann zu erfordern, wenn der Fiskus in die Prozeßkosten verurteilt ist.

3. Hat der Fiskus Prozeßkosten übernommen, so gelten die in Nr. 2 hinsichtlich der dem Fiskus auferlegten Auslagen getroffenen Bestimmungen in Ansehung der von ihm übernommenen Gebühren und Auslagen. Soweit hiernach Kosten von dem Fiskus nicht zu erfordern sind, kommt auch die im § 88 des deutschen Gerichtskostengesetzes bestimmte Zahlungspflicht des anderen Teiles in Wegfall.

4. Auslagen gelten auch dann als gezahlt, wenn sie durch einen geleisteten Vorschuß gedeckt sind. Dabei macht es keinen Unterschied, ob der Vorschuß als Auslagenvorschuß gezahlt ist oder ob er als Gebührenvorschuß erfordert und, weil er den Betrag der erwachsenen Gebühren übersteigt, auf Auslagen zu verrechnen ist (Verfügung vom 18. April 1885, Müller, Preußische Justizverwaltung Bd. II S. 1107). Dagegen dürfen Gebührenvorschüsse auf Auslagen dann nicht verrechnet werden, wenn die vorschußweise erforderte Gebühr in vollem Umfange fällig geworden ist. Wenn also z. B. der Gegner des Fiskus 50 M. Gebührenvorschuß gezahlt hat und nach § 90 des Gerichtskostengesetzes für 20 M. Auslagen haftbar ist, so hängt die Frage, ob der volle Betrag der 50 M. zurückzuzahlen ist oder ob und inwieweit eine Kürzung stattzufinden hat, davon ab, wie hoch sich die nach dem Verlaufe des Prozesses anzusetzende Gebühr stellt: beträgt sie 50 M., so sind 50 M. zurückzuzahlen; beträgt sie nur 30 M., so sind 20 M. auf Auslagen zu verrechnen und es wird nur der Betrag von 30 M. zurückgezahlt. Soweit Schreibgebühren nach § 86 Abs. 2 von dem Gegner des Fiskus zu erfordern und noch nicht gezahlt sind, sind sie von dem zurückzuerstattenden Gebührenbetrage zu kürzen.

23. März 1883 III 1859 (Centr.=Bl. der Abgaben= rc. Verwaltung S. 92) zur Anwendung.

b) Aus der Verfügung vom 8. 12. 02 (vorstehend zu a) ergibt sich, daß auch bei Prozessen, in denen der Fiskus unterliegt, aus diesem Grunde eine Rückzahlung von angesetzten Auslagen bei Gericht nicht erfolgt; vielmehr hat die prozeßführende Behörde zu entscheiden, inwieweit sie die von dem Gegner zurückverlangten Auslagen als zur zweckentsprechenden Rechtsverfolgung oder Rechtsverteidigung notwendig für erstattungsfähig hält. Vgl. § 91 ZPO.

Soweit es sich um Vorschüsse des Gegners handelt, ist nötigenfalls durch Rückfrage bei Gericht festzustellen, inwieweit der Vorschuß verbraucht worden ist, da der nicht verbrauchte Teil vom Gerichte zurückgezahlt wird. Dabei wird bemerkt, daß eine Verrechnung von Gebührenvorschüssen auf Auslagen nur insoweit stattfindet, als die anzusetzende Gebühr geringer ist, als der gezahlte Vorschuß. Dies wird, sofern es zu einem Urteil kommt, in der Regel nicht der Fall sein, im übrigen ist es, soweit Gebührenvorschüsse auf Auslagen verrechnet werden, Sache des Gegners des Fiskus, dies der prozeßführenden Behörde nachzuweisen, wenn er Erstattung von ihr begehrt. FM. 8. 1. 03 III 15824, ZBl. S. 11.

c) Als Schuldner von Schreibgebühren für Ausfertigungen und Abschriften, die auf Antrag des Fiskus vom Gericht in bürgerlichen Rechtsstreitigkeiten erteilt werden, kommt der Gerichtskasse gegenüber ausschließlich der Fiskus als Antragsteller in Betracht (§ 86 Abs. 2 d. GKG.), deshalb können dem Gegner des Fiskus, wenn ihm auch die Prozeßkosten zur Last fallen, die Schreibgebühren nicht unmittelbar in Rechnung gestellt werden. Sie sind aber auch nicht von dem prozeßführenden Fiskus zur Gerichtskasse einzuziehen (Verf. v. 2. 7. 81, JMBl. S. 149), es ist vielmehr lediglich dem Fiskus als Prozeßpartei eine Mitteilung über die Entstehung und Höhe zu machen, um auf Grund dieser Mitteilung die Erstattung von dem Gegner zu verlangen. Eine Abführung der etwa vom Gegner eingezogenen Schreibgebühren an die Gerichtskasse findet nicht statt. $\frac{\text{FM. 13. 8. 04 I 5040.}}{\text{JM. 23. 8. 04 III 11111.}}$

d) Die Schreibgebühren für die zu den Akten des Gerichts erster Instanz gefertigte beglaubigte Abschrift des Urteils der Revisionsinstanz (§§ 544 Abs. 2 und 566 ZPO.), die für das Erstgericht notwendig ist (Entsch. Bd. 11 S. 410), sind an die Kasse des Reichsgerichts zu zahlen.

e) Vom Prozeßgegner verauslagte bare Auslagen — Zeugen- und Sachverständigengebühren — sind, abgesehen von Gerichtskosten, auch dem Fiskus gegenüber erstattungsfähig. Auch die gerichtlichen Kosten des Kostenfestsetzungsverfahrens hat der Fiskus nicht zu tragen.

f) Werden auf Grund gerichtlicher Festsetzungsbeschlüsse Prozeßkosten zur Zahlung angewiesen, so sind den Anweisungen die zugehörigen Kostenrechnungen beizufügen. Verf. d. ObRechnK. v. 25. 5. 05.

g) Auch für die weitere Beschwerde des Fiskus gegen einen Kostenfestsetzungsbeschluß des Oberlandesgerichts

Zu § 30 des Gesetzes und Ziffer 22 und 23 der Bekanntmachung.

20. Für die Anstellung und Geschäftsführung der Stempelvertheiler finden die Vorschriften der Beilage 1 und der zugehörigen Anlage Anwendung.

21. Von besonderer Wichtigkeit für die ordnungsmäßige Führung der Stempelsteuerverwaltung ist die gewissenhafte Erfüllung der den Behörden und Beamten mit richterlicher oder Polizeigewalt durch das Gesetz auferlegten Verpflichtung, auf Befolgung der Stempelgesetze zu halten und alle bei ihrer Amtsverwaltung bekannt gewordenen Zuwiderhandlungen behufs Einleitung des Strafverfahrens zur Anzeige zu bringen.

22. Auch den Gerichtsvollziehern liegt als Organen der Gerichte die Pflicht ob, die Besteuerung der aus dienstlichem Anlaß in ihre Hände gelangten Urkunden, insbesondere der zu ihren Handakten eingereichten Vollmachten, zu prüfen. Die Gerichtsvollzieher haben, wenn die Stempelverwendungsfrist noch nicht abgelaufen ist, demjenigen, welcher die Urkunde eingereicht hat, zur nachträglichen — innerhalb jener Frist zu bewirkenden — Beibringung der erforderlichen Stempelmarke aufzufordern und letztere im Falle rechtzeitiger Einreichung vorschriftsmäßig zu entwerthen. Die Aufforderung zur Beibringung der Stempelmarke unterbleibt, wenn davon wegen Kürze der Restfrist ein Erfolg nicht erwartet werden kann. Wird die Stempelmarke nicht rechtzeitig eingereicht, so haben die Gerichtsvollzieher die Zuwiderhandlung dem Hauptamt unmittelbar anzuzeigen. Dasselbe gilt, wenn die Urkunde in die Hände des Gerichtsvollziehers gelangt ist, nachdem die Stempel-

---

gilt die in § 567 Abs. 2 ZPO. festgesetzte Beschwerdesumme von über 100 M. Beschl. des RG. 2. 2. 04.

[12] Alle Zahlungen aus öffentlichen Kassen, auch diejenigen, die sich auf Verträge gründen, sind, sofern nicht entgegenstehende Abmachungen getroffen sind, bei den Kassen in Empfang zu nehmen bezw. um den Portobetrag zu kürzen. FM. 15. 1. 90 III 189. — Art. 11 AG. zum BGB.

[13] Der gegnerische Anwalt braucht seine Handakten dem Fiskus nicht einzureichen; ob auch Beläge insoweit nicht verlangt werden können, als eine Prüfung dem Fiskus nicht möglich ist, ist unentschieden gelassen. KG. 18. 10. 98.

[14] **Korrespondenzgebühr** wird nicht erstattet, wenn Kläger imstande ist, die Information brieflich zu erteilen. KG. 17. 11. 99. — Vgl. auch FM. 15. 11. 98 III 11537, wonach dies auch bei einer durch eine Königl. Behörde vertretenen Partei zutrifft.

lösungsfrist bereits abgelaufen war. Die Mittheilung erfolgt portofrei unter Aversionirungsvermerk.

Zu § 81 des Gesetzes und Ziffer 25 und 26 der Bekanntmachung.

23. Die Vorstände der Stempel- und Erbschaftssteuerämter haben die Stempelsteuerverwaltung nach der in der Beilage 2 enthaltenen Anweisung zu führen.

24. Die im § 31 Abs. 2 des Gesetzes bezeichneten Revisionsstellen sind regelmäßig im Laufe von drei Jahren mindestens einmal der Revision zu unterwerfen und die Reichs- und Landesstempelrevisionen an ein und demselben Ort, sofern derselbe nicht der Amtssitz des Vorstandes des Stempelsteueramtes ist, gleichzeitig vorzunehmen. Hinsichtlich derjenigen Revisionsstellen, bei denen in Folge geringen Geschäftsverkehrs stempelpflichtige Schriftstücke nur vereinzelt vorkommen, wie es beispielsweise bei Schiedsmännern, Auktionatoren, kleineren Genossenschaften u. s. w. der Fall ist, darf der Provinzial-Steuerdirektor genehmigen, daß die Revisionen in längeren Zwischenräumen erfolgen oder, falls die zu revidirenden Stellen einverstanden sind, auf die Einforderung der Bilanzen, Verträge oder sonstiger stempelpflichtiger Urkunden beschränkt werden oder ganz unterbleiben. Auch bleibt es dem Ermessen der Provinzial-Steuerdirektoren überlassen, zu bestimmen, ob und inwieweit bei den Lokalbehörden der Post-, Telegraphen- und Eisenbahnverwaltung Stempelrevisionen stattzufinden haben.

Eine Einsendung der Protokollbücher und der Belagsakten der Schiedsmänner an die Amtsgerichte zum Zwecke der Prüfung im Stempelinteresse findet nicht mehr statt.

25. Die über das Ergebniß der Revision aufzunehmende Verhandlung ist nach dem anliegenden Muster d anzulegen. In der Verhandlung sind die gezogenen Erinnerungen unter der Benennung des Aktenstückes (Aktenzeichen und Seite), der Bezeichnung der nicht vorschriftsmäßig besteuerten Urkunden und der Angabe der für die einzelnen Stempelnachforderungen maßgebenden Gründe zusammenzustellen.

Wenn Akten, in welchen sich entwerthete Stempelzeichen befinden, vernichtet bezw. verkauft werden sollen, so sind die Stempelzeichen vorher herauszuschneiden und von zwei Beamten des Stempelsteueramtes durch Verbrennen zu vernichten. Die stattgefundene Vernichtung der Stempelzeichen ist von den beiden Beamten in einer aufzunehmenden Verhandlung zu bescheinigen.

26. Die Vorstände der Stempelsteuerämter sind verpflichtet, auf eine schnelle und vollständige Erledigung der Revisionserinnerungen zu halten und zu diesem Behuf nöthigenfalls die Einwirkung der vorgesetzten Behörde der revidirten Stelle in Anspruch zu nehmen oder in den nach gesetzlicher Vorschrift dazu geeigneten Fällen die zwangsweise Einziehung der nachgeforderten Beträge zu veranlassen.

27. Ueber die Vornahme der Revisionen bei den Gerichten ist in der allgemeinen Verfügung des Finanzministers und des Justizministers, betreffend das gerichtliche Stempelwesen, das Erforderliche bestimmt.

28. Nach dem Schlusse des Geschäftsjahres hat der Vorstand des Stempelsteueramts einen für das Finanzministerium bestimmten Jahresbericht an den Provinzial-Steuerdirektor einzureichen, worin eine Uebersicht über die Thätigkeit des Vorstandes und über die Ergebnisse derselben unter besonderer Hervorhebung der in dem betreffenden Jahre nach dem Geschäftsplane vorgenommenen Revisionen zu geben ist. In dem Jahresbericht können außerdem allgemeine Bemerkungen, Wahrnehmungen und Vorschläge in Betreff der Stempelgesetze und deren Ausführung niedergelegt werden. Einer besonderen Erörterung bedürfen die bezüglich der Versteuerung der Pacht-, Mieth- 2c. Verzeichnisse gesammelten Erfahrungen. Zu diesem Zweck ist anzuzeigen, wieviel Aufforderungen an die Verpächter, Vermiether u. s. w. in Gemäßheit der Ziffer 50 dieser Vorschriften erlassen und welche Wahrnehmungen dabei im Einzelnen und überhaupt hinsichtlich der Beachtung der bestehenden Vorschriften gemacht sind.

Den Jahresberichten ist

a) eine Uebersicht der zu revidirenden und revidirten Behörden, Anstalten und Personen,

b) eine Nachweisung der im letzten Jahre abgehaltenen Stempelrevisionen und der rückständigen Stempelnachforderungen aus den Vorjahren

beizufügen. Die Aufstellung dieser Verzeichnisse hat nach den beigefügten Mustern (Beilage 3 und 4) zu erfolgen.

In der Uebersicht (Beilage 3) ist ersichtlich zu machen, welche der Stempelrevision unterliegende Stellen im Bezirk des Stempelsteueramtes vorhanden sind, bei welchen Stellen in den letzten drei Jahren eine Revision stattgefunden hat und welche Stellen nicht revidirt worden sind. Die nicht revidirten Stellen sind in den betreffenden Spalten namhaft zu machen; in den Jahresberichten ist die unterbliebene Revision der Stellen zu erläutern.

In der Nachweisung (Beilage 4) sind unter I die revidirten Stellen einzeln, nach Gattungen geordnet, unter fortlaufenden Nummern aufzuführen und in den folgenden Spalten die auf jede revidirte Stelle bezüglichen Angaben einzutragen. Unter II sind sodann die aus früheren Jahren rückständig gebliebenen Stempelnachforderungen und die im laufenden Jahre ermittelten Beträge aus vorbehaltenen Nachforderungen früherer Jahre, sowie die eingetretenen Veränderungen im Ganzen für jedes der betreffenden Jahre nachzuweisen. Die schließliche Zusammenrechnung läßt ersehen, wie hoch sich der Gesammtbetrag der für das verflossene Jahr zum Soll stehenden Stempelnachforderungen stellt, welche Beträge durch Nachbringung von Stempelmaterialien berichtigt, als Gerichtskosten gebucht, durch Niederschlagung gelöscht oder als Reste in das folgende Jahr zu übertragen sind. Die Ursachen, weshalb alte Rückstände noch nicht erledigt sind, bleiben in der Spalte „Bemerkungen" oder in dem Jahresbericht selbst anzuführen. Die auf auswärtige Revisionen verwendete Zeit sowie der Gesammtbetrag der beantragten Strafen ist auf dem Titelblatt nach Maßgabe der auf dem Muster ersichtlich gemachten Vermerke anzugeben.

29. Auf das Verfahren wegen Beschlagnahme oder Durchsuchungen bei Privatpersonen, welche im dringenden Verdacht der Verletzung eines Stempelgesetzes stehen, finden die §§ 94 u. fg. der Strafprozeßordnung Anwendung. Da die Aufforderung an die Privatperson zum Ausweis über die gehörige Beobachtung der Stempelgesetze und die Ausführung der Beschlagnahme oder Durchsuchung unmittelbar auf einander folgen müssen, so darf die Aufforderung nicht vorher in schriftlicher Form erfolgen, sondern sie ist mündlich an die betreffende Privatperson zu richten. Im Falle der Weigerung derselben, sich auszuweisen, muß unverzüglich mit der Ausführung der Beschlagnahme oder Durchsuchung begonnen werden. Derselben hat der Vorstand des Stempelsteueramts oder ein mit seiner Vertretung beauftragter Beamter der Stempelverwaltung beizuwohnen. Diese Beamten, welche dem Amtsgericht in dem einzureichenden Antrage namhaft zu machen sind, haben sich vorher mit den die Beschlagnahme oder Durchsuchung ausführenden Gerichtsbeamten über die nähere Art der Ausführung zu besprechen.

Stempeltarif.

Zur Tarifstelle 1.

30. Hinsichtlich der Angabe des die Stempelfreiheit der beglaubigten Abschriften bedingenden Zwecks auf der Abschrift und der mißbräuchlichen Benutzung stempelfrei ertheilter beglaubigter Abschriften finden die Bestimmungen des zweiten Absatzes der Ziffer 53 dieser Vorschriften sinngemäße Anwendung.

Auf jeder amtlich beglaubigten Abschrift muß nach § 9 Abs. 3 des Gesetzes vermerkt werden, welcher Stempel zu der Hauptausfertigung oder Urschrift verwendet worden ist. Der Vermerk wird beispielsweise lauten:

Beglaubigte Abschrift stempelfrei, weil wegen Zahlung eines Pensionsbetrages ertheilt. Zur Urschrift (bezw. Ausfertigung) 300 M. (in Worten) verwendet.

Berlin, den 1. April 1896.

Amtsstelle.

Schwarzstempel. Unterschrift.

oder:

Zur beglaubigten Abschrift 1,50 M. entwerthet. Zur Urschrift u. s. w. wie vor.

Zur Tarifstelle 8 und Ziffer 29, 30 und 31 der Bekanntmachung.

31. Ueber die Prüfung der Werthangaben bei Auflassungen auf Grund der Auszüge aus den Tagebüchern der Grundbuchführer ist in der allgemeinen Verfügung des Finanzministers und des Justizministers, betreffend das gerichtliche Stempelwesen, das Erforderliche vorgeschrieben.

In Orten, in welchen auf Grund des Kommunalabgabengesetzes vom 14. Juli 1893 bei dem Besitzwechsel von Grundstücken Umsatzsteuern zur Erhebung gelangen, werden die von den Staats- und Gemeindebehörden zu versteuernden Werthe in thunlichster Uebereinstimmung zu halten sein und zu diesem Behuf Erörterungen zwischen diesen Behörden stattfinden müssen. Wegen der Verwerthung der Ergebnisse der von den Katasterkontroleuren vorgenommenen, bei den Vorsitzenden der Veranlagungs-Kommissionen befindlichen Schätzungen der Grundstückswerthe ist nach der allgemeinen Verfügung des Finanzministers vom 31. Januar 1896 zu verfahren. Insoweit es in einzelnen Fällen nothwendig werden sollte, die Bezirks-Oberkontroleure zur Ermittelung von Grundstückswerthen heranzuziehen, haben dieselben thunlichst persönlich und an Ort und Stelle von den für die Feststellung der Werthe in Betracht kommenden Verhältnissen Ueberzeugung zu nehmen. Wenn Grundstücke in Folge räumlicher Verschiedenheit der hauptamtlichen und amtsgerichtlichen Geschäftsbezirke, nicht zu dem Bezirk desjenigen Hauptamtes gehören, an welches der Tagebuchauszug von dem Amtsgericht eingesendet ist, so hat sich dieses Hauptamt dennoch der Werthermittelung zu unterziehen, wobei es ihm überlassen bleibt, die Mitwirkung des anderen betheiligten Hauptamtes in Anspruch zu nehmen.

Den Provinzial-Steuerdirektoren bleibt es überlassen, etwa erforderlich erscheinende nähere Ausführungsbestimmungen im Einverständniß mit den Präsidenten der Oberlandesgerichte zu treffen. Von derartigen Bestimmungen haben die Provinzial-Steuerdirektoren eine Abschrift an den Finanzminister einzureichen.

Zur Tarifstelle 10 und 11 und Ziffer 33 der Bekanntmachung.

32. Wegen der Verpflichtung der Behörden und Beamten, auf jeder zweiten und weiteren Ausfertigung und jedem Auszuge aus einer stempelpflichtigen Urkunde den zu der Hauptausfertigung oder Urschrift verwendeten Stempel zu vermerken (vergl. § 9 Abs. 3 des Ges.) findet die Bestimmung des zweiten Absatzes der Ziffer 30 dieser Vorschriften entsprechende Anwendung.

Zur Tarifstelle 12.

33. Die Versteuerung der Bestallungen einschließlich der Offizierpatente erfolgt entweder durch Verwendung von Stempelbogen oder Stempelmarken seitens der Behörden oder durch Abstempelung der Formulare oder beschriebenen Bogen seitens des Haupt-Stempel-Magazins.

Es ist auch zulässig, den Stempel statt zu der Ausfertigung zu den Akten zu verwenden.

Zur Tarifstelle 22 b.

34. Die Ausstellung der Approbationsscheine erfolgt auf Formularen, deren Wortlaut durch Bekanntmachungen des Reichskanzlers vorgeschrieben ist, und zwar für

Apotheker durch Bek. vom 5. März 1875 (Reichscentralbl. S. 167)

Aerzte durch Bek. vom 2. Juni 1883 (Reichscentralbl. S. 191)
Zahnärzte durch Bek. vom 5. Juli 1889 (Reichscentralbl. S. 417)
Thierärzte durch Bek. vom 13. Juli 1889 (Reichscentralbl. S. 421).

Für die Versteuerung dieser Formulare kommt die Bestimmung des ersten Absatzes der Ziffer 33 dieser Vorschriften zur Anwendung.

Zur Tarifstelle 22c und Ziffer 36 der Bekanntmachung.

35. Die Ueberwachung der endgültigen Versteuerung der Erlaubnißscheine wird durch eine von Zeit zu Zeit — etwa alle Jahre — vorzunehmende Wiedervorlegung der Akten und Anfrage bei den Inhabern der Erlaubnißscheine erfolgen können; diejenigen Behörden, bei denen die bezüglichen Urkunden in größerer Anzahl — und zwar jährlich in einer etwa die Zahl 20 übersteigenden Menge — vorzukommen pflegen, haben die Ueberwachung durch Führung besonderer Verzeichnisse zu bewirken.

Werden Erlaubnißscheine für gemeinnützige Unternehmungen stempelfrei ausgestellt, so müssen die Akten über die Gemeinnützigkeit Aufschluß geben. Walten bezüglich der Stempelfreiheit Zweifel ob, so ist die Entscheidung des zuständigen Provinzial-Steuerdirektors und erforderlichen Falles des Finanzministers einzuholen, welcher dieselbe im Einverständniß mit dem Ressortminister trifft.

Zur Tarifstelle 22d und Ziffer 37 der Bekanntmachung.

36. Wegen der Ueberwachung der Nachversteuerung gilt das im ersten Absatz der vorhergehenden Ziffer Gesagte.

Zur Tarifstelle 22e.

37. Für Genehmigungen der Anlegung von Dampfkesseln werden Formulare verwendet, welche durch den § 16 der Bekanntmachung des Ministers für Handel und Gewerbe vom 9. März 1900, M. Bl. für d. i. V. S. 139, vorgeschrieben sind. Die Abstempelung dieser Formulare wird auf Verlangen durch das Haupt-Stempel-Magazin bewirkt. Für Genehmigungen zu Aenderungen sowie für Bewilligungen von Fristverlängerungen und Fristungen stempelt das Haupt-Stempel-Magazin auf Antrag und gegen Erstattung der Herstellungskosten Bogen zum Betrage von 1,50 M. ab und versieht dieselben mit einem entsprechenden Aufdruck — „Genehmigung der

Aenderung einer Dampfkesselanlage (§ 25 der Reichs-Gewerbeordnung)" bezw. „Bewilligung der Fristverlängerung für eine Dampfkesselanlage (§ 49 der Reichs-Gewerbeordnung)" bezw. „Bewilligung der Fristung für eine Dampfkesselanlage (§ 49 der Reichs-Gewerbeordnung)". —

Zur Tarifstelle 22 f.

38. Die Abstempelung von Erlaubnißertheilungen zum Betriebe des Pfandleihgeschäfts geschieht auf Verlangen und gegen Erstattung der Herstellungskosten in der Art, daß das Haupt-Stempel-Magazin Bogen zum Betrage von 15 M. abstempelt und sie außerdem mit dem Ausdruck: „Erlaubnißertheilung zum Betriebe eines Pfandleihgeschäfts (§ 34 der Reichs-Gewerbeordnung)" versieht.

39 ist durch Nachtrag I weggefallen.

Zur Tarifstelle 22 l und Ziffer 39 der Bekanntmachung.

40. Wegen der Ueberwachung der endgültigen Versteuerung dieser Genehmigungen finden die Bestimmungen des ersten Absatzes der Ziffer 35 dieser Vorschriften entsprechende Anwendung.

Zur Tarifstelle 22 m und Ziffer 40 der Bekanntmachung.

41. Wegen der Ueberwachung der Versteuerung der Genehmigungen des zweiten, dritten und vierten Absatzes dieser Tarifstelle finden die Bestimmungen des ersten Absatzes der Ziffer 35 dieser Vorschriften entsprechende Anwendung.

Zu den Tarifstellen 23 und 24.

42. Die Berechnung des Stempels zu Stiftungsurkunden, welche nach der Vorschrift des bürgerlichen Rechts der gerichtlichen oder landesherrlichen Bestätigung bedürfen und zu denen diese Bestätigung nachgesucht wird, findet erst nach erfolgter Bestätigung statt. Der erforderliche Stempel wird in Fällen der gerichtlichen Bestätigung bei den Gerichtskosten vereinnahmt.

Zur Tarifstelle 26.

43. Für die Ausstellung von Gewerbelegitimationskarten sind drei verschiedene Formulare vorgeschrieben, nämlich:

a) für Legitimationskarten für inländische Kaufleute und Handlungsreisende (§§ 44, 44a Abs. 1 bis 5 der Reichs-Gewerbeordnung), gültig in dem Deutschen Reich, das in der Beilage 7 angegebene Formular (vergl. den Erlaß der Minister für Handel und Gewerbe, des Innern und der Finanzen vom 8. Dezember 1883 M f. H. 14267, M. d J. II. 12495, F.M. II. 13755);

b) für Gewerbelegitimationskarten für Handlungsreisende, gültig im Deutschen Reich und in Luxemburg, in Belgien, Italien, Oesterreich-Ungarn, Rumänien, Rußland, in der Schweiz und in Serbien, sowie bis auf Weiteres in Portugal die in den betreffenden Zollvereins- oder Handelsverträgen vorgesehenen Formulare;

c) für Gewerbelegitimationskarten für ausländische Handlungsreisende, gültig in dem Deutschen Reich, vorbehaltlich der Entrichtung der Landessteuern das in der Bekanntmachung vom 27. November 1896 II B. Ziffer 2 und Anl. I (R G.Bl. S. 745) vorgeschriebene Formular.

Die zum Steuerbetrage von 1 M. abgestempelten Formulare sind seitens der Behörden von den Hauptämtern, Steuer- und Nebenzollämtern zu beziehen.[15]

Zur Tarifstelle 32 und Ziffer 42 der Bekanntmachung.

44. Hinsichtlich der Erstattung des Werthstempels in den Fällen des sechsten und siebenten Absatzes dieser Tarifstelle kommen die Bestimmungen der Ziffer 17 dieser Vorschriften in Anwendung.

Zur Tarifstelle 39.

45. Die in dieser Tarifstelle aufgeführten Genehmigungen, also namentlich Erlaubnißscheine zur Veranstaltung öffentlicher Tanzlustbarkeiten sowie ferner von Schaustellungen, Musikaufführungen, Gesangs- und deklamatorischen Vorträgen, pantomimischen und theatralischen Vorstellungen sind auf gestempelten Bogen zu ertheilen (Ziffer 2[16] des Nachtrags zur Ausführungs-Bekanntmachung).

---

[15] Die Formulare sind von der Steuerverwaltung anzukaufen und nur solche zu verwenden. Unverwendet gebliebene, jedoch unversehrte und unausgefüllte, sind am Schluß des Kalenderjahres bis spätestens 20. Januar gegen neue Stempeldruckformulare derselben Gattung umzutauschen. Sie werden alsdann bei der Direktivbehörde gemäß DV. 16 vernichtet. F.M. 29. 5. 96 III 6627. Für verdorbene oder sonst unbrauchbar gewordene Formulare dieser Art erfolgt Erstattung in der allgemein vorgeschriebenen Weise.

[16] Diese Aenderung betrifft Bek. 14 c Nr. 1 Abs. 2. Die Aenderung ist bei der Bearbeitung berücksichtigt.

Die Anwendung des Steuersatzes von 1,50 M. bildet die Regel; der ermäßigte Stempel von 50 Pf. darf nur ausnahmsweise und nur dort zum Ansatz kommen, wo von vorneherein feststeht, daß an der zu genehmigenden Lustbarkeit nur eine beschränkte Personenzahl Theil nehmen wird und die Theilnehmer den ärmeren Volksklassen angehören.

46 ist durch Nachtrag I weggefallen.

Zur Tarifstelle 48 und Ziffer 45 bis 49 der Bekanntmachung.

47. Behörden steht es frei, in Ansehung derjenigen Verträge, welche sie als Verpächter, Vermiether u. s. w. abgeschlossen haben, die Versteuerung der Verzeichnisse selbst zu bewirken. Hinsichtlich der Verträge, welche sie als Pächter, Miether u. s. w. abgeschlossen haben, liegt ihnen die Verpflichtung ob, demjenigen Stempelsteueramt, in dessen Geschäftsbezirk der Vertrag errichtet ist, eine Abschrift einzusenden oder ihm den Namen der Verpächter, Vermiether u. s. w. das Grundstück, den Zins bezw. die Nutzung, die Dauer des Vertrages, die Vereinbarungen wegen stillschweigender Verlängerungen sowie sonstige für die Stempelpflicht in Betracht kommende Abreden mitzutheilen.

48. In der Zeit vom 1. bis 15. Dezember jeden Jahres sind von den Hauptämtern die Bestimmungen über die Führung und Versteuerung der Verzeichnisse in öffentlichen Blättern bekannt zu machen und für diesen Zweck neben amtlichen Blättern vorzugsweise diejenigen auszuwählen, durch welche die Bekanntmachung die weiteste Verbreitung findet. Die Anordnung des Wortlauts der öffentlichen Bekanntmachung bleibt jedem Provinzial-Steuerdirektor für seinen Verwaltungsbezirk überlassen. Bis spätestens zum 15. Dezember haben die Hauptämter dem vorgesetzten Provinzial-Steuerdirektor von der Bekanntmachung unter Angabe derjenigen Blätter, in welchen dieselbe erfolgt ist, Bericht zu erstatten. Der Provinzial-Steuerdirektor prüft, ob die für die Bekanntmachung gewählten Blätter die geeigneten sind, ordnet erforderlichen Falls weitere Bekanntmachungen in anderen Blättern an und veranlaßt in denjenigen Fällen, in denen eine Anzeige nicht eingegangen und die Veröffentlichung unterblieben ist, des Schleunigsten die nachträgliche Bekanntmachung der betreffenden Bestimmungen. Im Interesse sowohl des Publikums wie der Steuerverwaltung ist es nothwendig, daß die gesetzlichen Vorschriften über die Steuerpflichtigkeit und die Art der Versteuerung der Pacht-, Mieth- 2c.

Verträge im Publikum thunlichst bekannt werden. Zu diesem Behuf wird es namentlich für die ersten Jahre der Geltungszeit des Gesetzes, in welchen die Einrichtung noch neu ist, unter Umständen einer mehrmaligen Bekanntmachung bedürfen. Die Provinzial-Steuerdirektoren haben darauf, daß die Bestimmungen in geeigneter und ausreichender Weise zur Kenntniß des betheiligten Publikums gelangen, ihr besonderes Augenmerk zu richten und zu diesem Zweck für die einzelnen ihnen unterstellten Hauptämter auch das Erforderliche wegen der Zahl der jährlich zu veranlassenden Bekanntmachungen zu bestimmen.

49. Die Hauptämter, Steuer- und Nebenzollämter sind verbunden, von jedem zu ihrer Kenntniß kommenden Pacht-, Mieth- oder antichretischen Vertrage[17] in Betreff des Datums des Vertrages, der Namen der Vertragschließenden, der Bezeichnung des Grundstücks, des Zinses bezw. der Nutzung, der Dauer des Vertrages, der Vereinbarungen wegen stillschweigender Verlängerungen und aller sonstigen für das Stempelinteresse in Betracht kommenden Abreden dem Stempelsteueramt, in dessen Bezirk die den Gegenstand der Verträge bildenden Grundstücke belegen sind, Mittheilung zu erstatten. Diese Mittheilungen sind in der Form von vierteljährlichen, nach dem Muster c aufzustellenden Nachweisungen innerhalb des ersten Monats jeden Vierteljahrs zu machen, und zwar lassen die Zoll- und Steuerämter diese Nachweisung dem Stempelsteueramt unmittelbar — also nicht durch das vorgesetzte Hauptamt — zugehen. Die Nachweisungen sind ohne Anschreiben einzusenden, müssen aber mit der Bezeichnung des Vierteljahres und der Amtsstelle, dem Datum und der Unterschrift des Beamten versehen sein. Wenn im Laufe eines Vierteljahres keine Pacht- u. s. w. Verträge bekannt geworden sind, so bedarf es einer Anzeige hierüber nicht, jedoch ist in der nächsten Nachweisung zu bescheinigen, daß in den früheren Vierteljahren Verträge der gedachten Art nicht zur Kenntniß der betreffenden Steuerbehörde gelangt sind.

[18] Die Verpflichtung zu gleichen Mittheilungen an die Stempel-

[17] Da Antichrese seit 1. 1. 00 nur an beweglichen Sachen stattfindet (§§ 1213, 1214 BGB.), so ist die diesbezügliche Anzeigepflicht erloschen. Auf etwaige über ein Grundstück abgeschlossene Nießbrauchsverträge (§§ 1030, 873 BGB.) erstreckt sich die Anzeigepflicht nicht. FM. 18. 8. 00 III 8335, ZBl. S. 465.

[18] Die Vorsitzenden der Einkommensteuer-Veranlagungskommissionen sind auf ihre Verpflichtung aus DV. 49 Abs. 1 und 2 besonders aufmerksam gemacht. FM. 14. 3. 01 III 3183.

steuerämter liegt ferner den Vorsitzenden der Einkommensteuer-Veranlagungskommission ob, welche außerdem die ihnen nach der allgemeinen Verfügung des Justizministers vom 15. November 1894 (Just.-Min.-Bl. S. 314) zugehenden Verzeichnisse über Verhandlungen der nicht streitigen Gerichtsbarkeit, wenn sie Pacht-, Mieth- rc. Verträge enthalten, den Stempelsteuerämtern zur Kenntnißnahme einzusenden haben, sobald diese Verzeichnisse für die Veranlagungs-Kommissionen entbehrlich sind.

Ferner sind die Notare zu Mittheilungen der bezeichneten Art an das Stempelsteueramt, in dessen Bezirk sie ihren Amtssitz haben, verbunden in Ansehung der von ihnen aufgenommenen sowie derjenigen Pacht-, Mieth- rc. Verträge, bei denen sie den Entwurf anfertigen und nach Vollziehung durch die Betheiligten die Unterschriften oder Handzeichen beglaubigen. Den Notaren bleibt es überlassen, diese Mittheilungen von Fall zu Fall oder in der Form der vorbezeichneten Nachweisungen zu machen.

In Betreff der von den Gerichtsschreibern einzusendenden Mittheilungen ist in der allgemeinen Verfügung des Finanzministers und des Justizministers, betreffend das gerichtliche Stempelwesen, das Erforderliche bestimmt.

Die Stempelsteuerämter überweisen die nicht zu ihrem Geschäftsbezirk gehörigen Fälle dem zuständigen Stempelsteueramt und bewahren die ihnen zugehenden Nachweisungen, welche für die Prüfung der von den Verpächtern, Vermiethern u. s. w. eingesendeten Verzeichnisse und gemachten Versicherungen (vergl. die nächstfolgende Ziffer) zu benutzen sind, in übersichtlicher Weise auf. Die Stempelsteuerämter haben aus den zu ihrer eigenen Kenntniß kommenden Pacht-, Mieth- rc. Verträgen sowie aus den ihnen von den Veranlagungskommissionen mitzutheilenden Verzeichnissen über Verhandlungen der nicht streitigen Gerichtsbarkeit die erforderlichen Angaben zu den Akten zu entnehmen.

50. Die Vorstände der Stempelsteuerämter müssen in jedem Geschäftsjahr eine Anzahl von Verpächtern, Vermiethern u. s. w. auf Grund des § 31 Abs. 3 und der Tarifstelle 48 Buchstabe a Abs. 2 sowie unter Hinweis auf die Strafe des § 18 Abs. 3 des Gesetzes auffordern, innerhalb einer bestimmten Frist die von ihnen geführten Verzeichnisse vorzulegen bezw. mitzutheilen, von welcher Steuerbehörde dieselben aufbewahrt werden, oder anzuzeigen, daß von ihnen während des vorangegangenen Kalenderjahres Verträge

der in der Tarifstelle 48 Buchstabe a bezeichneten Art nicht errichtet worden sind. Die Richtigkeit der Verzeichnisse bezw. der Versicherung ist auf Grund der in den beiden vorhergehenden Ziffern erwähnten Mittheilungen, Nachweisungen und Angaben sowie der sonstigen zur Kenntniß der Stempelsteuerämter gelangten Tatsachen und insbesondere auf Grund der amtlichen Auskunft der das polizeiliche Meldewesen handhabenden Behörden zu prüfen. Die erforderlichen Aufklärungen werden seitens der Beamten der Stempelsteuerämter oder der Beamten der ersuchten Hauptämter, Zoll- und Steuerämter möglichst im Wege persönlicher Erkundigungen bei den Ortspolizeibehörden eingeholt werden müssen. Letztere sind verpflichtet, den Beamten der Steuerverwaltung bei ihren Ermittelungen die thunlichste Unterstützung zu Theil werden zu lassen und ihnen bereitwilligst über alle an sie gerichteten, die Versteuerung der Verträge betreffenden Fragen Auskunft zu ertheilen.

Zur Tarifstelle 49.

51. Die Versteuerung der Pässe und Paßkarten[10] zu Reisen erfolgt durch Verwendung von Formularen (bezüglich des Formulars für Paßkarten s. Min. Bl. d. i. V. für 1851 S. 10), welche zum Preise von 1½ M und ½ M. abgestempelt und für die Behörden bei den Hauptsteuer- und Hauptzollämtern, den Steuer- und Nebenzollämtern zum Verkauf gestellt werden

Wird für Pässe zum Transport von Leichen der ermäßigte Steuersatz von 1,50 M. in Anspruch genommen, so sind dieselben, falls keine Bedenken entgegenstehen, vorläufig zu diesem Betrage auszufertigen. Sofern der den Paß ausstellenden Behörde die Vermögensverhältnisse des die Ertheilung des Passes Nachsuchenden als dürftige nicht bekannt sind, ist dem Letzteren aufzugeben, binnen einer Frist von zwei Wochen eine amtliche, stempelfrei zu ertheilende Bescheinigung über seine Vermögensverhältnisse einzureichen. Geht eine solche Bescheinigung innerhalb dieser Frist nicht ein oder wird durch die eingehende Bescheinigung die Bedürftigkeit nicht nachgewiesen, so ist der Fehlbetrag von 3,50 M. nachzuerheben.

[10] a) Paßkarten dürfen nur auf bereits abgestempelten Formularen ausgefertigt werden. FM. 21. 5. 96 I 8947/III 6347.

b) Die für Gewerbelegitimationskarten bezüglich des Ankaufs, Verbrauchs, Umtausches und Vernichtung oben bei Nr. 43 gegebenen Vorschriften gelten auch für die abgestempelten Formulare zu Paßkarten. FM. 29. 5. 96 III 6627.

Zur Tarifstelle 60.

52. Die unter dieser Tarifstelle und Tarifstelle 42 Abs. 3 für Namensvermehrung und Namenswechsel bei adligen Namen bezw. für landesherrliche Standeserhöhungen und Gnadenerweise vorgeschriebenen Stempel werden, soweit die Bearbeitung der Angelegenheiten dem Königlichen Heroldsamte obliegt, von diesem eingezogen, bei der Kasse des Heroldsamts in Soll-Ausgabe gestellt und vor dem Schlusse eines jeden Rechnungsjahres mittels Nachweisung dem Finanzministerium überwiesen, welches wegen Ausfertigung, Entwerthung und Aushändigung der Stempelbogen und wegen Vereinnahmung des Geldbetrages das Erforderliche verfügt.

In allen anderen Fällen sind die tarifmäßigen Stempel jedesmal von der mit der Aushändigung der stempelpflichtigen Urkunde beauftragten Provinzialbehörde (Regierung, Polizeidirektion u. s. w.) einzuziehen, welche alsbald Stempelzeichen anzukaufen und solche, ordnungsmäßig entwerthet, bei ihren Akten aufzubewahren hat.

Zur Tarifstelle 77.

53.* Für nachstehende Befähigungs- und Prüfungszeugnisse werden für die Behörden abgestempelte Formulare bei den Hauptsteuer- und Hauptzollämtern, Steuer- und Nebenzollämtern zum Verkauf gestellt:

a) Befähigungs-Zeugnisse für Seeschiffer und Seesteuerleute Formular A, B, C, G, J, K, L, M, N (R.G.Bl. 1887 S. 417 bis 429), E, Q, R, S (Reichscentralbl. 1899 S. 87 bis 90)** das Stück zu 1½ Mk.;

b) Befähigungs-Zeugnisse (für Maschinisten auf Seedampfschiffen) Formular B, C, D und E (Reichscentralblatt 1891, S. 267 bis 270) das Stück zu 1½ M.;

c) Prüfungs-Zeugnisse (über Schiffsdampfmaschinenkunde für Seeschiffer) (vergl. Fin.-Min.-Erlaß vom 17. Mai 1889 III 7391) das Stück zu 1½ M.

Alle Behörden und Beamten sind verpflichtet, bei der Ertheilung amtlicher Zeugnisse, welche ihres besonderen Zwecks wegen (s. Buchstabe a und c der Befreiungen dieser Tarifstelle) dem sonst

* Vgl. FM. 18. 11. 02 bei Bek. 14 C 1.

** Vom 1. 7. 04 sind zu diesen Zeugnissen die durch Bek. des Herrn Reichskanzlers vom 30. 4. 04 (RZBl. S. 125) festgestellten Formulare E, F, G, H zu verwenden. FM. 28. 5. 04 III 6737.

zu entrichtenden Stempel nicht unterliegen, in dem Zeugniß — und zwar in dem Text des Zeugnisses und nicht in Vermerken, welche außerhalb dieses Textes stehen und durch die Unterschrift des Beamten nicht gedeckt werden — den Zweck bestimmt anzugeben, zu welchem das Zeugniß ausgestellt wird. Unterbleibt eine solche Angabe, so unterliegt das Zeugniß in allen Fällen und ohne Rücksicht darauf, daß es thatsächlich zu einem Stempelfreiheit genießenden Zweck gebraucht worden ist oder nicht, dem tarifmäßigen Stempel von 1,50 M. (vergl. Absatz 4 dieser Tarifstelle). Wird ein entgegen der vorgedachten Vorschrift stempelfrei ertheiltes amtliches Zeugniß bei einer Behörde zur Begründung irgend eines Antrages vorgelegt, so hat diese Behörde den fehlenden Stempelbetrag von dem Vorzeiger oder Inhaber bezw. von derjenigen Person, auf deren Veranlassung das Zeugniß ertheilt ist, einzuziehen und den Sachverhalt der vorgesetzten Behörde des Beamten, von welchem das Zeugniß ausgestellt ist, anzuzeigen. Ist der die Stempelfreiheit rechtfertigende Zweck bestimmt bezeichnet, von dem Zeugniß aber zu einem anderen als dem aus der Urkunde hervorgehenden Zwecke Gebrauch gemacht, ohne daß der Inhaber oder Vorzeiger die Versteuerung bewirkt hat, so haftet derselbe nicht blos für den tarifmäßigen Stempel (§ 13 Buchstabe d des Gesetzes), sondern er verfällt unter Umständen auch in eine dem vierfachen Betrage des Stempels gleichkommende Strafe (§ 17 Abs. 1 des Gesetzes)

Berlin, den 14. Februar 1896.

Der Finanzminister.

Muster 1 zum Strafbescheide.

(Zu Ziffer 5 des Nachtrages.) *

Firma

.... den ....

Strafbescheid.

In der Stempelstrafsache

gegen

wird gegen den Beschuldigten auf Grund des § 19 des Stempelsteuergesetzes vom 31. Juli 1895 (Gesetz-Samml. S 413) eine Ordnungs-

* s. Ziff. 13 DV

strafe von ..... Mark, in Buchstaben: „................ Mark“ festgesetzt. Der Beschuldigte hat die Kosten des Verfahrens zu tragen.

Gründe.*)

Gegen diesen Strafbescheid steht dem Beschuldigten offen, nach seiner Wahl

entweder

den Antrag auf gerichtliche Entscheidung

oder

die Beschwerde an .... binnen einer Woche nach der Bekanntmachung dieses Strafbescheides bei mir oder bei der Behörde, welche den Strafbescheid bekannt gemacht hat, anzubringen. Die Ergreifung des einen Rechtsmittels hat den Ausschluss des anderen zur Folge.

Wird keines der bezeichneten Rechtsmittel rechtzeitig an zuständiger Stelle eingelegt, so wird der Strafbescheid vollstreckbar. Die Strafe mit den sich aus anliegender Berechnung ergebenden Kosten des Verfahrens ist binnen einer Woche nach Eintritt der Vollstreckbarkeit, bei Vermeidung der Zwangsvollstreckung, an .... zu zahlen.

Berechnung:

Es sind zu zahlen:

1. Strafe .... M. . . . Pf.
2. Kosten
   a) Stempel .... M. . . . Pf.
   b) Postgebühren .... „ . . . . „
   c) Schreibgebühren ..... „ . . . „
   d) Sonstige Auslagen .... „ . . . „

zusammen ..... M. . . . Pf.

Summe ..... M. . . . Pf.

---

*) In den Gründen sind auch die Beweismittel anzugeben.

Beilage 1.

(Zu § 30 des Gesetzes und Ziffer 20 der Dienstvorschriften.)

Bestimmungen
wegen Anstellung von Stempelvertheilern.

An Orten, an denen ein Steueramt sich nicht befindet oder der Ankauf und die Entwerthung von Stempelmaterialien wegen zu weiter Entfernung der zunächst belegenen Steuerstelle mit Umständen verbunden ist, sind mit dem Verkauf und der Entwerthung von Stempelpapier und Stempelmarken bis zu bestimmten Beträgen, dem Verkaufe von Stempeldruckbogen zu Genehmigungen der Veranstaltung von Lustbarkeiten sowie der unentgeltlichen Verabfolgung von Formularen zu Pacht-, Mieth- und Antichrese-Verzeichnissen zuverlässige und geeignete Privatpersonen oder Beamte (Stempelvertheiler) zu beauftragen.[20]

Diese Personen haben, insoweit sie als Stempelvertheiler thätig sind, die Eigenschaft von öffentlichen Beamten. Die Befugniß, Stempelmaterialien zu entwerthen, ist von ihnen persönlich auszuüben; einer anderen Person dürfen sie dieselbe nicht übertragen.

Stempelvertheilern, denen der Umfang ihrer eigentlichen Geschäfte nicht die fortwährende Anwesenheit in den Geschäftsräumen gestattet, kann aber in der Person eines ihrer Geschäftsgehilfen ein Stempelvertheiler-Stellvertreter durch den Provinzial-Steuerdirektor bestellt werden. Der Stempelvertheiler bleibt jedoch der Steuerverwaltung gegenüber für die Verrichtungen seines Stellvertreters verantwortlich. Der Name des Stellvertreters ist dem Finanzminister anzuzeigen.

Hinsichtlich der vor dem 1. April bereits angestellten Stempelvertheiler behält es bei den dieserhalb ergangenen Bestimmungen, insbesondere auch bei der ihnen für ihre Mühewaltung zugebilligten Entschädigung, mit der Maßgabe das Bewenden, daß sie neben

[20] Die Portokosten für den zwischen den Steuerbehörden und den Stempelverteilern entstehenden dienstlichen Schriftwechsel in Stempelangelegenheiten sind auf die Staatskasse übernommen. FM. 23. 2. 97 III 14515. Ebenso sind die Portokosten für die Dienstsendungen der Stempelverteiler in das Aversionierungsabkommen einbezogen. FM. 12. 7. 98 III 9341.

dem Verkauf und der Entwerthung von Stempelmaterialien auch die unentgeltliche Verabfolgung von Formularen zu Pacht-, Mieth-, und Antichrese-Verzeichnissen zu übernehmen haben und daß ihre Befugniß zum Verkauf und zur Entwerthung von Stempelmaterialien allgemein bis zu dem Höchstbetrage von fünfzig Mark für den Einzelfall erweitert wird. In denjenigen Fällen, in welchen den Stempelvertheilern diese Erlaubniß durch frühere Verfügungen für höhere Beträge gegeben ist, bleiben diese Anordnungen bestehen.

Die Neueinrichtung von Stempelvertheilungsstellen unterliegt der Genehmigung des Finanzministers. Die Auswahl der Personen des neuanzustellenden Stempelvertheilers und der Geschäftsnachfolger ist von den Provinzial-Steuerdirektoren selbständig zu treffen, doch haben die letzteren die Namen der Stempelvertheiler in Form von Nachweisungen, die je ein Kalenderjahr umfassen, dem Finanzminister anzuzeigen. Diese innerhalb der ersten zehn Tage jedes Kalendervierteljahrs einzureichenden Nachweisungen sind zugleich zur Angabe der Namen der Stempelvertheiler-Stellvertreter (Abs. 3) sowie zur Angabe der einzelnen Stempelvertheilern etwa bewilligten Erhöhung ihrer Bezüge und zur Anzeige der Gründe, welche für die Erhöhung massgebend waren, zu benutzen (Abs. 8).

Wo die Verkehrsverhältnisse den Verkauf und die Entwerthung von Stempelmaterialien während der ganzen Tageszeit bedingen, werden in der Regel Geschäfts- oder Gewerbetreibende (Ladeninhaber u. s. w.) als Stempelvertheiler anzustellen sein; wo dagegen der Verkehr ein geringerer ist und es genügt, wenn der Verkauf und die Entwerthung der Stempelmaterialien während bestimmter Stunden am Tage stattfindet, können vorzugsweise Beamte (insbesondere Lehrer u. s. w.) mit den Geschäften eines Stempelvertheilers betraut werden.

Die Befugniß der Stempelvertheiler zum Verkauf und zur Entwerthung von Stempelmaterialien erstreckt sich bis zum Höchstbetrage von fünfzig Mark für den Einzelfall. Mit Genehmigung des Finanzministers kann im Bedürfnißfalle die Befugniß auch für höhere Beträge ertheilt werden.

[21] Als Vergütung für alle Mühewaltungen, welche mit dem Stempelvertheilungsgeschäft und der unentgeltlichen Verabfolgung

---

[21] Die zugebilligten prozentualen Entschädigungssätze für seine Mühewaltung und sächlichen Unkosten erhält der Stempelverteiler nach dem Betrage der von ihm selbst entnommenen Materialien ohne

von Formularen verbunden sind, erhalten die Stempelvertheiler in der Regel eine Entschädigung von zwei vom Hundert des für die entnommenen Stempelmaterialien gezahlten Betrages und, sofern deren Werth in einem Jahre 60 000 M. übersteigt, eine Entschädigung von Einem vom Hundert des Mehrbetrages. Im Falle des Bedürfnisses insbesondere zur Erhaltung bestehender Stempelvertheilungsstellen können jedoch die Provinzial-Steuerdirektoren nach ihrem Ermessen den Stempelvertheilern eine Entschädigung bis zu fünf vom Hundert bewilligen bezw. dieselbe auf diesen Satz erhöhen. Dem Finanzminister ist hiervon unter Mittheilung der Gründe, welche für die Erhöhung der Entschädigung maßgebend gewesen sind, Anzeige zu erstatten.

Der Stempelvertheiler hat seinen Bedarf an Stempelmaterialien von dem Hauptzoll- oder Hauptsteuer-Amt, in dessen Bezirk er wohnt, zu entnehmen; in geeigneten Fällen kann der Ankauf auch bei einem von dem Provinzial-Steuerdirektor zu bestimmenden Unteramt vorgeschrieben werden. Die Formulare zu Pacht- &c. Verzeichnissen erhält der Stempelvertheiler von dem Amt, bei welchem er die Stempelmaterialien entnimmt, unentgeltlich. Die Verabfolgung der Stempelmaterialien erfolgt in der Regel nur gegen baare Zahlung ihres Werthbetrages. An Beamte, welche als Stempelvertheiler angestellt sind, können jedoch ausnahmsweise mit Genehmigung des Provinzial-Steuerdirektors Stempelmaterialien ohne gleich baare Zahlung des Werthbetrages ausgehändigt werden. In Fällen dieser Art liegt dem Stempelvertheiler die Pflicht ob, die für verkaufte Stempelmaterialien vereinnahmten Beträge vierteljährlich an das vorgesetzte Hauptamt abzuführen.

Ob und welche Sicherheit von solchen Stempelvertheilern zu leisten ist, bestimmt der Provinzial-Steuerdirektor.

Eine Vereidigung der Stempelvertheiler findet nicht statt, vielmehr genügt es, wenn ihnen durch Handschlag und Aufnahme einer Verhandlung von dem Dirigenten des zuständigen Hauptamtes das Versprechen abgenommen wird, die Pflichten eines Stempelvertheilers gewissenhaft zu erfüllen.

Rücksicht darauf, welche Entschädigung sein Amtsvorgänger bezogen hat. Bei einem Wechsel in der Person des Stempelverteilers wird also nicht die Jahresentnahme an Stempelmaterialien einheitlich für das ganze Jahr der Bemessung der Entschädigung zu grunde gelegt, so daß sich der neu Eintretende die Entnahme seines Vorgängers nicht anzurechnen lassen braucht. FM. 18. 8. 03 III 10869.

Die Stempelvertheiler erhalten für ihre Geschäftsführung einen Abdruck des Stempelsteuergesetzes nebst Ausführungsbestimmungen und eine Anweisung nach Maßgabe der Anlage, deren Abänderung und Ergänzung unter Berücksichtigung der vorkommenden besonderen Verhältnisse den Provinzial-Steuer-Direktoren überlassen bleibt. Diese Anweisung ist dem dem Stempelvertheiler vorgesetzten Hauptamt behufs Ueberwachung der ordnungsmäßigen Verwaltung der Stempelvertheilungsgeschäfte gleichfalls mitzutheilen.

Anlage zur Beilage 1.

Anweisung

für die Geschäftsführung der Stempelvertheiler.

§ 1.

Der Stempelvertheiler hat seinen Bedarf an Stempelmaterialien und Formularen zu Pacht-, Mieth- und Antichreseverzeichnissen von dem ....-Amt in .... zu entnehmen, und zwar die Materialien im Betrage von 50 M., 100 M. und so fort in stets um 50 M. steigenden Beträgen. [Den Werthbetrag dieser Stempelmaterialien hat der Stempelvertheiler sofort baar zu erlegen, auch über den unentgeltlichen Empfang der Formulare Quittung zu leisten.]*)

---

*) Anmerkung. In die Anweisung für Stempelvertheiler, welche für die entnommenen Stempelmaterialien sofortige Baarzahlung nicht zu leisten brauchen, ist statt der eingeklammerten Stelle folgende Bestimmung aufzunehmen:

„Die Verabfolgung dieser Stempelmaterialien und Formulare erfolgt gegen Quittungsleistung, ohne daß für die Materialien sofortige Baarzahlung geleistet zu werden braucht. Der Betrag der von dem Stempelvertheiler für abgesetzte Stempelmaterialien vereinnahmten Stempelsteuer wird am Schlusse jedes Vierteljahres, und zwar je am .... von dem Bezirks-Ober-Kontroleur festgestellt. Nach dem hierbei vorgefundenen Bestande an Stempelmaterialien wird die Menge der verkauften Stempelmaterialien ermittelt und der Geldbetrag berechnet. Dieser Betrag wird dem Stempelvertheiler sofort mitgetheilt und muß von ihm spätestens binnen 3 Tagen an das vorgesetzte Hauptamt baar eingezahlt werden."

Der Stempelvertheiler muß stets mit einem hinreichenden Vorrath aller Gattungen von Stempelmaterialien bis einschließlich .... Mark versehen sein, um allen Ansprüchen sofort genügen zu können. Die Materialien müssen in sicherer, trockener und reinlicher Verwahrung gehalten werden. Für Stempelmaterialien, die durch Verschulden des Stempelvertheilers unsauber und unbrauchbar werden, wird Ersatz nicht geleistet

Der Stempelvertheiler hat die von ihm vorräthig zu haltenden Formulare auf Verlangen den Steuerpflichtigen unentgeltlich zu verabfolgen. Ein Verkauf derselben ist ihm untersagt.

§ 2.

Als Vergütung für alle Mühewaltungen, welche mit dem Stempelvertheilungsgeschäft und der unentgeltlichen Verabfolgung von Formularen verbunden sind, erhält der Stempelvertheiler eine Entschädigung von vom Hundert des für die entnommenen Stempelmaterialien gezahlten Betrages. [Die Zahlung der Entschädigung erfolgt am Schlusse des Rechnungsvierteljahres gegen Quittung durch das amt in ....] *) Am Schlusse des Rechnungsjahres ist über den ganzjährigen Betrag der Entschädigung eine Hauptquittung auszustellen.

§ 3.

Die Stempelvertheiler, insoweit sie als solche thätig sind, haben die Eigenschaft öffentlicher Beamter. Die Befugniß, Stempelmaterialien zu entwerthen, ist von ihnen persönlich auszuüben; einer anderen Person dürfen sie dieselbe nicht übertragen.

Stempelvertheiler, denen der Umfang ihrer eigentlichen Geschäfte nicht die fortwährende Anwesenheit in den Geschäftsräumen gestattet, kann aber in der Person eines ihrer Geschäftsgehilfen ein Stempelvertheiler-Stellvertreter durch den Provinzial-Steuerdirektor bestellt werden. Der Stempelvertheiler bleibt jedoch der Steuerverwaltung gegenüber für die Verrichtungen seines Stellvertreters verantwortlich.

---

*) Anmerkung. Im Falle des Bedürfnisses ist statt der eingeklammerten Stelle zu setzen:

„Die Zahlung der Entschädigung erfolgt bei der jedesmaligen Entnahme von Stempelmaterialien durch Abzug von dem Werthbetrage derselben. Ueber den Betrag der in Abzug gebrachten Entschädigung hat der Stempelvertheiler Quittung zu leisten.

§ 4.

Dem Stempelvertheiler ist nur gestattet, Stempelmaterialien (Papier und Marken) bis zum Werthe von ..... Mark einschließlich zu verkaufen; die Entwerthung von Stempelmaterialien ist ihm bis zu demselben Betrage für den einzelnen Fall gestattet.

Wenn Stempelmaterialien von höherem Werth als ..... Mark ohne das Verlangen der Entwerthung begehrt werden, oder wenn eine Urkunde, zu welcher ein Stempel zum Betrage von mehr als ..... Mark erforderlich ist, behufs Entwerthung des Stempels vorgelegt wird, darf der Stempelvertheiler diesen höheren Werth beziehungsweise Betrag nicht durch Zusammenlegung bezw. Entwerthung mehrerer einzelner Stempelwerthzeichen darstellen, sondern er muß den Käufer an das zuständige Steueramt verweisen. Zu einer steuerpflichtigen Urkunde, deren Abstempelung der Stempelvertheiler innerhalb der ihm zustehenden Befugniß bewirken kann, ist immer die höchste Gattung der vorhandenen Stempelmaterialien anzuwenden. Es darf zur Darstellung des Stempelwerthes eine Zusammensetzung mehrerer Stempelwerthzeichen nur insoweit und in möglichst geringer Anzahl stattfinden, als jener Werth durch ein Stempelwerthzeichen nicht darstellbar ist.

§ 5.

Wegen Beobachtung der dem Stempelvertheiler beim Verkauf und der Entwerthung von Stempelmaterialien obliegenden Verpflichtungen wird im Allgemeinen auf das Stempelsteuergesetz vom 31. Juli 1895 und die Vollzugsbestimmungen zu diesem Gesetz verwiesen.

Auf Verlangen der Käufer ist der Stempelvertheiler verpflichtet, die von ihm entnommenen Stempelwerthzeichen bis zu dem Gesammtbetrage von ..... Mark mit dem Entwerthungsvermerke zu versehen, und zwar hat derselbe zu schriftlichen Urkunden statt des erforderlichen Stempelpapiers, wenn der Steuerpflichtige dessen Verwendung nicht ausdrücklich verlangt, Stempelmarken in entsprechendem Werthe und in möglichst geringer Zahl zu entwerthen.

§ 6.

(In diesem Paragraphen, welcher die Stempelvorschriften über Entwerthung von Stempelpapier und Marken enthalten soll, sind die entsprechenden Bestimmungen der Ziffer 15 A I, II und Nr. 1 der Bekanntmachung und der Ziffer 4 der Dienstvorschriften einzurücken.)

§ 7.

Behufs Darstellung der für die Entwerthung von Stempelpapier und Stempelmarken vorgeschriebenen Schwarzstempel-Abdrücke wird dem Stempelvertheiler ein Schwarzstempel von dem vorgesetzten Hauptamt zugefertigt; die erforderliche Stempelfarbe ist von dem gedachten Amt gegen Erstattung der Anschaffungskosten zu beziehen.

§ 8.

Die Stempelpflichtigkeit einer Urkunde wird durch ihre Vernichtung, auch wenn diese innerhalb der gesetzlichen Stempelverwendungsfrist erfolgt, nicht beseitigt, ebensowenig wie die Wiederaufhebung eines Geschäfts die Stempelpflichtigkeit der über dasselbe errichteten Urkunde in Wegfall zu bringen vermag.

Die Stempelpflichtigkeit der Verträge beruht deshalb auf ihrem schriftlichen Abschlusse, unabhängig davon, ob und unter welchen Bedingungen dieselben zur Ausführung kommen oder nicht.

Urkunden über Rechtsgeschäfte, aus deren Inhalt hervorgeht, daß sie der Genehmigung oder des Beitritts einer Behörde oder eines Dritten bedürfen, werden erst durch diese Genehmigung oder den Beitritt rechtswirksam und somit stempelpflichtig. Zu Urkunden, denen die erforderliche Genehmigung oder der Beitritt versagt ist, bedarf es daher keines Stempels.

Die Stempelpflichtigkeit einer Vertragsurkunde wird dadurch nicht ausgeschlossen, daß beide Vertragstheilnehmer nicht ein und dieselbe Schrift unterschriftlich vollzogen haben. Ein stempelpflichtiger Vertrag kann vielmehr auch dadurch zu Stande kommen, daß er in zwei Exemplaren errichtet wird und jeder Vertragstheilnehmer nur das dem anderen übergebene Vertragsexemplar allein und einseitig unterzeichnet hat. Diese beiden Schriftstücke bilden nur in Verbindung mit einander eine stempelpflichtige Urkunde und stehen in Beziehung auf die Stempelpflichtigkeit zu einander nicht in dem Verhältniß von Haupt- und Nebenausfertigung.

Den unterschriftlich vollzogenen Urkunden stehen diejenigen gleich, unter welchen der Name oder die Firma des Ausstellers in seinem Auftrage unterschrieben oder mit seinem Wissen oder Willen durch Stempelaufdruck, Lithographie oder in irgend einer anderen Art mechanisch hergestellt ist.

Enthält eine Urkunde verschiedene steuerpflichtige Geschäfte, welche sich nicht als Bestandtheile eines einheitlichen, nach dem

Tarif steuerpflichtigen Rechtsgeschäfts darstellen, so ist der Betrag des Stempels für jedes Geschäft besonders zu berechnen und die Urkunde mit der Summe dieser Stempelbeträge zu belegen.

§ 9.

Der Stempelvertheiler hat sich nicht auf Verabfolgung und Verwendung des verlangten Stempels zu beschränken, sondern in allen Fällen eine selbständige und sorgfältige Prüfung der ihm zur Versteuerung vorgelegten Urkunden hinsichtlich ihrer Stempelpflichtigkeit vorzunehmen und danach den Stempel zu berechnen bezw., sofern dies innerhalb seiner Zuständigkeit liegt, zu entwerthen. Verweigert der Vorleger der Urkunde die Einsichtnahme, so muß die Prüfung unterbleiben. In diesem Falle sind auf der Urkunde die Worte „Einsicht der Urkunde verweigert" zu vermerken. Entstehen über die Höhe des Stempels Zweifel, so hat der Stempelvertheiler den nach seiner Ansicht zum Mindesten erforderlichen Stempel, wenn dies innerhalb seiner Zuständigkeit liegt, zu erheben und zu entwerthen und demnächst dem vorgesetzten Hauptamt von dem Sachverhalt unter kurzer Darlegung der Zweifel und Angabe der Namen und des Wohnorts der Steuerpflichtigen Anzeige zu machen.

§ 10.

Wird dem Stempelvertheiler eine stempelpflichtige Urkunde vorgelegt, zu welcher der erforderliche Stempel innerhalb der gesetzlichen Frist nicht beigebracht ist, so ist diese Urkunde in Urschrift oder in Abschrift dem vorgesetzten Hauptamt behufs Einleitung des Strafverfahrens zu übermitteln. Kann die Urkunde in Urschrift oder Abschrift nicht eingereicht werden, so genügt eine kurze Angabe des Sachverhalts. Liegt die Versteuerung der Urkunde innerhalb der Zuständigkeit der Stempelvertheilers, so hat er die Versteuerung vorher zu bewirken, andernfalls aber, wenn es thunlich ist, den hinterzogenen Stempelbetrag an das vorgesetzte Hauptamt abzuliefern.

§ 11.

Verdorbene Stempelmaterialien dürfen auf anderweit zu entnehmende Stempelwerthzeichen nicht in Zahlung genommen werden, sondern die den Ersatz Verlangenden sind wegen ihrer Ansprüche an das zuständige Hauptamt zu verweisen.

§ 12.

Der Stempelvertheiler hat sich mit dem Stempelsteuergesetz vom 31. Juli 1895, den zu demselben ergangenen und später ergehenden Vollzugsbestimmungen sowie der vorstehenden Anweisung genau bekannt zu machen. Diejenigen Personen, welche Stempelwerthzeichen von ihm entnehmen, sind von ihm mit Höflichkeit zu bedienen.

§ 13.

Der Stempelvertheiler ist verpflichtet, sich zu jeder Zeit einer von Amtswegen vorzunehmenden Prüfung seiner Geschäftsführung zu unterwerfen. Bei Verletzung der vorstehenden Vorschriften hat er Rügen, sowie den Verlust der Stempelvertheilungsstelle zu gewärtigen.

Datum.

Der Provinzial-Steuerdirektor.
Unterschrift.

Beilage 2.

(Zu § 31 des Gesetzes und Ziffer 23 der Dienstvorschriften.)

Anweisung für die Geschäftsführung der Vorstände der Stempelsteuerämter.

§ 1.

Die Aufsicht über die gehörige Beobachtung des Stempelsteuergesetzes liegt den Vorständen der Stempel- und Erbschaftssteuerämter ob, zu deren besonderen Obliegenheiten die Vornahme der Stempelrevisionen innerhalb der ihnen zugewiesenen Geschäftsbezirke gehört.

§ 2.

Für jeden Geschäftsbezirk ist ein vollständiges, vom Provinzial-Steuerdirektor zu genehmigendes Verzeichniß der von dem Vorstande zu revidirenden Stellen anzulegen und unter Berücksichtigung der im Laufe der Zeit eintretenden Aenderungen (Zu- und Abgänge) fortzuführen. Unter Benutzung desselben hat der Vorstand alljährlich, und zwar spätestens im Monat März, einen Geschäftsplan über die vorzunehmenden Revisionen zu entwerfen und dem Provinzial-Steuerdirektor zur Genehmigung vorzulegen. Bei Aufstellung dieses Planes sind die Bestimmungen der Ziffer 24 der Dienstvorschriften zu Grunde zu legen.

§ 3.

Die Provinzial-Steuerdirektoren haben Vorsorge zu treffen, daß die Geschäftsführung der Stempelsteuerämter nicht durch die den Vorständen obliegenden Dienstreisen oder in Fällen anderweiter dauernder Behinderung derselben unterbrochen wird und die dieserhalb erforderlichen Anordnungen zu erlassen.

Wo zwei oder mehrere Stempelsteuerämter an einem Orte sind oder wo ein Stempelsteueramt am Sitze der Provinzial-Steuerbehörde sich befindet, muß die Vertretung des einen Vorstandes durch den andern beziehungsweise durch den Justiziarius oder ein anderes Mitglied der Provinzial-Steuerbehörde erfolgen.

Nur wenn zwingende dienstliche Gründe einer solchen Vertretung entgegenstehen und bei denjenigen Stempelsteuerämtern, bei denen die vorgedachten Voraussetzungen überhaupt nicht zutreffen, ist die Vertretung des Vorstandes einem der ihm unterstellten Beamten, und zwar, wenn nicht besondere Umstände zu einer anderen Auswahl nöthigen, dem im Dienste ältesten zu übertragen, wobei derselbe zugleich bezüglich des Umfanges der von ihm wahrzunehmenden Geschäfte des Vorstandes mit der erforderlichen Anweisung zu versehen sein wird. Diese Vertretung sowie die Wahl des für die Vertretung in Aussicht genommenen Beamten bedarf der Genehmigung des Provinzial-Steuerdirektors.

Zur Vermeidung von Störungen im Geschäftsgange ist darauf hinzuwirken, daß die Vorstände behufs Vornahme auswärtiger Stempelrevisionen nicht Reisen von längerer Dauer unternehmen, sondern zu diesem Zweck, wenn auch öfter, jedesmal nur auf kürzere Zeit ihren Amtssitz verlassen. Das Ziel und die voraussichtliche Dauer jeder Reise ist dem Provinzial-Steuerdirektor anzuzeigen. Der Antritt der Reise darf nicht eher erfolgen, als bis sich der Provinzial-Steuerdirektor mit derselben einverstanden erklärt bezw. die im vorhergehenden Absatz erwähnte Vertretung sowie die Wahl des für die Vertretung in Aussicht genommenen Beamten genehmigt hat.

§ 4.

Die Vorstände haben sich bei Beginn der Revision zunächst eine allgemeine Kenntniß von der Art und dem Umfange des Geschäftsverkehrs der zu revidirenden Stellen zu verschaffen und zu diesem Behuf bei Gesellschaften, Genossenschaften und Gewerkschaften vor Allem die Geschäftsberichte, Bilanzen, Statuten und ähnliche Hülfsmittel, bei Behörden und Beamten die Jahresrechnungen und die Verzeichnisse über die im Einzelnen geführten Akten (Repertorien) einzusehen. Auf Grund dieser Durchsicht müssen in erster Linie diejenigen Akten und Verhandlungen einer genauen Prüfung unterworfen werden, welche in stempelsteuerlicher Hinsicht von besonderer Wichtigkeit sind.

Die Revision hat sich sowohl auf die allgemeinen, den revidirten Stellen hinsichtlich der Anwendung der Stempelgesetze obliegenden Verpflichtungen, als auf die vorschriftsmäßige Versteuerung der bei denselben im Einzelnen vorgekommenen stempelpflichtigen Verhandlungen und Urkunden zu erstrecken. Ob und inwieweit zur Erreichung des letzteren Zwecks die Einsicht des Schriftwechsels, der Kassen- und Rechnungsbeläge u. s. w. sowie namentlich auch der Geschäftsbücher erforderlich ist, bleibt dem pflichtmäßigen Ermessen der Vorstände überlassen. Wird bei der Durchsicht der Verhandlungen u. s. w. entwerthetes Stempelmaterial vorgefunden, so ist dasselbe auch in Bezug auf seine Echtheit zu prüfen, also daraufhin, ob nicht etwa das Stempelmaterial verfälscht oder fälschlich angefertigt ist. Ferner ist darauf zu achten, ob mißbräuchliche Wiederverwendungen bereits einmal verwendeten Materials stattgefunden haben.

Die Prüfung ist auch auf die vorschriftsmäßige Versteuerung der von den Revisionsstellen im Stempelsteuerinteresse geführten Verzeichnisse (der Verzeichnisse, betreffend die Verwendung von Stempelmarken ohne amtliche Ueberwachung, die Versteuerung von Erlaubnißertheilungen u. s. w.), auf die Feststellung der Unterlagen für die Versteuerung durch Zahlung jährlicher Abfindungssummen sowie auf die Erfüllung der Verpflichtung zur Anzeige vorgekommener Zuwiderhandlungen gegen die Stempelgesetze auszudehnen, insoweit eine solche Verpflichtung den revidirten Stellen nach § 30 Absatz 3 des Gesetzes obliegt.

Ferner haben die Vorstände darauf Bedacht zu nehmen, alle für die Verwaltung der Erbschaftssteuer erheblichen Umstände und Thatsachen, welche bei der Durchsicht der Akten und Verhandlungen zu ihrer Kenntniß kommen, zu sammeln[22] und aus den in Betracht kommenden Urkunden kurze Auszüge oder Vermerke zu entnehmen. Ebenso sind die gelegentlich der Bearbeitung der Erbschaftssteuersachen und die bei der Prüfung der Auszüge aus den Tagebüchern der Grundbuchführer oder sonst bekannt gewordenen Umstände, welche auf die Höhe des Stempels von Einfluß sind, bei der Stempelrevision zu verwerthen.

§ 5.

Bei Revision der Zoll- und Steuerbehörden haben die Vorstände insbesondere die Ausführung der Vorschriften über die Lagerung und den Verkauf der Stempelwerthzeichen, das Prozeßwesen in Stempelsachen und die Führung und Versteuerung der von den Behörden aufbewahrten Pacht-, Mieth- rc. Verzeichnisse (Tarifstelle 48 Buchstabe a des Gesetzes) zum Gegenstand der Prüfung zu machen.

§ 6.

Um übersehen zu können, welche Akten der revidirten Stelle bereits geprüft sind, hat der Vorstand auf jedes von ihm revidirte Aktenstück die Worte: „Gepr. bis Bl. . . . .“, seinen Namen oder dessen Anfangsbuchstaben und das Datum in Ziffern zu setzen. Ferner sind alle im Stempelinteresse zu führenden Verzeichnisse (Stempelsteuerbücher, Verzeichnisse, betreffend die Ueberwachung der Versteuerung von Erlaubnißscheinen u. s. w.) vom Vorstande mit Datum, Unterschrift und Prüfungsvermerk zu versehen.

§ 7.

Wegen der Aufstellung und Abwicklung der Revisions-Erinnerungen haben die Vorstände nach der Vorschrift des vierten und fünften Absatzes der Ziffer 26 der Bekanntmachung und der Ziffern 25 und 26 der Dienstvorschriften zu verfahren.

§ 8.

Die den Provinzial-Steuerdirektoren alljährlich zugehenden Stempelrevisions-Verhandlungen der gerichtlichen Rechnungs-Revisoren sind seitens der Vorstände mit Rücksicht auf die Uebereinstimmung der von beiden Verwaltungszweigen über die Urkundenbesteuerung zu beobachtenden Grundsätze zu prüfen.

---

[22] Insbesondere haben sie auch ihr Augenmerk auf erbschaftssteuerpflichtige Anfälle von Hebungen aus Familienstiftungen zu richten. FM. 26. 7. 05 III 9552.

§ 9.

Die Vorstände sind verpflichtet, in Gemäßheit der Anordnung der Ziffer 50 der Dienstvorschriften alljährlich eine Anzahl von Pacht-, Mieth- ꝛc. Verzeichnissen einzufordern und zu prüfen.

§ 10.

Wegen der Befugniß der Vorstände, von Privatpersonen die Vorlegung stempelpflichtiger Verhandlungen zu verlangen, wird auf den § 31 Absatz 4 des Stempelsteuergesetzes und die Ziffer 29 der Dienstvorschriften verwiesen.

§ 11.

Die Vorstände sind durch ihren Beruf verpflichtet, begangenen Stempelhinterziehungen und Ordnungswidrigkeiten hinsichtlich der Anwendung der Stempelgesetze nachzuforschen und die Ahndung derselben in den geeignet erscheinenden Fällen herbeizuführen.[23]

§ 12.

Zur Niederschlagung begründeter Revisions-Erinnerungen und gesetzlich gerechtfertigter Stempelsteuern sind die Vorstände unter keinen Umständen befugt.

§ 13.

Die Registratur der Stempelsteuerämter ist ordnungsmäßig und nach einem bestimmten Plane zu führen, dessen Entwerfung den Vorständen überlassen bleibt.

Zum Gebrauch in Dienstangelegenheiten werden die Vorstände mit einem Dienstsiegel versehen.

[23] Bei der Befugnis der Vorstände, in geeignet erscheinenden Fällen die Ahndung nicht herbeizuführen, bewendet es. FM. 22. 10. 98 III 12355, ZBl. S. 416. — Vgl. auch A. 1 zu § 19 d. G.

Anhang

zu den

Dienstvorschriften, betreffend die Ausführung des Stempelsteuergesetzes.

Unter Berücksichtigung der im Nachtrag I erfolgten Abänderungen, die äußerlich durch lateinische Schrift kenntlich gemacht sind.

Anweisung

für die

Erhebung und Verrechnung der Preußischen Stempelsteuer.

A. Stempelmaterialienverkehr.

Stempelvorräthe der Hauptämter.

§ 1.

Die Hauptsteuer- und Hauptzollämter werden von dem Haupt-Stempelmagazin in Berlin mit dem nöthigen Vorrathe von Stempelmaterialien (Stempelpapier, Stempelmarken, Stempeldruckformularen und Stempeldruckbogen) versehen.

Dieser Vorrath besteht aus dem für ein halbes Jahr erforderlichen Bedarf an Stempelmaterialien (dem eisernen Bestande, welcher in Grenzen des wirklichen Bedürfnisses nach dem halben Durchschnitte der letzten 3 Jahre unter entsprechender Abrundung von der Provinzial-Steuerbehörde festgesetzt wird) und außerdem aus den für einen Vierteljahresbedarf nöthigen Stempelmaterialien, welche in der Regel die Hälfte des eisernen Bestandes nicht übersteigen dürfen. Von diesem Vorrath müssen die Hauptämter einen verhältnißmäßigen Theil bei sich, den andern Theil bei den Unterämtern und bei denjenigen Stempelvertheilern, die ihren Bedarf an Stempelmaterialien nicht gegen Baarzahlung entnehmen, (§ 10), auf dem Lager haben.

Die vorstehenden Bestimmungen finden keine Anwendung auf die für jedes Kalenderjahr besonders herzustellenden Gewerbelegitimationskarten und Paßkarten. Diese Karten sind thunlichst nur in den Grenzen des wirklichen Bedürfnisses vorräthig zu halten. Die Hauptämter haben sich behufs Ermittelung des muthmaßlichen Jahresbedarfs an die betreffenden Behörden zu wenden und den Bedarf bis zum 1. September jedes Jahres dem Haupt-Stempelmagazin anzumelden.

Bei den Kassenrevisionen ist darauf zu achten, daß die vorräthig zu haltenden Mengen an Stempelmaterialien die vorgeschriebenen Grenzen nicht überschreiten. Eine gleiche Ueberwachungspflicht liegt dem Haupt-Stempelmagazin ob. Dasselbe darf weitergehenden Anträgen der Hauptämter nur dann entsprechen, wenn die Anträge in ausreichender Weise begründet sind.

Ergänzung der Vorräthe.

§ 2.

Eine Ergänzung der Vorräthe des § 1 findet vierteljährlich statt.

Der zur Ergänzung an Stempelmaterialien erforderliche Bedarf ist von den Hauptämtern regelmäßig nach Ablauf eines jeden Vierteljahres bis spätestens zum zehnten Tage des ersten Vierteljahrsmonats bei dem Haupt-Stempelmagazin zu verschreiben. Diese Verschreibung erfolgt durch eine Nachweisung, die in zwei Ausfertigungen nach dem anliegenden Muster A auf Grund der vierteljährlichen Haupt-Stempelgeldabschlüsse (§ 19) aufzustellen und dem Haupt-Stempelmagazin zu übersenden ist.

Die verschriebenen Mengen sind derartig abzurunden, daß sie bei den Stempelmarken zum Werthe von 10 Pf. bis 2 Mark durch 100, bei den Stempelmarken von $2^1/_2$ M. bis 6 M. durch 50 und bei den höheren Sorten durch 20, bei den Paßformularen durch 50, im Uebrigen möglichst durch 10, mindestens aber durch 5 ohne Rest theilbar sind.

Eingang der Sendung des Haupt-Stempelmagazins.

§ 3.

Erhält das Hauptamt demnächst die Sendung der Stempelmaterialien, so muß binnen spätestens drei Tagen in Gegenwart zweier Beamten, von denen einer ein Hauptamtsmitglied sein muß, die Oeffnung der Kisten oder Packete bewirkt, der Inhalt nachgezählt, nach den Werthsätzen geprüft und mit dem Lieferzettel des Haupt-Stempelmagazins verglichen werden.

Ergiebt sich hierbei die Richtigkeit der Sendung, so wird der Empfang sofort in dem Gesammt-Stempel-Lagerbuche und in dem Hauptlagerbuche (§ 15) angeschrieben, die Quittung nach dem anliegenden Muster B ausgestellt und an das Haupt-Stempelmagazin gesandt.

Sind bei der Prüfung der Sendung Unrichtigkeiten entdeckt worden, so ist sogleich eine schriftliche Verhandlung aufzunehmen, welche über das bei der Oeffnung der Kisten oder Packete, bei der Prüfung und Zählung der Stempelmaterialien und bei der Feststellung der Unrichtigkeit beobachtete Verfahren genaue Auskunft giebt und von allen bei der Oeffnung der Kisten 2c. und bei der Abnahme der Stempelmaterialien betheiligten Beamten zu unterschreiben ist. Unter Beifügung dieser Verhandlung ist alsdann sofort und binnen spätestens 8 Tagen nach dem Eingange der Sendung dem Haupt-Stempelmagazin von der Unrichtigkeit Anzeige zu machen. Erfolgt diese Anzeige später, so ist das Haupt-Stempelmagazin nicht mehr zum Ersatze des Fehlbetrages verbunden und dieser lediglich von dem Hauptamte selbst zu vertreten.

Nach Eingang der hauptamtlichen Empfangsbescheinigung hat das Haupt-Stempelmagazin die bei ihm verbliebene zugehörige Bedarfsnachweisung mit dem unterschriftlich zu vollziehenden Vermerke „der Ersatz ist geliefert" zu versehen und an die dem Hauptamte vorgesetzte Provinzial-Steuerbehörde einzusenden. Bei dieser Behörde, der die endgültige rechnungsmässige Prüfung der mit den Verwaltungsabschlüssen an sie einzureichenden Hauptstempelgeld-Abschlüsse der Hauptämter (§ 19) obliegt und die demgemäss in den Register-Prüfungsverhandlungen und Ausweisen zur hauptamtlichen Jahresrechnung auch jedesmal die Uebereinstimmung der Stempelsteuer-Einnahme mit den geprüften Hauptstempelgeld-Abschlüssen zu bescheinigen hat, werden die nach den bestätigten Bedarfsnachweisungen vom Haupt-Stempelmagazin gelieferten Stempelmaterialien, mit Benutzung des Formulars zum Stempellagerbuche der Amtsstellen (§ 12), für jedes Hauptamt gesondert angeschrieben und am Jahresschlusse aufgerechnet sowie nach diesen Jahressummen mit den Gesammtbeträgen für den Provinzialbezirk dargestellt. Ueber diese Gesammtbeträge ist dem Haupt-Stempelmagazin ein Jahresanerkenntniss zu ertheilen (§ 5).

Abstempelung von Formularen und beschriebenen Bogen.

§ 4.

Sollen auf Antrag von Behörden, Versicherungsanstalten 2c. gedruckte Formulare oder beschriebene Bogen mit dem für Stempelpapier vorgesehenen Stempelaufdrucke versehen werden, so ist nach Ziffer 14 C 2 der Bekanntmachung zu verfahren. Die dem Haupt-Stempelmagazin von den Hauptämtern zugehende zweite Ausfertigung der Anmeldung ist von ihm, nach Eingang der über den Empfang der gestempelten Formulare und Bogen nach Vorschrift des § 3 zu ertheilenden hauptamtlichen Quittung, mit dem Vermerke „die Stempelung und Absendung ist erfolgt" und Unterschrift zu versehen und der zuständigen Provinzial-Steuerbehörde zu übersenden.

Die gestempelten Formulare oder Bogen werden bei dem Haupt-Stempelmagazin unter den bezüglichen Werthsätzen als Stempelpapier in Einnahme und für die betreffenden Hauptämter in Ausgabe nachgewiesen. In gleicher Weise haben die Hauptämter derartige Formulare und Bogen in den Stempel-Lagerbüchern als Stempelpapier in Einnahme und Ausgabe zu buchen. Ebenso sind sie in den Jahresanerkenntnissen über den Empfang von Stempelmaterialien (§ 5) aufzuführen.

In Uebereinstimmung hiermit erfolgt die Vereinnahmung der Stempelsteuer, welche bis zur Aushändigung der gestempelten Formulare und Bogen an den Antragsteller nur im Depositen-Manual zu buchen ist, im Stempelgeld-Einnahmebuche bei der Einnahme für Stempelpapier.

Für das Stempelungsgeschäft werden Gebühren nicht erhoben. Dagegen haben die Antragsteller die Herstellungskosten zu tragen, wenn von dem Haupt-Stempelmagazin gemäß Ziffer 37, 38 der Dienstvorschriften auf Verlangen der Vordruck von Formularen besorgt oder die Bogen mit einem Aufdrucke versehen werden. Die Herstellungskosten werden in diesen Fällen dem Hauptamte bei der Uebersendung der gestempelten Formulare ꝛc. von dem Haupt-Stempelmagazin mitgetheilt. Das Hauptamt hat die Kosten von dem Antragsteller einzuziehen und bei der außerordentlichen Einnahme für Rechnung Preußens zu vereinnahmen. Das Haupt-Stempelmagazin hat von dem Betrage der Herstellungskosten dem vorgesetzten Provinzial-Steuerdirektor auf der zweiten Ausfertigung der Anmeldung (Abs. 1) Kenntniß zu geben.

Ausfertigung der Jahresanerkenntnisse.

§ 5.

Am Jahresschlusse wird die Ausgabe bei dem Haupt-Stempelmagazin in der Materialienrechnung summarisch für jede Provinz nachgewiesen und durch Anerkenntnisse der Provinzial-Steuerbehörden (§ 3 Abs. 4) belegt, die nach dem Muster C. (vergl. Ziffer 45) einfach ohne Anfertigung eines Entwurfs aufzustellen sind.

Es erscheint zweckmässig, diese Anerkenntnisse bereits im April jedes Jahres auf Grund der abgeschlossenen Anschreibungen der Provinzial-Steuerbehörden nur in Ziffern aufstellen und dem Haupt-Stempelmagazin zur Vergleichung zugehen zu lassen, damit etwaige Abweichungen der beiderseitigen Anschreibungen von einander zeitig aufgeklärt werden können. Die vollständig ausgefüllten und vollzogenen Anerkenntnisse sind dem Magazin bis spätestens zum 25. Mai zuzustellen.

Sorgfältige Aufbewahrung der Stempelmaterialien.

§ 6.

Die Stempelmaterialien müssen sicher und trocken aufbewahrt und die älteren, die durch die Länge der Zeit zu leiden pflegen und allmählich unbrauchbar werden, zuerst verkauft werden. Stempelmaterialien, welche durch längere Aufbewahrung oder sonst unbrauchbar werden, sind an das Hauptamt und von diesem an den vorgesetzten Provinzial-Steuerdirektor zur Vernichtung einzusenden. Ein Umtausch unbrauchbarer Materialien durch das Haupt-Stempelmagazin findet nicht statt.

Die Vernichtung der unbrauchbaren Materialien erfolgt bei der Provinzial-Steuerdirektion in der bei Ziffer 16 der Dienstvorschriften beschriebenen Weise. Nach Abgabe der Vernichtungsbescheinigung wird von dem Provinzial-Steuerdirektor die Anweisung zur Verausgabung der vernichteten Materialien ertheilt.

Stempelverkaufsstellen.

§ 7.

Die Hauptämter übernehmen nicht nur den Einzelverkauf, sondern sie versorgen auch die Unterämter und Stempelvertheiler des Hauptamtsbezirkes mit Stempelmaterialien.

In welcher Anzahl und an welchen Orten die Unterämter oder einzelne Stempelvertheiler mit dem Verkaufe und der Entwerthung von Stempelmaterialien zu beauftragen sind, bestimmt die Provinzial-Steuerbehörde. Dem Ermessen der letzteren bleibt es auch überlassen, mit Rücksicht auf die örtlichen Verhältnisse einzelne Unterämter auf den Verkauf von Stempelmaterialien zu einem geringeren Werthe als von 1000 M. zu beschränken.

Allgemeine Bestimmungen über die Stempelvertheiler.

§ 8.

Die Stempelvertheiler erhalten von der Provinzial-Steuerbehörde, von welcher sie bestellt werden, eine Anweisung für ihre Geschäftsführung. Diese Anweisung ist dem betheiligten Hauptamte zur Ueberwachung der Stempelvertheiler mitzutheilen. Die Hauptämter sind verantwortlich für die Geschäftsführung der Stempelvertheiler und haben die Pflicht, sich in geeigneter Weise von der ordnungsmäßigen Stempelverwaltung in steter Ueberzeugung zu erhalten.

Die Höhe der dem Stempelvertheiler zustehenden Entschädigung wird durch dessen Geschäftsanweisung und durch die Etats der Hauptämter bestimmt oder, wenn die betreffende Stelle noch nicht darin vorgesehen ist, besonders angeordnet.

Die Entschädigung wird in der Regel am Schlusse des Rechnungs-Vierteljahres von demjenigen Amte gezahlt, von welchem der Stempelvertheiler seine Materialien zu entnehmen hat. Ausnahmsweise kann dem Stempelvertheiler, sofern er die Stempelmaterialien baar bezahlt, von der Provinzial-Steuerbehörde gestattet werden, die Entschädigung sogleich bei der jedesmaligen Entnahme von Stempelmaterialien von dem Werthbetrage der letzteren in Abzug zu bringen. In jedem Falle ist über den Betrag der Entschädigung von dem Stempelvertheiler eine Quittung abzugeben und am Schlusse des Rechnungsjahres über den ganzjährigen Betrag der Vergütung eine Hauptquittung auszustellen.

Stempelvertheiler, die ihren Bedarf an Stempelmaterialien baar bezahlen.

§ 9.

Die Stempelvertheiler haben ihren Bedarf an Stempelmaterialien in der Regel gegen baare Zahlung des Werthbetrages unmittelbar bei demjenigen Hauptamte zu entnehmen, in dessen Bezirke sie wohnen. In geeigneten Fällen kann ihnen von der Provinzial-Steuerbehörde auch der Ankauf der Stempelmaterialien bei einem bestimmten Unteramte vorgeschrieben werden.

Die verabfolgten Stempelmaterialien werden bei dem betreffenden Amte in gewöhnlicher Weise im Abschnitt a der Ausgabe-Abtheilung des Stempel-Lagerbuches verausgabt und der volle Werthbetrag der Stempel (ohne Abrechnung der etwa in Abzug gebrachten Entschädigung) im Stempelgeld-Einnahmebuche vereinnahmt. Die dem Stempelvertheiler zustehende Entschädigung wird in den Kassenbüchern — bei Unterämtern als Auftragszahlung für Rechnung des Hauptamtes — besonders in Ausgabe nachgewiesen.

Stempelvertheiler, die ihren Bedarf an Stempelmaterialien nicht gegen Baarzahlung entnehmen.

§ 10.

Diejenigen Stempelvertheiler, bei welchen die Provinzial-Steuerbehörde von der Verpflichtung zur sofortigen Baarzahlung des Werthbetrages der empfangenen Stempelmaterialien abgesehen hat, haben ihren Bedarf an letzteren gegen Quittungsleistung stets bei dem Hauptamte unmittelbar zu entnehmen, in dessen Bezirk sie wohnen.

Bei dem Hauptamte werden die verabfolgten Stempelmaterialien ebenso wie die an die Unterämter abgegebenen nur im Haupt-Lagerbuche verausgabt. Von der Verabfolgung ist dem Bezirks-Ober-Kontroleur Nachricht zu geben.

Der Betrag der von dem Stempelvertheiler abzuführenden Stempelsteuer richtet sich nach der Menge der abgesetzten Stempelmaterialien. Behufs Feststellung dieses Betrages hat der Bezirks-Ober-Kontroleur an dem für die unteren Hebestellen vorgeschriebenen Schlußtermine jedes Vierteljahres bei den Stempelvertheilern den vorhandenen Bestand an Stempelmaterialien mittels einer nach dem anliegenden Muster D in doppelter Ausfertigung aufzustellenden Stempelverkaufsnachweisung festzustellen. Nach dem vorgefundenen Bestande wird die Menge der ausgegebenen Stempelmaterialien ermittelt und danach der zu berichtigende Geldbetrag berechnet. Dieser Betrag wird dem Stempelvertheiler sofort mitgetheilt und muß von ihm binnen spätestens 3 Tagen gegen Kassenquittung an das Hauptamt baar eingezahlt werden.

Die eine Ausfertigung der entsprechend bescheinigten Stempelverkaufsnachweisung behält der Bezirks-Ober-Kontroleur als Grundlage für die späteren Bestandsaufnahmen zurück. Die andere Ausfertigung übersendet er dem Hauptamte, welches die Nachweisung nach seinen Büchern und rechnerisch prüft, den festgestellten Betrag in seinen Kassenbüchern als Einnahmeablieferung einer im Etat nicht namentlich aufgeführten Hebestelle vereinnahmt und sodann die nach diesem Betrage berechnete Entschädigung in gewöhnlicher Weise verausgabt. Der nach der Nachweisung sich ergebende Bestand und Absatz an Stempelmaterialien ist demnächst in das Gesammt-Stempel-Lagerbuch des Hauptamtes in der im § 15 beschriebenen Weise zu übernehmen.

Ob und welche Sicherheit von dem Stempelvertheiler zu leisten ist, bestimmt die Provinzial-Steuerbehörde. Das Hauptamt ist für die ordnungsmäßige Bestellung der etwa verlangten Sicherheit verantwortlich und hat bei Gefahr von Verlusten alle ihm erforderlich erscheinenden Maßnahmen zur Sicherung der Staatskasse zu treffen.

Abmessung und Ergänzung der Stempelvorräthe bei den Unterämtern.

§ 11.

Auch bei den Unterämtern ist stets ein angemessener Bestand von Stempelmaterialien, welcher nach dem halb- oder vierteljährlichen Bedarfe abzumessen ist, vorräthig zu halten. Die Hauptämter haben für die Erhaltung dieses Bestandes zu sorgen. Behufs Ersatzes des Abganges haben die Unterämter ein gleiches Verfahren einzuhalten, wie solches für die Bezüge des Hauptamtes aus den Beständen des Haupt-Stempelmagazins vorgeschrieben ist. Sie bedienen sich dabei einer Nachweisung nach dem anliegenden Muster E, welche in dreifacher Ausfertigung aufzustellen und gleichzeitig mit dem vierteljährlichen Stempelgeldabschlusse dem Hauptamte einzureichen ist. Das Hauptamt prüft die Nachweisung und fügt zwei Ausfertigungen derselben der Sendung der Stempelmaterialien bei. Das Unteramt benutzt davon die eine als Belag für das Stempel-Lagerbuch, die andere sendet es, mit Quittung versehen, an das Hauptamt zurück. Die dritte Ausfertigung wird von dem Hauptamte dem Bezirks-Ober-Kontroleur zur Benachrichtigung zugestellt.

Buchführung der Unterämter.

§ 12.

Von jedem Unteramte, welches mit dem Verkaufe von Stempelmaterialien betraut ist, wird ein Stempel-Lagerbuch und ein Stempelgeld-Einnahmebuch geführt.

I. Das Stempel-Lagerbuch, welches nach dem Muster F anzulegen und das ganze Rechnungsjahr hindurch bis zum Abschluß für das vierte Vierteljahr fortzuführen ist, zerfällt in zwei Abtheilungen, von denen die eine für die Einnahme, die andere für die Ausgabe bestimmt ist.

1. Die Einnahme beginnt mit dem Bestande aus dem Vorjahre. Darauf folgen die Einnahmen im Laufe des ersten Vierteljahres nach ihrer Zeitfolge. Der Ursprung der Einnahme nebst dem Tage der Ausstellung des betreffenden Belages, in der Regel

der hauptamtlichen Lieferungsnachweisung (§ 11), ist in der dritten Spalte des Lagerbuches zu vermerken.

Die Einnahme wird bis zum Vierteljahrsschlusse fortlaufend aufgerechnet. Zu der Summe der vierteljährlichen Einnahme wird der übernommene Bestand hinzugezählt, davon die aus der zweiten Abtheilung zu entnehmende Summe der Ausgabe des ersten Vierteljahrs abgezogen und dadurch der am Schlusse des ersten Vierteljahrs verbleibende Bestand ermittelt. Auf diesen folgt in gleicher Art die Einnahme im zweiten Vierteljahr, alsdann deren Summe, der Zusatz des Bestandes vom ersten Vierteljahr, der Abzug der Ausgabesumme des zweiten Vierteljahres und der danach sich ergebende Bestand am Schlusse des letzteren. In den folgenden Vierteljahren wird in gleicher Weise verfahren.

2. Die Ausgabe zerfällt in zwei Abschnitte. In dem Abschnitte a wird die Ausgabe an verkauften Stempelmaterialien am Schlusse jedes Tages mit Angabe desselben angeschrieben. Zu diesem Zwecke werden die an demselben Tage verkauften Stempelmaterialien von jeder besonderen Gattung und Werthbezeichnung zusammengezählt und in einem Betrage in die betreffende Spalte übernommen.

Alle anderen Ausgaben werden im Abschnitt b gebucht, z. B. die Ablieferung außer Gebrauch gesetzter Stempelmaterialien an das Hauptamt, für welche kein Ersatz stattfindet. Werden unbrauchbar gewordene oder außer Gebrauch gesetzte Stempelmaterialien gegen andere Stempelmaterialien derselben Gattung vom Hauptamte eingetauscht, so ist eine Vereinnahmung und Verausgabung im Lagerbuche nicht erforderlich. Es ist dann nur in der Zeit zwischen der Absendung und dem Empfange ein Belag darüber bei dem Stempellager der Amtsstelle aufzubewahren.

Jeder der beiden Ausgabe-Abschnitte wird fortlaufend bis zum Vierteljahrsschlusse aufgerechnet. Bei dem Ausgabe-Abschnitte a wird alsdann durch Zusetzung der Summe b die Gesammtausgabe des Vierteljahres dargestellt.

II. Das Stempelgeld-Einnahmebuch wird nach dem Muster G geführt. Es umfaßt jedesmal nur den Zeitraum eines Vierteljahres und wird monatlich abgeschlossen, aber bis zum Vierteljahrsschluß fortlaufend aufgerechnet. Auf Grund der Spalte 10, deren Ausfüllung es nur am Tagesschlusse bedarf, werden die Tagessummen in die Kassenbücher übernommen.

Die im Laufe eines Tages vorkommenden Verkäufe von Stempelpapier und Stempelmarken können, insoweit jeder dieser Verkäufe den Betrag von 50 M. nicht erreicht, summarisch nach dem Schlusse der Dienststunden im Stempelgeld-Einnahmebuch angeschrieben werden. Der Verkauf von Stempelmaterialien an Stempelvertheiler ist jedoch in jedem Falle besonders zu buchen. Ebenso sind Verkäufe von Stempelpapier und Stempelmarken zum Gesammtbetrage von 50 M. und darüber einzeln, wie sie vorkommen, mit Benennung des Abnehmers einzutragen.

Stempelsteuerbeträge, welche im Wege der Abfindung zu zahlen sind (Ziffer 16 der Bekanntmachung), werden stets bei dem Hauptamte vereinnahmt. Gelangen derartige Beträge ausnahmsweise bei einem Unteramte zur Einzahlung, so werden sie **nicht** in dem Stempelgeld-Einnahmebuche des letzteren vereinnahmt, sondern als Deposita mittelst Lieferzettels an das Hauptamt abgeführt.

Gestundete oder sonst rückständig gebliebene Beträge für verabfolgte Stempelmaterialien werden in den Spalten 5 bis 7 und 10 mit rother Tinte eingetragen und daneben in der Spalte „Bemerkungen“ diejenigen Seiten und Nummern vermerkt, unter denen die Stundungen in dem Kredit-Manual angeschrieben sind. Die Stundungs- oder Restbeträge sind mit rother Schrift für sich aufzurechnen und am Vierteljahresschlusse der Isteinnahme zur Bildung des Betrages an Solleinnahme zuzusetzen.

Stempelgeldabschlüsse der Unterämter.

§ 13.

Auf Grund der im § 12 bezeichneten Bücher ist vierteljährlich ein Stempelgeld-Abschluß nach dem anliegenden Muster H zusammenzustellen. Die Mengen der in dem Abschlusse nachzuweisenden Stempelmaterialien ergeben sich für alle Spalten aus dem Abschlusse des Stempel-Lagerbuches. Die einzelnen Geldbeträge werden nach der in den Spalten „Verkauft“ nachgewiesenen Ausgabe an Stempelmaterialien ausgerechnet. Die Geldsummen müssen mit den Summen der einzelnen Spalten des Geldeinnahmebuchs genau übereinstimmen.

Das Vorhandensein der nach dem Vierteljahrsabschlusse verbleibenden Bestände an Stempelmaterialien wird von dem revidirenden Beamten in den ersten drei Vierteljahren des Rechnungsjahres in der Regel durch probeweise Nachzählung, im letzten Vierteljahre durch genaue Zählung sämmtlicher Bestände geprüft und in folgender Art auf der ersten Seite des Abschlusses bescheinigt:

„Daß der in dem vorliegenden Abschlusse nachgewiesene Bestand an Stempelmaterialien am Schlusse des ....ten Viertels des Rechnungsjahres 19......... bei dem ....=amte wirklich vorhanden gewesen ist, wird auf Grund der ausgeführten Revision, mit probeweiser genauer Zählung der unterstrichenen und mit R bezeichneten Gattungen (am Schlusse des vierten Vierteljahres: mit genauer Zählung der sämmtlichen Gattungen), hierdurch bescheinigt."

(Datum.) (Unterschrift.)

Diese Stempelgeld-Abschlüsse werden von jedem Unteramte nach dem Vierteljahrsschlusse an das vorgesetzte Hauptamt eingereicht. Das letztere hat die Abschlüsse mit seinen Lagerbüchern zu vergleichen und läßt sie dann so ordnen und heften, daß die Abschlüsse jeder einzelnen Amtsstelle beisammen bleiben.

Lagerrevisionen bei den Unterämtern.

§ 14.

Bei den Kassen- und Lagerrevisionen, und zwar sowohl bei den regelmäßig monatlich zu haltenden wie bei den außerordentlichen, wird das Muster für den Stempelgeld-Abschluß (§ 13) als Stempel-Lagerabschluß benutzt, nach den zuvor soweit als nöthig geprüften und in Einnahme und Ausgabe aufgerechneten Büchern gehörig ausgefüllt und der Revisionsverhandlung beigefügt. Die allmonatliche genaue Durchzählung der sämmtlichen Bestände wird nicht gefordert, es muß jedoch aus dem auf den Abschluß zu setzenden Prüfungsvermerke, welcher im Allgemeinen ähnlich wie die im § 13 für die Stempelgeld-Abschlüsse vorgeschriebene Bescheinigung zu lauten hat, der dabei angewandte Grad von Genauigkeit zu beurtheilen sein. Auch hat der revidirende Beamte bei der probeweisen Durchzählung der einzelnen Stempelgattungen sich davon Ueberzeugung zu verschaffen, ob die einzelnen Bogen oder Stücke den richtigen Werthstempel tragen.

Für den letzten Monat jedes Vierteljahres bedarf es eines besonderen Lagerabschlusses bei der Kassenrevision nicht, wenn die Prüfung des Bestandes auf Grund des Stempelgeld-Abschlusses ermöglicht werden kann.

Lagerbücher der Hauptämter.

§ 15.

Bei der **Buchführung** der Hauptämter sind zu unterscheiden:

I. das **Verkaufslager** des Hauptamtes,

II. das bei dem Hauptamte befindliche **Hauptlager**,

III. das **Gesammtlager** des hauptamtlichen Bezirks.

I. Auf das Verkaufslager des Hauptamts

finden die für die Unterämter in den §§ 11 bis 14 gegebenen Vorschriften sinngemäße Anwendung, doch kann von der Quittungsertheilung zwischen dem Verkaufslager und dem Hauptlager abgesehen werden, wenn der Rendant den täglichen Stempelverkauf selbst besorgt. Befindet sich der Stempelverkauf beim Hauptamte in den Händen eines anderen Beamten, so kann die Provinzial-Steuerbehörde anordnen, daß Stempelbogen von mehr als 300 M. im Einzelnen stets im Hauptlager zu verbleiben haben und daraus für den Einzelverkauf nur nach Maßgabe des Bedarfs verabfolgt werden.

II. Zur Festhaltung der Bestände des bei dem Hauptamte befindlichen Hauptlagers dient das Haupt-Stempel-Lagerbuch,

welches von dem Hauptamtsrendanten ebenso wie die Stempel-Lagerbücher der Unterämter für das Rechnungsjahr in zwei Abtheilungen — die eine für die Einnahme, die andere für die Ausgabe — geführt wird.

1. In der Einnahme wird zunächst der Bestand des Hauptlagers vom Schlusse des vorigen Jahres nach dem Abschlusse des vorjährigen Lagerbuches aufgetragen. Dann folgen nach der Zeitfolge unter Angabe der Beläge, soweit solche vorhanden sind, die Einnahmen im Laufe des ersten Vierteljahres, und zwar nur diejenigen, welche wirklich das Hauptlager verstärken, namentlich die Zusendungen vom Hauptstempelmagazin und die von dem Hauptamte selbst ausgefertigten Stempelbogen von mehr als 1000 M. Werth. Es gehören also nicht dahin die Vorräthe eines Unteramtes, das etwa dem Hauptamtsbezirke zugelegt wird, da dergleichen Vorräthe zwar das Gesammtlager, aber nicht das Hauptlager verstärken. Dagegen gehören hierher die Stempelmaterialien, welche von dem Verkaufslager des Hauptamtes oder von den Unterämtern oder endlich von einem die Stempelmaterialien nicht gegen Baarzahlung entnehmenden Stempelvertheiler (§ 10) an das Hauptlager zurückgeliefert werden, ohne daß ein sofortiger Ersatz in denselben Stempelgattungen erfolgt.

   Am Vierteljahrsschlusse wird die Summe gezogen, die Summe der Ausgabe desselben Vierteljahrs nach der zweiten Abtheilung dieses Buches abgesetzt und so der Bestand des Hauptlagers am Schlusse des ersten Vierteljahrs ermittelt, welcher nun wieder die erste Einnahme des zweiten Vierteljahrs bildet. Demnächst ist weiter, wie im ersten Vierteljahr, zu verfahren.

2. In die Ausgabe gehören alle Posten, welche das Hauptlager verringern, also vornehmlich die Verabfolgung von Stempelmaterialien an das hauptamtliche Verkaufslager, an die Unterämter und an diejenigen Stempelvertheiler, die den Bedarf an Stempelmaterialien nicht gegen sofortige Baarzahlung entnehmen (§ 10). Die Ausgaben sind mit den Quittungen der empfangenden Stellen zu belegen. Hier sind auch die unbrauchbar gewordenen, an die Provinzial-Steuerbehörde zur Vernichtung eingesandten Stempelmaterialien, sowie die zur Ausfertigung von Stempelbogen über mehr als 1000 M. an Werth verwendeten Stempelbogen ohne Werthbezeichnung zu buchen. Wird ein Unteramt von dem Hauptamtsbezirke abgezweigt, so geht dessen Vorrath an Stempelmaterialien zwar vom Gesammtlager ab, nicht aber vom Hauptlager, kommt also auch hier nicht in Ausgabe.

Am Schlusse jedes Vierteljahres wird die Ausgabe des Hauptlagers durch Aufrechnung abgeschlossen.

III. Die Bestände des Gesammtlagers im hauptamtlichen Bezirke werden durch das Gesammt-Stempel-Lagerbuch festgehalten. Das letztere bildet die Grundlage für die vierteljährlichen Stempelgeld-Abschlüsse des Hauptamtes und wird von dem Hauptamtskontrolleur ebenso wie die übrigen Lagerbücher für den Zeitraum des Rechnungsjahres, in zwei Abtheilungen — die eine für die Einnahme, die andere für die Ausgabe — geführt.

1. Die Einnahme beginnt mit der summarischen Uebernahme des Gesammtbestandes aus dem vorigen Jahre, also sowohl des Bestandes im Hauptlager, [wie desjenigen im Verkaufslager, bei den Unterämtern und bei den im § 10 bezeichneten Stempelvertheilern.

Dann folgen nach ihrer Zeitfolge unter Angabe der Beläge (nämlich der Uebersendungslisten des Haupt-Stempelmagazins oder, bei Ueberweisungen, der Verfügungen der Provinzial-Steuerbehörde) die Einnahmen im ersten Vierteljahr, und zwar nur diejenigen, welche das Gesammtlager verstärken. Es gehören also dahin z. B. die Bestände eines Unteramtes, welches dem Hauptamtsbezirke zugelegt wird, sowie die von dem Hauptamte selbst ausgefertigten Stempelbogen von mehr als 1000 M. Werth. Dagegen ist die Rücklieferung von Stempelmaterialien seitens der Unterämter und der im § 10 bezeichneten Stempelvertheiler oder aus dem Verkaufslager an das Hauptlager hier nicht anzuschreiben.

Der am Schlusse des Vierteljahres zusammengerechneten Einnahme wird der übernommene Gesammtbestand hinzugezählt und von der Summe die aus der zweiten Abtheilung des Buches zu entnehmende Ausgabesumme desselben Vierteljahres abgezogen, wodurch sich der Gesammtbestand am Schlusse des ersten Vierteljahres ergiebt. Hierauf folgt der Nachweis, wo dieser Gesammtbestand sich befindet, indem erstlich aus den eingehenden Stempelgeld-Abschlüssen die bei dem Verkaufslager des Hauptamtes und bei den Unterämtern verbliebenen Bestände, sodann aus den Stempelverkaufsnachweisungen die Bestände, welche bei den im § 10 bezeichneten Stempelvertheilern verblieben sind, und zuletzt aus dem Haupt-Lagerbuche der Bestand des Hauptlagers eingetragen wird. Die Summe dieser einzelnen Bestände muß mit dem obigen Gesammtbestande genau übereinstimmen.

Hierauf folgt die Einnahme im zweiten Vierteljahr, welcher der Gesammtbestand am Schlusse des ersten Vierteljahres hinzugerechnet wird; demnächst wird weiter, wie oben, verfahren.

Schließlich werden für den Jahresabschluß die Einnahmesummen der vier Vierteljahre wiederholt und aufgerechnet. Dieser Jahressumme wird der Bestand aus dem vorigen Jahre zugesetzt und von der entstehenden Hauptsumme der Einnahme die Gesammtausgabe des Jahres nach der zweiten Abtheilung abgezogen, worauf der Bestand am Schlusse des Jahres sich mit dem vorhin beim Abschlusse des vierten Vierteljahres gefundenen übereinstimmend darstellen muß.

2. Die Ausgabe zerfällt ebenso wie in den Stempel-Lagerbüchern der Unterämter in zwei Abschnitte. In dem Abschnitte a werden die verkauften Stempelmaterialien nachgewiesen. Die betreffenden Ausgabesummen werden vierteljährlich aus den Stempelgeld-Abschlüssen des hauptamtlichen Verkaufslagers und der Unterämter, hinsichtlich der im § 10 bezeichneten Stempelvertheiler aus den Stempelverkaufsnachweisungen, übernommen und zusammengerechnet. Alle anderen Ausgaben von Stempelmaterialien aus dem hauptamtlichen Gesammtlager werden, wie sie vorkommen, im Abschnitt b einzeln nachgewiesen. Es gehören dahin z. B. unbrauchbar gewordene Stempelmaterialien, welche an die Provinzial-Steuerbehörde zur Vernichtung eingesandt worden sind, oder die Vorräthe eines zu einem anderen Hauptamte verlegten Unteramtes, sowie die Stempelbogen ohne Werthbezeichnung, welche zu der Ausfertigung von Stempelbogen über mehr als 1000 M. an Werth

verwendet werden. Dagegen werden Ausgaben aus dem Hauptlager, welche nicht gleichzeitig auch das Gesammtlager verringern, hier nicht gebucht.

Die Vierteljahrssumme des Abschnittes b wird nach dem Ausgabe-Abschnitte a übernommen und mit der Vierteljahrssumme dieses Abschnittes zusammengezählt, wodurch die Gesammtausgabesumme des Vierteljahres sich ergiebt.

Am Schlusse des Jahres werden in beiden Ausgabe-Abschnitten die vier Vierteljahrssummen wiederholt und aufgerechnet und demnächst durch Zusammenstellung der Summen bei dem Abschnitte a die Gesammtausgabe des Rechnungsjahres gefunden.

Zu den hauptamtlichen Büchern II und III wird der Vordruck nach dem Muster F ebenfalls benutzt.

Vereinfachung der hauptamtlichen Buchführung, wenn der Rendant selbst den Stempelverkauf besorgt.

§ 16.

Bei solchen Hauptämtern, bei denen der Einzelverkauf von Stempelmaterialien in der Hand des Rendanten liegt, kann mit Genehmigung der Provinzial-Steuerbehörde die Bildung eines besonderen Verkaufslagers fortfallen. In diesem Falle bedarf es der Führung eines besonderen Stempel-Lagerbuches bei dem Hauptamte nicht. Die betreffenden Buchungen werden vielmehr in dem Haupt-Lagerbuche bewirkt, in welchem zu diesem Zwecke bei der Ausgabe-Abtheilung dieselben Unter-Abschnitte gebildet werden, wie dies für das Stempel-Lagerbuch der Unterämter im § 12 vorgeschrieben worden ist. In derselben Weise erfolgen dann auch die Abschlüsse.

Stempelgeld-Einnahmebuch der Hauptämter.

§ 17.

Das Stempelgeld-Einnahmebuch der Hauptämter wird wie bei den Unterämtern nach dem Muster G vierteljährlich geführt. Am Schlusse des Vierteljahres werden zunächst die Beträge, welche von den im § 10 bezeichneten Stempelvertheilern abzuliefern sind, nach den Stempelverkaufsnachweisungen und sodann die Einnahme der Unterämter nach den Stempelgeld-Abschlüssen hinzugerechnet.

In der Spalte 8 sind die Stempelsteuerbeträge, welche im Wege der Abfindung zu zahlen sind, und zwar sowohl die bei dem Hauptamte selbst, als auch die bei den Unterämtern eingezahlten (siehe § 12), auf

Grund der hierüber geführten Verzeichnisse, deren Einrichtung von der Provinzial-Steuerbehörde bestimmt wird, zu vereinnahmen. Die richtige Führung dieser Verzeichnisse, welche dem Hauptamts-Kontroleur obliegt, und die rechtzeitige Vereinnahmung der Abfindungssumme ist von den Ober-Inspektoren besonders sorgfältig zu überwachen und bei den Kassenrevisionen jedesmal zu prüfen.

In den Spalten 9 und 10 werden auch diejenigen Beträge als Reste nach Anleitung des vorstehenden § 12 II Abs. 4 im Einzelnen nachgewiesen und demnächst der Isteinnahme hinzugerechnet, welche bei bewilligten Theilzahlungen für gestundete oder sonst rückständige fällige Stempelsteuer, wofür Stempelzeichen noch nicht verabfolgt sind, am Schlusse desselben Etatsjahres nach Verwendung der bis dahin etwa angesammelten Geldbeträge zum Ankauf von Stempelmaterialien oder baaren Vereinnahmung oder Berichtigung fällig gewordener Verzugszinsen als Stempelsteuerrest verblieben oder die im Laufe dieses Etatsjahres von den bezeichneten Sollposten als uneinziehbar oder im Gnadenwege niedergeschlagen worden sind. Erstbezeichnete Beträge sind demnächst rechnungsmässig als Gefällereste bei der Stempelsteuereinnahme der laufenden Verwaltung, letztere als Absetzungen bei dieser Einnahme nachzuweisen.

Behandlung der Stempelbogen von mehr als 1000 M. an Werth.

§ 18.

Für die Ausfertigung von Stempelbogen von mehr als 1000 M. an Werth sind von den Hauptämtern die von dem Haupt-Stempelmagazin zu beziehenden „Stempelbogen ohne Werthbezeichnung" zu benutzen, welche, wie die übrigen Stempelmaterialien, sogleich bei dem Empfange in dem Haupt- und in dem Gesammt-Stempel-Lagerbuche des Hauptamtes in Einnahme zu buchen sind und in dem Verwahrsam der Hauptamtsrendanten verbleiben.

Geht der Antrag auf Ausfertigung eines Stempelbogens von mehr als 1000 M. an Werth bei einem Unteramte ein, so bucht dieses den eingezahlten Betrag im Depositen-Manual und sendet den Antrag, mit einem Vermerke über die Einzahlung des Betrages versehen, unverzüglich an das vorgesetzte Hauptamt. Geht der Antrag bei dem Hauptamte selbst ein, so wird der Betrag sogleich endgiltig vereinnahmt und hierüber auf dem Antrage eine Bescheinigung abgegeben.

Auf Grund des mit dem Vermerk über die Einzahlung oder Vereinnahmung des Betrages versehenen Antrages hat der Rendant unverweilt den verlangten Stempelbogen auszufüllen und mit seiner Namensunterschrift zu versehen. Demnächst ist der Bogen mit dem Antrage, auf welchem die Ausfertigung des Stempelbogens kurz zu verfügen ist, den übrigen Hauptamtsmitgliedern zur Unterschrift vorzulegen. In der Regel sind die Bogen über mehr als 1000 M. an Werth von sämmtlichen Hauptamtsmitgliedern zu vollziehen und in jedem Falle mit drei Unterschriften sowie mit einem Abdrucke des Schwarzstempels zu versehen.

Die zur Ausfertigung der Stempelbogen von mehr als 1000 M. an Werth verwendeten „Stempelbogen ohne Werthbezeichnung“ sind sowohl von dem Rendanten, als auch vom Kontroleur sogleich bei der Ertheilung ihrer Namensunterschriften in dem Haupt- und in dem Gesammt-Stempel-Lagerbuche zu verausgaben und gleichzeitig daselbst als „Stempelbogen von höherem Werthe“ unter Angabe der Nummer des Bogens und des Geldbetrages in Einnahme anzuschreiben.

Der Ober-Inspektor führt über die Ausfertigung von Bogen über mehr als 1000 M. an Werth für jedes Rechnungsjahr ein Notizbuch nach dem anliegenden Muster J, in welches er die ausgefertigten Bogen unter Angabe des Käufers und des Werthbetrages vor der Vollziehung des Bogens nach der Zeitfolge unter fortlaufender Nummer einzutragen hat. Die Nummer dieses Notizbuches ist auf dem Bogen und dem Antrage zu vermerken. In Fällen der Abwesenheit des Ober-Inspektors ist das Notizbuch von dem Ober-Revisor oder Packhofsvorsteher zu führen oder, wo ein solcher nicht vorhanden ist, von einem an der Kassenverwaltung nicht betheiligten Hauptamtsassistenten, welcher alsdann die ausgefertigten Stempelbogen mit zu vollziehen hat. Die Anträge, auf Grund deren die Ausfertigung erfolgt, sind nach der Reihenfolge der Nummern zu heften und bis zum Schlusse des Vierteljahres bei dem Notizbuche aufzubewahren. Demnächst werden sie mit dem Stempelgeld-Einnahmebuche des Hauptamtes zur Register-Revision gesendet.

Der ausgefertigte Bogen ist sogleich dem Antragsteller auszuhändigen oder ihm auf seine Kosten zu übersenden. Ist der Antrag auf Ausfertigung des Bogens bei einem Unteramte gestellt, so ist diesem der Bogen zur Aushändigung zu übersenden. Die Portokosten trägt in diesem Falle die Staatskasse.

Der Werthbetrag der ausgefertigten Bogen von mehr als 1000 M. wird wie der Erlös aus anderem Stempelpapier in den Stempelgeld-Einnahmebüchern nachgewiesen. Die Bogen müssen daher auch in dem Verkaufslagerbuche des Hauptamtes bezw. in dem Stempel-Lagerbuche

28*

der Unterämter in Einnahme und Ausgabe erscheinen. Unterämter haben dem Hauptamte über die empfangenen Stempelbogen Quittung zu ertheilen; ebenso ist von der Verabfolgung solcher Bogen an Unterämter dem Bezirks-Oberkontroleur Nachricht zu geben.

Stempelgeldabschlüsse der Hauptämter.

§ 19.

Aus dem Gesammt-Stempel-Lagerbuche und dem Stempelgeld-Einnahmebuche wird der Haupt-Stempelgeld-Abschluß nach dem Muster H vierteljährlich zusammengestellt, welcher die Stempelverwaltung des ganzen Hauptamtsbezirkes umfaßt. Am Ende des Abschlusses wird nachgewiesen, wie sich die Geldeinnahme auf das Hauptamt, die Unterämter und die im § 10 bezeichneten Stempelvertheiler vertheilt. Die Einnahmeablieferungen der letzteren werden hierbei in einer Summe aufgeführt.

Die Richtigkeit der nach diesem Abschlusse verbleibenden Gesammtbestände an Stempelmaterialien wird von dem Ober-Inspektor auf dem Abschlusse folgendermaßen bescheinigt:

„Daß der in dem vorliegenden Abschlusse nachgewiesene Bestand an Stempelmaterialien am Schlusse des .... Viertels des Rechnungsjahrs 19... bei dem hiesigen Hauptamte und dessen Unterämtern bezw. bei denjenigen Stempelvertheilern, welche Stempelmaterialien nicht gegen sofortige Bezahlung empfangen, wirklich vorhanden gewesen ist, wird auf Grund der beim Hauptamte von dem Unterzeichneten selbst, bei den Unterämtern und den Stempelvertheilern von den Ober-Kontroleuren ausgeführten, auf den Stempelgeldabschlüssen und Stempelverkaufsnachweisungen bescheinigten Revision hierdurch bescheinigt."

(Datum.) (Unterschrift.)

Der Ausstellung dieser Bescheinigung muß die Revision des Gesammtlagers vorausgehen. Behufs derselben werden die im Gesammt-Stempel-Lagerbuche aufgetragenen Bestände bei dem hauptamtlichen Verkaufslager und bei den Unterämtern mit den Stempelgeld-Abschlüssen, bei den Stempelvertheilern mit den Stempelverkaufsnachweisungen, der Bestand des Hauptlagers mit dem Hauptlagerbuche und die Summe dieser einzelnen Bestände mit dem Gesammtbestande im Haupt-Stempelgeld-Abschlusse verglichen. Demnächst wird der Bestand des Verkaufslagers in der im § 13 bezeichneten Weise festgestellt und auf dem Stempelgeldabschlusse dieses Lagers bescheinigt. Der Bestand des Hauptlagers wird in ein Verzeichniß eingetragen, wozu das Muster H mit Offenlassung der überflüssigen Spalten benutzt werden kann. Nach diesem Verzeichnisse wird das Hauptlager auf die im § 13 für die Unterämter vorgeschriebene Weise geprüft und die Richtigkeit der Bestände in derselben Art bescheinigt.

Die Haupt-Stempelgeld-Abschlüsse werden mit den Verwaltungsabschlüssen an die Provinzial-Steuerbehörde eingereicht.

Lagerrevisionen bei den Hauptämtern.

§ 20.

Die mit den Kassenrevisionen zu verbindenden Lagerrevisionen geschehen bei dem Verkaufslager nach dem Stempel-Lagerbuche in der für Unterämter vorgeschlagenen Weise (§ 14). Bei dem Hauptlager erfolgen diese Lagerrevisionen nach dem Hauptlagerbuche. Einnahme, Ausgabe und Bestand werden in einen Stempel-Lagerabschluß nach dem Muster H mit Offenlassung der hierzu nicht erforderlichen Spalten übernommen und darunter wird die Revisionsbescheinigung nach Maßgabe des bei der Durchzählung beobachteten Verfahrens abgegeben.

Registerrevision.

§ 21.

Die Stempelgeld-Einnahmebücher des Hauptamtes und der Unterämter werden mit den etwaigen Belägen (zu Spalte 9) nach Ablauf eines jeden Vierteljahres an die Provinzial-Steuerdirektion zur Registerrevision eingereicht. Dem Stempelgeld-Einnahmebuche des Hauptamtes sind die im Laufe des Vierteljahres eingegangenen Anträge auf Ausfertigung von Stempelbogen über mehr als 1000 M. an Werth geheftet beizufügen. Den Stempelgeld-Einnahmebüchern derjenigen Amtsstellen, welche Stempelmaterialien an Stempelvertheiler abgeben, ist eine Nachweisung derjenigen Beträge beizulegen, welche bei dem betreffenden Amte im Laufe des Vierteljahres für entnommene Stempelzeichen von jedem Stempelvertheiler baar eingezahlt worden sind. Diese Nachweisung wird bei der Provinzial-Steuerbehörde mit den Einnahmebüchern verglichen und dort zu den Akten zurückbehalten. Sie dient demnächst zur Prüfung der in der Jahresrechnung nachgewiesenen Ausgabe der an die Stempelvertheiler gezahlten Entschädigungen.

Nachweisung der Einnahmen in den Jahresrechnungen.

§ 22.

Die in den Jahresrechnungen der Hauptämter bei den Einnahmen der laufenden Verwaltung nachzuweisende jährliche Stempelgeld-Einnahme muss mit dem Ergebniss des dem Verwaltungsabschlusse beizugebenden, überall auf die ganzjährigen Beträge gerichteten Haupt-Stempelgeld-Abschlusses für das Etatsjahr genau übereinstimmen. Die Richtigkeit der berichtigten Soll-Einnahme nach dem bei der Provinzial-Steuerbehörde zu prüfenden Haupt-Stempelgeld-Abschlusse ist von dem Bezirksrathe bei der Rechnungsabnahme zu bescheinigen. Zu diesem Zweck hat sich die Prüfung der zu Grunde liegenden vierteljährlichen Haupt-Stempelgeld-Abschlüsse, ausser auf die Zugänge aus dem Haupt-Stempelmagazin, zu deren Belegung auch noch die Lieferscheine selbst von den Hauptämtern eingezogen werden können, auch auf die genaue Kontrole aller anderen Zugänge sowie der Abgänge an Stempelmaterialien zu erstrecken. Soweit sich die Art der Zu- und Abgänge nicht schon aus dem Abschlussmuster ergiebt, sind sie von den Hauptämtern näher zu erläutern. Etwaige auf Anweisung der Provinzial-Steuerbehörde erfolgte unentgeltliche Abgaben von Stempelmaterialien an andere Behörden müssen jedesmal auch mit den Empfangsbescheinigungen belegt sein, die den Hauptämtern nach gemachtem Gebrauche wieder zurückzugeben sind.

Ueber die vom Hauptamte selbst ausgefertigten Stempelbogen von mehr als 1000 M. Werth ist in dem Haupt-Stempelgeld-Abschlusse für das Etatsjahr von dem Ober-Inspektor im Anschlusse an die von ihm darauf abzugebende Bestandsbescheinigung folgende Bescheinigung zu ertheilen:

> Ebenso wird auf Grund der geführten Anschreibungen bescheinigt, dass im Rechnungsjahre an Stempelbogen von mehr als 1000 M. an Werth vom Hauptamte nicht mehr als die nachstehend nachgewiesenen .... Stempelbogen im Gesammtwerthe von .... M. .... Pf. ausgefertigt worden sind.

B. Besondere Kassen- und Rechnungsvorschriften.

Erhebung der Stempelgebühr, wenn die Urkunde vernichtet ist.

§ 23.

Die Erhebung der Stempelsteuer für vernichtete Urkunden (§ 3 des Gesetzes) erfolgt durch die zur Entwerthung von Stempelzeichen befugten Amtsstellen der Verwaltung der indirekten Steuern.

Wenn es jedoch auf Grund von Anzeigen über die Vernichtung stempelpflichtiger Urkunden besonderer Ermittelungen zur Feststellung des Thatbestandes und bezw. der zu entrichtenden Stempelsteuer bedarf oder wenn zugleich der Fall einer Hinterziehung der Abgabe oder einer sonstigen Zuwiderhandlung gegen die gesetzlichen Vorschriften vorliegt, sind nur die Hauptsteuer- und Hauptzollämter befugt, die Entwerthung von Stempelzeichen zu dem ihrerseits schließlich festgestellten oder ihnen mittelst Entscheidung des Provinzial-Steuerdirektors oder des Stempelsteueramtes zur Einziehung überwiesenen Steuerbetrage der vernichteten Urkunde vorzunehmen.

Verrechnung der wegen Säumigkeit festgesetzten Ordnungsstrafen.

§ 24.

Die gemäß § 7 Absatz 2 des Gesetzes von den Stempelsteuerämtern festgesetzten Ordnungsstrafen werden unter Uebersendung einer beglaubigten Abschrift der Strafverfügung sowie unter Beifügung der Kostenrechnung dem zuständigen Hauptamte überwiesen, welches dieselben mit den in Rechnung zu stellenden Kosten beizutreiben hat. Sämmtliche Ordnungsstrafen nebst Kosten sind von den Haupämtern in einer besonderen Abtheilung der Strafsachennachweisung nachzuweisen und im Strafgelder-Auszuge gesondert am Schlusse zu verrechnen.

Von dem Ergebniß des Beitreibungsverfahrens hinsichtlich der von den Stempelsteuerämtern festgesetzten Ordnungsstrafen ist diesen Behörden Anzeige zu machen.

Verrechnung der im Ermittelungsverfahren (§ 7 Absatz 3) entstehenden Kosten.

§ 25.

Die im Ermittelungsverfahren (§ 7 Absatz 3 des Gesetzes) erwachsenden Kosten sind, ungeachtet der späteren Entscheidung darüber, ob dieselben von der Staatskasse oder dem Steuerpflichtigen zu tragen sind, sogleich bei der Entstehung unter den etatsmäßigen Ausgabetiteln, zu denen sie ihrer Art nach gehören, nachzuweisen. Fallen sie demnächst dem Steuerpflichtigen zur Last, so ist der einzuziehende Betrag, wozu auch die aversionirten und kontirten Postportobeträge gehören, unter den entsprechenden Etats-Abschnitten der außerordentlichen Einnahme Preußens zu verrechnen. Im Falle ihrer Zurückerstattung an den Steuerpflichtigen sind sie als Herauszahlung aus der außerordentlichen Einnahme zu behandeln. Die Anweisung zur Vereinnahmung wie zur Erstattung wird von der Provinzial-Steuerbehörde ertheilt.

Stempelsteuerstundungen und Theilzahlungen.

§ 26.

Hinsichtlich der buch- und rechnungsmäßigen Behandlung der Stempelsteuerstundungen für verabfolgte Stempelzeichen kommen die in den bestehenden Anweisungen zur Kassen- und Buchführung enthaltenen allgemeinen Vorschriften über Zoll- und Steuerkredite in Anwendung.

Im Falle der Bewilligung von Theilzahlungen gestundeter oder sonst rückständiger fälliger Stempelsteuern, wofür noch keine Stempelzeichen verabfolgt sind, kann es auch nach dem am 1. April 1899 erfolgten Inkrafttreten des Gesetzes über den Staatshaushalt vom 11. Mai 1898 bei der vorläufigen Buchung der eingehenden Abschlagzahlungen im Depositenmanual der Hauptämter verbleiben, jedoch mit der Massgabe, dass die angesammelten Gelder am Jahresschlusse vollständig verrechnet werden müssen. Für die noch im Laufe desjenigen Etatsjahres, in welchem die Stempelforderung entstanden ist, voll abgelösten Rückstände tritt das gewöhnliche Buchungsverfahren für verkaufte Stempelmaterialien ein. Bei den über den Schluss dieses Jahres fortdauernden Theilzahlungen sind für den bis dahin eingegangenen Betrag, soweit nicht davon etwa fällig gewordene und nicht besonders eingezahlte Verzugszinsen in Abzug zu kommen haben, Stempelmaterialien, unter Baarvereinnahmung der in Stempelzeichen nicht darstellbaren überschiessenden Beträge, anzukaufen und mit Vermerkung dieser Baarerhebungen zu den Akten zu entwerthen. Die alsdann noch in Rückstand verbliebenen Stempelsteuerbeträge sind einzeln mit rother Schrift als Reste in die Spalten 9 und 10 des Stempelgeld-Einnahmebuchs zu übernehmen und demgemäss als Gefällereste bei der laufenden Verwaltung weiter zu behandeln. Sie gehen für das folgende Jahr zu den Resten aus Vorjahren über und unterliegen, unbeschadet des weiteren vorläufigen Nachweises der Einzahlungen darauf im Depositenmanual, den über die Behandlung solcher Reste bestehenden Rechnungsvorschriften. Die Abgänge von diesem, im Einzelnen nachzuweisenden Resten-Soll in Folge Niederschlagung uneinziehbarer Beträge oder im Gnadenwege sind in der Rechnung durch die vorgeschriebenen Belagstücke, diejenigen durch Materialankauf und -Entwerthung oder Baarvereinnahmung überschiessender Beträge durch die Buchungsbescheinigung des Oberinspektors zu begründen. Nach Berichtigung der Gesammtsteuerschuld ist die Stempelverwendung oder Baarerhebung zu der betreffenden Urkunde, wenn sie vorgelegt wird, im Ganzen amtlich zu bescheinigen und das entwerthete Material auf Verlangen dem Einzahler auszuhändigen.

Durch Theilzahlungen zu berichtigende Stempelsteuerforderungen welche vor Schluss des Jahres ihrer Entstehung ganz oder zum Theil als uneinziehbar niedergeschlagen werden oder auf die bis zum Jahresschlusse überhaupt noch keine Einzahlungen geleistet sind, werden mit dem erlassenen Betrage bezw. zum vollen Betrage ebenfalls als Reste in den Spalten 9 und 10 des Stempelgeld-Einnahmebuchs nachgewiesen und als solche, unter gleichzeitiger Anschreibung der Niederschlagungen bei den Herauszahlungen, weiter behandelt. Sind mit den rückständigen Gefällen zugleich auch fällig gewordene Verzugszinsen förmlich niedergeschlagen worden, so ist der ausgefallene Zinsbetrag bei der ausserordentlichen Einnahme für das ablaufende Etatsjahr in Soll-Einnahme und als Absetzung unter vorschriftlicher Belegung nachzuweisen.

Buchung der Verzugszinsen.

§ 27.

Verzugszinsen, welche für gestundete oder sonst im Rückstande verbliebene Stempelsteuer zur Erhebung kommen, sind zunächst im Depositenmanual unter einem für den betreffenden Steuerpflichtigen anzulegenden Konto in Einnahme zu buchen, jedoch am Jahresschlusse endgültig bei der ausserordentlichen Einnahme Preussens zu verrechnen, wobei fällig gewordene, aber noch nicht eingegangene Zinsbeträge in Soll-Einnahme und Rest zu stellen sind. Die Feststellung des zu verrechnenden Betrages erfolgt in jedem Falle durch den Provinzial-Steuerdirektor, von dem auch die etwaigen Anweisungen zur Zurückzahlung von Verzugszinsen ertheilt werden.

Rückstände aus den Stempelnachforderungen auf Grund der Stempelrevisionen.

§ 27a.

Die Einnahme aus den Stempelsteuernachforderungen auf Grund der von den Vorständen der Stempelsteuerämter gemäss Ziffer 26 der Bekanntmachung zum L.St.G. abzuhaltenden Stempelrevisionen wird in der Rechnung des vom Provinzial-Steuerdirektor dazu bestimmten Hauptamtes am Sitze der Direktion nur mit demjenigen Betrage bei der Stempelsteuer der laufenden Verwaltung in Soll nachgewiesen, welcher von den im Laufe des Etatsjahres durch die Revisionsverhandlungen etc. angeforderten Stempelsteuerbeträgen bis zum Jahresschlusse durch Einsendung entwertheter Stempelmaterialien an die Stempelsteuerämter noch nicht abgelöst oder welcher wegen Uneinziehbarkeit oder aus sonstigen Gründen förmlich niedergeschlagen worden ist. Erstbezeichneter Betrag ist als Rest, letztgedachter als Absetzung bei dieser Einnahme weiter zu behandeln. Bei dem unter den Resten aus Vorjahren vorgetragenen Einnahme-Soll an derartigen Rückständen aus Stempelnachforderungen wird der Unterschied zwischen diesem Soll und dem davon am Jahresschlusse etwa noch verbleibenden Restbetrage in Abgang verrechnet.

Die Verrechnungen erfolgen auf Anweisung des Provinzial-Steuerdirektors unter Zufertigung von je einer für den Provinzialbezirk aufgestellten, rechnerisch zu bescheinigenden Hauptnachweisung für das abgelaufene Etatsjahr und für die Vorzeit, worin die Schlusssummen der sogleich nach Ablauf des Monats März von den Stempelsteuerämtern oder deren selbständigen Abtheilungen nach dem Muster der Beilage 4 zu Ziffer 28 der Dienstvorschriften zum L.St.G. anzufertigenden Nachweisungen der abgehaltenen Stempelrevisionen und der rückständigen Stempelnachforderungen aus den Vorjahren zusammengestellt sind. Das vorgedachte Muster hat zu diesem Zweck eine Abänderung mit der Feder dahin zu erfahren, dass die Ueberschrift der Spalte 7 „überhaupt gelöscht“ durch die Worte „als gesetzlich nicht gerechtfertigt gelöscht“ ersetzt wird, sodass demgemäss in der Spalte 6 „niedergeschlagen“ nicht mehr die überhaupt ausgefallenen Stempelnachforderungen, sondern nur die wegen Uneinziehbarkeit oder aus Billigkeitsrücksichten (auf Grund gesetzlicher Ermächtigungen oder im Gnadenwege förmlich niedergeschlagenen Beträge zum Ansatz kommen. Diejenigen Niederschlagungen, welche durch Finanz-Ministerial-Erlass mitgetheilt sind, werden unter Angabe des Tages und der Nummer desselben in der Bemerkungsspalte bei den betreffenden Revisionsstellen oder Jahrgängen summarisch ersichtlich gemacht. Ausserdem sind die vorkommenden Zugänge aus früheren Vorbehalten nicht in der Nachweisung für die Vorzeit, sondern in derjenigen für das Etatsjahr, und zwar am Schlusse summarisch für jeden Jahrgang aufzuführen.

Die Einzelnachweisungen sind den Hauptnachweisungen als Beläge beizufügen. Wo nur ein Stempelsteueramt vorhanden ist, sind Hauptnachweisungen nicht anzufertigen. Die Einzelnachweisungen sind von einem bei ihrer Aufstellung nicht betheiligten Rechnungsbeamten des Stempelsteueramts oder der Abtheilung nach den Unterlagen und rechnerisch als richtig zu bescheinigen. Die Endsummen beider Hauptnachweisungen müssen mit dem Gesammtergebnisse der den Jahresberichten der Vorstände der Stempelsteuerämter beizugebenden Nachweisungen (Dienstvorschriften Ziffer 28 Abs. 2b) übereinstimmen.

Sind für anerkannte Stempelnachforderungen Theilzahlungen über den Schluss des Rechnungsjahres hinaus bewilligt worden, so sind von dem mit der Einziehung beauftragten Hauptamte für die bis zum Jahresschlusse angesammelten Gelder, die vorläufig im Depositenmanual zu buchen sind, Stempelzeichen in entsprechender Höhe zu entwerthen und dem Stempelsteueramte einzusenden, dem zugleich mitzutheilen ist, wo die etwa baar vereinnahmten, in Stempelzeichen nicht darstellbaren Beträge gebucht sind. Letzere Beträge sind in der Nachweisung des Stempelsteueramts in Spalte 4 „durch Nachbringung von Stempelwerthzeichen berichtigt“ unter der Linie für die betreffende Revisionsstelle etc., mit Angabe von Hauptamt, Vierteljahr und Heberegister-Nummer in der Bemerkungsspalte, aufzuführen. Bei zwangsweiser Einziehung nachgeforderter Stempelbeträge ist in gleicher Weise zu verfahren. Für Stempelnachforderungen bis zum Jahresschlusse etwa fällig gewordene, jedoch nicht berichtigte Verzugszinsen sind vom Hauptamte mit dem rückständigen Betrage bei der ausserordentlichen Einnahme Preussens für das betreffende Etatsjahr zum Soll und in Rest zu stellen.

Verrechnung der gegen Beamte festgesetzten Ordnungsstrafen.

§ 28.

Die auf Grund des § 19 des Gesetzes von anderen Behörden gegen ihnen unterstellte Beamte festgesetzten Ordnungsstrafen, welche den Hauptämtern nach Ziffer 13 der Dienstvorschriften von der Provinzial-Steuerbehörde zur Vereinnahmung überwiesen werden, sind gleich den im Bereiche der Verwaltung der indirekten Steuern verhängten derartigen Strafen durch die Strafsachennachweisung nachzuweisen und in den Strafgelder-Auszügen am Schlusse gesondert zu verrechnen.

Sind Ordnungsstrafen dieser Art bei der Regierungs-Hauptkasse selbst eingezahlt worden, so bedarf es ihrer baaren Abführung an das Hauptamt nicht. In solchen Fällen kann sich die Regierungs-Hauptkasse den betreffenden Betrag von dem Hauptamte auf abzuliefernde Einnahme-Ueberschüsse anrechnen lassen.

Anweisung und Verrechnung von Verzugszinsen in Prozeßsachen.

§ 29.

Sind in Civilprozeßsachen Verzugszinsen zu zahlen, so hat die Provinzial-Steuerbehörde das zuständige Hauptamt anzuweisen, dieselben zunächst vorschußweise zu zahlen und den gezahlten Zinsenbetrag sowie den Tag, bis zu welchem die Zahlung erfolgt ist, anzuzeigen. Auf Grund dieser Anzeige hat die Provinzial-Steuerbehörde sodann die Anweisung zur endgültigen Verausgabung des gezahlten Zinsenbetrages zu ertheilen.

Vereinnahmung der Schreibgebühren für Auskunftertheilungen.

§ 30.

Die gemäß § 30 Absatz 2 des Gesetzes von den Stempelpflichtigen bei schriftlichen Auskunftertheilungen über die Höhe des Stempels zu erstattenden Schreibgebühren sind von den Hauptzoll- und Hauptsteuerämtern einzuziehen und bei der außerordentlichen Einnahme für Rechnung Preußens unter dem Abschnitt „Schreibgebühren in Stempel- und Erbschaftssteuersachen" zu verrechnen.

Die Schreibgebühr beträgt für jede Seite, welche mindestens 20 Zeilen von durchschnittlich 12 Silben enthält, 10 Pfennige. Angefangene Seiten sind für voll zu rechnen. Innen- und Außenadressen bleiben außer Betracht. Der nach der Seitenzahl der Reinschrift des Antwortschreibens festzustellende Betrag der Schreibgebühren ist nebst demjenigen der etwa wieder einzuziehenden Portokosten dem Steuerpflichtigen am Schlusse des Schreibens mit der Aufforderung bekannt zu geben, den Geldbetrag bis zu einem auf den 8. Tag nach dem voraussichtlichen Empfang des Schreibens zu bestimmenden Zeitpunkte bei der Zoll- oder Steuerstelle seines Wohnorts oder, falls eine solche daselbst nicht vorhanden sein sollte, bei dem Hauptamte, in dessen Bezirk er wohnt, kostenfrei einzuzahlen. Ist die Einzahlung bis zum Ablauf des bezeichneten Tages nicht erfolgt, so ist der Betrag von dem zuständigen Hauptamte beizutreiben. Behufs Einziehung und Verrechnung der Gebühren für die von den Stempelsteuerämtern ertheilten Bescheide haben diese Behörden Abschrift des betreffenden Festsetzungsvermerkes am Schlusse des Schreibens dem zuständigen Bezirks-Hauptamte zur weiteren Veranlassung zuzufertigen. Bei den von den Hauptämtern selbst ertheilten Bescheidungen ist der zu entrichtende Betrag an Schreibgebühr auf dem Entwurfe des Schreibens von dem Hauptamts-Kontroleur unter Angabe der zur Reinschrift (mit

Einschluß des Feststellungsvermerkes zu Ende des Schreibens) aufgewendeten Seitenzahl und seiner Namensbeischrift festzusetzen.

Die hiernach zu erstattenden Schreibgebührenbeträge sind vom Hauptamts-Kontroleur in das unter Ziffer 3 der Verfügung vom 31. Januar 1870 III. 1932 (Centralblatt der Abgaben- rc. Verwaltung Seite 150) sowie durch § 54 Ziffer 4b der Anweisung zur Kassen- und Buchführung vom 27. Februar 1880 vorgeschriebene Anschreibebuch über das in anderen Angelegenheiten als in Steueruntersuchungssachen wieder einzuziehende Porto unter der darin neu anzulegenden Abtheilung für Schreibgebühren in Stempel- und Erbschaftssteuersachen einzutragen und ebendaselbst auch die darauf erfolgten Erstattungen zu vermerken. Die eingezogenen Beträge werden in das gemäß § 54 Ziffer 3 der Anweisung zur Kassen- und Buchführung vom Hauptamts-Rendanten zu führende Post- und Schreibgebühren-Einnahmebuch, Spalte 7, und von dort aus täglich mit den Tagesbeträgen in das Haupt-Journal und Haupt-Manual übernommen.

Die Hauptamtsleiter haben bei den Kassenrevisionen davon Ueberzeugung zu nehmen, daß die Anschreibungen hinsichtlich der zu erstattenden Schreibgebühren nach den vorhandenen Grundlagen richtig erfolgt und daß die erstatteten Beträge im Anschreibebuch und im Register übereinstimmend gebucht sind.

Die in der Rechnung nachgewiesene Einnahme an Schreibgebühren ist mit der daneben abzugebenden Bescheinigung des Kassenkurators zu belegen, daß die vereinnahmte Summe nach dem darüber geführten Register sich als richtig erweist.

Berlin, den 14. Februar 1896.

Der Finanz-Minister.

C. Allgemeine Verfügung

des Finanzministers und des Justizministers vom 29. Februar 1896, betreffend das gerichtliche Stempelwesen.

(JMBl. S. 63 ff.)

Unter Berücksichtigung der Abänderungen in dem Erlaß vom 17. 6. 1900 JBl. Nr. 531 ff. — JMBl. S. 505 — Nachtrag I —, die durch lateinische Schrift kenntlich gemacht sind.

In Ausführung des am 1. April 1896 in Kraft tretenden Stempelsteuergesetzes vom 31. Juli 1895 (Gesetz-Samml. S. 413) und des Preußischen Gerichtskostengesetzes vom 25. Juni 1895 (Gesetz-Samml. S. 203) wird Folgendes bestimmt:

I. Einziehung der Stempel als Gerichtskosten.

§ 1. Gerichtliche Urkunden:

Soweit nach den Vorschriften der §§ 2, 101 D.G.K.G. (Reichs-Gesetzbl. 1898 S. 659) und des § 29 Pr.G.K.G. (Gesetz-Samml. 1899 S. 326) für gerichtliche Urkunden Stempel zu erheben sind, findet eine Verwendung von Stempelmaterial nicht statt, vielmehr wird der Stempel nach den für Gerichtsgebühren geltenden Vorschriften (§§ 30, 119 Pr.G.K.G.) eingezogen. Stempel sind zu erheben:

a) für die im zweiten Abschnitte des ersten Theiles des Pr.G.K.G. bezeichneten gerichtlichen Urkunden (§ 56 Pr.G.K.G.); der auf dem Geschäfte ruhende Stempel wird für die Urschrift erhoben: die erste Ausfertigung ist stempelfrei, für weitere Ausfertigungen wird der Stempel nach der Tarifstelle „Duplikate“ erhoben:

b) für Auflassungen — Tarifstelle 8 des Stempelsteuergesetzes —, für Anträge auf Eintragung einer Hypothek oder Grundschuld (Rentenschuld) oder wiederkehrenden Geldleistung — Tarifstelle 58 III daselbst —, der Abtretung einer Hypothek oder Grundschuld — Tarifstelle 2 Abs. 4 daselbst — und der Verpfändung einer Hypothek oder Grundschuld oder wiederkehrenden Geldleistung — Tarifstelle 58 III daselbst (§ 69 Pr.G.K.G.);

c) für Bescheinigungen oder beglaubigte Abschriften aus gerichtlichen Registern, soweit für deren Ertheilung eine Gebühr nicht bestimmt ist (§ 110 Pr.G.K.G.); hiernach ist ein Stempel zu erheben für Bescheinigungen und beglaubigte Abschriften aus den Genossenschaftsregistern, den Schiffsregistern, den Börsenregistern und den Registern für Wassergenossenschaften oder den Vorrechtsregistern, dagegen ist ein Stempel nicht zu erheben für Bescheinigungen und Abschriften aus den Handelsregistern, den Vereinsregistern, den Güterrechtsregistern, den Standesregistern und Kirchenbüchern und den Musterregistern. Die nach § 11 Abs. 4 des Genossenschaftsgesetzes (Reichs-Gesetzbl. 1898 S. 810) auf die der Genossenschaft zurückzugebende Abschrift des Statuts zu setzende Bescheinigung der erfolgten Eintragung ist stempelfrei, weil diese Bescheinigung von Amtswegen, nicht auf Veranlassung der Genossenschaft (§ 12a des Stempelsteuergesetzes) ertheilt wird, ebenso ist die Beglaubigung dieser Abschrift stempelfrei;

d) für die in Angelegenheiten der freiwilligen Gerichtsbarkeit auf besonderen Antrag ertheilten Ausfertigungen und beglaubigten Abschriften stempelpflichtiger Urkunden (§ 114 Pr.G.K.G.);

e) für den Beschluss, durch welchen im Verfahren der Zwangsversteigerung der Zuschlag ertheilt wird (§ 126 a. a. O.).

Der Stempel für die zu gerichtlichem Protokoll erklärten oder ihrem Inhalte nach anerkannten Pacht-, Mieth- und antichretischen Verträge ist nicht als Gerichtsgebühr zu rechnen; vielmehr erfolgt die Versteuerung dieser Verträge in Gemässheit der Tarifstelle 48 des Stempelsteuergesetzes mittelst des dort vorgeschriebenen Pacht-, Mieth- und Antichrese-Verzeichnisses. Inwieweit der Stempel für Verfügungen von Todeswegen, die durch Uebergabe einer Schrift errichtet werden, als Gerichtsgebühr zu erheben ist, bestimmt sich nach § 31 Pr.G.K.G. (s. § 2c dieser Verfügung). Ferner findet von dem Grundsatz, dass der Stempel für gerichtliche Urkunden, soweit ein solcher neben den Gebühren zu erheben ist, als Gerichtsgebühr behandelt wird, eine Ausnahme für die in Abschnitt II dieser Verfügung bezeichneten Fälle statt, in denen nach stempelgesetzlichen Vorschriften eine Stundung eintritt. Bezüglich des Stempels für Auflassungen und Eintragungsanträge kommen die Vorschriften unter I nur insoweit zur Anwendung, als nicht ein Anderes besonders bestimmt ist (vergl. hierzu Abschnitt III).

Da nach § 30 Pr.G.K.G. eine Verwendung von Stempelmaterial bei den Gerichten nicht stattfinden soll, ist auch der Stempel für die in Angelegenheiten der Justizverwaltung errichteten Urkunden (Lieferungsverträge, Bestallungen u. s. w.) nicht in Natur zu verwenden, sondern bei den Gerichtskosten zu vereinnahmen. Dies gilt insbesondere auch von den gemäss Tarifstelle 48 zu versteuernden, von den Justizbehörden als Verpächter oder Vermiether abgeschlossenen Pacht- und Miethverträgen.

§ 2. Aussergerichtliche Urkunden.

Die im § 30 Pr.G.K.G. für die Stempel gerichtlicher Urkunden gegebenen Vorschriften sind im § 31 daselbst zur Erleichterung der Rechtsuchenden auf eine Reihe aussergerichtlicher Urkunden ausgedehnt, wenn sie bei Gericht eingereicht werden. Danach wird die Stempelsteuer, wie bei gerichtlichen Urkunden, in folgenden Fällen als Gerichtsgebühr vereinnahmt:

a) wenn zum Gebrauche bei Gericht bestimmte Vollmachten (Tarifstelle 73), Schätzungen von Grundstücken, insofern sie wegen eines Privatinteresses unter Aufsicht einer öffentlichen Behörde aufgenommen werden (Tarifstelle 64), und Vermögensverzeichnisse, welche zum Gebrauch bei stempelpflichtigen Urkunden dienen (Tarifstelle 32), ohne den vorgeschriebenen Stempel bei Gericht eingereicht werden;

b) wenn behufs Ausschliessung des Auflassungsstempels oder des für die Eintragung, Abtretung oder Verpfändung einer Hypothek oder Grundschuld (Rentenschuld) zu entrichtenden Werthstempels die Urkunden über das der Auflassung oder Eintragung zu Grunde liegende Rechtsgeschäft ohne den vorgeschriebenen Stempel vorgelegt werden:[1] wegen der Stempelpflicht privat-

[1] Verhandlungen über Abänderung von Nebenbestimmungen, die zwecks Eintragung eingereicht werden, sind mit dem Naturalstempel zu versehen. JM. 30. 6. 98 III 8951.

schriftlicher Verträge über die Veräusserung von Grundstücken sind die Allgemeinen Verfügungen des Finanzministers vom 12. Februar 1900 und des Justizministers vom 2. März 1900 (Just.-Minist.-Bl. S. 63) zu beachten;

c) wenn Verfügungen von Todeswegen zur amtlichen Verwahrung überreicht oder durch Uebergabe einer Schrift errichtet werden.

Die Vereinnahmung des Stempels bei den Gerichtskosten ist jedoch auf den nach den Tarifstellen 21 und 66 zu entrichtenden Stempel von 1,50 Mark beschränkt. Unterliegen die Verfügungen noch ausserdem den Steuersätzen anderer Tarifstellen — beispielsweise, wenn in ihnen Schenkungen, Schuldverschreibungen, Stiftungen u. s. w. beurkundet sind —, so hat das zuständige Stempel- beziehungsweise Erbschaftssteueramt dafür Sorge zu tragen, dass die Verwendung der bezüglichen Stempel in Stempelmaterialien erfolgt.

Bei Verfügungen von Todeswegen, die mündlich vor Gericht erklärt werden, findet die Einziehung von Stempeln der letzterwähnten Art gemäss § 1 dieser Verfügung als Gerichtsgebühr statt. Die Erbschaftssteuerämter sind verpflichtet, die Gerichtsschreibereien auf die Einziehung derartiger Stempelabgaben, von denen sie bei Prüfung der Verfügungen im Erbschaftssteuerinteresse Kenntniss erhalten, aufmerksam zu machen;

d) wenn Urkunden zur gerichtlichen Vollziehung, Anerkennung des Inhalts oder Sicherstellung der Zeit der Ausstellung bei Gericht eingereicht werden. Eine Vereinnahmung des Stempels als Gerichtsgebühr findet nicht statt hinsichtlich derjenigen Urkunden, welche dem Gerichte nur zur Anerkennung oder Beglaubigung der Unterschriften oder Handzeichen vorgelegt werden;

e) wenn privatschriftliche und notarielle Urkunden, welche ihre Gültigkeit erst durch die gerichtliche Genehmigung oder Bestätigung erlangen, insbesondere Verträge über die Annahme an Kindesstatt, zur Ertheilung dieser Genehmigung oder Bestätigung bei Gericht eingereicht werden. Werden Urkunden der bezeichneten Art, welche bereits von den Gerichten genehmigt sind, bei denen aber die Einziehung des Stempels bei den Gerichtskosten versehentlich unterlassen ist, einer Steuerstelle zur

Versteuerung vorgelegt, oder erhält diese auf anderem Wege Kenntniss von solchen Urkunden, so wird dem zuständigen Gericht Anzeige erstattet werden, welches die Nachversteuerung durch die Gerichtsschreiberei zu veranlassen hat.

In den Fällen zu a bis d hat die Gerichtsschreiberei, wenn die Einreichung der stempelpflichtigen Schriftstücke nicht innerhalb der gesetzlichen Stempellösungsfristen (§ 16 des Stempelsteuergesetzes) erfolgt ist, eine Abschrift der Urkunde oder des für die Stempelpflichtigkeit in Betracht kommenden Theils derselben oder eine den wesentlichen Inhalt der Urkunde enthaltende Mittheilung unter Benachrichtigung von dem bei den Gerichtskosten in Rechnung gestellten beziehungsweise vereinnahmten Stempelbetrage dem zuständigen Hauptamte (Hauptsteueramt oder Hauptzollamt) zugehen zu lassen, von welchem nach Umständen die Einleitung des Strafverfahrens veranlasst werden wird. Dasselbe gilt im Falle zu e, wenn die Urkunde das Erforderniss der gerichtlichen Genehmigung nicht erkennen lässt und in Folge dessen die Stempelpflicht schon vor Ertheilung der gerichtlichen Genehmigung begründet ist.

Wegen der nach stempelgesetzlichen Vorschriften zu stundenden Stempelbeträge vergleiche Abschnitt II.

Der Stempel für Auflassungen und für die im § 1 bezeichneten Eintragungsanträge wird auch dann unter Beachtung der Vorschriften des dritten Abschnitts bei dem das Grundbuch führenden Gerichte zu den Gerichtskosten vereinnahmt, wenn die Auflassung oder der Eintragungsantrag nicht von diesem Gerichte beurkundet ist.

§ 3. Verfahren bei der Einziehung des Stempels im Allgemeinen.

Die Berechnung und Einziehung der als Gerichtsgebühr zu behandelnden Stempelbeträge erfolgt in derselben Weise wie die Berechnung und Einziehung der Gerichtsgebühren nach den Vorschriften der Kasseninstruktion.

§ 4. Zahlungspflicht.

Die Vorschriften der §§ 1 und 2 Pr.G.K.G. bleiben nach § 30 das. hinsichtlich der Stempelabgaben außer Anwendung. An die Stelle dieser Vorschriften treten die §§ 12, 13 des Stempelsteuergesetzes. Daneben bleiben aber in Geltung die Bestimmungen der §§ 3 (Entnahme aus der Masse), 4 (freiwillige Uebernahme) und 5 (Haftung Dritter) des Pr.G.K.G.

§ 5. Befreiungen.

In Bezug auf die sachlichen und persönlichen Befreiungen von der Stempelsteuer kommen nicht § 7 Abs. 1 und § 8 Pr.G.K.G., sondern die §§ 4 und 5 des Stempelsteuergesetzes zur Anwendung. Dagegen erstreckt sich die den Gerichten in § 7 Abs. 2 Pr.G.K.G. beigelegte Befugniß zur Niederschlagung von Gerichtsgebühren und Gewährung von Gebührenfreiheit auch auf die Stempelabgaben.

Bei jedem Oberlandesgericht ist ein Verzeichniß über diejenigen Stiftungen zu führen, welche als milde Stiftungen anerkannt sind. Zu diesem Zweck wird den Präsidenten der Oberlandesgerichte von jeder Anerkennung einer milden Stiftung, welche in dem Bezirk des Oberlandesgerichts ihren Sitz hat, Nachricht gegeben werden.

Ueber die Zuverlässigkeit der in § 5 Abs. 2 und 3 des Stempelsteuergesetzes erwähnten Stempelsteuerbefreiungen entscheidet, insoweit als Gerichtsgebühr einzuziehende Stempel in Frage kommen, der Justizminister im Einverständniß mit dem Finanzminister.

§ 6. Werthsberechnung, Erinnerungen und Beschwerden gegen den Stempelansatz.

Die materiellen Grundsätze für die Werthsberechnung sind aus dem Stempelsteuergesetze (insbesondere aus § 6) und dem Tarife zu demselben zu entnehmen, dagegen richtet sich das Verfahren ebenso wie bei Erinnerungen und Beschwerden, betreffend den Ansatz von Stempelbeträgen überhaupt, nach den §§ 24 ff. Pr.G.K.G. mit der Maßgabe, daß gegen die Entscheidungen des Oberlandesgerichts Beschwerde an den Justizminister stattfindet, welcher auch berechtigt ist, in allen Fällen den Ansatz dieser Beträge von Amtswegen zu berichtigen.[2–4]

---

[2] Ueber die weitere Beschwerde gegen den Beschluß eines Landgerichts über den Ansatz des Stempels für einen Vergleich im Falle des § 101 RGKG. entscheiden nicht die Provinzial-Oberlandesgerichte. RG. 6. 7. 97, JMBl. 1898 S. 38/40.

[3] In Fällen, in denen es sich bezüglich des Auflassungsstempels um die Frage handelt, ob an sich eine rechtliche Verpflichtung zur Zahlung besteht, haben die Justizbehörden zu entscheiden. FM. 5. 4. 99 III 4190, HSp. S. 379.

[4] Ueber die Zuständigkeit zur Entscheidung über Beschwerden im Fall der Nachforderung von Stempeln zu bei Gericht eingereichten Urkunden s. FM. 17. 9. 04 III 11208 bei § 14 Anm. 4 d. G.

Wenn der Werth des Gegenstandes eines Vertrages sich nach dem Lebensalter einer Person berechnet, so ist dasselbe in der Verhandlung zu vermerken.

Die Beanstandung der Angaben der Steuerpflichtigen über den Werth des Gegenstandes eines Geschäfts ist binnen einer dreijährigen Frist nach der Beurkundung zulässig (§ 27 Abs. 3 des Stempelsteuergesetzes). Der § 12 Pr.G.K.G., betreffend die Zulässigkeit der Nachforderung von Gerichtskosten, findet auf die als Gerichtsgebühr zu vereinnahmenden Stempel keine Anwendung.

§ 7. Rechtsweg.

In Beziehung auf die Verpflichtung zur Entrichtung einer Stempelabgabe ist gemäß § 26 des Stempelsteuergesetzes der Rechtsweg zulässig. Die Klage ist gegen die zur Vertretung des Fiskus in Angelegenheiten der Justizverwaltung bestimmte Behörde zu richten (§ 26 Satz 3 das.), d. h. nach dem Gesetze vom 14. März 1885 (Gesetz-Samml. S. 65) und Ziffer 1 und 2 der Allg. Verf. vom 23. März 1885 (Just.-Minist.-Bl. S. 119) gegen die Staatsanwaltschaft bei demjenigen Oberlandesgericht, in dessen Bezirk der Ansatz des Stempels erfolgt ist.

Zur Aufrechterhaltung der Einheitlichkeit in der Anwendung der gesetzlichen Vorschriften haben sich die Oberstaatsanwälte, bevor sie sich auf einen Prozeß wegen Stempelabgaben einlassen, mit den Provinzial-Steuer-Direktoren bezüglich der Streitfrage und der weiteren Behandlung der Prozesse in Verbindung zu setzen, ihnen auch Abschrift der rechtskräftig gewordenen gerichtlichen Urtheile mitzutheilen. Hinsichtlich der Mittheilung der Entscheidungen an den Justizminister und der Aufnahme der Prozesse in die jährliche Nachweisung der Prozesse der Justizverwaltung verbleibt es bei den bestehenden Vorschriften.

§ 8. Stundungen, Theilzahlungen und Niederschlagungen.

Die Vorschriften über das Armenrecht (Reichsgesetz über die Angelegenheiten der freiwilligen Gerichtsbarkeit [Reichs-Gesetzbl. 1898 S. 771] § 14, Preussisches Gesetz über die freiwillige Gerichtsbarkeit [Gesetz-Samml. 1899 S. 249] Art. 1, Kassenordnung § 19) finden auch auf die nach den Vorschriften über Gerichtsgebühren einzuziehenden Stempel Anwendung. Ebenso sind die Vorschriften des § 17 Pr.G.K.G. und der §§ 20, 31 der Kassenordnung über die Stundung und Niederschlagung der Kosten, insbesondere im Falle der Armuth des Zahlungspflichtigen, auch für Stempel massgebend. Ueber die Fälle, in welchen nach den Vorschriften des Stempelsteuergesetzes eine Stundung des Stempels eintritt, vergleiche die Bestimmungen in den §§ 11, 12 dieser Verfügung.

Auf die Niederschlagung von Stempeln wegen unrichtiger Behandlung der Sache oder wegen Unkenntniss der Betheiligten findet § 7 Abs. 2 Pr.G.K.G. Anwendung. Sollen in Fällen, in welchen das Gesetz die Erstattung bereits gezahlter Stempel zulässt, noch rückständige Stempel niedergeschlagen werden, so sind die Vorschriften im § 9 dieser Verfügung entsprechend anzuwenden.

§ 9. Erstattung und Anrechnung gezahlter Stempel.

In Bezug auf die Rückerstattung von Stempelabgaben und die Abstandnahme von der Einziehung derselben gelten §§ 6 Abs. 2, 25 des Stempelsteuergesetzes und Nr. 32 Abs. 4 bis 8 des Tarifs zu demselben mit der Maßgabe, daß, soweit die Anordnung aus Billigkeitsgründen durch den Finanzminister erfolgen kann (§ 25 Abs. 2 des Gesetzes und Nr. 32 Abs. 8 des Tarifs), an die Stelle des Finanzministers der Justizminister tritt.

In Ansehung des Verfahrens ist Folgendes zu beachten:

a) Anträge auf Erstattung von Stempelbeträgen, welche unrichtig zum Ansatz gebracht sind, und auf Abstandnahme von der Einziehung eines Stempels in den Fällen des Abs. 7 der Tarifstelle 32 sind ebenso zu behandeln wie Erinnerungen und Beschwerden gegen den Stempelansatz (§ 6 dieser Verfügung);

b) über Anträge auf Erstattung des Stempels zu Urkunden über nichtige oder durch rechtskräftiges gerichtliches Urtheil für nichtig oder ungültig erklärte Geschäfte (§ 25 Abs. 1 Buchstabe c des Stempelsteuergesetzes) und auf Erstattung des Werthstempels in den Fällen des § 6 Abs. 2 und der Tarifstelle 32 Abs. 4 des Stempelsteuergesetzes sowie des Abs. 7 Satz 1 dieser Tarifstelle entscheidet der Präsident desjenigen Landgerichts, in dessen Bezirk der Stempel erhoben ist. Gegen die Entscheidung findet Beschwerde im Aufsichtswege statt;

c) Anträge auf Erstattung von Stempeln aus Billigkeitsrücksichten (§ 25 Abs. 2 des Stempelsteuergesetzes und Tarifstelle 32 Abs. 8) sind bei dem Landgerichtspräsidenten anzubringen und von demselben unter Beifügung einer gutachtlichen Aeußerung durch Vermittelung des Oberlandesgerichtspräsidenten an den Justizminister einzureichen.

Wenn die Anrechnung des zu einer Punktation verwendeten Werthstempels auf denjenigen Stempel verlangt wird, welchem eine auf Grund der Punktation aufgenommene, mit ihr im Wesentlichen übereinstimmende Vertragsurkunde unterliegt, so ist von dem Steuerpflichtigen die mit dem Werthstempel versehene Punktation (bei notariellen Punktationen die mit der Bescheinigung des zur Urschrift verwendeten Stempels versehene Ausfertigung) vorzulegen. Auf das weitere Verfahren finden die Vorschriften in § 18 dieser Verfügung entsprechende Anwendung. Da die Anrechnung sich nur auf den zur Punktation verwendeten Werthstempel bezieht, so bleiben die festen Stempel, welche die Punktation, wenn sie nicht mit dem Werthstempel versteuert wäre, mit Rücksicht auf die besondere Form ihrer Einrichtung erfordern würde (Notariatsurkundenstempel u. s. w.) oder welche zu ihr wegen der darin enthaltenen Nebenverträge (vergl. Tarifstelle 71 Ziffer 2 Absatz 1) noch besonders verwendet worden sind, von der Anrechnung ausgeschlossen.

§ 10. Vermerk des Stempels auf den Urkunden.

Auf den von den Gerichtsbehörden zu ertheilenden Ausfertigungen und Abschriften ist der für die Urschrift oder die Ausfertigung etwa zum Ansatz gekommene und als Gerichtsgebühr berechnete Betrag des Stempels zu vermerken.[5] Mit dem gleichen Vermerke sind die zu den Akten eingereichten aussergerichtlichen Schriftstücke zu versehen, in Bezug auf welche die Berechnung des Stempels als Gerichtsgebühr stattgefunden hat. Auf der ersten Ausfertigung einer gerichtlichen Urkunde, auf welche der zweite Abschnitt des ersten Theiles des Pr.G.K.G. Anwendung findet, ist deren Stempelfreiheit sowie der für die Urschrift berechnete Stempel zu vermerken, z. B.

Als erste Ausfertigung stempelfrei. Für die Urschrift 500 Mark (in Worten) Stempel berechnet.

---

[5]) Es genügt, wenn nur die Berechnung des Stempels bescheinigt wird; die Bezahlung braucht nicht bescheinigt zu werden. JM. 30. 9. 98 I 5508, JMBl. S. 248.

Bei weiteren Ausfertigungen ist auf die Nebenausfertigung der zu dieser und der zur Urschrift berechnete Stempel getrennt anzugeben, z. B.

1,50 Mark Stempel zur Nebenausfertigung,
30,00 Mark Stempel zur Urschrift,

zusammen 31,50 Mark (in Worten) sind als Gerichtsgebühr berechnet.

Die zu Gunsten von Kommunalverbänden, Kommunen oder Korporationen ländlicher oder städtischer Grundbesitzer oder Grundkredit- und Hypothekenbanken ausgestellten Schuldverschreibungen, welche auf Grund der demnächstigen Ausreichung reichsstempelpflichtiger Renten- und Schuldverschreibungen nach der Befreiung d unter I der Tarifstelle 58 von der Entrichtung des landesgesetzlichen Schuldverschreibungsstempels frei sind, müssen mit einem den Grund der Stempelfreiheit ergebenden Vermerk versehen sein, z. B.

Stempelfrei, da auf Grund dieser Verschreibung reichsstempelpflichtige Pfandbriefe neu ausgegeben werden.

Die gleichen Bestimmungen finden auf die in der Befreiung der Tarifstelle 2 erwähnten Abtretungsurkunden Anwendung.

Die Vermerke über den Stempelansatz sind von dem Gerichtsschreiber mit Datum und Unterschrift zu versehen.

Bei der Ertheilung amtlicher Zeugnisse, welche ihres besonderen Zweckes wegen (vergl. Tarifstelle 77 Buchstabe a und c) dem sonst zu entrichtenden Stempel nicht unterliegen, ist in dem Zeugniß, und zwar in dem Text desselben (nicht aber in Vermerken, welche außerhalb dieses Textes stehen und durch die Unterschrift des Beamten nicht gedeckt werden), der Zweck bestimmt anzugeben, zu welchem das Zeugniß ausgestellt wird. Unterbleibt eine solche Angabe, so unterliegt das Zeugniß in allen Fällen und ohne Rücksicht darauf, daß es thatsächlich zu einem die Stempelfreiheit genießenden Zweck gebraucht worden ist, dem tarifmäßigen Stempel von 1,50 M. Diese Vorschrift findet auf beglaubigte Abschriften (Tarifstelle 1) entsprechende Anwendung.

II. Verfahren im Falle der Stundung von Stempeln nach stempelgesetzlichen Vorschriften.

§ 11. Fälle, in denen eine gesetzliche Stundung des Stempels eintritt.

Eine Aussetzung der Versteuerung findet nach dem Stempelsteuergesetze in folgenden Fällen statt:

A. bei Schenkungen (Tarifstelle 56 Abs. 3);*

1. Wenn eine Schenkung von dem Eintritt einer aufschiebenden Bedingung oder von einem hinsichtlich des Zeitpunktes seines Eintritts ungewissen Ereigniß abhängig ist, so ist die Besteuerung erst beim Eintritt der Bedingung oder des Ereignisses vorzunehmen (§§ 22 und 24 des Erbschaftssteuergesetzes vom $\frac{30.\ \text{Mai}\ 1873}{19.\ \text{Mai}\ 1891}$, Gesetz-Samml. 1891 S. 78.)
2. Wird der Werth einer Schenkung durch eine auf ihr ruhende Last vermindert, deren Fortdauer von einer auflösenden Bedingung oder von einem nur hinsichtlich des Zeitpunktes seines Eintritts ungewissen Ereigniß abhängig ist, so wird die Last wie eine unbedingte in Abzug gebracht. Beim Eintritt der Bedingung oder des zeitlich ungewissen Ereignisses ist derjenige Stempelbetrag nachzuerheben, welcher mehr zu entrichten gewesen sein würde, wenn der Zeitpunkt des Eintritts der Bedingung oder des Ereignisses bei Berechnung des Stempels bekannt gewesen wäre.

   Ausgenommen sind die Lasten von unbestimmter Dauer, deren abzuziehender Werth sich nach den Bestimmungen in den §§ 15 bis 18 des Erbschaftssteuergesetzes und in dem Artikel I Ziffer 2 des Gesetzes vom 31. Juli 1895 (Gesetz-Samml S. 412) berechnet (§§ 23 und 24 des Erbschaftssteuergesetzes).
3. Wenn unsichere Forderungen und andere zur sofortigen Werthermittelung nicht geeignete Gegenstände geschenkt werden und die Angabe des Steuerpflichtigen über den muthmaßlichen Werth der Schenkung zu Bedenken Veranlassung giebt, so kann der Stempel zunächst von dem Werthe, den der Steuerpflichtige als den muthmaßlichen in Vorschlag bringt, eingezogen und die Berichtigung des Werthansatzes sowie die entsprechende Nachforderung des Stempels bis zum Ausgange derjenigen Verhandlungen vorbehalten werden, von welchen die Bezahlung der Forderung beziehungsweise die Wertermittelung abhängt (§ 25 a. a. O.).
4. Wird Jemandem Vermögen geschenkt, dessen Nutzung einem Dritten zusteht, so erfolgt, wenn die Aussetzung der Versteuerung der Substanz bis zur Vereinigung der Nutzung mit der Substanz beantragt wird, die Erhebung des Schenkungsstempels erst bei Beendigung der Nutznießung des Dritten nach Maßgabe der alsdann obwaltenden Verhältnisse (§ 27 Abs. 1 a. a. O).

* Vgl. A. 1 zu Tarif 56.

B. bei **Unbestimmtheit des Werths des Gegenstandes** (§ 8 des Stempelsteuergesetzes), wenn der Werth des Gegenstandes, wie z. B. bei Lieferungsverträgen, dergestalt unbestimmt ist, daß er von vornherein auch nicht annähernd geschätzt werden kann.

C. bei Fideikommißstiftungen (Nr. 24 des Stempeltarifs), für welche von dem Stifter ein weiteres Anwachsen des Grundvermögens, sei es durch in Aussicht genommene Zuwendungen freigebiger Art, sei es durch eine angeordnete Zuschlagung von Zinsen zum Kapital, vorgesehen worden ist.

D. bei Gesellschaftsverträgen und Beschlüssen über Erhöhung des Gesellschaftskapitals bei Aktiengesellschaften, Kommanditgesellschaften auf Aktien und Gesellschaften mit beschränkter Haftung, soweit das Kapital nicht sofort voll eingezahlt wird (Nr. 25 des Stempeltarifs).

§ 12. Verfahren bei Erhebung gesetzlich gestundeter Stempelbeträge.

In den Fällen des § 11 C ist der Stempel, wenn die Stiftungsurkunde gerichtlich aufgenommen oder behufs Anerkennung des Inhalts eingereicht ist, nach Maßgabe der Vorschriften unter I bei den Gerichtskosten zu vereinnahmen, sobald derselbe fällig wird (Nr. 24 Abs. 4 des Stempeltarifs). Den Eintritt der Fälligkeit hat der Gerichtsschreiber von den Akten aus zu kontroliren.

In entsprechender Weise ist zu verfahren hinsichtlich der von den Justizbehörden in Angelegenheiten des eigenen dienstlichen Bedarfs abgeschlossenen Lieferungsverträge und Dienstverträge im Falle des § 11 B.

In allen übrigen Fällen des § 11 erfolgt, insoweit der Stempel nicht sofort mit den Gerichtskosten zu erheben ist, die Erhebung des Stempels durch die Steuerbehörden.

Zu diesem Zweck hat der Gerichtsschreiber bei Schenkungen die Ausfertigung der von dem Gerichte aufgenommenen Schenkungsurkunde oder, sofern es sich um eine Urkunde handelt, welche dem Gericht zum Zwecke der Anerkennung des Inhalts eingereicht worden ist, diese Urkunde selbst demjenigen Stempelsteueramt, in dessen Geschäftsbezirk die Gerichtsbehörde ihren Sitz hat, zu übersenden und, daß dies geschehen, auf der Urschrift beziehungsweise auf der Verhandlung über die Inhaltsanerkennung zu vermerken.

Die entstehenden Schreibgebühren und Portokosten fallen der Staatskasse zur Last.

Zur Vermeidung unnöthigen späteren Schreibwerks haben die Gerichte thunlichst bei Aufnahme der Urkunden die Parteien über die die Berechnung und Ueberwachung der zu stundenden Stempel bedingenden Umstände zu hören, insbesondere über das Verwandtschaftsverhältniß zwischen Schenker und Beschenkten, das Alter des Beschenkten, den Werth der Schenkung und die Art der Sicherstellung des Stempels. Diese Angaben sind dem Stempelsteueramt mitzutheilen.

Die Stempelsteuerämter werden den Gerichtsschreibern den Eingang der Ausfertigungen der gerichtlichen Schenkungsurkunden beziehungsweise der dem Inhalte nach gerichtlich anerkannten Schenkungsurkunden bescheinigen und die gedachten Verhandlungen, nachdem sie mit dem vorgeschriebenen Vermerk versehen worden, an die Partei gelangen lassen, sofern nicht der Gerichtsschreiber um die Rückgabe gebeten hat. Von der erfolgten Einziehung des Stempels wird das Stempelsteueramt den Gerichtsschreiber in Kenntniß setzen. Letzterer hat auf Grund dieser Mittheilung die Höhe des entrichteten Stempels zu der Urschrift der Schenkungsurkunde beziehungsweise der Verhandlung über die Anerkennung des Inhalts zu vermerken.

In gleicher Weise ist zu verfahren hinsichtlich derjenigen Urkunden, bei denen wegen Unbestimmtheit des Werthes die Feststellung des zu verwendenden Stempels erst später erfolgen kann, soweit nicht nach Abs. 1 der Stempel als Gerichtskosten zu erheben ist, sowie hinsichtlich der Gesellschaftsverträge und Gesellschaftsbeschlüsse, insoweit bei denselben das Kapital nicht sofort eingezahlt ist und deshalb eine Nachversteuerung der Theilzahlungen stattzufinden hat. Die Gesellschaftsverträge und Gesellschaftsbeschlüsse sind dem Stempelsteueramt in beglaubigter Abschrift oder in beglaubigtem Auszuge zu übersenden.

III. Stempel für Auflassungen und Eintragungsanträge.

A. Auflassungen.

§ 13. Allgemeine Grundsätze, Werthsberechnung.

Dieser Paragraph entspricht in seinem Wortlaut der Nr. 29 der Bekanntmachung vom 13. Februar 1896.

§ 14. Vorlegung einer Urkunde über das Rechtsgeschäft.

Dieser Paragraph entspricht in seinem Wortlaut der Nr. 30 litt. a der Bekanntmachung vom 13. Februar 1896.

§ 15. Erklärung des Rechtsgeschäfts zu Protokoll.

Dieser Paragraph entspricht in seinem Wortlaut der Nr. 30 litt. b der Bekanntmachung vom 13. Februar 1896.

§ 16. Verfahren bei Nichtvorlegung einer Urkunde.[6]

Die Absätze 1, 2 und 3 dieses Paragraphen entsprechen in ihrem Wortlaut der Nr. 30 litt. c Abs. 1, 2 und 3 der Bekanntmachung vom 13. Februar 1896.

Der Kostenrechnung ist eine Mittheilung nach dem anliegenden Formular 1 beizulegen. Die Kostenrechnung nebst der Mittheilung ist dem Kostenschuldner von Amtswegen im Wege der vereinfachten Zustellung zuzustellen.[7] Die Zustellungsurkunde geht, nachdem der Tag der Zustellung in Spalte 5 des Kostenregisters vermerkt ist, zu den betreffenden Grundakten. Geht während der angegebenen Frist die Urkunde ein, so ist nach § 14 dieser Verfügung zu verfahren mit der Maßgabe, daß die Prüfung der Urkunde dem Gerichtsschreiber obliegt. Dieser hat die Aussetzung der Zwangsbeitreibung und event. die Niederschlagung des nicht zur Hebung kommenden Stempels herbeizuführen. Das Abholungsverfahren (§ 27 der Kassenordnung) sowie das vereinfachte Kosteneinziehungsverfahren (Allg. Verfügung vom 16. März 1895, Just.-Minist.-Bl. S. 82, §§ 15 ff. der Anweisung für die Gerichtskasse I in Berlin vom 11. März 1895) finden bezüglich der zuzustellenden Kostenrechnungen nicht statt.

---

[6] Bei nicht gehöriger Beobachtung dieser Vorschrift durch den Richter ist ohne Rücksicht auf die inzwischen verflossene Zeit das ganze den Stempel betreffende Verfahren zu wiederholen, weil es dann an einer Grundlage für den Ansatz des Auflassungsstempels fehlt. KG. 4. 7. 98, Joh. Bd. 18 S. 101.

Auf die dem Grundbuchrichter obliegende Pflicht, betreffend Belehrung hinsichtlich des Auflassungsstempels hat der Justizminister in der Allgemeinen Verfügung vom 13. 6. 00 (JMBl. S. 501) noch einmal in eingehender Weise unter Erörterung der einzelnen gewöhnlich in Frage kommenden Rechtsgeschäfte hingewiesen. JM. 17. 8. 00 III 9512. Vgl. A. 40a—c bei Bek. 30.

[7] Die Frist beginnt nicht, wenn diese Bestimmungen nicht befolgt sind. Dem Fehlen der Belehrung steht eine irreführende Art derselben gleich. RG. 22. 1. 04, Entsch. Bd. 56 S. 374. — Vgl. A. 14 bei Tarif 8.

Die Absätze 5 und 6 dieses Paragraphen entsprechen in ihrem Wortlaut der Nr. 30 litt. c Abs. 5 und 6 der Bekanntmachung vom 13. Februar 1896.

Behufs Ueberwachung, ob die von den Parteien zur Ausschließung des Auflassungsstempels bei den Gerichten eingereichten Urkunden in vorschriftsmäßiger Weise versteuert worden sind, haben die Amtsgerichte eine stempel- und kostenfreie beglaubigte Abschrift der Urkunde zu den Grundakten fertigen zu lassen.

§ 17. Kontrole der Stempelerhebung.

Mit Rücksicht auf die nach § 27 Abs. 3 des Stempelsteuergesetzes für die Beanstandung des Wertes des veräusserten Gegenstandes bestimmte dreijährige Frist haben die Amtsgerichte demjenigen Hauptamt, in dessen Bezirke sie ihren Sitz haben, über die Fälle, in denen die Versteuerung einer Auflassung auf Grund einer Wertangabe (Tarifstelle 8 Abs. 1 und 2, § 16 dieser Verfügung) stattgefunden hat, vierteljährlich — in Berlin monatlich — eine von dem Gerichtsschreiber der Richtigkeit nach zu bescheinigende Liste nach dem anliegenden Muster* zu übersenden, und zwar ohne Anschreiben unter Briefumschlag. Die Spalten 1—15 dieser Liste enthalten eine Abschrift der Eigentumsveränderungsliste (Allgemeine Verfügung vom 25. März 1890 — Just.Minist.Bl. S. 109 —). Die Angaben in Spalte 16 sind den Spalten 16 und 17 der Eigentumsveränderungsliste, diejenigen in den Spalten 17 bis 19 dem Grundbuch oder den Grundakten zu entnehmen.

Den Provinzialsteuerdirektoren ist überlassen, mit den Oberlandesgerichtspräsidenten in Verbindung zu treten, falls etwa nach den örtlichen Verhältnissen die Mitteilung noch weiterer, für die Beurteilung der Wertangaben wichtiger Umstände erforderlich erscheinen sollte. Zu diesen Mitteilungen kann die Spalte „Bemerkungen" benutzt werden.

Um die Absendung der Eigentumsveränderungsliste an das Katasteramt nicht aufzuhalten, sind die für die Liste der Auflassungen erforderlichen Angaben alsbald in diese zu übernehmen. Zur Anfertigung der Liste der Auflassungen kann die Hilfe der Kanzlei in Anspruch genommen werden. Ihre Absendung erfolgt bis zum letzten Tage desjenigen Monats, welcher auf den von der Liste umfassten Zeitraum folgt, oder, wenn bis dahin die Frist für die Einreichung

* ist hier nicht abgedruckt.

der das Veräusserungsgeschäft enthaltenden Urkunde (Tarifstelle 8 Abs. 3) bei einer in die Liste aufgenommenen Auflassung noch nicht abgelaufen sein sollte, sogleich nach dem Ablaufe dieser Frist. In die Liste sind diejenigen Auflassungen nicht aufzunehmen, bei welchen der angegebene Wert für Grundstücke in Berlin 1000 Mark, für Grundstücke an anderen Orten 300 Mark nicht übersteigt. Die Grundbuchrichter haben jedoch auch in diesen Fällen gemäß § 16 Abs. 6 ihr Augenmerk darauf zu richten, ob die Wertangabe dem wirklichen Werte entspricht, und, falls sich Bedenken ergeben, den wirklichen Wert entweder selbst oder durch das zuständige Hauptamt zu ermitteln. Auch die Stempelprüfungspflicht der Rechnungsrevisoren und der Vorstände der Stempelsteuerämter wird durch die gegenwärtige Anordnung nicht berührt.

Sind während eines Vierteljahrs oder Monats Auflassungen auf Grund einer Wertangabe nicht zur Versteuerung gekommen, so hat das Amtsgericht dem Hauptamte hiervon Mitteilung zu machen.

In die nach Abs. 1 dem zuständigen Hauptamt mitzuteilende Liste der Auflassungen sind nur solche Auflassungen aufzunehmen, bei denen die Versteuerung lediglich auf Grund der von den Beteiligten gemachten Wertangaben erfolgt ist, dagegen sind diejenigen Auflassungen von der Aufnahme auszuschließen, hinsichtlich deren der Stempel auf Grund einer gerichtlichen Festsetzung des Wertes berechnet ist.[8] Eine Abänderung der gerichtlichen Entscheidung über die Wertfestsetzung kann nur nach Maßgabe der §§ 26, 27, 30 Pr-G.K.G. durch eine von Amts wegen oder auf Beschwerde ergangene gerichtliche Entscheidung erfolgen. Der Steuerbehorde steht in diesem Falle die Befugnis, eine anderweite Festsetzung zu treffen, nicht zu. Falls sie auf Grund anderweit erhaltener Kenntnis zur Ermittelung eines höheren Wertes gelangen sollte, hat sie dem zuständigen Landgerichtspräsidenten hiervon Kenntnis zu geben; die Vorschriften im § 21 Abs. 5b finden entsprechende Anwendung.

Die Hauptämter haben, insoweit ihnen aus den zugegangenen Mittheilungen Bedenken gegen die Angemessenheit der Werthe entstehen, die Ermittelung des wirklichen gemeinen Werthes thunlichst kostenfrei vorzunehmen. Alle unmittelbaren und mittelbaren Behörden und Beamten, insbesondere auch die Behörden der Katasterverwaltung, sind verpflichtet, auf alle die Ermittelung von Grund-

[8] Auflassungsverhandlungen, die das Anerkenntnis eines mündlich abgeschlossenen Kaufvertrages enthalten und hiernach den Kaufstempel erfordern, sind nicht in den Auszug einzutragen.

stücksworthen betreffenden Anfragen bereitwilligst Auskunft zu ertheilen (§ 7 Abs. 5 des Stempelsteuergesetzes).

Die Liste der Auflassungen eines Vierteljahres nebst den entstandenen Verhandlungen wird spätestens bis zum Ende des darauf folgenden Vierteljahres dem Provinzial-Steuerdirektor eingereicht, welcher die weitere Prüfung der Verhandlungen durch den Vorstand des Stempelsteueramts vornehmen läßt, die zu entrichtenden Stempelbeträge, wenn er die angegebenen Werthe für zu niedrig erachtet, anderweit festsetzt und wegen der von dem Amtsgericht zu bewirkenden Einziehung des Mehrbetrages die weitere Anordnung erläßt. Die monatlichen Listen der Auflassungen der Amtsgerichte I und II in Berlin sind spätestens bis zum Ende des drittfolgenden Monats mit den Belagsakten und einer gutachtlichen Aeußerung dem Stempelsteueramt in Berlin vorzulegen, welches die Nachprüfung — nöthigenfalls durch weitere Erörterung mit den Amtsgerichten — veranlaßt und nach Beendigung der Prüfung die Verhandlungen dem Provinzial-Steuerdirektor zur Festsetzung der nachzufordernden Werthstempel oder sonstigen Erledigung der Revisionsangelegenheit einreicht.

Die Beschwerde gegen die Festsetzungsverfügung ist zunächst an den Provinzial-Steuerdirektor und gegen die darauf ergehende Entscheidung desselben an den Finanzminister zu richten, welcher im Einverständniß mit dem Justizminister die weitere Entscheidung trifft. Wird gegen diese Entscheidungen der Rechtsweg beschritten, so ist die Klage gegen den durch den Oberstaatsanwalt vertretenen Justizfiskus zu erheben.

Den Provinzial-Steuerdirektoren bleibt es überlassen, etwa erforderlich erscheinende nähere Ausführungsbestimmungen im Einverständniß mit den Präsidenten der Oberlandesgerichte zu treffen. Von derartigen Bestimmungen haben die Präsidenten der Oberlandesgerichte eine Abschrift an den Justizminister einzureichen.*

§ 18. Anrechnung des Auflassungsstempels auf den Stempel einer nachträglich errichteten gerichtlichen Urkunde.

Soll in Gemäßheit der Tarifstelle 8 letzter Absatz des Stempelsteuergesetzes die Anrechnung des für eine Auflassung gezahlten

* Dem § 17 der AllgV. liegt die in den JME. v. 12. 12. 01, JMBl. S. 283, ZBl. S. 5 von 1902 und 3. 7. 05, JMBl. S. 213, ZBl. S. 661 bestimmte Fassung zugrunde.

Stempels auf eine nachträglich vor Gericht errichtete oder ihrem Inhalte nach anerkannte Urkunde über das der Auflassung zu Grunde liegende Rechtsgeschäft erfolgen, so ist die Bescheinigung über die Erlegung des Stempels vorzulegen. Der Gerichtsschreiber hat alsdann zu prüfen, ob das beurkundete Rechtsgeschäft mit dem der Auflassung zu Grunde liegenden übereinstimmt. Ergeben sich in dieser Beziehung keine Bedenken, so wird auf der Urkunde der bereits entrichtete Stempel bescheinigt und nur der etwa überschießende Betrag als Gerichtsgebühr eingezogen. Auf der Ausfertigung ist der Betrag des angerechneten Stempels und des außerdem zu den Gerichtskosten berechneten Stempels in getrennten Beträgen nach Vorschrift des § 10 dieser Verfügung zu vermerken. Die beigebrachte Bescheinigung über die Bezahlung des Werthstempels ist zu den Akten zu nehmen.

B. Stempel für Eintragungsanträge.

§ 19. Anwendung der Vorschriften unter A.

Wegen der Versteuerung der Anträge auf Eintragung einer Hypothek oder Grundschuld oder einer wiederkehrenden Geldleistung sowie auf Eintragung der Verpfändung oder Abtretung einer Hypothek oder Grundschuld (Tarifstelle 58 III und 2 Abs. 4 bis 8) finden die Vorschriften der §§ 14 bis 16 dieser Verfügung Anwendung. Der § 13 der Kassenordnung erstreckt sich insbesondere auch auf die als Gerichtsgebühr zu berechnenden Stempel.

Hinsichtlich der Anrechnung des zu dem Eintragungsantrage entrichteten Stempels auf denjenigen Stempel, welchem die nachträglich über das zu Grunde liegende Geschäft errichtete Urkunde unterliegt, ist gemäß § 18 dieser Verfügung zu verfahren.

IV. Prüfung des Stempelansatzes.

§ 20. Prüfungspflicht der Gerichte.

Von besonderer Wichtigkeit für die ordnungsmäßige Führung der Stempelsteuerverwaltung ist die gewissenhafte Erfüllung der den Behörden und Beamten mit richterlicher oder Polizeigewalt durch das Gesetz auferlegten Verpflichtung, auf Befolgung der Stempelgesetze zu halten und alle bei ihrer Amtsverwaltung bekannt gewordenen Zuwiderhandlungen behufs Einleitung des Strafverfahrens zur Anzeige zu bringen. Dies gilt namentlich von den Gerichtsbehörden mit Rücksicht auf die zahlreich bei ihnen vorkommenden stempelpflichtigen Urkunden. Die Gerichte haben sich die sorgfältige Erfüllung der ihnen in dieser Richtung durch das Gesetz auferlegten Obliegenheiten besonders angelegen sein zu lassen und, wenn in den Terminen bezüglich der vorgelegten und sofort zurückzugebenden Urkunden die zur Prüfung der Stempelpflichtigkeit erforderliche Zeit fehlt, diese Prüfung den Gerichtsschreibern zu übertragen. Es ist unstatthaft, unversteuerte oder nicht ausreichend versteuerte Urkunden vor erfolgter Prüfung der Stempelpflichtigkeit und aktenmäßiger Feststellung des Ergebnisses den Betheiligten auszuantworten.

Die Gerichtsschreiber haben auch die sonst zu den Akten gelangten oder auf der Gerichtsschreiberei niedergelegten Urkunden bei Aufstellung der Kostenrechnungen oder, wenn die Rückgabe der Urkunden früher erfolgt, vor deren Aushändigung in Bezug auf die Stempelverwendung zu prüfen. Insbesondere sind auch die in den Handakten der Rechtsanwälte etwa befindlichen Urkunden einer Prüfung zu unterziehen, sofern diese Akten aus irgend einem Grunde bei den Gerichten zur Vorlage kommen.

Ueber die Bemerkungen, zu welchen die Prüfung über die Stempelverwendung Anlaß gegeben hat, ist von den Gerichtsschreibern ein kurzer Vermerk aufzunehmen, welcher bei den Amtsgerichten dem aufsichtführenden Amtsrichter, bei dem Amtsgericht I in Berlin dem Amtsgerichtspräsidenten und bei den Kollegialgerichten dem Präsidenten zur Kenntnißnahme und Uebersendung an die zuständige Steuerbehörde vorzulegen ist.

Außerdem sind die mit den Geschäften in Civilprozeßsachen und im Konkursverfahren betrauten Gerichtsschreiber verpflichtet, von jedem zu den Akten gelangenden Pacht-, Mieth- oder antichretischen Vertrage, bei welchem der jährliche Zins oder die jährliche Nutzung den Betrag von 300 M. übersteigt, in Betreff des Datums des Vertrages und der Namen der Vertragschließenden, sowie der Bezeichnung des Grundstücks Vermerke zu einer nach dem beiliegenden Formular 2[9] zu führenden Nachweisung zu entnehmen, welche innerhalb des ersten Monats eines jeden Vierteljahres, von dem Gerichtsschreiber mit Datum und Unterschrift versehen, dem-

[9] Den Gerichtsbehörden sind die Formulare auf Erfordern in den nötigen Mengen unentgeltlich zu liefern. FM. 20. 3. 96 III 3895.

jenigen Stempelsteueramt, in dessen Geschäftsbezirk die betreffende Gerichtsbehörde ihren Sitz hat, unter Briefumschlag zu übersenden ist. Die erfolgte Absendung ist fortlaufend in einem zu diesem Zweck zu führenden Aktenstück unter Angabe des Zeitraumes, auf welchen sich die Nachweisung erstreckt, zu vermerken. Wenn im Laufe eines Vierteljahres keine Pacht- ꝛc. Verträge bekannt geworden sind, so bedarf es einer Anzeige hierüber nicht, jedoch ist in der nächsten Nachweisung zu bescheinigen, daß in den früheren Vierteljahren Verträge der gedachten Art nicht zur Kenntniß des Gerichtsschreibers gelangt sind. Die Formulare zu den Nachweisungen werden den Gerichten von den Steuerbehörden geliefert.

Die Nachweisungen dienen dazu, den Stempelsteuerämtern bei Prüfung der nach der Tarifstelle 48 des Stempelsteuergesetzes von den Verpächtern ꝛc. zur Versteuerung zu bringenden Pacht-, Mieth- und Antichrese-Verzeichnisse einen Anhalt zu gewähren.

Wird ein gemäß dem letzten Absatze der Tarifstelle 77 des Stempelsteuergesetzes stempel f r e i ausgestelltes amtliches Zeugniß bei Gericht zu einem anderen als dem aus der Urkunde hervorgehenden Zweck vorgelegt, so hat das Gericht hiervon dem zuständigen Hauptamte zum Zweck der Einziehung des Stempels Mittheilung zu machen. Diese Bestimmung findet auf beglaubigte Abschriften (Tarifstelle 1) entsprechende Anwendung.

§ 21. Stempelrevision.

Die Aufsicht über das gerichtliche Stempelwesen durch die Vorstände der Justizbehörden und die Revision des Stempelansatzes durch die Rechnungsrevisoren erfolgt nach Maßgabe der Allgemeinen Verfügung des Justizministers vom 28. Februar 1885 (Just.-Minist.-Bl. S. 90, Centralbl. der Abgaben- ꝛc. Verwaltung S. 82). Die in Gemäßheit der §§ 11 bis 13 dieser Verfügung von den Präsidenten der Oberlandesgerichte den Provinzial-Steuer-Direktoren mitzutheilenden Berichte der Rechnungsrevisoren über die Revision des Stempelansatzes überweisen die Provinzial-Steuer-Direktoren zunächst den Vorständen der Stempelsteuerämter zur Prüfung und senden dieselben sodann mit ihren gutachtlichen Bemerkungen den Präsidenten der Oberlandesgerichte zurück. Letztere haben von den ihrerseits ertheilten Weisungen den Provinzial-Steuer-Direktoren Mittheilung zu machen. Entstehen über Fragen von wichtiger und grundsätzlicher Bedeutung Meinungsverschiedenheiten, so haben die Präsidenten der Oberlandesgerichte an den Justizminister zu berichten.

Im Uebrigen liegt die nähere Aufsicht über die gehörige Beobachtung des Stempelsteuergesetzes den Vorständen der Stempel- und Erbschaftssteuerämter ob, die im Einzelnen mit ihren Geschäftsbezirken in der Beilage 1 zur Bekanntmachung des Finanzministers vom 13. Februar 1896, betreffend die Ausführung des Stempelsteuergesetzes (Reichs- und Staatsanzeiger Nr. 44 vom 19. Februar 1896), und in der Ergänzung dieser Beilage in dem Nachtrage zu dieser Bekanntmachung, aufgeführt sind.

Zu den besonderen Obliegenheiten der Vorstände der Stempelsteuerämter gehört die Vornahme der Stempelrevisionen innerhalb ihrer Geschäftsbezirke, bei welchem sich die Vorstände der Mithülfe ihrer Beamten bedienen können. Ob den Revisionen, welche in der Regel an dem Ort, wo die zu revidirenden Behörden oder Beamten ihren Sitz haben und die stempelpflichtigen Verhandlungen sich befinden, vorzunehmen sind, eine Anmeldung vorauszugehen hat, bleibt dem Ermessen der Vorstände überlassen. Die revisionspflichtigen Behörden haben, sobald sie von dem Vorstande des Stempelsteueramtes von der Abhaltung der Revision in Kenntniß gesetzt werden, dafür Sorge zu tragen, daß die Revision ohne allen Aufenthalt begonnen und vollständig ausgeführt werden kann. Zu diesem Zweck sind dem Revisor alle Urkunden, Akten, sowie überhaupt alle Schriftstücke, welche für die Revision von Belang sind, zur Einsicht vorzulegen, auch ist ihm und seinen Beamten jede gewünschte Auskunft zu ertheilen und ein angemessener Raum für die Erledigung seiner Obliegenheiten zur Verfügung zu stellen. Urkunden, öffentliche Bücher, Akten u. s. w., welche nicht von besonderem Werthe sind und deshalb eine besondere Verwahrung nicht erfordern, sind dem Revisor auf Verlangen auch in seine Wohnung zu verabfolgen und, falls sie nicht durch Beamte der revidirten Stelle befördert werden können, vor der Verabfolgung zu versiegeln. Die Einsendung der Akten behufs Revision nach dem Amtssitz der Vorstände der Stempelsteuerämter darf nur insoweit beansprucht werden, als dieselben ohne Nachtheil für den Geschäftsgang bei der revidirten Stelle stattfinden kann. Ueber das Ergebniß der Revision ist eine von der revidirten Stelle nicht zu unterzeichnende Verhandlung aufzunehmen.

Die bei den Gerichten abzuhaltenden Stempelrevisionen haben die daselbst vorgefundenen außergerichtlichen Urkunden, insoweit zu denselben der Stempel nicht bei den Gerichtskosten zu verrechnen war, zum Gegenstande. Die Abwickelung der in dieser Beziehung gezogenen Erinnerungen erfolgt ohne Mitwirkung der Gerichte. Nur wenn die Herausgabe der den Gegenstand der Erinnerungen bildenden Urkunden aus Anlaß von Beschwerden oder aus anderen Gründen im Laufe des Revisionsverfahrens erforderlich wird, haben die Gerichte die betreffenden Urkunden an die zuständige Steuerbehörde abzugeben. Im Uebrigen liegt die Erledigung dieser Erinnerungen lediglich den Vorständen der Stempelsteuerämter ob. Nach Einziehung und Verwendung der nachgeforderten Stempel theilen sie der Gerichtsbehörde die zu den einzelnen Urkunden eingezogenen Stempelbeträge mit, wobei die gerichtlichen Akten und die Blätter, welche die Urkunden in denselben einnehmen, zu bezeichnen sind. Die Gerichtsschreiber haben zu jeder einzelnen Urkunde den nachträglich eingezogenen Betrag unter Hinweis auf die Nummer des Schreibens des Vorstandes des Stempelsteueramtes zu vermerken.

Die Vorstände der Stempelsteuerämter sind verpflichtet, Unrichtigkeiten, die sie gelegentlich der Revisionen hinsichtlich des Ansatzes der als Gerichtskosten zu erhebenden Stempelbeträge bemerken, der zuständigen Gerichtsbehörde zur geschäftsmäßigen weiteren Veranlassung mitzutheilen. Die Mittheilungen erfolgen an den Präsidenten des Landgerichts — bezüglich des Amtsgerichts I in Berlin an den Amtsgerichtspräsidenten — und, falls die Stempel von dem Gerichtsschreiber des Oberlandesgerichts in Ansatz gebracht sind, an den Präsidenten des Oberlandesgerichts. Den Vorständen der Stempelsteuerämter ist von dem, was auf die Bemerkungen derselben veranlaßt worden ist, Kenntniß zu geben.

Wird seitens der Vorstände der Stempelsteuerämter den Bemerkungen eine besondere Wichtigkeit beigelegt, so ist eine Mittheilung den Präsidenten nicht zu machen, sondern dem Provinzial-Steuer-Direktor Anzeige zu erstatten. Diesem bleibt überlassen, die Bemerkungen dem Präsidenten des Oberlandesgerichts zur Kenntnißnahme und weiteren Veranlassung zu übersenden oder, wenn die Bemerkungen Fragen von grundsätzlicher Bedeutung zum Gegenstande haben, mit der Uebersendung das Ersuchen um Benachrichtigung von der getroffenen Entschließung zu verbinden. Die Präsidenten haben bei der Mittheilung ihrer Entschließung im Falle einer abweichenden Auffassung auch deren Gründe anzugeben. Ueber die Punkte, bezüglich deren ein Einverständniß nicht erreicht wird, ist von dem Provinzial-Steuer-Direktor an den Finanzminister zu berichten.

§ 22. Strafverfahren.

Die Vorschriften des Verwaltungsstrafgesetzes vom 26. Juli 1897 (Gesetz-Samml. S. 237) finden nach § 60 auch auf die Festsetzung der Stempelstrafen gegen Gerichtsbeamte und Notare durch die Aufsichtsbehörden mit der Massgabe Anwendung, dass, soweit nicht eine dem Landgerichtspräsidenten vorgesetzte Behörde als Aufsichtsbehörde zuständig ist, die Untersuchung und die Festsetzung der Strafe durch den Präsidenten des Landgerichts und die Entscheidung über Beschwerden durch den Justizminister erfolgt.

Der Strafbescheid ist nach anliegendem Muster zu erlassen. In dem Strafbescheide sind dem Beschuldigten die Kosten des Verfahrens aufzuerlegen (§§ 45 bis 47 des Gesetzes vom 26. Juli 1897). Als Kosten des Verfahrens kommen nach § 45 baare Auslagen nach Massgabe der §§ 113, 114 Pr.G.K.G., insbesondere Schreibgebühren und Postgebühren zum Ansatz; baare Auslagen sind auch für die von Amtswegen erfolgenden Zustellungen anzusetzen, da § 118 Pr.G.K.G. nicht für anwendbar erklärt ist. Der Ausfertigungsstempel für Strafbescheide und Beschwerdebescheide ist nur zu erheben, wenn der Betrag der Strafe einhundertfünfzig Mark übersteigt.

Der Strafbescheid ist durch Zustellung oder durch Verkündung (Eröffnung zu Protokoll) bekannt zu machen.

Für die Ausführung von Zustellungen gelten die Bestimmungen der Civilprozessordnung über Zustellungen von Amtswegen.

Die festgesetzten Ordnungsstrafen nebst den Kosten des Verfahrens, einschliesslich des Ausfertigungsstempels und der dem Beschwerdeführer im Beschwerdebescheide zur Last gelegten Kosten, werden von der Gerichtskasse vereinnahmt.

Die Landgerichtspräsidenten werden ermächtigt, von der Festsetzung einer Ordnungsstrafe abzusehen, wenn nach den Umständen des Falles, insbesondere mit Rücksicht auf die Zweifelhaftigkeit der Verpflichtung zur Entrichtung eines Stempels die Zuwiderhandlung gegen die Vorschriften des Stempelsteuergesetzes nach ihrem pflichtmässigen Ermessen als entschuldbar erscheint. Hat der Vorstand des Stempelsteueramts bei einer zu seiner Kenntniss gelangten Zuwiderhandlung von Stellung eines Strafantrages Abstand genommen, so hat die Festsetzung einer Ordnungsstrafe zu unterbleiben.

§ 23. Strafvollstreckung.

Der Finanzminister und die Provinzialsteuerbehörden sind nach Nr. 2 des Allerhöchsten Erlasses vom 26. September 1897 (Gesetz-

Samml. S. 402) befugt, nach ihrem pflichtmässigen Ermessen im Wege der Nachsicht die verwaltungsseitige und die gerichtliche Strafvollstreckung bei Zuwiderhandlungen gegen die Stempelgesetze auszusetzen sowie Strafunterbrechung und Straftheilung zu gestatten. Diese Befugniss erstreckt sich zugleich auf die Kosten des Verfahrens. Die betheiligten Justizbehörden haben ihren desfallsigen Anträgen Folge zu leisten.

Berlin, den 29. Februar 1896.

Der Finanzminister. Miquel.

Der Justizminister. Schönstedt.

I. 1445 a. Steuersachen 68 Band 3.

Formular 1 (zu § 16).

Der Auflassungsstempel, welcher in der hiermit gleichzeitig zugestellten Kostenrechnung erfordert ist, wird nicht erhoben, wenn binnen einer mit dem Tage der Zustellung dieser Mittheilung beginnenden Frist von zwei Wochen eine in stempelpflichtiger Form ausgestellte Urkunde über das der Auflassung zu Grunde liegende Rechtsgeschäft (Kauf, Tausch, Schenkung u. s. w.) versteuert oder unversteuert in Urschrift, Ausfertigung oder beglaubigter Abschrift vorgelegt wird, vorausgesetzt, daß die Urkunde das Rechtsgeschäft so enthält, wie es unter den Betheiligten hinsichtlich des Werths der Gegenleistung verabredet ist. Es wird Ihnen anheimgegeben, eine solche Urkunde binnen der gestellten Frist zu den Grundakten einzureichen. Geschieht dies nicht, so ist der Auflassungsstempel ungeachtet der etwa bereits erfolgten Versteuerung der Urkunde zu entrichten und die Urkunde, falls sie noch nicht versteuert sein sollte, ungeachtet der Zahlung des Auflassungsstempels zu versteuern. Es tritt daher, wenn über das der Auflassung zu Grunde liegende Geschäft eine Urkunde in stempelpflichtiger Form errichtet ist und diese Urkunde nicht spätestens bis zum Ablauf der oben gedachten Frist eingereicht wird, eine doppelte Besteuerung des Veräußerungsgeschäfts ein, und findet die Rückzahlung des einen oder anderen Stempels nicht statt. Andererseits wird durch rechtzeitige Vorlegung der Urkunde über das Veräußerungsgeschäft in allen denjenigen Fällen eine Ersparniß an Stempelkosten herbeigeführt, in denen der Stempel für die Urkunde niedriger ist als der Auflassungsstempel. Dies ist beispielsweise der Fall bei Tauschverträgen, bei Verträgen zwischen Theilnehmern an einer Erbschaft zum Zwecke der Theilung der zu letzterer gehörigen Gegenstände und bei Verträgen, durch welche Grundstücke von Eltern auf Kinder übertragen werden. Eine solche Urkunde kann auch noch nach der Auflassung errichtet, sie muß aber, wenn dadurch die Nichterhebung des Auflassungsstempels erzielt werden soll, innerhalb der gedachten zweiwöchigen Frist eingereicht werden.

Bei Schenkungen ist die Erhebung der Schenkungssteuer nach Massgabe des Erbschaftssteuergesetzes vom 3. Juni 1906 (RGBl. S. 654) unabhängig von der Beurkundung der Schenkung, während die Vorlegung einer Urkunde über die Schenkung den Wegfall des Auflassungsstempels zur Folge hat. Es empfiehlt sich daher in allen Fällen, in denen der Auflassung eine Schenkung zu Grunde liegt, eine Urkunde über die Schenkung vorzulegen. Es genügt eine privatschriftliche Erklärung des Schenkers.*

.... den ...ten .... 189 .

....

Gerichtsschreiber des Königlichen Amtsgerichts.

---

* Die Fassung entspricht dem JME. v. 26. 6. 06, JMBl. S. 174.

Sachregister.

(Die Zahlen bedeuten die Seiten.)

A.

C.

C siehe auch Z und K.

D.

E.

F.

G.

H.

J.

K.

L.

M.

N.

O.

Q.

R.

S.

T.

U.

W.

Druck von Otto Walter in Berlin S. 14.